# DIREITO PROCESSUAL CONSTITUCIONAL

PAULO HAMILTON SIQUEIRA JR.

# DIREITO PROCESSUAL CONSTITUCIONAL

6ª edição

2012

Editora Saraiva

Editora Saraiva

Rua Henrique Schaumann, 270, Cerqueira César — São Paulo — SP
CEP 05413-909
PABX: (11) 3613 3000
SACJUR: 0800 055 7688
De 2ª a 6ª, das 8:30 às 19:30
saraivajur@editorasaraiva.com.br
Acesse: www.saraivajur.com.br

**FILIAIS**

**AMAZONAS/RONDÔNIA/RORAIMA/ACRE**
Rua Costa Azevedo, 56 – Centro
Fone: (92) 3633-4227 – Fax: (92) 3633-4782 – Manaus

**BAHIA/SERGIPE**
Rua Agripino Dórea, 23 – Brotas
Fone: (71) 3381-5854 / 3381-5895
Fax: (71) 3381-0959 – Salvador

**BAURU (SÃO PAULO)**
Rua Monsenhor Claro, 2-55/2-57 – Centro
Fone: (14) 3234-5643 – Fax: (14) 3234-7401 – Bauru

**CEARÁ/PIAUÍ/MARANHÃO**
Av. Filomeno Gomes, 670 – Jacarecanga
Fone: (85) 3238-2323 / 3238-1384
Fax: (85) 3238-1331 – Fortaleza

**DISTRITO FEDERAL**
SIA/SUL Trecho 2 Lote 850 – Setor de Indústria e Abastecimento
Fone: (61) 3344-2920 / 3344-2951
Fax: (61) 3344-1709 – Brasília

**GOIÁS/TOCANTINS**
Av. Independência, 5330 – Setor Aeroporto
Fone: (62) 3225-2882 / 3212-2806
Fax: (62) 3224-3016 – Goiânia

**MATO GROSSO DO SUL/MATO GROSSO**
Rua 14 de Julho, 3148 – Centro
Fone: (67) 3382-3682 – Fax: (67) 3382-0112 – Campo Grande

**MINAS GERAIS**
Rua Além Paraíba, 449 – Lagoinha
Fone: (31) 3429-8300 – Fax: (31) 3429-8310 – Belo Horizonte

**PARÁ/AMAPÁ**
Travessa Apinagés, 186 – Batista Campos
Fone: (91) 3222-9034 / 3224-9038
Fax: (91) 3241-0499 – Belém

**PARANÁ/SANTA CATARINA**
Rua Conselheiro Laurindo, 2895 – Prado Velho
Fone/Fax: (41) 3332-4894 – Curitiba

**PERNAMBUCO/PARAÍBA/R. G. DO NORTE/ALAGOAS**
Rua Corredor do Bispo, 185 – Boa Vista
Fone: (81) 3421-4246 – Fax: (81) 3421-4510 – Recife

**RIBEIRÃO PRETO (SÃO PAULO)**
Av. Francisco Junqueira, 1255 – Centro
Fone: (16) 3610-5843 – Fax: (16) 3610-8284 – Ribeirão Preto

**RIO DE JANEIRO/ESPÍRITO SANTO**
Rua Visconde de Santa Isabel, 113 a 119 – Vila Isabel
Fone: (21) 2577-9494 – Fax: (21) 2577-8867 / 2577-9565
Rio de Janeiro

**RIO GRANDE DO SUL**
Av. A. J. Renner, 231 – Farrapos
Fone/Fax: (51) 3371-4001 / 3371-1467 / 3371-1567
Porto Alegre

**SÃO PAULO**
Av. Antártica, 92 – Barra Funda
Fone: PABX (11) 3616-3666 – São Paulo

199.604.006.003 | 239483

ISBN 978-85-02-17631-7

Siqueira Jr., Paulo Hamilton

Direito processual constitucional / Paulo Hamilton Siqueira Jr. — 6. ed. — São Paulo : Saraiva, 2012.

Bibliografia.

1. Brasil - Direito constitucional 2. Processo civil - Brasil I. Título.

CDU-342:347.9(81)

Índice para catálogo sistemático:

1. Brasil : Direito processual constitucional 342:347.9 (81)

***Diretor editorial*** *Luiz Roberto Curia*
***Gerente de produção editorial*** *Lígia Alves*
***Produtora editorial*** *Clarissa Boraschi Maria*
***Preparação de originais*** *Ana Cristina Garcia*
*Maria Izabel Barreiros Bitencourt Bressan*
*Camilla Bazzoni de Medeiros*
***Arte e diagramação*** *Cristina Aparecida Agudo de Freitas*
*Mônica Landi*
***Revisão de provas*** *Rita de Cássia Queiroz Gorgati*
*Maria Regina Machado*
***Serviços editoriais*** *Elaine Cristina da Silva*
*Kelli Priscila Pinto*
***Capa*** *eg.design/Evelyn Grumach*
***Imagem de capa*** *Luiz Felipe Castro/Getty Images*
***Produção gráfica*** *Marli Rampim*
***Impressão*** Bartira Gráfica e Editora LTDA.
***Acabamento*** Bartira Gráfica e Editora LTDA.

**Data de fechamento da edição: 9-5-2012**

Dúvidas?
Acesse www.saraivajur.com.br

Dedico este livro a Cristina, minha mulher, e a Laura Lavítola Siqueira, um presente que Deus nos deu para amar.

Agradeço a Deus e a meus pais pela instrução que formou meu caráter.

"O princípio da sabedoria é: Adquire a sabedoria; sim, com tudo o que possuis adquire o entendimento."
"Retém a instrução e não a largues; guarda-a, porque ela é a tua vida."
(Livro da Bíblia — Provérbios 4:7 e 13.)

# SUMÁRIO

*Prefácio* ........ 17
*Nota à 6ª edição* ........ 19
*Nota à 1ª edição* ........ 21

I — INTRODUÇÃO ........ 23

II — A CONSTITUIÇÃO
1. A Constituição ........ 29
2. Conceito de Constituição ........ 32
3. Direito constitucional ........ 35
4. Classificação das Constituições ........ 38
4.1. Quanto à forma ........ 38
4.2. Quanto ao modo de elaboração ........ 39
4.3. Quanto à origem ........ 40
4.4. Quanto à estabilidade ou mutabilidade ........ 40
4.5. Quanto à extensão ou finalidade ........ 42
4.6. Quanto ao conteúdo ........ 43
4.7. Classificação da Constituição Federal de 1988 ........ 43
5. Efetivação da Constituição ........ 44

III — O PROCESSO
1. O processo ........ 47
2. Jurisdição ........ 51

IV — A CONSTITUIÇÃO E O PROCESSO
1. A Constituição e o processo ........ 57
2. Direito constitucional processual ........ 63
3. O sistema processual brasileiro ........ 65
3.1. O sistema processual inquisitivo ........ 70
3.2. O sistema processual acusatório ........ 75
3.3. O sistema processual misto ........ 78
3.4. O sistema processual adotado pelo Brasil ........ 79
4. A influência do direito constitucional no processo ........ 83
5. Direito processual constitucional ........ 84

V — CONTROLE DE CONSTITUCIONALIDADE
1. Controle de constitucionalidade ........ 95

2. Sistema jurídico .................................................................. 97
2.1. Classificação do sistema jurídico ............................ 100
3. Supremacia constitucional ................................................ 105
4. Existência, vigência, validade e eficácia da norma jurídica .. 114
4.1. Existência ........................................................ 115
4.2. Vigência ........................................................... 116
4.3. Validade ........................................................... 123
4.4. Eficácia ........................................................... 129
5. Nulidades no direito público ............................................ 135
6. Conceito de constitucionalidade ...................................... 139
7. Conceito de controle de constitucionalidade ..................... 140
7.1. Requisitos do controle de constitucionalidade ........... 141
7.2. Espécies de controle de constitucionalidade .............. 144
7.3. Espécies de controle de constitucionalidade repressivo .. 146
8. Controle difuso ................................................................ 147
8.1. Efeitos da declaração de inconstitucionalidade no controle difuso ........................................................ 151
8.1.1. Ponderação no controle difuso ......................... 153
8.2. A inconstitucionalidade e o Senado Federal no controle difuso ........................................................ 155
8.3. Incidente de arguição de inconstitucionalidade ........... 169
8.3.1. Procedimento ................................................ 173
8.3.2. Natureza jurídica .......................................... 176
8.3.3. Efeitos da decisão ......................................... 177
8.4. Súmula vinculante ................................................ 178
8.4.1. Conceito ....................................................... 178
8.4.2. Espécies ....................................................... 182
8.4.3. Objeto ......................................................... 186
8.4.4. Requisitos .................................................... 186
8.4.5. Regulamentação ............................................ 187
8.4.6. Competência ................................................. 187
8.4.7. Legitimidade ................................................. 187
8.4.8. Natureza ...................................................... 190
8.4.9. Procedimento ................................................ 192
8.4.10. Efeitos ........................................................ 194
8.4.11. Súmula vinculante e reclamação constitucional 197

8.5. Repercussão geral .................................................... 199
8.5.1. Conceito.......................................................... 202
8.5.2. Natureza e finalidade............................................ 203
8.5.3. Competência...................................................... 203
8.5.4. Procedimento..................................................... 204
9. Controle concentrado ..................................................... 206
10. Ação direta de inconstitucionalidade genérica ................... 213
10.1. Competência ......................................................... 214
10.2. Legitimidade ......................................................... 214
10.2.1. Chefe do Poder Executivo ................................... 217
10.2.2. Mesa das Casas Legislativas ................................ 220
10.2.3. Procurador-Geral da República e Conselho Federal da Ordem dos Advogados do Brasil .. 220
10.2.4. Partidos políticos com representação no Congresso Nacional ....................................... 222
10.2.5. Confederação sindical ou entidade de classe de âmbito nacional ...................................... 226
10.2.6. Legitimidade universal e limitada ......................... 232
10.3. Prazo ................................................................. 234
10.4. Advogado-Geral da União e Procurador-Geral da República ............................................................. 235
10.5. Processo objetivo ................................................... 236
10.6. Objeto da ação ...................................................... 239
10.6.1. Controle abstrato ............................................... 239
10.6.2. Controle da inconstitucionalidade ......................... 243
10.6.3. Controle repressivo ............................................ 248
10.6.4. Controle do direito pós-constitucional .................. 258
10.6.5. Controle do direito infraconstitucional .................. 259
10.7. Procedimento ........................................................ 263
10.7.1. Do pedido da medida cautelar .............................. 267
10.8. Efeitos da declaração de inconstitucionalidade .................. 270
10.8.1. Efeitos e eficácia temporal da decisão .................. 281
10.9. A participação do Senado Federal ................................ 285
10.10. Interpretação conforme a Constituição ......................... 285
10.10.1. Interpretação conforme a Constituição sem redução do texto .......................................... 290

10.10.2. Interpretação conforme a Constituição com redução do texto ........................................ 293
10.10.3. Limites da interpretação conforme a Constituição ........................................ 293
10.10.4. Fundamento da interpretação conforme a Constituição ........................................ 295
10.11. Declaração parcial de inconstitucionalidade sem redução do texto ........................................ 296
11. Ação declaratória de constitucionalidade ........................ 299
11.1. Competência ........................................ 301
11.2. Legitimidade ........................................ 301
11.3. Procedimento ........................................ 302
11.3.1. Do pedido da medida cautelar .................... 304
11.4. Efeitos da decisão ........................................ 304
12. Ação declaratória de inconstitucionalidade por omissão .... 305
12.1. Competência ........................................ 312
12.2. Legitimidade e procedimento ........................ 313
12.3. Efeitos da decisão ........................................ 317
13. Ação direta de inconstitucionalidade interventiva ............ 320
13.1. Competência ........................................ 323
13.2. Legitimidade ........................................ 323
13.3. Procedimento ........................................ 323
13.4. Efeitos da decisão ........................................ 323
14. Arguição de descumprimento de preceito fundamental ..... 329
14.1. Arguição ........................................ 329
14.2. Descumprimento ........................................ 330
14.3. Preceito fundamental ........................................ 331
14.4. Finalidade e objetivo ........................................ 333
14.5. Competência ........................................ 345
14.6. Legitimidade ........................................ 345
14.7. Procedimento ........................................ 346
14.7.1. Do pedido da medida liminar ........................ 348
14.8. Efeitos da decisão ........................................ 348
15. Quadros comparativos dos instrumentos processuais de controle de constitucionalidade ........................................ 350

VI — *WRITS* CONSTITUCIONAIS
1. Jurisdição constitucional das liberdades ........ 355
2. *Habeas corpus* ........ 356
2.1. Origem histórica ........ 357
2.2. *Habeas corpus* no Brasil ........ 360
2.3. Conceito e natureza jurídica ........ 365
2.4. Finalidade e características ........ 368
2.5. Tipos de *habeas corpus* ........ 370
2.6. A ação de *habeas corpus* ........ 371
2.6.1. Cabimento da ação de *habeas corpus* ........ 372
2.6.2. Casos de não cabimento do *habeas corpus* ........ 375
2.7. O processo da ação de *habeas corpus* ........ 377
2.7.1. Procedimento ........ 377
2.7.2. Condições de ação ........ 378
2.7.3. Início do procedimento ........ 379
2.7.4. Indeferimento liminar da petição ........ 380
2.7.5. Concessão liminar em *habeas corpus* ........ 380
2.7.6. Informações da autoridade coatora ........ 381
2.7.7. Apresentação do paciente ........ 381
2.7.8. Prejudicialidade do pedido ........ 382
2.7.9. Julgamento do *habeas corpus* ........ 382
2.7.10. Extensão do *habeas corpus* ........ 384
2.7.11. Recurso de ofício ........ 385
2.7.12. Reiteração de *habeas corpus* ........ 385
2.8. Legitimidade ........ 385
2.8.1. Legitimidade ativa ........ 385
2.8.2. Legitimidade passiva ........ 390
2.9. Competência ........ 392
2.9.1. Supremo Tribunal Federal ........ 393
2.9.2. Senado Federal ........ 393
2.9.3. Superior Tribunal de Justiça ........ 394
2.9.4. Tribunais Regionais Federais ........ 394
2.9.5. Tribunais de Justiça ........ 395
2.9.6. Juiz de direito de primeira instância ........ 395
2.9.7. Juizado Especial ........ 396
3. *Habeas data* ........ 399
3.1. Conceito ........ 399

3.2. Legitimidade ........ 405
3.3. Objeto da ação ........ 407
3.4. Procedimento ........ 410
3.5. Coisa julgada ........ 413
4. Mandado de injunção ........ 413
4.1. Conceito ........ 413
4.2. Natureza jurídica ........ 414
4.3. Objeto da ação ........ 417
4.4. Objetivo da ação ........ 419
4.5. Legitimidade ........ 426
4.6. Procedimento ........ 431
4.7. Diferenças entre mandado de injunção e ação declaratória de inconstitucionalidade por omissão ........ 432
4.8. Efeitos da decisão ........ 434
5. Mandado de segurança ........ 444
5.1. Conceito ........ 444
5.2. Natureza jurídica ........ 445
5.3. Objeto da ação ........ 446
5.4. Legitimidade ........ 447
5.5. Procedimento ........ 450
5.6. Efeitos da decisão ........ 453
5.6.1. Coisa julgada ........ 453
5.7. Mandado de segurança coletivo ........ 456

VII — DEFESA DA CIDADANIA
1. Defesa da cidadania ........ 477
2. Ação civil pública ........ 487
2.1. Conceito ........ 487
2.2. Natureza jurídica ........ 489
2.3. Competência ........ 490
2.4. Legitimidade ........ 493
2.5. Tutela ........ 499
2.5.1. Meio ambiente ........ 501
2.5.2. Consumidor ........ 503
2.5.3. Bens e direitos de valor artístico, estético, histórico, turístico e paisagístico ........ 504

2.5.3.1. Patrimônio público e social ..................... 505
2.5.4. Infração da ordem econômica e da economia popular e dos investidores de mercado mobiliário .. 505
2.5.5. Ordem urbanística ..................... 506
2.5.6. Interesse difuso ou coletivo ..................... 507
2.5.6.1. Interesses de grupos de indivíduos ..................... 509
2.5.6.2. Interesses difusos ..................... 509
2.5.6.3. Interesses coletivos ..................... 510
2.5.6.4. Interesses individuais homogêneos ..................... 511
2.5.7. Proteção de interesses coletivos e difusos das pessoas portadoras de deficiência ..................... 515
2.5.8. Interesses difusos e coletivos da criança e do adolescente ..................... 515
2.6. Objeto da ação ..................... 517
2.6.1. Matéria tributária ..................... 517
2.6.2. Controle difuso de constitucionalidade ..................... 520
2.6.3. Políticas públicas ..................... 525
2.7. Procedimento ..................... 529
2.8. Termo de ajustamento de conduta ..................... 530
2.9. Inquérito civil ..................... 531
2.10. Coisa julgada ..................... 532
3. Ação popular ..................... 538
3.1. Conceito ..................... 538
3.2. Competência ..................... 542
3.3. Natureza jurídica ..................... 543
3.4. Legitimidade ..................... 544
3.5. Objeto da ação ..................... 548
3.6. Procedimento ..................... 550
3.7. Coisa julgada ..................... 552

VIII — BIBLIOGRAFIA
1. Livros ..................... 555
2. Artigos ..................... 582
3. Dissertações e teses ..................... 590

# PREFÁCIO

Apresentar uma obra jurídica configura sempre elevada honra e responsabilidade, haja vista a particular paixão por este incrível modo de transmissão de conhecimentos, inestimável veículo no processo de formação e consolidação cultural de um povo e alicerce sobre o qual se soergueu nossa civilização tão tecnicamente avançada. Nas sábias palavras de Monteiro Lobato, "um país se faz com homens e livros".

Em *Direito processual constitucional*, título que bem demonstra a abordagem inovadora do tema, Paulo Hamilton Siqueira Júnior, com base em extensas e meticulosas pesquisas bibliográfica e jurisprudencial, mescla a experiência adquirida nos diversos anos de docência com as de advogado atuante e de juiz do Tribunal Regional Eleitoral do Estado de São Paulo, levando ao ledor material indispensável à compreensão de assunto tão instigante e indispensável à garantia dos direitos fundamentais, ênfase maior da Carta da República. Ao longo de todo o pedagógico estudo, surgem a organicidade e o zelo do autor na busca de esgotar as questões e os institutos em exame.

A valia do trabalho está certificada pelo fato de encontrar-se na 6ª edição. Enquadro-o como de leitura obrigatória para aqueles atentos ao aprimoramento constante. O saber é e será sempre uma tarefa inacabada.

**Marco Aurélio Mendes de Farias Mello**

Ministro do Supremo Tribunal Federal e do Tribunal Superior Eleitoral. Presidente do Instituto Metropolitano de Altos Estudos – IMAE

# NOTA À 6ª EDIÇÃO

A evolução do direito processual constitucional faz com que em cada nova edição haja a devida revisão integral, incluindo temas e conceitos fruto da experiência docente. O espírito e o objetivo do trabalho permanecem — o conhecimento do direito processual constitucional como ramo autônomo da ciência jurídica.

Nesta nova edição procuramos rever e atualizar os institutos tratados. Dessa forma o leitor encontrará alterações e atualizações, estas, em função das modificações legislativas e evolução jurisprudencial, aquelas, fruto da nossa preocupação em moldar o texto à modernização da linguagem e das necessidades de nossos alunos.

No mais, reportamos o leitor à Nota da 1ª edição.

São Paulo, junho de 2012.

**Paulo Hamilton Siqueira Jr.**
*e-mail:* paulohamiltonjr@uol.com.br

# NOTA À 1ª EDIÇÃO

Este trabalho é fruto da atividade de pesquisa docente desenvolvida na FMU, totalmente despretensioso de ilações científicas e de grandes teses doutrinárias, que deixamos aos mais preparados e verdadeiros doutos da matéria. O livro tem como fulcro oferecer ao aluno a compilação e o atual desenvolvimento da disciplina "direito processual constitucional", estimulando a pesquisa e o estudo, que indubitavelmente serão completados por outras obras.

O surgimento dessa disciplina é recente, bem como sua inclusão em cursos de graduação e pós-graduação. Contudo, já desponta como novo objeto da ciência jurídica, colocando-se ao lado de outros ramos do direito processual.

Cremos que a referida matéria destaca-se como ramo autônomo do direito, na medida em que possui método e objeto de estudo próprios. Desse prisma, estudamos a matéria e a dividimos embasados em seus pontos básicos, a fim de não perder o caráter pedagógico, em sete partes: 1. Introdução; 2. A Constituição; 3. O Processo; 4. A Constituição e o Processo; 5. Controle de Constitucionalidade; 6. *Writs* Constitucionais; e 7. Defesa da Cidadania.

Na Introdução, enfocamos as premissas ao estudo do direito processual constitucional, e que servem de fundamento para o nosso estudo. Nas partes dois, três e quatro trabalhamos a relação entre a Constituição e o Processo, identificando os seus pontos de contato. Finalmente, investigamos os três capítulos do direito processual constitucional: 1. Controle de Constitucionalidade ou Jurisdição Constitucional; 2. *Writs* Constitucionais ou Jurisdição Constitucional das Liberdades; e 3. Defesa da Cidadania ou Jurisdição Constitucional Política.

Com o referido plano de trabalho, supomos que o estudante adquira o conhecimento real desse ramo da ciência do direito.

Esperamos com esta obra contribuir para o conhecimento de nossos alunos e dos pesquisadores e professores, de quem aguardamos as sugestões, com o intuito de melhorar nas futuras edições.

São Paulo, dezembro de 2005.

**Paulo Hamilton Siqueira Jr.**
***e-mail:*** paulohamiltonjr@uol.com.br

# I
# INTRODUÇÃO

A validade e a eficácia dos preceitos constitucionais são condições indispensáveis para a preservação da democracia. A Constituição Federal de 1988 é o marco do reingresso do Estado de Direito no nosso sistema jurídico, na medida em que constituiu o documento da transição democrática, com o consequente reconhecimento dos direitos humanos, sendo regularmente denominada Constituição Cidadã. Ao promulgar a Carta Magna de 1988, o Deputado Ulysses Guimarães, Presidente da Assembleia Nacional Constituinte, afirmou: "A Constituição é, caracteristicamente, o estatuto do Homem, da Liberdade, da Democracia (...). Tem substância popular e cristã o título que a consagra: a Constituição Cidadã!"

O direito processual constitucional tem por finalidade implementar e proteger os preceitos calcados na Constituição Federal, e os seus institutos são os instrumentos adequados para garantir as normas estabelecidas no texto de 1988.

A sociedade percorre um longo caminho elegendo os bens jurídicos mais relevantes. Por esse longo caminho de evolução social, a sociedade política conquista os direitos consagrados na Constituição. Entretanto, não basta que um direito seja reconhecido e declarado; é necessário garanti-lo, pois mesmo sendo ele declarado, verifica-se no mundo fático a sua violação, e por vezes tão sutil que se torna imperceptível.

Segundo nosso entendimento, o direito processual constitucional tem por desiderato evitar e proteger os ataques aos direitos consagrados no texto constitucional. Assim, os institutos de direito processual constitucional configuram-se no Estado de Direito como um importante instrumento para a preservação e garantia das liberdades públicas.

O direito processual constitucional regula a jurisdição constitucional, que é a própria garantia da Constituição. A jurisdição constitucional é um meio de controle. É um instrumento de controle político, visto que sua existência contribui para o aprimoramento da democracia. O desenvolvimento da democracia alia-se à ideia de controle.

A jurisdição constitucional é um aspecto da democracia que pressupõe a existência de controle. O direito processual constitucional desenvolve-se no âmbito da jurisdição constitucional, uma vez que podemos vislumbrar o controle da constitucionalidade, o controle das liberdades e o controle político. Nesse sentido, a jurisdição constitucional não se limita a uma justiça especial, ligada às Cortes constitucionais, mas qualquer matéria de conteúdo constitucional é objeto da jurisdição constitucional.

A jurisdição constitucional tem por finalidade a regularidade da Constituição, ou seja, o processo constitucional é o meio de controle da Constituição. Desta feita, dividimos o curso de direito processual constitucional em três partes:

1. Controle de Constitucionalidade — que investiga a jurisdição constitucional no sentido restrito.

2. *Writs* Constitucionais — que estuda a jurisdição constitucional das liberdades, ou seja, o controle das liberdades.

3. Defesa da Cidadania — que examina a jurisdição constitucional política, cujo objeto é o controle político.

O direito constitucional processual é um capítulo do direito constitucional e da Teoria Geral do Processo. O direito processual constitucional, este sim, configura-se como ramo autônomo do direito, com método e objeto de estudo próprios.

O processo constitucional reafirma a vontade da Constituição e consagra o bem comum propugnado no Estado Democrático e Social de Direito.

# II
# A CONSTITUIÇÃO

## 1. A CONSTITUIÇÃO

A Constituição é a lei fundamental do Estado[1]. A fundamentalidade da norma constitucional é o ponto nuclear de sua definição. "Na verdade a constituição precede o constitucionalismo. Em qualquer Estado, qualquer época, em qualquer lugar, houve e haverá sempre um conjunto de regras fundamentais que respeitem a sua estrutura, atividade e organização. A constituição poderá ser escrita ou não, simples ou complexa, mas será sempre uma ordem jurídica soberana"[2].

Historicamente, o termo "constituição" é empregado para designar o conjunto de normas que organizam o Estado, ou leis supremas que organizam o poder. Na realidade, são normas que organizam o poder social[3]. O próprio corpo social organiza o poder. Um dos pilares da democracia é a criação, estabelecimento e organização do governo pelos governados.

Para Lassalle, a verdadeira essência da Constituição é a soma dos fatores reais do poder que regem uma nação[4]. Konrad Hesse

---

[1] MARQUES, José Frederico. O processo penal na atualidade, in Hermínio Alberto Marques Porto; Marco Antonio Marques da Silva (org.), *Processo penal e Constituição*, São Paulo: Acadêmica APAMAGIS, 1993, p. 13: "A Constituição de um país, como dizia Pelegrino Rossi, é 'tête de chapitre' de todas as disciplinas do Direito, por trazer inscritas, em seus textos e cânones, normas reguladoras, de caráter geral, para os diversos setores da ordem jurídica. E o Direito Constitucional, sem invadir, propriamente, a zona particular de cada uma das ciências jurídicas, representa, para elas, uma espécie de prefácio ou introdução, segundo disse Santi Romano".

[2] FURQUIM, Maria Célia de Araújo. A Constituição como sistema, CDCCP, São Paulo: Revista dos Tribunais, 20/130-139; jul./set. 1997, esp. p. 132.

[3] FERREIRA FILHO, Manoel Gonçalves. *Curso de direito constitucional*, 22. ed. atual., São Paulo: Saraiva, 1995, p. 3: "Data da Antiguidade a percepção de que, entre as leis, algumas há que organizam o próprio poder. São leis que fixam os órgãos, estabelecem as suas atribuições, numa palavra, definem a sua Constituição. Na célebre obra de Aristóteles, *A política*, está clara essa distinção entre leis constitucionais e leis outras, comuns ou ordinárias. Tal distinção, porém, somente veio a ser valorizada no século XVIII, na Europa ocidental. E isto ocorreu com o propósito de limitar o poder, afirmando a existência de leis que seriam a ele anteriores e superiores. É daí em diante que o 'termo constituição' passou a ser empregado para designar o corpo de regras que definem a organização fundamental do Estado".

[4] A obra *O que é uma Constituição*? de Ferdinand Lassalle é um clássico no pensa-

acrescenta que a Constituição assume, no constitucionalismo contemporâneo, a função de conjunto de valores fundamentais da sociedade e fronteira entre antagonismos jurídico-políticos. O direito constitucional deve compreender a normatividade de uma Constituição vigente, concreta e historicamente situada. "A Constituição jurídica não significa simples pedaço de papel, tal como caracterizada por Lassalle. Ela não se afigura 'impotente para dominar, efetivamente, a distribuição de poder', tal como ensinado por Georg Jellinek e como, hodiernamente, divulgado por um naturalismo e sociologismo que se pretende cético. A Constituição não está desvinculada da realidade histórica concreta do seu tempo. Todavia, ela não está condicionada, simplesmente, por essa realidade. Em caso de eventual conflito, a Constituição não deve ser considerada, necessariamente, a parte mais fraca"[5].

---

mento político constitucional, sendo publicada no Brasil com o título *A essência da Constituição*. A tese central da referida obra é que questões constitucionais não são questões jurídicas, mas sim questões políticas. É que a Constituição de uma nação espelha os fatores reais do poder que regem determinada sociedade. Os fatores reais do poder que atuam no seio de cada sociedade são essa força ativa e eficaz que informa todas as leis e instituições jurídicas vigentes. Dessa forma, a Constituição de um país expressa os fatores e forças do poder dominante: o poder militar, social, econômico e até mesmo o poder intelectual, que se exterioriza pela consciência cultural. As correlações desses fatores constituem a força ativa da Constituição. Esses fatores formam a Constituição real de uma nação, uma vez que a Constituição jurídica, segundo o autor, não passa de um pedaço de papel. Para Lassalle, a Constituição de um país só tem por base os poderes reais e efetivos de poder que vigem naquele país, e as Constituições escritas não têm valor, a não ser que exprimam fielmente os fatores reais que imperam na realidade social. Nesse sentido, conclui o autor: "Os problemas constitucionais não são problemas de direito, mas do poder; a verdadeira Constituição de um país somente tem por base os fatores reais e efetivos do poder que naquele país vigem e as constituições escritas não têm valor nem são duráveis a não ser que exprimam fielmente os fatores do poder que imperam na realidade social: eis aí os critérios fundamentais que devemos lembrar" (LASSALLE, Ferdinand, *A essência da Constituição*, Prefácio de Aurélio Wander Bastos, 4. ed., Rio de Janeiro: Lumen Juris, 1998).

[5] HESSE, Konrad. *A força normativa da Constituição* (*Die normative kraft der verfassung*), tradução de Gilmar Ferreira Mendes, Porto Alegre: Sérgio A. Fabris Editor, 1991, p. 25.

A Constituição é uma norma jurídica e como toda norma jurídica não se encontra dissociada de seu tempo[6]. "A Constituição não deve ser entendida tão somente no sentido jurídico, como um corpo codificado de leis fundamentais, porém ainda no sentido político-social, como o conjunto de costumes e usos sobre o exercício e a transmissão da autoridade, ou o valor das liberdades públicas, dentro de um determinado ambiente histórico"[7].

"Na concepção que inspirou as primeiras cartas constitucionais, estas eram consideradas como solenes contratos estipulados entre os componentes da sociedade política ou entre o príncipe de um lado e o povo do outro, quase que como uma renovação do original e mítico contrato social, do qual se teria dessumido um caráter sagrado e de intangibilidade"[8]. A Constituição é o pacto entre o soberano e o

---

[6] DINIZ, Maria Helena. *As lacunas no direito*, 5. ed. atual., São Paulo: Saraiva, 1999, p. 72: "O direito deve ser visto em sua dinâmica como uma realidade que está em perpétuo movimento, acompanhando as relações humanas, modificando-se, adaptando-se às novas exigências e necessidades da vida, inserindo-se na história, brotando do contexto cultural. A evolução da vida social traz em si novos fatos e conflitos, de maneira que os legisladores, diariamente, passam a elaborar novas leis; juízes e tribunais constantemente estabelecem novos precedentes e os próprios valores sofrem mutações, devido ao grande e peculiar dinamismo da vida. Estamos envolvidos por um mundo circundante que, além de nós, contém inúmeros objetos, sendo o direito um deles. O direito é um dado que abrange diferentes experiências que se completam, sejam elas históricas, antropológicas, sociológicas, psicológicas, axiológicas etc. Grande é a sua complexidade constitutiva. A experiência jurídica contém uma imensidão de dados heterogêneos". OLIVEIRA, José Sebastião de. *Fundamentos constitucionais do direito de família*, São Paulo: Revista dos Tribunais, 2002, p. 76-77: "O sistema jurídico é dinâmico e o ordenamento jurídico, incompleto, mutável e prospectivo. Constituído por normas, fatos e valores, o ordenamento jurídico mostra-se lacunoso e em constante tentativa de adaptação às vicissitudes pelas quais a sociedade, diariamente, passa. (...) Está, de há muito tempo, superada a concepção de que o Direito seria constituído apenas por normas. Sua constituição é muito mais complexa do que simples redução a um conjunto normativo. Abrange diversas experiências (históricas, antropológicas, sociológicas, axiológicas) que se completam".

[7] PINTO FERREIRA. *Curso de direito constitucional,* 9. ed., São Paulo: Saraiva, 1998, p. 4.

[8] ROMANO, Santi. *Princípios de direito constitucional geral*, Tradução de Maria Helena Diniz, São Paulo: Revista dos Tribunais, 1997, p. 44.

povo, a qual estabelece os princípios e alicerces do Estado. Nesse sentido, a Constituição é o limite do poder estatal.

"Qualquer Estado, seja qual for o tipo histórico a que se reconduza, tem Constituição, na medida em que necessariamente se acompanha de uma institucionalização jurídica do poder; em qualquer Estado podem recortar-se normas fundamentais em que assenta todo o seu ordenamento"[9].

O conceito de Constituição ganha força com o liberalismo. O art. 16 da Declaração dos Direitos do Homem e do Cidadão de 1789 dita: "Toda a sociedade na qual não está assegurada a garantia dos direitos, nem determina a separação dos poderes, não tem Constituição". Manoel Gonçalves Ferreira Filho anota que "para o liberalismo, Constituição é um documento escrito e solene que organiza o Estado, adotando necessariamente a separação dos poderes e visando garantir os direitos do homem"[10].

## 2. CONCEITO DE CONSTITUIÇÃO

O termo "constituição" vem do latim *constitutione*, que significa firmar, formar. A Constituição é a organização de alguma coisa. O sentido jurídico não é diferente, na medida em que o termo designa formação e organização fundamental do Estado. A Constituição Federal constitui e estabelece as atribuições dos órgãos do Estado[11].

Manoel Gonçalves Ferreira Filho define a Constituição como o "conjunto de regras concernentes à forma do Estado, à forma do governo, ao modo de aquisição e exercício do poder, ao estabeleci-

---

[9] MIRANDA, Jorge. *Manual de direito constitucional:* introdução à teoria da Constituição, 2. ed. rev., Coimbra, Portugal: Coimbra Ed., 1988, t. 2, p. 7.

[10] FERREIRA FILHO, Manoel Gonçalves. *Curso de direito constitucional*, cit., p. 7.

[11] ARAUJO, Luiz Alberto David; NUNES JÚNIOR, Vidal Serrano. *Curso de direito constitucional*, São Paulo: Saraiva, 1998, p. 1: "A palavra constituição apresenta equívoco. Sua origem remonta o verbo constituir, que tem o significado de ser a base de; a parte essencial de; formar, compor, empregado em expressões triviais, como a constituição de uma cadeira ou a constituição de uma mesa. Logo, intuitivo que a palavra constituição traz em si uma ideia de estrutura, de como se organiza".

mento de seus órgãos, aos limites de sua ação"[12]. Para Michel Temer, em sentido mais restrito, "Constituição significa o 'corpo', a 'estrutura' de um ser que se convencionou denominar Estado"[13].

Konrad Hesse demonstra o conceito de Constituição afirmando que é esta "a ordem fundamental jurídica da coletividade. Ela determina os princípios diretivos, segundo os quais deve formar-se unidade política e tarefas estatais ser exercidas. Ela regula procedimentos de vencimento de conflitos no interior da coletividade. Ela ordena a organização e o procedimento da formação da unidade política e da atividade estatal. Ela cria bases e normaliza traços fundamentais da ordem total jurídica. Em tudo, ela é o plano estrutural fundamental, orientado por determinados princípios de sentido, para a configuração jurídica de uma coletividade"[14].

O conceito de Constituição apresentado pela doutrina constitucional revela o sentido de norma fundamental e organizacional do Estado:

"O conjunto de normas fundamentais, constante de documento escrito, solene e inalterável por lei ordinária, reguladoras da própria existência do Estado, sua estrutura, órgãos e funções, do modo de exercício e limites de soberania, dos seus fins e interesses fundamentais, das liberdades públicas, direitos e deveres dos cidadãos"[15].

"A constituição do Estado, considerada sua lei fundamental, seria, então, a organização dos seus elementos essenciais: um sistema de normas jurídicas, escritas ou costumeiras, que regula a forma do Estado, a forma de seu governo, o modo de aquisição e o exercício do poder, o estabelecimento de seus órgãos, os limites de sua ação,

---

[12] FERREIRA Filho, Manoel Gonçalves. *Curso de direito constitucional*, cit., p. 10.

[13] TEMER, Michel. *Elementos de direito constitucional*, 14. ed. rev. e ampl., São Paulo: Malheiros, 1998, p. 15.

[14] HESSE, Konrad. *Elementos de direito constitucional da República Federal da Alemanha (Grundzuge des verfassungsrechts der Bundesrepublik Deutschland)*, tradução de Luís Afonso Heck, Porto Alegre: Sérgio A. Fabris, Editor, 1998, p. 37.

[15] TEIXEIRA, J. H. Meirelles. *Curso de direito constitucional*, Rio de Janeiro: Forense Universitária, 1991, p. 44.

os direitos fundamentais do homem e as respectivas garantias. Em síntese, a constituição é o conjunto de normas que organiza os elementos constitutivos do Estado"[16].

"É uma ordem ou ordenação que determinam a posição, considerada em si mesma, e nas recíprocas relações que delas derivam, de vários elementos do Estado e, portanto, o seu funcionamento, a atividade, a linha de conduta desse mesmo Estado e dos que dele fazem parte ou dele dependem"[17].

A Constituição Federal é a regra fundamental do Estado; estrutura o poder e assegura os direitos fundamentais do cidadão em face do Estado. A Constituição, como o próprio nome designa, constitui o Estado, trazendo em seu bojo os fatores, os anseios e os valores da sociedade.

A natureza da Constituição é normativa qualificada. A consequência dessa assertiva é que a Constituição é norma obrigatória, estando presente o binômio exigibilidade-obrigatoriedade. Mas essa imperatividade é qualificada, pois a Constituição é norma fundamental e suprema. Em suma, a Constituição é norma jurídica (imperativa) fundamental (suprema).

A Constituição é uma norma jurídica e sua essência é organizacional, fundamental e fundante. Em suma, traz ela em seu conteúdo:

1) a organização da competência dos órgãos do Estado, disciplinando o poder (norma organizacional do Estado);

2) a instituição e organização do sistema jurídico (norma fundante);

3) o fundamento de validade e unidade do sistema jurídico (norma fundamental).

Sua finalidade precípua é regular a estrutura básica do Estado, que pode ser dividida, em sentido amplo, em três capítulos:

1) a forma do Estado;

---

[16] SILVA, José Afonso. *Curso de direito constitucional positivo*, 16. ed. rev. e atual., São Paulo: Malheiros, 1999, p. 40.

[17] ROMANO, Santi. *Princípios de direito constitucional geral,* cit., p. 4.

2) a competência dos órgãos que compõem o Estado; e

3) os direitos fundamentais dos cidadãos do Estado.

No aspecto jurídico, a Constituição tem por finalidade organizar o Estado, configurando-se como sua norma fundamental, pois é ela o alicerce do sistema jurídico. Fundamental vem do verbo "fundar", que traz a ideia de criar, dar início e assentar, erguer, alicerçar. A Constituição cria o Estado e ao mesmo tempo o organiza. Do prisma político-jurídico, podemos afirmar que ela cumpre três funções essenciais no Estado Democrático de Direito[18]:

1) consagrar e garantir os direitos fundamentais;

2) organizar e limitar o poder; e

3) preservar a unidade política da nação.

Nesse plano, a Constituição é a manifestação política plena do povo, tendo por finalidade implementar o processo democrático propugnado pela nação. Representa o pacto nacional, ou seja, as regras organizacionais fundamentais eleitas pelo povo.

## 3. DIREITO CONSTITUCIONAL

O direito constitucional é ramo do direito público que regula a organização do Estado. Pontes de Miranda o denomina como "a parte do direito público que fixa os fundamentos estruturais do Estado"[19]. José Afonso da Silva o define "como o ramo do direito público que expõe, interpreta e sistematiza os princípios fundamentais do Estado"[20]. "Trata-se do ramo do Direito Público que estuda as normas

---

[18] FERREIRA FILHO, Manoel Gonçalves. *Aspectos do direito constitucional contemporâneo,* São Paulo: Saraiva, 2003, p. 64: "Pode-se indicar que as Constituições se desincumbem de, ao menos, dez funções diferentes: a função de garantia, a função organizativa ou estruturante, a função limitativa, a função procedimental, a função instrumental, a função conformadora da ordem sociopolítica, a função legitimadora (às vezes, legitimante), a função legalizadora, a função simbólica e, enfim, a função prospectiva".

[19] Pontes de Miranda. *Comentários à Constituição de 1967 com a Emenda n. 1, de 1969,* 2. ed. rev., São Paulo: Revista dos Tribunais, 1970, p. 169.

[20] SILVA, José Afonso. *Curso de direito constitucional positivo*, cit., p. 36.

que estruturam, basicamente, o Estado"[21]. O direito constitucional tem como base de estudo a Constituição Federal, a Constituição Política do Estado.

"O Direito Constitucional é um ramo do Direito Público, destacado por ser fundamental à organização e funcionamento do Estado, à articulação dos elementos primários do mesmo e ao estabelecimento das bases da estrutura política"[22].

É um ramo do direito público, na medida em que estuda a própria estrutura do Estado. José Afonso da Silva, ao tratar do objeto e conteúdo das Constituições, anota que têm elas por objeto "estabelecer a estrutura do Estado, a organização de seus órgãos, o modo de aquisição do poder e a forma de seu exercício, limites de sua atuação, assegurar os direitos e garantias dos indivíduos, fixar o regime político e disciplinar os fins socioeconômicos, sociais e culturais. Nem sempre tiveram as constituições objeto tão amplo. Este vem estendendo-se com o correr da história"[23].

Do prisma científico, conceito que entendemos primordial, o direito constitucional é uma disciplina jurídico-científica que tem por objeto de estudo a Constituição.

O conhecimento científico é sistematizado. Assim, desse ponto de vista, o direito constitucional é o conhecimento sistematizado das regras constitucionais, ou seja, aquelas relativas à organização fundamental do Estado. No entender de Manoel Gonçalves Ferreira Filho, o direito constitucional é o "conhecimento sistematizado das regras jurídicas relativas à forma do Estado, à forma do governo, ao modo de aquisição e exercício do poder, ao estabelecimento de seus órgãos e aos limites de sua ação"[24].

---

[21] ACQUAVIVA, Marcus Cláudio. *Notas introdutórias ao estudo do direito,* 2. ed., São Paulo: Ícone, 1990, p. 68.

[22] MORAES, Alexandre de. *Direito constitucional*, 15. ed., São Paulo: Atlas, 2004, p. 37.

[23] SILVA, José Afonso. *Curso de direito constitucional positivo*, cit., p. 45.

[24] FERREIRA FILHO, Manoel Gonçalves. *Curso de direito constitucional*, cit., p. 14.

A investigação científica do direito constitucional é feita em três planos ou disciplinas:

1) direito constitucional positivo ou particular;

2) direito constitucional comparado; e

3) teoria do direito constitucional.

O *direito constitucional positivo* estuda o texto da Constituição de determinado Estado, investigando sua vigência e eficácia.

O *direito constitucional comparado* investiga os pontos de contato entre os direitos positivos de Estados diversos. Como o próprio nome designa, essa disciplina compara vários aspectos dos textos constitucionais.

A *teoria do direito constitucional* estuda a teoria ou sistematização dos preceitos constitucionais, servindo de roteiro básico ao intérprete. Estuda conceitos, princípios e instituições presentes em várias Constituições, trazendo uma visão unitária ao estudo científico do direito constitucional. Como ensina Manoel Gonçalves Ferreira Filho, "da comparação entre os direitos positivos extrai-se o que há de comum a todos eles, reunindo-se assim os princípios universalmente respeitados em matéria constitucional. A sistematização desses princípios constitui o Direito Constitucional Geral ou Teoria Geral do Direito Constitucional, que serve ao mesmo tempo de roteiro para o constituinte e para o intérprete"[25].

Nesse sentido, a investigação do direito constitucional tem uma vertente *dogmática*, que estuda uma ordem jurídica concreta, ou seja, as leis constitucionais positivas de determinado Estado; e *teórica*, que estuda os conceitos do direito constitucional construídos pela ciência e experiências constitucionais de diversas leis positivas.

No contexto dogmático e teórico, o direito constitucional busca compreender os fundamentos básicos da organização política do Estado. A evolução de seu estudo e conteúdo seguiu a evolução do próprio Estado. A grande maioria dos textos constitucionais contemporâneos encontra-se calcada e procura organizar o Estado Demo-

[25] FERREIRA FILHO, Manoel Gonçalves. *Curso de direito constitucional*, cit., p. 15.

crático e Social de Direito. "As funções do Estado moderno viram-se reformuladas no decorrer do processo histórico, devido à mudança dos paradigmas do Estado liberal para o Estado social, evoluindo para o Estado democrático de direito"[26].

## 4. CLASSIFICAÇÃO DAS CONSTITUIÇÕES

São inúmeras as classificações apontadas pela doutrina. Dessa forma, trazemos as principais, utilizando os seguintes critérios:

### 4.1. Quanto à forma

No que se refere à forma, as Constituições são: escritas e não escritas.

A Constituição escrita é aquela codificada e sistematizada em um único documento proclamado de forma solene. Na Constituição não escrita inexiste um texto único proclamado de forma solene, pois as normas constitucionais encontram-se em leis esparsas, costume, jurisprudência e convenções. O exemplo típico é a Constituição inglesa, em que uma parte das normas de organização política é consuetudinária. "A Inglaterra, embora Cromwell dela tivesse tido a ideia, nunca teve uma constituição escrita, salvo alguns textos fragmentários nos quais estão consagrados princípios basilares; entretanto, quando a ordenação inglesa foi transplantada para outros lugares, no sentido e nos limites que serão mencionados, prevaleceu, por exemplo, na América do Norte e na França, o sistema de redigir o direito constitucional, resumindo-o em cartas ou estatutos"[27].

Nesse sentido, o documento escrito onde se inserem ou se depositam normas constitucionais é a Constituição em sentido instrumental. Assim, "Constituição instrumental é o texto denominado Constituição ou elaborado como Constituição, seja ou não o único texto do documento donde constem normas constitucionais"[28].

---

26 SOARES, Mário Lúcio Quintão. *Teoria do Estado*: o substrato clássico e os novos paradigmas como pré-compreensão para o direito constitucional, Belo Horizonte: Del Rey, 2001, p. 15.

27 ROMANO, Santi. *Princípios de direito constitucional geral*, cit., p. 45.

28 MIRANDA, Jorge. *Manual de direito constitucional*, cit., p. 12.

A Constituição escrita apresenta vantagens e desvantagens. "O caráter consuetudinário do direito público inglês e a multiplicidade de seus documentos escritos beneficia a sua estabilidade, opondo aos inovadores e aos revolucionários uma resistência longa e continuada de trincheiras; o direito constitucional escrito, pelo contrário, apresenta-se como um fácil e próximo alvo aos seus adversários, quase que um convite e um concurso perpétuo a quem souber escrever uma melhor"[29]. "A reivindicação de que haja uma Constituição escrita equivale, antes de mais, à reivindicação de que as normas constitucionais se contenham num texto ou documento visível, com as inerentes vantagens de certeza e de prevenção de violações"[30].

## 4.2. Quanto ao modo de elaboração

Como base no modo de elaboração, as Constituições são: dogmáticas e históricas.

A Constituição dogmática emana do poder constituinte, sendo sistematizada em dogmas fundamentais escritos, ao passo que a Constituição histórica surge da tradição de determinado povo através de um longo e contínuo processo histórico, como, por exemplo, a Inglaterra. Ao tratar das instituições constitucionais da Inglaterra, Santi Romano anota que se trata "de instituições que tiveram uma evolução histórica muito lenta e progressiva, ou melhor, espontânea e natural, que não se encontra, em medida análoga, em nenhum outro ordenamento jurídico, senão no direito romano e no direito canônico. Elas constituem um edifício que não surgiu subitamente, mas que resultou de uma série de ampliações, adaptações, modificações de um primeiro edifício de proporções menores, que todavia não mudou de estilo e que tem conservado, constantemente, seus traços essenciais. A constituição inglesa, que Jorge III dizia ser a mais perfeita das criações humanas e que outros consideravam um mistério sagrado da ciência governamental"[31].

---

29 ROMANO, Santi. *Princípios de direito constitucional geral,* cit., p. 45.

30 MIRANDA, Jorge. *Manual de direito constitucional,* cit., p. 12.

31 ROMANO, Santi. *Princípios de direito constitucional geral,* cit., p. 43.

"O conceito de constituição dogmática é conexo com o de constituição escrita, como o de constituição histórica o é com constituição não escrita. Constituição dogmática, sempre escrita, é a elaborada por um órgão constituinte, e sistematiza os dogmas ou ideias fundamentais da teoria política e do Direito dominantes no momento. Constituição histórica ou costumeira, não escrita, é, ao contrário, a resultante de lenta formação histórica, do lento evoluir das tradições, dos fatos sociopolíticos, que se cristalizam como normas fundamentais da organização de determinado Estado, e o exemplo ainda vivo é o da Constituição inglesa"[32].

### 4.3. Quanto à origem

De acordo com a origem, as Constituições são: promulgadas e outorgadas.

As Constituições promulgadas, também denominadas democráticas e populares, são elaboradas pela Assembleia Nacional Constituinte (órgão constituinte), composta por representantes eleitos pelo povo com a finalidade de elaborar o texto constitucional. As Constituições outorgadas são elaboradas por um poder sem a participação popular, sendo consequentemente impostas pelo poder ditatorial, seja o imperador, rei ou ditador.

Quanto à origem, a doutrina aponta ainda as denominadas Constituições cesaristas, que são aquelas outorgadas mas submetidas ao povo por intermédio do referendo popular.

No Brasil as Constituições de 1891, 1934, 1946 e 1988 foram promulgadas e as Constituições de 1824, 1937, 1967 e a EC n. 1/69 foram outorgadas.

### 4.4. Quanto à estabilidade ou mutabilidade

No que se refere à estabilidade ou mutabilidade, as Constituições são: imutáveis, rígidas, flexíveis e semiflexíveis.

Nas Constituições imutáveis não se permite qualquer alteração no texto constitucional. Na maioria dos casos a imutabilidade é relativa, na medida em que elas estabelecem um prazo fixado, em que não

---

[32] SILVA, José Afonso da. *Curso de direito constitucional positivo,* cit., p. 43.

se admitirá reforma. São as chamadas limitações temporais dirigidas ao legislador constituinte reformador. As Constituições rígidas são aquelas que apresentam um processo legislativo especial para a reforma constitucional, em regra mais solene e dificultoso do que o estabelecido para as normas legais ordinárias. As Constituições flexíveis são as que podem ser alteradas mediante processo legislativo ordinário. Nas Constituições semirrígidas ou semiflexíveis algumas normas constitucionais são alteradas mediante procedimento legislativo ordinário e outras mediante procedimento legislativo especial (mais dificultoso), como ocorria na nossa Constituição de 1824, que em seu art. 178 dispunha que "É só Constitucional o que diz respeito aos limites e atribuições respectivas dos Poderes Políticos e aos Direitos Políticos e individuais dos cidadãos. Tudo o que não é Constitucional pode ser alterado sem as formalidades referidas pelas Legislaturas ordinárias".

"A denominação flexível, por sua vez, parece indicar instabilidade, no sentido de que as constituições flexíveis seriam instáveis. Não possuindo garantia de solidez e permanência, pois promulgadas pela autoridade legislativa ordinária e capazes de por ela serem alteradas, são de fato objeto de mudanças extensas e frequentes. Se for feito um breve retrospecto histórico, porém, ver-se-á que, embora com toda carga de instabilidade própria de sua natureza, tal não sucedeu, já que — só a título de ilustração, considerando a Inglaterra um exemplo típico ora tratado — constatamos que as principais características do governo inglês continuam sendo as mesmas desde 1689 e 1701. Tal raciocínio, então, nem sempre corresponde totalmente a uma representação da realidade concreta, e a estabilidade de uma Constituição não depende tanto da forma, mas do equilíbrio das forças sociais e econômicas que a apoiam e sustentam. Sua característica, portanto, é sua elasticidade, e não sua instabilidade, já que pode adaptar-se sem haver ruptura em sua estrutura"[33].

A Constituição Federal de 1988 é rígida na medida em que só pode ser emendada mediante processo legislativo especial (art. 60). Ainda, entendemos que é imutável em parte, haja vista as cláusulas pétreas (art. 60, § 4º).

---

[33] FERRARI, Regina Maria Macedo Nery. *Efeitos da declaração de inconstitucionalidade,* 4. ed. rev., São Paulo: Revista dos Tribunais, 1999, p. 47-48.

### 4.5. Quanto à extensão ou finalidade

Tomando-se como critério a extensão ou finalidade as Constituições classificam-se como: Constituição garantia e Constituição dirigente.

As Constituições garantia, também chamadas de sintéticas ou negativas, contêm as regras e princípios básicos referentes à organização e aos limites do Estado. A limitação do poder do Estado verifica-se por intermédio dos direitos e garantias individuais. Essa espécie de Constituição tem a preocupação básica de contemplar os princípios norteadores do Estado e do sistema jurídico. A principal preocupação da Constituição garantia é o impedimento oposto à autoridade.

As Constituições dirigentes, também chamadas de analíticas, são compostas de várias espécies normativas, eleitas de acordo com os anseios do povo do Estado. Essa espécie de Constituição disciplina todos os assuntos que entende relevantes ao Estado, mas que poderiam ser inseridos na legislação ordinária. A Constituição dirigente preocupa-se com programas futuros.

José Afonso da Silva, no prefácio de seu *Curso*, escreve que "o constituinte fez uma opção muito clara por uma Constituição abrangente. Rejeitou a chamada constituição sintética, que é constituição negativa, porque construtora apenas de liberdade-negativa ou liberdade-impedimento, oposta à autoridade, modelo de constituição que, às vezes, se chama de constituição-garantia (ou constituição-quadro). A função garantia não só foi preservada como até ampliada na Constituição, não como mera garantia do existente ou como simples garantia das liberdades negativas ou liberdades-limite. Assumiu ela a característica de constituição-dirigente, enquanto define fins e programa de ação futura, menos no sentido socialista do que no de uma orientação social democrática, imperfeita, reconheça-se. Por isso, não raro, foi minuciosa e, no seu compromisso com a garantia das conquistas liberais e com um plano de evolução política de conteúdo social, nem sempre mantém uma linha de coerência doutrinária firme. Abre-se, porém, para transformações futuras, tanto seja cumprida. E aí está o drama de toda constituição dinâmica: ser cumprida"[34].

[34] SILVA, José Afonso da. *Curso de direito constitucional positivo,* cit., p. 6.

## 4.6. Quanto ao conteúdo

No que tange ao conteúdo, as Constituições são classificadas em: material e formal.

A Constituição material é composta de regras materialmente constitucionais, ou seja, referentes à organização do poder, podendo ou não constar de um único texto constitucional. A Constituição formal é oriunda de um único texto escrito estabelecido de forma solene pelo Poder Constituinte Originário. Assim, são materiais quando a matéria contida na Constituição for constitucional; e formais quando a Constituição não tiver conteúdo constitucional, mas for considerada como tal por estar contida no texto constitucional.

"Há duas perspectivas por que pode ser considerada a Constituição: uma perspectiva material — em que se atende ao seu objeto, ao seu conteúdo ou à sua função; e uma perspectiva formal — em que se atende à posição das normas constitucionais em face das demais normas jurídicas e ao modo como se articulam e se recortam no plano sistemático do ordenamento jurídico"[35].

"Os países com Constituição material são também países com Constituição em sentido formal. A quase única e, aliás, decisiva excepção é a Inglaterra, que possui Constituição em sentido material e não tem Constituição em sentido formal. No continente encontram-se no interior da ordem jurídica de cada país normas qualificadas como constitucionais, inscritas em leis com esse nome; em Inglaterra, nada disso, nenhumas normas se diferenciam uma das outras por serem constitucionais e nenhuma lei se chama Constituição"[36].

A ampliação do conteúdo da Constituição gerou a distinção entre Constituição material e formal.

## 4.7. Classificação da Constituição Federal de 1988

Com fulcro na classificação apresentada, podemos classificar a Constituição de 1988 como escrita, dogmática, promulgada, rígida, dirigente e formal.

---

[35] MIRANDA, Jorge. *Manual de direito constitucional,* cit., p. 9-10.

[36] MIRANDA, Jorge. *Manual de direito constitucional,* cit., p. 27.

## 5. EFETIVAÇÃO DA CONSTITUIÇÃO

No plano fático verifica-se uma descrença na efetividade das normas constitucionais, que se substancia na impossibilidade de concretização imediata de determinados preceitos, em especial os direitos que exigem uma atuação positiva do Estado, como é a realização das políticas públicas.

A primeira indagação que surge é se os direitos sociais, culturais e econômicos elencados na Constituição configuram-se como direitos subjetivos públicos do cidadão do Estado. A Constituição tem força normativa? Estatui verdadeiros direitos ou alguns de seus preceitos, em especial os direitos sociais, trazem apenas diretrizes dirigidas ao próprio Estado ou sugestões ao legislador para a construção normativa? O princípio constitucional pode ser aplicado ao caso concreto ou apenas a norma elaborada com fundamento no princípio constitucional pode ser aplicada ao caso concreto? A norma constitucional ganha força normativa somente quando se exterioriza no direito infraconstitucional?

As respostas a estas e a outras indagações são claras: a Constituição é uma norma jurídica. O texto constitucional não é apenas um documento político, mas sobretudo jurídico, ou seja, a Constituição possui a natureza de norma jurídica. Logo, todo o seu conteúdo possui força normativa, obrigando o Estado e seus cidadãos. Não são meras recomendações desprovidas de vinculação. Os preceitos constitucionais constituem direitos subjetivos públicos, podendo sua concretização ser exigida por intermédio dos institutos de direito processual constitucional.

O direito fundamental consagrado na Constituição configura-se como direito subjetivo público. Essa assertiva vale também, em certo sentido, para as denominadas normas programáticas, que regraram os anseios políticos e sociais do povo. O administrador público na realização de seu mister deve observar as normas constitucionais – leia-se: regras e princípios.

# III
# O PROCESSO

## 1. O PROCESSO

O termo "processo" provém do latim *processu* e significa marcha, curso, seguimento, trazendo a ideia de ir por diante. O *Dicionário Houaiss* define o vocábulo como "ação continuada, realização contínua e prolongada de alguma atividade, seguimento, sequência contínua de fatos ou operações que apresentam certa unidade ou que se reproduzem com certa regularidade"[1].

"A palavra processo no direito ganha a conotação de uma série de atos voltados ao atingimento de um objetivo final. Há, portanto, uma coordenação entre esses atos de tal sorte que aflora uma lógica própria da sua colocação num determinado momento de tramitação"[2].

Rodrigo da Cunha Lima Freire afirma que "a palavra processo desperta diversos significados, dentre os quais podemos encontrar aquele que o identifica como método, meio ou maneira pela qual se realiza algo. Neste sentido pode-se dizer que, no direito, o processo é o meio pelo qual o Estado presta a tutela jurisdicional, segundo um conjunto de normas e princípios que garantam o *procedural due process*, com força coativa suficiente para assegurar o cumprimento de suas resoluções, objetivando a segurança jurídica e, na medida do possível, a realização da justiça. Entretanto, o vocábulo processo tem origem no verbo latino *procedere*, querendo designar, assim, o ato de proceder, andar, marchar ou seguir adiante"[3].

O processo é o conjunto de atos dirigidos para cumprir uma finalidade: aplicação da norma, elaboração da norma, investigação de um fato, solução de um conflito. A finalidade varia de acordo com a espécie de processo. A doutrina denomina *procedimento* a sequência dos atos coordenados. O procedimento é a forma como o proces-

---

[1] HOUAISS, Antônio; VILLAR, Mauro de Salles. *Dicionário Houaiss da língua portuguesa,* Rio de Janeiro: Objetiva, 2001, p. 2303.

[2] BASTOS, Celso Ribeiro. *Dicionário de direito constitucional,* São Paulo: Saraiva, 1994, p. 164-165.

[3] FREIRE, Rodrigo da Cunha Lima. *Condições da ação*: enfoque sobre o interesse de agir no processo civil brasileiro, 1. ed., 2. tir., São Paulo: Revista dos Tribunais, 2000, p. 28.

so se exterioriza e se materializa no mundo jurídico. É a expressão visível do processo. Para que o procedimento se desenvolva, urge a necessidade do cumprimento dos pressupostos processuais, que são requisitos da existência e validade do processo.

Moacyr Amaral Santos afirma que "o processo é uma operação por meio da qual se obtém a composição da lide"[4]. Compor a lide significa resolver o conflito segundo a vontade da lei. O referido autor acrescenta que o direito processual civil é o conjunto de princípios e normas que regulam o exercício da jurisdição civil. Nesse sentido, o direito processual penal é o conjunto de princípios e normas que regulam o exercício da jurisdição penal[5]. Da mesma forma, o direito processual constitucional regula a jurisdição constitucional. Nessa esteira, o direito processual é o conjunto de princípios e normas que disciplinam a aplicação ao caso concreto das normas de direito material.

A doutrina tradicional define o processo como o conjunto de atos concretos previstos e regulados de forma abstrata pelo direito processual com a finalidade de cumprir a norma. O processo é apresentado com uma característica precipuamente instrumental.

"O processo, como procedimento, é, pois, o conjunto de atos legalmente ordenados para apuração do fato, da autoria e exata aplicação da lei. O fim é este; a descoberta da verdade, o meio"[6]. Direito e processo caminham juntos, de modo que este é instrumento daquele.

Vicente Greco Filho define o direito processual penal como "o ramo do direito público que consiste no conjunto sistemático de

---

[4] SANTOS, Moacyr Amaral. *Primeiras linhas de direito processual civil,* 18. ed. rev., atual. e ampl. por Aricê Moacyr Amaral dos Santos, São Paulo: Saraiva, 1995, v. 1, p. 11.

[5] CINTRA, Antonio Carlos de Araújo; GRINOVER, Ada Pellegrini; DINAMARCO, Cândido Rangel. *Teoria geral do processo,* 13. ed., São Paulo: Malheiros, 1997, p. 40: "Chama-se direito processual o complexo de normas e princípios que regem tal método de trabalho, ou seja, o exercício conjugado da jurisdição pelo Estado-juiz, da ação pelo demandante e da defesa do demandado".

[6] NORONHA, E. Magalhães. *Curso de direito processual penal,* 26. ed. atual. por Adalberto José Q. T. de Camargo Aranha, São Paulo: Saraiva, 1998, p. 4.

normas e princípios que regulam a atividade da jurisdição, o exercício da ação e o processo em matéria penal, bem como a tutela da liberdade de locomoção, quando o direito penal aplicável, positiva ou negativamente, é o direito penal comum"[7].

José Frederico Marques define o direito processual penal nos seguintes termos: "o conjunto de princípios e normas regulam a aplicação jurisdicional do Direito Penal, bem como as atividades persecutórias da Polícia Judiciária, e a estruturação dos órgãos da função jurisdicional e respectivos auxiliares"[8].

Hélio Tornaghi afirma que "o processo penal é uma sequência ordenada de fatos, atos e negócios jurídicos que a lei impõe (normas imperativas) ou dispõe (regras técnicas e normas puramente ordenatórias) para a averiguação do crime e da autoria e para o julgamento da ilicitude e da culpabilidade. Proceder significa ir para frente; mesmo etimologicamente, portanto, o processo é uma atividade, um encaminhamento, em determinada direção"[9].

No nosso estudo, salutar é a definição de José Rogério Cruz e Tucci, "pela qual a ideia de processo aflora como instrumento de investigação da verdade e de distribuição da justiça"[10]. No mesmo sentido Sálvio de Figueiredo Teixeira afirma que a expressão "processo" "ganha conotação científica mais restrita para significar instrumento de realização da função jurisdicional ou meio ético de efetivação das garantias constitucionalmente asseguradas"[11].

O processo não apresenta apenas uma característica instrumental. É certo afirmar que, com o advento do Estado Democrático,

---

[7] GRECO FILHO, Vicente. *Manual de processo penal,* São Paulo: Saraiva, 1991, p. 72.

[8] MARQUES, José Frederico. *Elementos de direito processual penal,* Campinas/SP: Bookseller, 1997, v. 1. p. 32.

[9] TORNAGHI, Hélio. *Curso de processo penal,* 10. ed. atual. por Adalberto José Q. T. de Camargo Aranha, São Paulo: Saraiva, 1997, p. 3.

[10] TUCCI, José Rogério Cruz e. *Tempo e processo*: uma análise empírica das repercursões do tempo na fenomenologia processual (civil e penal), São Paulo: Revista dos tribunais, 1997, p. 23.

[11] TEIXEIRA, Sálvio de Figueiredo. O processo civil na nova Constituição, *RP*, 53/78-84, São Paulo: Revista dos Tribunais, jan./mar., 1989, p. 78.

o processo apresenta uma dupla faceta: 1) instrumental; e 2) garantística.

É o processo o instrumento para a composição das lides. Por outro lado, é a garantia colocada à disposição das partes para a correta aplicação da lei. Desta feita, o processo atua como instrumento do poder do Estado, aplicando a lei em face daquele que a viola. De outra feita, protege sempre o interesse público, o direito da personalidade, sobretudo da liberdade e também do patrimônio do imputado[12]. O direito processual garantístico é o cerne da relação entre o direito processual e a Constituição.

A evolução do Estado Democrático e Social de Direito traz ao processo a finalidade de pacificação social. O desiderato do Estado é o bem comum. Para alcançar esse objetivo desenvolve várias atividades, dentre elas a prestação jurisdicional, que reafirma a vontade da lei e consagra o bem comum.

A atividade jurisdicional do Estado, como manifestação de poder, tem por objetivo não só a composição da lide e garantia de direitos subjetivos, mas também a reafirmação de valores consagrados pela sociedade. Desse prisma, cumpre ao processo atingir dois objetivos: a vontade da lei ou a reafirmação dos valores da sociedade e a garantia de direitos subjetivos pela busca da verdade real.

---

[12] POZZER, Benedito Roberto Garcia. *Correlação entre acusação e sentença no processo penal brasileiro,* São Paulo: IBCCrim, 2001, p. 15: "...o processo penal, instrumento de aplicação do direito penal, que, oscilando durante o transcurso dos tempos, em determinado momento protege com maior força a sociedade, em detrimento de direitos individuais do acusado, para, em outro instante, realçar os direitos da pessoa humana"; MERCONE, M. *Diritto processuale penale,* 9. ed., Napoli, Simone: 2001, p. 8: "Il procedimento, da un lato, attua il potere punitivo dello Stato, consentendo di reprimere quelle violazioni del suo ordinamento che costituiscono reato e, dall'altro, protegge, sempre nell'interesse pubblico, i diritti personali (soprattutto di libertà) ed anche patrimoniali dell'imputato e degli altri soggetti che partecipano al procedimento"; TUCCI, Rogério Lauria. *Direitos e garantias individuais no processo penal brasileiro,* São Paulo: Saraiva, 1993, p. 23: "...o processo penal objetiva concomitantemente, dupla finalidade, a saber: a) por um lado, a tutela da liberdade jurídica do indivíduo, membro da comunidade; e b) por outro, o de garantia da sociedade contra a prática de atos penalmente relevantes, praticados pelo ser humano, em detrimento de sua estrutura".

Podemos afirmar que o processo tem uma finalidade instrumental, garantística e sociopolítica. Se pautado por esses preceitos, os institutos de direito processual constitucional podem atingir sua finalidade: investigar a verdade e distribuir a justiça.

O processo constitucional reafirma a vontade da Constituição e consagra o bem comum do Estado Democrático e Social de Direito.

Em resumo, concluímos que o processo tem por fim a investigação da verdade (garantia dos direitos subjetivos) e a distribuição da justiça.

Como dissemos, o processo possui característica instrumental, garantística e sociopolítica. A característica instrumental verifica-se na aplicação da lei ao caso concreto (composição da lide). O plano garantístico evidencia-se pela proteção do interesse público e dos direitos da personalidade, ou seja, pela garantia dos direitos subjetivos por meio da investigação da verdade. Do prisma sociopolítico o processo reafirma a vontade da lei, ou seja, o processo é o instrumento de reafirmação dos valores consagrados pela sociedade por meio da distribuição da justiça.

Em suma:

| | |
|---|---|
| 1. Instrumental | Aplicação da lei ao caso concreto — composição da lide. |
| 2. Garantística | Garantia de direitos subjetivos por meio da investigação da verdade — proteção do interesse público e direitos da personalidade. |
| 3. Sociopolítica | Reafirmação da vontade da lei por intermédio da distribuição da justiça — reafirmação dos valores consagrados pela sociedade. |

## 2. JURISDIÇÃO

O processo desenvolve-se por meio da jurisdição e constitui o contorno desta. "A ordem processual, como sistema aberto, ou dependente, integra-se em outro sistema de maior espectro e significado, representado pela ordem jurídica do país, através do fio da instrumentalidade: o que justifica a própria ordem processual como um todo é a sua função de proporcionar ao Estado meios para o cumprimento de seus próprios fins, sendo que é mediante o exercício do poder que estes são perseguidos (e a ação, a defesa e o processo constituem o contorno da disciplina da jurisdição)"[13].

A jurisdição é a manifestação do poder estatal, que consiste em julgar, mediante a aplicação da norma abstrata ao caso concreto. "Etimologicamente, jurisdição deriva de *juris dictio*, que, na acepção literal, significa dizer o direito"[14]. "Resumidamente, poder-se-ia deixar como estabelecido que jurisdição é o poder, função ou atividade de aplicar o direito a um fato concreto, pelos órgãos públicos destinados a tal, obtendo-se a justa composição da lide"[15]. A jurisdição é atividade estatal exercida pelo órgão competente por meio do processo. Daí a íntima ligação entre processo e jurisdição. "Jurisdição e processo são conceitos correlatos, já que este é o campo em que aquela se desenvolve. Daí ser o processo um instrumento de que se serve o Estado para aplicação jurisdicional do direito objetivo, pouco importando que este se refira a normas de caráter privatístico, ou que contenha mandamentos de direito público"[16]. É por meio do processo que o Poder Judiciário aplica o direito ao caso concreto.

Enquanto manifestação de poder, a jurisdição é consagrada na Constituição. Por isso, o texto constitucional estabelece o direito de ação e defesa, sob a égide do devido processo legal. A estrutura do processo encontra-se justamente nesses elementos: ação, defesa e jurisdição. Desse prisma, a tutela jurisdicional é a utilização adequada dos instrumentos processuais que as partes têm direito. "A tutela jurisdicional é a síntese do escopo do processo"[17].

---

[13] DINAMARCO, Cândido Rangel. *A instrumentalidade do processo,* 10. ed. rev. e atual., São Paulo: Malheiros, 2002, p. 98.

[14] MEDINA, Paulo Roberto de Gouvêa. *Direito processual constitucional,* Rio de Janeiro: Forense, 2004, p. 51.

[15] GRECO FILHO, Vicente. *Direito processual civil brasileiro*, 10. ed. atual., São Paulo: Saraiva, 1995, v. 1, p. 167.

[16] MARQUES, José Frederico. *Elementos de direito processual penal,* cit., 1997, p. 287.

[17] DINAMARCO, Pedro da Silva. *Ação civil pública,* São Paulo: Saraiva, 2001, p. 90.

A finalidade da jurisdição é a aplicação do direito. Se a norma aplicada é penal, diz-se jurisdição penal. Se o objetivo é a composição da lide por meio da norma civil, a jurisdição é civil. Se o objeto é constitucional, podemos falar em jurisdição constitucional.

O processo e a jurisdição são unos. É o objeto que determinará a espécie de jurisdição. Assim, a jurisdição constitucional é apenas uma espécie dessa manifestação do poder estatal.

# IV
# A CONSTITUIÇÃO E O PROCESSO

## 1. A CONSTITUIÇÃO E O PROCESSO

A Constituição é a regra fundamental do Estado. O processo é o instrumento da atuação estatal e, como ramo do direito público, tem por finalidade proteger os direitos fundamentais, que por sua vez estão estabelecidos no texto constitucional. O processo reflete os axiomas consagrados na Constituição Federal. Giuseppe Bettiol afirma que a Constituição, ligada a valores, fixa normas processuais vinculadas à democracia, com a finalidade de tutelar a liberdade individual[1].

A norma constitucional guarda íntima relação com o direito processual[2]. Ada Pellegrini Grinover ensina "que todo o direito processual, portanto, como ramo de direito público, tem suas linhas fundamentais traçadas pelo direito constitucional"[3]. José Frederico Marques, igualmente, afirma ser o "Direito Processual um dos ramos das ciências jurídicas de mais íntimo e próximo contato com os preceitos constitucionais"[4]. Essa relação vislumbra-se tendo em vista os vários pontos de contato entre os dois institutos. O primeiro aspecto encontra-se na feição publicista do direito processual, que acentua sua relação com o texto constitucional. Nessa esteira, o processo é o grande realizador dos princípios elencados na Carta Magna. É o direito processu-

---

[1] BETTIOL, Giuseppe. *Instituciones de derecho penal y procesal,* Tradução de Faustino Gutiérrez-Alviz y Conradi, Barcelona/Espanha: Bosch, 1977, p. 222; SCHNEIDER, Hans Peter. *Democracia y constitución,* Madrid/Espanha: Centro de Estudios Constitucionales, 1991, p. 18-19; PRADO, Geraldo. *Sistema acusatório*: a conformidade constitucional das leis processuais penais, Rio de Janeiro: Lumen Juris, 1999, p. 46-59; FERNANDES, Antonio Scarance. *Processo penal constitucional,* 2. ed. rev. e atual., São Paulo: Revista dos Tribunais, 2000, p. 11-16.

[2] FENECH, Miguel. *Derecho procesal penal,* Barcelona/Espanha: Labor, 1952, v. 1, p. 49-51.

[3] GRINOVER, Ada Pellegrini. *A garantia constitucional do direito de ação e sua relevância no processo civil,* Livre-Docência, São Paulo: Faculdade de Direito da Universidade de São Paulo, 1972, p. 12.

[4] MARQUES, José Frederico. Os princípios constitucionais da justiça penal, in *Estudos de direito processual penal,* Rio de Janeiro: Forense, 1960, p. 44; MARQUES, José Frederico. O processo penal na atualidade, in Hermínio Alberto Marques Porto e Marco Antonio Marques da Silva (org.), *Processo penal e Constituição Federal*, São Paulo: Acadêmica/APAMAGIS, 1993, p. 13.

al que traz realidade, concretude e efetividade aos preceitos constitucionais. Assim, como consequência direta, verifica-se uma relação entre o regime constitucional e a disciplina do processo adotado[5].

O direito processual, como parte do direito público, está preordenado a atuar e proteger o interesse público fundamental. Os direitos fundamentais consagrados na Constituição Federal são realizados dentro do processo. Visto dessa forma, o processo não disciplina somente a aplicação do direito material, mas é também o instrumento de garantia da liberdade do cidadão em face do Estado[6], consagrado pelo denominado Estado de Direito[7]. Por intermédio do processo, o Estado protege o cidadão contra possíveis abusos praticados pelos detentores do poder político.

A jurisdição é função do Estado. O poder jurisdicional, que é um desdobramento lógico dos poderes do Estado, encontra sua estruturação básica na Constituição Federal; já por aí se verifica a relação entre o processo e a Constituição Federal[8] "As Constituições

---

[5] CALAMANDREI, Piero. *La dialeticità del processo*: opere giuridice, Napoli/Itália: Morano, 1995, v. 1, p. 681.

[6] DIAS NETO, Theodomiro. O direito ao silêncio: tratamento nos direitos alemão e norte-americano, *RBCCrim*, São Paulo: Revista dos Tribunais, 19/179-204, jul./set. 1997, esp. p. 180: "o direito processual penal não é somente veículo de realização do direito penal material, mas também direito constitucional aplicado, sendo indicador da cultura política e jurídica de uma sociedade"; FERNANDES, Antonio Scarance. *Processo penal constitucional,* 2. ed. rev. e atual., São Paulo: Revista dos Tribunais, 2000, p. 15: "o processo não é apenas um instrumento técnico, refletindo em si valores políticos e ideológicos de uma nação. Espelha, em determinado momento histórico, as diretrizes básicas do sistema político do país".

[7] SILVA, Marco Antonio Marques da. *Juizados especiais criminais,* São Paulo: Saraiva, 1997, p. 6: "A noção de Estado de direito representou, nas suas primeiras manifestações, a busca de um ideal institucional ou de uma realidade espiritual dirigida a proteger o cidadão com sua liberdade, seus valores, assim como seus direitos inatos adquiridos frente a eventuais abusos por parte dos detentores do poder político".

[8] GRECO FILHO, Vicente. *Manual de processo penal,* São Paulo: Saraiva, 1991, p. 1: "A compreensão unitária do direito processual resultou, especialmente, da verificação de que o poder jurisdicional, como um dos poderes do Estado, é único, e sua estruturação básica encontra-se ao nível da Constituição Federal, de modo que resulta inevitável a conclusão de que há algo comum a toda atividade jurisdicional".

do após-guerra têm dedicado maior espaço às normas processuais. Efetivamente, à medida que esse espaço se ampliou deu-se o advento do Direito Processual Constitucional. Mas a preocupação de tornar o processo um complemento das garantias constitucionais já mostrava os primeiros sinais em Cartas Políticas anteriores"[9].

A Constituição Federal preocupou-se em estabelecer garantias para o processo, em especial, para o processo penal, tendo em vista o bem jurídico tutelado, que é a liberdade, não abandonando outros ramos do direito processual. Essa tutela é estudada pela disciplina direito constitucional processual, que surge da relação evidente entre a Constituição e o processo. Dessa forma, podemos utilizar duas denominações para identificar a aludida reciprocidade: direito constitucional processual e o direito processual constitucional. A convivência em si é denominada direito constitucional processual.

Em suma:

| **Direito constitucional processual** | Direito constitucional processual<br>Direito processual constitucional |
|---|---|

Segundo nosso entendimento, o binômio Constituição e processo designa a atuação da Constituição no campo do processo e a atuação do processo na Constituição. Essa investigação ocorre por meio do exame da influência do texto constitucional no processo e do exame da influência do direito processual nos institutos de tutela consagrados na Constituição Federal[10].

---

[9] MEDINA, Paulo Roberto de Gouvêa. *Direito processual constitucional,* Rio de Janeiro: Forense, 2004, p. 13.

[10] CARVALHO, Luis Gustavo Grandinetti Castanho de. *O processo penal em face da Constituição*: princípios constitucionais do processo penal, 2. ed., Rio de Janeiro: Forense, 1998, p. 5: "há uma distinção entre princípio constitucional aplicado ao Direito Processual e princípio processual-constitucional. O primeiro é um princípio de natureza política que foi inserido em Cartas Constitucionais, para, só após, ser estendido ao Direito Processual. Já o princípio processual-constitucional é justamente oposto. É o princípio elaborado pela ciência processual e, devido a sua reconhecida importância política, passou a ocupar lugar nas Constituições Federais. Essa

A influência da Constituição no processo verifica-se na medida em que o processo tem garantia nos princípios processuais nela consagrados (direitos e garantias processuais). Os direitos e garantias processuais são diretrizes constitucionais processuais que devem estar presentes em qualquer espécie de procedimento.

A influência do processo na Constituição verifica-se na medida em que o texto constitucional tem eficácia por meio dos instrumentos processuais nela previstos (jurisdição constitucional). São normas instrumentais, que têm por finalidade a própria preservação da Constituição. Daí as duas denominações: direito constitucional processual e direito processual constitucional.

O *direito constitucional processual* é o elenco de normas e princípios processuais consagrados e tutelados no texto constitucional. São as normas de direito processual inseridas na Constituição, sendo investigadas na disciplina teoria geral do processo. Referida disciplina estuda os preceitos fundamentais do processo, incluindo os que constam da Constituição. Como exemplo, podemos citar o *princípio da inafastabilidade da jurisdição* ou *princípio da garantia do direito de ação*[11].

---

é uma discussão teórica, ninguém vai exigir um rigor técnico-científico na aplicação deste ou daquele princípio. O que importa é o princípio, a sua noção e a consequência prática de sua aplicação"; CINTRA, Antonio Carlos de Araújo; GRINOVER, Ada Pellegrini; DINAMARCO, Cândido Rangel. *Teoria geral do processo,* 13. ed., São Paulo: Malheiros, 1997, p. 79-80: "a condensação metodológica e sistemática dos princípios constitucionais do processo toma o nome de direito processual constitucional. Não se trata de um ramo autônomo do direito processual, mas de uma colocação científica, de um ponto de vista metodológico e sistemático, do qual se pode examinar o processo em suas relações com a Constituição. O direito processual constitucional abrange, de um lado, *(a)* a tutela constitucional dos princípios fundamentais da organização judiciária e do processo; *(b)* de outro, a jurisdição constitucional. A tutela constitucional dos princípios fundamentais da organização judiciária corresponde às normas constitucionais sobre os órgãos da jurisdição, sua competência e suas garantias. A jurisdição constitucional compreende, por sua vez, o controle judiciário da constitucionalidade das leis e dos atos da Administração, bem como a denominada jurisdição constitucional das liberdades, com o uso dos remédios constitucionais-processuais".

[11] ALMEIDA, Gregório Assagra de. *Direito processual coletivo brasileiro*: um novo ramo do direito processual, São Paulo: Saraiva, 2003, p. 33: "O direito constitucio-

O *direito processual constitucional* compreende o elenco de normas e princípios processuais que tem por finalidade regular a jurisdição constitucional, como, por exemplo, o *habeas data*, o *habeas corpus*[12].

---

nal processual, dentro desse contexto, é o conjunto de normas e princípios processuais, de natureza essencialmente constitucional, estabelecido na Constituição, para tutelar a essência e o espírito do direito processual. É dentro, portanto, do direito constitucional processual que se encontra fundamentada a unidade do direito processual, bem como, por consequência, a teoria geral do processo".

[12] NERY JUNIOR, Nelson. *Princípios do processo civil na Constituição Federal,* 5. ed. rev. e ampl., São Paulo: Revista dos Tribunais, 1999, p. 20-21: "o direito processual civil, ramo do direito público, é regido por normas que se encontram na Constituição Federal e na legislação infraconstitucional. Existem, também, institutos processuais cujo âmbito de incidência e o procedimento para sua aplicação se encontram na própria Constituição. Naturalmente, o direito processual se compõe de um sistema uniforme, que lhe dá homogeneidade de sorte a facilitar sua compreensão e aplicação para a solução de ameaças e lesões de direito. Mesmo que se reconheça essa unidade processual, é comum dizer-se didaticamente que existe um Direito Constitucional Processual, para significar o conjunto das normas de Direito Processual que se encontra na Constituição Federal, ao lado do Direito Processual Constitucional, que seria a reunião dos princípios para o fim de regular a denominada jurisdição constitucional. Não se trata, portanto, de ramos novos do direito processual"; TEIXEIRA, Sálvio de Figueiredo. O processo civil na nova Constituição, *RP*, São Paulo: Revista dos Tribunais, 53/78-84, jan./mar. 1989, p. 79: "A afinidade, e mais do que isso, a vinculação do Direito Processual ao Direito Constitucional, tem ensejado a formulação de um posicionamento científico no estudo do processo em suas relações com as normas constitucionais. Fala-se, em consequência, em Direito Processual Constitucional e em Direito Constitucional Processual. Advirta-se, porém, que não se trata de novos ramos da ciência jurídica, mesmo porque não apresentam conteúdo específico, matérias próprias, institutos peculiares, independência científica e autonomia didática. Não passam, na realidade, de condensações metodológicas e sistemáticas, como salientam os doutrinadores, cuidando o Direito Constitucional Processual das normas de processo contidas na Constituição, enquanto o Direito Processual Constitucional se ocupa do 'conjunto de preceitos destinados a regular o exercício da jurisdição constitucional, ou seja, a aplicação jurisdicional das normas da Constituição', abrangendo 'de um lado, a tutela constitucional dos princípios fundamentais da organização judiciária e do processo (direito de ação e de defesa e outros postulados que desses decorrem); e, de outro lado, a jurisdição constitucional (o *judicial control* da constitucionalidade das leis, bem como a jurisdição constitucional das liberdades, com o emprego dos remédios constitucio-

Conclui-se que o direito constitucional processual, no sentido lato do termo, tem por objeto de estudo a relação Constituição e processo[13]. O direito constitucional processual investiga os temas constitucionais do processo (devido processo legal, ampla defesa), ao passo que o direito processual constitucional investiga os temas processuais da Constituição (controle de constitucionalidade, *writs* constitucionais, ação civil pública, ação popular).

Em suma:

Direito constitucional processual ➔ Direitos e garantias processuais
Direito processual constitucional ➔ Jurisdição constitucional

O presente trabalho tem por finalidade estudar precipuamente os institutos de direito processual constitucional, na medida em que investiga os instrumentos de preservação e efetivação dos preceitos constitucionais. Indubitavelmente, esse processo deve respeitar os princípios de direito constitucional processual previstos na Consti-

---

nal-processuais — *habeas corpus, Mandado de segurança* e ação popular)'. E agora, aduza-se, também o *habeas data* e o mandado de injunção".

13 LIMA, Francisco Gérson Marques de. *Fundamentos constitucionais do processo*: sob a perspectiva da eficácia dos direitos e garantias fundamentais, São Paulo: Malheiros, 2002, p. 63: "Há uma íntima relação entre o processo e a Constituição, a ponto de serem interdependentes. Existe uma cooperação entre ambos, numa relação simbiótica, porque um recebe benefícios do outro e, ao mesmo tempo, colaboram mutuamente. A Constituição dá sustentação ao processo, firmando-lhe os princípios garantísticos, na tônica de máxima eficácia normativa. A previsão de preceitos e garantias processuais em nível constitucional confere-lhes natureza excelsa, a reclamar o tratamento típico das demais normas constitucionais, com a bonificação de se tratar de preceitos sobre garantias fundamentais — donde sua especial excelência. De seu turno, a Constituição sofre a influência inarredável do processo em sua efetividade, 'na medida em que será ele o instrumento de efetividade e preservação das normas constitucionais'. Nesta simbiose, podemos verificar a mútua tutela do processo e da Constituição: a) *tutela constitucional do processo* — responde pela eficácia do processo através da Constituição, por meio de regras, princípios e garantias processuais previstos no Texto Magno; e b) *tutela processual da* Constituição — pertinente à eficácia da Constituição, ou seja, de sua regras, princípios e garantias, através do processo".

tuição Federal de 1988 ou, mais precisamente, as normas e princípios processuais ínsitos na Carta Magna, que são diretrizes que devem estar presentes em qualquer procedimento.

## 2. DIREITO CONSTITUCIONAL PROCESSUAL

O ponto crucial da problemática do direito como instrumento de controle social formal, com a consequente atuação do processo, encontra-se calcado no histórico confronto entre a defesa social e os direitos individuais. Trata-se de verdadeira postura político-ideológica, que verificamos ao longo da história, ora priorizando a sociedade, ora o indivíduo.

Marco Antonio Marques da Silva ensina que "a conciliação entre os direitos dos particulares e a soberania do Estado é um dos mais relevantes questionamentos a serem feitos. A lei não pode ser concebida como produto do arbítrio, mas de uma vontade geral encaminhada diretamente a garantir os direitos fundamentais dos indivíduos. Foi essa ideia que serviu de guia para o Estado de direito, em que os direitos fundamentais aparecem não como concessão, porém como corolário da soberania popular, através da premissa que a lei não implica somente um dever, senão um direito para o indivíduo"[14].

Nos domínios do direito constitucional processual procura-se buscar o ponto de equilíbrio entre o direito de liberdade e o poder-dever estatal de punir fatos ilícitos (controle social formal), ou seja, entre a plena expressão da personalidade humana e os interesses sociais, que se dá no plano fático por meio do exercício do direito processual.

A atuação do processo e sua consequente interpretação encontra-se calcada agora nos preceitos constitucionais, que temos denominado direito constitucional processual. Nelson Nery Junior ressalta que "o intérprete deve buscar a aplicação do direito ao caso concreto, sempre tendo como pressuposto o exame da Constituição Federal. Depois, sim, deve ser consultada a legislação infraconstitucional a

---

[14] SILVA, Marco Antonio Marques da. *Juizados especiais criminais,* cit., p. 5.

respeito do tema"[15]. Na mesma linha de raciocínio, Fauzi Hassan Choukr ressalta "a importância de interpretar-se o processo penal sobretudo com a utilização do método denominado processo constitucional, onde as normas são enfocadas a partir da matriz contida no texto magno, acabando o processo por adquirir uma feição para além da técnica, muito mais politizada e sem dúvida com um outro compromisso ético"[16].

Os direitos processuais foram erigidos à categoria de norma constitucional. Assim, "o importante é ler as normas processuais à luz dos princípios e das regras constitucionais"[17]. Desse prisma, o processo não apresenta apenas uma feição instrumental como outrora, mas garantística[18].

O direito constitucional processual tem por finalidade traçar os limites do poder de ação estatal. Esses limites encontram ressonância nos direitos fundamentais, que por sua vez trazem normas e princípios processuais.

Os direitos fundamentais marcam nítida presença no sistema do processo. A Constituição, ao tratar de princípios processuais, aborda o tema com o zelo de quem edifica algo novo, em substituição a um sistema jurídico autoritário, informando o sistema processual de ares democráticos, fonte da Magna Carta de 1988.

O perfil processual constitucional está embasado no limite do Estado em face da dignidade da pessoa humana. Dessa forma, a influência primordial da Constituição no sistema processual encontra-se nos direitos fundamentais. A doutrina dos direitos fundamentais da Constituição vai determinar o modelo processual adotado pelo sistema jurídico pátrio.

---

[15] NERY JUNIOR, Nelson. *Princípios do processo civil na Constituição Federal,* cit., p. 20.

[16] CHOUKR, Fauzi Hassan. *Processo penal à luz da Constituição,* Bauru/SP: Edipro, 1999, p. 62.

[17] FERNANDES, Antonio Scarance. *Processo penal constitucional,* cit., p. 15.

[18] TUCCI, Rogério Lauria. Processo penal e direitos humanos no Brasil, *RT,* São Paulo: Revista dos Tribunais, 755/455-481, set. 1998, esp. p. 460: "O clima ideal das leis do processo é o das garantias constitucionais".

No âmbito do nosso estudo, o respeito aos direitos fundamentais é essencial, pois, além de determinar o modelo processual, referidos direitos são limites opostos à atuação dos atores processuais.

## 3. O SISTEMA PROCESSUAL BRASILEIRO

A análise do direito constitucional processual passa necessariamente pela investigação do modelo processual consagrado pelo Estado brasileiro.

O sistema processual adotado por determinado povo em determinada época tem como fonte material os fatores e valores da sociedade. O ponto primordial na escolha do procedimento encontra-se calcado na relação entre o Estado e seus cidadãos[19]. Essa relação vem historicamente disciplinada na norma fundamental. A Constituição, como o próprio nome designa, constitui o Estado, trazendo em seu bojo os fatores, os anseios e os valores da sociedade. O sistema processual é consectário lógico desses axiomas consagrados no texto constitucional[20].

---

[19] POZZER, Benedito Roberto Garcia. *Correlação entre acusação e sentença no processo penal brasileiro,* São Paulo: IBCCrim, 2001, p. 28-29: "A relação Estado-indivíduo, imposta pela ideologia de determinado povo, com preponderância deste ou daquele valor, é que irá estabelecer o sistema processual adotado. Se o Estado opta pela segurança da sociedade, adota o sistema *inquisitivo*, próprio dos governos absolutistas, com maiores penas e menores garantias individuais. Ao contrário, se enaltece a liberdade individual, prefere o *sistema acusatório*, permitindo o contraditório e ampla defesa; ou, então, adota-se o sistema acusatório misto, formal ou moderno, com ambas as atividades, mas com preponderância da busca da verdade atingível dos fatos".

[20] MARQUES, José Frederico. *Elementos de direito processual penal,* Campinas/SP: Bookseller, 1997, v. 1, p. 67-68: "A ciência processual moderna fixou e delimitou, por meio de útil e laboriosa generalização, os princípios fundamentais que dão forma e caracterizam os sistemas de processo. Trata-se de uma operação de síntese crítica, em que as regras jurídicas são focalizadas à luz das finalidades e dos objetivos do próprio processo, e em face de sua coordenação a princípios legais vigorantes em outros setores do direito. Denominam-se tais regras — princípios políticos do processo. A construção desses postulados está subordinada aos objetivos e fins do processo penal, porquanto eles se destinam, como é obvio, a nortear a atividade processual para que o Estado consiga atingir a *causa finalis* a que se propôs quando

A norma processual reflete no plano jurídico os princípios axiológicos consagrados pelo sistema político e social. "O processo, como todo o direito, reflete valores sociológicos, éticos e políticos, havendo, por isso, íntimo relacionamento entre o direito processual e a ideologia dominante em determinado país, naquele momento histórico"[21]. Como pondera Bettiol, o processo penal funciona como guardião dos valores éticos, sobre o qual repousa o direito[22].

O sistema processual é fruto da concepção política adotada pelo Estado. O processo não é apenas instrumental ou técnico, mas realizador do regime político da nação[23]. A partir da adoção de determinado modelo político são construídos os sistemas processuais que representam os princípios axiológicos e teleológicos eleitos pela sociedade. Dessa forma, no Estado Autoritário o processo traduz-se como veículo de realização do interesse do Estado, sendo o acusado mero objeto da inquisição e, como consequência direta desse fato, verifica-se a diminuição dos direitos e garantias fundamentais. No Estado Liberal o indivíduo é o elemento principal da dinâmica processual. O interesse do Estado encontra limites nos direitos fundamentais. No Estado Democrático e Social de Direito busca-se o equilíbrio entre o absolutismo e o liberalismo[24].

---

jurisdicionalizou a persecução penal submetendo-a à disciplina normativa do Direito Processual. Por outro lado, o aspecto político e ideológico que é imanente a todas as atividades da Justiça Penal ligam esses princípios, muito estritamente, à Constituição Federal. Donde se vê que o sistema processual deve ser plasmado em função dos fins do processo e das normas constitucionais que dão os fundamentos políticos e institucionais".

[21] FERNANDES, Antonio Scarance. *Processo penal constitucional,* cit., p. 13.

[22] BETTIOL, Giuseppe. *Instituciones de derecho penal y procesal,* cit., p. 182: "Bajo tal aspecto el proceso penal puede, por tanto, entenderse como instrumento de tutela de os valores éticos (justicia) sobre los que el Derecho reposa".

[23] FERNANDES, Antonio Scarance. *Processo penal constitucional*, cit., p. 15: "o processo não é apenas um instrumento técnico, refletindo em si valores políticos e ideológicos de uma nação. Espelha, em determinado momento histórico, as diretrizes básicas do sistema político do país".

[24] FERNANDES, Antonio Scarance. *Processo penal constitucional*, cit., p. 15.

A feição política adotada pelo Estado vai delinear a estrutura externa do processo[25]. Em linha teórica, os sistemas processuais são três: acusatório, inquisitório e misto. Muito embora, historicamente, a doutrina apresente esses sistemas como distribuídos em fases sequencialmente cronológicas, verifica-se na realidade o emprego indiscriminado dos três sistemas que guardam relação direta com o perfil adotado pelo Estado.

O Estado Autoritário, como o próprio nome designa, busca realizar o anseio da autoridade governamental. Esse modelo adota um sistema processual de natureza inquisitiva. "O modelo autoritário de Estado tem na autoridade central do governante a expressão de seu valor fundamental. O exemplo notório está na estatização e na centralização do poder vistas nos países nazi-facistas da Europa da primeira metade do século. Não obstante, há ainda uma variante desse modelo, o modelo autoritário teocrático, em que a religião, enquanto valor supremo, é fonte do direito e justifica um poder divino dos legisladores. Hoje, pode-se associá-lo aos Estados islâmicos, pois o mandato que a comunidade muçulmana recebeu de Deus é de ordenar o bem e proibir o mal; e tanto o bem como o mal só são apreendidos nas fontes da revelação, na qual o legislador deve se inspirar"[26].

Já o Estado Liberal surge calcado nos pilares do Iluminismo, buscando o ideal da democracia no plano político, caminhando ao lado do *laissez-faire* no plano econômico. Essa tendência liberal influencia também o mundo jurídico, que se destaca pelo advento do princípio da legalidade[27]. "No modelo democrático-liberal de Estado,

---

[25] BADARÓ, Gustavo Henrique Righi Ivahy. *Correlação entre acusação e sentença,* São Paulo: Revista dos Tribunais, 2000, p. 20: "A adoção de um sistema acusatório ou sistema inquisitivo, muito além de simples opção legislativa, tem origem em raízes mais profundas, decorrendo da própria concepção do Estado que institui o sistema processual".

[26] QUITERIO, Cristiane Bernardes Antunes; PONTES, José Antonio Siqueira. Evolução das garantias constitucionais relativas ao processo penal na América Latina, in Fauzi Hassan Choukr (coord.), *Estudos de processo penal*: o mundo à revelia, Campinas/SP: Agá Juris, 2000, p. 326.

[27] PISAPIA, Gean Domenico. *Appunti di procedura penale,* Milano/Espanha: Cisalpino-Goliardica, 1973, v. 1, p. 53: "in via di massima il sistema accusatorio è

o valor liberdade é preponderante, constituindo juntamente com a legalidade, a razão e a proteção do indivíduo e da propriedade os valores primordiais, reflexos de uma mentalidade libertária"[28]. Esse modelo adota um sistema processual de natureza acusatória.

A evolução histórica do Estado Liberal faz surgir o Estado Democrático e Social de Direito. Esse novo modelo é o plexo do Estado Liberal burguês e do Estado Social que surgiu com a Revolução Industrial. O Estado Democrático e Social de Direito procura conciliar os direitos individuais, que perdem o cunho burguês e egocêntrico de sua origem, com o bem-estar social. Esse modelo de Estado adota o sistema acusatório, que se pauta pelo equilíbrio entre a busca da verdade e a garantia da liberdade. Nesse sistema o Estado encontra-se a serviço do indivíduo e da sociedade.

A própria socialização dos meios de produção pregada por Marx foi sendo atenuada. Dessa forma, duas vertentes do socialismo foram seguidas: uma, de caráter radical, de fonte marxista e levada a cabo por Lenin, no sentido da imediata ruptura do sistema econômico social capitalista para o advento do socialismo, precedido de uma ditadura do proletariado ilusoriamente apresentada como fato transitório, como ocorreu na URSS em 1917, e que influenciou vários países da Europa; e outra, de fonte marxista revisionista, acorde quanto ao fim do capitalismo, mas por meio de gradativas conquistas socializantes no bojo do mesmo processo democrático. Esta segunda opção corresponde à social democracia. Nesse sentido, Miguel Reale procura distinguir a social democracia da democracia social, que "é a nova forma assumida pelo liberalismo numa sociedade pluralista que precisa compor em unidade dinâmica três valores complementares: o do indivíduo, com sua intocável subjetividade criadora; o da

---

più sensibile alle esigenza di libertà del cittadino, mentre il sistema inquisitorio è più sensibile alla esigenza di assicurare la punizione del colpevole: tanto che il processo di tipo accusatorio viene considerato como espressione tipica dello Stato liberal-democratico, mentre il processo di tipo inquisitorio viene considerato come congeniale dello Stato autoritario".

[28] QUITERIO, Cristiane Bernardes Antunes; PONTES, José Antonio Siqueira. *Estudos de processo penal*, cit., p. 326.

sociedade civil, com a livre expansão de seus grupos e categorias naturais; e o Estado, despido de seu papel de mito, capaz de tudo resolver, para passar a ter apenas fins compatíveis com a sua finalidade primordial, que consiste em ser instrumento mediador ou de repasse dos bens e riquezas arrecadados através de impostos e taxas, visando a atingir a justiça social que não podia ficar à mercê de meras competições individuais e grupalistas. Uma das características marcantes da Democracia Social, como tenho assinalado várias vezes, é o desapego a soluções preconcebidas e abstratas, como as que somente acreditam numa ordem social constituída pela iniciativa privada; ou no extremo oposto, as que, de maneira violenta ou democraticamente deferida, apenas depositam suas esperanças na salvadora socialização ou estatização dos meios de produção"[29].

Segundo nosso entendimento, a democracia social é o que denominamos Estado Democrático e Social de Direito ou Estado Social e Democrático de Direito, como preferem alguns. Nesse modelo procura-se conciliar a democracia liberal com os anseios da sociedade, sempre calcados no direito, na lei. Pois, indubitavelmente, não há liberdade fora da lei. Esse é o verdadeiro sentido do Estado de Direito. No Estado Democrático e Social de Direito a relação comunidade-indivíduo não é nem do absolutismo nem do liberalismo; procura-se buscar o equilíbrio.

Conforme afirmamos, a norma processual reflete no plano jurídico o valor político social e cultural de um povo em determinada época de seu desenvolvimento histórico. O Estado Democrático e Social de Direito faz refletir no direito processual o equilíbrio entre a exigência de repressão social (defesa social) e a salvaguarda dos direitos individuais (limites dos poderes públicos e direito da liberdade)[30].

---

29 REALE, Miguel. *Liberdade e democracia,* São Paulo: Saraiva, 1987, p. 8-9.

30 MERCONE, M. *Diritto processuale penale,* 9. ed., Napoli/Itália: Simone, 2001, p. 30: "Come già rilevava nel XVIII secolo il giurista Mario Pagano, la scelta del modello di procedimento penale è significativa del livello di civiltà di un popolo, in quanto è indicativa del tipo di rapporti tra Stato-ordinamento ed i cittadini. Le norme processuali riflettono, sul piano giuridico, i valori politico-sociali e, in genere, culturali di una determinata comunità in una certa epoca del suo sviluppo storico. Il diritto processuale penale rispecchia il bilanciamento tra le esigenze di repressione dei

O Estado Democrático e Social de Direito coaduna-se com o sistema acusatório, em que se verifica uma verdadeira relação processual. No Estado Autoritário, que se amolda ao sistema inquisitivo, a relação jurídica é unilateral.

### 3.1. O sistema processual inquisitivo

O processo inquisitivo puro teve seu auge na Europa Medieval, sendo o sistema adotado pela Igreja na Santa Inquisição. Mas na Roma antiga esse sistema inquisitivo já vigorava. Na Grécia o sistema processual podia ser classificado como acusatório, mas a tortura era empregada. Nesse sentido, afirma-se que quando a Grécia conheceu a tortura o sistema tornou-se inquisitório[31].

A história de Roma pode ser dividida em quatro períodos:

1. Período da Realeza ou Monarquia (das origens de Roma[32] à queda da realeza em 509 a.C.);

---

reati (lotta alla criminalità, difesa sociale) e quelle di salvaguardia degli interessi dei singoli (limiti ai pubblici poteri, diritti di libertà)".

[31] HADDAD, Carlos Henrique Borlido. *O interrogatório no processo penal,* Dissertação de Mestrado, Belo Horizonte: Faculdade de Direito da Universidade Federal de Minas Gerais, 1999, p. 49: "No processo penal grego exigia-se do acusado a apresentação de provas de sua defesa e a submissão a juramento, antes do julgamento. Havia uma presunção de inocência às avessas, em que a defesa deveria demonstrá-la. A tortura era utilizada geralmente para escravos, porquanto não podiam eles, por sua condição, prestar juramento, entendendo-se possível dar critério de verdade a seus depoimentos, através do suplício. Embora fosse processo do tipo acusatório, a tortura era empregada, refutando a concepção geral de que somente teria surgido sob a égide do sistema inquisitório".

[32] A tradição estabeleceu uma origem lendária, atribuindo a Rômulo a fundação de Roma, no dia 21 de abril de 753 a.C. O rei de Alba Longa, Numitor, foi destronado por Amúlio, seu irmão. Rea Sílvia, filha de Numitor, foi encerrada no convento das vestais, onde deu à luz Rômulo e Remo. Por ordem de Amúlio, as crianças foram atiradas ao Rio Tibre e recolhidas pelo pastor Fáustolo e por Ace Laurência, que as criaram. Segundo a lenda, Rômulo e Remo, antes de serem recolhidos pelos pastores, foram alimentados por uma loba. Quando cresceram, depuseram Amúlio e reconduziram Numitor ao poder. Rômulo matou Remo e tornou-se rei de Roma. Segundo a origem histórica, Roma foi fundada pelos latinos cerca de 1.000 a.C., que se estabeleceram na colina do Palatino em busca de melhores condições de vida.

2. Período Republicano (de 510 a.C. a 27 a.C.);

3. Período do Primeiro Império ou Principado (de 27 a.C. a 284 d.C.);

4. Período do Dominato ou Baixo Império (de 285 a 565[33] d.C.).

Em linhas gerais, foram três as formas de governo vividas em Roma: 1. Monarquia; 2. República; 3. Império.

No Período Real verificava-se um processo embrionário, sendo que se aplicava o procedimento da *cognitio*, marcado pela inquisitoriedade. O Período Imperial, como um todo, inclinava-se pelo inquisitorialismo. O Período Republicano, marcado pelas *quaestiones*, apresentava feições do modelo acusatório[34]. Essa verificação histórica só vem a confirmar que os regimes autoritários espelham o sistema inquisitivo, e os regimes democráticos, o sistema acusatório.

No Período Republicano o processo penal romano era embasado no contraditório. Iniciava-se pela *accusatio*, cabendo a prova dos fatos às partes, sob a égide de um juiz imparcial e inerte. Após a *accusatio*, surge a *extraordinaria cognitio*, em que os atos do procedimento eram reduzidos a termo, a tortura era admitida, e ampliou-se sensivelmente os poderes do juiz, que agora poderia agir de ofício. Segundo a doutrina, a *extraordinaria cognitio* foi uma resposta aos problemas gerados pela *accusatio*.

---

[33] 565 d.C. Morte de Justiniano.

[34] PUGLIESI, Giovanni. *As garantias do acusado na história do processo penal romano*: contribuição ao estudo histórico do direito processual romano, Tradução de José Rogério Cruz e Tucci, Rio de Janeiro: Forense, 1983; BADARÓ, Gustavo Henrique Righi Ivahy. *Correlação entre acusação e sentença,* cit., p. 22; CUENCAS, Humberto. *Processo civil romano,* Buenos Aires/Argentina: Ediciones Jurídicas Europa-América, 1957; PENTEADO, Jaques de Camargo. *Acusação, defesa e julgamento,* Campinas/SP: Millenium, 2001, p.14-30; ALVES, José Carlos Moreira. *Direito romano*, 10. ed., Rio de Janeiro: Forense, 1995; MAIER, Julio. *Derecho procesal penal,* 2. ed., Buenos Aires/Argentina: Del Puerto, 1996, t.1, p. 273-288; MANZINI, Vicenzo. *Instituzioni di diritto processuale penale,* 10. ed., Padova/Itália: CEDAM, 1950, p. 4-8; NASCIMENTO, Walter Vieira do. *Lições de história do direito,* 13. ed. rev. e aum., Rio de Janeiro: Forense, 2001, p. 124-127.

O sistema inquisitivo tem sua origem nos períodos da monarquia e do império da história de Roma, tendo sido amplamente difundido na Idade Média. No século XIII, com o Concílio de Latrão, foi estabelecido o sistema inquisitório na conhecida Santa Inquisição, que tinha por finalidade a luta contra os "hereges". Após o seu nascimento nas jurisdições eclesiásticas, o sistema inquisitivo foi paulatinamente migrando para as jurisdições legais, culminando pela sua adoção em toda a Europa, com exceção da Inglaterra[35]. A Inglaterra nunca adotou um processo com traços inquisitivos, como a tortura e os procedimentos secretos; pelo contrário, o acusado sempre foi tratado como cidadão, ou, na linguagem inglesa, como um *gentleman*[36].

O sistema inquisitivo ganhou força na Europa devido ao momento histórico vivido, pois encontrou pleno eco no Estado Absolutista que vigorava na época. Por isso mesmo que a Inglaterra, com sistema político diverso, rejeitou o sistema inquisitivo. Esse fato histórico só vem a confirmar nossa tese no sentido de que o sistema inquisitivo amolda-se mais facilmente nos Estados Totalitários, ao passo que o sistema acusatório encontra guarida nos Estados Demo-

[35] QUITÉRIO, Cristiane Bernardes Antunes; PONTES, José Antonio Siqueira. *Estudos de processo penal,* cit., p. 332: "No Império Romano, nasceu o sistema inquisitivo, que dava origem a um processo tramitado e julgado *ex officio*, caracterizado pelo segredo e pela regra da detenção do acusado, que era considerado objeto de investigação e até mesmo material de prova. Após a queda do Império Romano, o sistema acusatório voltou a vigorar com características diversas principalmente nos povos anglo-saxões, mantendo-se até o surgimento da Inquisição no século XIII. Foi na Santa Inquisição, com seus conhecidos processos eclesiásticos para apurar crimes de heresia e bruxaria, que houve a instituição do processo inquisitivo na sua acepção mais ferrenha. O contraditório simplesmente desapareceu da persecução penal, a acusação passou a ser pública e obrigatória e o acusado era obrigado a confessar por tormenta. Esse sistema propagou-se por toda a Europa e por mais cinco séculos fez da doutrina processual penal uma sistematização do horror".

[36] HADDAD, Carlos Henrique Borlido. *O interrogatório no processo penal,* cit., p. 53: "Afirmar não ter havido tortura na Inglaterra seria contrariar a história, já que até o século XVII os tribunais de *Star Chamber* e de *High Commission* usavam-na para obter confissões. A diferença reside no fato de a tortura não ter sido empregada nos tribunais da *common law* e de ter cessado, nos tribunais reais, anteriormente aos demais Estados europeus".

cráticos[37]. Ada Pellegrini Grinover afirma que "são conhecidas as razões históricas pelas quais o sistema inquisitório de origem eclesiástica acabou por estender-se à jurisdição laica, encontrando o favor dos governos absolutos por força da ampla ação, sem impedimentos, que concedia ao poder central. Tomando pé em toda a Europa, com exceção da Inglaterra, o sistema foi exasperado, levando à instrução secreta, ao uso das torturas como meio de prova, à redução da defesa a mera formalidade"[38].

O Império Romano conheceu o sistema inquisitivo, mas foi a Santa Inquisição que aplicou e consagrou esse sistema puro, época em que foram cometidas as maiores atrocidades em nome de Deus. O processo inquisitivo na sua forma pura inexiste na atualidade. Entretanto, em muitos ordenamentos jurídicos verificam-se traços, influências e características marcantes dessa forma processual. Em pleno século XXI podemos classificar o sistema processual de determinada nação como inquisitivo. O modelo inquisitório configura-se pela sumária autotutela estatal, uma vez que é consectário lógico dos sistemas absolutistas. A concentração das atividades acusatória, decisória e até mesmo defensiva, na figura de uma única pessoa, caracteriza o sistema inquisitório. O ponto fulcral desse procedimento é a

---

[37] HADDAD, Carlos Henrique Borlido. *O interrogatório no processo penal,* cit., p. 50: "Recorrendo ao direito canônico é possível compreender como se deu a inserção do sistema inquisitório nos Estados europeus. O procedimento da Inquisição visava a repreender mais eficazmente os excessos cometidos pelos membros do clero, sobretudo os de mais elevado grau, procedendo, dessa forma, à sondagem interior de quem suspeitavam, subtraindo-os à jurisdição secular. No entanto, a forma inquisitória foi adotada no procedimento comum por favorecer a luta contra os 'hereges', justificando o emprego de meios cada vez mais radicais e reduzindo os conceitos da época concernentes aos direitos do homem. Tal sistema se desenvolveu e se ampliou, abrangendo, de início, junto às autoridades laicas, apenas as ofensas à moral ou à religião. Mas acabou por prevalecer sobre todos os delitos, em virtude do inevitável favor que encontrava junto a governos absolutos, os quais, por seu intermédio, viam a possibilidade de alcançar os inimigos do poder constituído. Adotou-se, ilimitadamente, a tortura como meio de prova, e a finalidade do processo, o esclarecimento dos fatos, tornou-se o reconhecimento da responsabilidade do acusado".

[38] GRINOVER, Ada Pellegrini. Interrogatório do réu e direito ao silêncio, *Ciência Penal*, 1/15-31, 1976, esp. p. 18.

concentração de funções de acusar e defender na figura de magistrado ou inquisitor, que possui prevalência manifesta sobre a defesa e poder absoluto na instrução probatória.

"O procedimento *per inquisitionem*, primeiramente adotado como forma extraordinária de administração da justiça penal, acabou sendo o meio ordinário de realizar o direito penal segundo o absolutismo em vigor na Europa continental. Caracterizado pelo autoritarismo, promoveu perversidades e injustiças flagrantes. Não respeitava a dignidade humana, os direitos individuais ou a incolumidade física do acusado. Usou a tortura para extorquir a confissão do acusado e erigiu esse elemento de convicção como a rainha das provas. Sem direitos, transformado em objeto do exercício do poder estatal, indefeso, o acusado suportava a ignomínia da injustiça"[39].

O sistema inquisitivo é o procedimento *ex officio* com poucas garantias ao acusado, que se encontra sobre o arbítrio do inquisitor, o qual acumula as funções acusatória e decisória[40]. Esse sistema, como demonstrado, é totalmente incompatível com o Estado Democrático. Além de incompatível com os fundamentos das garantias individuais, apresenta outras imperfeições, que surgem da falta de imparcialidade do juiz[41].

---

[39] PENTEADO, Jaques de Camargo. *Acusação, defesa e julgamento,* cit., p. 8.

[40] QUITERIO, Cristiane Bernardes Antunes; PONTES, José Antonio Siqueira. *Estudos de processo penal*, cit., p. 332-333. "O sistema inquisitivo atrela-se inexoravelmente a um modelo autoritário de política criminal e de Estado. Os seus fundamentos não levam em consideração qualquer noção de direito individual, pois a perseguição da verdade é a finalidade que justifica todos os meios de investigação e, para tanto, uma repressão desmedida do poder governante. Busca-se a verdade máxima, o direito penal máximo, caracterizando-se o órgão julgador pela atividade investigativa, a qual pode ser secreta e instruída por critérios discricionários. A defesa é vista como algo desnecessário ou mesmo como um obstáculo para o progresso das investigações. Sendo atividade jurisdicional definida segundo a noção clássica de processo como *actum trium personarum*, resta privar ao sistema inquisitivo puro a qualidade de processo, pois nele as funções de acusar e julgar se veem concentradas apenas no órgão julgador".

[41] MARQUES, José Frederico. *Elementos de direito processual penal,* cit., p. 70.

O sistema inquisitório apresenta três características marcantes: 1) o juiz investiga e julga, numa posição de superioridade em face do acusado; 2) a acusação é *ex officio*, podendo ser secreta; e 3) o processo é secreto, escrito e não contraditório.

O sistema processual investigado é totalmente incompatível com o Estado Democrático de Direito.

## 3.2. O sistema processual acusatório

O sistema inquisitório encontrou sua derrocada junto com o Estado Absolutista, uma vez que esse sistema é consectário lógico dos regimes totalitários. O surgimento do Estado Liberal, das ideias do Iluminismo e dos pressupostos da Revolução Francesa e Americana faz ressurgir o sistema acusatório[42]. Após esses acontecimentos culturais, históricos e políticos verifica-se um retorno[43] ao sistema acusatório[44].

---

[42] QUITERIO, Cristiane Bernardes Antunes; PONTES, José Antonio Siqueira. *Estudos de processo penal,* cit., p. 333: "A propagação do pensamento iluminista no século XVIII ecoou vozes como as de Grossio (1687), Thomasius (1705), além das de Voltaire, Montesquieu e Beccaria (estes três contemporâneos ao movimento do iluminismo), demonstrando a reação contra o modelo de processo desumano que predominara até então. O resultado foi a adoção do sistema acusatório imediatamente após a Revolução Francesa. Entretanto, com o regresso conservador francês de 1795 foram adotados novamente os princípios do sistema inquisitivo, que foram definitivamente ratificados pelo código de instrução criminal napoleônico de 1808. Ainda assim, alguns resquícios do processo acusatório foram resguardados. Nascia o assim chamado 'sistema de processo penal misto', até hoje vigente na França".

[43] BADARÓ, Gustavo Henrique Righi Ivahy. *Correlação entre acusação e sentença,* cit., p. 21-22: "O sistema acusatório, com essas características históricas, vigorou durante quase toda a Antiguidade grega e romana, bem como na Idade Média, nos domínios do direito germano. Somente no século XIII entrou em declínio, passando a vigorar o processo inquisitivo. Nos dias atuais, o processo penal inglês é o que mais se aproxima do sistema acusatório puro".

[44] GRINOVER, Ada Pellegrini. Interrogatório do réu e direito ao silêncio, *Ciência Penal*, 1/15-31, 1976, esp. p. 19: "Não tardou a reação aos excessos medievais: ainda no séc. XIV, Dom Pedro I, nas Cortes Gerais d'Elvas, e Dom João I operavam as primeiras reformas em Portugal; na França, a '*Ordonnance*' de 1359 e, na Alemanha, o Código Carolino de 1532 retornavam ao sistema acusatório. Enfim, no séc.

O sistema acusatório é reflexo claro no Estado de Direito. A doutrina indica como característica básica a distinção das funções de acusador e de juiz, que inexiste no sistema inquisitório.

A diferença basilar entre os sistemas acusatório e inquisitório é a efetiva separação das funções processuais. Bettiol assevera que "acusatório, em substância, é o processo no qual se distingue a função de acusação (privada ou pública) da de Juiz e se coloca o imputado sobre um pé de igualdade com a mesma acusação"[45]. Nesse sentido, José António Barreiros afirma que "no tipo acusatório o arguido é verdadeiramente uma parte processual, em posição de igualdade com a parte acusadora, pública ou privada, que aqui surge com autonomia e sem qualquer relacionamento com a autoridade encarregada do julgamento, que se encontra numa posição de franca superioridade relativamente a ele"[46].

"O modelo acusatório foi conhecido na Índia, em Atenas e na fase republicana da história romana. Basicamente, caracteriza-se pela separação de funções de acusar, defender e julgar em face de órgãos distintos. Ao juiz é vedado iniciar o processo (*ne procedat judex ex officio*). Iniciá-lo é tarefa do órgão acusador (ofendido, representante legal, qualquer cidadão ou órgão estatal). A acusação e a defesa estão em pé de igualdade como sujeitos processuais e resguardados pela paridade das armas em razão de suas respectivas atuações funcionais. O sistema opera segundo o contraditório. Vigora a igualdade de direitos e obrigações entre as partes, já que *non debet licere actori, quod reo non permittitur*. Oral ou escrito, o processo é público"[47].

---

XVIII, o advento do princípio liberal determinou profundas modificações no processo penal. Tais reformas vinham antecipar a obra de homens particularmente sensíveis às instâncias de seu tempo, primeiros entre eles Beccaria, Montesquieu, Diderot, Voltaire, Romagnosi. Despertam-se as consciências e as codificações encampam as novas ideias. E, na realidade, a Revolução francesa e americana não moldam processos renovados, pois se limitam a absorver as ideias dominantes que já circulavam".

[45] BETTIOL, Giuseppe. *Instituciones de derecho penal y procesal,* cit., p. 189.

[46] BARREIROS, José António. *Processo penal,* Coimbra/Portugal: Almedina, 1981, p. 13.

[47] PENTEADO, Jaques de Camargo. *Acusação, defesa e julgamento*, cit., p. 9.

Gustavo Henrique Righi Ivahy Badaró consegue resumir com clareza lapidar o sistema acusatório, afirmando que "o processo acusatório é essencialmente um processo de partes, no qual a acusação e defesa se contrapõem em igualdade de posições, e que apresenta um juiz sobreposto a ambas. Há uma nítida separação de funções, fazendo com que o processo se caracterize como um verdadeiro *actum trium personarum*. O contraditório deve informar todo o processo que, originalmente, se caracterizava como uma verdadeira luta de partes. O processo acusatório, historicamente, apresenta como suas características a oralidade e a publicidade. Ao mais, vigorava o princípio da presunção de inocência, devendo o réu permanecer solto durante o processo. Quanto à instrução, não tinha o juiz qualquer iniciativa probatória, visto que as provas deveriam ser fornecidas pelas partes, prevalecendo o exame direto das testemunhas e do acusado. Em suas origens, o sistema acusatório era ligado a tribunais populares, com valoração das provas baseada na íntima convicção, proferindo-se um veredicto imotivado"[48].

O sistema acusatório apresenta três características marcantes: 1) as funções de acusar, julgar e defender são exercidas por órgãos distintos, independentes e paritários, ou seja, trata-se de processo de partes; 2) a acusação é realizada em face do juiz, sendo pública; e 3) o processo é público e regido pelo princípio do contraditório e da presunção de inocência[49].

---

[48] BADARÓ, Gustavo Henrique Righi Ivahy. *Correlação entre acusação e sentença*, cit., p. 20-21.

[49] MERCONE, M. *Diritto processuale penale*, cit., p. 31-32: "I caratteri del *sistema accusatorio* sono: a) terzietà del giudice rispetto allá ricerca e formazione delle prove; b) centralità e pubblicità del dibattimento, in cui pubblicamente si acquisisce e si forma la prova nel contradditorio tra le parti; c) oralità del metodo di assunzione delle prove, com dichiarazioni rese oralmente innanzi al giudice, senza prove scritte precostituite provenienti de una precedente fase, investigativa e istruttoria; d) parità tra le parti, accusa e difesa, in ordine ai diritti nella ricerca e formazione delle prove; e) onere della prova a carico dell'accusa; f) presunzione de innocenza dell'imputato; g) consequenziale eccezionalità della custodia preventiva". LEONE, Giovanni. *Lineamenti di diritto processuale penale*, 2. ed., Napoli/Itália: Jovene, 1951, p. 6-7: "I caratteri del sistema accusatorio furono i seguenti: a) libertà di accusa riconosciuta a chiunque, senza della quale il giudice non può intervenire; b) esclusione di qualsiasi

### 3.3. O sistema processual misto

O sistema processual misto, até hoje vigente na França, caracteriza-se essencialmente por uma estrutura bifásica: investigativa e instrutória. Na fase investigativa verifica-se a colheita das provas com a consequente preparação da acusação. A fase investigativa é dirigida por um juiz de direito; daí a denominação de Juizado de Instrução, sendo escrita, secreta e sem a observância do contraditório. A natureza jurídica dessa fase processual é inquisitiva. Admitida a acusação, segue-se para a fase instrutória de natureza acusatória, uma vez que se verifica claramente a separação das funções de acusar e defender[50].

O sistema misto apresenta dois óbices; primeiro, o sistema inquisitivo é incompatível com o Estado de Direito, pois durante a investigação o investigado pode ter a prisão preventiva decretada, não podendo a defesa requerer qualquer produção probatória ou mesmo contrariar os elementos produzidos no processo. E ainda, a segunda fase tem a tendência de se tornar uma repetição dos atos do Juizado de Instrução. Dessa forma, pelos princípios do Estado Democrático e da economia processual, tal sistema processual não pode vigorar, exceto se a fase investigativa tiver natureza acusatória.

Ada Pellegrini Grinover, ao tecer considerações críticas sobre o sistema misto clássico, salienta que "resulta evidente que o primeiro dos sistemas vistos, baseado no modelo misto clássico, com juizados de instrução secretos e inquisitivos, não se coaduna com as

---

libertà del giudice di raccogliere le prove le quali devono invece venire fornite dalle parti; c) pubblicità di tutto il processo, e quindi oralità; d) parità di posizione delle parti; e) liberta personale dell' accusato fino alla sentenza irrevocabile".

[50] PENTEADO, Jaques Camargo. *Acusação, defesa e julgamento*, cit., p. 10: "Há o sistema denominado misto que, substancialmente, equipara-se ao sistema acusatório. Não se trata de fusão dos dois sistemas, mas de composição por duas fases distintas. A primeira, denominada instrução preliminar, visa a colher os dados probatórios sobre a materialidade e a autoria do fato criminoso que são necessários para a propositura da ação penal. Essa investigação preambular tem feições inquisitoriais. A direção desse estádio é atribuída a um juiz instrutor. A segunda fase, conhecida por juízo penal, objetiva informar o julgador para que solucione o mérito da causa criminal. Conta com a participação efetiva do autor e do réu. Essa atividade processual é realizada por sujeitos distintos. Tem perfil acusatório".

exigências de um processo cioso das garantias constitucionais e preocupado em equilibrar-se as instâncias da prevenção e repressão penais com os valores próprios da dignidade do homem". Ainda, a referida autora, ao comentar o sistema misto com juizados de instrução contraditórios, afirma que "esse modelo pode ser considerado intermediário, representando um notável avanço com relação ao primeiro. Distingue-se do sistema acusatório mais atual, pelo fato de conservar os juizados de instrução, conferindo-lhes, porém, caráter contraditório. Embora tenham os juizados de instrução perdido, nesse modelo, suas características inquisitoriais, distinguindo-se nitidamente as funções de acusar, defender e julgar, o sistema ainda não consegue despir-se, nesta fase, de alguns vícios que foram incorporados pelo sistema inquisitivo: a forma escrita, a publicidade restrita às partes, a ausência de imediação, concentração e identidade física do juiz, ficando ainda distante das marcas próprias de um verdadeiro processo acusatório, público e oral, todo desenvolvido por audiências perante o próprio juiz ou tribunal de mérito"[51].

### 3.4. O sistema processual adotado pelo Brasil

Os tipos de processo podem ser classificados em três categorias: inquisitório, acusatório e misto. O sistema inquisitório é sigiloso, escrito, não é contraditório e reúne na mesma pessoa as funções de acusar, defender e julgar. O investigado é vislumbrado como mero objeto da persecução, motivo pelo qual práticas como a tortura são admitidas como meio para se obter a prova-mãe: a confissão. O sistema acusatório é contraditório, público, imparcial; assegura ampla defesa; há distribuição das funções de acusar, defender e julgar a órgãos distintos. No sistema misto verifica-se a fase inicial inquisitiva, na qual se procede a uma investigação preliminar e a uma instrução preparatória, e uma fase final, em que se procede ao julgamento com todas as garantias do processo acusatório.

---

[51] GRINOVER, Ada Pellegrini. A instrução processual penal em Ibero-América, *RBCCrim*, São Paulo: Revista dos Tribunais, 6/72-86, abr./jun. 1994, esp. p. 81-82.

O sistema processual adotado por determinado povo é reflexo direto do momento político vivido. Daí a íntima relação entre a Constituição e o processo, a que já fizemos referência. O modelo processual adotado é fruto dos fatores, valores e do poder político. O sistema processual reflete os fatores reais do poder, que são traçados no texto constitucional.

A Constituição Federal de 1988 inaugurou um novo sistema jurídico, agora embasado nos pressupostos do Estado Democrático e Social de Direito[52]. O texto constitucional configura-se como marco jurídico, social e político da transição democrática e institucional, concedendo ênfase aos direitos e garantias individuais e sociais. Essa Constituição inseriu no sistema jurídico pátrio a proteção dos direitos humanos, constituindo-se a Carta Política mais avançada em matéria de direitos individuais e sociais na história constitucional do País.

Da leitura dos primeiros preceitos da Constituição verifica-se o destaque aos direitos humanos (arts. 1º, III, 4º, II, da CF). A ênfase ao indivíduo, consagrada no atual sistema jurídico, não caracteriza a República Federativa do Brasil como um Estado Liberal; pelo contrário, a inserção dos direitos sociais na Carta Magna o caracteriza como um Estado Democrático e Social de Direito. Essa assertiva é verificada no referido Título I — Dos Princípios Fundamentais — da Constituição Federal de 1988, em especial no art. 3º e seus incisos, que traçam fundamentos caracterizadores do Estado Democrático e Social de Direito:

"Art. 3º Constituem objetivos fundamentais da República Federativa do Brasil:

I — construir uma sociedade livre, justa e solidária;

II — garantir o desenvolvimento nacional;

III — erradicar a pobreza e a marginalização e reduzir as desigualdades sociais e regionais;

IV — promover o bem de todos, sem preconceitos de origem, raça, sexo, cor, idade e quaisquer outras formas de discriminação".

---

52 No Estado Social de Direito a relação comunidade-indivíduo não é nem do absolutismo nem do liberalismo; procura-se buscar o equilíbrio.

"A Constituição de 1988 consagrou e constitui o Estado Democrático de Direito no *caput* do seu art. 1º. Sintetizou nesse conceito os princípios do Estado Social e Estado Liberal"[53]. Dessa forma, os direitos individuais encontram limites no Estado Social. "É que os direitos do homem, segundo a moderna doutrina constitucional, não podem ser entendidos em sentido absoluto, em face da natural restrição resultante do princípio da convivência das liberdades, pelo que não se permite que qualquer delas seja exercida de modo danoso à ordem pública e às liberdades alheias. As grandes linhas evolutivas dos direitos fundamentais, após o liberalismo, acentuaram a transformação dos direitos individuais em direitos do homem inserido na sociedade. De tal modo que não é mais exclusivamente com relação ao indivíduo, mas no enfoque de sua inserção na sociedade, que se justificam, no Estado social de direito, tanto os direitos como as suas limitações"[54].

Nesse sentido, David Teixeira de Azevedo ensina que "a Constituição Federal, ao criar o Estado, ao lhe definir formas de organização, repartição dos poderes, modos de aquisição e exercício, ao fixar os direitos e garantias individuais e coletivos congrega valores aparentemente contraditórios, buscando seu equilíbrio. Modernamente, o estado social e democrático de direito almeja o ponto médio ideal entre os absolutos valores da personalidade humana em face do poder estatal e o seu dever de promover igualdade de oportunidades, equilíbrio de assistência, numa intervenção necessariamente retificadora de injustiças e de desníveis sociais. Trata-se da dificultosa tarefa de fixar o ponto de equilíbrio entre o estado liberal, do *laisse fair*, observador dos direitos e garantias individuais, e o estado social, responsável pela realização efetiva e material desses direitos e concretitude dessas mesmas garantias"[55].

---

[53] SHECAIRA, Sérgio Salomão; CORRÊA JUNIOR. *Pena e Constituição: aspectos relevantes para sua aplicação e execução,* São Paulo: Revista dos Tribunais, 1995, p. 11.

[54] GRINOVER, Ada Pellegrini; FERNANDES, Antonio Scarance; GOMES FILHO, Antonio Magalhães. *As nulidades no processo penal,* 4. ed. rev. e ampl., São Paulo: Malheiros, 1995, p. 112.

[55] AZEVEDO, David Teixeira de. O interrogatório do réu e o direito ao silêncio, *RT*, São Paulo: Revista dos Tribunais, 682/285-293, ago. 1992, esp. p. 285-286.

O denominado direito constitucional processual, que possui seu campo de investigação no Estado Democrático e Social de Direito, tem a função de conciliar a defesa social com os interesses individuais dos cidadãos do Estado[56].

O sistema jurídico pátrio expurgou o autoritarismo e consequentemente eliminou o sistema inquisitivo. Ao inaugurar um novo sistema jurídico, embasado no Estado Democrático e Social de Direito, o texto constitucional consagrou o sistema processual acusatório. O sistema jurídico atual amolda-se no sistema acusatório. Sebastião Sérgio da Silveira, ao dissertar sobre os sistemas processuais, conclui que "o processo inquisitivo está na contramão da história, já que, na medida em que o homem conseguir concretizar a ideia da plenitude de Estados de Direitos e a consagração universal da ideia de cidadania, por certo, todas as raízes deste arcaico modelo estarão extirpadas. (...) A adoção do sistema acusatório é uma das mais importantes conquistas do homem moderno. Muito embora ainda existam alguns Estados que admitam processos de inspiração inquisitiva, o fato é que o modelo acusatório fincou suas raízes em quase todos os quadrantes do planeta. Como ele, a parte mais importante do processo — a prova, possui regras predefinidas, que garantem a concreção do princípio da isonomia entre as partes, fortalecendo o exercício da cidadania, evitando eventuais abusos do Estado e de seus agentes contra o acusado"[57].

O direito processual constitucional encontra-se embasado no

---

[56] NUCCI, Guilherme de Souza. *O valor da confissão como meio de prova no processo penal,* 2. ed. rev. e atual., São Paulo: Revista dos Tribunais, 1999, p. 27-28: "a prevenção e a repressão ao crime são deveres do Estado, mas também o é a justa aplicação da lei. Não é porque a criminalidade aumenta que as garantias individuais do cidadão devem ser desconsideradas, ferindo direitos fundamentais. O monopólio estatal para a distribuição de justiça pressupõe um sistema processual justo e imparcial. Sem esses requisitos — que somente são atingidos através do respeito às regras constitucionais — não haverá tranquilidade social, meta maior da sociedade".

[57] SILVEIRA, Sebastião Sérgio da. *Prova indiciária no processo penal brasileiro,* Dissertação de Mestrado, São Paulo: Pontifícia Universidade Católica de São Paulo, 1999, p. 35-40.

sistema acusatório, pois é este que guarda consonância com o Estado adotado pela Constituição[58].

## 4. A INFLUÊNCIA DO DIREITO CONSTITUCIONAL NO PROCESSO

A influência que o direito constitucional exerce em face do direito processual exterioriza-se por meio dos seguintes princípios: político, econômico-social, teleológico e axiológico-jurídico.

Na esfera política, o processo exerce influência pelo modelo adotado pelo Estado. No Estado Democrático e Social de Direito o processo tem por objetivo a garantia dos direitos sociais com o mínimo de sacrifício da liberdade individual. Esse pressuposto surge do respeito aos direitos fundamentais consagrados no texto constitucional de 1988, como, por exemplo, o devido processo legal, o contraditório, a ampla defesa etc.

No aspecto econômico-social, o processo deve ser rápido e acessível a todos os segmentos sociais. É o desdobramento do direito de acesso à tutela jurisdicional ou acesso à justiça e do direito ao prazo razoável.

No plano teleológico, o processo tem como finalidade a busca da verdade real, com a consequente composição da lide e garantia de direitos subjetivos.

Pelo princípio jurídico-axiológico, o processo tem como valor fundamental a distribuição da justiça e a reafirmação dos valores consagrados pela sociedade por meio da vontade da lei.

Em suma:

Político ➔ Modelo do Estado
Econômico-social ➔ Acesso à justiça
Teleológico ➔ Busca da verdade real
Jurídico-axiológico ➔ Justiça

[58] PENTEADO, Jaques de Camargo. *Acusação, defesa e julgamento,* cit., p. 12: "O sistema acusatório desenvolve-se nos regimes que preservam os direitos e garantias individuais, ao passo que o sistema inquisitório acomoda-se melhor aos regimes autoritários".

Os instrumentos ou institutos de direito processual constitucional devem pautar suas atividades nos princípios elencados, que foram construídos com base no direito constitucional processual, fruto dos direitos humanos, que são diretrizes que devem estar presentes em qualquer procedimento.

## 5. DIREITO PROCESSUAL CONSTITUCIONAL

O direito processual constitucional já se desponta como novo objeto da ciência jurídica, colocando-se ao lado de outros ramos do direito processual, como o direito processual civil, o direito processual penal, o direito processual do trabalho e agora também o direito processual constitucional[59].

O direito constitucional processual é um capítulo do direito constitucional e da teoria geral do processo. O direito processual constitucional, este sim, configura-se como ramo autônomo do direito, com método e objeto de estudo próprio.

Nos bancos do primeiro ano das faculdades de direito ensina-se que, quanto à natureza de suas disposições, as normas podem ser divididas em norma substantiva ou material e norma adjetiva ou formal. A norma substantiva ou material é aquela que define e regula relações jurídicas ou cria direitos e deveres. Exemplo: Código Civil. A norma adjetiva ou formal tem uma natureza instrumental, pois define os procedimentos a serem cumpridos para efetivar as relações jurídicas ou fazer valer os direitos previstos na norma substantiva. Exemplo: Código de Processo Civil. Pois bem, desse prisma

---

[59] GUERRA FILHO, Willis Santiago. A inclusão do Direito processual constitucional no curso de graduação em direito, *RP*, São Paulo: Revista dos Tribunais, 69/111-112, jan./mar. 1993, esp. p. 111: "A tendência, porém, parece ir no sentido de que ocorra o desentranhamento da disciplina do corpo do Direito Constitucional, por demandar, inegavelmente, o estudo por parte de especialista em Direito Processual. Ao mesmo tempo, não haveria nenhum ramo do Direito Processual capaz de incorporar, totalmente, o novo campo de estudos, que possui assuntos de interesse geral, com projeção sobre todos os segmentos do direito processual: civil, penal, trabalhista e mesmo aqueles setores fora do chamado 'Processo judicial', como são o processo legislativo e administrativo".

o direito processual constitucional tem por finalidade precípua o estudo dos instrumentos necessários para fazer efetivar os preceitos estabelecidos na Carta Magna.

O direito processual constitucional surge da influência do direito processual nos institutos de tutela consagrados na Constituição Federal. Compreende o elenco de normas e princípios processuais que tem por finalidade regular a jurisdição constitucional, como, por exemplo, o *habeas data*, o *habeas corpus*. Essas normas de direito processual colocadas na Carta Magna disciplinam os seus institutos processuais[60]. Dessa feita, a Constituição representa o direito material e o direito processual constitucional, o direito formal.

A aplicação dos preceitos materiais constitucionais passa necessariamente pelos princípios elaborados pela ciência processual. O ramo do direito ora estudado é num primeiro plano instrumental[61]. E também como característica do Estado Democrático de Direito, o processo é uma garantia da liberdade do cidadão em face do Estado. Daí seu conteúdo garantístico. Por isso afirmamos alhures que o processo apresenta uma dupla faceta: instrumental e garantística.

O direito processual constitucional é o ramo do direito público, que regula ou estuda a jurisdição constitucional. Essas normas colocadas na Carta Magna têm por finalidade disciplinar os institutos processuais da Constituição. É o meio pelo qual a jurisdição constitucional é concretizada. É evidente a existência de um processo constitucional dotado de instrumentos especiais que fazem valer o texto constitucional[62]. Desse prisma, o direito processual constitu-

---

60 NERY JUNIOR, Nelson. *Princípios do processo civil na Constituição Federal,* cit., p. 20-21.

61 CARVALHO, Luis Gustavo Grandinetti Castanho de. *O processo penal em face da Constituição,* 2. ed., Rio de Janeiro: Forense, 1998, p. 5-7; ROSAS, Roberto. *Direito processual constitucional*: princípios constitucionais do processo civil, 3. ed. rev., atual. e ampl., São Paulo: Revista dos Tribunais, 1999, p. 11-18.

62 CATTONI DE OLIVEIRA, Marcelo Andrade. *Direito processual constitucional,* Belo Horizonte: Mandamentos, 2001, p. 211-212: "o Direito processual constitucional seria formado a partir de normas processuais de organização da Justiça Constitucional e de instrumentos processuais previstos nas Constituições, afetos à 'Garantia da Constituição' e à 'Garantia dos direitos fundamentais', controle de

cional pode ser vislumbrado como o conjunto de regras processuais com a finalidade de implementar o sistema constitucional. "A realização ou concretização dos mandamentos constitucionais decorrerá de sua aplicação, resultante de um processo que tende a ter natureza de um processo constitucional"[63].

"O direito processual encontra sua base comum, como todo o Direito, na Constituição Federal. Porém, mais do que os outros ramos jurídicos processuais, o objeto de estudo do Direito Processual Constitucional incide diretamente sobre os institutos processuais dispostos na Constituição, e não só reflexamente constitucionais"[64].

A paternidade do direito processual constitucional é atribuída a Hans Kelsen, na medida em que o autor defendeu a necessidade de se fornecer às constituições instrumentos e garantias processuais com a finalidade do controle de constitucionalidade dos atos normativos[65].

O objeto de estudo do direito processual constitucional é a investigação dos temas processuais da Constituição; a influência do processo na Constituição. Na realização desse processo constitucional não podemos esquecer dos princípios do direito constitucional processual, que investiga os temas constitucionais do processo; por seu turno, as diretrizes constitucionais processuais devem estar presentes em qualquer espécie de processo (civil, penal, trabalhista, administrativo e constitucional). Nesse sentido, o processo é uma garantia da liberdade do cidadão em face do Estado.

Francisco Gérson Marques de Lima delimita o objeto de estudo do direito processual constitucional afirmando que este "não tem por

---

constitucionalidade, solução de conflitos entre os órgãos de cúpula do Estado, resolução de conflitos federativos e regionais, julgamento de agentes políticos, recurso constitucional, *Habeas Corpus, Amparo, Mandado de segurança, Habeas Data,* etc.".

[63] GUERRA FILHO, Willis Santiago. *Processo constitucional e direitos fundamentais,* São Paulo: Celso Bastos Editor/Instituto Brasileiro de Direito Constitucional, 1999, p. 31.

[64] LIMA, Francisco Gérson Marques de. *Fundamentos constitucionais do processo,* cit., p. 123.

[65] GUERRA FILHO, Willis Santiago. *Processo constitucional e direitos fundamentais,* cit., p. 16.

finalidade apenas aplicar o direito material ou instrumentalizar sua aplicação. É de seu desiderato, também, estudar os meios e instrumentos hábeis ao controle da normatividade, considerando o esquema de constitucionalidade, e a elaboração das normas (*processo legislativo*). Ou seja, seu objeto alcança os procedimentos relativos ao controle de constitucionalidade e elaboração do manancial normativo. E este controle tanto pode ocorrer *abstrata* quanto *concretamente*. Num e noutro caso, a matéria continua afeta ao direito processual constitucional, embora a *fórmula* adotada pelo legislador tenha sido a de autorizar o Judiciário a apreciar a constitucionalidade *in concreto* ou *in abstracto*. A seu turno, constitui objeto do direito processual constitucional estudar os processos judicial, administrativo e legislativo. E não só os processos, como também os procedimentos, no que digam respeito às garantias constitucionais. Processos e procedimentos não só públicos, mas, ainda, de cunho privado, sempre levando em conta os direitos e garantias insculpidos na Constituição Federal, quer diretamente, quer dispostos nas entrelinhas de seus dispositivos, em suas normas (regras e princípios)"[66].

Os institutos de direito processual constitucional encontram-se previstos no texto constitucional e possuem procedimento próprio, que tem por finalidade garantir os preceitos esculpidos na Constituição. Os *writs* constitucionais, a comissão parlamentar de inquérito e outros institutos processuais, como a ação direta de inconstitucionalidade, são formas de concretização da tutela jurisdicional constitucional.

A tutela jurisdicional é a utilização adequada dos instrumentos processuais que as partes têm direito. O direito processual constitucional regula a jurisdição constitucional, que é a própria garantia da Constituição.

Conforme afirmamos alhures, a jurisdição tem por finalidade a aplicação do direito. Se o objeto é constitucional, diz-se jurisdição constitucional. "O termo jurisdição constitucional exprime o objeto sobre o que incide o exercício da função jurisdicional em certos casos, quando se trata de contrastar a legitimidade das leis ou dos atos jurídi-

[66] LIMA, Francisco Gérson Marques de. *Fundamentos constitucionais do processo*, cit., p. 129.

cos em face da Constituição ou de compor um litígio que envolva a atuação de normas ou princípios constitucionais, particularmente aqueles que tutelam direitos fundamentais. Não se pretende, assim, com o emprego desse termo indicar a existência de atos jurisdicionais supostamente distintos daqueles que derivam da jurisdição, na sua acepção comum. Esta, na verdade, tem um conceito unívoco, invariável"[67].

"Jurisdição constitucional é garantia da Constituição; meio de controle do povo sobre a classe política e os interesses políticos, que vai além da atribuição periódica do voto; meio de controle que o autor da Constituição exerce para preservá-la contra abusos do governo"[68]. "Em uma democracia, cabe aos representantes eleitos pelo povo a primazia na formulação das políticas públicas, o que fazem principalmente por meio de atos legislativos. A jurisdição constitucional significa a atribuição a autoridades não eleitas e que não podem, salvo excepcionalmente, ser destituídas de seu cargo, do poder de controle sobre as políticas públicas formuladas por autoridades eleitas. Por esse motivo, não deixa de ser paradoxal que o século do triunfo da democracia seja também o século da expansão da jurisdição constitucional"[69]. Desta feita, a jurisdição constitucional é um instrumento de controle político, visto que sua existência contribui para o aprimoramento da democracia.

A doutrina já questionou a compatibilidade entre jurisdição constitucional e democracia. "Já se escreveu que o controle de constitucionalidade teria sido ato de usurpação de poder por parte da Suprema Corte. Também afirmou-se que o *judicial review* afronta a clássica tripartição dos poderes, potencializando a oligarquia da toga. Há quem acredite que o controle de constitucionalidade presta-se tão somente a legitimar variáveis políticas"[70].

---

[67] MEDINA, Paulo Roberto de Gouvêa. *Direito processual constitucional,* cit., p. 54.

[68] CUNHA, Sérgio Sérvulo da. *O efeito vinculante e os poderes do juiz,* São Paulo: Saraiva, 1999, p. 55.

[69] MORO, Sergio Fernando. *Jurisdição constitucional como democracia,* São Paulo: Revista dos Tribunais, 2004, p. 313.

[70] GODOY, Arnaldo Sampaio de Moraes. *Direito nos Estados Unidos,* Barueri/SP: Manole, 2004, p. 64.

A jurisdição constitucional coaduna-se perfeitamente com o Estado Democrático e Social de Direito, na medida em que se torna instrumento eficaz para compatibilizar os preceitos do Estado Liberal com os do Estado Social. A Constituição tem essa função. Logo, a existência de um órgão com a finalidade da implementação e guarda dos preceitos constitucionais, sem a presença das paixões políticas, é indispensável. A democracia social exige um órgão independente que tenha como meta a guarda da Constituição.

O ativismo do Poder Judiciário coaduna-se com a Democracia Social. O passivismo do Judiciário é inerente ao Estado Liberal. O Estado Democrático e Social de Direito que surgiu com o advento da Constituição Federal de 1988 concilia os interesses individuais e sociais. Aí está a legitimidade da jurisdição constitucional.

A democracia sobrevive e legitima-se pela resolução dos conflitos e controle do poder, aspectos que estão ligados à jurisdição constitucional, que produz o consenso social, outro pilar democrático. A presença do conflito afeta o sistema democrático. A resolução das alterações sociais reafirma a democracia e a paz social.

A jurisdição constitucional é consectário lógico da democracia, na medida em que o controle caminha ao lado desse regime. O desenvolvimento da democracia é proporcional ao sistema de controle, se expressando pela fórmula "maior democracia, mais controle". "Em síntese conclusiva: a jurisdição constitucional pode ser compatível com a democracia, e será tanto mais legítima quanto mais contribuir para o seu aprimoramento"[71].

A proliferação dos regimes democráticos vividos no século XX fortaleceu também a jurisdição constitucional. O século XXI nasce com a conclusão de que a democracia é o regime adequado para o desenvolvimento da nação, verificando-se assim o aperfeiçoamento e alargamento da jurisdição constitucional.

Esta não se limita a uma justiça especial, ligada às cortes constitucionais, mas qualquer matéria de conteúdo constitucional é objeto da jurisdição constitucional.

---

[71] MORO, Sergio Fernando. *Jurisdição constitucional como democracia*, cit., p. 317.

Canotilho aponta como campos problemáticos da justiça constitucional o seguinte: "A pontualização dos momentos relevantes na génese da justiça constitucional permite agora, em forma de síntese, individualizar os seus domínios típicos, ressalvando-se sempre, como é natural, as particularidades concretas de cada ordenamento jurídico-constitucional: (1) *Litígios constitucionais (Verfassungstreitigkeiten),* isto é, litígios entre órgãos supremos do Estado (ou outros entes com direitos e deveres constitucionais); (2) *Litígios* emergentes da separação vertical (territorial) de órgãos constitucionais (ex.: federação e estados federados, estados e regiões); (3) *Controlo da constitucionalidade* das leis e, eventualmente, de outros actos normativos (*Normenkontrolle); (4) Protecção autónoma de direitos fundamentais (Verfassungsbeschwerde, recurso de amparo);* (5) *Controlo da regularidade de formação dos órgãos constitucionais* (contencioso eleitoral) e de outras formas importantes de expressão política (referendos, consultas populares, formação de partidos); (6) Intervenção nos processos de averiguação e apuramento da *responsabilidade constitucional* e, de modo geral, a 'defesa da constituição' contra crimes de responsabilidade (*Verfassungsschutzverfahren*)"[72].

A jurisdição constitucional tem por finalidade a regularidade constitucional, podendo seu objeto ser dividido em três pontos:

1. Jurisdição constitucional (sentido restrito), que é o controle jurisdicional da constitucionalidade.

2. Jurisdição constitucional das liberdades, que estuda os *writs* ou as ações constitucionais, que têm por finalidade o controle das liberdades.

3. Jurisdição constitucional política, que busca a efetividade da Constituição no aspecto político ou o implemento das políticas públicas, que se exterioriza pelos instrumentos de defesa da cidadania, que tem por desiderato o controle político.

Em resumo, o direito processual constitucional desenvolve-se no âmbito da jurisdição constitucional. A ideia de jurisdição constitucional é ligada à democracia, que pressupõe a existência de contro-

[72] CANOTILHO, J. J. Gomes. *Direito constitucional e teoria da Constituição,* Coimbra: Almedina, 1998, p. 789.

le. No direito processual constitucional podemos vislumbrar o controle da constitucionalidade, o controle das liberdades e o controle político.

Em suma:

<table>
<tr><td rowspan="3">Jurisdição constitucional<br>— Democracia<br>— Controle</td><td>1. da Constitucionalidade</td></tr>
<tr><td>2. das Liberdades</td></tr>
<tr><td>3. Político</td></tr>
</table>

Desta feita, dividimos o nosso trabalho em três grandes partes: controle de constitucionalidade, *writs* constitucionais e defesa da cidadania.

Em suma:

<table>
<tr><td rowspan="3">Jurisdição constitucional</td><td>1. Jurisdição constitucional — controle da constitucionalidade</td></tr>
<tr><td>2. Jurisdição constitucional das liberdades — writs constitucionais</td></tr>
<tr><td>3. Jurisdição constitucional política — defesa da cidadania</td></tr>
</table>

# V
# CONTROLE DE CONSTITUCIONALIDADE

## 1. CONTROLE DE CONSTITUCIONALIDADE

O controle de constitucionalidade, como instituto de direito processual constitucional, é um instrumento necessário no Estado de Direito, na medida em que é o meio adequado para garantir os preceitos estabelecidos na Carta Magna de 1988. A existência de um documento escrito que traz em seu bojo a organização política de um Estado Democrático não é suficiente para a existência desse Estado. Faz-se necessária a previsão de institutos asseguradores, ante a ofensa da Constituição pelos detentores do Poder Político.

"A vontade constitucional, isto é, a vontade da Nação, expressa pelo Poder Constituinte na Constituição rígida apresenta-se, assim, como uma vontade normativa permanente, a vincular o próprio legislador ordinário, a impor limites à própria lei e demais atos normativos inferiores, não se esgotando com o ato constituinte, mas pairando sempre, soberana, sobre toda a vida estatal, sobre o funcionamento e as atividades de todo o mecanismo do Estado. O controle de constitucionalidade das leis acha-se, assim, como bem observa Hauriou, na própria lógica da soberania nacional, cuja expressão máxima é a Constituição rígida. Sob o domínio desta todos os poderes são controláveis, pois não passam de mero exercício da soberania, e só esta, a vontade suprema da Nação, é insusceptível de controle"[1].

Para Konrad Hesse, "aquilo que é identificado como vontade da Constituição deve ser honestamente preservado, mesmo que, para isso, tenhamos de renunciar a alguns benefícios, ou até a algumas vantagens justas. Quem se mostra disposto a sacrificar um interesse em favor da preservação de um princípio constitucional fortalece o respeito à Constituição e garante um bem da vida indispensável à essência do Estado Democrático. Aquele que, ao contrário, não se dispõe a esse sacrifício, malbarata, pouco a pouco, um capital que significa muito mais do que todas as vantagens angariadas, e que, desperdiçado, não mais será recuperado"[2].

[1] TEIXEIRA, J. H. Meirelles. *Curso de direito constitucional*, rev. Maria Garcia, Rio de Janeiro: Forense Universitária, 1991, p. 377.

[2] HESSE, Konrad. *A força normativa da Constitução (Die normative Kraft der*

Segundo nosso entendimento, o controle da constitucionalidade é uma arma contra os ataques aos direitos consagrados no texto constitucional. Assim, o controle de constitucionalidade configura-se no Estado de Direito como um importante meio para a preservação e garantia das liberdades públicas. É um instrumento político de controle de normas, tendo por finalidade a defesa da Constituição, com a consequente reafirmação da democracia, que exige a legalidade e a legitimidade como consectário lógico do poder estatal.

O controle de constitucionalidade surge a partir da existência de um sistema jurídico complexo e hierarquizado, que possua uma Constituição rígida e superior sobre todo o ordenamento jurídico.

Em primeiro lugar, para melhor entendermos a dinâmica do controle da constitucionalidade, precisamos identificar melhor os termos: sistema jurídico complexo e hierarquizado; rigidez constitucional e supremacia da Constituição dentro do sistema jurídico. Com o intuito de compreendermos melhor os efeitos do controle de constitucionalidade, analisaremos os termos "existência", "vigência", "validade" e "eficácia" da norma jurídica e ainda a teoria das nulidades. Só assim poderão ser compreendidos o próprio conceito de constitucionalidade, as espécies e os institutos de controle da constitucionalidade.

O sistema jurídico pátrio é composto de um conjunto escalonado de normas jurídicas, cuja norma de maior hierarquia é a Constituição Federal, que dá fundamento de validade para todas as demais normas de hierarquia inferior.

Dessa forma, o controle de constitucionalidade tem por finalidade verificar a compatibilidade das normas com a Constituição, do ponto de vista material e formal, de maneira a oferecer harmonia e unidade a todo o sistema jurídico. Dentro desse contexto, entende-se por inconstitucionalidade qualquer ofensa ao texto constitucional, quer quanto ao processo de elaboração legislativa a ser seguido (inconstitucionalidade formal), quer quanto ao conteúdo da norma

---

*verfassung*), Tradução de Gilmar Ferreira Mendes, Porto Alegre: Sérgio A. Fabris, Editor, 1991, p. 22.

(inconstitucionalidade material). Assim, o controle de constitucionalidade tem por finalidade impedir, dentro do sistema jurídico, a existência de atos normativos contrários à Constituição e ao próprio Estado de Direito consagrado no texto constitucional. Esse é o cerne do controle de constitucionalidade e num sentido amplo do próprio direito processual constitucional.

## 2. SISTEMA JURÍDICO

O vocábulo "sistema" provém do grego *systema*, que significa reunião, juntar (*synistanai*), juntou (*syn*) por (*istimi*), designando reunião das partes diversas de um mesmo corpo ou objeto. Assim, sistema é a disposição das partes ou dos elementos de um todo, coordenados entre si, e que funcionam com estrutura organizada. "Em sentido geral, conjunto de elementos relacionados entre si, ordenados de acordo com determinados princípios, formando um todo ou uma unidade"[3].

Na concepção de Kant, o sistema é uma relação entre o todo e as partes, em que a retirada ou acréscimo de uma só destas destrói ou modifica o todo como unidade orgânica.

Para José Cretella Jr., "o sistema é sempre uma reunião ou aglutinação de dados ligados de maneira a estabelecer uma doutrina. Trata-se da combinação de partes que se subordinam, convergindo para um resultado, ou concorrendo para unificar um conjunto. O sistema é, invariavelmente, modo de organização"[4]. "Fala-se em sistema para significar um conjunto articulado de elementos que se integram e se co implicam numa relação de coesão e de harmonia, de modo tal que o todo só pode ser entendido pela consideração das partes que o formam e estas são indispensáveis para a própria subsistência do conjunto. Assim, e apenas para exemplificar, o sistema solar, com o sol ao centro e os planetas gravitando em seu torno, todos suspensos no espaço segundo as leis de gravidade, formam um sistema — o

---

[3] JAPIASSÚ, Hilton; MARCONDES, Danilo. *Dicionário básico de filosofia*, 3. ed. rev. e ampl., Rio de Janeiro: Zahar, 1996, p. 250.

[4] CRETELLA JR., José. *Primeiras lições de direito*, Rio de Janeiro: Forense, 1997, p. 43.

sistema solar — precisamente porque se articulam num conjunto harmônico e coeso, indispensáveis para a própria existência"[5].

O sistema pode ser definido como uma multiplicidade de elementos que formam coesão entre si, com o intuito de alcançar determinado fim. Ou ainda, o sistema é o conjunto de elementos conexos ou coordenados entre si com uma finalidade ou resultado comum. Sistema é a totalidade coesa ou a pluralidade harmônica que resulta em dado objetivo.

Sistema é o conjunto ordenado. Ao lado da ideia de sistema encontra-se a noção de ordem, harmonia, organização. O vocábulo "ordem", do latim *ordine*, apresenta radical *or*, designando diretriz, rumo a seguir. Ordem pode ser conceituada como a unidade na multiplicidade ou a conveniente disposição de elementos para a realização de um fim. Essa é a conclusão de Goffredo Telles Junior: "a ordem é a disposição conveniente de seres para a consecução de um fim comum"[6].

"O vocábulo sistema, transportado do campo filosófico para o âmbito da ciência jurídica, conserva o sentido originário do vocábulo empregado pela linguagem vulgar e pela linguagem técnica em geral. Sistema jurídico ou sistema de direito é um bloco unitário de normas com características comuns. O sistema jurídico resulta de fatores dominantes em dado momento da história dos povos: fatores ambientais, étnicos, econômicos, religiosos, políticos, sociais e filosóficos. Tradicionalmente, o sistema jurídico romano, os sistemas jurídicos das repúblicas helênicas, ou sistema jurídico moderno, de base romanística, incluindo-se o sistema saxão, são todos sistemas jurídicos, ou seja, conjunto de normas jurídicas com características comuns. Sistema jurídico é o conjunto coordenado, em todo lógico, das regras contidas explicitamente ou implicitamente no direito positivo"[7].

---

[5] MIRANDA, Custódio da Piedade U. *Teoria geral do direito privado*, Belo Horizonte: Del Rey, 2003, p. 115.

[6] TELLES JUNIOR, Goffredo. *Iniciação à ciência do direito*, São Paulo: Saraiva, 2001, p. 5.

[7] CRETELLA JR., José. *Primeiras lições de direito*, cit., p. 45.

"Sistema significa nexo, uma reunião de coisas ou conjunto de elementos, e método, um instrumento de análise. É o aparelho teórico mediante o qual se pode estudar a realidade. É, por outras palavras, o modo de ordenar, logicamente, a realidade, que, por sua vez, não é sistemática. Assim sendo, o direito não é um sistema jurídico, mas uma realidade que pode ser concebida de forma sistêmica pela ciência do direito. É tarefa do jurista apresentar o direito sistematicamente, para facilitar seu conhecimento e manejo pelos que o aplicam. É evidente que a função do cientista do direito não é a mera transcrição de normas, fatos e valores, já que estes não se agrupam num todo ordenado, mas sim a descrição e a interrupção, que consistem, fundamentalmente, na determinação das consequências e efeitos produzidos por esses elementos do direito"[8].

A ordem jurídica pode ser definida como o conjunto de normas jurídicas vigentes em dado momento histórico, numa sociedade determinada. Podemos afirmar que, nesse ponto, confundimos ordem jurídica com sistema jurídico, trazendo ao conceito não apenas as normas legislativas estatais, mas também o direito não estatal, bem como as normas consuetudinárias, a jurisprudência, ou seja, os princípios gerais do direito vigentes em certo momento histórico, como, por exemplo, a Ordem Jurídica da Roma Antiga, o Sistema Jurídico Inglês. Nesse sentido, Norberto Bobbio afirma que "o Direito não é uma norma, mas um conjunto coordenado de normas, sendo evidente que uma norma jurídica não se encontra jamais só, mas está ligada a outras normas com as quais forma um sistema normativo"[9].

A ordem, ou sistema, é composta de elementos. No sistema jurídico os elementos são as normas, que se relacionam formando um todo harmônico. Pois bem, a ordem ou o sistema jurídico é o conjunto coordenado de regras jurídicas que formam uma unidade. Essa unidade surge das técnicas de interpretação e integração do direito. Entendemos por ordem jurídica o conjunto de todas as normas em

---

[8] DINIZ, Maria Helena. *Norma constitucional e seus efeitos*, 3. ed. atual., São Paulo: Saraiva, 1997, p. 5.

[9] BOBBIO, Norberto. *Teoria do ordenamento jurídico*, 10. ed., Brasília: Ed. Universidade de Brasília, 1999, p. 21.

vigor no Estado, completadas pelas técnicas de interpretação e integração do direito. Todo sistema tem um objetivo. A finalidade do sistema jurídico é a justiça.

"O fato de o conjunto de normas jurídicas formar um sistema tem uma importância fundamental na sua interpretação; nenhum artigo de lei, nenhuma norma, pode ser interpretado isoladamente, mas há que integrá-lo, para o cabal entendimento do seu sentido, não só no contexto da lei, mas até no do próprio ordenamento de que se trata"[10].

Os elementos do sistema jurídico, que são as normas, princípios e regras, formam uma unidade. O que estabelece a unidade de todo o sistema jurídico e a coordenação entre os elementos é a Constituição. O texto constitucional estabelece a unidade sistemática da ordem jurídica. Dessa forma, a interpretação e integração do direito devem ser pautadas pela Constituição, que estabelece os pressupostos de criação, vigência e execução das normas do sistema jurídico, determinando o seu conteúdo, e se converte num elemento de unidade do sistema jurídico em seu conjunto. Daí nossa definição de sistema jurídico como o conjunto de todas as normas em vigor no Estado, completadas pelas técnicas de interpretação e integração do direito, tendo por finalidade a justiça.

A Constituição é a norma fundamental do sistema jurídico em dois sentidos. Num plano a Constituição é a norma criadora, fundante do sistema jurídico. Em outro aspecto, é a viga mestra, a espinha dorsal do sistema jurídico, ou seja, seu fundamento de validade. Nesse sentido é que afirmamos ser a Constituição o elemento unificador do sistema jurídico.

## 2.1. Classificação do sistema jurídico

No sentido amplo do termo, os sistemas podem ser classificados em dois tipos:

a) fechado; e

b) aberto.

---

[10] MIRANDA, Custódio da Piedade U. *Teoria geral do direito privado*, cit., p. 116.

Os sistemas fechados são aqueles que não sofrem influência externa, como, por exemplo, o sistema do relógio, o sistema solar. Os sistemas abertos são aqueles que sofrem influência externa, como, por exemplo, o sistema familiar.

Qualquer sistema encontra-se inserido em determinado meio ambiente ou contexto próprio; é o denominado ecossistema. O radical *eco* do grego *oîkos* significa casa, domicílio. Assim, ecossistema[11] é o hábitat do sistema, seu meio ambiente.

O sistema pode guardar uma interação e dependência com o ecossistema. Na verdade, o que caracteriza o sistema em aberto ou fechado é a interdependência com o meio exterior.

Nesse sentido, os sistemas abertos sofrem influência do ecossistema. Os sistemas abertos admitem um novo elemento sem a alteração do sistema. Os sistemas fechados não sofrem influência do ecossistema nem admitem elemento novo sem alteração do sistema. A introdução de um novo elemento acaba ou altera o sistema.

O sistema aberto possui interdependência com o meio externo. A energia, o processamento, o que move e impulsiona o sistema é o ecossistema. No sistema fechado não há referência a elementos externos, ou seja, não existe referência ao ecossistema, o problema é interno. O sistema fechado funciona independentemente do ambiente externo. É um sistema suficiente em si. É autopoiético, ou seja, autônomo. O sistema aberto é alopoiético, ou seja, heterônomo.

O sistema aberto, sendo amplo, admitindo novos elementos com a possibilidade de alteração de regras, mostra-se prospectivo. Por sua vez, o sistema fechado mostra-se retrospectivo.

Os sistemas jurídicos são do tipo aberto ou fechado? São auto ou heterorregulados?

De um primeiro prisma, podemos afirmar que o sistema jurídico é auto-organizado e autoproduzido. Entretanto, essa assertiva

[11] FERREIRA, Aurélio Buarque de Holanda. *Novo dicionário Aurélio século XXI*: o dicionário da língua portuguesa, 3. ed. rev. e atual., Rio de Janeiro: Nova Fronteira, 1999, p. 716: "Conjunto dos relacionamentos mútuos entre determinado meio ambiente e a flora, a fauna e os microorganismos que nele habitam, e que incluem os fatores de equilíbrio geológico, atmosférico, meteorológico e biológico".

é relativa em face da sociedade. Assim, o sistema jurídico é aberto, na medida em que sofre influência ou interação com o meio exterior. A vida social estabelece as características do sistema jurídico. Este é um reflexo da sociedade em que está inserido e admite mudanças.

Cabe anotar que mesmo os autores que concebem o sistema jurídico como autopoiético admitem a interferência da sociedade.

Em suma:

Sistema Jurídico ➔ Alopoiético ➔ Influência ou Interação com a Sociedade
Sistema Jurídico ➔ Autopoiético ➔ Interferência da Sociedade.

A ordem jurídica não é uma unidade sistemática fechada. Os elementos que a compõem encontram-se em uma situação de mútua interação e dependência com a sociedade. O sistema jurídico é incompleto e inacabado, pois está aberto a mudanças históricas, ou seja, é aberto ao tempo e à sociedade.

Os sistemas jurídicos, tomando como critério as fontes do direito, podem ser classificados em:

a) simples; e

b) complexo.

Simples é aquele que possui uma única fonte de direito. Complexo é aquele que possui várias fontes do direito. "Os ordenamentos jurídicos historicamente conhecidos são geralmente ordenamentos complexos. Mesmo um ordenamento normativo rudimentar como o familiar é geralmente um ordenamento complexo; seria simples se todas as suas normas fossem diretamente colocadas pelo pai, mas, ao contrário, este muitas vezes delega à mãe a disciplina de certas matérias e outras vezes as normas derivam dos usos do meio social ao qual pertence a família"[12].

Assim, forçoso concluir que o sistema jurídico pátrio é comple-

---

[12] BOBBIO, Norberto. *O positivismo jurídico*: lições de filosofia do direito, São Paulo: Ícone, 1995, p. 162.

xo, visto que se verifica dentro do sistema jurídico uma pluralidade de fontes do direito.

Os sistemas jurídicos, tomando como critério a estrutura das normas, podem ser classificados em:

1) paritários; ou

2) hierarquizados.

O paritário é aquele em que as normas jurídicas são colocadas num mesmo plano de validade e importância. Os hierarquizados são aqueles em que as normas jurídicas são colocadas de forma hierarquicamente estruturada, ou seja, as normas jurídicas encontram-se hierarquicamente subordinadas umas às outras.

O sistema jurídico pátrio é hierarquizado. Esse sistema jurídico é escalonado, ou seja, as normas jurídicas apresentam-se hierarquicamente dentro do sistema. Elas se encadeiam dando origem a um complexo sistema normativo, que possui normas superiores e inferiores. Da leitura do art. 59 da Constituição Federal verificam-se as principais espécies normativas do nosso sistema jurídico. As normas de hierarquia inferior não podem contrariar os termos da norma superior.

Ainda quanto à influência ou origem, a doutrina costuma indicar duas principais espécies de sistemas jurídicos:

1) sistema romano; e

2) sistema anglo-saxão (*common law*).

Os sistemas jurídicos de influência romana são codificados e legislados, sendo assim a principal fonte do direito a lei. De modo geral, o costume e a jurisprudência apresentam-se como fontes subsidiárias. Outrossim, nos sistemas jurídicos romanísticos as decisões do órgão superior não vinculam os juízes de órgão inferior, demonstrando a independência funcional do magistrado, que julga segundo a lei e a sua consciência.

O sistema jurídico anglo-saxão encontra seu fundamento no *common law*. "A aplicação do *common law*, entendido este em sentido estrito, orienta-se pelo princípio da obrigatoriedade do precedente judicial. Cumpre, porém, não confundir aqui precedente com costume ou uso firmado por meio da prática continuada. E a mesma coisa pode ser dita se, em lugar de costume, é mencionada a jurisprudência, que se forma de decisões uniformes e reiteradas. Daí salientar Hélio Tornaghi: Uma decisão insulada não é ainda jurisprudência. O precedente, ao contrário, é um só. É a solução dada a um caso antecedente. Em outras palavras, enquanto o costume e a jurisprudência necessitam de repetição prolongada para se firmarem, o precedente se impõe sem nenhuma delonga; é obrigatório desde logo. Por fim, esclareça-se que a aplicação do *common law*, com base no princípio da obrigatoriedade do precedente judicial, é da competência dos juízes ordinários"[13].

O *common law* apresenta uma faceta de direito costumeiro jurisprudencial. Assim, tem sua base no costume, este consolidado pelas decisões dos tribunais e sua aplicação orientada pelo princípio da obrigatoriedade do precedente judicial. Cabe esclarecer que a vigência da norma consuetudinária é resultante de uma prática habitual, da eficácia de um comportamento. O precedente, conforme anotado, ao contrário do costume e da jurisprudência, num só caso impõe sua aplicação.

Miguel Reale ensina que o "*common law* é o nome que se dá à experiência jurídica da Inglaterra, dos Estados Unidos da América, e de outros países de igual tradição. O que caracteriza o *common law* é não ser um direito baseado na lei, mas antes nos usos e costumes consagrados nos precedentes firmados através das decisões dos tribunais. É, assim, um Direito costumeiro-jurisprudencial, ao contrário do Direito continental europeu e latino-americano, filiado à tradição romanística, do Direito Romano medieval, no qual prevalece o processo legislativo como fonte por excelência das normas jurídicas. Nota-se que o Direito Romano clássico não era um direito 'legislado', mas antes o fruto da doutrina dos jurisconsultos e da jurisdição dos pretores"[14].

---

[13] NASCIMENTO, Walter Vieira do. *Lições de história do direito*, 13. ed. rev. e aum., Rio de Janeiro: Forense, 2001, p. 149.

[14] REALE, Miguel. *Lições preliminares de direito*, 22. ed., São Paulo: Saraiva, 1995, p. 98.

Nos sistemas jurídicos do *common law* (anglo-saxônico), os tribunais inferiores estão obrigados a respeitar as decisões dos órgãos superiores, na medida em que seus precedentes judiciais são emanados com força vinculante.

O direito romano teve grande influência na formação jurídica da Europa na Idade Média. Entretanto, não apresentou a mesma influência na Grã-Bretanha, sendo que o direito inglês desenvolveu-se de forma autônoma, segundo suas próprias características sociais. O direito anglo-saxão apresenta características próprias, sendo a que mais se destaca o fato de ser não legislado nem codificado por diversas áreas em que se distribui: civil, comercial etc. "Em razão de tudo isso, ressalta uma diferença fundamental entre os sistemas de influência inglesa e os de influência romana: nestes, a solução de justiça se orientam através de uma técnica que tem como ponto de partida a lei; naqueles, a técnica para alcançar o mesmo objetivo parte das decisões judiciais. Não obstante, na descoberta e realização da justiça, esses sistemas distintos se convergem para um único ponto: a unidade do direito ocidental"[15].

O sistema jurídico pátrio filia-se ao sistema romanístico.

Em suma, o sistema jurídico é o conjunto harmônico de regras. É a pluralidade coesa ou totalidade harmônica de normas. Entende-se por ordem jurídica um sistema de normas jurídicas, ou seja, uma estrutura escalonada de normas que formam uma unidade. A unidade do sistema jurídico surge da Constituição, constituindo o fundamento de validade de todo o ordenamento jurídico.

## 3. SUPREMACIA CONSTITUCIONAL

A supremacia ou superioridade é uma característica inerente da Constituição. O sistema jurídico hierarquizado é pressuposto necessário para a supremacia constitucional. Conforme afirmamos, vislumbra-se a existência de um escalonamento normativo, visto que a Constituição é a norma de maior hierarquia dentro do sistema jurídi-

---

[15] NASCIMENTO, Walter Vieira do. *Lições de história do direito*, cit., p. 156.

co, sendo denominada norma suprema, norma fundamental, pois dela surge a unidade e a validade de todas as normas jurídicas que compõem o sistema.

O texto constitucional é a matriz ideológica do sistema jurídico, representando os fatores e valores da sociedade. É um atributo de valores. Por isso, é suprema. "O essencial é compreender a Constituição como norma qualitativamente distinta das demais, porque incorpora o sistema de valores essenciais que haverá de reger a ordem de convivência geral e informar todo o ordenamento jurídico"[16].

A supremacia da Constituição é uma característica que decorre da sua própria essência, na medida em que é a norma que institui, organiza e harmoniza o próprio sistema jurídico e estabelece a competência das pessoas políticas, disciplinando o poder estatal. O fato de a Constituição ser o fundamento de validade e unidade do sistema jurídico já a dota de superioridade.

A supremacia constitucional é inerente a sua essência, que é:

1) organização da competência dos órgãos do Estado, disciplinando o Poder (norma organizacional do Estado);

2) instituição e organização do sistema jurídico (norma fundante);

3) fundamento de validade e unidade do sistema jurídico (norma fundamental).

Assim, pode-se falar em duas espécies principais de normas ou leis: leis constitucionais e leis ordinárias. "Já na antiguidade, encontramos diferença entre as leis constitucionais e as modernamente denominadas leis ordinárias. Aquelas estruturavam o Estado e organizavam o governo. Estas eram as criadas pelo governo, sendo, então, inferiores às primeiras. Essa distinção transparece dos estudos realizados por Aristóteles, porém cabe salientar que naquela época não havia a ideia de que a organização existente fosse estabelecida por um poder especial, criador dos demais poderes, não havendo, portanto, a ideia da existência de um poder constituinte. Com efeito, reconhecemos, dentro do ordenamento jurídico, duas categorias de normas

---

[16] DINIZ, Marcio Augusto de Vasconcelos. *Controle de constitucionalidade e teoria da recepção*, São Paulo: Malheiros, 1995, p. 15.

positivas. Uma de hierarquia superior, chamadas constitucionais, que instituem os órgãos do Estado, estabelecem as regras básicas que devem regê-lo e reconhecem direitos e garantias individuais, outras, de categoria ou hierarquia inferior, que são as normas ordinárias, atuam dentro das competências criadas ou dispostas pelas normas constitucionais"[17].

No reinado de Henrique IV, na França do século XV, já estava presente a noção da superioridade da lei fundamental. Na Carta Magna já se vislumbrava a distinção entre "leis do reino" e "leis do rei". Assim, a primazia na distinção entre matéria constitucional e matéria ordinária não é dos constituintes norte-americanos. A referida distinção já se encontrava implícita na Carta Magna de 1215, na França do século XV e no próprio sistema de relações políticas entre a Inglaterra e as suas colônias americanas.

"Embora habitualmente se credite aos constituintes norte-americanos a distinção entre leis constitucionais e leis ordinárias, é certo que elas somente deram ênfase à utilização dessa distinção: desde a época colonial, na América, as legislaturas locais exerciam uma competência legislativa assaz plena, mas controlada. Sua produção poderia ser anulada pelo governo da metrópole, sempre que afrontasse as leis britânicas ou as cartas coloniais concedidas pelo rei; estas últimas, ao contrário, eram em princípio imutáveis, só passíveis de modificação pelo próprio órgão que as expedira"[18].

Um dos critérios para diferençar as leis ordinárias das leis constitucionais encontra-se nos processos de elaboração da norma. Assim, se as normas apresentam procedimentos de elaboração idênticos, estamos diante de normas de mesmo valor, ao passo que, se os procedimentos de elaboração forem distintos, verificaremos a existência de norma de valor diferente. "Dessa diferenciação de regime jurídico para a identificação da lei constitucional e da lei ordinária, chegamos

---

[17] FERRARI, Regina Maria Macedo Nery. *Efeitos da declaração de inconstitucionalidade*, 4. ed. rev., São Paulo: Revista dos Tribunais, 1999, p. 43-44.

[18] SILVA, Paulo Napoleão Nogueira da. *A evolução do controle da constitucionalidade e a competência do Senado Federal*, São Paulo: Revista dos Tribunais, 1992, p. 14.

ao ponto de estabelecer que a superioridade das normas constitucionais frente às outras espécies normativas, e entre elas a lei ordinária, decorre do seu processo de elaboração, o que nos leva a encontrar um processo especial e mais solene para as constitucionais do que o previsto para as leis comuns"[19].

A existência de um processo mais dificultoso para a elaboração de leis constitucionais configura-as como normas de hierarquia superior. Em consequência, tomando-se como critério o modo de alteração ou elaboração do texto constitucional, chega-se à distinção entre as constituições rígidas e flexíveis.

As constituições rígidas são aquelas que apresentam um processo legislativo especial para a reforma constitucional, em regra mais solene e dificultoso do que o estabelecido para as normas legais ordinárias. As constituições flexíveis são as que podem ser alteradas mediante processo legislativo ordinário.

"A diferença entre a norma constitucional e a norma ordinária não decorreria apenas da diferença entre a maioria exigida para aprovação de uma ou outra, sendo também qualitativa, pois a primeira seria produto de deliberação de melhor qualidade, decorrente da cidadania mobilizada"[20].

A Constituição é a norma fundamental. Para Kelsen, a Constituição é a fonte comum de validade de todas as normas pertencentes a uma e mesma ordem normativa, o seu fundamento de validade comum. Dessa forma, quer a Constituição seja rígida, quer seja flexível, escrita ou costumeira, é dotada de uma superioridade sobre as demais normas jurídicas de determinado país. "O controle de constitucionalidade, a rigor, passa por cima de conceitos tais como o de Constituição flexível ou rígida, na medida em que, em tese, pode incidir de igual maneira sobre as leis e os atos normativos em geral, fundados tanto em uma, como em outra dessas espécies constitucio-

---

[19] FERRARI, Regina Maria Macedo Nery. *Efeitos da declaração de inconstitucionalidade*, cit., p. 46.

[20] MORO, Sergio Fernando. *Jurisdição constitucional como democracia*, São Paulo: Revista dos Tribunais, 2004, p. 129-130.

nais. Pois, mesmo nas ordenações que adotam Constituições flexíveis, uma lei ordinária à Lei Fundamental não poderá vigorar, a menos que a própria Constituição seja antes modificada; e isto, sem falar dos atos administrativos, e normativos em geral"[21].

Paulo Napoleão Nogueira da Silva entende que a Constituição mesmo flexível é norma de hierarquia superior, passível de controle de constitucionalidade, pelas seguintes razões:

"1. não teria sentido ser dispensado o controle, tendo em vista que a ordem jurídica não é integrada somente pelo produto da atividade normativa legislativa, mas também por produtos da atividade normativa executiva, ou administrativa, e inclusive da judiciária; dispensá-lo, portanto, significa deixar essas atividades normativas fora da exigência de sua conformidade à Constituição;

2. se a Constituição chamada 'flexível' pudesse ser implícita ou expressamente revogada pela só e simples edição de lei ordinária, a rigor não haveria a necessidade de uma Constituição, considerada como conjunto de princípios fundamentais norteadores e vinculantes da ordem jurídica, e consequentemente protegidos por uma maior ou menor — mas, sempre existente — medida de dificuldade procedimental para alterá-los ou substituí-los;

3. em consequência do precedentemente exposto, mesmo em sistemas dotados de parlamento permanentemente investido de poder constituinte pleno, a distinção entre matéria constitucional e matéria ordinária é imprescindível;

4. nos sistemas em que o Legislativo não for dotado de poder constituinte originário e pleno, mas somente de um poder constituinte delimitado por certas regras e valores — costumeiros, de direito natural, ou consensualmente consagrados, precisamente, como balizas desse poder constituinte — não há como cogitar de desnecessidade do controle: sempre haverá a Constituição, ou um conjunto de leis constitucionais que façam as suas vezes, e leis não constitucionais, isto é, infraconstitucionais. E, se estas forem desconfirmadoras da-

---

[21] SILVA, Paulo Napoleão Nogueira da. *A evolução do controle da constitucionalidade e a competência do Senado Federal*, cit., p. 15.

quelas, não poderão vigorar: será necessário, antes, modificar as primeiras. Este é, aliás, precisamente o sistema inglês, assim como o neo-zelandês"[22].

Meirelles Teixeira anota que "se apresenta indispensável, essencial ao Estado de Direito e à existência e sobrevivência das liberdades, o controle da constitucionalidade das leis, que autores existem, como Burdeau e Duguit, recomendando-o até mesmo para países de Constituição flexível, para salvaguarda da ideia do Direito, dos direitos fundamentais do homem e dos princípios superiores da convivência humana digna e justa. E mesmo na Inglaterra, onde juridicamente o Parlamento pode tudo, uma vez que a Constituição é flexível, vimos que juízes têm existido, como Coke, que já em 1610 sobrepunham às leis do Parlamento o Direito costumeiro (*common law*) e os princípios da Razão"[23].

"O princípio da supremacia constitucional constitui o alicerce em que se assenta o edifício do moderno Direito Público. Normas constitucionais põem-se acima das demais normas jurídicas (hierarquia) e essa preeminência é que vai constituir superioridade da Constituição. Todas as constituições — rígidas ou flexíveis, escritas ou costumeiras — estão dotadas desta preeminência, na lição de Barthélemy e Duez, e a 'Constituição, costumeira ou escrita, flexível ou rígida, retira, em princípio, do seu próprio conteúdo, uma certa supremacia'. A afirmação é significativa; são os aspectos intrínsecos da supremacia da Constituição"[24]. "Significa que a constituição se coloca no vértice do sistema jurídico do país, a que confere validade, e que todos os poderes estatais são legítimos na medida em que ela os reconheça e na proporção por ela distribuídos. É, enfim, a lei suprema do Estado, pois é nela que se encontram a própria estruturação deste e a organização de seus órgãos; é nela que se acham as normas

---

[22] SILVA, Paulo Napoleão Nogueira da. *A evolução do controle de constitucionalidade e a competência do Senado Federal*, cit., p. 15-16.

[23] TEIXEIRA, J. H. Meirelles. *Curso de direito constitucional*, cit., p. 376.

[24] PALU, Oswaldo Luiz. *Controle de constitucionalidade*: conceitos, sistemas e efeitos, São Paulo: Revista dos Tribunais, 1999, p. 14.

fundamentais do Estado, e só nisso se notará sua superioridade em relação às demais normas jurídicas"[25].

Dessa forma, a supremacia constitucional pode ser:

1) material; e

2) formal.

A supremacia material diz respeito ao conteúdo da Constituição. A supremacia formal diz respeito ao procedimento de elaboração de normas constitucionais, sendo claramente indicada a relação de hierarquia. José Afonso da Silva assinala que "a doutrina distingue supremacia material e supremacia formal da constituição. Reconhece a primeira até nas constituições costumeiras e flexíveis. Isso é certo do ponto de vista sociológico, tal como também se lhes admite rigidez sociopolítica. Mas do ponto de vista jurídico, só é concebível a supremacia formal, que se apoia na regra da rigidez, de que é o primeiro e principal corolário"[26].

Nesse sentido ensina Canotilho que "ao falar-se do valor normativo da constituição aludiu-se à constituição como *lex superior*, quer porque ela é fonte da produção normativa (*norma normarum*) quer porque lhe é reconhecido um valor normativo hierarquicamente superior (superlegalidade material) que faz dela um parâmetro obrigatório de todos os actos estaduais. A ideia de superlegalidade formal (a constituição como norma primária da produção jurídica) justifica a tendencial rigidez das leis fundamentais, traduzida na consagração, para as leis de revisão, de exigências processuais, formais e materiais, agravadas ou reforçadas relativamente às leis ordinárias. Por sua vez, parametricidade material das normas constitucionais conduz à exigência de conformidade substancial de todos os actos do Estado e dos poderes públicos com as normas e princípios hierarquicamente superiores da constituição. Da conjugação dessas duas dimensões — superlegalidade material e superlegalidade formal da constituição — deriva o princípio fundamental da constituciona-

---

25 SILVA, José Afonso da. *Curso de direito constitucional positivo*, 16. ed. rev. e atual., São Paulo: Malheiros, 1999, p. 47.

26 SILVA, José Afonso da. *Curso de direito constitucional positivo*, cit., p. 47.

lidade dos actos normativos: os actos normativos só estarão conformes com a constituição quando não violem o sistema formal, constitucionalmente estabelecido, da produção desses actos, e quando não contrariem, positiva ou negativamente, os parâmetros plasmados nas normas ou princípios constitucionais"[27].

Em suma:

| | | |
|---|---|---|
| **Superioridade Constitucional** | Supremacia Material ➔ | Conteúdo |
| | Supremacia Formal ➔ | Procedimento |

"A superioridade material de uma Constituição resulta no fato de que ela organiza competências estatais; estabelecendo as competências, ela é necessariamente superior às autoridades que nelas estão investidas (maior importância das normas constitucionais). Em consequência, aquelas não podem ir de encontro à Constituição sem destruir, no mesmo momento, o fundamento jurídico de sua autoridade. É da Constituição que os legisladores retiram seus poderes; como poderiam alterá-la sem destruir o fundamento de sua autoridade? E a autoridade reforçada que a Constituição atribui a seu conteúdo diz logicamente a uma consagração formal (hierarquia entre a Constituição e demais atos normativos)"[28].

A superioridade formal da Constituição surge do fato de que as normas constitucionais apresentam um processo de elaboração mais dificultoso ou solene. É a denominada rigidez constitucional. A consequência lógica da rigidez constitucional é a supremacia constitucional.

"As normas componentes de um ordenamento jurídico encontram-se dispostas segundo uma hierarquia e formando uma espécie de pirâmide, sendo que a Constituição ocupa o ponto mais alto, o ápice da pirâmide legal, fazendo com que todas as demais normas que lhe vêm abaixo a ela se encontrem subordinadas. Estar juridica-

---

[27] CANOTILHO, J. J. Gomes. *Direito constitucional e teoria da Constituição*, Coimbra/Portugal: Almedina, 1997, p. 784.

[28] PALU, Oswaldo Luiz. *Controle de constitucionalidade*, cit., p. 15.

mente subordinada implica que uma determinada norma prevalece sobre a inferior em qualquer caso em que ela conflite. A norma superior demanda obediência da subordinada, de tal sorte que esta lhe deverá dar sempre inteiro cumprimento sob pena de vir a ser viciada. Vê-se, assim, pois, que a um regime especial para a sua produção corresponde, de outro lado, uma posição hierárquica superior das normas constitucionais sobre as infraconstitucionais. Portanto, é na Constituição formal que pode ficar evidenciada a superioridade das normas constitucionais sobre as ordinárias. Nos países que adotam Constituições formais, caracterizadas, como visto, por um processo de elaboração mais dificultoso que o previsto para as leis ordinárias, assim como por um regime jurídico constitucional, dá-se em razão deste próprio regime jurídico uma ascendência, uma superioridade, uma maior importância em favor das regras por ele beneficiadas, de tal maneira que elas passam a conformar, a moldar, a jungir a seus férreos princípios toda a atividade jurídica submetida ao seu sistema. Qualquer ato jurídico de natureza infraconstitucional padecerá do supremo vínculo de ilegalidade, o qual, no caso, em razão de ser praticado contra a Lei Maior, denomina-se inconstitucionalidade. A supremacia das normas constitucionais é assegurada através de processos próprios, que vêm negar aplicação, negar executoriedade aos atos praticados contra seus comandos e até mesmo suprimir em definitivo uma lei inconstitucional"[29].

Nesse sentido, Maria Helena Diniz demonstra por que a norma constitucional é suprema. "Sê-lo-á no sentido teórico, ou seja, por ser ela norma-origem, por não existir outra acima dela. Inegável é a sua supremacia em relação às demais normas da ordenação jurídica, desde que reconhecida pelo destinatário (Poderes Executivo, Legislativo e Judiciário), que cumprirá, ou não, as suas disposições e, também, no sentido sociopolítico, pelo povo, titular do poder constituinte, exercendo, ou não, o direito à desobediência civil, visto que a Constituição deve manifestar a emergência das forças políticas ou sociais dentro da sociedade, sendo, portanto, politicamente, decor-

---

[29] BASTOS, Celso Ribeiro. *Curso de direito constitucional*, 19. ed., São Paulo: Saraiva, 1998, p. 47.

rente de uma decisão política fundamental, identificando-se com o conteúdo político-social, considerado como ideal. Tal reconhecimento conduziria ao controle de constitucionalidade pelos agentes estatais. A supremacia da Constituição se justificaria para manter a estabilidade social, bem como a imutabilidade relativa de seus preceitos, daí haver uma entidade encarregada da guarda da Constituição, para preservar sua essência e os princípios jurídicos. O órgão jurisdicional tem por função primacial controlar a constitucionalidade das leis, verificando a correspondência do ato normativo diante do texto constitucional"[30].

A Constituição é a norma fundamental. Seja rígida, ou flexível, escrita ou costumeira, é dotada de superioridade sobre as demais normas do sistema jurídico. A norma constitucional é suprema. Da supremacia constitucional surge a necessidade da compatibilidade das normas jurídicas inferiores com a Constituição. O pressuposto de validade da norma de hierarquia inferior é a compatibilidade ou consonância com a Constituição. O controle de constitucionalidade é a verificação da referida compatibilidade. Assim, constitucional é a ação ou omissão que guarda consonância com a Constituição.

## 4. EXISTÊNCIA, VIGÊNCIA, VALIDADE E EFICÁCIA DA NORMA JURÍDICA

O estudo do controle de constitucionalidade esbarra na precisão dos termos empregados para indicar os efeitos da declaração de inconstitucionalidade. A precisão dos termos "existência", "vigência", "validade" e "eficácia" é indicada pela Teoria do Direito. No presente estudo é importante estabelecer uma nítida diferenciação desses conceitos, afastando a imprecisão da nomenclatura, que traz em seu bojo graves equívocos.

O sociologismo jurídico encara o problema reduzindo a vigência à eficácia ao determinar que vigente é o direito que se concretiza na realidade social apresentando aplicação eficaz e não aquele que se encontra somente no texto frio da letra da lei, e não conseguiu

[30] DINIZ, Maria Helena. *Norma constitucional e seus efeitos*, cit., p. 15.

lograr-se como norma de direito na sociedade. Assim, a vigência equivale à influência social, à efetividade.

O dogmatismo jurídico distingue com exatidão a vigência e a eficácia da norma jurídica. A vigência significa a existência específica da norma e a eficácia é o fato de que a norma é efetivamente aplicada e respeitada.

Para Miguel Reale, "a validade de uma norma de direito pode ser vista sob três aspectos: o da validade formal ou técnico-jurídica (vigência), o da validade social (eficácia ou efetividade) e o da validade ética (fundamento). Podemos dizer que a regra jurídica deve, normalmente, reunir os três seguintes requisitos de validade: a) fundamento de ordem axiológica; b) eficácia social, em virtude de sua correspondência ao querer coletivo; e c) validade formal ou vigência, por ser emanada do poder competente, com obediência aos trâmites legais"[31]. Desse prisma a norma jurídica é encarada sob três aspectos: dogmático (técnico-jurídico), axiológico (ético) e sociológico (histórico-social).

O problema das incertezas terminológicas pode ser sanado particularizando de forma clara os termos "existência", "vigência", "validade" e "eficácia" da norma jurídica[32].

## 4.1. Existência

A existência da norma jurídica é condição indispensável para que possa ser revestida de vigência, validade e eficácia.

O ingresso da lei no sistema jurídico ocorre com a promulgação (promulgação, do latim *promulgare*, *promulgatione*), que significa divulgação e é o ato pelo qual o Chefe do Poder Executivo atesta ou declara a existência da lei. Segundo Pontes de Miranda, a promulga-

---

[31] REALE, Miguel. *Lições preliminares de direito*, cit., p. 105-116.

[32] Nesse sentido: TEIXEIRA, J. H. Meirelles. *Curso de direito constitucional*, cit., p. 285-295; FERRARI, Regina Maria Macedo Nery. *Efeitos da declaração de inconstitucionalidade*, cit., p. 49-55; DINIZ, Maria Helena. *Norma constitucional e seus efeitos*, cit., p. 24-35; DINIZ, Marcio Augusto de Vasconcelos. *Controle de constitucionalidade e teoria da recepção*, cit., p. 45-51.

ção "constitui mera atestação da existência da lei e promulgação de sua executoriedade". Dessa forma, com a promulgação a lei torna-se executória. A promulgação decorre da sanção e tem o significado de proclamação. Mas é com a publicação que a lei torna-se conhecida e vigente, ou melhor, que a lei se presume conhecida de todos, tornando-se obrigatória para todos os cidadãos na data indicada para a sua vigência. Assim, com a promulgação, a lei torna-se executória. Com a publicação, a lei torna-se obrigatória. A promulgação obriga o Estado, ao passo que a publicação obriga a coletividade.

"No sistema jurídico brasileiro, a lei ordinária passa a ter existência jurídica após a sua publicação no Diário Oficial da União. É bem verdade que, em doutrina, se concebe a promulgação como pressuposto de existência da lei e a publicação como condição de vigência. Mas é razoável, todavia, afirmar que a publicação é também um requisito necessário à existência da lei, porque faz parte do processo legislativo"[33].

A existência da norma é a sua entrada válida ou inválida no mundo jurídico. Existência é a pertinência da norma no sistema jurídico. A norma porque existe é um elemento do sistema jurídico, pertencendo ao encadeamento lógico dessa ordem. No sistema jurídico pátrio a norma passa a ter existência jurídica após a promulgação e publicação no *Diário Oficial.*

## 4.2. Vigência

A vigência da norma equivale ao seu período de vida, desde o início da sua obrigatoriedade e observância até sua revogação, quando deixa de existir no mundo jurídico. "A vigência da norma equivale ao seu período de vida, à carga de obrigatoriedade do respeito à norma elaborada pelo órgão competente, isto é, desde o seu nascimento até quando deixa de existir no mundo jurídico pelo surgimento de uma outra norma que disponha sobre a mesma matéria em sentido contrário, ou quando o ordenamento jurídico prevê a sua

[33] DINIZ, Marcio Augusto de Vasconcelos. *Controle de constitucionalidade e teoria da recepção*, cit., p. 47-48.

anulação por vício através de processos específicos, ou, ainda, quando ela própria prevê o período determinado para sua existência. E mais, quando condiciona essa existência a um termo casual e fortuito, como, por exemplo, no caso das calamidades públicas"[34].

"Vigência é a potencialidade da lei para incidir, para atribuir ao suporte fático um significado jurídico. A vigência da lei é pressuposto de sua incidência. Assim, embora exista e seja — regra geral — válida, poderá não incidir. Tal ocorre, por exemplo, no período de *vacatio legis*. Bem por isso, afirma Arnaldo Vasconcelos, a vigência significa disponibilidade temporal da norma; é um marco intermediário entre a existência, que se formaliza pela promulgação e a eficácia, que decorre de sua observância social"[35].

Para Paulo Nader, "o atributo jurídico denominado vigência significa que a norma, por atender a determinados requisitos técnico-formais de elaboração e positividade, acha-se posta à executoriedade. É com ela que a norma jurídica obtém obrigatoriedade e são estabelecidos seus marcos temporais de validez: início e fim da obrigatoriedade"[36].

Segundo José Afonso da Silva, a vigência tomada no seu sentido técnico-formal indica que norma é a que foi regularmente promulgada e publicada, com a condição de entrar em vigor em data determinada. "Vigência (do verbo *viger*, do latim *vigere*) é, no sentido indicado, a qualidade da norma que a faz existir juridicamente e a torna de observância obrigatória, isto é, que a faz exigível, sob certas condições. Vigência, pois, é o modo específico da existência da norma jurídica. Vigência não se confunde com eficácia, mas para que a eficácia se verifique é necessário que a norma comece a vigorar. A vigência é condição de efetivação da eficácia, ainda que a plenitude desta, tratando-se de norma constitucional, não raro, dependa de

[34] FERRARI, Regina Maria Macedo Nery. *Efeitos da declaração de inconstitucionalidade*, cit., p. 54.

[35] DINIZ, Marcio Augusto de Vasconcelos. *Controle de constitucionalidade e teoria da recepção*, cit., p. 50.

[36] NADER, Paulo. *Filosofia do direito*, 6. ed., Rio de Janeiro: Forense, 1998, p. 69.

outras normas integrativas. A Constituição — e assim as leis em geral — contém uma cláusula de vigência; cláusula que determina o momento em que ela começará a vigorar e, com isso, tornar-se apta a produzir os efeitos próprios de seu conteúdo"[37].

Meirelles Teixeira ensina que "vigência, do verbo 'viger' (lat. *vigere*), é a qualidade da norma que a faz existir como norma jurídica, que a torna de observância obrigatória, isto é, que a faz exigível, conquanto não derrogada. Por vigência da norma deve-se entender a sua exigibilidade, isto é, a possibilidade de exigir-se o seu cumprimento, a sua observância, enquanto não formalmente derrogada. Norma vigente, destarte, é toda norma regularmente promulgada, enquanto não derrogada por outra norma, incidindo, portanto, sobre os fatos, situações e comportamentos por ela previstos e regulados"[38].

A vigência da norma equivale ao seu período de vida, desde seu nascimento até sua morte, quando deixa de existir. A vigência é o interregno entre o início e o fim da obrigatoriedade da norma. Refere à possibilidade de a norma ser aplicada. Essa problemática é tratada pela Lei de Introdução às Normas do Direito Brasileiro[39], que constitui uma verdadeira lei geral de aplicação das normas. "A Lei de Introdução é aplicável a toda ordenação jurídica, já que tem as funções de: regular a vigência e a eficácia das normas jurídicas, apresentando soluções ao conflito de normas no tempo e no espaço; fornecer critérios de hermenêutica; estabelecer mecanismos de integração das normas, quando houver lacunas (art. 4º); garantir não só a eficácia global da ordem jurídica, não admitindo erro de direito (art. 3º) que a comprometeria, mas também a certeza, segurança e estabilidade do ordenamento, preservando as situações consolidadas em que o interesse individual prevalece (art. 6º)"[40]. "O tema central da

---

[37] SILVA, José Afonso da. *Aplicabilidade das normas constitucionais*, 3. ed. rev., ampl. e atual., São Paulo: Malheiros, 1998, p. 52-53.

[38] TEIXEIRA, J. H. Meirelles. *Curso de direito constitucional*, cit., p. 285-286.

[39] A Lei n. 12.376/2010 alterou a ementa da Lei de Introdução ao Código Civil que passou a vigorar como "Lei de Introdução às Normas do Direito Brasileiro".

[40] DINIZ, Maria Helena. *Curso de direito civil brasileiro*: teoria geral do direito civil, 7. ed., São Paulo: Saraiva, 1989, v. 1, p. 45.

Lei de Introdução ao Código Civil é a própria lei. Aí se cuida da vigência da lei e sua revogação; da impossibilidade de alegar-se a sua ignorância; da aplicação da lei e de suas lacunas; da interpretação da lei e de sua eficácia no tempo e no espaço"[41].

A norma jurídica, como todo fenômeno histórico, tem seu tempo. Entra em vigor na data estabelecida e vigora até o termo nela fixado ou até que outra a revogue. Surge o problema de saber se é a nova lei ou a antiga que se deve aplicar a certas relações jurídicas. É o problema do conflito das leis no tempo, estudado pelo chamado direito intertemporal, retroativo ou transitório. Como todos os fenômenos culturais e naturais, as leis nascem, modificam-se e morrem[42]. "As normas jurídicas têm vida própria, pois nascem, existem e morrem. Esses momentos dizem respeito à determinação do início da vigência, à continuidade de sua vigência e à cessação da sua vigência"[43].

O âmbito temporal das leis é disciplinado pela Lei de Introdução às Normas do Direito Brasileiro[44]. As normas nascem com a promulgação, mas começam a vigorar com a publicação, ou melhor, com esta a lei torna-se obrigatória na data indicada para sua vigência. O art. 1º da referida lei dita que: "Salvo disposição contrária, a lei começa a vigorar em todo o país quarenta e cinco dias depois de oficialmente publicada". Assim, depreende-se do referido preceito legal que a obrigatoriedade da norma de direito não se inicia no dia da publicação, mas na data indicada para o início de sua obrigatoriedade. Nesse caso, a lei torna-se obrigatória ou vigente a partir da data nela prevista.

A data da publicação no *Diário Oficial* nem sempre coincide com a do início da vigência da lei, pois o legislador pode postergar a

---

[41] RODRIGUES, Silvio. *Direito civil*: parte geral, 2. ed. rev., São Paulo: Max Limonad, 1964, v. 1, p. 35.

[42] MONTORO, André Franco. *Introdução à ciência do direito*, 23. ed., São Paulo: Revista dos Tribunais, 1995, p. 388-389.

[43] DINIZ, Maria Helena. *Curso de direito civil brasileiro*, cit., p. 62.

[44] A Lei n. 12.376/2010 alterou a ementa da Lei de Introdução ao Código Civil que passou a vigorar como "Lei de Introdução às Normas do Direito Brasileiro"

sua entrada em vigor para data posterior, estabelecendo expressamente. O lapso temporal compreendido entre a publicação da lei e a sua entrada em vigor denomina-se *vacatio legis*. Conforme permite o dispositivo legal, fica ao arbítrio do legislador fixar a data do início da vigência da lei. Dessa forma, por vezes o legislador estabelece como obrigatória a data de publicação da lei. Noutras, o período da *vacatio legis* é maior, para conceder-se tempo mais amplo para adaptação. No que tange à obrigatoriedade da norma brasileira no exterior, o prazo é de três meses depois de oficialmente publicada, conforme dispõe o art. 1º, § 1º, da Lei de Introdução às Normas do Direito Brasileiro[45].

Em resumo, a promulgação atesta a existência da lei, ao passo que a publicação, a obrigatoriedade, sendo o início desta, como já dissemos, na data indicada para a entrada em vigor. Com a promulgação, a lei torna-se executória. Com a publicação, a lei torna-se obrigatória. A promulgação obriga o Estado, ao passo que a publicação obriga a coletividade.

Preceitua o art. 2º da Lei de Introdução às Normas do Direito Brasileiro que: "não se destinando à vigência temporária, a lei terá vigor até que outra a modifique ou revogue". A vigência temporária ocorre nas denominadas leis excepcionais e temporárias, sendo que o início e o fim da obrigatoriedade da norma são previamente fixados. As leis temporárias estabelecem a vigência até determinada data. As leis excepcionais são aquelas promulgadas em caso de calamidade pública, estando adstritas ao fato que as gerou. Dessa forma, podemos concluir que a lei perde sua eficácia ou vigência em duas hipóteses:

1) se a lei já tem fixado o seu tempo de duração, com o decurso do prazo determinado ela perde a vigência;

2) se ela não tem prazo determinado de duração, permanece atuando no mundo jurídico até que seja modificada ou revogada por outra de hierarquia igual ou superior (art. 2º da LINDB[46]); é o prin-

---

[45] A Lei n. 12.376/2010 alterou a ementa da Lei de Introdução ao Código Civil que passou a vigorar como "Lei de Introdução às Normas do Direito Brasileiro".

[46] A Lei n. 12.376/2010 alterou a ementa da Lei de Introdução ao Código Civil que passou a vigorar como "Lei de Introdução às Normas do Direito Brasileiro".

cípio da continuidade das leis.

A segunda parte do citado art. 2º trata expressamente da *revogação*. Revogar é tornar sem efeito uma norma, retirando sua obrigatoriedade. A revogação é gênero que contém duas espécies:

1) *ab-rogação*, a supressão total da norma anterior; e

2) *derrogação*, quando torna sem efeito apenas uma parte da norma.

Em suma:

| **Revogação** | Ab-rogação ➔ Revogação Total |
|---|---|
| | Derrogação ➔ Revogação Parcial |

Cabe anotar que, quando a lei revogadora for revogada, o fato não terá efeito repristinatório[47] sobre a lei por ela revogada, ou seja, esta lei não se restaura, senão quando houver expresso pronunciamento a esse respeito, conforme dita o art. 2º, § 3º, da Lei de Introdução às Normas do Direito Brasileiro: "salvo disposição em contrário, a lei revogada não se restaura por ter a lei revogadora perdido a vigência".

O art. 2º, § 1º, da Lei de Introdução às Normas do Direito Brasileiro trata das espécies de revogação aludindo que: "a lei posterior revoga a anterior quando expressamente o declare, quando seja com ela incompatível ou quando regule inteiramente a matéria de que tratava a lei anterior". A doutrina com fulcro na referida norma legal afirma que a revogação pode ser expressa, quando o legislador assim o declarar, ou tácita, se houver incompatibilidade entre a lei nova e a antiga, e se a lei nova regular inteiramente o assunto tratado pela lei anterior.

O art. 9º da Lei Complementar n. 95/98, com a redação dada pela Lei Complementar n. 107/2001, expurgou do sistema jurídico a

[47] Repristinação, termo formado da partícula *re* (retornar, retomar) e *pristinus* (adjetivo latino, anterior, precedente), que significa revigoração de normas legais em virtude de cessação da vigência de lei que as havia revogado.

revogação tácita ao estabelecer que "a cláusula de revogação deverá enumerar, expressamente, as leis ou disposições legais revogadas". Note-se que pela redação anterior[48] a revogação expressa só surgia quando necessária. Pelo texto atual do art. 9º, sempre existe a necessidade, que surge para evitar dúvidas acerca da revogação e garantir, em último plano, a segurança jurídica.

Em suma:

| **Revogação**<br>(art. 2º da LINDB) | 1) por outra lei<br>2) pelo decurso do tempo preestabelecido |
|---|---|

No sentido amplo, o termo "revogação" é empregado para designar a não recepção de norma jurídica do sistema jurídico anterior, a declaração de inconstitucionalidade pelo Supremo Tribunal Federal, o desuso da norma pelo costume *contra legem*, ou seja, qualquer fenômeno que provoque a extinção da norma no sistema jurídico. Qualquer ato capaz de expurgar a norma do sistema jurídico[49].

No sentido restrito e técnico, revogação é termo afeto ao processo legislativo. A norma é extinta do sistema jurídico por outro ato normativo da mesma espécie. Saliente-se que o princípio geral é o de que as normas se revogam por outras da mesma hierarquia ou de hierarquia superior. Neste último caso, o conflito de norma é resolvido não mais com base no critério cronológico, mas com base no critério hierárquico, formulado no princípio *lex superior derogat inferiori*. Assim, deve ser aplicada a norma de hierarquia superior,

---

[48] Art. 9º da Lei Complementar n. 95/98: "Quando necessária a cláusula de revogação, esta deverá indicar expressamente as leis ou disposições legais revogadas".

[49] GUSMÃO, Paulo Dourado de. *Introdução ao estudo do direito*, 20. ed. rev., Rio de Janeiro: Forense, 1997, p. 56: "No direito anglo-americano (*common law*), o precedente judicial (*case law*) tem vigência da data em que for prolatado, perdendo-a da data da primeira sentença que decidir em sentido contrário, que, se reiterada, então, precedente, ou, ainda, de quando a Corte Suprema o julgar inconstitucional ou dispuser em sentido contrário. O costume tem vigência enquanto observado, perdendo-a com o desuso".

mesmo que a norma de hierarquia inferior seja posterior no tempo. No caso de conflito entre o critério temporal e hierárquico, o último prevalece. Ainda, a lei geral não revoga a de caráter especial.

Em termos constitucionais, cada pessoa política tem competência para elaborar suas próprias regras jurídicas, nos termos da competência conferida pela Constituição Federal.

"Vigente é o ordenamento jurídico atual, no sentido de que existe no momento presente, isto é, o conjunto de normas que rege, aqui e agora, a conduta dos indivíduos na sociedade. Assim, com vigência nos referimos à vida das normas jurídicas"[50]. "No sentido técnico-jurídico é a dimensão temporal e espacial da obrigatoriedade do direito, determinável, começando da data em que for publicada a norma no Diário Oficial, ou da data nela prevista, terminando na de sua revogação total ou parcial, expressa ou tácita, quando lei posterior dispuser em sentido contrário. Vigente, assim, a lei sancionada e publicada no Diário Oficial, enquanto não revogada, ou o tratado internacional, aprovado por decreto legislativo, enquanto não denunciado"[51].

A vigência, portanto, é o período de tempo no qual a norma se mantém obrigatória.

### 4.3. Validade

A norma vigente é de direito positivo. Ocorre que nem toda norma de direito positivo é válida. Para Miguel Reale, "vigência ou validade formal é a executoriedade compulsória de uma regra de direito, por haver preenchido os requisitos essenciais à sua feitura ou elaboração".

O referido autor enumera três requisitos de validade:

1) legitimidade do órgão emanador da regra;

2) competência *ratione materiae*; e

---

[50] FERRARI, Regina Maria Macedo Nery. *Efeitos da declaração de inconstitucionalidade*, cit., p. 51.

[51] GUSMÃO, Paulo Dourado de. *Introdução ao estudo do direito*, cit., p. 56.

3) legitimidade do procedimento[52].

"A vigência é problema bem mais complexo e profundo do que o ligado ao seu sentido técnico-jurídico, que reclama a satisfação de requisitos formais, como a verificação da competência do órgão emanador da regra; a compatibilidade de uma norma com as normas subordinadas de caráter constitucional ou não; a obediência a trâmites ou processos que condicionam sua gênese em um dado ordenamento etc."[53].

"Dizer que uma norma é válida significa que ela foi elaborada conforme o procedimento estabelecido pelo sistema jurídico, isto é, uma norma é válida enquanto e na medida em que for produzida em concordância com os requisitos exigidos pelo ordenamento jurídico. Dessa forma, e tendo em conta a hierarquia que permite um escalonamento normativo num sistema jurídico, válida é a norma produzida em conformidade com a norma superior de tal sistema, vale dizer, que é concordante e não contraditória com as demais"[54].

"A validade (ou validade técnico-formal) da norma jurídica seria, pois, sua conformidade com outra norma que regula a sua produção e, por vezes, o seu conteúdo, vale dizer, que constitui o seu fundamento. Em nosso sistema jurídico a validade da lei ordinária decorre do fato de ter sido elaborada de acordo com as regras de competência e forma, previstas na Constituição, bem como, no que se refere ao seu conteúdo, não infringir as normas e princípios plasmados no Texto Constitucional. Qual seria, neste passo, o fundamento de validade da Constituição? Apesar de terem surgido várias opiniões a respeito do tema (norma hipotética fundamental, espírito do povo, etc.), inclinamo-nos no sentido de que o seu fundamento de validade é a vontade geral, tal como concebida pelo contratualismo

---

[52] REALE, Miguel. *Lições preliminares de direito*, cit., p. 105-116.

[53] REALE, Miguel. *Filosofia do direito*, 17. ed., São Paulo: Saraiva, 1996, p. 600-601.

[54] FERRARI, Regina Maria Macedo Nery. *Efeitos da declaração de inconstitucionalidade*, cit., p. 54-55.

originário ou, como preferem os neocontratualistas, o consenso, o assentimento popular"[55].

Regina Maria Macedo Nery Ferrari faz referência ao fundamento de validade da norma admitindo que, para ser válida em face de determinado ordenamento jurídico, deve ter sido produzida em concordância com as normas superiores do sistema, vale dizer, em um ordenamento jurídico escalonado, as normas superiores estabelecem todos os requisitos de produção das normas inferiores. "Diversas correntes procuram analisar o que devemos considerar como direito válido. Podemos englobá-las em dois grandes grupos. Um que considera a questão sob um ponto de vista formal e outro que faz sua consideração a partir de uma concepção objetiva, colocando a justiça como essência do direito. Do ponto de vista formal, só serão válidas as normas que reunirem determinados requisitos, isto é, para uma norma ser válida, necessita ser produzida de acordo com os requisitos estabelecidos pelas normas superiores do sistema, ou seja, num ordenamento jurídico, onde encontramos um escalonamento normativo, a norma de nível inferior busca sua validade, seu fundamento de validade na norma superior, e assim por diante, de tal forma que, em um sistema normativo, podemos reconduzir o fundamento de sua validade a uma única norma, que é a norma fundamental desse sistema. Nessa linha de pensamento, tão bem desenvolvida pelos positivistas, uma norma é válida enquanto e na medida em que for produzida em concordância com os requisitos exigidos pelo ordenamento determinado; é inválida quando sua produção não cumprir essas exigências, o que vale dizer, num sentido puramente técnico, que esta norma, face a este sistema normativo, não existe"[56].

José Afonso da Silva, ao tratar da legitimidade, anota que "as normas ordinárias e mesmo as complementares são legítimas quando se conformam, formal e substancialmente, com os ditames da constituição. Importa dizer: a legitimidade dessas normas decorre de uma

---

[55] DINIZ, Marcio Augusto de Vasconcelos. *Controle de constitucionalidade e teoria da recepção*, cit., p. 49.

[56] FERRARI, Regina Maria Macedo Nery. *Efeitos da declaração de inconstitucionalidade*, cit., p. 51-52.

situação hierárquica em que as inferiores recebem sua validade da superior. São legítimas na medida em que sejam constitucionais, segundo um princípio de compatibilidade vertical"[57].

Para Miguel Reale, "toda regra jurídica, além de eficácia e validade, deve ter um fundamento. O Direito, consoante outra lição de Stammler, deve ser, sempre, 'uma tentativa de Direito justo', por visar a realização de valores ou fins essenciais ao homem e à coletividade. O fundamento é o valor ou fim objetivado pela regra de direito. É a razão de ser da norma, ou *ratio juris*. Impossssível é conceber-se uma regra jurídica desvinculada da finalidade que legitima sua vigência e eficácia"[58].

Meirelles Teixeira, ao tratar da validade e legitimidade da norma, ensina que "a expressão validade (*validità*, em italiano, *validité*, em francês) reservamo-la para significar aquela qualidade de uma norma, que lhe assegura vigência e aplicabilidade, por conformar-se a uma outra norma, que lhe é superior na hierarquia normativa. Assim, válida dir-se-á a norma de lei ordinária que plenamente se conforme com a Constituição ou com lei porventura superior; do mesmo modo, válida será a norma de um regulamento que se conforme plenamente com as normas da lei regulamentada e evidentemente também com a Constituição. Também dizem-se válidos os atos administrativos (e os atos jurídicos em geral) que se conformem com a Constituição e com as demais normas vigentes. A desconformidade de uma norma com outra, que lhe seja superior, acarreta-lhe a nulidade, absoluta ou relativa. A desconformidade de uma norma ordinária com a Constituição produz, como consequência, sempre a sua nulidade absoluta, insanável — a sua inconstitucionalidade. Observe-se que o emprego indiscriminado desses dois vocábulos 'validez' e 'validade', nos vários sentidos acima apontados, é também encontradiço em muitos autores. Finalmente, por legitimidade deve-se entender a consonância ou conformidade da norma com superiores princípios políticos ou ético-filosóficos. É nesse sentido que se fala em legitimidade da Constituição — formal ou material, a pri-

---

[57] SILVA, José Afonso da. *Aplicabilidade das normas constitucionais*, cit., p. 55.

[58] REALE, Miguel. *Lições preliminares de direito*, cit., p. 115.

meira, legitimidade de origem — Constituição elaborada por representantes autênticos da Nação, ou por esta diretamente aprovada, através do *referendum*; a segunda, conformidade da Constituição, em seu conteúdo, com os superiores princípios da Justiça, da convivência internacional, do Bem Comum. O emprego do vocábulo 'legitimidade', para designar o que há pouco denominamos 'validade' (por exemplo, no Direito Administrativo, especialmente no italiano, é frequente falar-se em *legitimità* e *illegitimità* dos atos administrativos, no sentido de validade ou nulidade dos mesmos), também deve ser evitado, eis que poderá constituir-se também em fonte de confusão. Note-se, entretanto, que nesse campo dos atos administrativos será correto o uso daquelas expressões, legitimidade e ilegitimidade, mas no sentido de conformidade ou desconformidade de tais atos com o princípio supremo orientador da atividade administrativa — o interesse público. Assim, um ato administrativo poderá apresentar-se válido (isto é, conforme à lei, à normatividade a que está subordinado) e não obstante ilegítimo (isto é, contrário ao interesse público, não inspirado por esse interesse mas por motivos subalternos). Um ato nestas condições poderá configurar aquilo que, em Direito Administrativo, se denomina 'desvio de poder': uso de um poder ou competência para finalidade diversa daquelas para as quais a lei os estabeleceu. Uma verdadeira teoria da legitimidade, quer constitucional, quer legal, quer, finalmente, dos atos administrativos, resolve-se sempre afinal, como é fácil perceber-se, numa filosofia dos valores — éticos, jurídicos, econômicos, etc."[59].

A norma válida é aquela que guarda conformidade com o sistema jurídico. Ela encontra seus requisitos de validez no próprio sistema jurídico. Ainda, a validade da norma jurídica encontra-se ligada ao seu aspecto axiológico. A norma jurídica encontra seu fundamento de existência nos valores sociais e no sistema jurídico em que está inserida. Assim, podemos afirmar que a norma é valida à medida que preenche os requisitos de validade de ordem extrínseca e intrínseca.

Os requisitos extrínsecos são aqueles afetos ao sistema jurídico normativo positivo. Nesse sentido, a validade da norma encontra-se

[59] TEIXEIRA, J. H. Meirelles. *Curso de direito constitucional*, cit., p. 294-295.

em normas procedimentais ou formais do próprio sistema jurídico. "Norma formalmente válida é a promulgada por um ato legítimo da autoridade, de acordo com o trâmite ou processo estabelecido em norma, que lhe é superior, não tendo sido ela revogada. Assim, uma norma só será válida se se fundar em uma superior, reveladora da competência do órgão emissor e do processo para sua elaboração. Logo, uma norma só terá vigência se foi obedecido o procedimento exigido para sua edição, estabelecido na norma constitucional, e se foi criada por órgão competente para tanto"[60].

Os requisitos intrínsecos são aqueles afetos aos fatores e valores sociais, em especial a justiça. Nesse sentido, a validade ou fundamento da norma encontra-se nos preceitos de ordem axiológica.

Assim, os requisitos de validade são os seguintes:

1) respeito à Lei Maior e às normas procedimentais para elaboração da norma jurídica; e

2) as normas devem traduzir os princípios de direito natural, ou seja, guardando consonância com a ordem natural das coisas, bem como a preservação de valores jurídicos, como a justiça.

Na atualidade, um dos critérios de legitimidade da norma é o respeito aos direitos humanos e a participação da sociedade na elaboração da norma jurídica. O direito deve guardar consonância com os fatores e valores sociais. A legitimação do direito encontra-se na sua correspondência com as aspirações e anseios da sociedade, com a consequente participação na elaboração do arcabouço jurídico que sustenta e informa toda a sociedade, traduzindo o consenso social ou assentimento popular. A legitimidade do direito exige o assentimento popular.

Em suma:

| | |
|---|---|
| **Requisitos de validade** | Ordem extrínseca — Direito positivo — Legalidade |
| | Ordem intrínseca — Direito natural — Legitimidade |

[60] DINIZ, Maria Helena. *Norma constitucional e seus efeitos*, cit., p. 26.

### 4.4. Eficácia

A eficácia é a efetiva aplicação e observância da norma. Refere-se aos efeitos ou consequências de uma norma jurídica. Pode a eficácia ser jurídica ou social. A social é a efetiva conduta social, sendo a norma aplicada e respeitada. É ela a aceitabilidade e a consequente obediência da norma pelo meio social. A eficácia jurídica é a capacidade ou qualidade de produzir efeitos jurídicos. Nesse sentido, fala-se em aplicabilidade da norma jurídica, que significa aquilo que é aplicável, ou seja, a possibilidade de ser aplicada e consequentemente de produzir efeitos jurídicos.

A eficácia jurídica diz respeito à produção dos efeitos jurídicos, ou, mais especificamente, à possibilidade de aplicação da norma. Nesse sentido, eficácia refere-se à aplicabilidade, exigibilidade ou executoriedade, mas isso somente quanto à sua possibilidade de produção de efeitos jurídicos (eficácia jurídica) e não quanto à efetividade, que significa a efetivação da norma, ou seja, a norma está efetivamente regendo a conduta social para a qual foi criada (eficácia social).

Em suma:

| **Eficácia** | Jurídica — Eficácia — Aplicabilidade |
|---|---|
| | Social — Efetividade — Aceitabilidade |

Para Miguel Reale, "a eficácia se refere, pois, à aplicação ou execução da norma jurídica, ou, por outras palavras, é a regra jurídica enquanto momento da conduta humana. A sociedade deve viver o Direito e como tal reconhecê-lo. Reconhecido o Direito, é ele incorporado à maneira de ser e de agir da coletividade. Tal reconhecimento, feito ao nível dos fatos, pode ser o resultado de uma adesão racional deliberada dos obrigados, ou manifestar-se através do que Maurice Hauriou sagazmente denomina 'assentimento costumeiro', que não raro resulta de atos de adesão aos modelos normativos em virtude de mera intuição de sua conveniência ou oportunidade. O certo é, porém, que não há norma jurídica sem um mínimo de eficácia, de execução ou aplicação no seio do grupo. O Direito autêntico não é apenas declarado mas reconhecido; é vivido pela sociedade como algo que se incorpora e se integra na sua maneira de conduzir-se. A regra de direito deve, por conseguinte, ser formalmente válida e socialmente eficaz"[61].

Para Paulo Dourado de Gusmão, "a eficiência (*guteng*) do direito depende do fato de sua observância no meio social no qual é vigente. Eficaz é o direito efetivamente observado e que atinge sua finalidade. É, assim, um fato, consistindo na observância efetiva da norma por parte de seus destinatários e, no caso de inobservância, na sua aplicação compulsória pelos órgãos com competência para aplicá-la. Significa, com palavras de Kelsen, direito é o que é realmente aplicado e obedecido"[62].

Segundo o entendimento de Maria Helena Diniz, "a eficácia vem a ser a qualidade do texto normativo vigente de produzir, ou irradiar, no seio da coletividade, efeitos jurídicos concretos, supondo, portanto, não só a questão de sua condição técnica de aplicação, observância, ou não, pelas pessoas a que se dirige, mas também de sua adequação em face da realidade social, por ele disciplinada, e aos valores vigentes na sociedade, o que conduziria ao seu sucesso. A eficácia diz respeito, portanto, ao fato de se saber se os destinatários da norma ajustam, ou não, seu comportamento, em maior ou menor grau, às prescrições normativas, ou seja, se cumprem, ou não, os comandos jurídicos, se as aplicam ou não. Casos há em que o órgão competente emite normas, que, por violentarem a consciência coletiva, não são observadas nem aplicadas, só logrando, por isso, ser cumpridas de modo compulsório, a não ser quando caírem em desuso; consequentemente, têm vigência, mas não possuem eficácia. A eficácia de uma norma, por sua vez, indica, em seu sentido técnico, que ela tem possibilidade de ser aplicada, de exercer, ou produzir, seus próprios efeitos jurídicos, porque se cumpriram as condições para isto exigidas (eficácia jurídica), sem que haja qualquer relação de dependência da sua observância, ou não, pelos seus destinatários"[63].

"Assim, a norma válida e em vigor, e portanto capaz de produzir efeitos, pode permanecer no mundo jurídico independentemente de

[61] REALE, Miguel. *Lições preliminares de direito*, cit., p. 112-113.

[62] GUSMÃO, Paulo Dourado de. *Introdução ao estudo do direito*, cit., p. 57.

[63] DINIZ, Maria Helena. *Norma constitucional e seus efeitos*, cit., p. 30-31.

sua efetividade, ou do fato de ser efetivamente aplicada ou observada. Colocados os termos, podemos admitir que uma norma pode ter eficácia jurídica sem ter eficácia social"[64].

"A doutrina distingue a eficácia jurídica da eficácia social. A primeira refere-se à realização da lei no plano fático, seja por sua observância espontânea, ou por sua aplicação, por parte dos órgãos competentes previstos no sistema; a última significa a aplicabilidade, exigibilidade ou executoriedade da lei. Afirma-se, por outro lado, que uma norma não observada por ninguém, nem muito menos aplicada pelos órgãos competentes não pode ser considerada eficaz"[65]. "Há quem faça distinção entre eficácia e efetividade. A primeira, dependendo de a norma alcançar o resultado jurídico pretendido pelo legislador, enquanto a efetividade, do fato da observância efetiva da norma, por parte das autoridades e de seus destinatários"[66].

Paulo Nader distingue os termos "eficácia" e "efetividade" da norma jurídica. "Por eficácia devemos designar o resultado social positivo alcançado pelas normas jurídicas. Lei eficaz é aquela que provoca as consequências sociais almejadas pelo autor ao elaborá-la. Ao programar um conjunto de normas, o órgão criador tem por mira atender à realidade social, que apresenta algum tipo de problema. O instrumento normativo é empregado como recurso técnico capaz de resolver a questão. Como processo de adaptação social, o Direito é estabelecido de acordo com a situação histórica, sob medida para os fatos que desafiam o administrador. Por efetividade nomeamos o fenômeno social de obediência às normas jurídicas. Por serem passíveis de transgressão, as normas nem sempre alcançam plena efetividade. O índice de adesão às regras depende de vários fatores, sendo certo que a coercibilidade — força a serviço do Direito — atua como um dos estímulos da efetividade. A adequação do Direito ao fato, a racionalidade das fórmulas adotadas, o grau de justiça contido

---

[64] FERRARI, Regina Maria Macedo Nery. *Efeitos da declaração de inconstitucionalidade*, cit., p. 54.

[65] DINIZ, Marcio Augusto de Vasconcelos. *Controle de constitucionalidade e teoria da recepção*, cit., p. 52.

[66] GUSMÃO, Paulo Dourado de. *Introdução ao estudo do direito*, cit., p. 57.

na solução preconizada para o problema social são também alguns motivos que induzem à obediência. A noção de efetividade compreende, ainda, a aplicação das normas pelos órgãos encarregados da administração da justiça: tribunais e administradores. Cada instrumento normativo apresenta graus de efetividade, podendo ser aferidos mediante pesquisa sociológica, que deverá detectar os fatores de adesão e os de desobediência, de cujas informações o legislador deverá tirar o devido proveito, seja para o aprimoramento da lei ou visando à substituição. A importância da efetividade é significativa, pois sem ela o Direito não realizará os processos adaptativos necessários à condução dos interesses sociais"[67].

José Afonso da Silva ensina que eficácia social significa a real efetivação da norma, ou seja, que ela está efetivamente regendo a realidade social nela descrita. O termo "efetividade" exprime tecnicamente essa qualidade da norma jurídica. No sentido jurídico, diz-se da norma que tem capacidade de produzir efeitos jurídicos: "Uma norma só é aplicável na medida em que é eficaz. Por conseguinte, eficácia e aplicabilidade das normas constitucionais constituem fenômenos conexos, aspectos talvez do mesmo fenômeno, encarados por prismas diferentes: aquela como potencialidade; esta como realizabilidade, praticidade. Se a norma não dispõe de todos os requisitos para sua aplicação aos casos concretos, falta-lhe eficácia, não dispõe de aplicabilidade. Esta se revela, assim, como possibilidade de aplicação. Para que haja essa possibilidade, a norma há de ser capaz de produzir efeitos jurídicos"[68].

Para o citado autor, a eficácia do direito apresenta dois sentidos: "a eficácia social designa uma efetiva conduta acorde com a prevista pela norma; refere-se ao fato de que a norma é realmente obedecida e aplicada; nesse sentido, a eficácia da norma diz respeito, como diz Kelsen, ao fato real de que ela é efetivamente aplicada e seguida, da circunstância de uma conduta humana conforme à norma se ve-

---

[67] NADER, Paulo. *Filosofia do direito*, cit., p. 52-53.

[68] SILVA, José Afonso. *Aplicabilidade das normas constitucionais*, 3. ed. rev., ampl. e atual., São Paulo: Malheiros, 1998, p. 13 e 60.

rificar na ordem dos fatos. É o que tecnicamente se chama efetividade da norma. Eficácia é a capacidade de atingir objetivos previamente fixados como metas. Tratando-se de normas jurídicas, a eficácia consiste na capacidade de atingir os objetivos nela traduzidos, que vêm a ser, em última análise, realizar os ditames jurídicos objetivados pelo legislador. Por isso é que se diz que a eficácia jurídica da norma designa a qualidade de produzir, em maior ou menor grau, efeitos jurídicos, ao regular, desde logo, as situações, relações e comportamentos de que cogita; nesse sentido, a eficácia diz respeito à aplicabilidade, exigibilidade ou executoriedade da norma, como possibilidade de sua aplicação jurídica. O alcance dos objetivos da norma constitui a efetividade. Esta é, portanto, a medida da extensão em que o objetivo é alcançado, relacionando-se ao produto final. Por isso é que, tratando-se de normas jurídicas, se fala em eficácia social em relação à efetividade, porque o produto final objetivado pela norma se consubstancia no controle social que ela pretende, enquanto eficácia jurídica é apenas a possibilidade de que isso venha a acontecer. Os dois sentidos da palavra eficácia, acima apontados, são, pois, diversos. Uma norma pode ter eficácia jurídica sem ser socialmente eficaz, isto é, pode gerar certos efeitos jurídicos, como, por exemplo, o de revogar normas anteriores, e não ser efetivamente cumprida no plano social"[69].

Não se pode isolar a norma jurídica da sociedade em que está inserida, nem dos precedentes históricos e valores que informam o seu nascedouro. Uma norma não surge de um esquema ideal, mas dos anseios, fatores e valores da sociedade. Assim, se houver um descompasso entre a norma jurídica e a sociedade, a norma, embora vigente, não possuirá eficácia. "Os legisladores podem promulgar leis que violentam a consciência coletiva, provocando reações por parte da sociedade. Há leis que entram em choque com a tradição de um povo e que não correspondem aos seus valores primordiais. Isto não obstante, valem, isto é, vigem. Há casos de normas legais, que, por contrariarem as tendências e inclinações dominantes no seio da

[69] SILVA, José Afonso. *Aplicabilidade das normas constitucionais*, cit., p. 65-66.

coletividade, só logram ser cumpridas de maneira compulsória, possuindo, desse modo, validade formal, mas não eficácia espontânea no seio da comunidade"[70].

Ante o exposto, concluímos no sentido de que uma coisa é a norma vigente, solenemente promulgada e publicada; outra é a norma eficaz, aplicável, exigível, com força obrigatória; outra, ainda, é a norma efetivamente cumprida e aplicada. Assim, segundo o pensamento de Miguel Reale, a regra de direito deve viger para atualizar efetivamente este ou aquele valor. A norma jurídica deve ser formalmente válida e socialmente eficaz. Dessa forma, estarão cumpridos os aspectos axiológicos e teleológicos inseridos em toda e qualquer norma jurídica.

Em resumo:

> A *existência* da norma é sua entrada válida ou inválida no mundo jurídico. No sistema jurídico pátrio a norma passa a ter existência jurídica após a promulgação e publicação no *Diário Oficial*.
>
> A *vigência* da norma equivale ao seu período de vida, desde o início da sua obrigatoriedade e observância até sua revogação, quando deixa de existir no mundo jurídico. A vigência é o interregno entre o início e o fim da obrigatoriedade da norma.
>
> A *validade* da norma refere-se aos requisitos exigidos para sua elaboração. A norma válida é aquela que preenche os requisitos extrínsecos (sistema jurídico) e intrínsecos (fatores e valores sociais supremos).
>
> A *eficácia* da norma é a capacidade da produção de efeitos jurídicos. Refere-se à efetiva aplicação e observância da norma. A eficácia pode ser jurídica ou social.
>
> A *eficácia social* é a efetiva conduta social, sendo a norma aplicada e respeitada. É a aceitabilidade da norma pelo meio social.
>
> A *eficácia jurídica* é a qualidade de produção de efeitos jurídicos. É a capacidade de produzir efeitos ou, mais especificamente, a possibilidade de aplicação da norma.

[70] REALE, Miguel. *Lições preliminares de direito*, cit., p. 112.

## 5. NULIDADES NO DIREITO PÚBLICO

Após analisar e precisar os termos "existência", "vigência", "validade" e "eficácia", cabe verificar a nulidade, aspecto também de real importância no estudo do controle de constitucionalidade.

A revogação da norma, conforme verificado, causa a sua morte. Com a revogação, a norma desaparece do sistema jurídico. Com a declaração da inconstitucionalidade, a norma nula é expurgada do sistema jurídico. Assim, urge a necessidade de diferençar os termos "revogação" e "nulidade".

As principais diferenças entre revogação e nulidade são:

1. A revogação e a nulidade causam a extinção da norma no sistema jurídico. Entretanto, na revogação, a norma é extinta por outra norma de igual valor, que trate da mesma matéria, nos exatos termos do art. 2º da Lei de Introdução às Normas do Direito Brasileiro[71]. O termo "revogação" indica o término de vigência, estando afeta ao âmbito temporal da norma. Com a revogação a norma é expurgada do sistema jurídico por um aspecto técnico-jurídico. Na nulidade a norma é extinta por não ter sido produzida em conformidade com o sistema jurídico. A nulidade é afeta ao problema da validade da norma. A declaração de inconstitucionalidade equivale à nulidade, pois trata-se de verdadeira declaração de que a norma impugnada não possui mais existência no mundo jurídico, pressuposto indispensável para a vigência e produção de efeitos no sistema jurídico.

2. A revogação opera seus efeitos a partir do momento da substituição ou extinção da norma, ou seja, a revogação opera-se *ex nunc*. A nulidade opera seus efeitos no momento do surgimento da norma inválida, ou seja, a nulidade opera-se *ex tunc*.

3. A revogação surge do Poder Legislativo. A nulidade surge do Poder Judiciário. Assim, a revogação opera-se dentro do mesmo órgão que produziu a norma, o qual tem competência para substituí-la ou

---

[71] A Lei n. 12.376/2010 alterou a ementa da Lei de Introdução ao Código Civil que passou a vigorar como "Lei de Introdução às Normas do Direito Brasileiro".

reformá-la por razões de conveniência. A nulidade opera-se por meio da participação de outro órgão ao qual compete avaliar a validade ou invalidade da norma em face do sistema jurídico[72].

Assim, podemos concluir que o aspecto principal da nulidade encontra-se afeto à validade da norma. A nulidade é uma sanção imposta à norma inválida. Nesse sentido, nulidade não se confunde com invalidade. A lei inconstitucional não é nula, mas inválida, tornando pois nula a relação jurídica[73]. Assim, embora declarada inconstitucional, poderão ser respeitadas determinadas relações jurídicas celebradas sob a égide da lei em vigor, nos termos do art. 27 da Lei n. 9.868/99.

No direito público o termo "nulidade" tem sentido próprio diverso do que é visto no direito privado. A Teoria das Nulidades do direito privado não tem aplicação irrestrita na seara do direito público. Os conceitos de direito privado têm aplicação no direito público mediante um exame cuidadoso e sujeito a inúmeras limitações e interpretação própria, visto que em alguns casos são totalmente inaplicáveis. "A sanção de nulidade tem no direito privado finalidade distinta, já que nesse campo visa apenas a restaurar o equilíbrio individual. Já no ramo não privado, a finalidade é a proteção do interesse público, o que nos leva a considerar o tema com maior ou menor flexibilidade, conforme exija o interesse a proteger"[74]. Nesse

---

[72] FERRARI, Regina Maria Macedo Nery. *Efeitos da declaração de inconstitucionalidade*, cit., p. 115-116.

[73] DINIZ, Marcio Augusto de Vasconcelos. *Controle de constitucionalidade e teoria da recepção*, cit., p. 40-41: "Poder-se-ia argumentar, neste passo, que a lei inconstitucional não é nula, mas apenas inválida. Essa ideia surgiu de debates travados com o Prof. Arnaldo Vasconcelos, no Curso de Epistemologia, patrocinado pelo Instituto Clóvis Beviláqua, da Faculdade de Direito da Universidade Federal do Ceará. A lei inconstitucional, como se disse, é inválida porque obedeceu às regras e aos princípios constitucionais atinentes à sua elaboração ou ao seu conteúdo. A nulidade, por sua vez, atinge a relação jurídica decorrente da incidência da lei inconstitucional (= lei inválida) sobre o suporte fático nela previsto. Por isso, repete-se, nula não é a lei inconstitucional. Nula é a relação jurídica que decorre de sua incidência sobre o suporte fático".

[74] FERRARI, Regina Maria Macedo Nery. *Efeitos da declaração de inconstitucionalidade*, cit., p. 118.

sentido, José Afonso da Silva afirma que "a nós nos parece que essa doutrina privatística da invalidade dos atos jurídicos não pode ser transposta para o campo da inconstitucionalidade, pelo menos no sistema brasileiro, onde, como nota Themístocles Brandão Cavalcanti, a declaração de inconstitucionalidade em nenhum momento tem efeitos tão radicais, e, em realidade, não importa por si só na ineficácia da lei"[75].

A Teoria das Nulidades encontra fundamento, no direito pátrio, no Código Civil, que distingue claramente a nulidade em: absoluta (nulidade em sentido restrito) e relativa (anulabilidade). O art. 166 do citado diploma legal trata da nulidade, e o art. 171 disciplina a anulabilidade, ao ditarem que:

"Art. 166. É nulo o negócio jurídico quando:

I — celebrado por pessoa absolutamente incapaz;

II — for ilícito, impossível ou indeterminável o seu objeto;

III — o motivo determinante, comum a ambas as partes, for ilícito;

IV — não revestir a forma prescrita em lei;

V — for preterida alguma solenidade que a lei considere essencial para a sua validade;

VI — tiver por objeto fraudar lei imperativa;

VII — a lei taxativamente o declarar nulo, ou proibir-lhe a prática, sem cominar sanção".

"Art. 171. Além dos casos expressamente declarados na lei, é anulável o negócio jurídico:

I — por incapacidade relativa do agente;

II — por vício resultante de erro, dolo, coação, estado de perigo, lesão ou fraude contra credores."

A nulidade consiste no reconhecimento da existência de um vício que impede um ato de ter existência legal, ou de produzir efeito. Para Maria Helena Diniz, "a nulidade vem a ser a sanção, impos-

[75] SILVA, José Afonso. *Curso de direito constitucional positivo*, cit., p. 55.

ta pela norma jurídica, que determina a privação dos efeitos do negócio praticado em desobediência ao que prescreve. Duas são as espécies de nulidade admitidas no nosso ordenamento: a absoluta e a relativa"[76].

A doutrina prescreve as seguintes diferenças entre a nulidade absoluta e a relativa:

1. A nulidade absoluta é decretada no interesse da coletividade, tendo eficácia *erga omnes*. A nulidade relativa é decretada no interesse do prejudicado, produzindo efeitos entre as partes (CC, art. 177).

2. A nulidade pode ser arguida por qualquer interessado, pelo Ministério Público e pelo magistrado de ofício (CC, art. 168). A nulidade relativa só poderá ser alegada pelos prejudicados ou representantes legítimos, não podendo ser decretada *ex officio* pelo juiz (CC, art. 177).

3. A nulidade absoluta não pode ser suprida pelo juiz, nem ratificada (CC, art. 168, parágrafo único). A nulidade relativa pode ser suprida pelo magistrado e ratificada (CC, arts. 172 a 175).

4. A nulidade absoluta, em regra, não prescreve. A nulidade relativa é sujeita a prescrição.

No âmbito do direito constitucional não existe a dicotomia entre a nulidade absoluta e a relativa. A norma incompatível com a Constituição é inválida de pleno direito. A nulidade é sempre absoluta. No direito público, uma vez identificada a não concordância da norma inferior com os ditames constitucionais, não haverá possibilidade de se fazer tal diferenciação de graduação entre uma nulidade absoluta e uma relativa, pois a norma, assim viciada, padece de um só nível de invalidade, isto é, de inconstitucionalidade"[77]. Nessa sistemática, no descumprimento de um preceito constitucional, verificamos o fenômeno da atipicidade constitucio-

---

[76] DINIZ, Maria Helena. *Curso de direito civil brasileiro*, cit., p. 270.

[77] FERRARI, Regina Maria Macedo Nery. *Efeitos da declaração de inconstitucionalidade*, cit., p. 121.

nal. Nesse caso, descumprido o princípio imposto pela Constituição, a nulidade ou vício surge da própria Carta Magna ou do sistema jurídico como um todo. "Quando se tratar de descumprimento de princípios ou norma constitucional com relevância processual, a sanção provirá da própria Constituição ou do ordenamento processual. Assim, por exemplo, ao prever a obrigação de motivação das decisões judiciárias, o próprio art. 93, inciso IX, da Constituição Federal, comina a sanção de nulidade para inobservância do preceito. Em outras hipóteses, como a da inadmissibilidade das provas obtidas por meios ilícitos, a Constituição não estabelece a sanção de ineficácia para as provas admitidas em desconformidade com o art. 5º, inciso LVI, da Constituição Federal. A sanção deve ser buscada nos princípios gerais dos ordenamento"[78].

Podemos concluir que, no estudo da constitucionalidade, só pode existir a nulidade absoluta, que se traduz em inconstitucionalidade, sendo impossível cogitar em inconstitucionalidade relativa.

No que tange aos efeitos da declaração de nulidade absoluta, é o caso concreto, tendo em vista razões de segurança jurídica ou de excepcional interesse social, que vai ditar o momento da ineficácia da norma, nos termos do art. 27 da Lei n. 9.868/99. "Reconhecer, portanto, que a norma inconstitucional é nula, e que os efeitos desse reconhecimento devem operar *ex tunc*, estendendo-os ao passado de modo absoluto, anulando tudo o que se verificou sob o império da norma assim considerada, é impedir a segurança jurídica, a estabilidade do direito e sua própria finalidade"[79].

## 6. CONCEITO DE CONSTITUCIONALIDADE

Constitucional é a ação ou omissão que guarda consonância com a Constituição. "Concernente à supremacia constitucional, isto é, ao

---

[78] GRINOVER, Ada Pellegrini; FERNANDES, Antonio Scarance; GOMES FILHO, Antonio Magalhães. *As nulidades do processo penal*, 4. ed. rev. e ampl., São Paulo: Malheiros, 1995, p. 19.

[79] FERRARI, Regina Maria Macedo Nery. *Efeitos da declaração de inconstitucionalidade*, cit., p. 126.

fato de que a Constituição é a lei fundamental da ordem jurídica, ou, ainda, que para uma norma ser válida necessita buscar sua validade na norma superior — de tal forma que, sistematicamente escalonada em um ordenamento jurídico, a sua unidade reduz-se à conformação de todo o ordenamento jurídico à lei fundamental, que, considerada como a de maior escalão, é orientadora da produção de todas as demais normas do sistema —, encontra-se a impossibilidade de as normas inferiores, que buscam validade nas normas superiores, contrariarem estas e consequentemente a Constituição"[80]. "O princípio da supremacia requer que todas as situações jurídicas se conformem com os princípios e preceitos da Constituição"[81].

Assim, surge o controle de constitucionalidade, que se baseia numa hierarquia entre as normas e na determinação do fundamento da validade de cada uma delas.

## 7. CONCEITO DE CONTROLE DE CONSTITUCIONALIDADE

O sistema jurídico pátrio é composto de um conjunto escalonado de normas jurídicas, no qual a norma de maior hierarquia é a Constituição Federal, que dá fundamento de validade para todas as demais normas de hierarquia inferior. Dessa forma, o controle de constitucionalidade é a verificação da compatibilidade das normas com a Constituição, do ponto de vista material e formal, de maneira a oferecer harmonia e unidade a todo o sistema. Dentro desse contexto, entende-se por inconstitucionalidade qualquer ofensa ao texto constitucional, quer quanto ao processo de elaboração legislativa a ser seguido (inconstitucionalidade formal), quer quanto ao conteúdo da norma (inconstitucionalidade material). Assim, o controle de constitucionalidade tem por finalidade impedir, dentro do sistema jurídico, a existência de atos normativos contrários à Constituição e ao próprio Estado de Direito consagrado no texto constitucional.

---

[80] FERRARI, Regina Maria Macedo Nery. *Efeitos da declaração de inconstitucionalidade*, cit., p. 56.

[81] SILVA, José Afonso. *Curso de direito constitucional positivo*, cit., p. 48.

"O controle de constitucionalidade significa impedir a subsistência da eficácia da norma contrária à Constituição, pressupondo, necessariamente, a ideia de supremacia constitucional, pois na existência de um escalonamento normativo, onde é a Constituição a norma-origem, encontra o legislador seu limite, devendo obedecer à forma prevista e ao conteúdo anteposto. Por isso, ato normativo contrário ao texto constitucional será considerado presumidamente constitucional até que por meio de mecanismos previstos constitucionalmente se declare sua inconstitucionalidade e, consequentemente, a retirada de sua eficácia, ou executoriedade"[82].

"Define-se o controle de constitucionalidade dos atos normativos como o ato intelectivo de submeter à verificação de compatibilidade normas de um determinado ordenamento jurídico, inclusive advindas do Poder Constituinte derivado, com os comandos do parâmetro constitucional em vigor, formal e materialmente (forma, procedimento e conteúdo), retirando do sistema jurídico (nulificando ou anulando) aquelas que com ele forem incompatíveis"[83].

O controle de constitucionalidade é o ato pelo qual se verifica a adequação ou compatibilidade de lei ou ato normativo (legislação infraconstitucional) com a Constituição, por intermédio de seus requisitos formais e materiais.

## 7.1. Requisitos do controle de constitucionalidade

A verificação da constitucionalidade dá-se por meio da investigação dos requisitos formais e materiais, ou, mais precisamente, da comparação da norma infraconstitucional e sua conformidade com a Lei Magna.

Em suma:

| | |
|---|---|
| **Controle de Constitucionalidade** | Requisito Formal — Exterior |
| | Requisito Material — Interior |

82 DINIZ, Maria Helena. *Norma constitucional e seus efeitos*, cit., p. 15.

83 PALU, Oswaldo Luiz. *Controle de constitucionalidade*, cit., p. 59.

A verificação da constitucionalidade formal das normas dá-se pela observância do processo legislativo previsto na Magna Carta.

A Constituição de 1988 consagra o princípio do devido processo legal. Esse princípio informa dois momentos distintos da vida da norma jurídica: formação ou elaboração e aplicação.

A aplicação de qualquer norma jurídica é efetuada por meio do procedimento legal anteriormente previsto. Não é diferente, no momento da elaboração da norma. A Constituição prevê regras para elaboração das normas. O processo legislativo é consequência do princípio do devido processo legal. Assim, a inobservância do que podemos denominar devido processo legislativo acarreta a inconstitucionalidade formal da lei.

Na mesma esteira, Alexandre de Moraes anota que o processo legislativo é verdadeiro corolário do princípio da legalidade, consagrado no art. 5º, II, da Constituição Federal de 1988. Segundo o autor, "ninguém será obrigado a fazer ou deixar de fazer alguma coisa senão em virtude de espécie normativa devidamente elaborada de acordo com as regras do processo legislativo constitucional (arts. 59 a 69 da Constituição Federal)"[84].

O requisito material ou substancial dá-se pela compatibilidade da matéria ou objeto da norma com a Constituição Federal. Assim, se houver uma contradição entre o conteúdo da norma infraconstitucional e o da norma constitucional, configura-se um caso de inconstitucionalidade material.

Celso Bastos anota que "a inconstitucionalidade de uma lei é, pois, a circunstância de uma determinada norma infringir a Constituição, quer quanto ao processo a ser seguido pela elaboração legislativa, quer pelo fato de, embora tendo a norma respeitado a forma de criação da lei, desrespeitar a Constituição quanto ao conteúdo adotado"[85].

---

[84] MORAES, Alexandre de. *Direito constitucional*, 15. ed., São Paulo: Atlas, 2004, p. 600.

[85] BASTOS, Celso. *Curso de direito constitucional*, cit., p. 386.

Para Canotilho, na inconstitucionalidade formal o ato normativo, enquanto tal, independe de seu conteúdo, tendo em conta apenas o processo seguido para sua exteriorização. Assim, neste caso, viciado seria o ato nos seus pressupostos, processo de formação e na sua forma final. Já a inconstitucionalidade material advém de vícios que dizem respeito ao conteúdo do ato normativo, de não concordância entre os princípios constitucionais. Conclui o autor que no caso da inconstitucionalidade material viciadas são as disposições ou normas singularmente consideradas[86].

"Assim, pode-se considerar que, quando existe um vício formal, o ato, como uma unidade, fica afetado em sua integridade. Já quando estamos frente a um vício material, encontramos a possibilidade de continuarem válidas as disposições que, constantes do mesmo ato normativo, não foram afetadas pelas irregularidades apontadas. Então, se eliminada a parte considerada inconstitucional, a outra parte, que compõe o mesmo ato e que assim não for considerada, quando possuir sentido tal que possa ser executada conforme a intenção do legislador e realizar o objetivo proposto pela norma, deve ser mantida. Se, porém, a lei possuía um sentido único e se algumas de suas regras são consideradas como inconstitucionais, então toda ela deverá ser considerada como inválida e carecedora de produção de efeitos"[87].

Nesse sentido, Meirelles Teixeira anota que existem duas classes ou categorias de inconstitucionalidade: formal e material. Incorrerá no vício de inconstitucionalidade formal a lei que violar dispositivos constitucionais relativos à sua elaboração e vigência, ou que estabelecer a competência do órgão de que emana. Diz-se que uma lei é formalmente inconstitucional quando não foram observados todos os requisitos, todas as exigências que a Constituição estabelece para sua elaboração. Em todos os casos de inconstitucionalidade formal, a contradição entre a Constituição e a lei ordinária é ex-

---

[86] CANOTILHO, J. J. Gomes. *Direito constitucional*, 6. ed. rev., Coimbra/Portugal: Almedina, 1995, p. 448.

[87] FERRARI, Regina Maria Macedo Nery. *Efeitos da declaração de inconstitucionalidade*, cit., p. 59.

terior a esta, isto é, não diz respeito propriamente à matéria, ao conteúdo da lei, mas a um defeito de forma, ou a uma falta de competência do ente ou do órgão do qual promana, e daí denominar-se, também, inconstitucionalidade extrínseca. A inconstitucionalidade material, também denominada intrínseca, verifica-se que se caracteriza quando a lei, pelo seu próprio conteúdo, isto é, em si mesma considerada, pelo sentido de seus mandamentos, pelos valores que encarna, pelos comportamentos que ordena ou proíbe, mostra-se adversa, contraditória ou infringente da Constituição, quer dos seus dispositivos expressos, quer dos princípios e direitos nela implicitamente consagrados[88].

O desrespeito ao processo legislativo ou devido processo legislativo acarreta a inconstitucionalidade formal ou vício nomodinâmico. O desrespeito ao conteúdo da lei acarrera a inconstitucionalidade material ou vício nomoestático.

## 7.2. Espécies de controle de constitucionalidade

O controle de constitucionalidade pode ser:

1) preventivo; e

2) repressivo.

O controle preventivo verifica-se antes do ingresso do ato legislativo no sistema jurídico, portanto, antes de sua promulgação. O controle repressivo verifica-se depois do ingresso do ato legislativo no sistema jurídico, ou seja, depois de perfeito o ato legislativo, após sua entrada em vigor. Dessa forma, verifica-se um controle *a priori* (preventivo) e *a posteriori* (repressivo).

O controle preventivo tem por finalidade impedir o ingresso no sistema jurídico de norma inconstitucional, a qual antes de seu nascedouro já revela desconformidade com a Constituição. Essa espécie de controle é exercida tanto no âmbito do Legislativo quanto no do Executivo.

---

[88] TEIXEIRA, J. H. Meirelles. *Curso de direito constitucional*, cit., p. 385-389.

Tal controle preventivo pelo Parlamento ocorre por meio de estudos, debates, pareceres de Comissões (art. 58 da CF) e ainda nas discussões e votações em Plenário. Alexandre de Moraes ressalta como espécie de controle preventivo as comissões de constituição e justiça, cuja finalidade precípua é analisar a compatibilidade do projeto de lei ou proposta de emenda constitucional apresentados com o texto da Constituição Federal[89]. Entretanto, depois de aprovado o projeto pela referida comissão, nada impede que, durante a discussão e votação, seja verificada e analisada a inconstitucionalidade, podendo ocorrer a rejeição do projeto de lei sob o fundamento da inconstitucionalidade.

O controle preventivo pelo chefe do Poder Executivo dá-se por meio do veto presidencial (art. 66, § 1º, da CF).

Conforme verificamos, o controle preventivo ocorre antes do ingresso da norma no sistema jurídico, ou seja, antes da sua própria existência no cenário jurídico. Assim, a norma presente no sistema jurídico não é passível de controle preventivo, mesmo que não esteja em vigor. No controle preventivo verifica-se a compatibilidade do projeto, ou seja, de atos inacabados, com a Constituição Federal.

Como afirmado, o controle preventivo, regra geral, é exercido pelos Poderes Legislativo e Executivo.

Segundo nosso entendimento, como sugestão de *lege ferenda* seria interessante a adoção pelo sistema jurídico pátrio do controle preventivo abstrato da constitucionalidade exercido pelo Supremo Tribunal Federal. Dessa feita, o Presidente da República, no prazo constitucional de quinze dias, poderia encaminhar ao Supremo Tribunal Federal consulta de inconstitucionalidade que teria o efeito vinculante.

O controle repressivo dá-se em face da lei ou ato normativo, ou seja, de atos acabados. Tem por finalidade expurgar do sistema jurídico norma incompatível com a Constituição e é exercido pelo Poder Judiciário.

---

[89] MORAES, Alexandre de. *Direito constitucional*, cit., p. 605-606.

A linha de separação entre o controle preventivo e o repressivo é o ingresso da norma no sistema jurídico, que ocorre com a promulgação e publicação, independentemente de sua entrada em vigor.

## 7.3. Espécies de controle de constitucionalidade repressivo

O controle preventivo é exercido pelos Poderes Legislativo e Executivo.

O controle repressivo é exercido pelo Poder Judiciário, comportando duas espécies:

1) difuso, aberto, via de exceção ou defesa; e

2) concentrado, fechado, via de ação.

O primeiro ocorre incidentalmente no curso de um processo comum. O segundo é apreciado, em tese, como objeto principal da ação.

Canotilho anota que no sistema difuso ou americano a competência para fiscalizar a constitucionalidade das leis é reconhecida a qualquer juiz chamado a fazer a aplicação de determinada lei a um caso concreto submetido à apreciação judicial, ao passo que no sistema concentrado ou austríaco a competência para julgar definitivamente acerca da constitucionalidade das leis é reservada a um único órgão, com exclusão de quaisquer outros. Esse tipo comporta grande variedade de subtipos: o órgão competente para a fiscalização tanto pode ser um órgão da jurisdição ordinária (ex.: Tribunal Supremo) ou um órgão especialmente criado para o efeito (ex.: Tribunal Constitucional)[90].

Em suma:

**Controle de constitucionalidade**
- Preventivo
- Repressivo
  - Difuso
  - Concentrado

[90] CANOTILHO, J. J. Gomes. *Direito constitucional e teoria da Constituição*, cit., p. 791.

## 8. CONTROLE DIFUSO

O controle difuso é aquele que ocorre incidentalmente no curso de um processo comum.

O controle de constitucionalidade surge da evolução do sistema difuso, típico do sistema da *commow law*. Sergio Fernando Moro afirma que o controle de constitucionalidade das leis tem origem na tradição inglesa, ensinando que "na Inglaterra, em 1610, o Chief Justice Edward Coke, no conhecido Dr. Bonham's Case, já havia admitido a possibilidade de controle judicial dos atos do parlamento. O caso envolvia a aplicação de multa ao Dr. Bonham pelo Royal College of Physicians e a sua condenação à prisão, pelo mesmo Conselho. Como a multa revertia em parte para o próprio Conselho, Coke entendeu que isso tornava esse órgão ao mesmo tempo juiz e parte no caso, o que era contrário à máxima da *common law* de que ninguém deve ser juiz em causa própria. A lei que conferia àquele órgão tal competência contrariava a *common law* e era, portanto, inválida. Coke já havia se envolvido em discussão com o rei James I, na qual teria afirmado que mesmo o monarca estaria submetido à lei"[91].

O controle difuso da constitucionalidade tem origem nos Estados Unidos com a famosa decisão da Suprema Corte norte-americana no ano de 1803 no *case Marbury vs. Madison*[92], em que ficou assentado que o citado Tribunal tem como função o controle de constitucionalidade[93]. Afirma-se que nesse caso a Corte americana, na

---

[91] MORO, Sergio Fernando. *Jurisdição constitucional como democracia*, cit., p. 20.

[92] MORAES, Alexandre de. *Direito constitucional*, cit., p. 608: "A ideia de controle de constitucionalidade realizado por todos os órgãos do Poder Judiciário nasceu no caso Madison *versus* Marbury (1803), em que o Juiz Marshall da Suprema Corte Americana afirmou que é próprio da atividade jurisdicional interpretar e aplicar a lei. E ao fazê-lo, em caso de contradição entre a legislação e a constituição, o tribunal deve aplicar esta última por ser superior a qualquer lei ordinária do Poder Legislativo".

[93] GODOY, Arnaldo Sampaio de Moraes. *Direito nos Estados Unidos*, Barueri/SP: Manole, 2004, p. 64: "O controle de constitucionalidade (*judicial review*) é exemplo da criatividade constitucional norte-americana. Trata-se do poder que o Judiciário tem de rever as ações dos outros corpos governamentais, constatando (ou não) compatibilidade constitucional. Apoia-se concretamente no caso *Marbury vs. Madison*,

presidência de John Marshall, inaugurou a jurisdição constitucional[94].

O Presidente John Adams, no final do seu mandato em 1801, indicou juízes de paz para o Distrito de Colúmbia. Entre eles William Marbury. Thomaz Jefferson tomou posse e não aceitou os juízes indicados por seu desafeto político, tendo ordenado a seu Secretário de Estado, James Madison, que não confirmasse a nomeação. Então, William Marbury ingressou com o *writ of mandamus* na Suprema Corte para que o Secretário de Estado Madison o nomeasse como juiz de paz. Daí o célebre caso *Marbury vs. Madison*. O *Chief Justice* John Marshall entendeu que a Suprema Corte não tinha jurisdição para julgar o caso, pois o remédio buscado baseava-se em norma inconstitucional. Esse precedente inaugura o controle de constitucionalidade nos Estados Unidos. "O *judicial review* ganhou mais espaço no constitucionalismo norte-americano a partir de 1865 com o término da Guerra Civil, em decorrência das questões que emergiram do sangrento conflito. *Marbury vs. Madison* ensejou uma decisão seminal, que qualificou a Suprema Corte como efetiva guardiã da legalidade, detentora do poder de dizer o que é lei. A prerrogativa foi ao longo do tempo apropriada por todo o Judiciário, embora reservando-se a última palavra à Suprema Corte"[95].

Assim, conclui-se que o controle judicial da constitucionalidade no direito norte-americano é difuso, sendo a decisão final julgada pela Suprema Corte.

"Analisando os sistemas de controle de constitucionalidade das leis e atos do poder público nos diversos sistemas constitucionais, podemos verificar que a via de defesa ou exceção constitui um primeiro momento no desenvolvimento de tais controles, pois que,

---

julgado em 1803. Não há previsão constitucional quanto ao exercício do controle de constitucionalidade; a atividade não fora originariamente outorgada à Suprema Corte norte-americana. Não se cogitou do controle de constitucionalidade como inerente ao Poder Judiciário".

[94] MORO, Sergio Fernando. *Jurisdição constitucional como democracia*, cit., p. 21: "Marbury vs. Madison, célebre decisão proferida pela Suprema Corte norte-americana em 1803, sob a presidência de John Marshall, inaugura a jurisdição constitucional".

[95] GODOY, Arnaldo Sampaio de Moraes. *Direito nos Estados Unidos*, cit., p. 66.

restringindo entre as partes os efeitos da declaração, eles passaram a ter um alcance mais amplo, até que, estendendo *erga omnes* os efeitos da mesma e chegando à análise da inconstitucionalidade em tese, haja a anulação definitiva da norma conflitante com os dispositivos constitucionais"[96].

No Brasil, também, a primeira forma de controle de constitucionalidade foi a via de defesa, que surgiu com o advento da Constituição de 1891 (art. 60, § 1º, *a* e *b*). Na Constituição de 1824, ao Poder Judiciário não cabia a atribuição de declarar a inconstitucionalidade de atos do Poder Legislativo e Executivo. O controle de constitucionalidade cabia, em tese, ao Poder Moderador. Na verdade, por influência do constitucionalismo francês, o controle de constitucionalidade era exercido no próprio âmbito do Poder Legislativo. Com a Proclamação da República, por influência do direito norte-americano, surge, em nosso país, o controle difuso da constitucionalidade, primeiro por intermédio do Decreto n. 510, de 22 de junho de 1890, e depois pelo próprio texto constitucional de 1891.

O controle de constitucionalidade difuso caracteriza-se pela possibilidade de qualquer juiz ou Tribunal, ao analisar um caso concreto, verificar a inconstitucionalidade da norma, arguida pela parte como meio de defesa. Nesse caso, o objeto principal da ação não é a inconstitucionalidade de lei ou ato normativo, sendo a mesma analisada incidentalmente ao julgamento de mérito. A declaração de inconstitucionalidade torna-se necessária para a solução do caso concreto em questão, ou seja, a apreciação de inconstitucionalidade tem o condão de decidir determinada relação jurídica, objeto principal da ação.

No controle difuso o juiz analisa preliminarmente a inconstitucionalidade e para não confundir com preliminar de contestação ou via de exceção, podemos afirmar que o juiz analisa previamente a questão prejudicial. Assim, a inconstitucionalidade arguida é uma questão prejudicial que deve ser analisada antes da demanda principal,

---

[96] FERRARI, Regina Maria Macedo Nery. *Efeitos da declaração de inconstitucionalidade*, cit., p. 137.

que é o cumprimento de uma obrigação qualquer. Essa questão prévia pode ser arguida pelo autor ou pelo réu, não sendo instrumento apenas relativo à defesa. Essa alegação de inconstitucionalidade não é a demanda principal, pois esta questão prejudicial é suscitada incidentalmente, e é analisada por qualquer juiz em qualquer grau de jurisdição para que se julgue se a lei será aplicada naquele caso concreto. A questão prejudicial, então, é relativa à aplicabilidade da norma, com efeito *inter partes*.

A inconstitucionalidade arguida é analisada e decidida pelo Poder Judiciário, na medida em que seja relevante para o deslinde da causa. Nesse caso, o Poder Judiciário deixa de aplicar a lei na relação jurídica *in concreto*, na medida em que é considerada inconstitucional. Assim, a norma inconstitucional não é anulada ou expurgada do sistema jurídico. Somente é desaplicada, continuando válida e, portanto, obrigando terceiros. Dessa forma, o incidente de inconstitucionalidade produz efeitos entre as partes, mantendo-se a norma impugnada obrigatória em relação a terceiros.

Michel Temer aponta como características do controle difuso:

> "1. só é exercitável à vista de caso concreto, de litígio posto em juízo;
>
> 2. o juiz singular poderá declarar a inconstitucionalidade de ato normativo ao solucionar o litígio entre as partes;
>
> 3. não é declaração de inconstitucionalidade de lei em tese, mas exigência imposta para a solução do caso concreto;
>
> 4. a declaração, portanto, não é o objetivo principal da lide, mas incidente, consequência"[97].

A inconstitucionalidade declarada por via de defesa produz efeitos entre as partes litigantes, não influenciando relações de terceiros. Se o processo subir até o Supremo Tribunal Federal, por meio de recurso, pode esta Corte remeter a decisão de declaração de inconstitucionalidade derivada da apreciação do caso concreto ao Senado Federal, nos termos do art. 52, X, da Constituição Federal.

---

97 TEMER, Michel. *Elementos de direito constitucional*, 14. ed. rev. e ampl., São Paulo: Malheiros, 1998, p. 43.

## 8.1. Efeitos da declaração de inconstitucionalidade no controle difuso

Ao estudar os efeitos da declaração de inconstitucionalidade, surgem duas posições doutrinárias que encaram o problema de modo diverso:

1. A norma é inválida desde o seu nascedouro; seria natimorta. Assim, não se admite nenhuma eficácia da norma, desde o início.

2. Na medida em que toda norma jurídica é dotada de presunção de validade, admite-se que a norma seja considerada válida até enquanto não seja expurgada do sistema jurídico por meio de manifestação do órgão competente. Dessa forma, produz efeitos normais até a citada decisão.

No primeiro caso, a declaração de inconstitucionalidade produz efeitos *ex tunc*. No segundo, produz efeitos *ex nunc*.

Para José Afonso da Silva, no caso de controle difuso, a declaração de inconstitucionalidade produz efeitos *ex tunc*, ou seja, fulmina a relação jurídica fundada na lei inconstitucional desde o seu nascimento, continuando, porém, em vigor a lei assim considerada, com toda a sua capacidade de aplicação e produção de efeitos. A declaração de inconstitucionalidade, na via indireta, não anula a lei nem a revoga; teoricamente, a lei continua em vigor, eficaz e aplicável, até que o Senado Federal suspenda sua executoriedade, nos termos do art. 52, X. "A arguição da inconstitucionalidade é questão prejudicial e gera um procedimento *incidenter tantum*, que busca a simples verificação da existência ou não do vício alegado. E a sentença é declaratória. Faz coisa julgada no caso e entre as partes. Mas, no sistema brasileiro, qualquer que seja o tribunal que a proferiu, não faz ela coisa julgada em relação à lei declarada inconstitucional, porque qualquer tribunal ou juiz, em princípio, poderá aplicá-la por entendê-la constitucional, enquanto o Senado Federal, por resolução, não suspender sua executoriedade. O problema deve ser decidido, pois, considerando-se dois aspectos. No que tange ao caso concreto, a declaração surte efeitos *ex tunc*, isto é, fulmina a relação jurídica fundada na lei inconstitucional desde o seu nascimento. No entanto, a lei continua eficaz e aplicável, até que o Senado suspenda sua executoriedade; essa manifestação do Senado, que não revoga nem anula a lei, mas simplesmente lhe retira a eficácia, só tem efeitos, daí por diante, *ex nunc*. Pois, até então, a lei existiu. Se existiu, foi aplicada, revelou eficácia, produziu validamente seus efeitos"[98].

Regina Maria Macedo Nery Ferrari anota que "os efeitos do pronunciamento da inconstitucionalidade tem o alcance normal das decisões judiciais, não havendo nenhuma especialidade decorrente do fato de que a decisão da questão principal foi precedida de um pronunciamento acerca da inconstitucionalidade do preceito normativo que rege o caso. Assim, conclui que os efeitos dessa decisão judicial são iguais aos de todas as sentenças judiciais ocorridas em processos comuns, porque o que se visa é resolver uma relação jurídica, e a inconstitucionalidade só será levantada e analisada na medida e enquanto for necessária para a solução da *litis*. A decisão passada em julgado é, em relação ao caso em questão, final, inatacável, definitiva, produzindo, portanto, efeitos *ex tunc*, isto é, como se a lei, relativamente à lide, nunca houvesse existido"[99].

Assim, podemos concluir que, para analisar os efeitos da sentença que decide a inconstitucionalidade na via da exceção, cumpre verificar dois momentos distintos:

1. A declaração da decisão pelo Supremo Tribunal Federal tem eficácia *ex tunc*, ou seja, o ato se desfaz desde sua origem com todas as consequências. O efeito *ex tunc* (retroativo) tem aplicação entre as partes do processo.

2. Com a edição da resolução do Senado Federal suspendendo a execução, no todo ou em parte, de lei declarada inconstitucional por decisão definitiva do Supremo Tribunal Federal, os efeitos da decisão são ampliados para os demais. Assim, a partir da resolução do Senado Federal a declaração de inconstitucionalidade terá efeitos

---

98 SILVA, José Afonso. *Curso de direito constitucional positivo*, cit., p. 55-56.

99 FERRARI, Regina Maria Macedo Nery. *Efeitos da declaração de inconstitucionalidade*, cit., p. 144-145.

*erga omnes*, porém, *ex nunc*. Dessa forma, no que tange a terceiros os efeitos da inconstitucionalidade se operam *ex nunc*, a partir da publicação da citada resolução senatorial.

O Supremo Tribunal Federal já assentou que no controle difuso pode-se verificar o efeito *ex nunc* por meio da ponderação ou modulação dos efeitos da decisão.

Em suma:

**Efeitos da Declaração de Inconstitucionalidade — Via Difusa:**

1. *Inter partes* ➔ *ex tunc* ➔ Decisão definitiva do STF.

2. *Erga omnes* ➔ *ex nunc* ➔ Resolução do Senado Federal.

### *8.1.1. Ponderação no controle difuso*

O art. 27 da Lei n. 9.868/99 trouxe exceções aos efeitos da decisão no controle concentrado com a possibilidade da modulação dos efeitos da decisão ao ditar que: "Ao declarar a inconstitucionalidade de lei ou ato normativo, e tendo em vista razões de segurança jurídica ou de excepcional interesse social, poderá o Supremo Tribunal Federal, por maioria de dois terços de seus membros, restringir os efeitos daquela declaração ou decidir que ela só tenha eficácia a partir de seu trânsito em julgado ou de outro momento que venha a ser fixado".

A citada norma estabelece que mesmo diante da declaração de nulidade podem-se respeitar determinadas relações jurídicas. Questiona-se se, por analogia, cabe aplicar a regra do art. 27 no controle difuso da constitucionalidade. Em alguns julgados o Supremo Tribunal Federal já entendeu possível a modulação ou limitação temporal dos efeitos da decisão, mesmo quando proferida em controle difuso[100].

A atribuição de efeito *ex nunc* no controle difuso da constitucionalidade somente se dá em casos excepcionais. "Os princípios da

---

[100] STF, RE 197.917-8-SP, Rel. Min. Maurício Corrêa, j. 06-06-02, *DJ*, 07-05-04; RE.395.902-AgR, Rel. Min. Celso de Mello, j. 07-03-06, *DJ*, 25-08-06.

boa-fé e da segurança jurídica autorizam a adoção do efeito *ex nunc* para a decisão que decreta a inconstitucionalidade. Ademais, os prejuízos que adviriam para a Administração seriam maiores que eventuais vantagens do desfazimento dos atos administrativos"[101].

O Supremo Tribunal Federal já entendeu que "a norma contida no art. 27 da Lei n. 9.868, de 10 de novembro de 1999, tem caráter fundamentalmente interpretativo, desde que se entenda que os conceitos jurídicos indeterminados utilizados – segurança jurídica e excepcional interesse social – se revestem de base constitucional. No que diz respeito à segurança jurídica, parece não haver dúvida de que encontra expressão no próprio princípio do Estado de Direito consoante, amplamente aceito pela doutrina pátria e alienígena. Excepcional interesse social pode encontrar fundamento em diversas normas constitucionais. O que importa assinalar é que, consoante a interpretação aqui preconizada, o princípio da nulidade somente há de ser afastado se puder demonstrar, com base numa ponderação concreta, que a declaração de inconstitucionalidade ortodoxa envolveria o sacrifício da segurança jurídica ou de outro valor constitucional materializável sob a forma de interesse social[102]". Ainda, nesse sentido:

> "EMENTA: CONSTITUCIONAL. ADMINISTRATIVO. SERVIDOR PÚBLICO. REMUNERAÇÃO: GRATIFICAÇÃO CONCEDIDA COM BASE NA LEI 1.762/86, ART. 139, II, DO ESTADO DO AMAZONAS. INCONSTITUCIONALIDADE FRENTE À CF/1967, ART. 102, § 2º. EFEITOS DO ATO: SUA MANUTENÇÃO.
>
> I. A lei inconstitucional nasce morta. Em certos casos, entretanto, os seus efeitos devem ser mantidos, em obséquio, sobretudo, ao princípio da boa-fé. No caso, os efeitos do ato, concedidos com base no princípio da boa-fé, viram-se convalidados pela CF/88.
>
> II. Negativa de trânsito ao RE do Estado do Amazonas. Agravo não provido[103].

---

[101] STF, RE 442.683, Rel. Min. Carlos Velloso, j. 13-12-05, *DJ*, de 24-03-06.

[102] AI 474.708-AgR, Rel. Min. Gilmar Mendes, decisão monocrática, j. 17-03-08, *DJ*, 18-04-08.

[103] STF, RE 434.222-7-AM, AgReg., Rel. Min. Carlos Velloso, j. 14-06-05, *DJ*, 01-07-05.

"EMENTA: Mandado de Segurança. 2. Acórdão do Tribunal de Contas da União. Prestação de Contas da Empresa Brasileira de Infraestrutura Aeroportuária – INFRAERO. Emprego Público. Regularização de admissões. 3. Contratações realizadas em conformidade com a legislação vigente à época. Admissões realizadas por processo seletivo sem concurso público, validadas por decisão administrativa e acórdão anterior do TCU. 4. Transcurso de mais de dez anos desde a concessão de liminar no mandado de segurança. 5. Obrigatoriedade da observância do princípio da segurança jurídica enquanto subprincípio do Estado de Direito. Necessidade de estabilidade das situações criadas administrativamente. 6. Princípio da confiança como elemento do princípio da segurança jurídica. Presença de um componente de ética jurídica e sua aplicação nas relações jurídicas de direito público. 7. Concurso de circunstâncias específicas e excepcionais que revelam: a boa-fé dos impetrantes; a realização de processo seletivo rigoroso; a observância do regulamento da Infraero, vigente à época da realização de processo seletivo; a existência de controvérsia, à época das contratações, quanto à exigência, nos termos do art. 37 da Constituição, de concurso público no âmbito das empresas públicas e sociedades de economia mista. 8. Circunstâncias que, aliadas ao longo período de tempo transcorrido, afastam a alegada nulidade das contratações dos impetrantes. 9. Mandado de Segurança deferido[104].

## 8.2. A inconstitucionalidade e o Senado Federal no controle difuso

Conforme verificamos, o Supremo Tribunal Federal em última instância, ao decidir definitivamente um caso concreto, poderá incidentalmente declarar a inconstitucionalidade de lei. Nos termos do seu Regimento Interno, o Senado conhecerá da declaração, proferida em decisão definitiva pelo Supremo Tribunal Federal, de inconstitucionalidade total ou parcial de lei mediante: I – comunicação do Presidente do Tribunal; II – representação do Procurador-Geral da

---

[104] STF, MS 22.357-0-DF, Rel. Min. Gilmar Mendes, j. 27-05-04, *DJ*, 05-11-04.

República; III – projeto de resolução de iniciativa da Comissão de Constituição, Justiça e Cidadania. A comunicação, a representação e o projeto deverão ser instruídos com o texto da lei cuja execução se deva suspender, do acórdão do Supremo Tribunal Federal, do parecer do Procurador-Geral da República e da versão do registro taquigráfico do julgamento. Lida em plenário, a comunicação ou representação será encaminhada à Comissão de Constituição, Justiça e Cidadania, que formulará projeto de resolução suspendendo a execução da lei, no todo ou em parte[105]. Nesse sentido, o Senado é obrigado a suspender a execução da lei declarada inconstitucional?

A doutrina discute a natureza jurídica da referida atribuição constitucional do Senado. Para alguns, a atividade exercida por este é discricionária, ou seja, ele tem a possibilidade de não suspender a executoriedade da lei declarada inconstitucional. Para outros, a atividade exercida pelo Senado é vinculada, uma vez que ao receber a comunicação do Supremo Tribunal Federal estaria obrigado a suspender a executoriedade da lei declarada inconstitucional.

Manoel Gonçalves Ferreira Filho anota que "essa suspensão não é posta ao critério do Senado, mas lhe é imposta como obrigatória. Quer dizer, o Senado, à vista da decisão do Supremo Tribunal Federal, tem de efetuar a suspensão da execução do ato inconstitucional. Do contrário, o Senado teria o poder de convalidar ato inconstitucional, mantendo-o eficaz, o que repugna ao nosso sistema jurídico"[106].

Para Luiz Alberto David Araujo "não há mais dúvida de que o Senado Federal exerce poder discricionário, podendo ou não suspender a execução da norma declarada inconstitucional por decisão definitiva do Supremo Tribunal Federal. O momento do exercício da competência do art. 52, X, é ato de política legislativa, ficando, portanto, ao crivo exclusivo do Senado Federal. Não se trata de dar cumprimento à sentença do Supremo Tribunal Federal, que decidiu pela via de exceção. Na verdade, a decisão do Senado Federal é no sentido de estender a sentença do Supremo, pertinente à inconstitu-

---

[105] Arts. 386 a 388 do Regimento Interno do Senado Federal.

[106] FERREIRA, Manoel Gonçalves Filho. *Curso de direito constitucional*, 22. ed. atual., São Paulo: Saraiva, 1995, p. 35.

cionalidade (não à prestação de fundo do pleito — caso concreto), para todos. Os efeitos da resolução, portanto, são sempre a partir de sua edição, ou seja, *ex nunc*. A decisão do Supremo Tribunal Federal, porque deferida em via de exceção, exige uma prestação jurisdicional concreta (devolução de um tributo pago indevidamente, não incidência de determinado tributo, determinação de certa alíquota etc.), dividida em duas partes: o reconhecimento da inconstitucionalidade (*incidenter tantum*) e, como consequência, a procedência ou improcedência da ação. O Senado Federal suspenderá apenas a execução da norma impugnada. Não poderá ordenar que o tributo seja também devolvido. Apenas determinará que a norma fique sem execução"[107].

Assim Michel Temer se pronuncia: "Terá o Senado autorização constitucional para negar a retirada da eficácia do ato normativo após a declaração efetivada pelo Supremo Tribunal Federal? Terá ele a possibilidade de retirar parcialmente a eficácia de uma lei se o STF a declarou, no seu todo, inconstitucional? A nosso perceber, pode. O Senado não está obrigado a suspender a execução da lei na mesma extensão da declaração efetivada pelo STF. A expressão 'no todo ou em parte', que se encontra no art. 52, X, não significa que o Senado suspenderá parcial ou totalmente a execução da lei ou decreto de acordo com a declaração de inconstitucionalidade, parcial ou total, efetivada pelo STF. O Senado Federal não é mero órgão chancelador das decisões da Corte Suprema. Qual é exatamente o papel do Senado no controle da constitucionalidade? A nosso ver existe discrição do Senado ao exercitar essa competência. Suspenderá, ou não, a execução da lei declarada inconstitucional pelo Supremo, de acordo com o seu entendimento. O simples fato de o art. 52, X, possibilitar a suspensão parcial ou total da lei revela essa discricionariedade. Seja: se o STF declarar a inconstitucionalidade de lei, por inteiro, faculta-se ao Senado a possibilidade de suspendê-la em parte. De fato, haverá hipótese em que a Corte Suprema terá declarado a inconstitucionalidade por maioria de um ou dois votos, remanescendo, portanto, fundada dúvida sobre a provável constitucionalidade. Se em dado

---

107 ARAUJO, Luiz Alberto David; NUNES JÚNIOR, Vidal Serrano. *Curso de direito constitucional*. São Paulo: Saraiva, 1998, p. 27.

instante mudar a composição do Supremo ou a convicção de alguns de seus Ministros relativamente ao tema, a declaração, em nova ação, será de constitucionalidade"[108].

Nesse sentido, Paulo Napoleão Nogueira da Silva afirma que "o Senado continua dispondo das mesmas prerrogativas e responsabilidades: recebendo a comunicação da declaração incidental de inconstitucionalidade, apreciará discricionariamente, sob sua ótica de órgão político, a conveniência e oportunidade de suspender ou não a execução do texto inquinado. E, como observa Nagib Slaibi Filho, tanto é político (e não somente discricionário) o papel do Senado Federal, ao apreciar a decisão do Supremo Tribunal Federal, que não há como agir em represália caso não sobrevenha a resolução. No mesmo sentido, Gilmar Ferreira Mendes: "Cobra relevo ressaltar que a inércia do Senado não afeta a relação entre os poderes, não se podendo vislumbrar qualquer violação constitucional na eventual recusa à pretendida extensão de efeitos. Evidentemente, se pretendesse outorgar efeito genérico à decisão do Supremo Tribunal, não precisaria o constituinte valer-se dessa fórmula complexa"[109].

Segundo o entendimento de Regina Maria Macedo Nery Ferrari, "o mais interessante a ponderar em relação a essa questão é que o dispositivo constitucional, quando determina que 'compete privativamente ao Senado Federal suspender a execução, no todo ou em parte, de lei declarada inconstitucional por decisão definitiva do Supremo Tribunal Federal' (art. 52, X), o faz no sentido de que, quando o Senado pratica tal competência, exercita-a em obediência à decisão do Supremo, o que traz a evidência de ser esse ato de natureza executória, complementar, já que o mesmo só pode ser praticado após e na medida em que for determinada a inconstitucionalidade pelo Supremo. Nosso sistema jurídico não especifica, porém, o prazo para manifestação do Senado e nem mesmo há sanção determinada para o caso, o que nos proporciona pensar que pode ficar omisso por 10, 15 ou 20 anos impunemente. Assim, o Senado só pode

---

108 TEMER, Michel. *Elementos de direito constitucional*, cit., p. 48.

109 SILVA, Paulo Napoleão Nogueira da. *A evolução do controle de constitucionalidade e a competência do Senado Federal*, cit., p. 108-109.

manifestar-se suspendendo a execução de uma lei ou decreto em decorrência de sua invalidade, havendo decisão do Supremo neste sentido, observando os limites impostos por ela, não podendo alterá-la, restringi-la ou ampliá-la. Contudo, não há tempo determinado para tal pronunciamento. Este é o fato capital que leva a grande polêmica, de difícil solução, porque imaginar que o Senado pode desrespeitar a decisão do Supremo seria absurdo, acontecendo o mesmo se transformássemos o Senado em simples cartório de registros de acórdãos da Suprema Corte, o que poderia ser resolvido por tratamento legislativo. Na verdade, após a suspensão da execução pelo Senado, a lei perde sua eficácia em relação a todos os cidadãos, isto é, *erga omnes*, não podendo ser mais aplicada"[110].

Alexandre de Moraes anota que "tanto o Supremo Tribunal Federal, quanto o Senado Federal, entendem que esse não está obrigado a proceder à edição da resolução suspensiva do ato estatal cuja inconstitucionalidade, em caráter irrecorrível, foi declarada *in concreto* pelo Supremo Tribunal; sendo, pois, ato discricionário do Poder Legislativo, classificado como deliberação essencialmente política, de alcance normativo, no sentido referido por Paulo Brossard, de que 'tudo está a indicar que o Senado é o juiz exclusivo do momento em que convém exercer a competência, a ele e só a ele atribuída, de suspender lei ou decreto declarado inconstitucional por decisão definitiva do Supremo Tribunal Federal. No exercício dessa competência cabe-lhe proceder com equilíbrio e isenção, sobretudo com prudência, como convém à tarefa delicada e relevante, assim para os indivíduos, como para a ordem jurídica'. Assim, ao Senado Federal não só cumpre examinar o aspecto formal da decisão declaratória de inconstitucionalidade, verificando se ela foi tomada por *quorum* suficiente e é definitiva, mas também indagar da conveniência dessa suspensão. A declaração de inconstitucionalidade é do Supremo, mas a suspensão é função do Senado. Sem a declaração, o Senado não se movimenta, pois não lhe é dado suspender a execução de lei ou decreto não declarado inconstitucional, porém a tarefa constitucional

---

110 FERRARI, Regina Maria Macedo Nery. *Efeitos da declaração de inconstitucionalidade*, cit., p. 151-152.

de ampliação desses efeitos é sua, no exercício de sua atividade legiferante. Porém, se o Senado Federal, repita-se, discricionariamente, editar a resolução suspendendo no todo ou em parte lei declarada incidentalmente inconstitucional pelo Supremo Tribunal Federal, terá exaurido sua competência constitucional, não havendo possibilidade, *a posteriori*, de alterar seu entendimento para tornar sem efeito ou mesmo modificar o sentido da resolução. Ressalta-se, por fim, que essa competência do Senado Federal aplica-se à suspensão, no todo ou em parte, tanto de lei federal, quanto de leis estaduais, distritais ou municipais, declaradas incidentalmente inconstitucionais pelo Supremo Tribunal Federal"[111].

O Ministro Gilmar Mendes sustenta que a declaração incidental de inconstitucionalidade prolatada pelo Supremo Tribunal Federal possui por si só efeitos *erga omnes*, não havendo mais a necessidade da suspensão da execução pelo Senado Federal. Essa tese embasada em mutação constitucional teve origem no julgamento de reclamação constitucional ajuizada em face de decisões do juiz de direito da Vara de Execuções Penais da Comarca de Rio Branco-AC, que indeferiram pedido de progressão de regime em favor de condenados a penas de reclusão em regime integralmente fechado em decorrência da prática de crimes hediondos. A reclamação versava sobre ofensa à autoridade da decisão em ação de *habeas corpus*[112], que declarou a inconstitucionalidade do § 1º do art. 2º da Lei n. 8.072/90, que vedava a progressão de regime a condenados pela prática de crimes hediondos. O relator, Ministro Gilmar Mendes, julgou procedente a reclamação, para cassar as decisões impugnadas, assentando que caberá ao juízo reclamado proferir nova decisão para avaliar se, no caso concreto, os interessados atendem ou não aos requisitos para gozar do referido benefício, podendo determinar, para esse fim, e desde que de modo fundamentado, a realização de exame criminológico. Ocorre que, nessa reclamação, o Ministro Gilmar Mendes, ao analisar, entre outros aspectos, o argumento do juízo reclamado no sentido de que a eficácia *erga omnes* da decisão no *habeas corpus* dependeria da expedição

---

[111] MORAES, Alexandre de. *Direito constitucional*, cit., p. 613.

[112] STF, HC 82.959-7, Rel. Min. Marco Aurélio, j. 23-02-06, *DJ*, 01-09-06.

da resolução do Senado suspendendo a execução da lei (CF, art. 52, X). Nesse ponto, o Ministro Gilmar Mendes, fundamentado no papel do Senado Federal no controle de constitucionalidade, aduziu que, de acordo com a doutrina tradicional, a suspensão da execução pelo Senado do ato declarado inconstitucional pelo STF seria ato político que empresta eficácia *erga omnes* às decisões definitivas sobre inconstitucionalidade proferidas em caso concreto. Asseverou, no entanto, que a amplitude conferida ao controle abstrato de normas e a possibilidade de se suspender, liminarmente, a eficácia de leis ou atos normativos, com eficácia geral, no contexto da Constituição Federal de 1988, concorreram para infirmar a crença na própria justificativa do instituto da suspensão da execução do ato pelo Senado, inspirado numa concepção de separação de poderes que hoje estaria ultrapassada. Ressaltou, ademais, que ao alargar, de forma significativa, o rol de entes e órgãos legitimados a provocar o STF, no processo de controle abstrato de normas, o constituinte restringiu a amplitude do controle difuso de constitucionalidade. Em razão disso, e com a multiplicação de decisões dotadas de eficácia geral e do advento da Lei n. 9.882/99, alterou-se de forma radical a concepção que dominava sobre a divisão de poderes, tornando comum no sistema a decisão com eficácia geral, que era excepcional sob a EC n. 16/65 e a CF 67/69. Salientou serem inevitáveis, portanto, as reinterpretações dos institutos vinculados ao controle incidental de inconstitucionalidade, notadamente o da exigência da maioria absoluta para declaração de inconstitucionalidade e o da suspensão de execução da lei pelo Senado Federal. Reputou ser legítimo entender que, atualmente, a fórmula relativa à suspensão de execução da lei pelo Senado há de ter simples efeito de publicidade, ou seja, se o STF, em sede de controle incidental, declarar, definitivamente, que a lei é inconstitucional, essa decisão terá efeitos gerais, fazendo-se a comunicação àquela Casa legislativa para que publique a decisão no Diário do Congresso[113].

No mesmo sentido, o Ministro Eros Grau, em voto-vista, acompanhou o entendimento do Ministro Gilmar Mendes, no sentido de

[113] Informativo n. 454 do Supremo Tribunal Federal. Recl. 4.335-AC, Rel. Min. Gilmar Mendes, 01-02-2007. Disponível em: <http://www.stf.gov.br/noticias/informativos/anteriores/info454.asp>. Acesso em: 18 jul. 2007.

que, pelo art. 52, X, da Constituição Federal, ao Senado Federal, no quadro de uma verdadeira mutação constitucional, está atribuída competência apenas para dar publicidade à suspensão da execução de lei declarada inconstitucional, no todo ou em parte, por decisão definitiva do Supremo Tribunal Federal, haja vista que essa decisão contém força normativa bastante para suspender a execução da lei[114].

Cremos que, mesmo se verificando claramente o avanço no sistema de controle de constitucionalidade, não há como em controle difuso se verificar o efeito *erga omnes*, a não ser pela participação senatorial. Não há como, por via interpretativa, derrogar o art. 52, X, da Constituição Federal. Essa assertiva é verificada pela própria súmula vinculante, que não possui o efeito contra todos. Esse foi o entendimento do Ministro Sepúlveda Pertence, que ressaltou ser evidente que a convivência paralela, desde a EC n. 16/65, dos dois sistemas de controle tem levado a uma prevalência do controle concentrado, e que o mecanismo, no controle difuso, de outorga ao Senado da competência para a suspensão da execução da lei tem se tornado cada vez mais obsoleto, mas afirmou que combatê-lo, por meio do que chamou de "projeto de decreto de mutação constitucional", já não seria mais necessário. Aduziu, no ponto, que a EC n. 45/2004 dotou o Supremo de um poder que, praticamente, sem reduzir o Senado a um órgão de publicidade de suas decisões, dispensaria essa intervenção, qual seja, o instituto da súmula vinculante (CF, art. 103-A)[115].

Na mesma esteira, o Ministro Joaquim Barbosa considerou que, apesar das razões expostas pelo relator, a suspensão da execução da lei pelo Senado não representaria obstáculo à ampla efetividade das decisões do Supremo, mas complemento. Dessa forma, haveria de ser mantida a leitura tradicional do art. 52, X, da Constituição Federal, que trata de uma autorização ao Senado de determinar a suspensão

[114] Informativo n. 463 do Supremo Tribunal Federal. Recl. 4.335-AC, Rel. Min. Gilmar Mendes, 19-04-2007. Disponível em: <http://www.stf.gov.br/noticias/informativos/anteriores/info463.asp>. Acesso em: 18 jul. 2007.

[115] Informativo n. 463 do Supremo Tribunal Federal. Recl. 4.335-AC, Rel. Min. Gilmar Mendes, 19-04-2007. Disponível em: <http://www.stf.gov.br/noticias/informativos/anteriores/info463.asp>. Acesso em: 18 jul. 2007.

de execução do dispositivo tido por inconstitucional e não de uma faculdade de cercear a autoridade do STF[116].

Segundo nosso entendimento, a tese levantada pelo Ministro Gilmar Mendes embasada na evolução do controle de constitucionalidade no sistema jurídico pátrio é oportuna. Entretanto, não pode ser aplicada sem a devida modificação legislativa. A tese é interessante e viável, mas como sugestão *de lege ferenda*, com fundamento nos princípios da economia e efetividade processual, com vista a efetivar a própria Constituição. Por outro lado, esta mesma efetividade pode surgir por meio de súmula vinculante.

Podemos concluir que a suspensão da execução de lei declarada inconstitucional é atividade privativa e discricionária do Senado Federal. O Senado atua como órgão político, verificando por critérios de conveniência e oportunidade o momento adequado para suspender a execução da norma. O Senado exerce função política e sua independência, que se traduz na não obrigatoriedade da suspensão da execução, tem como fundamento o princípio da separação dos poderes. O Senado, ainda, não está adstrito à extensão da decisão. Esse é o sentido da expressão "no todo ou em parte", prevista no art. 52, X, da Constituição Federal. Assim, pode-se verificar suspensão não na mesma extensão da decisão do Supremo Tribunal Federal. Entretanto, o Supremo já decidiu que o Senado Federal não possui atribuição para modificar o sentido ou restringir os efeitos da decisão ao suspender apenas parte da norma integralmente declarada inconstitucional:

> EMENTA — Resolução do Senado Federal, suspensiva da execução de norma legal cuja inconstitucionalidade foi declarada pelo Supremo Tribunal Federal. Inconstitucionalidade da segunda resolução daquele órgão legislatório, para interpretar a decisão judicial, modificando-lhe o sentido ou lhe restringindo os efeitos. Pedido de segurança conhecido como representação, que se julga procedente[117].

---

[116] Informativo n. 463 do Supremo Tribunal Federal. Recl. 4.335-AC, Rel. Min. Gilmar Mendes, 19-04-2007. Disponível em: <http://www.stf.gov.br/noticias/informativos/anteriores/info463.asp>. Acesso em: 18 jul. 2007.

[117] STF, MS 16.512-DF, Rel. Min. Oswaldo Trigueiro, j. 25-05-66, *DJ,* 31-08-66.

Segundo nosso entendimento, se o Supremo Tribunal Federal declarar alguns artigos inconstitucionais, o Senado não estará obrigado a suspender a execução de todos, mas, por outro lado, não poderá suspender a execução de artigos não apreciados pelo Supremo. A resolução do Senado não pode modificar o sentido da decisão, mas pode restringir seu objeto. Assim, se o Supremo Tribunal Federal julgar toda norma inconstitucional, pode o Senado suspender parte da norma. A recíproca não é verdadeira, ou seja, se o Supremo Tribunal Federal declarar parte da norma inconstitucional, não pode o Senado Federal suspender a execução de toda a norma inconstitucional. Cabe destacar que o Senado pode restringir os efeitos da decisão no aspecto material, ou seja, deixar de suspender a execução de texto integral de artigo, de parágrafo, de inciso ou de alínea. Mas não pode restringir os efeitos da decisão interpretando o teor do julgado do Supremo, por meio de técnica hermenêutica, como, por exemplo, a interpretação conforme a Constituição. Esta atividade é privativa do Supremo Tribunal Federal. Nesse sentido, afirma-se que o Senado deve observar os limites estabelecidos pelo STF, não podendo alterá-los, restringi-los ou ampliá-los.

A expressão "no todo ou em parte" prevista no art. 52, X, da Constituição Federal significa que, se o Supremo Tribunal Federal julgar toda a norma inconstitucional, pode o Senado restringir os efeitos da decisão para parcela da norma que entender conveniente. O Senado não pode modificar o sentido, mas indubitavelmente pode restringir o alcance da decisão para parcela inferior da norma objeto de manifestação do Supremo Tribunal Federal. Cabe destacar que o Senado pode restringir os efeitos da decisão no aspecto material, ou seja, deixar de suspender a execução de texto integral de artigo, de parágrafo, de inciso ou de alínea. Mas não pode restringir os efeitos da decisão interpretando o teor do julgado do Supremo, por meio de técnica hermenêutica, como, por exemplo, a interpretação conforme a Constituição. Esta atividade é privativa do Supremo Tribunal Federal. Nesse sentido, afirma-se que o Senado deve observar os limites estabelecidos pelo STF, não podendo alterá-los, restringi-los ou ampliá-los.

Nesse sentido, Michel Temer afirma que "o Senado não está obrigado a suspender a execução da lei na mesma extensão da declaração efetivada pelo STF"[118]. No mesmo sentido, Rodrigo Lopes Lourenço afirma que "o Senado Federal não é obrigado a suspender a eficácia de todos os comandos declarados inconstitucionais por decisão definitiva da Corte Suprema em controle concreto. Assim, mesmo quando o Pretório Excelso julgue inconstitucionais algumas normas de um ato legislativo, pode o Senado Federal não suspender a eficácia de todas, limitando-se a fazê-lo em relação àquelas que julgue politicamente conveniente e oportuno. Portanto, a expressão 'no todo ou em parte' significa a possibilidade do Senado Federal suspender total ou parcialmente a eficácia de um diploma, declarado inconstitucional por decisão definitiva do Supremo Tribunal Federal em controle concreto, sendo que, neste caso, determinando, politicamente, quais normas do diploma serão suspensas"[119].

Pedro Lenza traz entendimento contrário ao afirmar que "se toda a lei foi declarada inconstitucional pelo STF, em controle difuso, de modo incidental, se entender o Senado Federal pela conveniência da suspensão da lei, deverá fazê-lo 'no todo', vale dizer, em relação a toda a lei que já havia sido declarada inconstitucional, não podendo suspender menos do que o decidido pela Excelsa Corte".[120]

De outra feita, o Senado Federal atua como órgão político nacional, visto que sua competência para suspensão da execução permanece mesmo se a norma impugnada for estadual, distrital ou municipal. Salvo se a decisão provier, nos termos do art. 125, § 2º, da Constituição Federal, de Tribunal Estadual, que declare inconstitucional lei ou ato normativo estadual ou municipal em face da Constituição Estadual. Nesse caso, a decisão será comunicada à Assembleia Legislativa ou à Câmara Municipal para a suspensão da execução. Nesse sentido, o art. 20, XIII, da Constituição do Estado de São Paulo estabelece que "compete exclusivamente à Assembleia Legislativa suspender, no todo ou em parte, a execução de lei ou ato normativo declarado inconstitucional em decisão irrecorrível do Tribunal de Justiça".

---

[118] TEMER, Michel. *Elementos de direito constitucional*, cit., p. 48.

[119] LOURENÇO, Rodrigo Lopes. *Controle da constitucionalidade à luz da jurisprudência do STF*, 2. ed., Rio de Janeiro: Forense, 1999, p. 109.

[120] LENZA, Pedro. *Direito constitucional esquematizado*. 15. ed. rev., atual. e amp., São Paulo: Saraiva, 2011, p. 254.

A suspensão da execução da lei corresponde à suspensão da executoriedade ou à própria suspensão da eficácia da norma, na medida em que deixa esta de produzir qualquer efeito para o futuro. A suspensão da execução da lei retira os seus efeitos do mundo jurídico, mas não se pode falar em revogação, o que só ocorre no processo legislativo. "Quando a lei é suspensa, permanece vigente, mas é ineficaz. Sua revogação depende de nova lei, cuja elaboração contará também com a participação da Câmara dos Deputados e do Presidente da República (via de sanção)"[121]. Embora não se confunda com a revogação, opera como ela, já que retira, por disposição constitucional, a eficácia da lei ou ato normativo tido por inconstitucional pelo Supremo Tribunal Federal.

Meirelles Teixeira estabelece a distinção entre a revogação da lei e a suspensão de sua eficácia. "Na revogação, uma norma posterior, regulando diferentemente determinada matéria, implicitamente a substitui, tirando-lhe a vigência. Mas os efeitos produzidos pela norma anterior são válidos, legítimos. Por outro lado, a norma revogada desaparece, extingue-se, não podendo, portanto, reaparecer, ressuscitar, mesmo que a norma que a revogue por sua vez perca a vigência, sendo revogada por outra norma ou por uma nova norma constitucional. Finalmente, a revogação, em regra, deve competir ao mesmo órgão que elaborou a norma, isto é, ao Poder Legislativo federal, estadual ou municipal, conforme o caso, e excepcionalmente aos demais Poderes, quando lhes assista uma competência normativa anômala. Já em se tratando de suspensão da eficácia por inconstitucionalidade, se a norma foi declarada inconstitucional, somente dessa circunstância já se pode concluir que seus efeitos passados estarão inquinados do mesmo vício, e, portanto, em regra geral, sujeitos à anulação, como aqueles que já o foram, no caso *sub judice*, dando assim origem à declaração de inconstitucionalidade da norma e à suspensão de sua eficácia. Por outro lado, a norma da qual apenas se suspendeu a eficácia (ou a execução, como diz a nossa Constituição), poderá reviver, isto é, voltar a ser aplicada, readquirir executo-

---

[121] CHIMENTI, Ricardo Cunha et al. *Curso de direito constitucional*, 2. ed., São Paulo: Saraiva, 2005, p. 385.

riedade, pelo levantamento da suspensão, se o órgão controlador mudar de jurisprudência, na apreciação de outros dos seus efeitos passados, o que a nosso ver é sempre possível, pois já vimos que os tribunais não estão ligados aos seus próprios precedentes. A cessação da eficácia diz respeito ao futuro; quanto aos efeitos passados, quando a norma era executória, cumpre ao órgão controlador, examiná-los um a um, sempre que se apresentem ao órgão controlador, podendo este mudar de ponto de vista, a respeito da constitucionalidade da lei, quer porque examine melhor o assunto, quer porque mudem as suas próprias concepções, quer finalmente, porque venha a compor-se de indivíduos com concepções diferentes. Finalmente, a revogação, em geral, pela sua própria natureza deve caber ao mesmo órgão que elaborou a norma, ao passo que a suspensão da eficácia, no controle jurisdicional, pode ser deferida ao próprio órgão controlador, como sucede na Itália (Corte Constitucional), ou a órgão diverso, como acontece entre nós (Senado Federal)"[122].

Nesse sentido, podemos verificar a diferença entre revogação e suspensão da eficácia.

1. Na revogação, a norma posterior retira a norma jurídica anterior do sistema jurídico. Na suspensão da eficácia, a decisão definitiva do Supremo Tribunal Federal conjugada com a resolução do Senado Federal retira a executoriedade da norma, permanecendo no sistema jurídico, não podendo ser aplicada no caso concreto.

2. Na revogação, os efeitos produzidos pela norma anterior são válidos. Na suspensão da eficácia, os atos anteriores estão inquinados de vício, podendo ser declarados nulos ou anuláveis por ações individuais ou coletivas.

3. Na revogação, a norma extingue-se não podendo reingressar no sistema jurídico. Na suspensão da eficácia, a norma poderá voltar a ser aplicada pelo levantamento da suspensão.

4. A revogação surge do mesmo órgão que elaborou a norma (Poder Legislativo). A suspensão da eficácia surge de órgãos diversos (Supremo Tribunal Federal e Senado Federal).

---

[122] TEIXEIRA, J. H. Meirelles. *Curso de direito constitucional*, cit., p. 429-430.

Desta feita, no que tange aos efeitos, a revogação e a declaração de constitucionalidade no controle difuso e concentrado têm características diferentes. Assim, podemos completar o raciocínio exposto no capítulo "Nulidades no Direito Público", nos seguintes termos:

Na revogação, a norma é extinta do sistema jurídico por outra de igual valor, sem a possibilidade de seu reingresso no sistema jurídico, exceto pelo fenômeno da repristinação. A norma é expurgada do sistema jurídico por um aspecto técnico-jurídico, sendo problema relativo à vigência da norma. A revogação opera efeitos *ex nunc* e surge do mesmo órgão que produziu a norma.

Na declaração de inconstitucionalidade, a norma é expurgada do sistema jurídico por decisão do Supremo Tribunal Federal, sem a possibilidade de seu reingresso no sistema jurídico. A decisão opera, em regra, efeitos *ex tunc*, surgindo de órgão diverso, que tem a competência de verificar a validade da norma dentro do sistema jurídico.

Na suspensão da eficácia, a norma é retirada do sistema jurídico por resolução do Senado Federal, com a possibilidade do reingresso no sistema jurídico. A suspensão da eficácia é relativa ao aspecto da validade da norma. A suspensão da eficácia opera efeitos *ex nunc*, surgindo da conjugação do Poder Judiciário (Supremo Tribunal Federal) com o órgão do Poder Legislativo (Senado Federal).

A declaração de inconstitucionalidade equivale à revogação, pois trata-se de verdadeira declaração de que a norma impugnada não possui mais existência no mundo jurídico, pressuposto este indispensável para a vigência e a produção de efeitos no sistema jurídico. No caso da suspensão da execução, realizada pelo Senado, a lei não é expurgada do sistema jurídico, mas apenas se verifica a perda de sua eficácia. "O art. 52-X da Constituição de 1988, cuja fórmula vem de 1946, é exemplo dessas distinções. O que o Senado faz não é revogar (desconstituir) a lei declarada inconstitucional, mas suspender-lhe a execução. Para trás ficam seus efeitos já produzidos e consumados; a lei continua a existir, de tal modo que, se vier a ser revogado o preceito constitucional com que é incompatível, recobrará o vigor (o caso não é de repristinação)"[123].

Em resumo:

| A Norma no Sistema Jurídico | Revogação | Suspensão da Eficácia | Declaração da Nulidade |
|---|---|---|---|
| **Fato** | Extinção da norma do sistema jurídico. | Suspensão da aplicabilidade. | Retirada da norma do sistema jurídico. |
| **Natureza** | Técnico-jurídico. Vigência. | Fundamento — validade. | Fundamento — validade |
| **Ato** | Norma posterior. | Resolução do Senado Federal. | Decisão definitiva do STF. |
| **Atos Anteriores** | Válidos. | Inquinados de vício (anuláveis). | Nulos (inválidos). |
| **Poder Responsável** | Poder Legislativo. | Poder Judiciário (STF) e Órgão do Poder Legislativo (Senado Federal). | Poder Judiciário (STF). |
| **Restauração** | Não se restaura no sistema jurídico, exceto pelo fenômeno da repristinação. | Restaura-se pelo levantamento da resolução do Senado Federal. | Não se restaura. |
| **Efeitos** | *Ex nunc.* | *Ex nunc.* | *Ex tunc.* |

## 8.3. Incidente de arguição de inconstitucionalidade

O incidente de arguição de inconstitucionalidade surge no controle difuso, como questão prejudicial ao mérito do processo, e im-

123 CUNHA, Sérvulo da. *O efeito vinculante e os poderes do juiz*, São Paulo: Saraiva, 1999, p. 74.

plica o relacionamento entre os órgãos fracionários e o plenário do Tribunal julgador.

A iniciativa do incidente cabe às partes, ao Ministério Público ou aos componentes do colegiado julgador.

O controle difuso caracteriza-se pela possibilidade de qualquer juiz ou Tribunal declarar incidentalmente a inconstitucionalidade da norma. Ocorre que, nos Tribunais, a declaração de inconstitucionalidade exige a sua maioria absoluta, nos termos do art. 97 da Constituição Federal, que dita: "somente pelo voto da maioria absoluta de seus membros ou dos membros do respectivo órgão especial poderão os tribunais declarar a inconstitucionalidade de lei ou ato normativo do Poder Público". A citada norma constitucional consagrou o princípio da reserva de plenário.

O princípio da reserva de plenário, previsto na regra constitucional, deve ser observado no controle concentrado (art. 23 da Lei n. 9.868/99) e no controle difuso (arts. 480 a 482 do CPC). No controle difuso, para a observância do preceito verifica-se o processamento do incidente de arguição de inconstitucionalidade. Nesse sentido, as decisões do Supremo Tribunal Federal:

> EMENTA: Controle difuso de constitucionalidade de norma jurídica. Art. 97 da Constituição Federal.
>
> — A declaração de inconstitucionalidade de norma jurídica "*incidenter tantum*", e, portanto, por meio do controle difuso de constitucionalidade, é o pressuposto para o Juiz, ou o Tribunal, no caso concreto, afastar a aplicação da norma tida como inconstitucional. Por isso, não se pode pretender, como o faz o acórdão recorrido, que não há declaração de inconstitucionalidade de norma jurídica "*incidenter tantum*" quando o acórdão não declara inconstitucional, mas afasta a sua aplicação, porque tida como inconstitucional.
>
> Ora, em se tratando de inconstitucionalidade de norma jurídica a ser declarada em controle difuso por Tribunal, só pode declará-la, em face do disposto no artigo 97 da Constituição, o Plenário dele ou seu Órgão Especial, onde este houver, pelo voto da maioria absoluta dos membros de um ou de outro.

No caso, não se observou esse dispositivo constitucional.

Recurso extraordinário conhecido e provido[124].

EMENTA: I. Controle de constitucionalidade: reserva de plenário e *quorum* qualificado (Constituição, art. 97): aplicação não apenas à declaração em via principal, quanto à declaração incidente de inconstitucionalidade, para a qual, aliás, foram inicialmente estabelecidas as exigências. II. Controle de constitucionalidade; reputa-se declaratório de inconstitucionalidade o acórdão que — embora sem o explicitar — afasta a incidência da norma ordinária pertinente à lide para decidi-la sob critérios diversos alegadamente extraídos da Constituição[125].

No voto, o relator Ministro Sepúlveda Pertence deixou assentado que "demonstra-o de logo a heterodoxia da afirmação pelo acórdão declaratório mesmo da não incidência do art. 97 da Constituição à declaração *incidenter tantum* de determinadas normas. *Data venia*, dispensa demonstração que, ao contrário, a reserva de plenário e do *quorum* de maioria absoluta cogitados tanto se aplicam à declaração *principaliter* quanto à declaração *incidenter* de inconstitucionalidade de leis: evidencia-o a circunstância de a regra ter surgido nos mesmos termos do art. 179 da Constituição de 1934 — quando inexistente no sistema brasileiro o controle direto de inconstitucionalidade — e se manter desde então como norma geral dirigida a qualquer tribunal judiciário, quando é certo que, até hoje, só o Supremo Tribunal e os Tribunais de Justiça têm competência para a declaração por via principal e em abstrato da ilegitimidade constitucional da lei. Jamais se discutiu, por outro lado, que às mesmas exigências se submetem, tanto quanto a de toda a lei, a afirmação de inconstitucionalidade de uma ou algumas de suas normas. É inequívoco de sua vez que, no caso, ainda que não explícita, houve declaração de inconstitucionalidade de normas legais questionadas: é o que se há de entender, pena de esvaziar o preceito do art. 97 da CF, toda a vez que se afastar a

124 STF, RE 179.170-5-CE, Rel. Min. Moreira Alves, j. 09-06-98, *DJ*, 30-10-98.

125 STF, RE 240.096-2-RJ, Rel. Min. Moreira Alves, j. 30-03-99, *DJ*, 21-05-99.

incidência da norma ordinária pertinente à lide para decidi-la sob critérios diversos alegadamente extraídos da Constituição".

Nessa esteira, a Súmula Vinculante 10 do Supremo Tribunal Federal dita que: "Viola a cláusula de reserva de plenário (CF, artigo 97) a decisão de órgão fracionário de tribunal que, embora não declare expressamente a inconstitucionalidade de lei ou ato normativo de poder público, afasta sua incidência, no todo ou em parte".

A inconstitucionalidade da norma pode ser reconhecida pelo magistrado singular e pelos Tribunais, no último caso observada a regra do art. 97 da Constituição Federal. A constitucionalidade, ao contrário da inconstitucionalidade, pode ser reconhecida pelo órgão fracionário do Tribunal. "Os órgãos fracionários podem reconhecer — independentemente de julgamento *en banc* — a constitucionalidade das normas a que são chamados a dar aplicação. Em verdade, nem precisam ser explícitos no particular: a simples aplicação de uma dada norma jurídica já faz supor que o juízo a reputa constitucional"[126]. Nesse sentido, já decidiu o Supremo Tribunal Federal:

> EMENTA: "HABEAS CORPUS" — DEFENSOR PÚBLICO — PRAZO RECURSAL ESPECIAL — PREJUDICIAL DE INCONSTITUCIONALIDADE — LEI 1060/50 (ART. 5º, § 5º), COM REDAÇÃO DADA PELA LEI 7871/89 — PRINCÍPIO DA RESERVA DE PLENÁRIO (CF, ART. 97) — INCOMPETÊNCIA DA SEÇÃO CRIMINAL DO TRIBUNAL DE JUSTIÇA PARA A DECLARAÇÃO DE INCONSTITUCIONALIDADE — NECESSIDADE DE O INCIDENTE DE INCONSTITUCIONALIDADE SER SUBMETIDO AO PLENÁRIO DO TRIBUNAL — PEDIDO DEFERIDO.
>
> — A declaração de inconstitucionalidade de leis ou atos emanados do Poder Público submete-se ao princípio da reserva de Plenário consagrado no art. 97 da Constituição Federal. A vigente Carta Política, seguindo uma tradição iniciada pela

[126] AMARAL JÚNIOR, José Levi Mello do. *Incidente de arguição de inconstitucionalidade*: comentários ao art. 97 da Constituição e aos arts. 480 a 482 do Código de Processo Civil, São Paulo: Revista dos Tribunais, 2002, p. 39.

Constituição de 1934, reservou ao Plenário dos Tribunais a competência funcional por objeto do juízo para proferir decisões declaratórias de inconstitucionalidade.

Órgãos fracionários dos Tribunais (Câmaras, Grupos de Câmaras, Turmas ou Seções), muito embora possam confirmar a legitimidade constitucional dos atos estatais (RTJ 98/877), não dispõem do poder de declaração da inconstitucionalidade das leis e demais espécies editadas pelo Poder Público.

Essa especial competência dos Tribunais pertence, com exclusividade, ao respectivo Plenário ou, onde houver, ao correspondente órgão especial.

— A norma inscrita no art. 97 da Carta Federal, porque exclusivamente dirigida aos órgãos colegiados do Poder Judiciário, não se aplica aos magistrados singulares quando no exercício da jurisdição constitucional (RT 554/253)[127].

### *8.3.1. Procedimento*

Se o relator verificar alegação de inconstitucionalidade, suspender-se-á o julgamento do caso concreto, a fim de ser ouvido o Ministério Público, e o órgão fracionário decidirá especificamente sobre a questão constitucional, nos termos do art. 480 do Código de Processo Civil, que dita: "Arguida a inconstitucionalidade de lei ou de ato normativo do poder público, o relator, ouvido o Ministério Público, submeterá a questão à turma ou câmara, a que tocar o conhecimento do processo".

Duas decisões podem ocorrer: 1) o órgão fracionário manifesta-se pela constitucionalidade da lei ou do ato normativo impugnado, devendo prosseguir o julgamento do caso concreto; 2) o órgão fracionário reconhece a inconstitucionalidade, devendo submeter a questão ao tribunal ou ao órgão especial, mesmo que esse reconhecimento seja implícito. Nesse caso, será lavrado o acordão da decisão para encaminhamento ao tribunal, nos termos dos arts. 481 e 482 do Código de Processo Civil, que dita: "Se a alegação for rejeitada,

---

127 STF, 1ª T., HC 69.921-9, Rel. Min. Celso de Mello, j. 09-02-93, *DJ*, 26-03-93.

prosseguirá o julgamento; se for acolhida, será lavrado o acórdão, a fim de ser submetida a questão ao tribunal pleno". "Remetida a cópia do acórdão a todos os juízes, o presidente do tribunal designará a sessão de julgamento".

O tribunal ou órgão especial só poderá reconhecer a inconstitucionalidade arguida no órgão fracionário, pela maioria absoluta de seus membros, nos termos do art. 97 da Constituição Federal, declarando a norma inconstitucional. Proferida a decisão plenária, o órgão fracionário julgará o caso concreto, com fundamento no precedente do pleno. Outrossim, se houver precedente anterior do plenário do Tribunal, bem como do Supremo Tribunal Federal, não se vislumbra a necessidade de processar novo incidente de arguição de inconstitucionalidade, sendo suficiente o fundamento apenas no precedente judicial[128]. Dessa feita, se o pleno do Tribunal já se manifestou, não há necessidade de nova apreciação a cada caso concreto, nos termos do art. 481, parágrafo único, do Código de Processo Civil, que estabelece que "os órgãos fracionários dos tribunais não submeterão ao plenário, ou ao órgão especial, a arguição de inconstitucionalidade, quando já houver pronunciamento destes ou do plenário do Supremo Tribunal Federal sobre a questão".

No julgamento do pleno, o Ministério Público e as pessoas jurídicas de direito público, responsáveis pela edição do ato questionado, poderão manifestar-se no incidente de arguição de inconstitucionalidade. Também poderão manifestar-se os legitimados ativos para a propositura de ação direta de inconstitucionalidade, referidos no art. 103 da Constituição Federal. Ainda, considerando-se a relevância da matéria e a representatividade dos postulantes, outros órgãos ou entidades podem manifestar-se nos autos com o intuito de comple-

---

[128] STF, RE 191.896-9-PR, Rel. Min. Sepúlveda Pertence, j. 27-05-97, *DJ*, 29-08-97: "A decisão plenária do Supremo Tribunal, declaratória de inconstitucionalidade de norma, posto que incidente, sendo pressuposto necessário e suficiente a que o Senado lhe confira efeitos *erga omnes*, elide a presunção de sua constitucionalidade: a partir daí, podem os órgãos parciais dos outros tribunais acolhê-la para fundar a decisão de casos concretos ulteriores, prescindindo de submeter a questão de constitucionalidade ao próprio plenário".

mentar as informações existentes nos autos do incidente de arguição de inconstitucionalidade, nos exatos termos dos §§ 1º a 3º do art. 482 do Código de Processo Civil, acrescentados pela Lei n. 9.868/99, que estabelecem: "§ 1º O Ministério Público e as pessoas jurídicas de direito público responsáveis pela edição do ato questionado, se assim o requererem, poderão manifestar-se no incidente de inconstitucionalidade, observados os prazos e condições fixados no Regimento Interno do Tribunal. § 2º Os titulares do direito de propositura referidos no art. 103 da Constituição poderão manifestar-se, por escrito, sobre a questão constitucional objeto de apreciação pelo órgão especial ou pelo Pleno do Tribunal, no prazo fixado em Regimento, sendo-lhes assegurado o direito de apresentar memoriais ou de pedir a juntada de documentos. § 3º O relator, considerando a relevância da matéria e a representatividade dos postulantes, poderá admitir, por despacho irrecorrível, a manifestação de outros órgãos ou entidades".

"Perante os tribunais, a grande maioria das controvérsias constitucionais surge no seio de julgamentos de casos concretos submetidos a órgãos fracionários, órgãos esses impossibilitados — a teor do art. 97 da Constituição Federal combinado com o art. 481, *in fine*, do CPC — de proferir juízo de inconstitucionalidade. Em outras palavras inclinando-se o órgão fracionário julgador pela inconstitucionalidade da norma inquinada — norma essa cuja aplicabilidade ao caso concreto é pressuposto para o julgamento desse —, deverá suspender o julgamento do feito e remeter a decisão da *quaestio iuris* constitucional para o respectivo plenário. Não obstante, a decisão tomada pelo tribunal pleno não valerá somente para o caso concreto em que surgiu a questão de constitucionalidade. Será paradigma (*leading case*) para todos os demais feitos — em trâmite no tribunal — que envolvam a mesma questão constitucional"[129].

"O acórdão do pleno sobre a prejudicial de inconstitucionalidade é irrecorrível, pois não causa gravame a ninguém, dado que resol-

[129] AMARAL JÚNIOR, José Levi Mello do. *Incidente de arguição de inconstitucionalidade*, cit., p. 39.

ve abstratamente a matéria constitucional. Proclamada a inconstitucionalidade pelo Pleno, devolvem-se os autos ao órgão fracionário para o julgamento do mérito da ação ou recurso, sobrestado pela prejudicial de inconstitucionalidade. Somente do acórdão proferido pelo órgão parcial do tribunal (câmara, turma, etc.), resolvendo o caso concreto, aplicando a tese firmada pelo pleno, é que eventualmente poderá caber recurso"[130].

### 8.3.2. Natureza jurídica

A doutrina indica a natureza do incidente como recurso *ex officio*. O incidente de arguição de inconstitucionalidade, em especial com o advento da Lei n. 9.868/99, possui a natureza jurídica de ação autônoma, que tem por objeto a declaração de inconstitucionalidade da lei em tese, visto que a questão é julgada em abstrato. O incidente é um processo objetivo, sem partes, que não se relaciona com caso concreto apreciado pelo órgão fracionário.

Nesse sentido, José Levi Mello do Amaral Júnior afirma que: "A arguição incidental de inconstitucionalidade nos tribunais configura incidente processual autônomo (ou quase isso) relativamente ao feito que foi suscitado. Tanto é assim que a procedência da arguição implica, na prática, a declaração de inconstitucionalidade *em tese* da lei ou do ato normativo questionado. A uma, porque a decisão não é tomada à luz do caso concreto: o pleno do tribunal aprecia apenas a questão de direito relativa à constitucionalidade ou não da norma inquinada. A duas, porque a decisão plenária não se circunscreve aos autos do caso concreto em que foi suscitada, mas — por mecanismos legais ou regimentais — repercute sobre todos os demais feitos que envolvam a mesma *quaestio iuris* constitucional. A questão constitucional é, assim, julgada em abstrato, sem ser considerado o fato concreto que desencadeou a arguição perante o pleno. Por sua vez, o acórdão que decide a questão constitucional constitui *leading case*

---

130 NERY JR., Nelson; NERY, Rosa Maria de Andrade. *Código de Processo Civil comentado e legislação extravagante*, 9. ed. rev., atual. e ampl., São Paulo: Revista dos Tribunais, 2006, p. 669.

que condiciona as decisões dos órgãos fracionários do tribunal em todos os demais feitos que envolvam a mesma *quaestio iuris* constitucional"[131].

### *8.3.3. Efeitos da decisão*

A decisão que declara a inconstitucionalidade de lei ou ato normativo pelo plenário do Tribunal no incidente da arguição de inconstitucionalidade terá efeitos entre as partes litigantes no processo que ensejou a arguição e servirá de precedente para os demais casos que tramitam no Tribunal. Desta feita, declarada a inconstitucionalidade, os órgãos fracionários do tribunal poderão reconhecê-la em outros casos, independentemente de nova manifestação do Tribunal Pleno. Para parte da doutrina, a decisão não vincula os órgãos fracionários do Tribunal.

Segundo nosso entendimento, a declaração de inconstitucionalidade ou constitucionalidade de lei ou ato normativo afirmada pelo tribunal pleno ou órgão especial no incidente de arguição de inconstitucionalidade vinculará os órgãos fracionários (câmaras, grupo de câmaras, turmas ou seções) em casos idênticos. Ainda, cessará a vinculação caso o Supremo Tribunal Federal aprecie a mesma matéria, decidindo em sentido diverso ou se, por motivo relevante, se verificar necessário novo pronunciamento sobre a matéria.

A decisão não possui efeitos *erga omnes*, mas efeitos limitados ao tribunal, constituindo-se de aplicação obrigatória nos casos idênticos, salvo se o órgão fracionário, por motivo relevante, achar necessário provocar novo pronunciamento sobre a matéria, ou provada decisão em contrário do STF, ainda que o Senado Federal não tenha suspendido a execução da norma, nos termos do art. 52, X, da Constituição Federal. Não é outro o entendimento de José Levi Mello do Amaral Júnior ao concluir que "os efeitos da decisão plenária não se

---

[131] AMARAL JÚNIOR, José Levi Mello do. *Incidente de arguição de inconstitucionalidade*, cit., p. 118.

restringem aos autos nos quais foi proferida, apesar de cingirem-se aos muros do tribunal julgador. Se, por um lado, a decisão plenária não tem a eficácia *erga omnes* de uma ação direta de inconstitucionalidade, por outro, vincula a todos os órgãos fracionários do tribunal, os quais deverão passar a julgar à luz do *leading case* plenário os demais feitos que guardam a mesma *quaestio iuris* constitucional. Assim, é correto concluir que a decisão de mérito do pleno — tomada em incidente de arguição de inconstitucionalidade — extravasa os autos em que foi proferida, transcendendo o caso concreto que a ensejou"[132].

## 8.4. Súmula vinculante

### *8.4.1. Conceito*

Súmula vem do latim *summula*, sumário, resumo, pequena suma, breve resumo. No mundo jurídico designa breves enunciados que evidenciam a jurisprudência pacífica do Tribunal, correspondendo aos chamados *cases* do direito norte-americano.

As súmulas são enunciados emitidos pelos Tribunais que sintetizam as decisões em casos semelhantes, firmando o entendimento do Tribunal a respeito daquela matéria.

A sumulação da jurisprudência ingressou no sistema jurídico pátrio em 28 de agosto de 1963, através de emenda ao Regimento Interno do Supremo Tribunal Federal, que instituiu a "Súmula da Jurisprudência Predominante do Supremo Tribunal Federal", com a finalidade de organizar as teses jurídicas assentes neste Tribunal. Assim, a partir de 13 de dezembro de 1963, o Supremo Tribunal Federal passou a editar súmulas de jurisprudência, enunciando e sintetizando as decisões em casos semelhantes, que podem ser cancelados e revistos pelo próprio Plenário.

Atualmente, a maioria dos Tribunais prolata suas súmulas, que decorrem da jurisprudência já cristalizada na Corte, oriunda de rei-

---

132 AMARAL JÚNIOR, José Levi Mello do. *Incidente de arguição de inconstitucionalidade*, cit., p. 119.

teradas decisões, sendo certo que a súmula tem um importante conteúdo jurídico na formação e manifestação do direito. Nesse sentido, as súmulas refletem a importância da jurisprudência. Para André Franco Montoro, "sua finalidade é não só proporcionar maior estabilidade à jurisprudência, mas também facilitar o trabalho do advogado e do Tribunal, simplificando o julgamento das questões mais frequentes"[133]. Miguel Reale anota que "através de diferentes formas de prejulgados abre-se uma clareira à uniformização da jurisprudência. Os recursos ordinários e extraordinários ao Supremo Tribunal Federal, por sua vez, vão estabelecendo a possível uniformização das decisões judiciais, tendo partido de nossa mais alta Corte de Justiça a iniciativa de coordenar ou sistematizar a sua jurisprudência mediante enunciados normativos que resumem as teses consagradas em reiteradas decisões. São as súmulas do Supremo Tribunal, que periodicamente vêm sendo atualizadas, constituindo não um simples repertório de ementas de acórdãos, mas sim um sistema de normas jurisprudenciais a que a Corte, em princípio, subordina os seus arestos"[134].

As súmulas, como regra geral, não vinculam as instâncias inferiores, mas, em casos previstos em lei, o Ministro Relator pode arquivar ou negar seguimento a recursos, que contrariem a tese predominante do Tribunal *ad quem*.

No sistema jurídico romanístico as decisões do órgão superior não vinculam os juízes de órgão inferior, demonstrando a independência funcional do magistrado, que julga segundo a lei e a sua consciência. Nos sistemas jurídicos da *common law* (anglo-saxônicos), os tribunais inferiores estão obrigados a respeitar as decisões dos órgãos superiores, na medida em que seus precedentes judiciais são emanados com força vinculante.

O sistema jurídico pátrio filia-se ao sistema romanístico, visto que as súmulas emanadas pelos Tribunais Superiores, em relação aos

---

[133] MONTORO, André Franco. *Introdução à ciência do direito*, 23. ed., São Paulo: Revista dos Tribunais, 1995, p. 356.

[134] REALE, Miguel. *Lições preliminares de direito*, 22. ed., São Paulo: Saraiva, 1995, p. 175.

órgãos jurisdicionais inferiores, têm autoridade apenas didática. Em relação ao próprio Tribunal emissor, têm efeito vinculante, porém podem ser revistas a qualquer momento. O sistema jurídico sofre influência do modelo anglo-saxão, ao admitir o efeito vinculante da decisão no controle de constitucionalidade.

Como ressaltado por André Ramos Tavares, a discussão desse tema deve ser analisada levando em consideração os dois grandes sistemas jurídicos: 1º) sistema romano, embasado no modelo codificado-continental (*civil law*); 2º) sistema anglo-saxão, embasado no modelo do precedente judicial (*common law*)[135].

No sistema romano, a primeira fonte do direito é a lei, ou seja, o direito codificado. No sistema anglo-saxão, a principal fonte do direito é o costume consagrado pela jurisprudência. A evolução do direito tem causado uma aproximação entre os dois sistemas, sendo que em breve poderemos indicar a existência de um único sistema jurídico, ou seja, o sistema do direito ocidental. Essa assertiva é verificada pelo aumento da importância da jurisprudência como fonte do direito pelo sistema codificado e *a contrario sensu* um aumento da produção legislativa verificada pelos sistemas da *common law*.

A Emenda Constitucional n. 45/2004 trouxe ao sistema jurídico pátrio a súmula dotada de efeito vinculante, que após a regulamentação pela Lei n. 11.417/2006 foi denominada de súmula vinculante.

A súmula vinculante, que veio no bojo da reforma do Poder Judiciário, tem por finalidade corroborar para a melhor prestação jurisdicional. "A súmula vinculante vem com a promessa de proporcionar aos jurisdicionados maior segurança e maior previsibilidade nos julgamentos do Poder Judiciário e, também, um aumento da incidência do princípio da isonomia"[136]. O fundamento do ingresso da

---

[135] TAVARES, André Ramos. *Reforma do Judiciário no Brasil pós-88*: (des)estruturando a justiça — comentários completos à EC n. 45/04, São Paulo: Saraiva, 2005, p. 108.

[136] MORATO, Leonardo L. *Reclamação e sua aplicação para o respeito da súmula vinculante*, São Paulo: Revista dos Tribunais, 2007, p. 224.

súmula vinculante no sistema jurídico brasileiro é a segurança jurídica. *A contrario sensu,* a existência de decisões díspares em casos idênticos gera a insegurança jurídica. "Sempre nos pareceu extremamente preocupante o fato de um sistema jurídico ser exageradamente tolerante com a subsistência de decisões judiciais diferentes para casos idênticos. A observação da vida nos fez perceber que, quando isso acontece, há uma imensa decepção da população, acompanhada de uma dose elevada e significativa de descrédito em relação ao Poder Judiciário. Portanto, trata-se de um fenômeno que não deve ser valorizado positivamente. Princípios constitucionais relevantes são ofendidos quando estas situações se proliferam. Esses princípios, que se consubstanciam em apoio do Estado de Direito, são os da legalidade e da isonomia, indesejavelmente arranhados como decorrência da tolerância, que ultrapassa um certo limite, quanto à existência e à subsistência de decisões diferentes sobre casos exatamente iguais"[137].

André Ramos Tavares encara a súmula vinculante como um processo de transposição do concreto para o abstrato-geral, afirmando que "a abstratividade, portanto, é compreendida aqui como a eliminação dos fatores concretos que caracterizam as decisões anteriores que sirvam de base para deflagrar (justificar) a formulação de súmula vinculante. Esse mecanismo fica mais claro no caso do controle de constitucionalidade. Assim, quando o STF, por reiteradas decisões concretas (em RE, *v.g.*), houver reconhecido a inconstitucionalidade da norma, essas decisões justificarão a edição de uma súmula de caráter abstrato (não vinculado aos casos concretos, como as decisões anteriores), geral, vinculante e de aplicação futura (e não imediata, como eram as decisões concretas que permitiram a deflagração do processo de formação de súmula vinculante). Opera-se, aqui, a ponte entre o controle difuso-concreto e o controle abstrato-concentrado"[138]. Da leitura deste texto verifica-se que o raciocínio

---

[137] MEDINA, José Miguel Garcia; WAMBIER, Luiz Rodrigues; WAMBIER, Teresa Arruda Alvim. A súmula vinculante, vista como meio legítimo para diminuir a sobrecarga de trabalho dos tribunais brasileiros. *Revista do Advogado* 92/7-22. São Paulo: AASP, jul. 2007, p. 7-8.

[138] TAVARES, André Ramos. *Nova lei da súmula vinculante*: estudos e comentários à Lei 11.417, de 19.12.2006, São Paulo: Método, 2007, p. 13-14.

utilizado pelos juristas será indutivo. Entretanto, a súmula vinculante não tem eficácia geral (*erga omnes*), pois há diferença entre força de lei e efeito vinculante.

A súmula vinculante é o enunciado emitido pelo Supremo Tribunal Federal que sintetiza as reiteradas decisões em casos semelhantes, firmando o entendimento a respeito de matéria constitucional que, publicada, terá efeito vinculante em relação aos demais órgãos do Poder Judiciário e à administração pública direta e indireta, nas esferas federal, estadual e municipal.

A súmula vinculante encontra-se disciplinada no art. 103-A da Constituição Federal, que dita:

"Art. 103-A. O Supremo Tribunal Federal poderá, de ofício ou por provocação, mediante decisão de dois terços dos seus membros, após reiteradas decisões sobre matéria constitucional, aprovar súmula que, a partir de sua publicação na imprensa oficial, terá efeito vinculante em relação aos demais órgãos do Poder Judiciário e à administração pública direta e indireta, nas esferas federal, estadual e municipal, bem como proceder à sua revisão ou cancelamento, na forma estabelecida em lei.

§ 1º A súmula terá por objetivo a validade, a interpretação e a eficácia de normas determinadas, acerca das quais haja controvérsia atual entre órgãos judiciários ou entre esses e a administração pública que acarrete grave insegurança jurídica e relevante multiplicação de processos sobre questão idêntica.

§ 2º Sem prejuízo do que vier a ser estabelecido em lei, a aprovação, revisão ou cancelamento de súmula poderá ser provocada por aqueles que podem propor a ação direta de inconstitucionalidade.

§ 3º Do ato administrativo ou decisão judicial que contrariar a súmula aplicável ou que indevidamente a aplicar, caberá reclamação ao Supremo Tribunal Federal que, julgando-a procedente, anulará o ato administrativo ou cassará a decisão judicial reclamada, e determinará que outra seja proferida com ou sem a aplicação da súmula, conforme o caso".

### *8.4.2. Espécies*

A súmula é a expressão de entendimentos reiterados, podendo ser:

1) ordinária;

2) de uniformização de jurisprudência;

3) impeditiva de recurso;

4) vinculante.

As *súmulas ordinárias* ou *persuasivas* são aquelas editadas pelos Tribunais com a finalidade de expressar a posição da Corte em relação a determinada matéria, possuindo efeitos didáticos. A súmula é o enunciado sintetizado do entendimento consolidado na Corte. Em resumo, a súmula ordinária é o enunciado que reflete a orientação reiteradamente assentada pelo Tribunal que a prolatou. A súmula, na sua concepção original, a não ser a sua eficácia argumentativa, esgota seus efeitos no âmbito interno do Tribunal[139].

Nesse sentido, o Supremo Tribunal Federal já assentou que "a súmula de jurisprudência dominante não tem características de ato normativo. Ela simplesmente dá maior estabilidade à jurisprudência, conferindo maior segurança aos julgamentos, porque propicia decisões uniformes para casos semelhantes, além de acelerar o andamento dos processos"[140].

A *súmula de uniformização de jurisprudência* tem por finalidade firmar o entendimento do Tribunal em relação a determinada matéria, nos termos dos arts. 476 e seguintes do Código de Processo Civil, que disciplinam a instauração do incidente de uniformização da jurisprudência:

"Art. 476. Compete a qualquer juiz, ao dar o voto na turma, câmara, ou grupo de câmaras, solicitar o pronunciamento prévio do tribunal acerca da interpretação do direito quando:

I — verificar que, a seu respeito, ocorre divergência;

II — no julgamento recorrido a interpretação for diversa da que lhe haja dado outra turma, câmara, grupo de câmaras ou câmaras cíveis reunidas.

---

[139] STF, ADIn 594-4-DF, Rel. Min. Carlos Velloso, j. 19-02-92, *DJ*, 15-04-94.

[140] STF, AgRg na ADPF 80-7-DF, Rel. Min. Eros Grau, j. 12-06-06, *DJ*, 10-08-06.

Parágrafo único. A parte poderá, ao arrazoar o recurso ou em petição avulsa, requerer, fundamentadamente, que o julgamento obedeça ao disposto neste artigo.

Art. 477. Reconhecida a divergência, será lavrado o acórdão, indo os autos ao presidente do tribunal para designar a sessão de julgamento. A secretaria distribuirá a todos os juízes cópia do acórdão.

Art. 478. O tribunal, reconhecendo a divergência, dará a interpretação a ser observada, cabendo a cada juiz emitir seu voto em exposição fundamentada.

Parágrafo único. Em qualquer caso, será ouvido o chefe do Ministério Público que funciona perante o tribunal.

Art. 479. O julgamento, tomado pelo voto da maioria absoluta dos membros que integram o tribunal, será objeto de súmula e constituirá precedente na uniformização da jurisprudência.

Parágrafo único. Os regimentos internos disporão sobre a publicação no órgão oficial das súmulas de jurisprudência predominante".

A uniformização de jurisprudência tem por finalidade impedir interpretações divergentes no âmbito interno dos tribunais[141]. A uniformização de jurisprudência é um incidente processual de caráter preventivo. A decisão do incidente gera a súmula com força vinculante no âmbito interno do tribunal, pois se constitui de precedente que deve ser observado nos julgamentos posteriores dos órgãos fracionários do tribunal.

A *súmula impeditiva de recurso* é o enunciado com força normativa, que surgiu no sistema jurídico pátrio pelo art. 38 da Lei n. 8.038/90, que dita: "O Relator, no Supremo Tribunal Federal ou no Superior Tribunal de Justiça, decidirá o pedido ou o recurso que haja perdido seu objeto, bem como negará seguimento a pedido ou recurso manifestamente intempestivo, incabível ou, improcedente ou

[141] WAMBIER, Luiz Rodrigues. *Curso avançado de processo civil*: teoria geral do processo de conhecimento, 9. ed. rev., atual. e ampl., São Paulo: Revista dos Tribunais, 2007, v. 1, p. 622.

ainda, que contrariar, nas questões predominantemente de direito, Súmula do respectivo Tribunal".

A Lei n. 9.756/98 ampliou a súmula impeditiva de recurso, inserindo o instituto no Código de Processo Civil por intermédio da modificação da redação do art. 557 e inserção dos §§ 1º-A, 1º e 2º:

"Art. 557. O relator negará seguimento a recurso manifestamente inadmissível, improcedente, prejudicado ou em confronto com súmula ou com jurisprudência dominante do respectivo tribunal, do Supremo Tribunal Federal, ou de Tribunal Superior.

§ 1º-A Se a decisão recorrida estiver em manifesto confronto com súmula ou com jurisprudência dominante do Supremo Tribunal Federal, ou de Tribunal Superior, o relator poderá dar provimento ao recurso.

§ 1º Da decisão caberá agravo, no prazo de 5 (cinco) dias, ao órgão competente para o julgamento do recurso, e, se não houver retratação, o relator apresentará o processo em mesa, proferindo voto; provido o agravo, o recurso terá seguimento.

§ 2º Quando manifestamente inadmissível ou infundado o agravo, o tribunal condenará o agravante a pagar ao agravado multa entre 1% (um por cento) e 10% (dez por cento) do valor corrigido da causa, ficando a interposição de qualquer outro recurso condicionada ao depósito do respectivo valor".

A súmula impeditiva de recurso foi ratificada pela Lei n. 11.276/2006, que incluiu o § 1º ao art. 518, que dita: "O juiz não receberá o recurso de apelação quando a sentença estiver em conformidade com súmula do Superior Tribunal de Justiça ou do Supremo Tribunal Federal". Ante o texto legal, o juiz possui a faculdade de não receber o recurso se a sentença guardar conformidade com a súmula do STF ou do STJ.

A *súmula vinculante* apresenta a natureza de norma jurídica, pois é dotada de obrigatoriedade, mas não com efeito *erga omnes* e sim em relação ao Poder Público, e como toda norma jurídica apresenta vigência temporal. É inegável que a súmula possui força normativa. Com fundamento no § 2º do art. 103-A da Constituição Federal de 1988, combinado com o art. 3º, § 2º, as súmulas vinculantes podem ser: inaugural ou terminativa.

A súmula vinculante *inaugural* é a súmula aprovada e editada originariamente em relação a determinado objeto constitucional.

A súmula *terminativa* é aquela que estabelece o término da vigência de determinado enunciado, podendo ser de duas espécies: revisional e revogatória. A primeira importa na revisão do enunciado e a segunda tem por consequência o cancelamento do enunciado sumular.

O texto constitucional e legal alude expressamente a estas três espécies ao afirmar que a edição ou aprovação, revisão ou cancelamento de súmulas possuem os mesmos requisitos.

### 8.4.3. Objeto

A súmula tem por objeto matéria constitucional e como objetivo a validade, a interpretação e a eficácia de normas determinadas em face da Constituição. Indubitavelmente, os enunciados terão por objeto a consonância das normas infraconstitucionais com a Constituição. É nesse sentido que se afirma que o objeto é a matéria constitucional. A matéria constitucional é justamente o liame com a Constituição.

O enunciado da súmula vinculante terá por objeto a validade, a interpretação e a eficácia de leis ou atos normativos federais, estaduais, distritais e municipais (art. 103-A, § 1º, da CF combinado com o art. 2º, § 1º, da Lei n. 11.417/2006). Cumpre ressaltar que a aferição de validade, interpretação e eficácia deve ser verificada em face da Constituição, pois a matéria sumular é constitucional. A súmula não terá por objeto apenas a constitucionalidade ou inconstitucionalidade das normas, mas exige-se um liame com a Constituição. Assim, pode ser objeto de súmula o controle de constitucionalidade, a interpretação da norma conforme a Constituição e a eficácia da norma em face das disposições constitucionais.

### 8.4.4. Requisitos

A edição originária da súmula pode ocorrer desde que preenchidos os seguintes requisitos:

1) decisão de dois terços dos membros do Supremo Tribunal Federal (art. 103-A da CF);

2) reiteradas decisões sobre matéria constitucional (art. 103-A);

3) controvérsia atual entre órgãos judiciários ou entre esses e a administração pública (art. 103-A, § 1º);

4) grave insegurança jurídica (art. 103-A, § 1º);

5) relevante multiplicação de processos sobre questão idêntica (art. 103-A, § 1º).

O requisito para o cancelamento e revisão de enunciado de súmula dependerá apenas da decisão de dois terços dos membros do Supremo Tribunal Federal, nos termos do art. 2º, § 3º, da Lei n. 11.417/2006.

### *8.4.5. Regulamentação*

A Lei n. 11.417/2006 regulamentou o art. 103-A da Constituição Federal, disciplinando a edição, a revisão e o cancelamento de súmula vinculante pelo Supremo Tribunal Federal.

### *8.4.6. Competência*

A competência para edição, revisão e cancelamento de súmula vinculante é do Supremo Tribunal Federal, nos termos do art. 103-A da Constituição Federal combinado com os arts. 1º e 2º da Lei n. 11.417/2006.

### *8.4.7. Legitimidade*

O art. 103-A, § 2º, da Constituição Federal combinado com o art. 3º da Lei n. 11.417/2006 traz a legitimidade ativa para a edição, a revisão ou o cancelamento de enunciado de súmula vinculante, estabelecendo o mencionado art. 3º que são legitimados:

"I — o Presidente da República;

II — a Mesa do Senado Federal;

III — a Mesa da Câmara dos Deputados;

IV — o Procurador-Geral da República;

V — o Conselho Federal da Ordem dos Advogados do Brasil;

VI — o Defensor Público-Geral da União;

VII — partido político com representação no Congresso Nacional;

VIII — confederação sindical ou entidade de classe de âmbito nacional;

IX — a Mesa de Assembleia Legislativa ou da Câmara Legislativa do Distrito Federal;

X — o Governador de Estado ou do Distrito Federal;

XI — os Tribunais Superiores, os Tribunais de Justiça de Estados ou do Distrito Federal e Territórios, os Tribunais Regionais Federais, os Tribunais Regionais do Trabalho, os Tribunais Regionais Eleitorais e os Tribunais Militares".

O § 1º do art. 3º da Lei n. 11.417/2006 estabelece ainda que "o Município poderá propor, incidentalmente ao curso de processo em que seja parte, a edição, a revisão ou o cancelamento de enunciado de súmula vinculante, o que não autoriza a suspensão do processo".

A Lei n. 11.417/2006 ampliou a legitimidade estatuída na Constituição e em relação ao processo objetivo de controle de constitucionalidade, em relação a legitimidade do Defensor Público-Geral da União, os Tribunais previstos no inciso XI e a possibilidade de pedido incidental pelos Municípios. Segundo nosso entendimento, no processo objetivo de súmula vinculante deve permanecer a orientação jurisprudencial do Supremo Tribunal Federal relativa à pertinência temática. Assim, podemos dividir os legitimados em duas classes:

1) legitimidade universal que não precisam demonstrar o interesse específico (o Presidente da República; a Mesa do Senado Federal; a Mesa da Câmara dos Deputados; o Procurador-Geral da República; o Conselho Federal da Ordem dos Advogados do Brasil; o Defensor Público-Geral da União; partido político com representação no Congresso Nacional); e

2) legitimidade limitada, sendo necessária a demonstração da pertinência temática (confederação sindical ou entidade de classe de âmbito nacional; a Mesa de Assembleia Legislativa ou da Câmara Legislativa do Distrito; o Governador de Estado ou do Distrito Federal; os Tribunais Superiores, os Tribunais de Justiça de Estados ou do Distrito Federal e Territórios, os Tribunais Regionais Federais, os Tribunais Regionais do Trabalho, os Tribunais Regionais Eleitorais e os Tribunais Militares; e os Municípios).

Interessante notar que o art. 3º da Lei da Súmula Vinculante alterou a ordem dos legitimados prevista no art. 103 e no art. 2º da Lei n. 9.868/99, com o propósito de dividir didaticamente a legitimidade universal (incisos I a VII) e limitada (VIII a XI e § 1º).

O Município no controle difuso poderá incidentalmente deflagrar processo de súmula vinculante, em face não só de lei municipal, mas também estadual e federal, pois o único requisito estabelecido pela norma é a existência de processo em andamento em que seja parte. Se o Município é parte no processo, encontra-se demonstrada a pertinência temática.

O Supremo Tribunal Federal pode, de ofício, editar, rever ou cancelar enunciado de súmula. Para André Ramos Tavares, o Supremo Tribunal Federal poderia, de ofício, apenas adotar inicialmente a súmula, sendo que a revisão e cancelamento ficariam a cargo dos legitimados ativos[142]. Cremos que a melhor interpretação é no sentido de que o poder de editar súmula, previsto no art. 103-A da Constituição Federal, compreende editar originariamente, rever e cancelar.

---

[142] TAVARES, André Ramos. *Reforma do Judiciário no Brasil pós-88*, cit., p. 119: "Observe-se que a súmula pode ser adotada, na dicção deste parágrafo, de ofício pelo STF (cf. *caput* do art. 103-A), mas sua revisão ou cancelamento apenas poderá ocorrer mediante a provocação dos legitimados ativos para a ADI, salvo alargamento dessa legitimidade a ser promovido pela lei regulamentadora". TAVARES, André Ramos. *Nova lei da súmula vinculante*, cit., p. 34: "O STF poderá, de ofício, proceder à edição de súmula vinculante. Não há margem para uma discussão neste ponto. O mesmo, porém, não ocorre quanto à revisão ou cancelamento, tendo em vista a péssima técnica de redação adotada pela Reforma do Judiciário e seguida à risca pelo legislador nesse dispositivo".

No caso de revogação da norma que deu ensejo à interpretação do enunciado sumular, surge poder-dever para o Supremo Tribunal Federal de iniciar o processo de revisão ou cancelamento do enunciado sumular, nos termos do art. 5º da Lei n. 11.417/2006, que estabelece que "revogada ou modificada a lei em que se fundou a edição do enunciado de súmula vinculante, o Supremo Tribunal Federal, de ofício ou por provocação, procederá à sua revisão ou cancelamento, conforme o caso".

### *8.4.8. Natureza*

O processo de súmula vinculante possui natureza de ação autônoma, ação constitucional, portanto instituto de direito processual constitucional. Trata-se de um processo objetivo. Nesse sentido, André Ramos Tavares anota que "parece mais adequado compreender o *iter* processual de produção de súmula vinculante como um processo objetivo típico, embora com certas particularidades, que promove a aproximação entre o controle difuso-concreto de constitucionalidade (reiteradas decisões) e o controle abstrato-concentrado (efeito *erga omnes* – vinculante). Essa conclusão acabou por reforçar a necessidade de que fosse editada a presente lei regulamentadora para fins de disciplinar o processo de tomada de decisão quanto à adoção (ou não) e ao conteúdo da súmula. A circunstância de haver legitimados ativos constitucionalmente indicados (art. 103-A, § 2º, da CB), de ser necessária uma discussão (real) sobre o conteúdo e redação da súmula (que será tanto mais profunda quanto maior seja a divergência de fundamentação jurídica nas decisões que servirão de base para autorizar a confecção da súmula vinculante), bem como a discussão dos efeitos da própria súmula, demonstram que há necessidade de um processo de natureza jurisdicional objetiva (porque são ignorados os casos concretos subjacentes às decisões singulares configuradoras do requisito constitucional)"[143].

---

[143] TAVARES, André Ramos. *Nova lei da súmula vinculante*, cit., p. 29-30.

Antes do advento da Emenda Constitucional n. 45/2004, o procedimento de edição sumular possuía natureza administrativa, regulada pelo Regimento Interno do Supremo Tribunal Federal (art. 102). Com o surgimento da referida emenda a matéria adquiriu conteúdo constitucional. Logo, o procedimento deixou de ser administrativo, regrado pelo regimento interno, e adquiriu natureza processual, previsto na Constituição e regulamentado pela Lei da Súmula Vinculante. Outrossim, a edição da lei provocou o surgimento de um processo de natureza jurisdicional constitucional objetivo, vez que a edição da súmula é analisada em tese.

A súmula possui natureza normativa restrita ao Poder Público. Nelson Nery Junior afirma que o verbete de súmula possui caráter geral e normativo[144]. A natureza é normativa, mas não é geral, pois não possui a força de lei.

A natureza normativa da súmula vinculante e a consequente redação geral, abstrata, impessoal e obrigatória dota-a de possibilidade de interpretação jurídica. Por certo que a interpretação sumular será mais restrita, pois o seu enunciado já é resultado da exegese legal oriunda de reiteradas decisões judiciais. "A súmula vinculante do STF representa o extrato da jurisprudência assentada, ficando praticamente equiparada à norma legal, com a qual tem em comum os traços de abstração, generalidade, impessoalidade e impositividade. Além disso, tal súmula reveste-se de um *plus* em sua carga eficacial, porque, enquanto a norma se vocaciona a ser interpretada, e não raro enseja mais de um entendimento, já a súmula vinculante traz imanente o seu próprio significado, sendo assim auto explicável, deixando ao aplicador apenas a tarefa de bem apreender seu enunciado, a ver se o caso concreto nele se enquadra"[145]. Por sua vez, Arruda Alvim ressalta que "a súmula e a súmula vinculante não inovam na ordem jurídica, no sentido de criar originariamente um comando, tal como ocorre com a lei. É certo que, naturalmente, o papel

---

[144] NERY JUNIOR, Nelson; NERY, Rosa Maria de Andrade. *Código de Processo Civil comentado e legislação extravagante*, cit., p. 748.

[145] MANCUSO, Rodolfo de Camargo. *Divergência jurisprudencial e súmula vinculante*, 3. ed. rev., atual. e ampl., São Paulo: Revista dos Tribunais, 2007, p. 368.

da súmula para ser encartado na teoria das fontes dependerá, previamente, do significado atribuído à fonte de direito. A lei é, por excelência, a fonte do direito. A súmula, em rigor, acaba por conter a interpretação de uma lei, a qual torna-se obrigatória. Mas, é evidente que essa interpretação, oriunda do mais alto Tribunal do país, objetiva, apenas, atribuir à lei interpretada o seu entendimento correto, de forma obrigatória. O mandamento é o da lei e a interpretação obrigatória é da súmula"[146].

Se a súmula possuiu um caráter normativo, em tese, afigura-se possível a ação direta de inconstitucionalidade em face da súmula.

### *8.4.9. Procedimento*

O art. 103, § 1º, da Constituição Federal estabelece que o Procurador-Geral da República será ouvido previamente em todos os processos de competência do Supremo Tribunal Federal, mesmo nas ações por ele propostas. Nessa esteira, o art. 2º, § 2º, da Lei n. 11.417/2006 confirma a participação do Procurador-Geral da República no processo de súmula vinculante, estabelecendo a sua manifestação somente se não houver formulado a proposta.

Segundo nosso entendimento, a regulamentação da lei nesse particular não é adequada, pois mesmo nos processos de súmula vinculante propostos pelo Procurador-Geral da República a manifestação do Ministério Público deveria ser observada, pois o mesmo atua como *custos legis*. Talvez o legislador tenha imaginado que a propositura da edição da súmula vinculante será um processo sumário no sentido de que após a inicial o processo seja encaminhado ao relator. Mas o relator poderá admitir a figura do amigo da corte (*amicus curiae*). Ora, após essa manifestação de terceiros na questão, nada mais oportuno que a manifestação do Ministério Público, na qualidade de *custos legis*, mesmo naqueles processos por ele propostos,

---

[146] ALVIM, Arruda. *Manual de direito processual civil*: parte geral, 11. ed. rev., ampl. e atual. com a reforma processual 2006/2007, São Paulo: Revista dos Tribunais, 2007, v. 1, p. 225-226.

podendo ser admitida inclusive opinião contrária à inicialmente indicada.

Essa disposição também foi ressaltada por André Ramos Tavares: "É interessante que a Lei afastou esse pronunciamento obrigatório, que é nitidamente o de *custos legis*, nos casos em que o próprio PGR houver formulado a proposta de edição, revisão ou cancelamento de súmula, evitando, assim, a possibilidade de mudança posterior de posicionamento, tão comum em ações diretas (nas quais manteve-se a dupla – mas não necessariamente harmônica – manifestação do PGR)"[147].

Como afirmamos, o art. 3º, § 2º, admite a figura do *amicus curiae* ao estabelecer que "no procedimento de edição, revisão ou cancelamento de enunciado de súmula vinculante, o relator poderá admitir, por decisão irrecorrível, a manifestação de terceiros na questão, nos termos do Regimento Interno do Supremo Tribunal Federal". A referida norma tem como fundamento ampliar o debate de assuntos de relevância, em especial aqueles relacionados ao processo objetivo de constitucionalidade. Na mesma esteira do art. 7º, § 2º, da Lei n. 9.868/99 procurou prever a participação da sociedade civil no debate constitucional levado ao Supremo Tribunal Federal. Segundo nosso entendimento, verifica-se no amigo da corte outro instrumento da cidadania.

A aprovação da súmula exige um *quorum* qualificado tomado em sessão plenária, nos termos do art. 2º, § 3º, que estabelece que "a edição, a revisão e o cancelamento de enunciado de súmula com efeito vinculante dependerão de decisão tomada por 2/3 (dois terços) dos membros do Supremo Tribunal Federal, em sessão plenária".

As atuais súmulas do Supremo Tribunal Federal, nos termos do Regimento, foram aprovadas por maioria absoluta (seis ministros). Logo, para aquisição do efeito vinculante, deve ser iniciado o processo de súmula vinculante, para aprovação mediante *quorum* qualificado, nos termos do que dita o art. 8º da Emenda Constitucional n.

---

[147] TAVARES, André Ramos. *Nova lei da súmula vinculante*, cit., p. 44.

45/2004: "As atuais súmulas do Supremo Tribunal Federal somente produzirão efeito vinculante após sua confirmação por dois terços de seus integrantes e publicação na imprensa oficial".

André Ramos Tavares lembra da importante distinção entre as decisões reiteradas nos casos concretos e a do processo de súmula vinculante, afirmando que "em conclusão, o que a Constituição e a Lei tornaram necessária foi a maioria qualificada de 2/3 (oito ministros) para aprovar, rever ou cancelar a súmula a atribuir-lhe efeito vinculante. As decisões prévias (reiteradas decisões, na dicção dos textos normativos em causa), que ensejam a construção da súmula, contudo, poderão ter sido adotadas pela maioria de seis ministros (maioria absoluta atualmente exigida, no controle de constitucionalidade, consoante determinação do art. 97 da Constituição do Brasil), e isso quando se tratar de controle de constitucionalidade (nos demais casos, pode-se estar falando de maioria obtida em Turmas, compostas por cinco ministros), não havendo qualquer imposição de maioria quanto às demais fundamentações (interpretativas, especialmente)"[148].

A súmula vinculante terá vigência após publicação, nos termos do art. 2º, § 4º, que dita que "no prazo de 10 (dez) dias após a sessão em que editar, rever ou cancelar enunciado de súmula com efeito vinculante, o Supremo Tribunal Federal fará publicar, em seção especial do *Diário da Justiça* e do *Diário Oficial da União*, o enunciado respectivo".

O processo objetivo de súmula vinculante não admite cautelar, nos termos do art. 6º da Lei n. 11.417/2006, que disciplina que "a proposta de edição, revisão ou cancelamento de enunciado de súmula vinculante não autoriza a suspensão dos processos em que se discuta a mesma questão".

### *8.4.10. Efeitos*

Nos termos do art. 2º, § 4º, combinado com o art. 4º da Lei n. 11.417/2006, a decisão no processo sumular terá efeito *ex nunc* e

---

148 TAVARES, André Ramos. *Nova lei da súmula vinculante*, cit., p. 51.

vinculante. A decisão produz a transposição do efeito concreto *inter partes* para o efeito vinculante abstrato. Preferimos não utilizar a denominação de André Ramos Tavares, abstrato-geral, pois o efeito da súmula vinculante não é *erga omnes*, tendo como destinatários diretos os órgãos do Poder Judiciário e a Administração Pública.

Rodolfo de Camargo Mancuso pondera que a súmula vinculante terá como destinatários indiretos as pessoas físicas e jurídicas de direito privado ao afirmar que "à primeira vista o efeito vinculativo da súmula alcançaria somente os juízes e os administradores públicos (CF, art. 103-A, *caput*), mas essa perspectiva é parcial e reducionista. Afora o ato privado puro, entre duas ou mais partes capazes para consecução de certo negócio envolvendo interesse disponível, no mais, e de ordinário, as pessoas físicas ou jurídicas, de direito privado e público, relacionam-se com os Poderes constituídos, formulando pretensões ou resistências junto às instâncias administrativa e judicial; assim, de modo indireto ou reflexo, cidadãos e empresas privadas e públicas acabam ficando sob a irradiação dos efeitos das súmulas vinculantes"[149].

É pacífico que o Supremo Tribunal Federal não está vinculado às suas próprias decisões e no que se refere à súmula, podemos concluir que a Corte Excelsa não está vinculada às suas decisões sumulares, podendo rever ou cancelar o entendimento previsto no enunciado da súmula.

No mesmo sentido, o Poder Legislativo não está vinculado ao entendimento sumular do Supremo Tribunal Federal. "Em síntese, pois, poderá haver a edição de nova lei com conteúdo exatamente idêntico ao de anterior lei que havia sido objeto de súmula que lhe atrelava, *v.g.*, a nota da inconstitucionalidade, ou que lhe atribuía (a súmula) eficácia diversa da eficácia constante de nova previsão legal (numa interpretação conforme, *v.g.*). Nessas situações, consideradas legítimas pela sistemática adotada para a extensão dos efeitos próprios da súmula, pode-se concluir que o Legislativo estará a reabrir (uma

---

149 MANCUSO, Rodolfo de Camargo. *Divergência jurisprudencial e súmula vinculante*, cit., p. 360.

espécie de legitimidade indireta) a discussão anteriormente encerrada pela edição da súmula vinculante versando sobre a primeira lei"[150]. O Supremo Tribunal Federal e o Poder Legislativo não estão vinculados aos efeitos da súmula vinculante.

O art. 4º da Lei n. 11.417/2006 estabelece que "a súmula com efeito vinculante tem eficácia imediata, mas o Supremo Tribunal Federal, por decisão de 2/3 (dois terços) dos seus membros, poderá restringir os efeitos vinculantes ou decidir que só tenha eficácia a partir de outro momento, tendo em vista razões de segurança jurídica ou de excepcional interesse público".

Da leitura da referida norma, inspirada no art. 27 da Lei n. 9.868/99, o Supremo Tribunal Federal poderá:

1) restringir os efeitos vinculantes;

2) decidir que a decisão tenha eficácia a partir de outro momento.

Para aplicação da exceção, dois requisitos devem estar presentes:

1) razões de segurança jurídica ou de excepcional interesse público;

2) maioria de dois terços dos membros do Supremo Tribunal Federal.

Cumpre ressaltar que o requisito de dois terços dos membros do Supremo Tribunal Federal, a princípio, é inócuo, pois a própria decisão no processo de súmula vinculante deve ser tomada por *quorum* qualificado, nos termos do art. 103-A da Constituição Federal, combinado com o art. 2º, § 3º, da Lei n. 11.417/2006. Pode ocorrer na análise do caso concreto que haja maioria de 2/3 (dois terços) para edição da súmula vinculante e o mesmo *quorum* não seja atingido para exceção relativa aos efeitos e eficácia temporal. Assim, verifica-se a aprovação da edição da súmula vinculante e a rejeição da exceção, prevalecendo nesse caso a regra geral da eficácia e efeitos da súmula vinculante.

---

150 TAVARES, André Ramos. *Nova lei da súmula vinculante*, cit., p. 38.

Segundo nosso entendimento, este artigo é incongruente, pois o efeito vinculante dirige-se ao Poder Público e não vislumbramos a hipótese de restrição temporal. Não se afigura possível afirmar que o conhecimento de inconstitucionalidade por intermédio de enunciado sumular só tenha eficácia postergada para o futuro. Mesmo na interpretação do art. 27 da Lei n. 9.868/99, afirmamos que seria impossível postergar os efeitos para o futuro, pois interpretamos outro momento fixado como o lapso compreendido entre a entrada em vigor da norma e o trânsito em julgado da decisão. Esta também é a interpretação no que se refere a súmula, sendo que outro momento deve ser lido entre a edição da súmula e a entrada em vigor da norma interpretada. A súmula pode ter efeito retroativo, desde que não ofenda o direito adquirido, a coisa julgada e o ato jurídico perfeito. No que tange à prorrogação do efeito da súmula após a sua edição, como ocorre com os atos normativos, cremos que é impossível.

Poderíamos até afirmar que da mesma forma que a Lei de Introdução às Normas do Direito Brasileiro prevê a *vacatio legis*, haveria a vacância para a súmula vinculante. Entretanto, o objeto da súmula é matéria constitucional e não se vislumbra a possibilidade de prorrogar a inconstitucionalidade.

### *8.4.11. Súmula vinculante e reclamação constitucional*

A inobservância da súmula vinculante pode ser corrigida pela reclamação constitucional, nos termos do § 3º do art. 103-A, combinado com o art. 7º da Lei n. 11.417/2006, inclusive em medida liminar, com fundamento no poder geral de cautela.

Segundo nosso entendimento, a reclamação constitucional é verdadeiro instituto de direito processual constitucional, pois tem por finalidade a efetividade constitucional e por objeto a preservação da competência e garantia da autoridade das decisões do Supremo Tribunal Federal. André Ramos Tavares ressalta a importância do instituto ao afirmar que "a reclamação constitucional passou a desempenhar um papel importante no cenário do controle de constitucionalidade brasileiro. E, doravante, em virtude de se ter contemplado expressamente seu cabimento nos casos de descumprimento de súmula vinculante, sua importância será reforçada enquanto instrumento próprio para fazerem-se impor efetivamente as decisões sumulares do STF dotadas de eficácia geral e efeito vinculante"[151].

A Lei n. 11.417/2006 previu um contencioso administrativo obrigatório, obrigando que seja esgotada a via administrativa para o ingresso da reclamação ao estabelecer no art. 7º, § 1º, que "contra omissão ou ato da administração pública, o uso da reclamação só será admitido após o esgotamento das vias administrativas".

No que se refere aos efeitos da decisão na reclamação, com o julgamento procedente o Supremo Tribunal Federal anulará o ato administrativo ou cassará a decisão judicial impugnada, determinando que outra seja proferida com ou sem aplicação da súmula, conforme o caso (art. 7º, § 2º, da Lei n. 11.417/2006).

André Ramos Tavares ressalta que "a decisão do STF cinge-se exclusivamente à análise acerca do descumprimento (em quaisquer de suas modalidades) da súmula pela decisão impugnada e, em caso de reconhecer esse descumprimento, cingem-se à desconstituição ('cassará') a decisão judicial impugnada e ('anulará') o ato administrativo. Portanto, a decisão do STF não substitui a decisão (judicial ou administrativa) impugnada, decidindo o caso concreto. Apenas determina que o caso deve ser novamente julgado (pela instância operativa competente originariamente), só que, desta feita, nos termos da decisão exposta na reclamação (provavelmente conforme súmula vinculante anteriormente descumprida). Chama-se aqui de objetiva a decisão que, em sede de reclamação, desconstitui decisão anterior e impõe nova decisão à instância decisória originária"[152].

O descumprimento da decisão da súmula vinculante e da própria reclamação gera violação de dever funcional. "É certo, pois, que a não observância da decisão caracteriza grave violação de dever funcional, seja por parte das autoridades administrativas, seja por parte do magistrado"[153].

---

[151] TAVARES, André Ramos. *Nova lei da súmula vinculante*, cit., p. 79.

[152] TAVARES, André Ramos. *Nova lei da súmula vinculante*, cit., p. 86.

[153] MARTINS, Ives Gandra da Silva; MENDES, Gilmar Ferreira. *Controle concen-*

Roger Stiefelmann Leal afirma que "a inexistência de responsabilidade da autoridade renitente esvazia, na prática, o efeito vinculante. Como se viu, a mera cassação do comportamento inconstitucional reproduzido não impede a manutenção da resistência aos julgados do Supremo Tribunal por parte dos órgãos judiciais e da administração pública. A inobservância do efeito vinculante caracteriza grave violação de dever funcional das autoridades públicas infratoras, sejam elas integrantes do Poder Judiciário ou do Poder Executivo. Tratando-se, em ambos os casos, de servidores públicos — magistrados e autoridades administrativas —, é possível cogitar, além da prática de infração administrativa, que a renitência aos julgados em controle abstrato de constitucionalidade possa resultar, na esfera criminal, na prática de crime contra a Administração Pública e, na esfera civil, em responsabilidade civil do Estado, assegurado o direito de regresso contra a autoridade insubordinada, conforme o § 6º do art. 37 do texto constitucional. Ainda na órbita criminal, não parece descabido especular sobre a prática de crime de responsabilidade, nos termos do inciso VII do art. 85 da Constituição. Especificamente quanto aos magistrados, caberia, em tese, aplicar a responsabilidade por perdas e danos de que trata o art. 133, I, do Código de Processo Civil"[154].

André Ramos Tavares pondera que "a inobservância de decisão em sede de reclamação por descumprimento, julgada procedente, é ainda mais grave, especialmente por força do novo regime legal, para o agente administrativo reincidente"[155].

## 8.5. Repercussão geral

O controle concreto de constitucionalidade é apreciado pelo Supremo Tribunal Federal por intermédio do recurso extraordinário.

---

*trado de constitucionalidade*: comentários à Lei n 9.868, de 10-11-1999. São Paulo: Saraiva, 2001, p. 343. No mesmo sentido, TAVARES, André Ramos. *Nova lei da súmula vinculante*, cit., p. 87.

[154] LEAL, Roger Stiefelmann. *O efeito vinculante na jurisdição constitucional*, São Paulo: Saraiva, 2006, p. 168.

[155] TAVARES, André Ramos. *Nova lei da súmula vinculante*, cit., p. 97.

O recurso extraordinário é um instituto de direito processual constitucional, pois é o meio adequado para provocação da jurisdição constitucional em concreto.

A Emenda Constitucional n. 45/2004, acrescentou o § 3º ao art. 102, III, da Constituição Federal, que estabelece: "No recurso extraordinário o recorrente deverá demonstrar a repercussão geral das questões constitucionais discutidas no caso, nos termos da lei, a fim de que o Tribunal examine a admissão do recurso, somente podendo recusá-lo pela manifestação de dois terços de seus membros".

A repercussão geral trouxe modificação na própria concepção do recurso extraordinário, que deixa de ser um recurso para a defesa de direitos eminentemente subjetivos e transmuda-se também em instrumento de defesa da integridade constitucional. Assim, podemos afirmar que o recurso extraordinário possui uma faceta subjetiva e uma objetiva. A finalidade é assegurar a defesa de direitos subjetivos e também a defesa da Constituição[156].

Diante da edição da referida norma constitucional, que incluiu, dentre os pressupostos de admissibilidade dos recursos extraordinários, a exigência de repercussão geral da questão constitucional suscitada, resta claro que o Supremo Tribunal Federal não analisará todos os recursos interpostos, julgando aqueles que apresentem a denominada repercussão geral. A supremacia constitucional dota o órgão responsável pela sua preservação de superioridade. Logo, este Tribunal é competente para julgar questões de repercussão nacional[157]. Arruda

---

[156] "MENDES, Gilmar Ferreira. O sistema brasileiro de controle de constitucionalidade. *Tratado de Direito Constitucional*, v. 1. Ives Gandra da Silva Martins, Gilmar Ferreira Mendes, Carlos Valder do Nascimento (Coord.). p. 320: "Preso entre a fórmula do Senado (CF, art. 52, X) e a crescente de processos referida, o Supremo Tribunal Federal terminou avalizando uma tendência de maior objetivação do recurso extraordinário, que deixa de ter caráter marcadamente subjetivo ou de defesa de interesse das partes, para assumir, de forma decisiva, a função de defesa da ordem constitucional objetiva".

[157] TAVARES, André Ramos. *Reforma do Judiciário no Brasil pós-88*, cit., p. 96-97: "A restritividade na admissibilidade, pela Corte, dos processos que lhe são enviados ampara-se no reconhecimento unânime de que a Corte não pode e não deve dedicar-

Alvim pondera que "a repercussão geral é requisito de caráter político, objetivando afastar do âmbito das atribuições do Supremo Tribunal Federal recursos destituídos de importância, ou recursos que não tenham essa repercussão geral e interessem exclusivamente aos recorrentes. Foi uma providência do constituinte e do legislador ordinário que atribuiu ao STF aquilo que, pela sua natureza e função, deve a ele ser adjudicado, e, não mais do que veio, agora, a lhe caber"[158].

A norma constitucional foi inspirada no *writ of certiorari* como pontuado pela doutrina: "O *writ of certiorari* é uma das formas utilizáveis para alcançar-se a Suprema Corte dos Estados Unidos da América do Norte. Costuma-se assinalar a discricionariedade, atribuída à Suprema Corte norte-americana, em desencadear ou não a jurisdição, quando provocada por meio do *certiorari*. Seu estudo, portanto, é extremamente valioso para se aquilatar da verdadeira necessidade, no Brasil, de criação de um mecanismo semelhante, tendo em vista o atual volume de trabalho do Supremo Tribunal. Consoante estabelece a *rule* 10 daquela Corte, a apreciação da causa não é uma questão de Direito, vinculativa para a Corte Suprema. Pelo contrário, a petição de *certiorari* somente será admitida, consoante a mencionada norma, quando existam importantes e especiais razões, assim avaliada pela Corte"[159].

A matéria foi regulamentada pela Lei n. 11.418/2006, que acrescentou ao Código de Processo Civil os arts. 543-A e 543-B. Esse diploma estabelece que o Supremo Tribunal Federal, em decisão irrecorrível, não conhecerá do recurso extraordinário quando a questão constitucional nele versada não oferecer repercussão geral (art. 543-A).

-se a assuntos considerados menores, na escala nacional. Admite-se que a jurisdição constitucional da Corte deve representar uma instância excepcional. A crítica doutrinária, quando existente, dirige-se ao grau de discricionariedade que foi assumido pela Corte nessa tarefa de rejeitar causas menores".

158 ALVIM, Arruda. *Manual de direito processual civil*, cit., p. 218.

159 TAVARES, André Ramos. Recurso extraordinário: modificações, perspectivas e proposta. In: Hélio Rubens Batista Ribeiro Costa, José Horácio Halfeld Rezende Ribeiro e Pedro da Silva Dinamarco (Coords.). *Linhas mestras do processo civil*: comemoração dos 30 anos de vigência do CPC, São Paulo: Atlas, 2004, p. 53.

Nos termos do art. 3º[160], da referida Lei, o Supremo Tribunal Federal por meio da Emenda Regimental 21/2007, modificou seu Regimento Interno, alterando a redação dos arts. 13, V, *c*, 21, § 1º, 322, 323, 324, 325, 326, 327, 328 e 329 e revogando o disposto no § 5º do art. 321. O requisito "repercussão geral" será exigido nos recursos extraordinários interpostos de acórdãos publicados a partir de 3 de maio de 2007, data da entrada em vigor da Emenda Regimental 21/2007. Os recursos extraordinários interpostos antes da citada Emenda Regimental regem-se pelas disposições normativas vigentes anteriormente à instituição do novo instituto repercussão geral.

Interessante notar que o art. 329 do Regimento Interno do Supremo Tribunal Federal estabelece que "A Presidência do Tribunal promoverá ampla e específica divulgação do teor das decisões sobre repercussão geral, bem como formação e atualização de banco eletrônico de dados a respeito".

### *8.5.1. Conceito*

Entende-se por repercussão geral a matéria que ultrapasse o interesse das partes litigantes, nos termos do art. 543-A, § 1º, que estabelece que "para efeito da repercussão geral, será considerada a existência, ou não, de questões relevantes do ponto de vista econômico, político, social ou jurídico, que ultrapassem os interesses subjetivos da causa". Ainda, haverá objetivamente repercussão geral sempre que o recurso impugnar decisão contrária a súmula ou jurisprudência dominante do Tribunal (art. 543-A, § 3º).

O termo repercussão geral é aberto, sendo que há flexibilidade na verificação desse requisito. Indubitavelmente, nas ações coletivas e naquelas que envolvem controle de constitucionalidade, o requisito estará sempre presente. André Ramos Tavares enumera, em síntese, que deve se compreender como repercussão geral "(i) a temática que afete um grande número de pessoas (Bianchi, 1994:184);

[160] "Art. 3º Caberá ao Supremo Tribunal Federal, em seu Regimento Interno, estabelecer as normas necessárias à execução desta Lei."

(ii) que trate de 'assuntos significativos' (Morello, 1997:4); (iii) que possua um significado geral, socialmente relevante; que transcenda os interesses egoísticos e pessoais das partes processuais envolvidas; que tenha 'repercussão considerável sobre o conjunto do ordenamento jurídico e político' (Favoreu, 1997:103). Ou, ainda, as causas quando envolvam (i) aspectos econômicos de monta; (ii) temas já amplamente debatidos mas ainda pendentes em diversas instâncias judiciais, com decisões contraditórias; (iii) assuntos intrinsecamente relacionados a causas pendentes de julgamento no STF. Evidentemente, e seria até desnecessário dizê-lo, a enumeração não pretende ser exaustiva"[161].

### *8.5.2. Natureza e finalidade*

A repercussão geral da questão constitucional suscitada possui natureza jurídica de pressuposto de admissibilidade recursal, configurando-se, assim, como requisito de todos os recursos extraordinários, inclusive em matéria penal.

A finalidade do instituto da repercussão geral, que veio no bojo da reforma do Poder Judiciário, é a busca da melhor prestação jurisdicional. Para tanto, o instituto tem claro objetivo de delimitar a atuação do Supremo Tribunal Federal a questões constitucionais relevantes que extrapolem o direito subjetivo das partes. Ainda, há relação com o princípio da economia processual, na medida em que o Supremo Tribunal Federal decidirá uma única vez cada questão constitucional, não se pronunciando em outros processos com idêntica matéria.

### *8.5.3. Competência*

Na interposição do recurso extraordinário, o recorrente deverá demonstrar preliminarmente a repercussão geral, que será apreciada pelo Supremo Tribunal Federal (art. 543-A, § 2º). Exige-se nas razões recursais, preliminar formal de repercussão geral, sob pena de não

---

161 TAVARES, André Ramos. *Reforma do Judiciário no Brasil pós-88*: cit., p. 101.

ser admitido o recurso. Se a Turma decidir pela existência da repercussão geral por, no mínimo, 4 (quatro) votos, ficará dispensada a remessa do recurso ao Plenário (art. 543-A, § 4º).

A verificação da existência da preliminar formal é de competência concorrente do Tribunal ou Turma Recursal de origem e do Supremo Tribunal Federal. A apreciação sobre a existência ou não da repercussão geral é de competência exclusiva do Supremo Tribunal Federal.

### *8.5.4. Procedimento*

Após a interposição, os Tribunais devem verificar se o Recurso Extraordinário trata de matéria isolada ou de matéria repetitiva (processos múltiplos). Se a matéria for isolada realiza-se o juízo de admissibilidade. Se a matéria for repetida, deve ser selecionado em torno de três processos representativos da controvérsia, que preencham os requisitos de admissibilidade para remessa ao Supremo Tribunal Federal.

O Código de Processo Civil estabelece que, no caso de multiplicidade de recursos com fundamento em idêntica controvérsia, o Supremo analisará os casos representativos da repercussão geral. Conforme afirmamos, com fundamento no art. 543-B, § 1º, do Código de Processo Civil, o Tribunal de origem selecionará um ou mais recursos representativos da controvérsia que serão encaminhados ao Supremo, sobrestados os demais até o pronunciamento definitivo da Corte.

Os demais feitos são sobrestados até decisão definitiva do Supremo Tribunal Federal. Se o Supremo Tribunal Federal decidir pela inexistência da repercussão geral, consideram-se prejudicados os demais Recursos Extraordinários e eventuais agravos. E ainda, "negada a existência da repercussão geral, a decisão valerá para todos os recursos sobre matéria idêntica, que serão indeferidos liminarmente, salvo revisão da tese, tudo nos termos do Regimento Interno do Supremo Tribunal Federal" (art. 543-A, § 5º). Ressalta-se que a decisão que negar repercussão geral é dotada de eficácia vinculante.

Se o Supremo Tribunal Federal decidir pela existência da repercussão geral duas coisas podem ocorrer: 1. Se o acórdão recorrido guardar conformidade com a decisão de mérito do Supremo Tribunal Federal, considera-se prejudicado o Recurso Extraordinário; 2. Se o acórdão recorrido for contrário a manifestação do Supremo, o processo deve ser encaminhado ao órgão fracionário para o juízo de retratação, que depende do juízo de admissibilidade do Recurso Extraordinário. Assim, se ausente outro pressuposto de admissibilidade não se verifica a possibilidade do juízo de retratação, sendo cabível agravo de instrumento ao Supremo Tribunal Federal.

Ressalta-se que, negada a existência de repercussão geral, os recursos sobrestados considerar-se-ão automaticamente não admitidos. Julgado o mérito do recurso extraordinário, os recursos sobrestados serão apreciados pelos Tribunais, Turmas de Uniformização ou Turmas Recursais, que poderão declará-los prejudicados ou retratar-se. Mantida a decisão e admitido o recurso, poderá o Supremo Tribunal Federal, nos termos do Regimento Interno, cassar ou reformar, liminarmente, o acórdão contrário à orientação firmada (art. 543-B, §§ 2º, 3º e 4º).

Em suma, os Tribunais só devem encaminhar ao Supremo Tribunal Federal cerca de três recursos extraordinários de cada matéria, representativos da controvérsia e, sobrestando todos os demais, inclusive os respectivos agravos. Todos os recursos múltiplos sobrestados serão, após decisão do STF, considerados prejudicados ou objeto de retratação pelos próprios Tribunais de origem. O sobrestamento dos recursos extraordinários interpostos, para os efeitos da repercussão geral, poderá ocorrer antes do juízo de admissibilidade, evitando-se a dupla análise sobre o cabimento do Recurso Extraordinário e a interposição de sucessivos agravos, sendo cabível sobrestamento dos agravos de instrumento.

No processamento da repercussão geral, o relator poderá admitir a figura do *amicus curiae*, nos termos do art. 543-A, § 6º, que estabelece que: "o Relator poderá admitir, na análise da repercussão geral, a manifestação de terceiros, subscrita por procurador habilitado, nos termos do Regimento Interno do Supremo Tribunal Federal".

A decisão acerca de repercussão geral terá efeito objetivo, nos termos do art. 543-A, § 7º, que dita "A Súmula da decisão sobre a repercussão geral constará de ata, que será publicada no Diário Oficial e valerá como acórdão".

## 9. CONTROLE CONCENTRADO

O nosso sistema jurídico contempla, ao lado do controle de constitucionalidade difuso, o controle concentrado, quando a inconstitucionalidade é declarada em tese. O primeiro surge da evolução da jurisprudência norte-americana. A segunda espécie de controle provém do direito europeu. "Na Europa, a instituição do sistema concentrado de controle de constitucionalidade deveu-se a Hans Kelsen. Dentre outros fatores que influenciaram a doutrina do Mestre de Viena, destacam-se: a) sua reação às concepções da Escola da Livre Investigação Científica (Gény) e da Escola Alemã do Direito Livre (Kantorowicz), que pregavam a revolta da magistratura contra os textos legais e b) temor de que, através do controle difuso, os juízes se sobrepusessem ao legislador, rompendo o necessário equilíbrio constitucional entre as funções estatais"[162].

Alguns países não adotam o controle concentrado, limitando-se à apreciação da constitucionalidade em casos concretos, conforme verificamos, por exemplo, da leitura do art. 259 da Constituição do Uruguai: "El fallo de la Suprema Corte de Justicia se referirá exclusivamente al caso concreto y solo tendrá electo en los procedimientos en que se haya pronunciado".

No Brasil, o controle de constitucionalidade por intermédio da ação direta surgiu com o advento da Constituição de 1946, que consagrou a denominada ação interventiva. Essa Constituição condicio-

[162] DINIZ, Marcio Augusto de Vasconcelos. *Controle de constitucionalidade e teoria da recepção*, cit., p. 15.

nava a intervenção federal no caso da violação dos princípios constitucionais à arguição de inconstitucionalidade, nos seguintes termos:

"Art. 7º O Governo Federal não intervirá nos Estados, salvo para:

(...)

VII — assegurar a observância dos seguintes princípios:

*a*) forma republicana representativa;

*b*) independência e harmonia dos poderes;

*c*) temporariedade das funções eletivas, limitada a duração destas à das funções federais correspondentes;

*d*) proibição da reeleição de governadores e prefeitos para o período imediato;

*e*) autonomia municipal;

*f*) prestação de contas da administração;

*g*) garantias do Poder Judiciário.

Art. 8º A intervenção será decretada por lei federal nos casos dos ns. VI e VII do artigo anterior.

Parágrafo único. No caso do n. VII, o ato arguido de inconstitucionalidade será submetido pelo Procurador-Geral da República ao exame do Supremo Tribunal Federal, e, se este a declarar, será decretada a intervenção".

Já anteriormente, com o advento da Constituição de 1934, verificou-se um sensível avanço no controle da constitucionalidade. Nesse sentido, narra André Ramos Tavares: "a partir da Constituição de 1934, que, mantendo as regras do critério difuso, criou uma forma de controle direto para proteção de princípios constitucionais. Além desta medida, determinou também que os tribunais só pela maioria absoluta de seus membros poderiam declarar a inconstitucionalidade de lei ou de ato do poder público. Por fim, foi ainda nessa Constituição que se atribuiu competência ao Senado Federal para suspender a execução de qualquer lei ou ato, deliberação ou regulamento, quando houvessem sido declarados inconstitucionais pelo Judiciário"[163].

---

163 TAVARES, André Ramos. *Tribunal e jurisdição constitucional*, São Paulo: Celso Bastos Editor, 1998, p. 125.

A Constituição de 1934 mantinha as regras do controle difuso, mas criou uma forma de controle direto para a proteção de princípios constitucionais. Tratava-se da representação interventiva, pois a lei que determinasse a intervenção (art. 41, § 3º) deveria ser submetida ao crivo da Corte Suprema quanto a sua constitucionalidade, mediante provocação do Procurador-Geral da República, só se efetuando a intervenção após a declaração da Corte Suprema:

Art. 7º Compete privativamente aos Estados:

I — decretar a Constituição e as leis por que se devam reger, respeitados os seguintes princípios:

*a*) forma republicana representativa;

*b*) independência e coordenação de poderes;

*c*) temporariedade das funções eletivas, limitada aos mesmos prazos dos cargos federais correspondentes, e proibida a reeleição de Governadores e Prefeitos para o período imediato;

*d*) autonomia dos Municípios;

*e*) garantias do Poder Judiciário e do Ministério Público locais;

*f*) prestação de contas da Administração;

*g*) possibilidade de reforma constitucional e competência do Poder Legislativo para decretá-la;

*h*) representação das profissões;

(...)

Art. 12. A União não intervirá em negócios peculiares aos Estados, salvo:

(...)

V — para assegurar a observância dos princípios constitucionais especificados nas letras *a* a *h* do art. 7º, n. I, e a execução das leis federais;

(...)

§ 2º Ocorrendo o primeiro caso do n. V, a intervenção só se efetuará depois que a Corte Suprema, mediante provocação do Procurador-Geral da República, tomar conhecimento da lei que a tenha decretado e lhe declarar a constitucionalidade.

(...)

Art. 41. (...)

(...)

§ 3º Compete exclusivamente ao Senado Federal a iniciativa das leis sobre a intervenção federal, e, em geral, das que interessem determinadamente a um ou mais Estados.

Da análise dos textos constitucionais, percebe-se claramente que foi com a Constituição de 1946 que se criou uma verdadeira ação direta de inconstitucionalidade (ação interventiva), segundo a qual cabia ao Supremo Tribunal Federal julgar representação de inconstitucionalidade de ato normativo, proposta pelo Procurador-Geral da República. Na Constituição de 1934 a Corte Suprema analisava apenas a constitucionalidade da lei que determinava a intervenção.

Com a Constituição de 1946 passa a haver no sistema jurídico brasileiro a possibilidade da inconstitucionalidade vir a ser analisada pelo Judiciário como objeto principal da ação e não incidentalmente em processo comum. Entretanto, conforme verificamos, a ação direta de inconstitucionalidade ficou condicionada à intervenção federal. Segundo a Constituição de 1946, a ação direta de inconstitucionalidade tinha cabimento apenas nas hipóteses previstas para intervenção da União nos Estados-membros, visto que os outros casos de inconstitucionalidade deveriam ser levantados em via de exceção.

A Emenda Constitucional n. 16, de 1965, ampliou a abrangência da ação direta de inconstitucionalidade, quando introduziu, entre as competências do Supremo Tribunal Federal, o processar e julgar originariamente representação do Procurador-Geral da República, por inconstitucionalidade de lei ou ato normativo.

Nos termos da Constituição de 1946, bem como na Constituição de 1967/1969, cabia somente ao Procurador-Geral da República a legitimação para propor a ação direta de inconstitucionalidade perante o Supremo Tribunal Federal. A Constituição Federal de 1988 ampliou sensivelmente a legitimação da ação de inconstitucionalidade.

O controle concentrado dá-se por meio de ação própria, cujo objeto é obter a invalidade da lei ou ato normativo (resolução administrativa dos Tribunais, bem como deliberações administrativas de outros órgãos públicos), independentemente da existência de caso concreto.

Michel Temer ensina que "no debate posto na ação direta de inconstitucionalidade não há caso concreto a ser solucionado. Almeja-se expurgar do sistema ato normativo que o contrarie, independentemente de interesses pessoais ou materiais. Diferentemente, portanto, da via de exceção, em que a defesa de tais interesses é objeto principal da ação; em razão dessa principalidade é que pode ocorrer a declaração incidental da inconstitucionalidade"[164].

O controle de constitucionalidade é um instrumento político de controle de normas. A tutela é de interesse público, pois no controle concentrado o autor não alega a existência de lesão a direito próprio ou alheio, atuando como representante do interesse público; o que se busca é a defesa da Constituição. Nesse sentido, a jurisdição constitucional consagra o interesse público, ao contrário da jurisdição ordinária.

A jurisdição constitucional é consectário lógico da democracia, na medida em que o controle caminha ao lado desse regime. O desenvolvimento da democracia é proporcional ao sistema de controle, expressando-se pela fórmula maior democracia, mais controle.

A democracia pressupõe a defesa da minoria. A jurisdição constitucional é o meio adequado para tutelar os interesses da minoria, contra possíveis lesões a seus direitos, evitando o surgimento de uma ditadura da maioria, que, tanto quanto a ditadura da minoria, revela-se danosa à paz social e ao bem comum.

Enfim, a democracia sobrevive e se legitima pela resolução dos conflitos e controle do poder, aspectos que estão ligados à jurisdição constitucional, que produz o consenso social, outro pilar democrático. Ives Gandra da Silva Martins ressalta que "um sistema que admite o conflito de opinião e a pluralidade de interesses como legítimo somente poderá subsistir se houver consenso sobre a forma de resolução de conflitos e sobre os próprios limites desses conflitos. Se a controvérsia tiver por objeto o próprio método de

164 TEMER, Michel. *Elementos de direito constitucional*, cit., p. 43.

solução dos conflitos, então não está o sistema democrático livre da ameaça de instabilidade e de tumultos no seu funcionamento. Tal colocação tem a virtude de ressaltar que a jurisdição constitucional não se mostra incompatível com um sistema democrático que imponha limites aos ímpetos da maioria e discipline o exercício da vontade majoritária. Ao revés, esse órgão de controle cumpre uma função importante no sentido de reforçar as condições normativas da democracia e atenuar a possibilidade de conflitos básicos que afetem o próprio sistema"[165].

O Supremo Tribunal Federal é o guardião da Constituição. A supremacia da Constituição em face da lei coloca o órgão incumbido da jurisdição constitucional em um papel importante no sistema democrático. O Tribunal Constitucional atua como legislador negativo, com a função de eliminar do sistema jurídico as normas inválidas, ou seja, incompatíveis com o texto constitucional.

Conforme verificamos, a inconstitucionalidade da lei pode ser declarada incidentalmente em um processo comum ou pode vir a ser declarada em tese, quando o controle for exercido por meio de ação própria, cuja finalidade é o exame da validade da lei. "Quando a declaração é feita em tese, com efeito *erga omnes*, o que se visa não é mais a garantia dos direitos subjetivos, liberando alguém do cumprimento de uma lei inconstitucional, mas expelir do sistema jurídico a lei ou ato inconstitucional, restabelecendo a harmonia do funcionamento do sistema prejudicado pela manutenção da lei inválida frente à Constituição. Não se cogita mais a aplicação de lei ou ato normativo inconstitucional à espécie, mas a todas as hipóteses que se acham disciplinadas por ela. Vemos que, embora versando sobre um mesmo objetivo, que é a inconstitucionalidade, os dois modos de sua arguição frente ao Poder Judiciário se diferenciam não só quanto ao objeto da ação, mas também quanto a sua finalidade"[166].

---

[165] MARTINS, Ives Gandra da Silva; MENDES, Gilmar Ferreira. *Controle concentrado da constitucionalidade*: comentários à Lei n. 9.868, de 10-11-1999, São Paulo: Saraiva, 2001, p. 167.

[166] FERRARI, Regina Maria Macedo Nery. *Efeitos da declaração de inconstitucionalidade*, cit., p. 154-155.

O controle concentrado da constitucionalidade é realizado por meio das seguintes ações contempladas no texto constitucional:

1) ação direta de inconstitucionalidade genérica (art. 102, I, *a*);

2) ação declaratória de constitucionalidade (art. 102, I, *a*, *in fine*; EC n. 3/93);

3) ação direta de inconstitucionalidade por omissão (art. 103, § 2º);

4) ação direta de inconstitucionalidade interventiva (art. 36, III);

5) arguição de descumprimento de preceito fundamental (art. 102, § 1º)[167].

Em suma:

| **Controle de Constitucionalidade** | **Difuso** | **Concentrado** |
|---|---|---|
| **Objetivo** | É a inconstitucionalidade da lei ou ato normativo. | É a inconstitucionalidade da lei ou ato normativo. |
| **Objeto da Ação** | A inconstitucionalidade é um incidente ao processo comum. O objeto da ação é uma obrigação qualquer. | A inconstitucionalidade é o objeto principal da lide. |
| **Finalidade** | A garantia de direitos subjetivos, liberando alguém do cumprimento de uma lei inconstitucional. A finalidade é o exame do incidente em um processo comum. | Expelir, do sistema jurídico, lei ou ato inconstitucional. A finalidade é o exame da validade da lei (objeto da lide). |

[167] A Constituição Federal de 1988 previu expressamente a arguição de descumprimento de preceito fundamental, que, ao lado das ações de controle de constitucionalidade, é mais um instrumento com a finalidade exclusiva de defesa da integridade da Constituição.

## 10. AÇÃO DIRETA DE INCONSTITUCIONALIDADE GENÉRICA

A ação direta de inconstitucionalidade genérica tem por finalidade expelir, do sistema jurídico, lei ou ato normativo inconstitucional. A finalidade é o exame da validade da lei em si. A declaração da inconstitucionalidade é o objeto principal da ação. A referida ação tem por objetivo a declaração de inconstitucionalidade de lei ou ato normativo federal ou estadual contrários à Constituição Federal. Ainda, cabe ação direta de inconstitucionalidade em face de ato normativo distrital, tendo em vista o exercício da competência equivalente à dos Estados-membros, nos termos do art. 32, § 1º, da Constituição Federal. O Supremo Tribunal Federal entendeu possível ação direta de inconstitucionalidade em face de lei ou ato normativo do Distrito Federal, desde que no exercício da competência estadual, sendo que o questionamento de lei distrital, no exercício de competência municipal não se afigura pertinente, uma vez que não é possível ação direta de inconstitucionalidade, que tem por objeto lei municipal. Nesse sentido:

> EMENTA: Ação direta de inconstitucionalidade: objeto: lei do Distrito Federal fundada em competência municipal: descabimento.
>
> O Distrito Federal, ao qual se vedou dividir-se em Municípios (CF, art. 32), é entidade federativa que acumula as competências reservadas pela Constituição aos Estados e aos Municípios (CF, art. 32, § 1º): dada a inexistência de controle abstrato de normas municipais em face da Constituição da República, segue-se o descabimento de ação direta de inconstitucionalidade cujo objeto seja ato normativo editado pelo Distrito Federal, no exercício de competência que a Lei Fundamental reserva aos Municípios, qual a de disciplina e polícia do parcelamento do solo urbano[168].

Nesse sentido, a Súmula 642 do Supremo Tribunal Federal dita que "Não cabe ação direta de inconstitucionalidade de lei do Distrito

[168] STF, ADIn 611-8-DF, Rel. Min. Sepúlveda Pertence, j. 06-11-92, *DJ*, 11-12-92.

Federal derivada da sua competência legislativa municipal". Na mesma esteira, por força do art. 125, § 2º, da Constituição Federal, o Tribunal de Justiça do Distrito Federal é competente para julgar ação direta de inconstitucionalidade que tenha por objeto lei ou ato normativo que ofenda a Lei Orgânica do Distrito Federal, na parte referente à competência constitucional estadual. Imperioso ressaltar a inadmissibilidade do controle de constitucionalidade da lei municipal em face de Lei Orgânica Municipal:

> EMENTA: Recurso Extraordinário. 2. Controle concentrado de constitucionalidade de lei municipal em face da Lei Orgânica do Município. Inexistência de previsão constitucional. 3. Recurso não conhecido[169].

A finalidade da ação direta de inconstitucionalidade é expurgar do sistema jurídico lei ou ato normativo incompatível com a ordem constitucional. Essa finalidade é de ordem pública, vigorando o princípio da indisponibilidade. Assim, o autor da ação direta de inconstitucionalidade não pode desistir da ação e do pedido. Cabe anotar que o Regimento Interno do Supremo Tribunal Federal consagra a inadmissibilidade da desistência da ação de inconstitucionalidade, sendo que o art. 169, § 1º, do aludido Regimento dita: "Proposta a representação, não se admitirá desistência, ainda que afinal o Procurador-Geral se manifeste pela sua improcedência". Também nesse sentido, o art. 5º da Lei n. 9.868/99 dita que: "Proposta a ação direta, não se admitirá desistência".

### 10.1. Competência

A competência originária para o julgamento e processamento da ação direta de inconstitucionalidade é do Supremo Tribunal Federal, nos termos do art. 102, I, *a*, da Constituição Federal.

### 10.2. Legitimidade

No estudo do controle concentrado de constitucionalidade, a

---

[169] STF, RE 175.087-1-SP, Rel. Min. Néri da Silveira, j. 19-03-02, *DJ*, 17-05-02.

questão primordial é da legitimidade ativa, ou seja, quem pode provocar, mediante ação direta, a jurisdição constitucional.

O direito constitucional pátrio, ao tratar da legitimidade ativa, optou pelo plano intermediário. Nem consagrou a legitimidade exclusiva do Procurador-Geral da República, verdadeiro *dominus litis*, que detinha, nos regimes constitucionais anteriores, o monopólio da ação direta, cujo exercício submetia-se a seu juízo discricionário, nem ampliou, de modo total, a legitimação para agir, com a finalidade de reconhecer, em favor de qualquer pessoa, a pertinência subjetiva da relação processual. Dentre a legitimidade exclusiva e a legitimidade universal, optou, o constituinte, pela tese da legitimidade restrita e concorrente, partilhando, entre diversos órgãos, agentes ou instituições, a qualidade para agir em sede de jurisdição concentrada[170].

O sistema jurídico pátrio é um dos que possuem ampla legitimação para instauração do controle abstrato de normas[171].

Os legitimados passivos da ação direta de inconstitucionalidade genérica são as autoridades ou órgãos responsáveis pela edição do ato impugnado. "Entidades privadas não podem figurar no polo passivo do processo de ação direta de inconstitucionalidade. O caráter necessariamente estatal do ato suscetível de impugnação em ação direta de inconstitucionalidade exclui a possibilidade de intervenção formal de mera entidade privada no polo passivo da relação processual"[172]. O art. 103 da Constituição Federal, combinado com o art. 2º da Lei n. 9.868/99, traz a legitimidade ativa, que é a legitimação concorrente para a propositura da ação direta de inconstitucionalidade, estabelecendo que são legitimados para propor tal ação:

"I — o Presidente da República;

II — a Mesa do Senado Federal;

III — a Mesa da Câmara dos Deputados;

---

170 STF, ADIn 79-9-DF, Questão de Ordem, Rel. Min. Celso de Mello, j. 14-08-96, *DJ*, 19-09-97.

171 MARTINS, Ives Gandra da Silva; MENDES, Gilmar Ferreira. *Controle concentrado de constitucionalidade*, cit., p. 112.

172 STF, AgRg em ADIn 1.254-1-RJ, Rel. Min. Celso de Mello, j. 14-08-96, *DJ*, 19-09-97.

IV — a Mesa de Assembleia Legislativa ou da Câmara Legislativa do Distrito Federal[173];

V — o Governador de Estado ou do Distrito Federal;

VI — o Procurador-Geral da República;

VII — o Conselho Federal da Ordem dos Advogados do Brasil;

VIII — partido político com representação no Congresso Nacional;

IX — confederação sindical ou entidade de classe de âmbito nacional".

A legitimidade das pessoas e órgãos elencados no art. 103 da Constituição Federal não exclui a intervenção do advogado, nos termos do art. 133 da Constituição Federal combinado com a Lei n. 8.906/94, na medida em que desempenha função essencial à justiça, com exceção do Procurador-Geral da República e do Presidente do Conselho Federal da Ordem dos Advogados do Brasil, que possuem capacidade postulatória[174]. Entretanto, o Supremo Tribunal Federal já deixou assentado que "o Governador do Estado e as demais entidades referidas no art. 103, incisos I a VII, da Constituição Federal,

---

[173] Nos termos do art. 32, § 1º, c/c o art. 103, IV, todos da Constituição Federal, a Mesa da Câmara Legislativa do Distrito Federal tem legitimidade para propor ação de inconstitucionalidade. Nesse sentido: STF, ADIn 645-2-DF, Medida Cautelar, Rel. Min. Ilmar Galvão, j. 11-12-91, *DJ*, 21-02-92. Essa assertiva é confirmada com o advento da Lei n. 9.868/99 e pela Emenda Constitucional n. 45/04.

[174] STF, ADIn 109-4-DF, Rel. Min Paulo Brossard, j. 26-10-89, *DJ*, 07-12-89: "Petição inicial assinada por engenheiro civil, presidente da Comissão Provisória do PLP. Falta de capacidade postulatória. Extinção do processo, sem julgamento do mérito, por ausência de pressuposto de constituição válido do processo (art. 267, IV, do CPC)". STF, ADIn 131-1-RJ, Rel. Min. Sydney Sanches, j. 20-11-89, *DJ*, 07-12-89: "Ação Direta de Inconstitucionalidade. Legitimidade ativa *ad processum* e *ad causam*. Partido Político. Representação. Capacidade Postulatória. Art. 103, VIII, da CF de 1988. Não sendo a signatária da inicial representante legal de Partido Político, não podendo, como Vereadora, ajuizar ação direta de inconstitucionalidade e não estando sequer representada por Advogado, faltando-lhe, ademais, capacidade postulatória, não tem legitimidade ativa *ad processum* e *ad causam* para a propositura".

além de ativamente legitimados à instauração do controle concentrado de constitucionalidade das leis e atos normativos, federais e estaduais, mediante ajuizamento da ação direta perante o Supremo Tribunal Federal, possuem capacidade processual plena e dispõem, *ex vi* da própria norma constitucional, de capacidade postulatória. Podem em consequência, enquanto ostentarem aquela condição, praticar, no processo de ação direta de inconstitucionalidade, quaisquer atos ordinariamente privativos de Advogado"[175].

### 10.2.1. Chefe do Poder Executivo

O Presidente da República, com o advento da Constituição Federal de 1988, possui legitimidade para ingressar com ação direta de inconstitucionalidade, independentemente da manifestação do Procurador-Geral da República. A legitimidade indubitavelmente é autônoma. "Em sentido contrário, Oscar Corrêa, que sustenta dever o Presidente da República encaminhar o pedido de arguição ao Procurador-Geral da República, que, por sua vez, haverá de submetê-lo ao Supremo Tribunal Federal"[176].

A Lei n. 9.868/99, com fulcro no texto constitucional, dotou o Chefe do Poder Executivo estadual e distrital de legitimidade para a propositura de ação direta de inconstitucionalidade, desde que presente a pertinência temática:

> AÇÃO DIRETA DE INCONSTITUCIONALIDADE — PERTINÊNCIA. Tratando-se de impugnação de ato normativo de Estado diverso daquele governado pelo requerente, impõe-se a demonstração do requisito "pertinência". Isto ocorre quanto ao Decreto n. 33.656, de 16 de abril de 1993, do Estado de São Paulo, no que se previu o crédito de cinquenta por cento do valor do Imposto sobre Circulação de Mercadorias e Serviços devido em operações ligadas aos produtos finais do sistema eletrônico de processamento de dados. O interesse dos Estados mostrou-se conducente à reserva a lei complementar da disciplina da matéria e esta cogita da necessidade de convênio — Lei

---

[175] STF, ADIn 127-2-AL, Rel. Min. Celso de Mello, j. 20-11-89, *DJ,* 04-12-92.

[176] MARTINS, Ives Gandra da Silva; MENDES, Gilmar Ferreira. *Controle concentrado de constitucionalidade*, cit., p. 88.

Complementar n. 24, de 7 de janeiro de 1975, recepcionada pela Carta de 1988 — artigo 34, § 8º, do Ato das Disposições Constitucionais Transitórias. Liminar concedida[177].

O Presidente da República, além da referida legitimidade, exerce o controle preventivo da constitucionalidade por intermédio do veto, nos termos do art. 66, § 1º, da Constituição Federal, que dita: "Se o Presidente da República considerar o projeto, no todo ou em parte, inconstitucional ou contrário ao interesse público, vetá-lo-á total ou parcialmente, no prazo de quinze dias úteis, contados da data do recebimento, e comunicará, dentro de quarenta e oito horas, ao Presidente do Senado Federal os motivos do veto".

O Supremo Tribunal Federal já entendeu que o Chefe do Poder Executivo, desde que não figure no polo passivo da relação processual, pode ingressar com ação direta de inconstitucionalidade, mesmo que tenha sancionado a lei:

> EMENTA: AÇÃO DIRETA DE INCONSTITUCIONALIDADE — LEGITIMIDADE ATIVA — IMPOSSIBILIDADE DE O GOVERNADOR DO ESTADO, QUE JÁ FIGURA COMO ÓRGÃO REQUERIDO, PASSAR À CONDIÇÃO DE LITISCONSORTE ATIVO — MEDIDA CAUTELAR NÃO REQUERIDA PELO AUTOR — PEDIDO ULTERIORMENTE FORMULADO PELO SUJEITO PASSIVO DA RELAÇÃO PROCESSUAL — IMPOSSIBILIDADE — NÃO CONHECIMENTO.
>
> — O órgão estatal que já figure no polo passivo da relação processual não pode ostentar, simultaneamente, a condição de litisconsorte ativo no processo de controle abstrato instaurado por iniciativa de terceiro.
>
> A circunstância de o Governador do Estado poder questionar, autonomamente, a validade jurídica de uma espécie normativa local em sede de ação direta, fazendo instaurar, por iniciativa própria, o concernente controle concentrado de constitucionalidade, não lhe confere a prerrogativa de, uma vez iniciada

[177] STF, ADIn 902-8-SP, Rel. Min. Marco Aurélio, j. 03-03-94, *DJ*, 22-04-94.

a fiscalização abstrata por qualquer dos outros ativamente legitimados — e constando ele como órgão requerido na ação direta —, buscar a sua inclusão no polo ativo.

— O órgão do Poder Público que formalmente atue como sujeito passivo no processo de controle normativo abstrato não dispõe de legitimidade para requerer a suspensão cautelar do ato impugnado, ainda que tenha expressamente reconhecido a procedência do pedido[178].

EMENTA: Ação direta de inconstitucionalidade: identidade do objeto.

A preclusão da negativa de ingresso do Governador do Estado no processo de ADIn proposta por outrem contra lei do seu Estado não elide a sua legitimação para propor nova ação direta com o mesmo objeto, distribuída por prevenção ao relator da anteriormente ajuizada[179].

Segundo nosso entendimento, o legislador constituinte não estabeleceu nenhuma limitação à legitimação do Presidente da República, e ainda, tendo em vista que o mesmo atua no interesse da coletividade, nada impede que ingresse com a ação direta de inconstitucionalidade, mesmo tendo sancionado a lei, objeto da ação. Não se pode descartar que, em vista da falibilidade humana, o Chefe do Executivo pode ter sancionado a lei por equívoco. Outrossim, a norma não é estática, as condições fáticas mudam e a própria interpretação da norma e da Constituição podem variar. Não parece impossível que ao exercer o poder de sanção o Presidente da República vislumbre um sentido e alcance para a norma, que não é confirmado pelos Tribunais, que indicam interpretação diversa. "Eventual sanção da lei questionada não obsta, pois, à admissibilidade da ação direta proposta pelo Chefe do Executivo, mormente se demonstrar que não era manifesta, ao tempo da sanção, a ilegitimidade suscitada"[180].

---

[178] STF, ADIn 807-2-RS, Rel. Min. Celso de Mello, j. 27-05-93, *DJ*, 11-06-93.

[179] STF, ADIn 807-2-RS, Questão de Ordem, Rel. Min. Celso de Mello, j. 27-05-93, *DJ*, 11-06-93.

[180] MARTINS, Ives Gandra da Silva; MENDES, Gilmar Ferreira. *Controle concentrado de constitucionalidade*, cit., p. 91.

### *10.2.2. Mesa das Casas Legislativas*

O texto constitucional estabeleceu que a Mesa do Senado Federal, da Câmara dos Deputados e da Assembleia Legislativa ou da Câmara Legislativa do Distrito Federal podem ingressar com ação direta de inconstitucionalidade.

A Mesa é o órgão diretivo da Casa Legislativa, constituída de membros eleitos, com representação proporcional dos partidos políticos, nos termos do art. 58, § 1º, da Constituição Federal, que dita: "Na Constituição das Mesas e de cada Comissão, é assegurada, tanto quanto possível, a representação proporcional dos partidos ou dos blocos parlamentares que participam da respectiva Casa". A Mesa tem como função a administração da Casa e a condução do processo legislativo, dirigindo o trabalho legiferante.

A legitimidade da Mesa do Senado Federal e da Câmara dos Deputados é universal e a das Assembleias Legislativas e da Câmara Distrital é limitada. A ação direta de inconstitucionalidade pode ser proposta pelo órgão diretor da Casa Legislativa, ainda que tenha por objeto ato do próprio Parlamento, pois o texto constitucional não excepciona a hipótese de lei ou ato normativo que emanam da própria Casa[181].

A referida legitimidade não se configura como proteção ao direito da minoria. Pelo contrário, consagrou o direito da maioria, conforme se verifica da própria constituição da Mesa.

O controle pelo Parlamento é eficaz como meio adequado para consagrar definitivamente a constitucionalidade de uma lei ou como instrumento da minoria. No primeiro caso, trata-se de típico direito da maioria parlamentar. No segundo caso, o direito da minoria é contemplado pela legitimidade dos partidos políticos.

### *10.2.3. Procurador-Geral da República e Conselho Federal da Ordem dos Advogados do Brasil*

O Procurador-Geral da República é o Chefe do Ministério Público da União, nomeado pelo Presidente da República dentre integrantes da carreira, maiores de trinta e cinco anos, após a aprovação

---

[181] STF, ADIn 91-8-SE, Rel. Min. Sydney Sanches, j. 21-09-95, *DJ*, 23-03-01.

de seu nome pela maioria absoluta dos membros do Senado Federal, para mandato de dois anos, permitida a recondução (art. 128, § 2º, da CF). O Ministério Público é instituição permanente, essencial à função jurisdicional do Estado, incumbindo-lhe a defesa da ordem jurídica, do regime democrático e dos interesses sociais e individuais indisponíveis (art. 127 da CF). Nessa esteira, a legitimidade universal do Procurador-Geral da República para ingressar com ação direta de inconstitucionalidade.

Cabe destacar que o Ministério Público tem por finalidade o interesse público, sendo que a tutela do interesse da União foi reservada à Advocacia-Geral da União (art. 131 da CF). O Procurador-Geral da República, com o texto constitucional de 1988, não é representante da União, mas do interesse público.

A Constituição, ao lado do Ministério Público, erigiu a advocacia como função essencial à justiça, estabelecendo que "o advogado é indispensável à administração da justiça" (art. 133 da CF).

"O interesse imediato no afastamento do mundo jurídico da norma tida por inconstitucional é que legitima a autoridade a propô-la, exceção feita a duas pessoas, ou seja, Procuradoria-Geral da República, por seu Procurador-Geral, e Conselho Federal da Ordem dos Advogados, que poderão propô-las sobre qualquer tema e sobre atos ou leis emanados de qualquer das duas esferas federativas (União e Estados). É que as duas instituições essenciais à administração da Justiça, nos termos dos arts. 127 a 133 da Lei Suprema, exercem sua função de defensores da lei na plenitude: o Ministério Público, em termos oficiais, e a Ordem dos Advogados, sem a vinculação expressa com o Poder, o que lhe outorga mais liberdade, visto que seus dirigentes não são nomeados pelo Poder Executivo, como ocorre com o Procurador-Geral da República. Tem, pois, o Ministério Público obrigação específica de ser o guardião da lei, enquanto o Conselho Federal possui obrigação genérica, por decorrência de sua ação, sendo mais condicionada a competência do *parquet* e mais abrangente a da OAB"[182].

---

182 MARTINS, Ives Gandra da Silva; MENDES, Gilmar Ferreira. *Controle concentrado de constitucionalidade*, cit., p. 71.

### *10.2.4. Partidos políticos com representação no Congresso Nacional*

Os partidos políticos são associações civis que têm por objetivo assegurar, no interesse do regime democrático, a autenticidade do sistema representativo e defender os direitos fundamentais definidos na Constituição Federal (art. 17 da CF, c/c a Lei n. 9.096/95). O partido político é o veículo do povo.

Os partidos políticos com representação no Congresso possuem legitimidade para ingressar com ação direta de inconstitucionalidade. O Supremo Tribunal entendeu que "a aferição da legitimidade deve ser feita no momento da propositura da ação e que a perda superveniente de representação do partido político no Congresso Nacional não o desqualifica como legitimado ativo para a ação direta de inconstitucionalidade"[183]. Com a aludida decisão o Supremo Tribunal Federal alterou o entendimento anterior, segundo o qual a perda superveniente da representação no Congresso Nacional descaracteriza a legitimidade ativa do partido político para prosseguir no processo

[183] Informativo n. 356 do Supremo Tribunal Federal: "Perda de Representação de Partido e Legitimidade para ADI. O Tribunal, por maioria, deu provimento a agravo regimental interposto contra decisão do Min. Carlos Velloso, relator, que, por ilegitimidade ativa *ad causam*, negara seguimento a ação direta de inconstitucionalidade ajuizada pelo Partido Social Liberal — PSL contra as expressões 'conjunta dos Presidentes da República, da Câmara dos Deputados, do Senado Federal e', constantes do art. 7º da Emenda Constitucional 19/98, que incluíra o inciso XV no art. 48 da CF, dispondo sobre a iniciativa legislativa para a fixação do subsídio dos Ministros do STF. Entendeu-se que a aferição da legitimidade deve ser feita no momento da propositura da ação e que a perda superveniente de representação do partido político no Congresso Nacional não o desqualifica como legitimado ativo para a ação direta de inconstitucionalidade. Vencidos o Min. Carlos Velloso, relator, e Celso de Mello, que consideravam que a perda da representação implicava a perda da capacidade postulatória. Em seguida, declarou-se prejudicado o pedido, em face do advento da Emenda Constitucional 41/2003, que alterou o inciso XV do art. 48 da CF, na redação que lhe havia sido dada pela EC 19/98". ADIn 2.159/PE, Rel. originário Min. Carlos Velloso, Rel. p/ o acórdão Min. Gilmar Mendes, 12-08-04. ADIn 2.618, Rel. Min. Carlos Velloso, 12-08-04. Disponível em: <http://www.stf.gov.br/noticias/informativos/anteriores/info356.asp>, acesso em: 14 set. 2004.

de controle abstrato de constitucionalidade[184]. A Corte Suprema já tinha decidido que, iniciado o julgamento, não seria possível a extinção da ação:

> EMENTA: Ação direta de inconstitucionalidade: legitimação ativa dos partidos políticos representados no Congresso Nacional: perda intercorrente da representação parlamentar que precedentes do STF têm entendido redundar no prejuízo da ação: orientação, de qualquer sorte, inaplicável à hipótese em que a extinção da bancada do partido é posterior ao início do julgamento da ação direta[185].

Segundo nosso entendimento, a posição atual do Supremo Tribunal Federal coaduna-se com o princípio da indisponibilidade do interesse público presente na ação direta de inconstitucionalidade. Uma vez iniciada, não há que falar em perda superveniente da legitimidade.

Os partidos políticos exercem, no âmbito do controle de constitucionalidade, o direito de minoria parlamentar, possuindo legitimidade ativa universal, não incidindo como condição à pertinência

---

[184] Informativo n. 299 do Supremo Tribunal Federal: "ADI: Ilegitimidade Superveniente. A perda de representação parlamentar no Congresso Nacional descaracteriza a legitimidade ativa de partido político para prosseguir no processo de ação direta de inconstitucionalidade. Com esse entendimento, o Tribunal, por maioria, vencido o Min. Marco Aurélio, Presidente, negou provimento a uma série de agravos regimentais interpostos pelo Partido Social Liberal — PSL contra decisões monocráticas do Min. Celso de Mello que julgaram prejudicadas ações diretas, uma vez que a referida agremiação partidária não mais dispõe de bancada parlamentar em qualquer das Casas Legislativas do Congresso Nacional, falecendo-lhe, por isso mesmo, qualidade para prosseguir, perante o STF, no polo ativo do processo de controle normativo abstrato. Leia na seção de Transcrições dos Informativos 186 e 235 decisões monocráticas do Min. Celso de Mello no mesmo sentido". Disponível em: <http://www.stf.gov.br/noticias/informativos/anteriores/info356.asp>. Acesso em: 14 set. 2004. Nesse sentido: STF, ADIn 2.723-9-RJ, Rel. Min. Celso de Mello, j. 27-02-03, *DJ*, 05-09-03; STF, ADIn 2.465-5-RJ, Rel. Min. Celso de Mello, j. 27-02-03, *DJ*, 29-08-03; STF, ADIn 2.202-4-DF, Rel. Min. Celso de Mello, j. 27-02-03, *DJ*, 29-08-03.

[185] STF, ADIn 2.054-4-DF, Questão de Ordem, Rel. Min. Ilmar Galvão, j. 20-03-03, *DJ*, 17-10-03.

temática. Nesse sentido, o entendimento do Supremo Tribunal Federal:

> EMENTA: AÇÃO DIRETA DE INCONSTITUCIONALIDADE — PARTIDO POLÍTICO — PERTINÊNCIA TEMÁTICA — INEXIGIBILIDADE — LEGITIMIDADE ATIVA AMPLA DAS AGREMIAÇÕES PARTIDÁRIAS NO PROCESSO DE FISCALIZAÇÃO ABSTRATA DE CONSTITUCIONALIDADE — A POSIÇÃO INSTITUCIONAL DOS PARTIDOS POLÍTICOS NO SISTEMA NORMATIVO DA CONSTITUIÇÃO — REPRESENTAÇÃO PROCESSUAL DO PARTIDO POLÍTICO NAS AÇÕES DIRETAS — SERVIDOR PÚBLICO E EQUIPARAÇÃO REMUNERATÓRIA — INOCORRÊNCIA DE TRANSGRESSÃO CONSTITUCIONAL — LEI ESTADUAL QUE CONTÉM MATÉRIA ESTRANHA ÀQUELA ENUNCIADA EM SUA EMENTA — SUPOSTA OFENSA AOS PRINCÍPIOS DA PUBLICIDADE E MORALIDADE — INOCORRÊNCIA — MEDIDA CAUTELAR INDEFERIDA.
>
> PARTIDO POLÍTICO E PERTINÊNCIA TEMÁTICA NAS AÇÕES DIRETAS: Os Partidos Políticos com representação no Congresso Nacional acham-se incluídos, para efeito de ativação da jurisdição constitucional concentrada do Supremo Tribunal Federal, no rol daqueles que possuem legitimação ativa universal, gozando, em consequência, da ampla prerrogativa de impugnarem qualquer ato normativo do Poder Público, independentemente de seu conteúdo material.
>
> A posição institucional dos Partidos Políticos no sistema consagrado pela Constituição do Brasil confere-lhes o poder-dever de, mediante instauração do controle abstrato de constitucionalidade perante o STF, zelarem tanto pela preservação da supremacia normativa da Carta Política quanto pela defesa da integridade jurídica do ordenamento consubstanciado na Lei Fundamental da República.
>
> A essencialidade dos partidos políticos, no Estado de Direito, tanto mais se acentua quando se tem em consideração que representam eles um instrumento decisivo na concretização do princípio democrático e exprimem, na perspectiva do contexto

histórico que conduziu à sua formação e institucionalização, um dos meios fundamentais no processo de legitimação do poder estatal, na exata medida em que o Povo — fonte de que emana a soberania nacional — tem, nessas agremiações, o veículo necessário ao desempenho das funções de regência política do Estado.

O reconhecimento da legitimidade ativa das agremiações partidárias para a instauração do controle normativo abstrato, sem as restrições decorrentes do vínculo de pertinência temática, constitui natural derivação da própria natureza e dos fins institucionais que justificam a existência, em nosso sistema normativo, dos Partidos Políticos.

A jurisprudência do Supremo Tribunal Federal erigiu o vínculo de pertinência temática à condição objetiva de requisito qualificador da própria legitimidade ativa *ad causam* do Autor, somente naquelas hipóteses de ação direta ajuizada por confederações sindicais, por entidades de classe de âmbito nacional, por Mesas das Assembleias Legislativas estaduais ou da Câmara Legislativa do Distrito Federal e, finalmente, por Governadores dos Estados-membros e do Distrito Federal. Precedentes.

REPRESENTAÇÃO PROCESSUAL DO PARTIDO POLÍTICO NA AÇÃO DIRETA: O Partido Político, nas ações diretas de inconstitucionalidade ajuizadas perante o Supremo Tribunal Federal, é representado pelo Presidente de seu Diretório Nacional, independentemente de prévia audiência de qualquer outra instância partidária, exceto na hipótese de existir prescrição de ordem legal ou de caráter estatutário dispondo em sentido diverso.

SERVIDOR PÚBLICO E EQUIPARAÇÃO REMUNERATÓRIA: A outorga, em valores absolutos, de vantagem pecuniária a certa categoria funcional, ainda que nas mesmas bases já deferidas a determinados estratos do funcionalismo público, não transgride o princípio constitucional inscrito no art. 37, XIII, da Carta Política, desde que a norma legal que a tenha concedido não viabilize majorações automáticas pertinentes a benefícios futuros.

A jurisprudência do Supremo Tribunal Federal, atenta ao postulado constitucional que veda equiparações e vinculações no serviço público, tem repelido a legislação comum, sempre que esta permitir que futuros aumentos em favor de determinada categoria funcional repercutam, de modo instantâneo, necessário e automático, sobre a remuneração devida a outra fração do funcionalismo público, independentemente de lei específica que os autorize.

DIVERGÊNCIA ENTRE O CONTEÚDO DA LEI E O ENUNCIADO CONSTANTE DE SUA EMENTA: A lei que vincula matéria estranha ao enunciado constante de sua ementa não ofende qualquer postulado inscrito na Constituição e nem vulnera qualquer princípio inerente ao processo legislativo. Inexistência, no vigente sistema de direito constitucional positivo brasileiro, de regra idêntica à consagrada pelo art. 49 da revogada Constituição Federal de 1934[186].

### *10.2.5. Confederação sindical ou entidade de classe de âmbito nacional*

A Constituição Federal consagrou a legitimidade para o ingresso do controle concentrado da constitucionalidade à confederação sindical ou entidade de classe de âmbito nacional. A legitimidade é limitada, devendo ser demonstrada a pertinência temática, caso contrário a ação direta de inconstitucionalidade se transformaria numa verdadeira ação popular. O Supremo Tribunal Federal já assentou que "a pertinência temática, requisito implícito da legitimação das entidades de classe para a ação direta de inconstitucionalidade, não depende de que a categoria respectiva seja o único segmento social compreendido no âmbito normativo do diploma impugnado"[187].

---

[186] STF, ADIn 1.096-4-RS, Rel. Min. Celso de Mello, j. 16-03-95, *DJ*, 22-09-95. No mesmo sentido: STF, ADIn 1.396-3-SC, Rel. Min. Marco Aurélio, j. 07-02-96, *DJ*, 22-03-96; STF, ADIn 1.963-5-PR, Rel. Min. Maurício Corrêa, j. 18-03-99, *DJ*, 07-05-99.

[187] STF, ADIn 1.590-7-SP, Rel. Min. Sepúlveda Pertence, j. 19-07-97, *DJ*, 15-08-97.

A legitimação da confederação sindical ou entidade de classe de âmbito nacional não depende de autorização específica de seus filiados[188].

A entidade de classe é a associação de pessoas, que em essência representa o interesse comum de uma instituição (categoria, grupo ou classe de pessoas), ligadas por critérios objetivos e subjetivos, que distingam claramente associados de não associados, ou seja, um elemento unificador que provoque a coesão entre os associados. A associação representa o interesse comum e não mero interesse contingente.

> EMENTA: — Ação direta de inconstitucionalidade.
>
> Não se caracteriza, como entidade de classe, a conferir legitimidade para a propositura de ação direta de inconstitucionalidade, nos termos do art. 103, IX, da Constituição, a simples associação de empregados de determinada empresa, por não congregar uma categoria de pessoas intrinsecamente distinta das demais, mas somente agrupadas pelo interesse contingente de estarem a serviço de determinado empregador.
>
> Processo extinto, por ilegitimidade de parte, sem julgamento de mérito[189].

O Supremo Tribunal Federal delimitou a legitimidade prevista no art. 103, IX, da Constituição Federal no seguinte acórdão:

> EMENTA: AÇÃO DIRETA DE INCONSTITUCIONALIDADE — CONTROLE NORMATIVO ABSTRATO — LEGITIMIDADE ATIVA "AD CAUSAM" — ENTIDADE DE CLASSE — NÃO CONFIGURAÇÃO — CARÊNCIA DA AÇÃO.
>
> — O controle jurisdicional "in abstrato" da constitucionalidade das leis e atos normativos federais ou estaduais, perante o Supremo Tribunal Federal, suscita, dentre as múltiplas

---

[188] Nesse sentido, STF, ADIn 1.590-7-SP, Rel. Min. Sepúlveda Pertence, j. 19-07-97, *DJ*, 15-08-97.

[189] STF, ADIn 34-9-DF, Rel. Min. Octavio Gallotti, j. 05-04-89, *DJ*, 28-04-89.

questões existentes, a análise do tema concernente a quem pode ativar, mediante ação direta, a jurisdição constitucional concentrada desta Corte.

— Entre a legitimidade exclusiva e a legitimidade universal, optou o constituinte pela tese da legitimidade restrita e concernente, partilhando, entre diversos órgãos, agentes ou instituições, a qualidade para agir em sede jurisdicional concentrada (v. CF/88, art. 103).

Dentre as pessoas ativamente legitimadas "ad causam" para o ajuizamento da ação direta de inconstitucionalidade estão as entidades de classe de âmbito nacional (CF, art. 103, IX).

— O Supremo Tribunal Federal tem salientado, em sucessivos pronunciamentos a propósito do tema, que não se qualificam como entidades de classe aquelas que, congregando pessoas jurídicas, apresentam-se como verdadeiras associações de associações. Em tais hipóteses, tem-se-lhes negado a qualidade reclamada pelo texto constitucional, pois pessoas jurídicas, ainda que coletivamente representativas de categorias profissionais ou econômicas, não formam classe alguma. Precedentes.

A jurisprudência dessa Corte tem salientado, ainda, que pessoas jurídicas de direito privado, que reúnam, como membros integrantes, associações de natureza civil e organismos de caráter sindical, desqualificam-se — precisamente em função do hibridismo dessa composição — como instituições de classe, cuja noção conceitual reclama a participação, nelas, dos próprios indivíduos integrantes de determinada categoria, e não apenas das entidades privadas constituídas para representá-los. Precedentes.

— Entidades internacionais, que possuam uma Seção Brasileira domiciliada em território nacional, incumbida de representá-las no Brasil, não se qualificam, para os efeitos do art. 103 da Constituição, como entidades de classe.

— A composição heterogênea de associação que reúna, em função de explícita previsão estatutária, pessoas vinculadas a categorias radicalmente distintas, atua como elemento descaracterizador da sua representatividade.

Não se configuram, em consequência, como entidades de classe aquelas instituições que são integradas por membros vinculados a estratos sociais, profissionais ou econômicos diversificados, cujos objetivos, individualmente considerados, revelam-se contrastantes. Falta a essas entidades, na realidade, a presença de um elemento unificador que, fundado na essencial hegemoneidade, comunhão e identidade de valores, constitui o fator necessário de conexão, apto a identificar os associados que as compõem como membros efetivamente pertencentes a uma determinada classe.

— A jurisprudência do Supremo Tribunal Federal tem consignado, no que concerne ao requisito da espacialidade, que o caráter nacional da entidade de classe não decorre de mera declaração formal, consubstanciada em seus estatutos ou atos constitutivos. Essa particular característica de índole especial pressupõe, além da atuação transregional da instituição, a existência de associados ou membros em pelo menos nove Estados da Federação. Trata-se de critério objetivo, fundado na aplicação analógica da Lei Orgânica dos Partidos Políticos, que supõe, ordinariamente, atividades econômicas ou profissionais amplamente disseminadas no território nacional. Precedente: ADIn 386[190].

O requisito do âmbito nacional não deve ser apenas formal, mas se afigura necessário à demonstração da representatividade nacional. Exige-se a presença em pelo menos nove Estados, resultado da aplicação analógica da Lei Orgânica dos Partidos Políticos.

No que tange às organizações sindicais, exige-se a estrutura prevista no art. 535 da Consolidação das Leis do Trabalho, que dita: "As Confederações organizar-se-ão com o mínimo de 3 (três) federações e terão sede na Capital da República". Por sua vez, o art. 534 do mesmo diploma legal estabelece que "É facultado aos Sindicatos, quando em número não inferior a 5 (cinco), desde que representem a maioria absoluta de um grupo de atividades ou profissões idênticas,

---

190 STF, ADIn 79-9-DF, Rel. Min. Celso de Mello, j. 13-04-92, *DJ*, 05-06-92.

similares ou conexas, organizarem-se em federação". Dessa forma, as confederações sindicais previstas no art. 103, IX, da Constituição Federal são aquelas constituídas nos moldes previstos na Consolidação das Leis do Trabalho.

EMENTA: Ação direta de inconstitucionalidade. Ilegitimidade ativa.

— Esta Corte já firmou orientação (assim, a título exemplificativo, nas ADIns 488, 505, 689, 772, 868, 935, 1343 e 1508) de que das entidades sindicais apenas as Confederações que estão organizadas nos moldes exigidos pela Consolidação das Leis do Trabalho é que têm legitimidade para propor ação direta de inconstitucionalidade, não a tendo, portanto, as Federações ou os Sindicatos ainda que nacionais por não serem entidades sindicais de grau máximo.

No caso, tratando-se a requerente de entidade sindical que se caracteriza como Federação Nacional, não tem ela legitimidade para propor ação direta de inconstitucionalidade.

Ação direta de inconstitucionalidade não conhecida, ficando prejudicado o exame do pedido de liminar[191].

EMENTA: Ação direta de inconstitucionalidade. Questão de ordem sobre a legitimidade ativa.

— Nenhuma das autoras tem legitimação para propor ação direta de inconstitucionalidade.

— A Federação Nacional dos Sindicatos e Associações de Trabalhadores da Justiça do Trabalho, pelo seu hibridismo (congrega sindicatos e associações), não é entidade sindical, e, se o fosse, não seria uma Confederação sindical, que, como já se firmou a jurisprudência deste Tribunal, é o órgão sindical que tem legitimação ativa em ação direta de inconstitucionalidade. Por outro lado, não é ela também entidade de classe, pois, ainda que se entendesse que os servidores da Justiça do Trabalho são uma classe profissional, federação de sindicatos e de associações

---

[191] STF, ADIn 1.795-7-PA, Rel. Min. Moreira Alves, j. 19-03-98, *DJ*, 30-04-98.

não tem como associados os integrantes da classe (ou servidores), mas é uma associação de associações, e, portanto, representa estas e não os membros desta, os quais formam a classe.

— O Sindicato dos Servidores Públicos Federais no Distrito Federal, embora organização sindical, não é Confederação sindical, que é o órgão sindical legitimado para propor ação direta de inconstitucionalidade.

— A Confederação Democrática dos Trabalhadores no Serviço Público Federal não é Confederação sindical, porque não está organizada com a observância dos requisitos estabelecidos pela C.L.T., nem é entidade de classe de âmbito nacional, porque não tem como associados os membros da classe que são os servidores públicos federais, mas, sim, pessoas jurídicas, como ocorre com a primeira das litisconsortes ativas.

Ação direta de inconstitucionalidade que não se conhece por falta de legitimação ativa das autoras[192].

No mesmo sentido, o Supremo Tribunal Federal entendeu que as centrais sindicais ou de trabalhadores (CUT, CGT) não possuem a legitimidade prevista no art. 103, IX, da Constituição Federal, na medida em que não preenchem os requisitos previstos na Consolidação das Leis do Trabalho e não se configuram, também, como entidades de classe:

EMENTA: — Ação direta de inconstitucionalidade.

— Legitimidade ativa.

— Confederação Sindical.

— Confederação Geral dos Trabalhadores — C.G.T.

— Art. 103, IX, da Constituição Federal.

1. A C.G.T., embora se autodenomine Confederação Geral dos Trabalhadores, não é, propriamente, uma Confederação

[192] STF, ADIn 433-6-DF, Rel. Min. Moreira Alves, j. 13-11-91, *DJ*, 20-03-92. No mesmo sentido: STF, ADIn 797-1-DF, Rel. Min. Marco Aurélio, j. 04-06-98, *DJ*, 07-08-98; STF, ADIn 530-8-DF, Rel. Min. Moreira Alves, j. 20-09-91, *DJ*, 22-11-91; STF, ADIn 511-1-DF, Rel. Min. Paulo Brossard, j. 01-04-92, *DJ*, 15-05-92.

Sindical, pois não congrega federações de sindicatos que representem a maioria absoluta de um grupo de atividades ou profissões idênticas, similares ou conexas.

2. Também, não é, propriamente, uma entidade de classe, pois não congrega apenas os integrantes de uma determinada atividade ou categoria profissional ou econômica.

3. É, sim, uma Central Geral de Trabalhadores, ou seja, de todas as categorias de trabalhadores.

4. Não sendo, assim, uma Confederação Sindical, nem uma entidade de classe de âmbito nacional, não tem legitimidade para a propositura de ação direta de inconstitucionalidade (art. 103, IX, da Constituição Federal).

Precedentes.

Ação não conhecida, por ilegitimidade ativa "ad-causam"[193].

A Lei n. 11.648/2008 tratou do reconhecimento formal das centrais sindicais como entidades de representação geral dos trabalhores, e o art. 1º, parágrafo único, considera a central sindical como entidade associativa de direito privado composta por organizações sindicais de trabalhadores. Cremos que mesmo com o advento da referida norma as centrais sindicais não detêm legitimidade para o ingresso de Ação Direta de Inconstitucionalidade, pois ainda não se enquadram no conceito do art. 103, IX, da Constituição Federal. Esse entendimento foi confirmado na ADIn 4.224[194], em que o relator, Min. Menezes Direito, entendeu que a União Geral dos Trabalhadores – UGT, na qualidade de central sindical, carece de legitimidade.

### *10.2.6. Legitimidade universal e limitada*

O texto constitucional consagrou a legitimidade concorrente e restrita, sendo proclamado pelo Supremo Tribunal Federal que deve haver pertinência temática entre o objeto e o interesse do legitimado na propositura da ação no controle concentrado.

---

[193] STF, ADIn 928-1-DF, Rel. Min. Sydney Sanches, j. 01-09-93, *DJ*, 08-10-93.

[194] STF, ADIn 4.224-DF, Rel. Min. Menezes Direito, j. 16.04.09, *DJ*, 30-04-09.

O Presidente da República, a Mesa do Senado Federal, a Mesa da Câmara dos Deputados, o Procurador-Geral da República, partido político com representação no Congresso Nacional e o Conselho Federal da Ordem dos Advogados do Brasil possuem legitimidade ativa universal, na medida em que possuem interesse para propor a ação de inconstitucionalidade referente a qualquer tema.

A Mesa da Assembleia Legislativa ou da Câmara Legislativa do Distrito Federal, o Governador de Estado ou do Distrito Federal e a confederação sindical ou entidade de classe de âmbito nacional possuem legitimidade parcial ou limitada, na medida em que se exige prova da pertinência temática, definida como o requisito objetivo da relação de pertinência subjetiva entre a defesa do interesse específico do legitimado e o objeto da própria ação. A legitimidade é limitada ao interesse de cada ente[195].

Regina Maria Macedo Nery Ferrari ensina que a nossa Corte Constitucional estabelece a certos legitimados algumas restrições, passando a considerar que "nem todos os legitimados agem em nome próprio, com o interesse apenas de preservar a ordem jurídica constitucional, mas que soma-se a isso um interesse adicional, decorrente da necessidade de a lei impugnada ter que dizer respeito ao interesse direto do legitimado para o exercício da sua capacidade ativa. Dessa forma, a ação direta de inconstitucionalidade proposta pelo Governador do Estado, por exemplo, deve tratar de lei que diga respeito à sua respectiva unidade federada e, no caso de confederação sindical ou entidade de classe, é necessário que a norma impugnada fira os interesses de seus filiados"[196].

Da leitura do art. 103 da Constituição Federal, combinado com o art. 2º da Lei n. 9.868/99, verificam-se duas categorias de legitimados:

---

[195] STF, ADIn 1.096-4-RS, Rel. Min. Celso de Mello, j. 16-03-95, *DJ*, 22-09-95: "A jurisprudência do Supremo Tribunal Federal erigiu o vínculo de pertinência temática à condição objetiva de requisito qualificador da própria legitimidade ativa *ad causam* do Autor, somente naquelas hipóteses de ação direta ajuizada por confederações sindicais, por entidades de classe de âmbito nacional, por Mesas das Assembleias Legislativas estaduais ou da Câmara Legislativa do Distrito Federal e, finalmente, por Governadores dos Estados-membros e do Distrito Federal".

[196] FERRARI, Regina Maria Macedo Nery. *Efeitos da declaração de inconstitucionalidade*, cit., p. 167-168.

1. Pessoas ou órgãos que em virtude de suas atribuições institucionais têm interesse em preservar a supremacia constitucional, e, portanto, não necessitam demonstrar um interesse específico (Presidente da República, Mesa do Senado Federal, Mesa da Câmara dos Deputados, Procurador-Geral da República, Conselho Federal da Ordem dos Advogados do Brasil e partidos políticos com representação no Congresso Nacional);

2. Pessoas ou órgãos que não têm interesse como atribuição institucional devem indicar a relação de pertinência entre o ato impugnado e as funções exercidas pelo órgão ou entidade, isto é, a adequação entre o objeto da ação e a atividade exercida (Mesa da Assembleia Legislativa, Mesa da Câmara Legislativa do Distrito Federal, Governador de Estado, Governador do Distrito Federal, confederação sindical ou entidade de classe de âmbito nacional). Desta feita, na propositura da ação deve ser demonstrada a condição da ação relativa à pertinência temática.

Em suma:

| | |
|---|---|
| **Legitimidade Universal** | Presidente da República<br>Mesa do Senado Federal<br>Mesa da Câmara dos Deputados<br>Procurador-Geral da República<br>Conselho Federal da Ordem dos Advogados do Brasil<br>Partido político com representação no Congresso Nacional |
| **Legitimidade Limitada** | Mesa da Assembleia Legislativa<br>Mesa da Câmara Legislativa do Distrito Federal<br>Governador de Estado<br>Governador do Distrito Federal<br>Confederação sindical ou entidade de classe de âmbito nacional |

## 10.3. Prazo

O exercício do direito de ação de inconstitucionalidade não está sujeito a qualquer prazo de natureza prescricional ou decadencial, pois os atos inconstitucionais não se convalidam pelo decurso do tempo. A Súmula 360 do Supremo Tribunal Federal prescreve que "Não há prazo de decadência para a representação de inconstitucionalidade prevista no art. 8º, parágrafo único, da Constituição Federal"[197].

## 10.4. Advogado-Geral da União e Procurador-Geral da República

Na ação direta de inconstitucionalidade o Advogado-Geral da União atua como curador especial do princípio da presunção de constitucionalidade das leis e atos normativos, cabendo a ele a defesa da constitucionalidade da norma legal objeto da ação. O art. 103, § 3º, dita que: "Quando o Supremo Tribunal Federal apreciar a inconstitucionalidade, em tese, de norma legal ou ato normativo, citará, previamente, o Advogado-Geral da União, que defenderá o ato ou texto impugnado". "A função processual do Advogado-Geral da União, nos processos de controle de constitucionalidade por via de ação, é eminentemente defensiva. Ocupa, dentro da estrutura formal desse processo objetivo, a posição de órgão agente, posto que lhe não compete opinar e nem exercer a função fiscalizadora já atribuída ao Procurador-Geral da República. Atuando como verdadeiro curador (*defensor legis*) das normas infraconstitucionais, inclusive daquelas de origem estadual, e velando pela preservação de sua presunção de constitucionalidade e de sua integridade e validez jurídicas no âmbito do sistema de direito, positivo, não cabe ao Advogado-Geral da União, em sede de controle normativo abstrato, ostentar posição processual contrária ao ato estatal impugnado, sob pena de frontal descumprimento do *munus* indisponível que lhe foi imposto pela própria Constituição da República"[198].

O Procurador-Geral da República atua como *custos legis*, ou seja, fiscal da lei, opinando e exercendo função fiscalizadora.

Por força do art. 103, § 1º, da Constituição Federal, o Procurador-Geral da República será ouvido em todos os processos de competência do Supremo Tribunal Federal.

---

[197] A referência é ao texto constitucional de 1946 e corresponde ao art. 103 da atual Constituição.

[198] STF, ADIn 1.254-1-RJ, Rel. Min. Celso de Mello, j. 14-08-96, *DJ*, 19-09-97.

Em virtude da independência funcional dos membros do Ministério Público, nos termos do art. 127, § 1º, da Constituição Federal de 1988, o Procurador-Geral da República, mesmo nas ações diretas de inconstitucionalidade por ele propostas, poderá ao final manifestar-se por sua improcedência.

No sistema jurídico anterior, o parecer do Procurador-Geral da República era apenas opinativo, não sendo vinculante, na medida em que opinava apenas quanto à procedência ou improcedência da ação e o encaminhava ao Supremo Tribunal Federal, mesmo com parecer contrário. Sob a égide da Constituição anterior, o Supremo Tribunal Federal entendeu que se o próprio Procurador-Geral da República, logo ao oferecer a representação, declara inexistir inconstitucionalidade na lei objeto da arguição que lhe foi encaminhada por terceiros, aquela não deve ser conhecida[199].

Segundo nosso entendimento, sob a égide do novo texto constitucional, o Procurador-Geral da República só deverá ingressar com ação direta de inconstitucionalidade se convencido do vício legal ou normativo. Entretanto, não está vinculado ao final da ação a emitir parecer pela procedência da ação, sendo que, mesmo na qualidade de autor, sempre funcionará como *custos legis*.

Assim, podemos concluir que o Advogado-Geral da União possui função eminentemente defensiva, ao passo que o Procurador-Geral da República possui função fiscalizadora.

## 10.5. Processo objetivo

A ação direta de inconstitucionalidade é verdadeira ação, não se configurando como mera representação como ocorria nas Constituições anteriores. "Os legitimados ativos da ação direta não buscam, com a provocação do órgão exercente da jurisdição constitucional concentrada, a tutela de um direito subjetivo, mas sim a defesa da ordem constitucional objetiva (interesse genérico de toda a coletividade). A finalidade da ação direta de inconstitucionalidade não é a defesa de um direito subjetivo, ou seja, de um interesse juridicamen-

[199] STF, ADIn 1.349-9-RJ, Rel. Min. Aldir Passarinho, j. 08-09-88, *DJ,* 19-08-89.

te protegido lesado ou na iminência de sê-lo. Ao contrário, a ação direta de inconstitucionalidade presta-se para a defesa da Constituição. A coerência da ordem constitucional, e não a defesa de situações subjetivas, consubstancia a finalidade da apontada ação. Por isso consiste em instrumento da fiscalização abstrata de normas, inaugurando processo objetivo de defesa da Constituição"[200].

"A importância de qualificar o controle normativo abstrato de constitucionalidade como processo objetivo — vocacionado, exclusivamente, à defesa, em tese, da harmonia do sistema constitucional — encontra apoio na própria jurisprudência do Supremo Tribunal Federal, que, por mais de uma vez, já enfatizou a objetividade desse instrumento de proteção *in abstracto* da ordem constitucional. Admitido o perfil objetivo que tipifica a fiscalização abstrata de constitucionalidade, torna-se essencial concluir que, em regra, não se deve reconhecer, como pauta usual de comportamento hermenêutico, a possibilidade de aplicação sistemática, em caráter supletivo, das normas concernentes aos processos de índole subjetiva, especialmente daquelas regras meramente legais que disciplinam a intervenção de terceiros na relação processual. Não se discutem situações individuais no âmbito do controle abstrato de normas, precisamente em face do caráter objetivo de que se reveste o processo de fiscalização concentrada de constitucionalidade. O círculo de sujeitos processuais legitimados a intervir na ação direta de inconstitucionalidade revela-se extremamente limitado, pois nela só podem atuar aqueles agentes ou instituições referidos no art. 103 da Constituição, além dos órgãos de que emanaram os atos normativos questionados. A tutela jurisdicional — uma vez suscitada controvérsia de índole constitucional — há de ser obtida na via do controle difuso de constitucionalidade, que, supondo a existência de um caso concreto, revela-se acessível a qualquer pessoa que disponha de legítimo interesse (CPC, art. 3º)"[201].

O processo objetivo é um processo sem sujeitos, destinado, pura e simplesmente, à defesa da Constituição. Pode-se dizer que nosso

[200] FERRARI, Regina Maria Macedo Nery. *Efeitos da declaração de inconstitucionalidade*, cit., p. 165-166.

[201] STF, ADIn 1.254-1-RJ, Rel. Min. Celso de Mello, j. 14-08-96, *DJ*, 19-09-97.

modelo de controle abstrato de constitucionalidade caracteriza-se como um processo objetivo puro. Entretanto, o procedimento da ação direta de inconstitucionalidade é classificado entre os contenciosos, já que se vislumbra a existência dos três elementos — autor, réu e juiz, sendo reconhecida a existência de uma verdadeira ação. "A finalidade desses instrumentos de fiscalização concentrada de constitucionalidade não é diretamente a defesa de um direito subjetivo, mas a defesa da ordem constitucional objetiva, a proteção da Constituição. No entanto, não deixam de ser verdadeiras ações, porque assumem papel relevante na verificada evolução da jurisdição individual para a jurisdição coletiva"[202].

Em suma:

Autor ➔ Pessoas elencadas no art. 103 da Constituição Federal, que agem em nome e interesse próprio e também alheio.

Réu ➔ É o órgão emanador do ato, cuja inconstitucionalidade está sendo arguida.

Juiz ➔ Supremo Tribunal Federal.

Luiz Alberto David Araujo elenca como consequência da natureza objetiva do processo os seguintes aspecto processuais: "a) inexiste lide; b) os legitimados não têm poder de disposição; c) não se admite desistência; d) não é possível a intervenção assistencial de terceiro interessado, mas a Lei n. 9.868/99, em seu art. 7º, § 2º, admitiu que o relator, considerando a relevância da matéria e a representatividade dos postulantes, poderá, por despacho irrecorrível, admitir a manifestação de outros órgãos ou entidades. É a chamada figura do amigo da corte, ou *amicus curiae*, que comparece ao processo manifestando-se sobre o tema debatido na ADIn; e) descabe ação rescisória; f) o Judiciário não pode ampliar o objeto da ação, mas não está adstrito à sua fundamentação"[203].

---

[202] MANDELLI JUNIOR, Roberto Mendes. *Arguição de descumprimento de preceito fundamental*, São Paulo: Revista dos Tribunais, 2003, p. 148.

[203] ARAUJO, Luiz Alberto David; NUNES JÚNIOR, Vidal Serrano. *Curso de direito constitucional*, cit., 9. ed. rev. e atual., 2005, p. 44-45.

## 10.6. Objeto da ação

A ação direta de inconstitucionalidade tem por objeto a validade da norma em tese, independentemente da existência de caso concreto. A declaração da inconstitucionalidade é o objeto principal da ação. Esta tem por objeto norma abstrata analisada em face da Constituição, sendo o controle repressivo relativo ao direito pós-constitucional e infraconstitucional.

A palavra norma é tomada no sentido lato do termo e compreende, nos termos do art. 102, I, *a*, da Constituição Federal, lei ou ato normativo federal ou estadual, ou seja, o direito infraconstitucional. O direito não estatal não é passível do controle de constitucionalidade. "O objecto do controlo da constitucionalidade são normas jurídico-públicas. Excluem-se, assim, da fiscalização judicial da Constituição os actos normativos privados. Esta solução inscreve-se na perspectiva tradicional baseada na autonomia da ordem jurídico-privada perante o ordenamento constitucional. Dito por outras palavras: as consequências jurídicas dos actos ou comportamentos inconstitucionais dos particulares não se reconduzem a problemas de inconstitucionalidade"[204].

### *10.6.1. Controle abstrato*

O controle concentrado é exercido em abstrato, não sendo possível o controle de normas de efeitos concretos, pois o objeto da ação deve ser norma dotada de abstração, generalidade e impessoalidade. Assim, a lei formal não é passível de controle de constitucionalidade, pois seu conteúdo traduz ato concreto[205]. "A ação direta é o meio pelo

---

[204] CANOTILHO, J. J. Gomes. *Direito constitucional e teoria da Constituição*. Coimbra: Almedina, p. 831.

[205] Para que uma norma seja considerada lei, em seu sentido próprio e pleno, é necessária a presença de três elementos: material, formal e instrumental. Quando faltar o elemento formal ou material, a norma será considerada uma lei imperfeita, sendo denominadas "lei meramente formal" ou "lei formal" e "leis meramente materiais" ou "leis materiais". Como exemplo de lei formal, podemos citar a lei que declara uma instituição filantrópica como de utilidade pública. Pelo contrário, como lei

qual se procede ao controle de constitucionalidade das normas jurídicas *in abstracto*, não se prestando ela ao controle de atos administrativos que têm objeto determinado e destinatários certos, ainda que esses atos sejam editados sob a forma de lei — as leis meramente formais, porque têm forma de lei, mas seu conteúdo não encerra normas que disciplinam relações em abstrato"[206]. "Atos estatais de efeitos concretos, ainda que veiculados em texto de lei formal, não se expõem, em sede de ação direta, à jurisdição constitucional abstrata do Supremo Tribunal Federal. A ausência de densidade normativa no conteúdo do preceito legal impugnado desqualifica-o — enquanto objeto juridicamente inidôneo — para o controle normativo abstrato"[207]. O Supremo Tribunal Federal entende que não é possível a propositura de ação direta de inconstitucionalidade, que tem por objeto norma de efeito concreto:

> EMENTA: AÇÃO DIRETA DE INCONSTITUCIONALIDADE — ESTADO DE SÃO PAULO — LEI N. 7.210/91 — DOAÇÃO DE BENS INSERVÍVEIS E/OU EXCEDENTES A ENTIDADE DE DIREITO PRIVADO — ATO MATERIALMENTE ADMINISTRATIVO — IMPOSSIBILIDADE DE CONTROLE CONCENTRADO DE CONSTITUCIONALIDADE — NÃO CONHECIMENTO.
>
> — Objeto de controle normativo abstrato, perante a Suprema Corte, são, em nosso sistema de direito positivo, exclusivamente, os atos normativos federais ou estaduais. Refogem a essa jurisdição excepcional de controle os atos materialmente administrativos, ainda que incorporados ao texto de lei formal.
>
> — Os atos estatais de efeitos concretos — porque despojados de qualquer coeficiente de normatividade ou de generali-

material podem ser considerados os regulamentos administrativos do Poder Executivo. Nesse aspecto, verifica-se a lei no sentido lato do termo. *Vide* Paulo Hamilton Siqueira Jr., *Lições de introdução ao direito*, 5. ed. rev., aum. e atual., São Paulo: Juarez de Oliveira, 2003, p. 170-183.

[206] MARTINS, Ives Gandra da Silva; MENDES, Gilmar Ferreira. *Controle concentrado de constitucionalidade*, cit., p. 118.

[207] STF, ADIn 842-1-DF, Rel. Min. Celso de Mello, j. 26-02-93, *DJ*, 14-05-93.

dade abstrata — não são passíveis de fiscalização jurisdicional, em tese, quanto à sua compatibilidade vertical com o texto da Constituição.

Lei estadual, cujo conteúdo veicule ato materialmente administrativo (doação de bens públicos a entidade privada), não se expõe à jurisdição constitucional concentrada do Supremo Tribunal Federal, em sede de ação direta[208].

EMENTA: Ação direta de inconstitucionalidade. Arguição de inconstitucionalidade parcial dos artigos 7º e 9º da Lei 8.029/90, bem como dos incisos III e IV do artigo 2º do Decreto 99.240/90. Medida liminar requerida.

— A ação direta de inconstitucionalidade é o meio pelo qual se procede, por intermédio do Poder Judiciário, ao controle da constitucionalidade das normas jurídicas *in abstrato*. Não se presta ela, portanto, ao controle da constitucionalidade de atos administrativos que têm objeto determinado e destinatários certos, ainda que esses atos sejam editados sob a forma de lei — as leis meramente formais, porque têm forma de lei, mas seu conteúdo não encerra normas que disciplinem relações jurídicas em abstrato.

— No caso, tanto o artigo 7º como o artigo 9º da Lei 8.029 são leis meramente formais, pois, em verdade, têm por objeto atos administrativos concretos.

— Por outro lado, no tocante aos incisos III e IV do artigo 2º do Decreto 99.240, de 7 de maio de 1990, são eles de natureza regulamentar — disciplinam a competência dos inventariantes que promoverão os atos de extinção das autarquias e fundações declarados extintos por esse mesmo Decreto com base na autorização da Lei 8.029, de 12 de abril de 1990, não sendo assim, segundo a firme jurisprudência desta Corte, susceptíveis de ser objeto de ação direta de inconstitucionalidade.

208 STF, ADIn 643-6-DF, Rel. Min. Celso de Mello, j. 19-12-91, *DJ*, 03-04-92.

Ação direta de inconstitucionalidade não conhecida[209].

Oswaldo Luiz Palu afirma que "a ação direta de inconstitucionalidade perderia sua função primordial, político-jurídica, se convertida em ação de tutela de interesses concretos. Assim, lei em sentido formal, mas ato materialmente administrativo que regula doação de bens públicos a entes de direito privado; são atos estatais de efeitos concretos sem qualquer normatividade ou generalidade abstrata, não sendo passíveis de controle na via concentrada. A ação direta de inconstitucionalidade é o modo pelo qual se pede ao Poder Judiciário o controle das normas jurídicas em abstrato, não se prestando ao controle de atos administrativos, que têm objeto determinado e destinatários certos, ainda que sob a forma de lei — as leis meramente formais —, porque seu conteúdo não encerra norma que disciplina relação jurídica em abstrato"[210].

O controle concentrado tem por finalidade o interesse público, não se configurando como instrumento hábil para a defesa de direitos subjetivos. "A natureza eminentemente objetiva do processo de controle de constitucionalidade não dá lugar a ingresso, na relação processual, de particular voltado à defesa de interesse subjetivo, sendo restrita aos órgãos estatais, de que emanou o ato normativo impugnado, a formação litisconsorcial passiva na ação da espécie"[211]. "O Supremo Tribunal Federal tem orientação assentada no sentido da impossibilidade de controle abstrato da constitucionalidade de lei, quando, para o deslinde da questão, se mostra indispensável o exame do conteúdo de outras normas jurídicas infraconstitucionais ou de matéria de fato"[212].

No mesmo sentido, não cabe ação direta de inconstitucionalidade sobre lei orçamentária, pois esta categoria de norma não é abstrata e geral. Pelo contrário, trata-se de norma administrativa com

[209] STF, ADIn 647-9-DF, Rel. Min. Moreira Alves, j. 18-12-91, *DJ*, 27-03-92.

[210] PALU, Oswaldo Luiz. *Controle de constitucionalidade*, cit., p. 206.

[211] STF, AgRg em ADIn 1.285-0-SP, Rel. Min. Ilmar Galvão, j. 06-09-95, *DJ*, 06-10-95.

[212] STF, ADIn 1.286-0-SP, Rel. Min. Ilmar Galvão, j. 07-02-96, *DJ*, 06-09-96.

efeito concreto. O Supremo Tribunal Federal já decidiu que "constitui ato de natureza concreta a emenda parlamentar que encerra tão somente destinação de percentuais orçamenatários, visto que destituída de qualquer carga de abstração e de enunciado normativo. A jurisprudência desta Corte firmou entendimento de que só é admissível ação direta de inconstitucionalidade contra ato dotado de abstração, generalidade e impessoalidade"[213].

Cumpre ressaltar que se a Lei Orçamentária for abstrata e autônoma cabe ação direta de inconstitucionalidade. Nesse aspecto, o Supremo Tribunal Federal tem entendido "inadmissível a ação direta contra disposições insertas na Lei de Diretrizes Orçamentárias, porque reputadas normas individuais ou de efeitos concretos, que se esgotam com a propositura e a votação do orçamento fiscal"[214] e assentou que "mostra-se adequado o controle concentrado da constitucionalidade quando a lei orçamentária revela contornos abstratos e autônomos, em abandono ao campo da eficácia concreta"[215]. Recentemente verificou-se a revisão da jurisprudência da Corte ao estabelecer que o Supremo Tribunal Federal deve exercer sua função precípua de fiscalização da constitucionalidade das leis e dos atos normativos quando houver um tema ou uma controvérsia constitucional suscitada em abstrato, independente do caráter geral ou específico, concreto ou abstrato de seu objeto, possibilitando a submissão das normas orçamentárias ao controle abstrato de constitucionalidade[216].

### *10.6.2. Controle da inconstitucionalidade*

A ação direta de inconstitucionalidade tem por finalidade expelir, do sistema jurídico, lei ou ato normativo inconstitucional. A refe-

---

[213] STF, ADIn 2.057-9-AP, Rel. Min. Maurício Corrêa, j. 09-12-99, *DJ*, 31-03-2000. No mesmo sentido: STF, ADIn 2.100-1-RS, Rel. Min. Néri da Silveira, j. 17-12-99, *DJ*, 01-06-01.

[214] STF, ADIn 2.535-0-MT, Rel. Min. Sepúlveda Pertence, j. 19-12-01, *DJ*, 21-11-03.

[215] STF, ADIn 2.925-8-DF, Rel. Min. Sepúlveda Pertence, j. 19-12-04, *DJ*, 04-03-05.

[216] STF, ADIn MC 4.048-1-DF, Rel. Min. Gilmar Mendes, j. 14-05-08, *DJ*, 22-08-08; STF, ADIn MC 4.049-1-DF, Rel. Min. Carlos Britto, j. 05-11-08, *DJ*, 08-05-09.

rida ação tem por objetivo a declaração de inconstitucionalidade de lei ou ato normativo federal ou estadual contrários à Constituição Federal. O controle é com referência a inconstitucionalidade, sendo que a ilegalidade não pode ser objeto da jurisdição constitucional. O ato normativo ilegal é da competência da jurisdição ordinária. A norma que ofende a lei de hierarquia superior é ilegal, não podendo ser objeto de ação direta de inconstitucionalidade. Se a norma infraconstitucional não for de natureza autônoma, não pode ser atacada em ação direta de inconstitucionalidade, que não é via adequada a mera declaração de ilegalidade de norma regulamentar[217]. Outrossim, não é possível questionar no Supremo Tribunal Federal a inconstitucionalidade oblíqua ou reflexa. Nesse sentido, esse Tribunal já entendeu necessária a ofensa frontal à Constituição:

> EMENTA: AÇÃO DIRETA DE INCONSTITUCIONALIDADE — INSTRUÇÃO NORMATIVA — PORTARIAS N. 24/94 E N. 25/94 DO SECRETÁRIO DE SEGURANÇA E SAÚDE NO TRABALHO — PREVENÇÃO CONTRA SITUAÇÕES DE DANO NO AMBIENTE DE TRABALHO — CONTROLE MÉDICO DE SAÚDE OCUPACIONAL — ATO DESVESTIDO DE NORMATIVIDADE QUALIFICADA PARA EFEITO DE IMPUGNAÇÃO EM SEDE DE CONTROLE CONCENTRADO DE CONSTITUCIONALIDADE — AÇÃO NÃO CONHECIDA. PARAMETRICIDADE E CONTROLE NORMATIVO ABSTRATO.
>
> — A Constituição da República, em tema de ação direta, qualifica-se como o único instrumento normativo revestido de parametricidade, para efeito de fiscalização abstrata de constitucionalidade perante o Supremo Tribunal Federal.
>
> AÇÃO DIRETA E OFENSA FRONTAL À CONSTITUIÇÃO.
>
> — O controle normativo abstrato, para efeito de sua válida instauração, supõe a ocorrência de situação de litigiosidade constitucional que reclama a existência de uma necessária relação de confronto imediato entre o ato estatal de menor positividade jurídica e o texto da Constituição Federal.

---

[217] STF, ADIn 1.258-4-PR, Rel. Min. Néri da Silveira, j. 26-05-95, *DJ*, 20-06-97.

— Revelar-se-á processualmente inviável a utilização de ação direta, quando a situação de inconstitucionalidade — que sempre deve transparecer imediatamente ao conteúdo material do ato normativo impugnado — depender, para efeito de seu reconhecimento, do prévio exame comparativo entre a regra estatal questionada e qualquer outra espécie jurídica de natureza infraconstitucional, como os atos internacionais — inclusive aqueles celebrados no âmbito da Organização Internacional do Trabalho (O.I.T.) — que já se acham incorporados ao direito positivo interno do Brasil, pois os Tratados concluídos pelo Estado Federal possuem, em nosso sistema normativo, o mesmo grau de autoridade e de eficácia das leis nacionais.

INTERPRETAÇÃO ADMINISTRATIVA DA LEI E CONTROLE NORMATIVO ABSTRATO.

— Se a instrução normativa, em decorrência de má interpretação das leis e de outras espécies de caráter equivalente, vem a positivar uma exegese apta a romper a hierarquia normativa que deve observar em face desses atos estatais primários, aos quais se acha vinculada por um claro nexo de acessoriedade, viciar-se-á de ilegalidade — e não de inconstitucionalidade —, impedindo, em consequência, a utilização do mecanismo processual da fiscalização normativa abstrata. Precedentes: RTJ 133/69 — RTJ 134/559.

— O eventual extravasamento, pelo ato regulamentar, dos limites a que se acha materialmente vinculado poderá configurar insubordinação administrativa aos comandos da lei. Mesmo que desse vício jurídico resulte, num desdobramento ulterior, uma potencial violação da Carta Magna, ainda assim estar-se-á em face de uma situação de inconstitucionalidade meramente reflexa ou oblíqua, cuja apreciação não se revela possível em sede jurisdicional concentrada[218].

Para o Supremo Tribunal Federal "tem-se inconstitucionalidade reflexa – cuja verificação não se presta a ação direta – quando o vício

---

218 STF, ADIn 1.347-5-DF, Rel. Min. Celso de Mello, j. 05-10-95, *DJ*, 01-12-95.

de ilegitimidade irrogado a um ato normativo é o desrespeito à Lei Fundamental por haver vício violado norma infraconstitucional interposta, a cuja observância estaria vinculado pela Constituição"[219].

O controle concentrado não pode ter por objeto a validade de ato normativo infralegal, quando apreciados em face de lei, sob cuja égide foram editados, ainda que em confronto com a Constituição. "Não se legitima a instauração do controle normativo abstrato quando o juízo de constitucionalidade depende, para efeito de sua prolação, do prévio cotejo entre o ato estatal impugnado e o conteúdo de outras normas jurídicas infraconstitucionais editadas pelo Poder Público. A ação direta não pode ser degradada em sua condição jurídica de instrumento básico de defesa objetiva da ordem normativa inscrita na Constituição. A válida e adequada utilização desse meio processual exige que o exame *in abstrato* do ato estatal impugnado seja realizado exclusivamente à luz do texto constitucional. Desse modo, a inconstitucionalidade deve transparecer diretamente do texto do ato estatal impugnado. A prolação desse juízo de desvalor não pode e nem deve depender, para efeito de controle normativo abstrato, da prévia análise de outras espécies jurídicas infraconstitucionais, para, somente a partir desse exame e num desdobramento exegético ulterior, efetivar-se o reconhecimento da ilegitimidade constitucional do ato questionado"[220]. Essa crise de legalidade, ou seja, a ilegalidade praticada pela autoridade administrativa, que se traduz na inobservância do princípio da legalidade administrativa, deve ser analisada no caso concreto e não na via concentrada. Conforme afirmamos, atos normativos de natureza autônoma podem ser objeto do controle concentrado. O Supremo Tribunal Federal já deixou assentado que tem se "objeto idôneo à ação direta de inconstitucionalidade quando o decreto impugnado não é de caráter regulamentar de lei, mas constitui ato normativo que pretende derivar o seu conteúdo diretamente

---

[219] STF, ADIn 2.535-0-MT, Rel. Min. Sepúlveda Pertence, j. 19-12-01, *DJ*, 21-11-03.

[220] STF, ADIn 842-1-DF, Rel. Min. Celso de Mello, j. 26-02-93, *DJ*, 14-05-93.

da Constituição"[221]. "Uma vez ganhando o decreto contornos de verdadeiro ato normativo autônomo, cabível é a ação direta de inconstitucionalidade"[222].

O Ministro Gilmar Mendes destacou que: "Não se discute que os atos do Poder Público sem caráter de generalidade não se prestam ao controle abstrato de normas, porquanto a própria Constituição elegeu como objeto desse processo os atos tipicamente normativos, entendidos como aqueles dotados de um mínimo de generalidade e abstração. Ademais, não fosse assim, haveria uma superposição entre a típica jurisdição constitucional e a jurisdição ordinária. Outra há de ser, todavia, a interpretação, se se cuida de atos editados sob a forma de lei. Nesse caso, houve por bem o constituinte não distinguir entre leis dotadas de generalidade e aqueloutras, conformadas sem o atributo de generalidade e abstração. Essas leis formais decorrem ou da vontade do legislador ou do próprio constituinte, que exige que certos atos, ainda que de efeito concreto, sejam editados sob a forma de lei (v.g., lei de orçamento, lei que institui empresa pública, sociedade de economia mista, autarquia e fundação pública). Ora, se a Constituição submeteu a lei ao processo de controle abstrato, até por ser este o meio próprio de inovação na ordem jurídica e o instrumento adequado de concretização da ordem constitucional, não seria admissível que o intérprete debilite essa garantia da Constituição, isentando um número elevado de atos aprovados sob a forma de lei do controle abstrato de normas e, muito provavelmente, de qualquer forma de controle. É que muitos desses atos, por não envolverem situações subjetivas, dificilmente poderão ser submetidos a um controle de legitimidade no âmbito da jurisdição ordinária. Ressalte-se que não se vislumbram razões de índole lógica ou jurídica contra a aferição da legitimidade das leis formais no controle abstrato de normas, até porque abstrato – isto é, não vinculado ao caso concreto – há de ser o processo e não o ato legislativo submetido ao controle de constitucionalidade. Por derradeiro, cumpre observar que o entendimento acima referido do Supremo Tribunal Federal acaba, em muitos casos,

---

[221] STF, ADIn 1.590-7-SP, Rel. Min. Sepúlveda Pertence, j. 19-07-97, *DJ*, 15-08-97.

[222] STF, ADIn 1.396-3-SC, Rel. Min. Marco Aurélio, j. 08-06-98, *DJ*, 07-08-98.

por emprestar significado substancial a elementos muitas vezes acidentais: a suposta generalidade, impessoalidade e abstração ou a pretensa concretude e singularidade do ato do Poder Público. Os estudos e análises no plano da teoria do direito indicam que tanto se afigura possível formular uma lei de efeito concreto – lei casuística – de forma genérica e abstrata quanto seria admissível apresentar como lei de efeito concreto regulação abrangente de um complexo mais ou menos amplo de situações. Todas essas considerações parecem demonstrar que a jurisprudência do Supremo Tribunal Federal não andou bem ao considerar as leis de efeito concreto como inidôneas para o controle abstrato de normas[223]"

### *10.6.3. Controle repressivo*

O controle repressivo, em especial o controle concentrado, pressupõe a existência da norma no sistema jurídico, independentemente de sua entrada em vigor. Assim, é possível o controle de constitucionalidade no período da *vacatio legis*, na medida em que se trata de ato acabado. "O controle abstrato de normas pressupõe, também na ordem jurídica brasileira, a existência formal da lei ou do ato normativo, após a conclusão definitiva do processo legislativo. Não se faz mister, porém, que a lei esteja em vigor. Tal como explicitado em acórdão recente, a ação direta de inconstitucionalidade somente pode ter como objeto juridicamente idôneo leis e atos normativos, federais e estaduais, já promulgados, editados e publicados. Essa orientação exclui a possibilidade de se propor ação direta de constitucionalidade de caráter preventivo"[224]. Nesse sentido, já decidiu o Supremo Tribunal Federal:

> EMENTA: AÇÃO DIRETA DE INCONSTITUCIONALIDADE — PROPOSTA DE EMENDA À CONSTITUIÇÃO FEDERAL — INSTITUIÇÃO DA PENA DE MORTE MEDIANTE PRÉ-

[223] STF, ADIn 4.048-MC-DF, Rel. Min. Gilmar Mendes, j. 14-05-08, *DJ*, 22-08-08.

[224] MARTINS, Ives Gandra da Silva; MENDES, Gilmar Ferreira. *Controle concentrado de constitucionalidade*, cit., p. 131.

VIA CONSULTA PLEBISCITÁRIA — LIMITAÇÃO MATERIAL EXPLÍCITA DO PODER REFORMADOR DO CONGRESSO NACIONAL (ART. 60, § 4º, IV) — INEXISTÊNCIA DE CONTROLE PREVENTIVO ABSTRATO (EM TESE) NO DIREITO BRASILEIRO — AUSÊNCIA DE ATO NORMATIVO — NÃO CONHECIMENTO DA AÇÃO DIRETA.

— O direito constitucional positivo brasileiro, ao longo de sua evolução histórica, jamais autorizou — como a nova Constituição promulgada em 1988 também não o admite — o sistema de controle jurisdicional preventivo de constitucionalidade, em abstrato. Inexiste, desse modo, em nosso sistema jurídico, a possibilidade de fiscalização abstrata preventiva da legitimidade constitucional de meras proposições normativas pelo Supremo Tribunal Federal.

Atos normativos *in fieri*, ainda em face de formação, com tramitação procedimental não concluída, não ensejam e nem dão margem ao controle concentrado ou em tese de constitucionalidade, que supõe — ressalvadas as situações configuradoras de omissão juridicamente relevante — a existência de espécies normativas definitivas, perfeitas e acabadas. Ao contrário do ato normativo — que existe e que pode dispor de eficácia jurídica imediata, constituindo, por isso mesmo, uma realidade inovadora da ordem positiva —, a mera proposição legislativa nada mais encerra do que simples proposta de direito novo, a ser submetida à apreciação do órgão competente, para que, de sua eventual aprovação, possa derivar, então, a sua introdução formal no universo jurídico.

A jurisprudência do Supremo Tribunal Federal tem refletido claramente essa posição em tema de controle normativo abstrato, exigindo, nos termos do que prescreve o próprio texto constitucional — e ressalvada a hipótese de inconstitucionalidade por omissão — que a ação direta tenha, e só possa ter, como objeto juridicamente idôneo, apenas leis e atos normativos, federais ou estaduais, já promulgados, editados e publicados.

A impossibilidade jurídica de controle abstrato preventivo de meras propostas de emenda não obsta a sua fiscalização em tese quando transformadas em emendas à Constituição. Estas — que não são normas constitucionais originárias — não estão excluídas, por isso mesmo, do âmbito do controle sucessivo ou repressivo de constitucionalidade.

— O Congresso Nacional, no exercício de sua atividade constituinte derivada e no desempenho de sua função reformadora, está juridicamente subordinado à decisão do poder constituinte originário que, a par de restrições de ordem circunstancial, inibitórias do poder reformador (CF, art. 60, § 1º), identificou, em nosso sistema constitucional, um núcleo temático intangível e imune à ação revisora da instituição parlamentar. As limitações materiais explícitas, definidas no § 4º do art. 60 da Constituição da República, incidem diretamente sobre o poder de reforma conferido ao Poder Legislativo da União, inibindo-lhe o exercício nos pontos ali discriminados. A irreformabilidade desse núcleo temático, acaso desrespeitada, pode legitimar o controle normativo abstrato, e mesmo a fiscalização jurisdicional concreta, de constitucionalidade[225].

A tese do Supremo Tribunal Federal exclui a possibilidade do controle concentrado em caráter preventivo, diferentemente do que ocorre no sistema jurídico europeu, que prevê expressamente a possibilidade do controle abstrato preventivo[226]. Outro exemplo é a Constituição do Chile, que prevê expressamente a possibilidade do controle preventivo abstrato da constitucionalidade[227].

O Supremo Tribunal Federal já reconheceu em sede de mandado de segurança a possibilidade do controle preventivo de constitu-

---

[225] STF, ADIn 466-2-DF, Rel. Min. Celso de Mello, j. 03-04-91, *DJ*, 10-05-91.

[226] Arts. 41 da Constituição francesa, 278 da Constituição da República portuguesa e 127 da Constituição da Itália.

[227] "Art. 82. Son atribuciones del Tribunal Constitucional: 1. Ejercer el control de la constitucionalidad de las leyes orgánicas constitucionales antes de su promulgación y de las leyes que interpreten algún precepto de la Constitución; 2. Resolver las cuestiones sobre constitucionalidad que se susciten durante la tramitación de los proyectos de ley o de reforma constitucional y de los tratados sometidos a la aprobación del Congreso".

cionalidade[228]. Nesse caso, verifica-se a possibilidade de o parlamentar ingressar com mandado de segurança, na medida em que possui o direito líquido e certo de participar de processo legislativo que respeite os preceitos constitucionais. O mandado de segurança é impetrado contra ato concreto da Mesa da Casa Legislativa, que admite processo legislativo inconstitucional, visto que o ato se dirige ao próprio processamento da norma. Como, por exemplo, o Supremo Tribunal Federal, que já conheceu mandado de segurança acerca de alegação de impossibilidade de matéria constante de proposta de emenda rejeitada ou prejudicada pode ser objeto de nova proposta na mesma sessão legislativa[229]. Nesse sentido, o parlamentar possui legitimidade ativa para impetrar mandado de segurança na defesa da garantia do devido processo legislativo, que se trata de direito subjetivo do parlamentar[230].

Ainda, no que tange ao aspecto temporal, segundo o entendimento do Supremo Tribunal Federal a revogação da norma provoca a extinção da ação direta de inconstitucionalidade, uma vez que o ato revogatório torna inexistente o interesse processual de expurgar norma inconstitucional do sistema jurídico, na medida em que houve revogação pelo próprio Poder Legislativo. Nesse sentido:

> EMENTA: AÇÃO DIRETA DE INCONSTITUCIONALIDADE. OBJETO DA AÇÃO. REVOGAÇÃO SUPERVENIENTE DA LEI ARGUIDA DE INCONSTITUCIONAL. PREJUDICIALIDADE DA AÇÃO. CONTROVÉRSIA.
>
> OBJETO DA AÇÃO DIRETA prevista no art. 102, I, *a* e 103 da Constituição Federal, é a declaração de inconstitucionalidade de lei ou ato normativo em tese, logo o interesse de agir só existe se a lei estiver em vigor.
>
> REVOGAÇÃO DA LEI ARGUIDA DE INCONSTITUCIONAL. Prejudicialidade da ação por perda do objeto. A re-

[228] STF, MS 22.503-3-DF, Rel. Min. Marco Aurélio, j. 08-05-96, *DJ*, 06-06-97; STF, MS 20.257-3-DF, Rel. Min. Moreira Alves, j. 08-10-80, *DJ*, 27-02-81.

[229] STF, ADIn 22.503-3-DF, Rel. Min. Marco Aurélio, j. 08-05-96, *DJ*, 06-06-97.

[230] STF, ADIn 24.041-5-DF, Rel. Min. Nelson Jobim, j. 29-08-01, *DJ*, 11-04-03.

vogação ulterior da lei questionada realiza, em si, a função jurídica constitucional reservada à ação direta de expungir do sistema a norma inquinada de inconstitucionalidade.

> EFEITOS CONCRETOS DA LEI REVOGADA, durante sua vigência. Matéria que, por não constituir objeto da ação direta, deve ser remetida às vias ordinárias. A declaração em tese de lei que não mais existe transformaria a ação direta em instrumento processual de proteção de situações jurídicas pessoais e concretas.
>
> Ação direta que, tendo por objeto a Lei 9.048/89 do Estado do Paraná, revogada no curso da ação, se julgue prejudicada[231].

O Supremo Tribunal Federal entendeu que não existe a possibilidade de obstar a revogação de normas, pois trata-se de ato restrito às atribuições do Poder Legislativo, e que a revogação superveniente do ato normativo impugnado, em sede de controle concentrado de constitucionalidade, provoca a extinção da ação, desde que inexistentes quaisquer efeitos residuais concretos.

> EMENTA: AÇÃO DIRETA DE INCONSTITUCIONALIDADE — CONTROLE NORMATIVO ABSTRATO — NATUREZA DO ATO INCONSTITUCIONAL — DECLARAÇÃO DE INCONSTITUCIONALIDADE — EFICÁCIA RETROATIVA — O SUPREMO TRIBUNAL FEDERAL COMO LEGISLATIVO NEGATIVO — REVOGAÇÃO SUPERVENIENTE DO ATO NORMATIVO IMPUGNADO — PRERROGATIVA INSTITUCIONAL DO PODER PÚBLICO — AUSÊNCIA DE EFEITOS RESIDUAIS CONCRETOS — PREJUDICIALIDADE.
>
> — O repúdio ao ato inconstitucional decorre, em essência, do princípio que, fundado na necessidade de preservar a unidade da ordem jurídica nacional, consagra a supremacia da Constituição. Esse postulado fundamental de nosso ordenamento normativo impõe que preceitos revestidos de menor grau de

[231] STF, ADIn 709-2-PR, Rel. Min. Paulo Brossard, j. 07-10-92, *DJ*, 24-06-94.

positividade jurídica guardem, necessariamente, relação de conformidade vertical com as regras inscritas na Carta Política, sob pena de ineficácia e de consequente inaplicabilidade.

Atos inconstitucionais são, por isso mesmo, nulos e destituídos, em consequência, de qualquer carga de eficácia jurídica.

— A declaração de inconstitucionalidade de uma lei alcança, inclusive, os atos pretéritos com base nela praticados, eis que inquina de total nulidade os atos emanados do Poder Público, desampara as situações constituídas sob sua égide e inibe — ante a sua inaptidão para produzir efeitos jurídicos válidos — a possibilidade de invocação de qualquer direito.

— A declaração de inconstitucionalidade em tese encerra um juízo de exclusão, que, fundado numa competência de rejeição deferida ao Supremo Tribunal Federal, consiste em remover do ordenamento positivo a manifestação estatal inválida e desconforme ao modelo plasmado na Carta Política, com todas as consequências daí decorrentes, inclusive a plena restauração de eficácia das leis e das normas afetadas pelo ato declarado inconstitucional. Esse poder excepcional — que extrai a sua autoridade da própria Carta Política — converte o Supremo Tribunal Federal em verdadeiro legislador negativo.

— A mera instauração do processo de fiscalização normativa abstrata não impede o exercício, pelo órgão estatal competente, da prerrogativa de praticar os atos que se inserem na esfera de suas atribuições institucionais: o de criar leis e de revogá-las.

O ajuizamento da ação direta de inconstitucionalidade não tem, pois, o condão de suspender a tramitação de procedimentos legislativos ou de reforma constitucional que objetivem a revogação de leis ou atos normativos cuja validade jurídica esteja sob exame da Corte, em sede de controle concentrado.

— A suspensão cautelar da eficácia do ato normativo impugnado em ação direta — não obstante restaure, provisoriamente, a aplicabilidade da legislação anterior por ele revogada — não inibe o Poder Público de editar novo ato estatal, observados os parâmetros instituídos pelo sistema de direito positivo.

— A revogação superveniente do ato normativo impugnado, em sede de controle concentrado de constitucionalidade, impede, desde que inexistentes quaisquer efeitos residuais concretos, o prosseguimento da própria ação direta[232].

O Supremo Tribunal Federal, mais recentemente, firmou entendimento de que, ocorrendo a revogação superveniente da norma atacada em ação direta, esta perde o seu objeto independentemente de a referida norma ter, ou não, produzido efeitos concretos[233], pois no controle normativo abstrato não se discutem situações de caráter concreto ou individual[234].

Segundo nosso entendimento, revogada a norma impugnada, não se verificará a extinção da ação direta de inconstitucionalidade, uma vez que os efeitos anteriores à revogação devem ser analisados pelo Supremo Tribunal Federal. Desta feita, sendo os efeitos da ação *ex tunc*, a nulidade da norma será declarada no momento de seu nascimento até a sua revogação pelo Poder Legislativo, nos termos do próprio art. 27 da Lei n. 9.868/99, o qual estabelece que, "ao declarar a inconstitucionalidade de lei ou ato normativo, e tendo em vista razões de segurança jurídica ou de excepcional interesse social, poderá o Supremo Tribunal Federal, por maioria de dois terços de seus membros, restringir os efeitos daquela declaração ou decidir que ela só tenha eficácia a partir de seu trânsito em julgado ou de outro momento que venha a ser fixado". Nesse sentido, ante a possibilidade da restrição dos efeitos e da eficácia temporal da decisão, a revogação superveniente da norma não impede a sua declaração de inconstitucionalidade por meio da ação direta de inconstitucionalidade.

---

[232] STF, ADIn 652-3-MA, Rel. Min. Celso de Mello, j. 02-04-92, *DJ,* 02-04-93.

[233] STF, ADIn 1.952-0-DF, Rel. Min. Moreira Alves, j. 12-06-02, *DJ,* 09-08-02; STF, ADIn 2.010-2-DF, Rel. Min. Celso de Mello, j. 13-06-02, *DJ,* 28-03-03; STF, ADIn 2.515-5-CE, Rel. Min. Carlos Velloso, j. 13-12-01, *DJ,* 01-03-02.

[234] STF, ADIn 1.203-7-PI, Rel. Min. Celso de Mello, j. 19-04-95, *DJ,* 19-05-95; STF, ADIn 1.296-7, Rel. Min. Celso de Mello, j. 21-09-95, *DJ,* 01-08-03.

Gilmar Ferreira Mendes sustenta que "a renúncia a uma aferição de constitucionalidade da lei revogada não se deixa compatibilizar facilmente com a natureza e os objetivos do controle abstrato de normas, que se destina, fundamentalmente, à defesa da Constituição e do estabelecimento de segurança jurídica"[235]. O Ministro Gilmar Ferreira Mendes (relator da ADIn 1.244-SP), proferiu voto no "sentido da revisão da jurisprudência do STF — segundo a qual a ação direta perde seu objeto quando há a revogação superveniente da norma impugnada ou, em se tratando de lei temporária, quando sua eficácia já teria se exaurido —, para o fim de admitir o prosseguimento do controle abstrato nas hipóteses em que a norma atacada tenha perdido a vigência após o ajuizamento da ação, seja pela revogação, seja em razão do seu caráter temporário, restringindo o alcance dessa revisão às ações diretas pendentes de julgamento e às que vierem a ser ajuizadas. O Min. Gilmar Mendes, considerando que a remessa de controvérsia constitucional já instaurada perante o STF para as vias ordinárias é incompatível com os princípios da máxima efetividade e da força normativa da Constituição, salientou não estar demonstrada nenhuma razão de base constitucional a evidenciar que somente no âmbito do controle difuso seria possível a aferição da constitucionalidade dos efeitos concretos de uma lei. Após, o julgamento foi adiado em virtude do pedido de vista da Ministra Ellen Gracie"[236].

Em outra oportunidade, o Ministro Cezar Peluso, ao analisar questão de ordem, afirmou que "Senhor Presidente, além de elogiar a fervorosa manifestação do ilustre advogado, tenho por correta sua afirmação de que, no dia 7 do corrente mês, isto é, quando já em pauta as três ações conexas, a Assembleia Legislativa do Tocantins aprovou, sendo sancionada e promulgada, a Lei n. 1.950, que revogou a lei impugnada nas presentes causas. Mas a mim me parece – aliás,

---

235 MARTINS, Ives Gandra da Silva; MENDES, Gilmar Ferreira. *Controle concentrado de constitucionalidade*, cit., p. 134.

236 Informativo n. 305 do Supremo Tribunal Federal. ADIn 1.244-SP, Rel. Min. Gilmar Mendes, 23-04-03. Disponível em: <http://www.stf.gov.br/noticias/informativos/anteriores/info305.asp>. Acesso em: 14 set. 2004.

em conformidade com a tese reafirmada em recente julgamento, de que foi Relator o Ministro Carlos Alberto Menezes Direito – que o fato de a lei objeto da impugnação ter sido revogada, não diria, no curso dos processos, mas já quase ao cabo deles, não subtrai à Corte a jurisdição nem a competência para examinar a constitucionalidade da lei até então vigente e suas consequências jurídicas, que, uma vez julgadas procedentes as três ações, não seriam, no caso, de pouca monta. De modo que, a respeito, meu voto é no sentido de que as ações não estão prejudicadas e, por isso, vou avançar exame de mérito". No mesmo debate o Ministro Menezes Direito ressaltou que "Nós já enfrentamos, pelo menos em tese, essa questão. E, no caso concreto, disse o Ministro Peluso muito bem, isso é uma manobra absolutamente ilícita, porque é uma lei delegada, e vários atos foram praticados sob essa cobertura, ou seja, com consequências terrificantes para o erário público e, ao depois, revoga-se à lei e ressalvam-se os atos praticados. Evidentemente que não há como considerar prejudicada a ação. (...) Senhor Presidente, estou de acordo com o relator destacando que nós, em outras oportunidades, em situações assemelhadas, até demos o efeito *ex nunc*, e, em alguns casos, até aplicamos a dilargação do efeito. Mas, nessa circunstância concreta, diante das peculiaridades do caso, como assentou o Relator, é imperativo que se dê efeito *ex tunc*"[237].

Ainda, no âmbito temporal da norma, era entendimento do Supremo Tribunal Federal que se ocorresse alteração de parâmetro constitucional pelo surgimento superveniente de emenda à Constituição, a ação direta de inconstitucionalidade deveria ser julgada prejudicada. Para o Supremo Tribunal Federal se a norma constitucional foi alterada por emenda, se verifica a perda de objeto. Trata-se, segundo nosso entendimento, de caso típico de constitucionalidade superveniente. Entretanto, não podemos esquecer do efeito retroativo, pois em determinado momento o sistema jurídico teve norma inconstitucional.

O Supremo Tribunal Federal alterou esse entendimento e consequentemente não há que falar na constitucionalidade superveniente e assim o confronto da norma infraconstitucional com a Constitui-

[237] STF, ADIn 3.232-1-TO, Rel. Min. Cezar Peluso, j. 14-08-08, *DJ*, 03-10-08.

ção deve ser realizado com texto constitucional da época do nascedouro da norma. É o denominado princípio da contemporaneidade. Esse é o atual posicionamento do STF:

> "EMENTA: Ação Direta de Inconstitucionalidade. AMB. Lei n. 12.398/98-Paraná. Decreto Estadual n. 721/99. Edição da EC n. 41/03. Substancial alteração do parâmetro de controle. Não ocorrência de prejuízo. Superação da jurisprudência da Corte acerca da matéria. Contribuição dos inativos. Inconstitucionalidade sob a EC n. 20/98. Precedentes.
>
> 1. Em nosso ordenamento jurídico, não se admite a figura da constitucionalidade superveniente. Mais relevante do que a atualidade do parâmetro de controle é a constatação de que a inconstitucionalidade persiste e é atual, ainda que se refira a dispositivos da Constituição Federal que não se encontram mais em vigor. Caso contrário, ficaria sensivelmente enfraquecida a própria regra que proíbe a convalidação.
>
> 2. A jurisdição constitucional brasileira não deve deixar às instâncias ordinárias a solução de problemas que podem, de maneira mais eficiente, eficaz e segura, ser resolvidos em sede de controle concentrado de normas.
>
> 3. A Lei estadual n. 12.398/98, que criou a contribuição dos inativos no Estado do Paraná, por ser inconstitucional ao tempo de sua edição, não poderia ser convalidada pela Emenda Constitucional n. 41/03. E, se a norma não foi convalidada, isso significa que a sua inconstitucionalidade persiste e é atual, ainda que se refira a dispositivos da Constituição que não se encontram mais em vigor, alterados que foram pela Emenda Constitucional n. 41/03. Superada a preliminar de prejudicialidade da ação, fixando o entendimento de, analisada a situação concreta, não se assentar o prejuízo das ações em curso, para evitar situações em que uma lei que nasceu claramente inconstitucional volte a produzir, em tese, seus efeitos, uma vez revogada as medidas cautelares concedidas já há dez anos.
>
> 4. No mérito, é pacífica a jurisprudência desta Corte no sentido de que é inconstitucional a incidência, sob a égide da EC n. 20/98, de contribuição previdenciária sobre os proventos dos ser-

vidores públicos inativos e dos pensionistas, como previu a Lei n. 12.398/98, do Estado do Paraná (cf. ADI n. 2.010/DF-MC, Relator o Ministro Celso, DJ de 14/4/02; e RE n. 408.824/RS-AgR, Segunda Turma, Relator o Ministro Eros Grau, DJ de 25/4/08).

5. É igualmente inconstitucional a incidência, sobre os proventos de inativos e pensionistas, de contribuição compulsória para o custeio de serviços médico-hospitalares (cf. RE n. 346.797/RS-AgR, Relator o Ministro Joaquim Barbosa, Primeira Turma, DJ de 28/11/03; ADI n. 1.920/BA-MC, Relator Ministro Nelson Jobim, DJ de 20/09/02).

6. Declaração de inconstitucionalidade por arrastamento das normas impugnadas do decreto regulamentar, em virtude da relação de dependência com a lei impugnada. Precedentes.

7. Ação direta de inconstitucionalidade julgada parcialmente procedente"[238].

Interessante notar no referido acórdão o conceito estabelecido pelo Supremo de inconstitucionalidade por arrastamento ou atração. Dessa feita, a declaração de inconstitucionalidade da norma principal gera a inconstitucionalidade da norma secundária. Assim, conforme se verifica do acórdão, a inconstitucionalidade da lei atrai o decreto regulamentador que se fundava na lei.

### 10.6.4. Controle do direito pós-constitucional

As normas elaboradas sob a égide da Constituição são objeto do controle concentrado. Os atos normativos anteriores a ela, o denominado direito pré-constitucional, segundo construção jurisprudencial do Supremo Tribunal Federal, não podem ser objeto de ação direta de inconstitucionalidade, não sendo assim reconhecida a denominada inconstitucionalidade superveniente (constitucionalidade-inconstitucionalidade). A questão é afeta ao direito intertemporal (vigência-re-

[238] STF, ADIn 2.158-PR, Rel. Min. Dias Toffoli, j. 15-09-10, *DJ*, 16-12-10. No mesmo sentido: STF, ADIn 2.189-PR, Rel. Min. Dias Toffoli, j. 15-09-10, *DJ*, 16-12-10.

vogação). A norma anterior não é inconstitucional, pois não foi recepcionada pelo novo sistema jurídico, ou seja, revogada. A Constituição de Portugal prevê expressamente o fenômeno da recepção constitucional, admitindo o controle concentrado da constitucionalidade do direito anterior, sendo que os efeitos da declaração só se produzirão a partir da entrada em vigor do novo texto constitucional[239].

Segundo nosso entendimento, a ação direta de inconstitucionalidade pode ter por objeto o direito pré-constitucional. O fenômeno da recepção constitucional, submetido ao controle concentrado, produz segurança jurídica, pois evita dúvidas e contradições acerca da validade da norma. O Ministro Sepúlveda Pertence trata dessa espécie de não recepção de revogação qualificada, porque derivada da inconstitucionalidade superveniente de lei anterior à Constituição, passível de controle concentrado. Assim, andou bem o legislador ao prever expressamente essa hipótese como objeto de arguição de descumprimento de preceito fundamental, que trataremos em capítulo próprio (Cap. V, item 14).

### *10.6.5. Controle do direito infraconstitucional*

O controle concentrado tem por objeto leis ou atos normativos. A ação direta de inconstitucionalidade não pode ter por objeto norma constitucional, tendo em vista o princípio da unidade da Constituição. O texto constitucional deve ser lido na sua globalidade. Daí por que o intérprete deve considerar as normas constitucionais não como normas isoladas e dispersas, mas sim como preceitos integrados num sistema unitário de normas e princípios. Ante esse fato, não podem existir contradições e antagonismos entre as normas constitucionais. Canotilho afirma que "o princípio da unidade da constituição ganha relevo autónomo como princípio interpretativo quando com ele se quer significar que a constituição deve ser interpretada de forma a evitar contradições (antinomias, antagonismos) entre as suas normas. Como ponto de orientação, guia de discussão e factor hermenêutico

---

239 STF, ADIn 002-1-DF, Rel. Min. Paulo Brossard, j. 06-02-92, *DJ*, 21-11-97.

de decisão, o princípio da unidade obriga o intérprete a considerar a constituição na sua globalidade e a procurar harmonizar os espaços de tensão existentes entre as normas constitucionais a concretizar (ex.: princípio do Estado de Direito e princípio democrático, princípio unitário e princípio da autonomia regional e local). Daí que o intérprete deva sempre considerar as normas constitucionais não como normas isoladas e dispersas, mas sim como preceitos integrados num sistema interno unitário de normas e princípios"[240].

O Supremo Tribunal Federal decidiu que no nosso sistema jurídico não há hierarquia entre normas constitucionais originárias:

> EMENTA: — Ação direta de inconstitucionalidade. Parágrafos 1º e 2º do artigo 45 da Constituição Federal.
>
> — A tese de que há hierarquia entre normas constitucionais originárias dando azo à declaração de inconstitucionalidade de umas em face das outras é incompossível com o sistema de Constituição rígida.
>
> — Na atual Carta Magna "compete ao Supremo Tribunal Federal, precipuamente, a guarda da Constituição" (art. 102, "caput"), o que implica dizer que essa jurisdição lhe é atribuída para impedir que se desrespeite a Constituição como um todo, e não para, com relação a ela, exercer o papel de fiscal do Poder Constituinte originário, a fim de verificar se este teria, ou não, violado os princípios de direito suprapositivo que ele próprio havia incluído no texto da mesma Constituição. — Por outro

---

[240] CANOTILHO, J. J. Gomes. *Direito constitucional e teoria da Constituição*, cit., p. 1096-1097. No mesmo sentido, BULOS, Uadi Lammêgo. *Constituição Federal anotada*, 2. ed. rev. e atual., São Paulo: Saraiva, 2001, p. 341: "*Técnica da unidade da Constituição* — objetiva evitar contradições, através da redução proporcional do alcance dos preceitos constitucionais, com base na prioridade de certos valores imprescindíveis, como a vida, a propriedade, as liberdades públicas, os princípios fundamentais gerais etc. Do caráter uno da *lex mater*, deflui o efeito integrador dos reclamos políticos, econômicos, sociais, que inspiram a elaboração de suas normas. Almeja-se, assim, reforçar a unidade política do Estado, v. g., o pacto federativo, o pórtico republicano, a separação dos Poderes, através de uma interpretação harmônica do todo constitucional".

lado, as cláusulas pétreas não podem ser invocadas para sustentação da tese da inconstitucionalidade de normas constitucionais inferiores em face de normas constitucionais superiores, porquanto a Constituição as prevê apenas como limites ao Poder Constituinte derivado ao rever ou emendar a Constituição elaborada pelo Poder Constituinte originário, e não como abarcando normas cuja observância se impôs ao próprio Poder Constituinte originário com relação às outras que não sejam consideradas como cláusulas pétreas, e, portanto, possam ser emendadas.

Ação não conhecida por impossibilidade jurídica do pedido[241].

De outra feita, o ato normativo de emenda à Constituição, previsto no art. 59, I, e cujo processo legislativo é regulado no art. 60, todos da Constituição Federal, pode ser objeto de ação direta de inconstitucionalidade. A emenda à Constituição é o meio adequado para a modificação ou ampliação do texto constitucional. O procedimento especial com as respectivas limitações (art. 60) deve ser respeitado, sob pena de inconstitucionalidade.

Segundo posição do Supremo Tribunal Federal, as emendas à Constituição são passíveis do controle de constitucionalidade[242]. Para nossa Corte Excelsa, "uma Emenda Constitucional, emanada, portanto, de Constituinte derivada, incidindo em violação à Constituição originária, pode ser declarada inconstitucional, pelo Supremo Tribunal Federal, cuja função precípua é de guarda da Constituição (art. 102, I, 'a', da C.F.)"[243]. "Não há dúvida de que, em face do novo sistema constitucional, é o STF competente para, em controle difuso ou concentrado, examinar a constitucionalidade, ou não, de emenda constitucional"[244]. A ação direta de inconstitucionalidade é cabível para questionar a compatibilidade de emenda constitucional com os

241 STF, ADIn 815-3-DF, Rel. Min. Moreira Alves, j. 28-03-96, *DJ*, 10-05-96.

242 STF, ADIn 1.805-DF, Rel. Min. Néri da Silveira, j. 26-03-98, *DJ*, 14-11-03; STF, ADIn 1.946-DF, Rel. Min. Sydney Sanches, j. 03-04-03, *DJ*, 16-05-03.

243 STF, ADIn 939-7-DF, Rel. Min. Sydney Sanches, j. 15-12-93, *DJ*, 18-03-94.

244 STF, ADIn 829-3-DF, Rel. Min. Moreira Alves, j. 14-04-93, *DJ*, 16-09-94.

limites formais ou materiais impostos pela Constituição ao poder constituinte derivado[245].

Paulo Roberto de Gouvêa Medina ressalta que "pode ser objeto da fiscalização abstrata a emenda constitucional, desde que afronte cláusula pétrea da Constituição (Const., art. 60, § 4º). Descartada está, todavia, a hipótese de arguir-se a inconstitucionalidade de uma norma constitucional em face de outra, ao argumento de que essa agasalhe preceito de hierarquia superior; isso em razão do princípio da unidade da Constituição, à luz do qual não se admitem antinomias entre disposições da mesma lei fundamental, devendo os aparentes conflitos suscitados na interpretação do texto constitucional ser resolvidos com base no referido princípio"[246].

Defendendo tese contrária, Otto Bachof afirma que "pode conceber-se uma inconstitucionalidade de normas constitucionais (um só e o mesmo plano) e também ela não pode ser pura e simplesmente exceptuada do controlo judicial"[247]. (...) "Deverá incluir-se aqui na discussão a questão da apreciação das normas constitucionais ditas contrárias ao direito natural, isto é, infringindo direito supralegal, não só por causa do seu grande significado prático, mas também em virtude da positivação de direito supralegal operada pelas próprias Constituições alemãs novas e do caráter fluido da fronteira entre a inconstitucionalidade e a contradição com o direito natural daí decorrente"[248]. O mesmo autor salienta a hierarquia das normas constitucionais: "Em todo e qualquer documento constitucional, como em toda e qualquer lei, podem distinguir-se preceitos de importância fundamental e preceitos menos importantes"[249]. Nesse prisma argumenta: "À Constituição, e à Constituição não só em sentido material,

---

[245] STF, ADIn 2.024-2-DF, Rel. Min. Sepúlveda Pertence, j. 27-10-99, *DJ*, 01-12-00.

[246] MEDINA, Paulo Roberto de Gouvêa. *Direito processual constitucional*, Rio de Janeiro: Forense, 2004, p. 75-76.

[247] BACHOF, Otto. *Normas constitucionais inconstitucionais*, Tradução de José Manuel M. Cardoso da Costa, Coimbra/Portugal: Almedina, 1994, p. 12.

[248] BACHOF, Otto. *Normas constitucionais inconstitucionais*, p. 17.

[249] BACHOF, Otto. *Normas constitucionais inconstitucionais*, cit., p. 34.

mas também em sentido formal, pertence igualmente o direito supralegal, na medida em que tenha sido positivado pelo documento constitucional. Uma norma jurídica que infrinja direito constitucional assim positivado será, portanto, simultaneamente contrária ao direito natural e inconstitucional"[250].

Em resumo, não podem ser objeto de ação direta de inconstitucionalidade:

1. Leis formais ou leis materiais (atos administrativos) de efeitos concretos, pois o controle é exercido em abstrato. *O controle é abstrato.*

2. Leis materiais (atos e regulamentos administrativos) ilegais, uma vez que a ilegalidade não pode ser objeto do controle de constitucionalidade, apenas da inconstitucionalidade. Nesse sentido, não é possível questionar no Supremo Tribunal Federal a inconstitucionalidade oblíqua ou reflexa. *O controle é de inconstitucionalidade.*

3. Projetos de lei ou qualquer ato normativo inacabado, visto que não se pode exercer por intermédio de ação direta de inconstitucionalidade o controle jurisdicional preventivo da constitucionalidade. *O controle é repressivo.*

4. O denominado direito pré-constitucional não pode ser objeto de ação direta de inconstitucionalidade, sendo a questão afeta ao direito intertemporal. *O controle é do direito pós-constitucional.*

5. A norma constitucional, tendo em vista o princípio da unidade da Constituição, que importa na sua leitura global. *O controle é do direito infraconstitucional em face da Constituição.*

## 10.7. Procedimento

A Lei n. 8.038/90, que institui normas procedimentais para os processos que especifica, perante o Superior Tribunal de Justiça e o Supremo Tribunal Federal, não disciplinou a ação de inconstitucionalidade. Dessa forma, o diploma legal que estabelecia o procedimen-

---

[250] BACHOF, Otto. *Normas constitucionais inconstitucionais*, cit., p. 62.

to da referida ação era o Regimento Interno do Supremo Tribunal Federal, que era aplicado e interpretado em face das novas normas constitucionais. Mas o procedimento da ação direta de inconstitucionalidade passou a ser disciplinado pela Lei n. 9.868/99, que dispõe sobre o processo e julgamento da ação direta de inconstitucionalidade e da ação declaratória de constitucionalidade perante o Supremo Tribunal Federal. Com o advento da Lei n. 9.868/99, o Regimento Interno do Supremo Tribunal Federal deve ser aplicado subsidiariamente.

O art. 3º da Lei n. 9.868/99 traz os requisitos da petição inicial, a qual indicará:

1) o dispositivo da lei ou do ato normativo impugnado e os fundamentos jurídicos do pedido em relação a cada uma das impugnações;

2) o pedido com suas especificações.

A petição inicial, acompanhada de instrumento de procuração com poderes específicos para atacar a norma impugnada[251], quando subscrita por advogado, será apresentada em duas vias, devendo conter cópias da lei ou do ato normativo impugnado e os documentos necessários para comprovar a impugnação.

A petição inicial será indeferida liminarmente pelo relator quando:

1) inepta;

2) não fundamentada; e

3) manifestamente improcedente.

A petição inepta é aquela que não preenche os requisitos exigidos no art. 3º da Lei n. 9.868/99 e subsidiariamente nos arts. 282 e 283 do Código de Processo Civil.

Da decisão que indeferir a petição inicial caberá agravo.

---

[251] STF, ADIn 2.187-7-BA, Rel. Min. Octavio Gallotti, j. 24-05-00, *DJ*, 12-12-03: "É de exigir-se, em ação direta de inconstitucionalidade, a apresentação, pelo proponente, de instrumento de procuração ao advogado subscritor da inicial, com poderes específicos para atacar a norma impugnada".

Em linhas gerais, ajuizada a ação, o relator pedirá informações aos órgãos ou às autoridades das quais emanou a lei ou o ato normativo. As informações serão prestadas no prazo de trinta dias, contados do recebimento do pedido. Não se admitirá intervenção de terceiros no processo de ação direta de inconstitucionalidade.

O relator, considerando a relevância da matéria e a representatividade dos postulantes, poderá, por despacho irrecorrível, admitir, observado o prazo das informações de trinta dias, a manifestação de outros órgãos ou entidades, nos termos do art. 7º, § 2º, da Lei n. 9.868/99 combinado com o art. 482, § 3º, do Código de Processo Civil. É a figura do *amicus curiae* (amigo da corte). O Supremo Tribunal Federal entendeu que, "ao admitir a manifestação de terceiros no processo objetivo de constitucionalidade, não limita a atuação destes à mera apresentação de memoriais, mas abrange o exercício da sustentação oral, cuja relevância consiste na abertura do processo de fiscalização concentrada de constitucionalidade; na garantia de maior efetividade e legitimidade às decisões da Corte, além de valorizar o sentido democrático dessa participação processual"[252]. "Nos Estados Unidos, há longa data existe a figura do *amicus curiae*, que, mesmo não sendo parte no processo, pode contribuir com pareceres ou manifestações no processo judicial constitucional"[253].

Decorrido o prazo das informações, recebidas ou não, serão ouvidos sucessivamente o Advogado-Geral da União e o Procurador-Geral da República, que deverão manifestar-se, cada qual, no prazo de quinze dias. Caberá ao Advogado-Geral da União defender o ato impugnado e ao Procurador-Geral da República, emitir parecer (art. 103, § 1º, da CF).

---

[252] Informativo n. 331 do Supremo Tribunal Federal. ADIn 2.675-PE, Rel. Min. Carlos Velloso e ADIn 2.777-PI, Rel. Min. Cezar Peluso, 26 e 27-11-04. Disponível em: <http://www.stf.gov.br/noticias/informativos/anteriores/info331.asp>. Acesso em: 14 set. 2004.

[253] MORO, Sergio Fernando. *Jurisdição constitucional como democracia*, cit., p. 115.

Após, o relator lançará o relatório, com cópia a todos os Ministros, e pedirá dia para julgamento. Em caso de necessidade de esclarecimento de matéria ou circunstância de fato ou de notória insuficiência das informações existentes nos autos, poderá o relator requisitar informações adicionais, designar perito ou comissão de peritos para que emita parecer sobre a questão, ou fixar data para, em audiência pública, ouvir depoimentos de pessoas com experiência e autoridade na matéria. O relator poderá, ainda, solicitar informações aos Tribunais Superiores, aos Tribunais federais e aos Tribunais estaduais acerca da aplicação da norma impugnada no âmbito de sua jurisdição. As informações, perícias e audiências serão realizadas no prazo de trinta dias, contados da solicitação do relator.

O julgamento da ação de inconstitucionalidade será realizado pelo Plenário do Supremo Tribunal Federal, nos termos do art. 97 do texto constitucional, exigindo-se maioria absoluta de seus membros. O art. 22 da Lei n. 9.868/99 determina que a decisão sobre a constitucionalidade ou a inconstitucionalidade da lei ou do ato normativo somente será tomada se presentes na sessão pelo menos oito Ministros. Por sua vez, nos termos do art. 23 do citado diploma legal, efetuado o julgamento, proclamar-se-á a constitucionalidade ou a inconstitucionalidade da disposição ou da norma impugnada se num ou noutro sentido se tiverem manifestado pelo menos seis Ministros, quer se trate de ação direta de inconstitucionalidade ou de ação declaratória de constitucionalidade. Se não for alcançada a maioria necessária à declaração de constitucionalidade ou de inconstitucionalidade, estando ausentes Ministros em número que possa influir no julgamento, este será suspenso a fim de aguardar-se o comparecimento dos Ministros ausentes, até que se atinja o número necessário para prolação da decisão num ou noutro sentido.

A ação direta de inconstitucionalidade poderá ser julgada improcedente e em consequência será declarada expressamente constitucional a lei ou ato normativo, ou será julgada procedente e consequentemente o Supremo Tribunal Federal declarará a lei ou ato normativo inconstitucional, expurgando-o do sistema jurídico. A decisão que declara a constitucionalidade ou a inconstitucionalidade da lei ou ato normativo é irrecorrível, ressalvada a interposição de embargos declaratórios, não podendo, igualmente, ser objeto de ação rescisória. Julgada a ação, far-se-á a comunicação à autoridade ou ao órgão responsável pela expedição do ato.

O art. 24 da Lei n. 9.868/99 prescreve que, "Proclamada a constitucionalidade, julgar-se-á improcedente a ação direta ou procedente eventual ação declaratória; e, proclamada a inconstitucionalidade, julgar-se-á procedente a ação direta ou improcedente eventual ação declaratória".

Em suma:

| | |
|---|---|
| **Declaração de Constitucionalidade** | Ação Direta de Inconstitucionalidade Improcedente<br>Ação Declaratória de Constitucionalidade Procedente |
| **Declaração de Inconstitucionalidade** | Ação Direta de Inconstitucionalidade Procedente<br>Ação Declaratória de Constitucionalidade Improcedente |

Nesse sentido, Alexandre de Moraes ensina que "o Supremo Tribunal Federal fica condicionado ao pedido, porém não à causa de pedir, ou seja, analisará a constitucionalidade dos dispositivos legais apontados pelo autor, porém poderá declará-los inconstitucionais por fundamentação jurídica diferenciada, pois, tal como o *Bundesverfassungsgericht*, não está adstrito aos fundamentos invocados pelo autor, podendo declarar a inconstitucionalidade por fundamentos diversos dos expedidos na inicial"[254].

### *10.7.1. Do pedido da medida cautelar*

O art. 102, I, *p*, da Constituição Federal prevê a possibilidade do pedido de medida cautelar nas ações diretas de inconstitucionalidade. Os arts. 10 e seguintes da Lei n. 9.868/99 disciplinaram a concessão de medida liminar. Salvo no período de recesso, a medida cautelar será concedida por decisão da maioria absoluta dos membros do Supremo Tribunal Federal, desde que presentes na sessão pelo

[254] MORAES, Alexandre de. *Direito constitucional*, cit., p. 646.

menos oito Ministros, e após a audiência dos órgãos ou autoridades dos quais emanou a lei ou ato normativo impugnado, que deverão pronunciar-se no prazo de cinco dias.

A decisão monocrática prolatada no período de recesso está sujeita a confirmação do Tribunal, nos termos do *quorum* previsto no citado art. 10, nas primeiras sessões após o recesso.

O relator, julgando indispensável, ouvirá o Advogado-Geral da União e o Procurador-Geral da República, no prazo de três dias. Em caso de excepcional urgência, o Tribunal poderá deferir medida cautelar sem a audiência dos órgãos ou das autoridades das quais emanou a lei ou o ato normativo impugnado.

No julgamento do pedido de medida cautelar, será facultada sustentação oral aos representantes judiciais do requerente e das autoridades ou órgãos responsáveis pela expedição do ato, na forma estabelecida pelo Regimento do Tribunal.

A medida cautelar é concedida em caráter excepcional, desde que comprovado o perigo de lesão ou dano irreparável, uma vez que os atos normativos são presumidamente constitucionais. Trata-se de exceção ao princípio da constitucionalidade dos atos normativos.

Concedida a medida cautelar, o Supremo Tribunal Federal fará publicar em seção especial do *Diário Oficial da União* e do *Diário da Justiça da União* a parte dispositiva da decisão, no prazo de dez dias, devendo solicitar as informações à autoridade da qual tiver emanado o ato, sendo, após, observado o processamento ordinário previsto nos arts. 2º e seguintes da Lei n. 9.869/99.

A decisão concessiva de medida cautelar será dotada de eficácia *erga omnes*, com efeito *ex nunc*, salvo se o Tribunal entender que deva conceder-lhe eficácia retroativa (*ex tunc*). As relações jurídicas celebradas antes da concessão da medida cautelar poderão ser declaradas nulas após e nos termos dos efeitos do julgamento definitivo. A decisão cautelar suspende a eficácia da norma (suspensão da execução ou suspensão da vigência)[255], pois a decisão

[255] STF, Rep. 1391-0-CE, Rel. Min. Célio Borja, j. 18-03-87, *DJ*, 05-06-87:

definitiva retira a vigência e a eficácia da norma, uma vez que esta é expurgada do sistema jurídico definitivamente. A concessão de medida cautelar torna aplicável a legislação anterior acaso existente, salvo expressa manifestação em sentido contrário. Essa aplicação da lei anterior não tem natureza de repristinação, fenômeno que surge quando expressamente previsto em lei. O efeito repristinatório surge do Poder Legislativo. "O fenômeno a que alude o § 2º não é o da repristinação, tratado na Lei de Introdução às Normas do Direito Brasileiro[256], mas o do restabelecimento, pela Corte, de uma norma que não poderia ter sido revogada por um diploma suspeito do vício maior de inconstitucionalidade (...) Assim, não há repristinação nem na decisão final, nem na concessão de medida cautelar, mas, na primeira, o restabelecimento definitivo da eficácia e da vigência da norma anterior como se jamais tivessem sido afastados; na segunda, o restabelecimento provisório, na expectativa de seu retorno, diante da possibilidade de retirada definitiva da lei, suspeita de inconstitucionalidade"[257].

Os processos que tenham por objeto lei ou ato estatal cuja eficácia tenha sido suspensa por decisão cautelar em controle concentrado devem ser suspensos até a decisão final da ação direta de inconstitucionalidade[258].

---

"É de suspender-se, em caráter cautelar, a eficácia da lei arguida de inconstitucional, presentes os requisitos do *fumus boni juris* e do *periculum in mora*. Precedentes do STF"; STF, Rep. 1.391-0-CE, Questão de Ordem, Rel. Min. Moreira Alves, j. 01-04-87, *DJ*, 11-12-87: "Representação de inconstitucionalidade. Questão de ordem. — A eficácia da liminar, que, em representação de inconstitucionalidade, suspende a vigência da lei arguida como inconstitucional, é tão somente *ex nunc*, operando, portanto, a partir do momento em que o Supremo Tribunal Federal a defere. Questão de ordem que se decide com a declaração de que é *ex nunc* a eficácia de liminar concedida em representação de inconstitucionalidade".

[256] A Lei n. 12.376/2010 alterou a ementa da Lei de Introdução ao Código Civil que passou a vigorar como "Lei de Introdução às Normas do Direito Brasileiro".

[257] MARTINS, Ives Gandra da Silva; MENDES, Gilmar Ferreira. *Controle concentrado de constitucionalidade*, cit., p. 208-210.

[258] STF, RE 168.277-9-RS, Questão de Ordem, Rel. Min. Ilmar Galvão, j. 04-02-98,

No pedido de medida cautelar o relator, em face da relevância da matéria e de seu especial significado para a ordem social e a segurança jurídica, poderá, após a prestação das informações, no prazo de dez dias, e a manifestação do Advogado-Geral da União e do Procurador-Geral da República, sucessivamente, no prazo de cinco dias, submeter o processo diretamente ao Tribunal, que terá a faculdade de julgar definitivamente a ação.

### 10.8. Efeitos da declaração de inconstitucionalidade

As decisões definitivas de mérito, proferidas pelo Supremo Tribunal Federal, nas ações diretas de inconstitucionalidade e nas ações declaratórias de constitucionalidade, produzirão eficácia contra todos e efeito vinculante relativamente aos demais órgãos do Poder Judiciário e à administração pública direta e indireta, nas esferas federal, estadual e municipal (art. 102, § 2º). Nesse sentido, com o julgamento procedente da ação direta de inconstitucionalidade, o Tribunal declarará a lei ou ato normativo inconstitucional, expurgando-o do sistema jurídico, com efeito vinculante, *ex tunc* e *erga omnes*, ou seja, retroativo e perante todos.

Nesse sentido, Alexandre de Moraes anota que, "declarada a inconstitucionalidade da lei ou ato normativo federal ou estadual, a decisão terá efeito retroativo (*ex tunc*) e para todos (*erga omnes*), desfazendo, desde sua origem, o ato declarado inconstitucional, juntamente com todas as consequências dele derivadas, uma vez que os atos inconstitucionais são nulos e, portanto, destituídos de qualquer carga de eficácia jurídica, alcançando a declaração de inconstitucionalidade da lei ou ato normativo, inclusive, os atos pretéritos com base nela praticados (efeitos *ex tunc*). Assim, a declaração de inconstitucionalidade decreta a total nulidade dos atos emanados do Poder

---

*DJ*, 29-05-98: "Configuração de hipótese em que se impõe a suspensão do julgamento do recurso. Diretriz fixada na oportunidade, pelo Tribunal, no sentido de que deve ser suspenso o julgamento de qualquer processo que tenha sido suspenso, por deliberação da Corte, em sede de ação direta de inconstitucionalidade, até final julgamento desta. Questão de ordem acolhida".

Público, desampara as situações constituídas sob sua égide e inibe — ante a sua inaptidão para produzir efeitos jurídicos válidos — a possibilidade de invocação de qualquer direito"[259].

A doutrina tem afirmado que a decisão do Supremo Tribunal Federal, além do alcance *erga omnes*, reveste-se da autoridade da coisa julgada. A coisa julgada implica a impossibilidade de sua modificação por decisão ulterior do próprio Supremo Tribunal Federal e a obrigatoriedade de seu acatamento pelos restantes órgãos do Poder Judiciário. Inibe a possibilidade de qualquer juiz ou tribunal dar pela constitucionalidade de lei ou ato normativo já havidos inconstitucionais pela Suprema Corte. "Caracterizando um verdadeiro exercício do direito de ação e que o julgamento efetuado pelo Supremo Tribunal Federal refere-se à lei em tese, os efeitos dessa decisão deverão atingir a todas as hipóteses em que possa haver sua incidência, vale dizer, a decisão que declara a inconstitucionalidade em tese é de alcance *erga omnes*, e reveste-se da autoridade da coisa julgada *erga omnes*, obrigando, portanto, não só o Poder Judiciário como todos os demais poderes — Legislativo e Executivo —, implicando ainda a impossibilidade de sua modificação ulterior pelo próprio Supremo Tribunal Federal"[260].

Segundo nosso entendimento, o Supremo Tribunal Federal não está vinculado a suas próprias decisões, podendo reinterpretar a norma legal ou rever posições anteriores, devendo, por razões de segurança jurídica, fixar claramente o momento da alteração jurisprudencial. O Supremo Tribunal Federal submeteu ao Plenário questão de ordem sobre a admissibilidade, ou não, no julgamento das ações diretas, da possibilidade de que seja dada nova interpretação ao mesmo tema pela Corte. O Pretório Excelso confirmou nossa assertiva, argumentando que "O Tribunal, embora salientando a necessidade de motivação idônea, crítica e consciente para justificar eventual reapreciação de uma questão já tratada pela Corte, conclui no sentido de

---

[259] MORAES, Alexandre de. *Direito constitucional*, cit., p. 646-647.

[260] FERRARI, Regina Maria Macedo Nery. *Efeitos da declaração de inconstitucionalidade*, p. 172.

admitir o julgamento de ações diretas, por considerar que o efeito vinculante previsto no § 2º do art. 102 da CF não condiciona o próprio STF, limitando-se aos demais órgãos do Poder Judiciário e ao Poder Executivo"[261].

O que não se afigura possível é uma norma legal declarada inconstitucional, ou seja, expurgada do sistema jurídico, vir a ser posteriormente declarada constitucional. Nesse sentido, a decisão do Supremo Tribunal Federal, além do alcance *erga omnes*, reveste-se da autoridade da coisa julgada. Esta implica a impossibilidade de sua modificação por decisão ulterior do próprio Supremo Tribunal Federal, no sentido de que aquele ato normativo não pode mais reingressar no sistema jurídico. O efeito vinculante, entretanto, não alcança o Supremo Tribunal Federal, podendo, em casos posteriores, declarar norma, com o mesmo objeto, constitucional. Desta feita, a reapreciação pelo Supremo Tribunal Federal de determinada matéria pode ocorrer desde que haja distinção formal entre as normas impugnadas. Por outro lado, segundo nosso entendimento, é possível a reapreciação de norma julgada constitucional pelo Supremo Tribunal Federal desde que haja a superveniência de argumentos relevantes. Nesse sentido:

> Agravo regimental. Ação direta de inconstitucionalidade manifestamente improcedente. Indeferimento da petição inicial pelo Relator. Art. 4º da Lei n. 9.868/99.
>
> 1. É manifestamente improcedente a ação direta de inconstitucionalidade que verse sobre norma (art. 56 da Lei n. 9.430/96) cuja constitucionalidade foi expressamente declarada pelo Plenário do Supremo Tribunal Federal, mesmo que em recurso extraordinário.
>
> 2. Aplicação do art. 4º da Lei n. 9.868/99, segundo o qual "a petição inicial inepta, não fundamentada e a manifestação improcedente serão liminarmente indeferidas pelo relator".

[261] Informativo n. 331 do Supremo Tribunal Federal. ADIn 2.675-PE, Rel. Min. Carlos Velloso e ADIn 2.777-PI, Rel. Min. Cezar Peluso, 26 e 27-11-04. Disponível em: <http://www.stf.gov.br/noticias/informativos/anteriores/info331.asp>. Acesso em: 14 set. 2004.

3. A alteração da jurisprudência pressupõe a ocorrência de significativas modificações de ordem jurídica, social ou econômica, ou, quando muito, a superveniência de argumentos nitidamente mais relevantes do que aqueles antes prevalecentes, o que não se verifica no caso.

4. O *amicus curiae* somente pode demandar a sua intervenção até a data em que o Relator liberar o processo para pauta.

5. Agravo regimental a que se nega provimento[262].

Com a promulgação da Emenda Constitucional n. 3/93 e com o advento da Lei n. 9.868/99 surge no sistema jurídico o efeito vinculante. Este ocorre no momento da decisão, surtindo efeitos em relação ao Poder Executivo e aos demais órgãos do Poder Judiciário. Assim, da leitura do art. 102, § 2º[263], da Constituição Federal, combinado com o art. 28, parágrafo único, da Lei n. 9.868/99[264], verifica-se o efeito vinculante em relação:

1) aos demais órgãos do Poder Judiciário; e

2) aos órgãos do Poder Executivo (administração pública direta e indireta, nas esferas federal, estadual e municipal).

Dessa forma, conclui-se que o Supremo Tribunal Federal não está vinculado às suas próprias decisões, não se verificando assim uma autovinculação[265]. Tampouco o Poder Legislativo, não haven-

---

[262] STF, Ag. Reg. ADIn 4.071-5-DF, Rel. Min. Menezes Direito, j. 22-04-09, *DJ*, 15-10-09.

[263] Art. 102, § 2º, da CF, com a redação dada pela EC n. 45/04: "As decisões definitivas de mérito, proferidas pelo Supremo Tribunal Federal, nas ações diretas de inconstitucionalidade e nas ações declaratórias de constitucionalidade produzirão eficácia contra todos e efeito vinculante, relativamente aos demais órgãos do Poder Judiciário e à administração pública direta e indireta, nas esferas federal, estadual e municipal".

[264] Art. 28, parágrafo único, da Lei n. 9.868/99: "A declaração de constitucionalidade ou de inconstitucionalidade, inclusive a interpretação conforme a Constituição e a declaração parcial de inconstitucionalidade sem redução de texto, têm eficácia contra todos e efeito vinculante em relação aos órgãos do Poder Judiciário e à Administração Pública federal, estadual e municipal".

[265] MARTINS, Ives Gandra da Silva; MENDES, Gilmar Ferreira. *Controle concentrado de constitucionalidade*, cit., p. 342: "Embora a Lei orgânica do Tribunal

do impeditivo constitucional para que o Poder Legislativo promulgue lei de conteúdo idêntico ao do texto da norma objeto da ação[266]. O Supremo Tribunal Federal já consignou que "a instauração do controle normativo abstrato perante o Supremo Tribunal Federal não impede que o Estado venha a dispor, em novo ato legislativo, sobre a mesma matéria versada nos atos impugnados, especialmente quando o conteúdo material da nova lei implicar tratamento jurídico diverso daquele resultante das normas questionadas na ação direta de inconstitucionalidade"[267].

Para o Supremo Tribunal Federal a edição de lei posterior com idêntico conteúdo normativo não ofende a autoridade da sua decisão, pois o efeito *erga omnes* e vinculante não alcança a função legislativa: "A eficácia geral e o efeito vinculante de decisão, proferida pelo Supremo Tribunal Federal, em ação direta de constitucionalidade ou de inconstitucionalidade de lei ou ato normativo federal, só atingem os demais órgãos do Poder Judiciário e todos os do Poder Executivo, não alcançando o legislador, que pode editar nova lei com idêntico conteúdo normativo, sem ofender a autoridade daquela decisão"[268].

---

Constitucional alemão não seja explícita a propósito, entende a Corte Constitucional ser inadmissível construir-se aqui uma autovinculação. Essa orientação conta com aplauso de parcela significativa da doutrina, pois, além de contribuir para o congelamento do direito constitucional, tal solução obrigaria o Tribunal a sustentar teses que considerasse errôneas ou já superadas".

[266] MARTINS, Ives Gandra da Silva; MENDES, Gilmar Ferreira. *Controle concentrado de constitucionalidade*, cit., p. 337: "A declaração de nulidade de uma lei não obsta à sua reedição, ou seja, a repetição de seu conteúdo em outro diploma legal. Tanto a coisa julgada quanto a força de lei (eficácia *erga omnes*) não lograriam evitar esse fato. Todavia, o efeito vinculante, que deflui dos fundamentos determinantes (*tragende grunde*) da decisão, obriga o legislador a observar estritamente a nterpretação que o tribunal conferiu à Constituição. Consequência semelhante se tem quanto às chamadas normas paralelas. Se o tribunal declarar a inconstitucionalidade de uma Lei do Estado A, o efeito vinculante terá o condão de impedir a aplicação de norma de conteúdo semelhante do Estado B ou C".

[267] STF, Recl. 467-8-DF, Rel. Min. Celso de Mello, j. 10-10-94, *DJ*, 09-12-94.

[268] STF, AgRg na Recl. 2.617-5-MG, Rel. Min. Cezar Peluso, j. 23-02-05, *DJ*, 20-05-05.

Entretanto, segundo nosso entendimento, ocorre a vinculação em relação ao Poder Executivo, visto que o mesmo não pode sancionar norma que tenha conteúdo anteriormente declarado inconstitucional, devendo exercer o poder de veto.

A decisão não produz efeitos em face do Poder Legislativo. O efeito *erga omnes* é relativo à força de lei. Dessa feita, o Supremo Tribunal Federal tem entendido que a declaração de inconstitucionalidade não impede o legislador de elaborar lei de conteúdo idêntico ao do texto anteriormente censurado. Nesses casos, cabível é outra ação direta de inconstitucionalidade, e não reclamação, na medida em que existe diferença entre eficácia *erga omnes* (força de lei) e efeito vinculante[269].

No direito alemão é conhecida a distinção entre força de lei (*Gesetzeskraft*) e efeito vinculante (*Bindungswirkung*). O efeito vinculante dirige-se ao Poder Público. A força de lei é dirigida a toda a coletividade[270]. "A força de lei significa, sob o ponto de vista subjetivo, vinculação de todos (*Allgemeinverbindlichkeit*), não só dos interessados no processo (como acontece na coisa julgada) e não só dos poderes públicos e órgãos da Administração)"[271]. O ponto fulcral do efeito vinculante é a sua eficácia em relação ao Poder Público, que deve respeitar não só a parte dispositiva da decisão, mas também seus fundamentos, devendo o Poder Executivo e os demais órgãos do Poder Judiciário adaptar-se à decisão.

Para alguns autores, em face do princípio do livre convencimento do juiz, a decisão do Supremo Tribunal Federal não era revestida do efeito vinculante. Insistia-se que um dos aspectos primordiais do nosso sistema jurídico é o livre convencimento do juiz ante o caso concreto e sua prerrogativa de dizer o direito conforme sua consciência, à revelia, se necessário, do que tenham dito os tribunais a ele

---

269 STF, ADIn 907-9-RJ, Rel. Min. Ilmar Galvão, j. 08-10-93, *DJ*, 03-12-93; STF, ADIn 864-1-RS, Rel. Min. Moreira Alves, j. 23-06-93, *DJ*, 17-09-93.

270 CUNHA, Sérgio Sérvulo da. *O efeito vinculante e os poderes do juiz*, cit., p. 4.

271 CUNHA, Sérgio Sérvulo da. *O efeito vinculante e os poderes do juiz*, cit., p. 8.

superiores. Isso faz algum sentido, na medida em que é ilimitado o índice de variedade das situações concretas.

Foi a Emenda Constitucional n. 3/93 que passou a prever o efeito vinculante para a ação declaratória de constitucionalidade. Assim, essa ação possuía um *plus* em relação à ação declaratória de inconstitucionalidade, qual seja, o efeito vinculante. Dessa forma, a declaração de constitucionalidade ou inconstitucionalidade proferida em ação direta de inconstitucionalidade produzia efeito *erga omnes*. Se a declaração de constitucionalidade ou inconstitucionalidade fosse proferida em ação declaratória de constitucionalidade, o efeito era *erga omnes* e vinculante.

Com o advento da Lei n. 9.868/99, as decisões proferidas em ação direta de inconstitucionalidade e ação declaratória de constitucionalidade passam a ter efeito *erga omnes* e vinculante. O art. 28, parágrafo único, do citado diploma legal, determina que "a declaração de constitucionalidade ou de inconstitucionalidade, inclusive a interpretação conforme a Constituição e a declaração parcial de inconstitucionalidade sem redução de texto, têm eficácia contra todos e efeito vinculante em relação aos órgãos do Poder Judiciário e à Administração Pública federal, estadual e municipal".

A constitucionalidade do art. 28 já foi questionada, restando claro sua constitucionalidade, na medida em que o efeito vinculante decorre da própria supremacia da Constituição e do órgão responsável pelo controle de constitucionalidade das normas. O Supremo Tribunal Federal é o guardião da Constituição. A supremacia da Constituição em face da lei coloca o órgão incumbido da jurisdição constitucional em um papel especial e superior. "Observe-se, ademais, que, se entendermos que o efeito vinculante da decisão está intimamente vinculado à própria natureza da jurisdição constitucional em dado Estado democrático e à função de guardião da Constituição desempenhada pelo Tribunal, temos de admitir, igualmente, que o legislador ordinário não está impedido de atribuir essa proteção processual especial a outras decisões de controvérsias constitucionais proferidas pela Corte"[272]. A Emenda Constitucional n. 45/2004 consagrou definitivamente o efeito vinculante, também na ação direta de inconstitucionalidade, com a nova redação do § 2º do art. 102 da Constituição Federal.

Nos termos do citado art. 28 da Lei n. 9.868/99, o efeito vinculante e *erga omnes* estará presente em quatro situações:

1) declaração de constitucionalidade (ação direta de inconstitucionalidade improcedente; ação declaratória de constitucionalidade procedente);

2) declaração de inconstitucionalidade (ação direta de inconstitucionalidade procedente; ação declaratória de constitucionalidade improcedente);

3) interpretação conforme a Constituição;

4) declaração parcial de inconstitucionalidade sem redução de texto.

O art. 10, § 2º, da Lei n. 9.882/99 alude que a decisão na arguição de descumprimento de preceito fundamental terá também o efeito vinculante.

Assim, a partir da adoção do efeito vinculante na ação direta de inconstitucionalidade genérica, em outros casos previstos no nosso sistema jurídico, é possível, no caso de descumprimento por instâncias inferiores do Judiciário, a provocação do Supremo Tribunal Federal pelo prejudicado, por meio da reclamação prevista nos arts. 156 e seguintes do Regimento Interno do Supremo Tribunal Federal e no art. 102, I, *l*, da Constituição Federal, com o intuito de que seja garantida a autoridade da decisão do Pretório Excelso, o que antes era possível somente pelo recurso extraordinário.

O art. 102, I, *l*, da Constituição Federal prevê o instituto da reclamação constitucional, com a finalidade da preservação da competência e garantia da autoridade das decisões do Supremo Tribunal Federal.

---

[272] MARTINS, Ives Gandra da Silva; MENDES, Gilmar Ferreira. *Controle concentrado de constitucionalidade*, cit., p. 344-345.

O Supremo Tribunal Federal tem admitido reclamação para preservação da autoridade da decisão proferida em ação direta de inconstitucionalidade, desde que o requerente seja parte na ação e tenha o mesmo objeto[273]. Nessa esteira o Supremo Tribunal Federal já deixou assentado que a expressão "parte interessada", constante da Lei n. 8.038/90, embora assuma conteúdo amplo no âmbito do processo subjetivo, abrangendo, inclusive, os terceiros juridicamente interessados, deverá, no processo objetivo da fiscalização normativa abstrata, limitar-se apenas aos órgãos ativa ou passivamente legitimados à sua instauração, não devendo a reclamação ser conhecida, se formulada por pessoa estranha ao rol taxativo do art. 103 da Constituição Federal[274].

O advento da Lei n. 9.868/99, conforme afirmamos, consagrou o efeito vinculante às decisões do Supremo Tribunal Federal proferidas no controle concentrado da constitucionalidade, tendo como consequência imediata a ampliação da legitimidade para reclamação constitucional. Dessa forma, nas situações em que a decisão proferida em sede de controle concentrado da constitucionalidade for definitiva, com efeito vinculante, encontra-se legitimado para a reclamação aquele que tenha contra si provimento diverso do entendimento fixado pelo Tribunal excelso. A reclamação é o instrumento adequado para a concretização do efeito vinculante. Nesse sentido decidiu o Supremo Tribunal Federal:

> EMENTA: QUESTÃO DE ORDEM. AÇÃO DIRETA DE INCONSTITUCIONALIDADE. JULGAMENTO DE MÉRITO. PARÁGRAFO ÚNICO DO ARTIGO 28 DA LEI 9868/99: CONSTITUCIONALIDADE. EFICÁCIA VINCULANTE DA

---

[273] STF, Recl. 385-0-MA, Rel. Min. Celso de Mello, j. 26-03-92, *DJ*, 18-06-93; STF, Recl. 389-2-PR, Rel. Min. Néri da Silveira, j. 23-06-93, *DJ*, 09-11-01; STF, Recl. 390-6-RS, Rel. Min. Néri da Silveira, j. 23-06-93, *DJ*, 09-11-01; STF, Recl. 393-1-RS, Rel. Min. Néri da Silveira, j. 23-06-93, *DJ*, 09-11-01; STF, Recl. 399-0-PE, Rel. Min. Sepúlveda Pertence, j. 07-10-93, *DJ*, 24-03-95; STF, Recl. 447-3-PE, Rel. Min. Sydney Sanches, j. 16-02-95, *DJ*, 31-03-95; STF, Recl. 556-9-TO, Rel. Min. Maurício Corrêa, j. 11-11-96, *DJ*, 03-10-97.

[274] STF, Recl. 397-3-RJ, Rel. Min. Celso de Mello, j. 25-11-92, *DJ*, 21-05-93.

DECISÃO. REFLEXOS. RECLAMAÇÃO. LEGITIMIDADE ATIVA.

1. É constitucional lei ordinária que define como de eficácia vinculante os julgamentos definitivos de mérito proferidos pelo Supremo Tribunal Federal em ação direta de inconstitucionalidade (Lei 9868/99, artigo 28, parágrafo único).

2. Para efeito de controle abstrato de constitucionalidade de lei ou ato normativo, há similitude substancial de objetos nas ações declaratória de constitucionalidade e direta de inconstitucionalidade. Enquanto a primeira destina-se à aferição positiva de constitucionalidade a segunda traz pretensão negativa. Espécies de fiscalização objetiva que, em ambas, traduzem manifestação definitiva do Tribunal quanto à conformação da norma com a Constituição Federal.

3. A eficácia vinculante da ação declaratória de constitucionalidade, fixada pelo § 2º do artigo 102 da Carta da República, não se distingue, em essência, dos efeitos das decisões de mérito proferidas nas ações diretas de inconstitucionalidade.

4. Reclamação. Reconhecimento de legitimidade ativa *ad causam* de todos que comprovem prejuízo oriundo de decisões dos órgãos do Poder Judiciário, bem como da Administração Pública de todos os níveis, contrárias ao julgado do Tribunal. Ampliação do conceito de parte interessada (Lei 8038/90, artigo 13). Reflexos processuais da eficácia vinculante do acórdão a ser preservado.

5. Apreciado o mérito da ADI 1662-SP (DJ de 30.08.01) está o Município legitimado para propor reclamação.

Agravo regimental provido[275].

O efeito vinculante da decisão é uma realidade solar no controle concentrado da constitucionalidade. A questão que se coloca é a

---

[275] STF, AgRg na Recl. 1.880-6-SP, Rel. Min. Maurício Corrêa, j. 07-11-02, *DJ*, 19-03-04.

extensão do efeito vinculante. Há vinculação somente no que se refere ao dispositivo da decisão ou o efeito vinculante alcança também os fundamentos determinantes da decisão. Fala-se, então, na teoria da transcendência dos motivos determinantes.

A decisão judicial surge por meio do raciocínio do julgador. O magistrado realiza uma série de operações lógicas, intelectuais e argumentativas com o intuito de demonstrar a solução do caso trazido a juízo[276]. Essa conclusão é o dispositivo da decisão. Não há dúvida de que o efeito vinculante da decisão refere-se ao dispositivo.

Pedro Lenza ao comentar a transcendência dos motivos determinantes ou efeitos irradiantes ou transbordantes da decisão ressalta a necessidade de se observar a distinção entre *ratio decidendi* e *obter dictum*, anotando que "*Obter dictum* (coisa dita de passagem) são comentários laterais, que não influem na decisão, sendo perfeitamente dispensáveis. Portanto, aceita a teoria do transbordamento, não se falaria em irradiação de *obter dictum*, com efeito vinculante, para fora do processo. No entanto, a *ratio decidendi* é a fundamentação essencial que ensejou aquele determinado resultado da ação. Nessa hipótese, aceita a teoria dos efeitos irradiantes, a razão da decisão passaria a vincular outros julgamentos[277]".

Há tendência do Supremo Tribunal Federal em afastar a teoria da transcendência dos motivos determinantes. Em decisão monocrática, o Ministro Ayres Britto entendeu que: "(...) Ora, no âmbito dos presentes autos, o que pretende o reclamante? Exigir integral respeito aos motivos determinantes dos julgados proferidos nas Ações Diretas de Inconstitucionalidade 354, 3345, 3685, 3741 e 4307. Motivos que, segundo ele, reclamante, não foram observados pela decisão reclamada. Deslembrado de que, nas decisões alegadamente violadas, não estava em causa a Lei Complementar 135/2010, que sequer existia, à época. Lei cuja tese de sua aplicação imediata fun-

---

[276] O direito é um conjunto de demonstrações e raciocínios. SIQUEIRA JR., Paulo Hamilton. *Teoria do direito,* São Paulo: Saraiva, 2009, p. 289.

[277] LENZA, Pedro. *Direito constitucional esquematizado,* 15. ed. rev. atual. e ampl., São Paulo: Saraiva, 2011, p. 282.

damentou o acórdão impugnado. Sendo assim, avulta a impertinência da alegação de desrespeito às decisões tidas por paradigmáticas. A menos que se pudesse atribuir efeitos irradiantes ou transcendentes aos motivos determinantes dos julgados plenários tomados naquelas ações abstratas. Mas o fato é que, no julgamento da Rcl 4.219, esta nossa Corte retomou a discussão quanto à aplicabilidade dessa mesma teoria da 'transcedência dos motivos determinantes', oportunidade em que deixei registrado que tal aplicabilidade implica prestígio máximo ao órgão de cúpula do Poder Judiciário e desprestígio igualmente superlativo aos órgãos da judicatura de base, o que se contrapõe à essência mesma do regime democrático, que segue lógica inversa: a lógica da desconcentração do poder decisório. Sabido que democracia é movimento ascendente do poder estatal, na medida em que opera de baixo para cima, e nunca de cima para baixo. No mesmo sentido, cinco ministros da Casa esposaram entendimento rechaçante da adoção do transbordamento operacional da reclamação, ora pretendido. Sem falar que o Plenário deste Supremo Tribunal Federal já rejeitou, em diversas oportunidades, a tese da eficácia vinculante dos motivos determinantes das suas decisões (cf. Rcl 2.475-AgR, da relatoria do Ministro Carlos Veloso; 2.990-AgR, da relatoria do Ministro Sepúlveda Pertence; Rcl 4.448-AgR, da relatoria do Ministro Ricardo Lewandowski; Rcl 3.014, de minha relatoria)[278].

### 10.8.1. Efeitos e eficácia temporal da decisão

A Lei n. 9.868/99 trouxe também inovações no que se refere à eficácia temporal e efeitos da decisão na via de ação direta de inconstitucionalidade. O art. 27 do aludido diploma legal dita que "ao declarar a inconstitucionalidade de lei ou ato normativo, e tendo em vista razões de segurança ou de excepcional interesse social, poderá o Supremo Tribunal Federal, por maioria de dois terços de seus membros, restringir os efeitos daquela declaração ou decidir que ela só tenha eficácia a partir de seu trânsito em julgado ou de outro momento que venha a ser fixado".

---

278 STF, Rcl 10.604-DF, Rel. Min. Ayres Britto, j. 08-09-10, *DJ*, 14-09-10.

A decisão que declara a constitucionalidade ou inconstitucionalidade da norma, como regra geral, tem efeitos *erga omnes* e eficácia temporal retroativa (*ex tunc*).

Com o advento da Lei n. 9.868/99 surge a exceção. Na esteira do citado art. 27, o Supremo Tribunal Federal poderá:

1) restringir os efeitos da decisão; ou

2) decidir que ela só tenha eficácia a partir de seu trânsito em julgado ou de outro momento que venha a ser fixado.

Para a aplicação da exceção, segundo o art. 27, devem estar presentes dois requisitos:

1) razões de segurança jurídica ou de excepcional interesse social; e

2) maioria de dois terços dos membros do Tribunal.

No que tange à restrição dos efeitos da decisão, sabemos que a regra geral é perante todos (*erga omnes*). O Supremo Tribunal Federal, presentes os requisitos elencados, poderá limitar os efeitos da decisão, como, por exemplo, afastando a nulidade de atos administrativos praticados sob a égide da lei inconstitucional, preservando algumas situações jurídicas etc. Dessa forma, a decisão não teria eficácia perante todos, mas somente em face daqueles que o Tribunal não excluir expressamente.

No que tange à eficácia temporal, sabemos que a regra geral é o efeito retroativo (*ex tunc*). Com o advento da citada lei surgem duas exceções, ou seja, o Supremo Tribunal Federal, presentes os requisitos já indicados, poderá decidir:

1) com efeito *ex nunc*, ou seja, que a decisão só tenha eficácia a partir de seu trânsito em julgado; ou

2) com efeitos a partir de qualquer outro momento fixado pelo Supremo Tribunal Federal, ou seja, qualquer momento compreendido entre a entrada em vigor da norma e o trânsito em julgado da decisão.

A decisão que decreta a inconstitucionalidade possuía sempre efeitos *erga omnes*, visto que sempre se discutiu se os efeitos se limitam ao futuro (*ex nunc*) ou se operam retroativamente (*ex tunc*).

Na verdade, a discussão gira em torno de dois enfoques básicos:

1) nulidade ou anulabilidade do ato normativo inconstitucional; e

2) natureza declaratória ou constitutiva da sentença[279].

No sistema tradicional americano a lei inconstitucional é nula, e a decisão que declara sua inconstitucionalidade tem efeito retroativo (*ex tunc*). Nesse sistema, a decisão é meramente declaratória, pois apenas reconhece uma nulidade preexistente. Assim, a eficácia da sentença declaratória opera retroativamente, já que, sendo a lei nula *ab initio*, não pode gerar efeitos.

No sistema austríaco, a lei inconstitucional é anulável, ou seja, tem plena vigência e obrigatoriedade até a declaração de inconstitucionalidade. Nesse sistema, a decisão não declara a nulidade da lei, mas sim sua anulabilidade. Assim, a lei é válida e obrigatória até a decisão que declara sua anulabilidade, e, sendo reconhecida a eficácia constitutiva da sentença de inconstitucionalidade, operam-se efeitos para o futuro (*ex nunc*).

No campo do direito constitucional não vigora a dicotomia entre nulidade e anulabilidade. Existe um só nível de invalidade, que é a inconstitucionalidade, que surge no momento do nascimento da lei. Antes da decisão acerca da inconstitucionalidade, a norma é tida como válida e passível de produzir todos os seus efeitos, e só após o pronunciamento de sua invalidade é que deixará de obrigar, não obstante o vício que propiciou tal consideração ter surgido no momento da feitura ou elaboração da norma. Assim, a norma não é nula ou anulável, mas apenas inválida.

Os sistemas jurídicos têm-se polarizado na forma de considerar os efeitos, *ex tunc* ou *ex nunc*, da inconstitucionalidade. O nosso sistema jurídico adota a retroatividade como regra e a irretroatividade como exceção.

---

279 *Vide* FERRARI, Regina Maria Macedo Nery. *Efeitos da declaração de inconstitucionalidade*, cit., p. 113-136.

Com o advento da Lei n. 9.868/99 torna-se possível tanto a eficácia *ex tunc* (retroativa) quanto a eficácia *ex nunc* da decisão de inconstitucionalidade. Adotou bem o legislador ao atenuar o efeito *ex tunc*. Na verdade, deve existir uma atenuação entre os dois sistemas (americano e austríaco).

A lei surge com uma presunção de validade e, sendo aplicada durante um lapso temporal razoável, não deve a decisão que declara a inconstitucionalidade ter eficácia retroativa absoluta, tendo em vista motivos de segurança jurídica e paz social. A nulidade absoluta pode gerar a injustiça, devendo ser abrandada na análise do caso concreto.

Regina Maria Macedo Nery Ferrari já anotava que "a admissão da retroatividade *ex tunc* da sentença deve ser feita com reservas, pois não podemos esquecer que uma lei inconstitucional foi eficaz até consideração nesse sentido, e que ela pode ter tido consequências que não seria prudente ignorar, e isto principalmente em nosso sistema jurídico, que não determina um prazo para arguição de tal invalidade, podendo a mesma ocorrer dez, vinte ou trinta anos após sua entrada em vigor. (...) O que deve ser tido como boa norma é que tais radicalismos devem ser abandonados por uma visão mais realista do problema, e os mesmos poderiam ser afastados com a existência de um diploma legislativo disciplinando tais fatos, e isto dependendo, todavia, no gênero da individualização na espécie, considerando caso por caso. O que não pode ser desvirtuada é a finalidade do direito, que, proporcionando harmonia na conveniência social, traz à sociedade a satisfação de suas necessidades de segurança e estabilidade em seu relacionamento"[280].

A decisão que declara a constitucionalidade ou inconstitucionalidade da norma, como regra geral, tem efeitos *erga omnes*, vinculante e eficácia temporal retroativa (*ex tunc*), sendo possível exceções, desde que presentes os requisitos da Lei n. 9.868/99.

---

280 FERRARI, Regina Maria Macedo Nery. *Efeitos da declaração de inconstitucionalidade*, cit., p. 212-215.

### 10.9. A participação do Senado Federal

A doutrina tem discutido a participação do Senado Federal na declaração de inconstitucionalidade em tese. Caberia na ação direta de inconstitucionalidade o exercício da competência constitucional, conferida ao Senado Federal pelo art. 52, X, da Constituição Federal.

Em que pesem opiniões em contrário, é pacífico na doutrina e na jurisprudência o entendimento da desnecessidade de comunicação ao Senado Federal, para fins de suspensão, quando a inconstitucionalidade é declarada em processo de apreciação em tese, dissociada de um caso concreto. Assim, a participação do Senado Federal só é cabível na via incidental. Essa assertiva é verificada da leitura do art. 178 do Regimento Interno do Supremo Tribunal Federal, que dita: "Declarada, incidentalmente, a inconstitucionalidade, na forma prevista nos arts. 176 e 177, far-se-á comunicação, logo após a decisão, à autoridade ou órgão interessado, bem como depois do trânsito em julgado, ao Senado Federal, para os efeitos do art. 42, VII, da Constituição". A referência corresponde ao atual art. 52, X, da Constituição.

### 10.10. Interpretação conforme a Constituição

O controle de constitucionalidade consiste em verificar a compatibilidade da norma com o sistema jurídico. Essa tarefa inclui dois aspectos: a conformação da regra legal com o texto constitucional e a sua interpretação com o texto constitucional. Daí a expressão interpretação conforme a Constituição. Desta feita, não somente a lei (regra), mas sua interpretação (regra interpretada), deve guardar harmonia com o texto constitucional. Nesse sentido, José Levi Mello do Amaral Júnior afirma que "em sede de controle de constitucionalidade, pode-se analisar a compatibilidade de uma norma em face da Constituição sob as seguintes perspectivas: 1) quanto ao texto normativo em si mesmo: se procedente a arguição de inconstitucionalidade, tem-se uma declaração de inconstitucionalidade com redução do texto, que nulifica o texto impugnado em sua literalidade textual; 2) quanto à interpretação do texto normativo: se procedente a arguição de inconstitucionalidade, tem-se uma declaração parcial de inconstitucionalidade sem redução de texto, que implica a nulificação de uma ou algumas hipóteses de incidência do texto controlado. No entanto, em sua literalidade, o texto é preservado"[281].

O art. 28 da Lei n. 9.868/99 faz menção expressa à denominada interpretação conforme a Constituição e à declaração parcial de inconstitucionalidade sem redução do texto.

A interpretação jurídica consiste em determinar o verdadeiro sentido e alcance de uma norma jurídica. Clóvis Beviláqua nos diz que interpretar a lei é revelar o pensamento que anima suas palavras[282]. Interpretar a lei é a *mens legis*, seja para entender corretamente seu sentido, seja para suprir-lhe as lacunas[283]. Para Paulo Dourado de Gusmão, interpretar a lei é determinar o seu sentido objetivo, prevendo as suas consequências[284]. A interpretação visa descobrir a direção real do texto jurídico.

A interpretação das normas infraconstitucionais devem guardar consonância com o texto constitucional. A interpretação conforme a Constituição é a constitucionalidade da interpretação. A interpretação legal, que não guarda consonância com o texto constitucional, é inconstitucional. Assim, diante de um texto legal que apresenta vários significados, o intérprete deve buscar a interpretação conforme a Constituição, com a finalidade de preservar a lei, evitando a sua declaração de inconstitucionalidade. "A supremacia da Constituição impõe que todas as normas jurídicas ordinárias sejam interpretadas em consonância com seu texto. Em favor da admissibilidade da interpretação conforme à Constituição milita também a presunção da constitucionalidade da lei, fundada na ideia de que o legislador não poderia ter pretendido votar lei inconstitucional"[285].

---

281 AMARAL JÚNIOR, José Levi Mello do. *Incidente de arguição de inconstitucionalidade*, cit., p. 94-95.

282 BEVILÁQUA, Clóvis. *Teoria geral do direito civil*, 4. ed., Brasília: Ministério da Justiça, 1972, p. 39.

283 MONTEIRO, Washington de Barros. *Curso de direito civil*: parte geral, 5. ed. rev. e aum., São Paulo: Saraiva, 1967, v. 1, p. 36.

284 GUSMÃO, Paulo Dourado de. *Introdução ao estudo do direito*, cit., p. 217.

285 MARTINS, Ives Gandra da Silva; MENDES, Gilmar Ferreira. *Controle concentrado de constitucionalidade*, cit., p. 298.

Para Konrad Hesse, "uma lei não deve ser declarada nula quando ela pode ser interpretada em consonância com a Constituição. Essa consonância existe não só então, quando a lei, sem a consideração de pontos de vista jurídico-constitucionais, admite uma interpretação que é compatível com a Constituição; ela pode também ser produzida por um conteúdo ambíguo ou indeterminado da lei ser determinado por conteúdos da Constituição. No quadro da interpretação conforme a Constituição, normas constitucionais são, portanto, não só 'normas de exame', mas também 'normas materiais' para a determinação do conteúdo de leis ordinárias. Ao contrário, interpretação conforme a Constituição não é, contra 'texto e sentido' ou contra 'o objetivo legislativo', possível. A vontade subjetiva do legislador não deve, nisto, ser decisiva; o importante é, antes, manter o máximo daquilo que ele quis. Em nenhum caso, uma lei deve ser declarada nula se a inconstitucionalidade não é evidente, senão existem somente objeções, por mais sérias que essas sejam"[286].

A interpretação conforme a Constituição é admitida quando o texto legal apresenta vários sentidos, sendo que para resguardar a Constituição consagra-se um dos sentidos por via de interpretação, o que for constitucionalmente legítimo. Essa técnica é a denominada interpretação conforme a Constituição. Nesse aspecto, entendeu o Supremo Tribunal Federal que: "Impossibilidade, na espécie, de se dar interpretação conforme à Constituição, pois essa técnica só é utilizável quando a norma impugnada admite, dentre as várias interpretações possíveis, uma que a compatibilize com a Carta Magna, e não quando o sentido da norma é unívoco, como sucede no caso presente"[287].

Alexandre de Moraes anota que "a supremacia das normas no ordenamento jurídico e a presunção de constitucionalidade das leis e atos normativos editados pelo poder público competente exigem

---

[286] HESSE, Konrad. *Elementos de direito constitucional da República Federal da Alemanha* (*Grundzuge des verfassungsrrechts der Bundesrepublik Deutschland*), Tradução de Luis Afonso Heck, Porto Alegre: Sérgio A. Fabris, Editor, 1998, p. 71-72.

[287] STF, ADIn 1.344-1-ES, Rel. Min. Moreira Alves, j. 18-12-95, *DJ*, 19-04-96.

que, na função hermenêutica de interpretação do ordenamento jurídico, seja sempre concedida preferência ao sentido da norma que seja adequado à Constituição Federal. Assim sendo, no caso de normas com várias significações possíveis, deverá ser encontrada a significação que apresente conformidade com as normas constitucionais, evitando sua declaração de inconstitucionalidade e consequente retirada do ordenamento jurídico. Extremamente importante ressaltar que a interpretação conforme a constituição somente será possível quando a norma apresentar vários significados, uns compatíveis com as normas constitucionais e outros não"[288].

"O princípio da interpretação das leis em conformidade com a constituição é fundamentalmente um princípio de controle (tem como função assegurar a constitucionalidade da interpretação) e ganha relevância autônoma quando a utilização dos vários elementos interpretativos não permite a obtenção de um sentido inequívoco dentre os vários significados da norma"[289]. "Consoante postulado do direito americano incorporado à doutrina constitucional brasileira, deve o juiz, na dúvida, reconhecer a constitucionalidade da lei. Também no caso de duas interpretações possíveis de uma lei, há de se preferir aquela que se revele compatível com a Constituição"[290].

A interpretação conforme a Constituição nada mais é do que a investigação dentre os vários sentidos da norma, elegendo aquela que se coaduna com a Constituição. O sistema jurídico pátrio é hierarquizado, verificando a Constituição como norma de maior hierarquia. A consequência dessa assertiva é que todo o sistema jurídico deve conformar-se com a Constituição Federal, ou seja, a lei e a interpretação da lei devem se coadunar com a Constituição, ser conforme a Constituição.

---

[288] MORAES, Alexandre de. *Direito constitucional*, cit., p. 47.

[289] CANOTILHO, J. J. Gomes. *Direito constitucional e teoria da Constituição*, cit., p. 1099.

[290] MARTINS, Ives Gandra da Silva; MENDES, Gilmar Ferreira. *Controle concentrado de constitucionalidade*, cit., p. 294.

A interpretação conforme a Constituição é técnica, como o próprio nome designa, de interpretação jurídica, configurando-se como verdadeiro capítulo da hermenêutica[291] constitucional. Essa técnica de interpretação constitucional é inerente ao controle de constitucionalidade, na medida em que sempre que possível deve-se buscar preservar a norma que se encontra vigente no sistema jurídico com a presunção de validade.

José Levi Mello do Amaral Júnior ressalta que "a interpretação conforme a Constituição é princípio hermenêutico em razão do qual uma norma jurídica não deve ser declarada inconstitucional se for possível interpretá-la em consonância com a Constituição, encontrando fundamento no princípio da unidade da ordem jurídica. A interpretação conforme a Constituição reverencia a primazia do legislador — cuja vontade se presume constitucional — na concretização da Constituição"[292]. Para Jorge Miranda, a interpretação conforme à Constituição "vem a ser mais do que a aplicação de uma regra de interpretação. É um procedimento ou regra própria de fiscalidade da constitucionalidade, que se justifica em nome de um princípio de economia do ordenamento ou de máximo aproveitamento dos actos jurídicos — e não de uma presunção de constitucionalidade da norma"[293].

"Terreno fértil, onde viceja a interpretação conforme à constituição, é o controle de constitucionalidade concentrado. Permite que os integrantes do órgão de cúpula do Poder Judiciário livrem-se do formalismo exacerbado, imposto pela estrutura normativa dos textos legais, em nome do princípio jurídico-funcional da autolimitação juridiciária (*judicial self-restraint*). Através da exclusão das opções interpretativas consideradas contrárias ao articulado constitucional são preenchidas lacunas, corrigindo os vazios normativos inerentes à

---

[291] Hermenêutica significa a arte de interpretar. A hermenêutica é a teoria geral da interpretação; em sentido técnico, é a teoria científica da interpretação. A interpretação é a aplicação prática dos preceitos teóricos da hermenêutica. A hermenêutica é teórica. A interpretação é prática.

[292] AMARAL JÚNIOR, José Levi Mello do. *Incidente de arguição de inconstitucionalidade*, cit., p. 97.

[293] MIRANDA, Jorge. *Manual de direito constitucional*, 2. ed. rev., Coimbra/Portugal: Coimbra Ed., 1988, t. 2, p. 233.

linguagem prescritiva do legislador. Permite, assim, a construção dos textos legais, perante hipóteses concretas levadas ao tribunal, através da analogia, bem como da redução, derivação e compatibilização de pontos de vista normativos, inseridos na própria *Lex Legum*"[294].

Para Zeno Veloso, "utilizando o método da interpretação conforme a Constituição, o órgão jurisdicional atua como legislador negativo, emitindo um juízo de inconstitucionalidade parcial, ao eliminar, por incompatibilidade com a Carta Magna, algumas possibilidades interpretativas"[295].

O Supremo Tribunal Federal, em inúmeros casos, tem-se valido da interpretação conforme a Constituição[296], que se manifesta com ou sem redução do texto.

### 10.10.1. Interpretação conforme a Constituição sem redução do texto

A interpretação conforme a Constituição sem redução do texto é o ato decisório que preserva o texto gramatical da norma, conferin-

---

294 BULOS, Uadi Lammêgo. *Constituição Federal anotada*, cit., p. 342.

295 VELOSO, Zeno. *Controle jurisdicional de constitucionalidade*: atualizado conforme as Leis 9.868 de 10/11/99 e 9.882 de 03/12/99, 2. ed. rev., atual e ampl., Belo Horizonte: Del Rey, 2000, p. 172.

296 ADIn 2.348-9-DF, Rel. Min. Marco Aurélio, j. 07-12-00, *DJ,* 07-11-03; ADIn 2.116-8-AM, Rel. Min. Marco Aurélio, j. 16-02-00, *DJ,* 29-11-02; ADIn 2.087-1-AM, Rel. Min. Sepúlveda Pertence j. 03-11-99, *DJ,* 19-09-03; ADIn 2.083-8-DF, Rel. Min. Moreira Alves, j. 03-08-00, *DJ,* 09-02-01; ADIn 2.047-1-DF, Rel. Min. Ilmar Galvão, j. 03-11-99, *DJ,* 17-12-99; ADIn 1.981-3-DF, Rel. Min. Néri da Silveira, j. 29-04-99, *DJ,* 05-11-99; ADIn 1.946-5-DF, Rel. Min. Sydney Sanches, j. 24-04-99, *DJ,* 14-09-01; ADIn 1.900-5-DF, Rel. Min. Moreira Alves, j. 05-05-99, *DJ,* 25-02-00; ADIn 1.824-7-RS, Rel. Min. Néri da Silveira, j. 10-06-98, *DJ,* 29-11-02; ADIn 1.797-0-PE, Rel. Min. Ilmar Galvão, j. 21-09-00, *DJ,* 13-10-00; ADIn 1.758-4-DF, Rel. Min. Marco Aurélio, j. 16-04-98, *DJ,* 22-05-98; ADIn 1.719-9-DF, Rel. Min. Moreira Alves, j. 03-12-97, *DJ,* 27-02-98; ADIn 1.695-2-PR, Rel. Min. Maurício Corrêa, j. 30-10-97, *DJ,* 07-08-98; ADIn 1.666-2-RS, Rel. Min. Carlos Velloso, j. 16-06-99, *DJ,* 27-02-04; ADIn 1.664-0-UF, Rel. Min. Octavio Gallotti, j. 13-11-97, *DJ,* 19-12-97; ADIn 1.642-3-MG, Rel. Min. Nelson Jobim, j. 16-12-98, *DJ,* 14-06-02; ADIn 1.552-4-DF, Rel. Min. Carlos Velloso, j. 17-04-97, *DJ,* 17-04-98; ADIn 1.371-8-DF, Rel. Min. Néri da Silveira, j. 03-06-98, *DJ,* 03-10-03.

do assim o sentido que lhe preserve a constitucionalidade ou excluindo possíveis interpretações contrárias.

"Ao revestir-se numa modalidade especial de ato decisório, encarregado de declarar a nulidade sem a redução do texto, ela poderá conceder ou excluir da norma impugnada um determinado sentido, que o torne compatível com a constituição. Nesse ínterim, a interpretação conforme sem redução do texto desdobra-se em dupla vertente:

1) a que confere ao preceito impugnado raciocínio interpretativo preservador da sua constitucionalidade;

2) a que exclui possíveis interpretações inconstitucionais do preceito impugnado"[297].

*A interpretação conforme a Constituição sem redução do texto concessiva* é aquela que confere à norma impugnada determinada interpretação que lhe preserve a constitucionalidade[298]. O Supremo Tribunal Federal já decidiu que "quando, pela redação do texto no qual se inclui a parte da norma que é atacada como inconstitucional, não é possível suprimir dele qualquer expressão para alcançar essa parte, impõe-se a utilização da técnica da concessão da liminar para a suspensão da eficácia parcial do texto impugnado sem redução do texto em decorrência de este permitir interpretação conforme à Constituição"[299].

O Pretório Excelso julgou parcialmente procedente ação direta de inconstitucionalidade "para declarar-se inconstitucional a expressão contida no art. 276, § 2º, da Lei n. 10.098, de 03.02.94, do Estado do Rio Grande do Sul, bem como declarar que os §§ 3º e 4º desse mesmo artigo 276 (sendo que o último deles na redação que lhe foi dada pela Lei 10.248, de 30.08.94) só são constitucionais com a interpretação que exclua da aplicação deles as funções ou empregos

---

[297] BULOS, Uadi Lammêgo. *Constituição Federal anotada*, cit., p. 342.

[298] Nesse sentido, MORAES, Alexandre de. *Direito constitucional*, cit., p. 44. BULOS, Uadi Lammêgo. *Constituição Federal anotada*, cit., p. 342.

[299] STF, ADIn 1.344-1-ES, Rel. Min. Moreira Alves, j. 18-12-95, *DJ*, 19-04-96.

relativos a servidores celetistas que não se submeterem ao concurso aludido no art. 37, II, da parte permanente da Constituição Federal, ou referido no § 1º, art. 19 do ADCT"[300].

*A interpretação conforme a Constituição sem redução do texto excludente* é aquela que exclui da norma impugnada uma interpretação que lhe acarretaria a inconstitucionalidade[301]. O Supremo Tribunal Federal tem adequado preceitos impugnados, por meio da redução do seu respectivo alcance valorativo. "Nesses casos, o Supremo Tribunal Federal excluirá da norma impugnada determinada interpretação incompatível com a Constituição Federal, ou seja, será reduzido o alcance valorativo da norma impugnada, adequando-se à Carta Magna"[302].

O Supremo Tribunal Federal deferiu, em parte, o pedido de medida cautelar, para, sem redução do texto e dando interpretação conforme à Constituição, excluir, com eficácia *ex tunc*, da norma constante no art. 90 da Lei n. 9.099/95, o sentido que impeça a aplicação de normas de direito penal, com conteúdo mais favorável ao réu, aos processos penais com instrução iniciada à época da vigência desse diploma legislativo[303].

A interpretação conforme é plenamente aceita e utilizada pelo Supremo Tribunal Federal, no sentido de dar ao texto do ato normativo impugnado compatibilidade com a Constituição Federal, mesmo se necessário for a redução de seu alcance. Por votação majoritária, a Colenda Corte indeferiu o pedido de medida cautelar, para, em interpretação conforme à Constituição e sem redução de texto, afastar qualquer exegese que inclua, no âmbito de compreensão da Lei Complementar n. 87, de 13.09.1996, a prestação de serviços de navegação ou de transporte aéreo[304].

---

300 STF, ADIn 1.150-2-RS, Rel. Min. Moreira Alves, j. 01-10-97, *DJ*, 17-04-98.

301 MORAES, Alexandre de. *Direito constitucional*, cit., p. 48. BULOS, Uadi Lammêgo. *Constituição Federal anotada*, cit., p. 343.

302 MORAES, Alexandre de. *Direito constitucional*, cit., p. 48.

303 STF, ADIn 1.719-9-DF, Medida Liminar, Rel. Min. Moreira Alves, j. 03-12-97, *DJ*, 27-02-98.

304 STF, ADIn 1.600-8-DF, Medida Liminar, Rel. Min. Sydney Sanches, j. 27-08-97, *DJ*, 06-02-98.

### *10.10.2. Interpretação conforme a Constituição com redução do texto*

A interpretação conforme a Constituição com redução do texto é o ato decisório que declara inconstitucional determinada terminologia da norma para que se torne compatível com o texto constitucional. Na Ação Direta de Inconstitucionalidade n. 1.127-8, o Supremo Tribunal Federal concedeu medida liminar para suspender a eficácia da expressão "ou desacato" contida no art. 7º, § 2º, da Lei n. 8.906/94, concedendo à imunidade material dos advogados uma interpretação conforme ao art. 133 da Constituição Federal.

Em suma:

**Interpretação conforme a Constituição**
- Sem redução do texto
  - concessiva
  - excludente
- Com redução do texto

### *10.10.3. Limites da interpretação conforme a Constituição*

A interpretação conforme a Constituição apresenta dois limites:

1) expressão literal da lei; e

2) vontade do legislador.

A interpretação conforme a Constituição não pode concluir que o sentido e o alcance da norma jurídica são totalmente contrários à expressão literal da lei, com exceção para a possibilidade da redução do texto. Nesse caso, a redução do texto não pode levar à quebra do encadeamento lógico da norma legal. A interpretação com redução do texto não pode contaminar o restante da norma, na medida em que com a exclusão o texto perderia o seu sentido original.

A interpretação também não pode ir de encontro com a vontade do legislador. Na análise lógica e jurídica deve-se buscar o verdadeiro sentido e alcance da lei. É necessário verificar se a interpretação se coaduna com o objetivo visado pelo legislador, se corresponde a sua vontade, sob pena de o Tribunal, em vez de interpretar, legislar.

O Supremo Tribunal Federal atua como legislador negativo, não podendo, nas vestes de legislador positivo, invocar-se como Parlamento, criando mediante jurisprudência norma jurídica. Daí falar no princípio da intervenção mínima do Supremo Tribunal Federal. "Reflete-se o princípio de intervenção mínima no aforismo segundo o qual, no controle de constitucionalidade, o judiciário age como legislador negativo, não podendo assumir o papel de legislador positivo; no enunciado que mande suspender eficácia, em vez de suprimi-la; e no enunciado que mande apenas suspender eficácia, em vez de suprimir eficácia mais existência. Se faltar indicação clara a respeito de sua extensão, o conteúdo do *decisum* (ou o objeto da sentença) será o mínimo possível, desde que compatível com a Constituição e suficiente à preservação do preceito constitucional vulnerado"[305].

Dessa forma, a interpretação deve pautar-se pela expressão literal da lei, pelo sentido lógico de sua estrutura e pela vontade do legislador[306].

"É fundamental ter em conta que a interpretação conforme a Constituição deve limitar-se ao exercício hermenêutico, isto é, dentre as possíveis interpretações do texto — e somente dentre essas — o intérprete deve escolher aquela que mais se conforma ao texto constitucional. E fazê-lo sem distorcer o sentido inequívoco da norma

---

305 CUNHA, Sérgio Sérvulo da. *O efeito vinculante e os poderes do juiz*, cit., p. 69-70.

306 MARTINS, Ives Gandra da Silva; MENDES, Gilmar Ferreira. *Controle concentrado de constitucionalidade*, cit., p. 298: "Segundo a jurisprudência do Supremo Tribunal Federal, a interpretação conforme à Constituição conhece limites. Eles resultam tanto da expressão literal da lei quanto da chamada vontade do legislador. A interpretação conforme à Constituição é, por isso, apenas admissível se não configurar violência contra expressão literal do texto e não alterar o significado do texto normativo, com mudança radical da própria concepção original do legislador. A prática demonstra que o Tribunal não confere maior significado à chamada intenção do legislador, ou evita investigá-la, se a interpretação conforme à Constituição se mostra possível dentro dos limites da expressão literal do texto".

impossibilita a harmonização desta com o texto constitucional, a interpretação conforme a Constituição não tem mais espaço, o que torna inafastável a declaração de inconstitucionalidade"[307].

O Supremo Tribunal Federal já deixou assentado que:

EMENTA: (...) O princípio da interpretação conforme à Constituição (*Verfassungskonforme Auslegung*) é princípio que se situa no âmbito do controle de constitucionalidade, e não apenas simples regra de interpretação.

A aplicação desse princípio sofre, porém, restrições, uma vez que, ao declarar a inconstitucionalidade de uma lei em tese, o S.T.F. — em sua função de Corte Constitucional — atua como legislador negativo, mas não tem o poder de agir como legislador positivo, para criar norma jurídica diversa da instituída pelo Poder Legislativo.

Por isso, se a única interpretação possível para compatibilizar a norma com a Constituição contrariar o sentido inequívoco que o Poder Legislativo lhe pretendeu dar, não se pode aplicar o princípio da interpretação à Constituição, que implicaria, em verdade, criação de norma jurídica, o que é privativo do legislador positivo[308].

### *10.10.4. Fundamento da interpretação conforme a Constituição*

O fundamento da interpretação conforme a Constituição é o da unidade do sistema jurídico. A norma interpretada faz parte de um sistema jurídico, no qual a Constituição é a norma fundamental, devendo pois guardar consonância com a ordem jurídica. A interpretação conforme a Constituição procura adequar a norma ao todo coeso. "O princípio encontra suas raízes, antes, no princípio da unidade da ordem jurídica: por causa dessa unidade, leis que foram

[307] AMARAL JÚNIOR, José Levi Mello do. *Incidente de arguição de inconstitucionalidade*, cit., p. 99.

[308] STF, Rep. 1.417-7-DF, Rel. Min. Moreira Alves, j. 09-12-87, *DJ*, 15-04-88.

promulgadas sob a vigência da Lei Fundamental devem ser interpretadas em consonância com a Constituição, e direito que continua a viger, de época anterior, deve ser ajustado à nova situação constitucional"[309].

## 10.11. Declaração parcial de inconstitucionalidade sem redução do texto

A declaração parcial de inconstitucionalidade sem redução do texto, expressão já consagrada na doutrina e na jurisprudência, sempre foi indicada como uma forma de interpretação conforme a Constituição, segundo a qual a decisão judicial declara a inconstitucionalidade expressa de interpretação em sentido contrário, preservando o texto naquele sentido que guarda consonância com a Constituição Federal. "O intérprete deverá declarar a inconstitucionalidade de algumas interpretações possíveis do texto legal, sem contudo alterá-lo gramaticalmente (...) O Supremo Tribunal Federal utiliza-se da declaração de inconstitucionalidade parcial sem redução de texto como instrumento decisório para atingir-se uma interpretação conforme a Constituição, de maneira a salvar a constitucionalidade da lei ou do ato normativo, sem contudo alterar seu texto"[310].

O art. 28, parágrafo único, da Lei n. 9.868/99 faz menção expressa à denominada declaração parcial de inconstitucionalidade sem redução do texto e à interpretação conforme a Constituição, trazendo à ideia que são conceitos diferentes. A distinção entre esses conceitos já foi apontada pela doutrina. Gilmar Ferreira Mendes afirma que "a equiparação pura e simples da declaração de inconstitucionalidade sem redução de texto à interpretação conforme à Constituição prepara dificuldades significativas. (...) Por outro lado, a afirmação de que a interpretação conforme à Constituição e a declaração de inconstitucionalidade são uma e mesma categoria, se parcialmente correta no plano das Cortes Constitucionais e do Supremo Tribunal Federal,

---

[309] HESSE, Konrad. *Elementos de direito constitucional da República Federal da Alemanha*, cit., p. 72.

[310] MORAES, Alexandre de. *Direito constitucional*, cit., p. 50.

é de todo inadequada na esfera da jurisdição ordinária, cujas decisões não são dotadas de força vinculante geral. Ainda que se não possa negar a semelhança dessas categorias e a proximidade do resultado prático de sua utilização, é certo que, enquanto na interpretação conforme à Constituição se tem, dogmaticamente, a declaração de que uma lei é constitucional com a interpretação que lhe é conferida pelo órgão judicial, constata-se, *na declaração de nulidade sem redução de texto*, a expressa exclusão, por inconstitucionalidade, de determinadas *hipóteses* de aplicação (*Anwendungsfälle*) do *programa normativo* sem que se produza alteração expressa do texto legal. Assim, se se pretende realçar que determinada aplicação do texto normativo é inconstitucional, dispõe o Tribunal da *declaração de inconstitucionalidade sem redução de texto*, que, além de mostrar-se tecnicamente adequada para essas situações, tem virtude de ser dotada de maior clareza e segurança jurídica expressa na parte dispositiva da decisão (*a lei X é inconstitucional se aplicável a tal hipótese; a lei Y é inconstitucional se autorizativa da cobrança do tributo em determinado exercício financeiro*)"[311].

"A declaração de inconstitucionalidade sem redução de texto significa reconhecer a inconstitucionalidade da lei ou do ato normativo sob algum aspecto, em dada situação, debaixo de determinada variante. A norma impugnada continua vigendo, na forma originária. O texto continua o mesmo, mas o Tribunal limita ou restringe a sua aplicação, não permitindo que ela incida nas situações determinadas, porque, nestas, há a inconstitucionalidade. Nas outras, não"[312]. Cabe ressaltar que apenas a declaração parcial de inconstitucionalidade sem redução do texto requer a observância da regra prevista no art. 97 da Constituição Federal. "Em suma, a interpretação conforme a Constituição não pode implicar a extirpação, do mundo jurídico, de interpretações outras que não a adotada num dado julgamento. Há mais: se acaso for imperativo o juízo de desvalor de alguma das nor-

[311] MARTINS, Ives Gandra da Silva; MENDES, Gilmar Ferreira. *Controle concentrado de constitucionalidade*, cit., p. 300-301.

[312] VELOSO, Zeno. *Controle jurisdicional de constitucionalidade*, cit., p. 165.

mas subjacentes ao dispositivo textual posto em julgamento, a interpretação conforme a Constituição não mais terá lugar. Deve, então, o julgador, proceder a uma declaração parcial de inconstitucionalidade sem redução de texto. Vale dizer, rememorando, em sendo difuso o controle, e estando o feito em tribunal, o julgamento deverá ser *en banc*"[313].

Na interpretação conforme a Constituição não existe a necessidade da observância do art. 97 da Constituição Federal, na medida em que não se verifica a declaração de inconstitucionalidade, na verdade inconstitucional é determinada interpretação legal que é excluída. Nesse sentido, o entendimento do Supremo Tribunal Federal:

> EMENTA: Caderneta de poupança. Direito adquirido. Interpretação do artigo 17 da Medida Provisória n. 32/89 convertida da Lei 7.730/89. Redução do percentual da inflação aplicável ao caso.
>
> — Inexistência de ofensa ao artigo 97 da Constituição Federal. Com efeito, o acórdão recorrido não declarou a inconstitucionalidade do artigo 17, I, da Medida Provisória n. 32/89, convertida na Lei 7.730/89, mas, apenas, em respeito ao direito adquirido, o interpretou no sentido de que não se aplicava ele às cadernetas de poupança em que, antes da edição dela, já se iniciara o período de aquisição da correção monetária. Note-se que no controle difuso interpretação que restringe a aplicação de uma norma a alguns casos, mantendo-a com relação a outros, não se identifica com a declaração de inconstitucionalidade da norma que é a que se refere o art. 97 da Constituição, e isso porque, nesse sistema de controle, ao contrário do que ocorre no controle concentrado, não é utilizável a técnica da declaração de inconstitucionalidade sem redução do texto, por se lhe dar uma interpretação conforme à Constituição, o que implica dizer que inconstitucional é a interpretação da norma de modo que a coloque em choque com a Carta Magna, e não a inconstitucio-

[313] AMARAL JÚNIOR, José Levi Mello do. *Incidente de arguição de inconstitucionalidade*, cit., p. 103.

nalidade dela mesma que admite interpretação que a compatibiliza com esta.

— Falta de prequestionamento (súmulas 282 e 356) da questão constitucional relativa ao direito adquirido no que diz respeito à redução do percentual da inflação aplicável ao caso[314].

Dessa forma, se verificada a presença da declaração de inconstitucionalidade, urge a observância da regra constitucional da reserva de Plenário. Como destaca José Levi de Mello do Amaral Júnior, "presente o juízo de desvalor relativamente à norma posta em julgamento (ou relativamente à ausência dessa), torna-se imperiosa a observância do art. 97 da Constituição de 1988"[315].

No controle difuso da constitucionalidade, ocorrendo a interpretação conforme a Constituição não existe a necessidade de comunicação ao Senado Federal, nos termos do art. 52, X, da Constituição Federal, pois, não havendo texto reduzido, não há o que suspender.

A interpretação conforme a Constituição é afeta à interpretação da norma, sendo que leva à declaração da constitucionalidade da lei. A declaração de inconstitucionalidade sem redução do texto é afeta à aplicação da norma, sendo que leva à declaração de inconstitucionalidade da lei em determinada hipótese de aplicação.

Em suma:

| | | |
|---|---|---|
| Interpretação conforme a Constituição | ➔ | Juízo de Constitucionalidade |
| Declaração Parcial de Inconstitucionalidade | ➔ | Juízo de Inconstitucionalidade |

## 11. AÇÃO DECLARATÓRIA DE CONSTITUCIONALIDADE

A ação declaratória de constitucionalidade foi criada pela Emenda Constitucional n. 3, de 17 de março de 1993, que alterou o art.

---

314 STF, RE 184.093-5-SP, Rel. Min. Moreira Alves, j. 29-04-97, *DJ*, 05-09-97.

315 AMARAL JÚNIOR, José Levi Mello do. *Incidente de arguição de inconstitucionalidade*, cit., p. 108.

102, I, *a*, do texto constitucional, criando o § 2º desse artigo e o § 4º do art. 103.

A ação declaratória de constitucionalidade tem por finalidade a declaração da constitucionalidade de lei ou ato normativo federal, cuja constitucionalidade é duvidosa, garantindo-se consequentemente a segurança jurídica.

Para Alexandre de Moraes "a ação declaratória de constitucionalidade, que consiste em típico processo objetivo destinado a afastar a insegurança jurídica ou o estado de incerteza sobre a validade de lei ou ato normativo federal, busca preservar a ordem jurídica constitucional. Ressalta-se que as leis e atos normativos são presumidamente constitucionais, porém, esta presunção, por ser relativa, poderá ser afastada, tanto pelos órgãos do Poder Judiciário, por meio do controle difuso de constitucionalidade, quanto pelo Poder Executivo, que poderá recusar-se a cumprir determinada norma legal por entendê-la inconstitucional. Neste ponto, situa-se a finalidade precípua da ação declaratória de constitucionalidade: transformar a presunção relativa de constitucionalidade em presunção absoluta, em virtude de seus efeitos vinculantes. Portanto, o objetivo primordial da ação declaratória de constitucionalidade é transferir ao STF a decisão sobre a constitucionalidade de um dispositivo legal que esteja sendo duramente atacado pelos juízes e tribunais inferiores, afastando-se o controle difuso da constitucionalidade, uma vez que declarada a constitucionalidade da norma, o Judiciário e também o Executivo ficam vinculados à decisão proferida" [316].

Cabe ressaltar que o controle concentrado de constitucionalidade, realizado por meio de declaração, quer de inconstitucionalidade, quer de constitucionalidade, tem por finalidade a segurança jurídica.

Nesse sentido, André Ramos Tavares anota que a ação declaratória de constitucionalidade "visa obter uma decisão judicial, com efeitos *erga omnes* e eficácia vinculante, que declare a constitucionalidade de determinado ato normativo federal que esteja suscitando dissídio jurisprudencial, vale dizer, decisões contraditórias.

---

[316] MORAES, Alexandre de. *Direito constitucional*, cit., p. 658.

(...) Pode parecer estranha a previsão de uma ação dessa índole, já que se presume a constitucionalidade de todo ato normativo. Por outro lado, a medida é salutar à Constituição, na medida em que permite levar desde logo a questão ao Supremo Tribunal Federal, para que a resolva em definitivo, com proveitos para a economia e celeridade processuais, bem como para a segurança jurídica. É de fato um remédio eficiente para uma pronta solução, evitando-se as decisões contraditórias e conflitantes que são em um sistema de controle difuso uma das grandes mazelas apontadas como perpetuadoras de situações extremamente injustas"[317].

### 11.1. Competência

A competência originária para o julgamento e processamento da ação declaratória de constitucionalidade é do Supremo Tribunal Federal, nos termos do art. 102, I, *a*, da Constituição Federal.

### 11.2. Legitimidade

A Emenda Constitucional n. 45/2004 ampliou a legitimidade para a propositura da ação declaratória de constitucionalidade, estabelecendo o mesmo para a ação direta de inconstitucionalidade.

O art. 103, § 4º, da Constituição Federal, combinado com o art. 13 da Lei n. 9.868/99, revogados pela referida emenda constitucional, trazia a legitimação concorrente para a propositura da ação declaratória de constitucionalidade ao Presidente da República, Mesa do Senado Federal, Mesa da Câmara dos Deputados e Procurador-Geral da República.

A sistemática adotada segue o que afirmamos no item 10 — "Ação Direta de Inconstitucionalidade Genérica", pois o Presidente da República, a Mesa do Senado Federal, a Mesa da Câmara dos Deputados, o Procurador-Geral da República, partido político com representação no Congresso Nacional e o Conselho Federal da Ordem dos Advogados do Brasil possuem legitimidade ativa uni-

---

317 TAVARES, André Ramos. *Tribunal e jurisdição constitucional*, cit., p. 140-141.

versal, que pressupõe a pertinência temática absoluta. A Mesa da Assembleia Legislativa ou da Câmara Legislativa do Distrito Federal, o Governador de Estado ou do Distrito Federal e a confederação sindical ou entidade de classe de âmbito nacional possuem legitimidade parcial ou limitada, na medida em que se exige prova da pertinência temática, definida como o requisito objetivo da relação de pertinência subjetiva entre a defesa do interesse específico do legitimado e o objeto da própria ação. A legitimidade é limitada ao interesse de cada ente[318].

## 11.3. Procedimento

O Supremo Tribunal Federal, na Ação Declaratória de Constitucionalidade n. 1-1/DF, entendeu pela imediata aplicabilidade da ação instituída pela Emenda n. 3/93, fixando seu procedimento até a edição da Lei n. 9.868/99, que dispõe sobre o processo e julgamento da ação direta de inconstitucionalidade e da ação declaratória de constitucionalidade perante o Supremo Tribunal Federal.

O art. 14 da Lei n. 9.868/99 traz os requisitos da petição inicial, a qual indicará:

1) o dispositivo da lei ou do ato normativo questionado;

2) os fundamentos jurídicos do pedido;

3) o pedido com suas especificações; e

4) a existência de controvérsia judicial relevante sobre a aplicação da disposição objeto da ação declaratória.

A petição inicial, acompanhada de instrumento de procuração com poderes específicos[319], quando subscrita por advogado, será

---

[318] STF, ADIn 1.096-4-RS, Rel. Min. Celso de Mello, j. 16-03-95, *DJ*, 22-09-95: "A jurisprudência do Supremo Tribunal Federal erigiu o vínculo de pertinência temática à condição objetiva de requisito qualificador da própria legitimidade ativa *ad causam* do Autor, somente naquelas hipóteses de ação direta ajuizada por confederações sindicais, por entidades de classe de âmbito nacional, por Mesas das Assembleias Legislativas estaduais ou da Câmara Legislativa do Distrito Federal e, finalmente, por Governadores dos Estados-membros e do Distrito Federal".

[319] STF, ADIn 2.187-7-BA, Rel. Min. Octavio Gallotti, j. 24-05-00, *DJ*, 12-12-03:

apresentada em duas vias, devendo conter cópias do ato normativo questionado e dos documentos necessários para comprovar a procedência do pedido de declaração de constitucionalidade.

A exordial será indeferida liminarmente pelo relator quando:

1) inepta;

2) não fundamentada; e

3) manifestamente improcedente.

A petição inepta é aquela que não preenche os requisitos exigidos no art. 3º da Lei n. 9.868/99 e subsidiariamente nos arts. 282 e 283 do Código de Processo Civil.

Da decisão que indeferir a petição inicial caberá agravo.

Em linhas gerais, ajuizada a ação, será aberta vista ao Procurador-Geral da República, que deverá pronunciar-se no prazo de quinze dias. Após, o relator, lançado o relatório, com cópia a todos os Ministros, pedirá dia para julgamento. Em caso de necessidade de esclarecimento de matéria ou circunstância de fato ou de notória insuficiência das informações existentes nos autos, poderá o relator requisitar informações adicionais, designar perito ou comissão de peritos para que emita parecer sobre a questão ou fixar data para, em audiência pública, ouvir depoimentos de pessoas com experiência e autoridade na matéria. O relator poderá, ainda, solicitar informações aos Tribunais superiores, aos Tribunais federais e aos Tribunais estaduais acerca da aplicação da norma impugnada no âmbito de sua jurisdição. As informações, perícias e audiências serão realizadas no prazo de trinta dias, contados da solicitação do relator.

O julgamento da ação declaratória de constitucionalidade será processado nos mesmos moldes do da ação direta de inconstitucionalidade, previsto nos arts. 22 e seguintes da Lei n. 9.868/99, já analisado no presente estudo (item 10.7).

---

"É de exigir-se, em ação direta de inconstitucionalidade, a apresentação pelo proponente, de instrumento de procuração ao advogado subscritor da inicial, com poderes específicos para atacar a norma impugnada".

### *11.3.1. Do pedido da medida cautelar*

O art. 102, I, *p*, da Constituição Federal previa somente a possibilidade do pedido de medida cautelar nas ações diretas de inconstitucionalidade. Com o advento da Lei n. 9.868/99, foi disciplinada a concessão de medida cautelar em ação declaratória de constitucionalidade. O Supremo Tribunal Federal, por decisão da maioria absoluta de seus membros, poderá deferir pedido de medida cautelar na ação declaratória de constitucionalidade, consistente na determinação de que os juízes e os Tribunais suspendem o julgamento dos processos que envolvam a aplicação da lei ou do ato normativo objeto da ação até seu julgamento definitivo.

A decisão em medida cautelar tem efeitos *erga omnes*, *ex nunc* e vinculante[320].

Concedida a medida cautelar, o Supremo Tribunal Federal fará publicar, em seção especial do *Diário Oficial da União*, a parte dispositiva da decisão, no prazo de dez dias, devendo o Tribunal proceder ao julgamento da ação no prazo de cento e oitenta dias, sob pena de perda de sua eficácia.

## 11.4. Efeitos da decisão

O julgamento procedente ou improcedente da ação declaratória de constitucionalidade terá, como regra geral, efeito *ex tunc* (retroativo), *erga omnes* (perante todos) e vinculante. O efeito vinculante ocorre no momento da decisão, surtindo efeitos em relação ao Poder Executivo e aos demais órgãos do Poder Judiciário. O Supremo Tribunal Federal não está vinculado às suas próprias decisões, não se verificando assim uma autovinculação. Nesse prisma, cabe questionar se o Supremo Tribunal Federal pode declarar a inconstitucionalidade da norma declarada constitucional. Cremos que o Supremo Tribunal Federal, até mesmo pela característica da ação declaratória de constitucionalidade, não está vinculado a decisão anterior.

---

[320] STF, ADC 4-6-DF, Medida Cautelar, Rel. Min. Sydney Sanches, j. 11-02-98, *DJ*, 21-05-99.

A Constituição é aberta ao tempo, não podendo permanecer o entendimento da Corte constitucional à época passada. Enquanto a declaração de inconstitucionalidade provoca a perda da vigência da norma, efeito análogo da revogação, sendo expurgada do sistema jurídico, sem a possibilidade de restauração, na declaração de constitucionalidade, a norma permanece inalterada no sistema jurídico, reforçando apenas a sua presunção de validade.

"A fórmula adotada pelo constituinte brasileiro, e agora pelo legislador ordinário, não deixa dúvida, também, de que a decisão de mérito proferida na ADC tem eficácia contra todos (eficácia *erga omnes*) e efeito vinculante para os órgãos do Poder Executivo e do Poder Judiciário. Do prisma estritamente processual, a eficácia geral ou a eficácia *erga omnes* obsta, em primeiro plano, que a questão seja submetida uma vez mais ao Supremo Tribunal Federal. Portanto, não se tem uma mudança qualitativa da situação jurídica. Enquanto a declaração de nulidade importa na cassação da lei, não dispõe a declaração de constitucionalidade de efeito análogo. A validade da lei não depende da declaração judicial, e a lei vige, após a decisão, tal como vigorava anteriormente. Não fica o legislador, igualmente, impedido de alterar ou mesmo de revogar a norma em apreço. (...) Em síntese, declarada a constitucionalidade de uma lei, ter-se-á de concluir pela inadmissibilidade de que o Tribunal se ocupe, uma vez mais, da aferição de sua legitimidade, salvo no caso de significativa mudança das circunstâncias fáticas ou de relevante alteração das concepções jurídicas dominantes"[321].

Os efeitos da decisão e as exceções já foram analisados no item relativo à ação direta de inconstitucionalidade (item 10.8).

## 12. AÇÃO DECLARATÓRIA DE INCONSTITUCIONALIDADE POR OMISSÃO

A ação declaratória de inconstitucionalidade por omissão tem por finalidade implementar preceitos constitucionais que, para plena

---

321 MARTINS, Ives Gandra da Silva; MENDES, Gilmar Ferreira, *Controle concentrado de constitucionalidade*, cit., p. 329-332.

eficácia, dependem de legislação complementar infraconstitucional[322]. A ação tem cabimento no momento em que se verifica a inércia ou abstinência do Poder Público.

"O conceito de omissão legislativa não é um conceito naturalístico, reconduzível a um simples não fazer, a um simples conceito de negação. Omissão, em sentido jurídico-constitucional, significa não fazer aquilo a que se estava constitucionalmente obrigado. A omissão legislativa, para ganhar significado autônomo e relevante, deve conexionar-se com uma exigência constitucional de acção, não bastando o simples dever legal de legislar para dar fundamento a uma omissão constitucional"[323].

O objeto da ação declaratória de inconstitucionalidade por omissão é ato normativo, não sendo possível em face de um ato governamental concreto como a construção de uma escola ou outras obras administrativas, sendo que a omissão é acerca de medida de caráter normativo. Nesse sentido, Zeno Veloso afirma: "mas não é qualquer falta de providência de órgãos públicos que pode legitimar a intervenção do Judiciário, em sede de ação de inconstitucionalidade por omissão, mas somente a ausência de medidas de cunho normativo, ou seja, de atos administrativos normativos, que são os que contêm regras gerais e abstratas, não sendo leis, em sentido formal, mas apresentando-se como lei, no aspecto material. A ação governamental, no sentido de realizações, tarefas, obras, programas

---

322 LOURENÇO, Rodrigo Lopes. *Controle da constitucionalidade à luz da jurisprudência do STF*, cit., p. 142: "O inadimplemento, relativo ou absoluto, do dever de legislar, que ocorre em relação às normas constitucionais de eficácia limitada, acaba por violar o sistema constitucional, que previu a regulamentação da matéria, mesmo que dependendo de preceitos a serem editados pelo legislador. Em outras palavras, se a não edição de norma infraconstitucional impede a plena eficácia de comando constitucional, o legislador ordinário acaba por alterar a vontade do constituinte, subvertendo a hierarquia ínsita ao ordenamento jurídico e criando uma situação de inconstitucionalidade".

323 CANOTILHO, J. J. Gomes. *Direito constitucional e teoria da Constituição*, cit., p. 917.

administrativos, está fora do âmbito da inconstitucionalidade por omissão"[324].

A ação direta de inconstitucionalidade por omissão não tem por objeto a proteção de um direito genérico de emanação de normas, mas sim aquela prevista no texto constitucional. O Poder Legislativo possui discricionariedade quanto à elaboração de normas jurídicas, mas com relação àquelas indicadas no texto constitucional pode-se falar em dever de legislar do Poder Legislativo, o que dá ensejo a um direito subjetivo público à emanação de normas ou direito à legislação[325].

Nesse sentido, J. J. Gomes Canotilho afirma que "a inconstitucionalidade por omissão é um instituto que reflecte as insuficiências resultantes da redução do Estado de direito democrático aos processos e instrumentos típicos dos ordenamentos liberais. Com efeito, a generalidade da doutrina não reconhece um direito subjectivo dos cidadãos à actividade legislativa. Embora haja um dever jurídico-constitucional do legislador no sentido de este adoptar as medidas legislativas necessárias para tornar exequíveis as normas da Constituição, a esse dever não corresponde automaticamente um direito fundamental à legislação. Daí a insistência na necessidade de institucionalização de formas democráticas tendentes a um maior reforço da protecção jurídica contra omissões inconstitucionais (ações populares, direito de iniciativa legislativa popular, petições colectivas, e,

---

[324] VELOSO, Zeno. *Controle jurisdicional de constitucionalidade*: atualizado conforme as Leis 9.868 de 10/11/99 e 9.882 de 03/12/99, 2. ed. rev., atual. e ampl., Belo Horizonte: Del Rey, 2000, p. 251.

[325] CUNHA, Sérgio Sérvulo da. *O efeito vinculante e os poderes do juiz*, cit., p. 86: "A ADInpo oferece maior complexidade do que a ADIn. Primeiro porque nela se inclui, necessariamente, apreciação de matéria de fato, consistente na existência ou não de omissão. Segundo porque retira ao parlamento a discricionariedade quanto à edição da norma, faculdade que era considerada, até há pouco, como eminentemente política. Canotilho fala, por isso, num direito à emanação de normas. A ação direta de inconstitucionalidade por omissão não se presta à proteção de um direito genérico à emanação das normas, mas à do direito, constitucionalmente previsto, à emanação de determinada norma; neste caso foi a Constituição que, previamente, pôs limite à discricionariedade do legislativo no tocante à edição de normas".

em geral formas de acentuação de democracia participativa). A Constituição afastou, porém, qualquer possibilidade de acções populares universais, de acções individuais de defesa e de acções administrativas contra comportamentos omissos de legislador"[326].

Guilherme Amorim Campos da Silva ressalta a importância da ação direta de inconstitucionalidade por omissão como meio de tutela do direito ao desenvolvimento, afirmando: "tendo-se em vista a impositividade de obrigações aos poderes da República para fins de realização do desenvolvimento nacional, sua inobservância deve levar à manifestação do Poder Judiciário, em superação dos tradicionais esquemas de separação dos poderes ou de competências. Afirmar-se que as normas constitucionais programáticas vinculam o legislador na medida em que este deve conformar suas decisões às suas determinações, elimina a discricionariedade absoluta do legislador, corolário da clássica divisão atribuída a Montesquieu"[327].

No caso de revogação da norma que necessitava de regulamentação verifica-se a extinção da ação por perda do objeto. Nesse sentido já deixou assentado o Supremo Tribunal Federal:

> EMENTA: Ação direta de inconstitucionalidade por omissão do Governador que encaminha à Assembleia Legislativa projeto de lei para dar efetividade à norma contida no artigo 241 da Constituição Federal. Questão de ordem.
>
> Esta Corte já firmou o entendimento, em face da atual Constituição, de que, quando há revogação do ato normativo atacado como inconstitucional em ação direta de inconstitucionalidade, esta fica prejudicada por perda de seu objeto. Essa orientação, por identidade de razão, se aplica tanto à ação direta de inconstitucionalidade de ato normativo quanto à ação direta de inconstitucionalidade por omissão de medida destinada a tornar efetiva norma constitucional, sendo que, neste último

---

[326] CANOTILHO, J. J. Gomes. *Direito constitucional e teoria da Constituição*, cit., p. 920.

[327] SILVA, Guilherme Amorim Campos da. *Direito ao desenvolvimento*, São Paulo: Método, 2004, p. 223.

caso, isso ocorrerá quando a norma revogada for a que necessitava de regulamentação para a sua efetividade.

No caso, com a promulgação, em 04.06.98, da Emenda Constitucional n. 19, foi revogada a norma contida no artigo 241 em sua redação originária e que deu margem à propositura da presente ação direta, pois seu texto foi substituído por outro que trata de matéria totalmente diversa, em virtude da redação que lhe deu o artigo 24 da referida Emenda Constitucional.

Questão de ordem que se resolve julgando prejudicada a presente ação direta de inconstitucionalidade por omissão, dada a perda de seu objeto[328].

José Afonso da Silva anota que "a inconstitucionalidade por omissão verifica-se nos casos em que não sejam praticados atos legislativos ou administrativos requeridos para tornar plenamente aplicáveis normas constitucionais. Muitas destas, de fato, requerem uma lei ou uma providência administrativa ulterior para que os direitos ou situações nelas previstos se efetivem na prática. A Constituição, por exemplo, prevê o direito de participação dos trabalhadores nos lucros e na gestão das empresas, conforme definido em lei, mas, se esse direito não se realizar, por omissão do legislador em produzir a lei aí referida e necessária à plena aplicação da norma, tal omissão se caracterizará como inconstitucional. Ocorre, então, o pressuposto para a propositura de uma ação de inconstitucionalidade por omissão, visando obter do legislador a elaboração da lei em causa"[329].

A inconstitucionalidade vislumbra-se a partir de conduta negativa. O texto constitucional prescreve uma conduta positiva ao Poder Público (um fazer), com a finalidade de garantir a plena eficácia da norma constitucional. O Poder Público omite-se. Essa conduta negativa gera a inconstitucionalidade por omissão. "Reconhece a nova Lei Fundamental brasileira que o não cumprimento da Constituição pode advir de uma ação, quando os órgãos destinatários do poder atuam

328 STF, ADIn 1.836-5-SP, Questão de Ordem, Rel. Min. Moreira Alves, j. 18-06-98, *DJ*, 04-12-98.

329 SILVA, José Afonso da. *Curso de direito constitucional positivo*, cit., p. 49-50.

em desconformidade com as normas e princípios da Constituição, e da inércia ou do silêncio, quando os órgãos permanecem inertes, não cumprindo as normas necessárias para a aplicação e concretização da Lei Maior"[330].

Para Meirelles Teixeira, "uma lei, ou ato governamental, diz-se inconstitucional quando não se conforma com algum dispositivo da Constituição, quando de qualquer maneira, com ele não se concilia; quando o desrespeita, na sua letra ou no seu espírito. O vício de inconstitucionalidade, portanto, pode-se conceituar como a desconformidade da lei ou do ato governamental com algum preceito da Constituição"[331]. Assim, incompatibilidade entre a conduta positiva exigida pela Constituição e a conduta negativa do Poder Público omisso configura-se na chamada inconstitucionalidade por omissão.

Com o intuito de sanar a inconstitucionalidade por omissão, o texto constitucional estabelece, como forma de controle, a ação direta de inconstitucionalidade por omissão (art. 103, § 2º). "Segundo o art. 103, § 2º, da atual Constituição da República Federativa do Brasil, a declaração de inconstitucionalidade por omissão tem um sentido de fiscalização. Esta fiscalização se efetiva pelo pronunciamento do Supremo Tribunal Federal, que não interfere na formação dos atos que se fazem necessários para aplicação da Constituição. Desta forma, a atuação do órgão máximo do Poder Judiciário não substitui a do poder competente para realização do ato, já que não compete a ele adotar medidas que repute necessárias, nem mesmo quando, dada ciência para a adoção de medidas necessárias, o órgão competente não as elabora"[332].

A Constituição portuguesa trouxe dispositivo semelhante no art. 283, que dita: "A requerimento do Presidente da República, do Prove-

---

[330] FERRARI, Regina Maria Macedo Nery. *Efeitos da declaração de inconstitucionalidade*, cit., p. 217.

[331] TEIXEIRA, J. H. Meirelles. *Curso de direito constitucional*, cit., p. 378.

[332] FERRARI, Regina Maria Macedo Nery. *Efeitos da declaração de inconstitucionalidade*, cit., p. 226.

dor de Justiça ou, com fundamento em violação de direitos das regiões autónomas, dos presidentes das Assembleias Legislativas regionais, o Tribunal Constitucional aprecia e verifica o não cumprimento da Constituição por omissão das medidas legislativas necessárias para tornar exequíveis as normas constitucionais. Quando o Tribunal Constitucional verificar a existência de inconstitucionalidade por omissão, dará disso conhecimento ao órgão legislativo competente".

A Lei n. 12.063, de 27 de outubro de 2009, regulamentou a disciplina processual da ação direta de inconstitucionalidade por omissão ao acrescentar o Capítulo II-A à Lei n. 9.868/99. Cremos que a referida norma é mais uma etapa da evolução do direito processual constitucional que se verificou após a Constituição Federal de 1988.

A efetividade dos instrumentos de controle da omissão constitucional sempre foi questionada pela doutrina. O Supremo Tribunal Federal evoluiu em sede de mandado de injunção ao resolver a omissão legislativa nos casos concretos, conforme veremos adiante. E o Supremo Tribunal Federal já se manifestou não só no sentido de declarar a omissão constitucional, mas determinando que o legislativo, em prazo razoável, adote as providências necessárias:

> EMENTA: AÇÃO DIRETA DE INCONSTITUCIONALIDADE POR OMISSÃO. INATIVIDADE DO LEGISLADOR QUANTO AO DEVER DE ELABORAR A LEI COMPLEMENTAR A QUE SE REFERE O § 4º DO ART. 18 DA CONSTITUIÇÃO FEDERAL, NA REDAÇÃO DADA PELA EMENDA CONSTITUCIONAL N. 15/1996. AÇÃO JULGADA PROCEDENTE.
>
> 1. A Emenda Constitucional n. 15, que alterou a redação do § 4º do art. 18 da Constituição, foi publicada no dia 13 de setembro de 1996. Passados mais de 10 (dez) anos, não foi editada a lei complementar federal definidora do período dentro do qual poderão tramitar os procedimentos tendentes à criação, incorporação, desmembramento e fusão de municípios. Existência de notório lapso temporal a demonstrar a inatividade do legislador em relação ao cumprimento de inequívoco dever constitucional de legislar, decorrente do comando do art. 18, § 4º, da Constituição.

2. Apesar de existirem no Congresso Nacional diversos projetos de lei apresentados visando à regulamentação do art. 18, § 4º, da Constituição, é possível constatar a omissão inconstitucional quanto à efetiva deliberação e aprovação da lei complementar em referência. As peculiaridades da atividade parlamentar que afetam, inexoravelmente, o processo legislativo não justificam uma conduta manifestamente negligente ou desidiosa das Casas Legislativas, conduta esta que pode pôr em risco a própria ordem constitucional. A *inertia deliberandi* das Casas Legislativas pode ser objeto da ação direta de inconstitucionalidade por omissão.

3. A omissão legislativa em relação à regulamentação do art. 18, § 4º, da Constituição acabou dando ensejo à conformação e à consolidação de estados de inconstitucionalidade que não podem ser ignorados pelo legislador na elaboração da lei complementar federal.

4. Ação julgada procedente para declarar o estado em mora em que se encontra o Congresso Nacional, a fim de que, em prazo razoável de 18 (dezoito) meses, adote ele todas as providências legislativas necessárias ao cumprimento do dever constitucional imposto pelo art. 18, § 4º, da Constituição, devendo ser contempladas as situações imperfeitas decorrentes do estado de inconstitucionalidade gerado pela omissão. Não se trata de impor um prazo para a atuação legislativa do Congresso Nacional, mas apenas da fixação de um parâmetro temporal razoável, tendo em vista o prazo de 24 meses determinado pelo Tribunal nas ADI ns. 2.240, 3.316, 3.489 e 3.689 para que as leis estaduais que criam municípios ou alterem seus limites territoriais continuem vigendo, até que a lei complementar federal seja promulgada contemplando as realidades desses municípios[333].

## 12.1. Competência

A competência originária para o julgamento e processamento da ação direta de inconstitucionalidade por omissão é do Supremo Tribunal Federal, pois trata-se de ação direta de inconstitucionali-

[333] STF, ADIn 3.682-3-MT, Rel. Min. Gilmar Mendes, j. 09-05-07, *DJ*, 06-09-07.

dade, sendo que a diferença encontra-se no objeto da ação, com reflexo nos efeitos da decisão.

## 12.2. Legitimidade e procedimento

A doutrina e a jurisprudência vinham indicando que a legitimidade e o procedimento adotado pela ação direta de inconstitucionalidade por omissão é o mesmo da ação direta de inconstitucionalidade genérica. O regramento específico desta ação confirma que as disposições da ação direta de inconstitucionalidade, arts. 2º a 9º da Lei n. 9.868/99, aplicam-se também à ADIn por omissão, nos termos do art. 12-E da aludida norma.

A Lei n. 12.063/2009 confirma que podem propor ação direta de inconstitucionalidade por omissão os legitimados à propositura da ação direta de inconstitucionalidade e da ação declaratória de constitucionalidade.

O réu, na ação, é o órgão competente para agir, que por sua inércia ou omissão viola a Constituição.

O art. 12-B da Lei n. 9.868/99 traz os requisitos da petição inicial, que indicará:

1) a omissão inconstitucional total ou parcial quanto ao cumprimento de dever constitucional de legislar ou quanto à adoção de providência de índole administrativa;

2) o pedido, com suas especificações.

A petição inicial, acompanhada de instrumento de procuração, se for o caso, será apresentada em duas vias, devendo conter cópia dos documentos necessários para comprovar a alegação de omissão.

A petição inicial será indeferida liminarmente pelo relator quando:

1) inepta;

2) não fundamentada;

3) manifestamente improcedente.

A petição inepta é aquela que não preenche os requisitos do art. 12-B da Lei n. 9.868/99 e subsidiariamente dos ars. 282 e 283 do Código de Processo Civil.

Da decisão que indeferir a petição inicial caberá agravo.

A ação direta de inconstitucionalidade por omissão não admite desistência.

A ação direta de inconstitucionalidade por omissão é espécie de ação direta de inconstitucionalidade, sendo que o procedimento é o mesmo, com as peculiaridades previstas no regramento próprio trazido pela Lei n. 12.063/2009. Nesse sentido, Luiz Alberto David Araujo já ensinava que, "no que se refere ao seu controle de constitucionalidade, a omissão recebe o mesmo tratamento da inconstitucionalidade por ação, de tal modo que seu controle direto materializa-se através da ação direta de inconstitucionalidade. Assim, para que se controle a omissão constitucional pela via de ação, deve-se servir do instrumento da ação direta de inconstitucionalidade. Os autores, o foro competente (STF) e a forma do processo serão sempre os mesmos. A diferença, no entanto, reside nos efeitos da decisão"[334].

Proposta a ação, o relator pedirá informações aos órgãos responsáveis pela edição da norma que eliminará a omissão legislativa.

O art. 12-E, § 1º, estabelece que os demais legitimados para a propositura da ação direta de inconstitucionalidade poderão manifestar-se, por escrito, sobre o objeto da ação e pedir a juntada de documentos reputados úteis para o exame da matéria, no prazo das informações, bem como apresentar memoriais. Cabe lembrar que o referido dispositivo resgatou o veto ao art. 7º, § 1º, da Lei n. 9.868/99, possibilitando a efetiva participação de todos os legitimados na ação direta de inconstitucionalidade. Muito embora o texto legal afirme que a referida prerrogativa deve ser exercida no prazo das informações, o Supremo Tribunal Federal tem admitido a participação do *amicus curiae* até a inclusão do processo em pauta de julgamento[335], consi-

---

334 ARAUJO, Luiz Alberto David; NUNES JÚNIOR, Vidal Serrano. *Curso de direito constitucional*, cit., p. 40-41.

335 STF, ADIn 4.071-5-DF, Rel. Min. Menezes Direito, j. 22-04-09, *DJ*, 16-10-09: "O *amicus curiae* somente pode demandar a sua intervenção até a data em que o Relator liberar o processo para pauta".

derando a possibilidade de sustentação oral, nos termos do art. 131, § 4º, do Regimento Interno do Supremo Tribunal Federal.

O Procurador-Geral da República deve ser previamente ouvido nas ações de inconstitucionalidade por omissão, nos termos do art.103, § 1º, da Constituição Federal. Entretanto, o art. 12-E, § 3º, da Lei n. 9.868/99, estabelece que "o Procurador-Geral da República, nas ações em que não for autor, terá vista do processo, por 15 (quinze) dias, após o decurso do prazo para informações. Cremos que mesmo nas ações promovidas pelo Ministério Público, posteriormente, deverá ser aberta vista ao órgão ministerial, que nesta fase processual atuará como *custos legis*. Outrossim, nas ações por ele propostas, poderá ao final manifestar-se por sua improcedência.

No que tange ao Advogado-Geral da União, a sua participação torna-se inócua na medida em que a sua atribuição é defender o texto impugnado. Ocorre que a razão de ser da ação é justamente a falta do texto a ser impugnado, logo a presença do Advogado-Geral da União não é necessária. Nesse sentido, já decidiu o Supremo Tribunal Federal:

> EMENTA: — Ação Direta de Inconstitucionalidade por omissão. Audiência do Advogado-Geral da União (art. 103, §§ 3º e 2º da CF de 1988).
>
> A audiência do Advogado Geral da União, prevista no art. 103, § 3º, da CF de 1988, é necessária na ação direta de inconstitucionalidade, em tese, de norma legal, ou ato normativo (já existente), para se manifestar sobre o ato ou texto impugnado — não, porém, na ação direta de inconstitucionalidade, por omissão, prevista no parágrafo 2º do mesmo dispositivo, pois nesta se pressupõe, exatamente, a inexistência de norma legal ou ato normativo[336].

---

[336] STF, ADIn 23-3-SP, Questão de Ordem, Rel. Min. Sydney Sanches, j. 09-08-89, *DJ*, 01-09-89.

A Lei n. 9.868/99 confere à discricionariedade do relator solicitar a manifestação do Advogado-Geral da União, que deverá ser encaminhada no prazo de quinze dias.

A Lei n. 12.063/99, ao modificar a Lei n. 9.868/99, trouxe a possibilidade da concessão de liminar, contrariando a jurisprudência do Supremo Tribunal Federal, que entendia "incompatível com o objeto da ação a concessão de liminar, vez que a única consequência político-jurídica possível era a mera comunicação formal, ao órgão estatal inadimplente, de que está em mora constitucional"[337].

Ao tratar da medida cautelar em ação direta de inconstitucionalidade por omissão a norma estabelece que, em caso de excepcional urgência e relevância da matéria, o Tribunal, por decisão da maioria absoluta de seus membros, desde que presentes pelo menos oito ministros, poderá conceder medida cautelar, após a audiência dos órgãos ou autoridades responsáveis pela omissão inconstitucional, que deverão pronunciar-se no prazo de cinco dias. A lei faculta ao relator a possibilidade de manifestação do Procurador-Geral da República no prazo de três dias.

A medida cautelar poderá consistir: 1) no caso de omissão parcial, na suspensão da aplicação da lei ou do ato normativo questionado; 2) suspensão de processos judiciais ou de procedimentos administrativos; 3) outra providência a ser fixada pelo Tribunal.

No julgamento da medida cautelar, será facultada sustentação oral aos representantes judiciais do requerente e das autoridades ou órgãos responsáveis pela omissão inconstitucional. Concedida a medida cautelar, o Supremo Tribunal Federal fará publicar, em seção especial do *Diário Oficial da União* e do *Diário da Justiça da União* a parte dispositiva da decisão no prazo de dez dias, devendo solicitar as informações à autoridade ou ao órgão responsável pela omissão inconstitucional.

---

[337] STF, ADIn 361-5-DF, Medida Liminar, Rel. Min. Marco Aurélio, j. 05-10-90, *DJ*, 26-10-90; STF, ADIn 267-8-DF, Medida Liminar, Rel. Min. Celso de Mello, j. 25-10-90, *DJ*, 19-05-95.

### 12.3. Efeitos da decisão

O ponto que diferencia a ação direta de inconstitucionalidade genérica da por omissão são, justamente, os efeitos da decisão. Com o julgamento procedente da ação direta de inconstitucionalidade por omissão, o Supremo Tribunal Federal declara a omissão da medida legal para a efetiva aplicação da norma constitucional, devendo dar ciência ao Poder competente para a adoção das providências necessárias e, em se tratando de órgão administrativo, para fazê-lo em trinta dias.

A decisão tem caráter obrigatório e mandamental. No caso de órgão administrativo, o texto constitucional fixa o prazo de trinta dias para a adoção de providências necessárias. No caso do Poder Legislativo, tendo em vista a autonomia dos Poderes, não há fixação de prazo. Apenas fixa-se judicialmente a omissão, podendo ensejar ação de perdas e danos, se da omissão ocorrerem prejuízos. Entretanto, na ação direta de inconstitucionalidade por omissão n. 3.682-3 verificou-se a fixação de um prazo razoável, com a ressalva de que não se trata de impor um prazo para a atuação legislativa do Congresso Nacional, mas apenas fixação de um parâmetro.

O art. 12-H da Lei n. 9.868/99 dita que declarada a inconstitucionalidade por omissão será dada ciência ao Poder competente para a adoção das providências necessárias. Por sua vez, o § 1º enuncia que, em caso de omissão imputável a órgão administrativo, as providências deverão ser adotadas no prazo de trinta dias, ou em prazo razoável a ser espitulado excepcionalmente pelo Tribunal, tendo em vista as circunstâncias específicas do caso e o interesse público envolvido.

A interpretação restrita do citado dispositivo legal é no sentido de que a fixação de prazo razoável somente pode ocorrer em face da administração pública. Entretanto, mesmo antes do dispositivo legal, conforme citamos, o Supremo Tribunal Federal já utilizou a fixação de prazo para o Poder Legislativo[338]. O advento do art. 12-H abre para o Supremo Tribunal Federal a possibilidade de uma atuação deci-

---

[338] STF, ADIn 3.682-3-MT, Rel. Min. Gilmar Mendes, j. 09-05-07, *DJ*, 06-09-07.

sória mais ampla. Essa assertiva é confirmada pelo próprio § 2º do art. 12-H, que estabelece que se aplicam à decisão da ação direta de inconstitucionalidade por omissão os preceitos da decisão na ação direta de inconstitucionalidade genérica. Não há dúvida, com base neste dispositivo legal, que o Supremo Tribunal Federal poderá valer-se na ação por omissão da interpretação conforme a Constituição, na declaração parcial de inconstitucionalidade sem redução do texto e ainda a possibilidade da modulação dos efeitos e eficácia temporal da decisão nos termos do art. 27 da Lei n. 9.868/99.

Ao tratar dos efeitos da declaração de inconstitucionalidade por omissão, José Afonso da Silva anota que "não se trata de verificar inconstitucionalidade em tese, mas *in concreto*, ou seja, a de que não se produziu uma medida (lei, decreto etc.) concretamente requerida pela norma constitucional. Não se cogitará, portanto, de efeito *erga omnes*, mas determinação diretamente dirigida a um Poder. Daí provém que a sentença que reconhece a inconstitucionalidade por omissão é declaratória quanto a esse reconhecimento, mas não é meramente declaratória, porque dela decorre um efeito ulterior de natureza mandamental no sentido de exigir do Poder competente a adoção das providências necessárias ao suprimento da omissão. Esse sentido mandamental é mais acentuado em relação a órgão administrativo. Mas ele existe também no tocante à ciência ao Poder Legislativo. Não há de se limitar a mera ciência sem consequência. Se o Poder Legislativo não responder ao mandamento judicial, incidirá em omissão ainda mais grave. Pelo menos terá que dar alguma satisfação ao Judiciário. É certo que, se não o fizer, praticamente nada se poderá fazer, pois não há como obrigar o legislador a legislar. Por isso é que, no caso de inconstitucionalidade por omissão, propugnáramos por uma decisão judicial normativa, para valer como lei se após certo prazo o legislador não suprisse a omissão. A sentença normativa teria esse efeito. Mas o legislador constituinte não quis dar esse passo à frente"[339].

Segundo nosso entendimento, na medida em que a declaração de inconstitucionalidade por omissão é realizada em tese, seus efeitos

---

[339] SILVA, José Afonso da. *Curso de direito constitucional positivo*, cit., p. 57-58.

são *erga omnes*, aproveitando a todos e revestindo-se da autoridade da coisa julgada. O alcance da decisão se faz sentir *ex nunc*, pois é a partir da decisão que surge a omissão constitucional e vinculante em relação aos demais órgãos do Poder Judiciário e da Administração Pública federal, estadual e municipal.

"Não existe um critério seguro para fixação do alcance, pois, até o momento da consideração de que a omissão é inconstitucional por parte do órgão competente para sua verificação, a ação estaria contida na discricionariedade de atuação do órgão; só a partir da declaração é que se pode ter como inconstitucional tal omissão. Os efeitos da declaração de inconstitucionalidade por omissão se fazem sentir a partir do pronunciamento do Supremo Tribunal Federal neste sentido. Parece ser este o entendimento do legislador constituinte quando determina que, em se tratando de órgão administrativo, o prazo fixado para atuação é de trinta dias. Assim, só a partir da data da declaração de inconstitucionalidade por omissão é que se sentirão os efeitos de tal decisão. Só a partir dessa data é que haverá a mudança de estado jurídico, isto é, só após a consideração do Supremo Tribunal Federal, através de um juízo de razoabilidade do tempo para emissão do ato ou da atuação do órgão competente, de que tal inércia ou omissão é violadora das normas constitucionais, é que se sentirão os efeitos de tal declaração, projetando-se para o futuro, embora em nosso sistema jurídico se resuma apenas ao ato de dar ciência ao poder competente e à determinação de prazo para a atuação do órgão administrativo"[340].

André Ramos Tavares analisa o problema, afirmando que, "declarada a omissão inconstitucional, é dada ciência ao órgão competente para que adote as providências necessárias. Mas não há qualquer previsão de efeitos políticos ao lado dos jurídicos pelo descumprimento de tal notificação, como seria de se desejar. Apenas se pode pensar aqui numa responsabilidade do Estado, nos termos em que vem declarada no § 6º do art. 37. Ao lado do controle a nível abstra-

---

340 FERRARI, Regina Maria Macedo Nery. *Efeitos da declaração de inconstitucionalidade*, cit., p. 234.

to das omissões inconstitucionais perpetradas pelo Poder Público, a Constituição institui um remédio voltado para a defesa (vale dizer, para viabilização), em concreto, de direito constitucionalmente assegurado. Como se dá a viabilização judicial do exercício de um direito constitucionalmente assegurado, através do mandado de injunção? A decisão, neste caso, possibilitará ao impetrante o gozo do direito não exercitado em face da omissão inconstitucional"[341].

O art. 15, XII, do Regimento Interno da Câmara dos Deputados estabelece que "à Mesa compete, dentre outras atribuições estabelecidas em lei, neste regimento ou por resolução da Câmara, ou delas implicitamente resultantes promover ou adotar, em virtude de decisão judicial, as providências necessárias, de sua alçada ou que se insiram na competência legislativa da Câmara dos Deputados, relativas aos arts. 102, I, *q*, e 103, § 2º, da Constituição Federal".

Em suma:

Efeitos da decisão ➔ *erga omnes* e *ex nunc*.

**Decisão do STF**
- Órgão Administrativo ➔ Adoção das providências necessárias em 30 dias.
- Poder Legislativo ➔ Ciência para adoção das providências necessárias, sem prazo preestabelecido.

## 13. AÇÃO DIRETA DE INCONSTITUCIONALIDADE INTERVENTIVA

A ação direta de inconstitucionalidade interventiva tem por finalidade a declaração da inconstitucionalidade de lei ou ato normativo estadual contrário aos princípios elencados no art. 34, VII, do texto constitucional, e a consequente intervenção federal no Estado ou Distrito Federal, objetivando restabelecer a ordem constitucional na unidade federativa.

---

[341] TAVARES, André Ramos. *Tribunal e jurisdição constitucional*, cit., p. 139-140.

As demais ações de inconstitucionalidade possuem apenas a finalidade declaratória (jurídica), ao passo que a ação direta de inconstitucionalidade interventiva possui dupla finalidade:

1) jurídica, que é a declaração da inconstitucionalidade; e

2) política, que é a intervenção federal.

A ação direta de inconstitucionalidade interventiva tem por finalidade precípua preservar a observância dos seguintes princípios constitucionais:

1) forma republicana, sistema representativo e regime democrático;

2) direitos da pessoa humana;

3) autonomia municipal;

4) prestação de contas da administração pública, direta e indireta;

5) aplicação do mínimo exigido da receita resultante de impostos estaduais, compreendida a proveniente de transferência, na manutenção e desenvolvimento do ensino e nas ações e serviços públicos de saúde.

A inobservância dos referidos princípios constitucionais pode acarretar a intervenção na autonomia político-administrativa conferida pelo texto constitucional (art. 18) ao Estado-membro ou Distrito Federal. A aludida intervenção dá-se por intermédio da ação interventiva.

A intervenção tem a finalidade precípua de manter a integridade nacional, que se caracteriza pelo equilíbrio das pessoas políticas que possuem autonomia e competência apontadas pelo texto constitucional. Nos casos de abuso da autonomia, surge a possibilidade da intervenção, que é medida oposta à autonomia.

A intervenção é indicada pelo texto constitucional como medida de exceção; a regra é a não intervenção, surgindo apenas nos casos de abuso de poder taxativamente elencados na Carta Magna. Note-se que o texto constitucional frisa que "A União não intervirá nos Estados nem no Distrito Federal, exceto para ..." (art. 34) e que "o Estado não intervirá em seus Municípios, nem a União nos Municípios localizados em Território Federal, exceto quando..." (art. 35). A intervenção surge excepcionalmente para restabelecer o pacto federativo, afastando para isso momentaneamente a autonomia da pessoa política que comete abuso.

A finalidade de intervenção federal é restabelecer o pacto federativo e a integridade nacional, apresentando como características a excepcionalidade, taxatividade e temporariedade. No caso da ação interventiva, a finalidade específica é a defesa da ordem constitucional democrática.

Os princípios elencados no art. 34, VII, da Constituição Federal são chamados de princípios sensíveis. "O termo sensíveis está aí no sentido daquilo que é facilmente percebido pelos sentidos, daquilo que se faz perceber claramente, evidente, visível, manifesto; portanto, princípios sensíveis são aqueles clara e indubitavelmente mostrados pela Constituição, os apontados, enumerados. São sensíveis em outro sentido, como coisa dotada de sensibilidade, que, em sendo contrariada, provoca reação, e esta, no caso, é a intervenção nos Estados, exatamente para assegurar sua observância"[342]. "São denominados princípios sensíveis constitucionais, pois sua inobservância pelos Estados-membros ou Distrito Federal no exercício de suas competências legislativas, administrativas ou tributárias pode acarretar a sanção politicamente mais grave existente em um Estado Federal, a intervenção na autonomia política. Assim, qualquer lei ou ato normativo do Poder Público, no exercício de sua competência constitucionalmente deferida que venha a violar um dos princípios sensíveis constitucionais, será passível de controle concentrado de constitucionalidade, pela via da ação interventiva"[343].

André Ramos Tavares esclarece que, "quanto ao objeto da ação interventiva, pode ele referir-se não apenas a atos normativos, mas igualmente a atos concretos e omissões, desde que atendam ao requisito básico de seu cabimento, que é a violação de princípios sensíveis da Constituição"[344].

---

342 SILVA, José Afonso da. *Curso de direito constitucional positivo*, cit., p. 594.

343 MORAES, Alexandre de. *Direito constitucional*, cit., p. 653.

344 TAVARES, André Ramos. *Tribunal e jurisdição constitucional*, cit., p. 144.

## 13.1. Competência

A competência originária para o julgamento e processamento da ação direta de inconstitucionalidade interventiva é do Supremo Tribunal Federal, nos termos do art. 36, III, da Constituição Federal.

## 13.2. Legitimidade

A propositura da ação direta de inconstitucionalidade interventiva cabe exclusivamente ao Procurador-Geral da República, que detém a legitimação exclusiva.

## 13.3. Procedimento

O procedimento a ser seguido por analogia é o mesmo da ação direta de inconstitucionalidade genérica, observadas as peculiaridades das Leis n. 4.337/64 e 5.778/72, com as inovações consagradas nas Leis n. 9.868/99 e 12.562/2011.

A Lei n. 12.562/2011 é a regra de regência da ação interventiva perante o Supremo Tribunal Federal, sendo que as referidas normas devem ser utilizadas subsidiariamente, vez que não houve revogação expressa. A citada norma de regência confirma a natureza jurídica da representação interventiva como ação de direito processual constitucional.

## 13.4. Efeitos da decisão

Com o julgamento procedente da ação direta de inconstitucionalidade interventiva, o Tribunal comunicará a decisão à autoridade interessada, bem como ao Presidente da República, para que este decrete a intervenção federal, nos termos do art. 84, X, da Constituição Federal, combinado com o art. 11 da Lei n. 12.562/2011.

A decretação de intervenção federal é ato exclusivo da Presidência da República; entretanto, no presente caso, depende da requisição do Supremo Tribunal Federal. Estamos diante de espécie de intervenção federal provocada por requisição, estando ausente o controle político, dado que a Constituição exclui a necessidade de apreciação pelo Congresso Nacional (art. 36, § 3º). É a intervenção normativa, na medida em que o decreto limita-se a suspender a execução do ato impugnado (decreto suspensivo). Se, entretanto, essa suspensão não for suficiente, decreta-se a intervenção (decreto interventivo). Se esse ato implicar o afastamento do Chefe de um dos Poderes, imperiosa é a apreciação pelo Congresso Nacional ou pela Assembleia Legislativa. Essa é a interpretação que se verifica claramente da leitura do art. 36, § 3º, da Constituição Federal, que estatui que, "dispensada a apreciação pelo Congresso Nacional ou pela Assembleia Legislativa, o decreto limitar-se-á a suspender a execução do ato impugnado, se essa medida bastar ao restabelecimento da normalidade". A dispensa ocorre se a intervenção normativa for suficiente para restabelecer a normalidade. Mas, se a anormalidade não se reduzir a um ato jurídico contrário aos princípios sensíveis, a cuja cessação não seja suficiente, então se verificará a intervenção efetiva, com as medidas necessárias à superação da anormalidade, não se dispensando, agora, a participação do Congresso na homologação do decreto presidencial. Nessa esteira afirma Michel Temer: "Há uma única hipótese de dispensa da apreciação do ato presidencial pelo Congresso Nacional. É o caso em que o decreto suspensivo da execução de um ato estadual impugnado vier a produzir todos os seus efeitos (art. 36, § 3º, da CF). Não poderia ser de outra forma, pois, se a suspensão do ato houver produzido seus efeitos, sanando o mal, não se cogita mais de intervenção, inexistindo ato presidencial a ser apreciado pelo Congresso Nacional"[345].

Para Manoel Gonçalves Ferreira Filho "mais complicada é a decretação com base na violação dos princípios constitucionais da União (art. 34, VII). A intervenção é ainda aí decretada pelo Presidente. Todavia, ela somente cabe depois que o Supremo Tribunal Federal declarar a inconstitucionalidade do ato impugnado, por provocação do Procurador-Geral da República (art. 36, III). Não será ela, entretanto, decretada se a suspensão do ato inconstitucional bastar para restabelecer a normalidade no Estado (art. 36, § 3º). A intervenção federal, salvo quando é fruto de requisição judiciária, deve

---

[345] TEMER, Michel. *Elementos de direito constitucional*, cit., p. 80.

ser aprovada pelo Congresso (art. 49, IV), que deverá ser convocado para tanto, se não estiver reunido (art. 57, § 6º, I)"[346].

Na Intervenção Federal n. 114-5-MT, no voto no Ministro Sepúlveda Pertence ficou assentado: "alega-se em contrário — e confesso que o argumento me impressionou — com o art. 36, § 3º, da Constituição, segundo o qual, em tais casos, 'dispensada a apreciação pelo Congresso Nacional, o decreto limitar-se-á a suspender a execução do ato impugnado, se essa medida bastar ao restabelecimento da normalidade'. Por essa oração condicional, eu me convenço, porém, de que o argumento, *data venia*, não é definitivo. O decreto se limitará à suspensão, à vista das circunstâncias — e, digo eu, da motivação do julgamento que der provimento à representação — se e quando essa intervenção puramente jurídica, isto é, suspensão por decreto do Presidente da República de um ato estadual, bastar ao restabelecimento da normalidade. E assim tem sido sabidamente a prática constitucional brasileira, que eliminou, desde 1946, as intervenções de fato da União nos Estados, por violação dos princípios constitucionais sensíveis que passaram a resolver-se sob a forma civilizadíssima de um julgamento do Supremo Tribunal, declaratório da inconstitucionalidade do ato estadual, e do decreto presidencial de execução dele. A mim me parece, no entanto, Senhor Presidente, que pode haver situações de anormalidade que não se reduzam à desarmonia normativa entre uma norma ou ato jurídico estadual e os princípios constitucionais sensíveis; que não possam reduzir a um ato formal de agressão a esses princípios. Pode haver anormalidades de fato, a cuja cessação não baste a suspensão de um ato estatal determinado. A consequência é que então se imporá a intervenção efetiva, com as medidas necessárias à superação da anormalidade, óbvio, então, já não dispensada a participação do Congresso na homologação do ato presidencial a decretar"[347].

Segundo nosso entendimento, a regra é o controle político. No caso dos arts. 34, VI e VII, e 35, IV, da Constituição Federal, o con-

---

[346] FERREIRA FILHO, Manoel Gonçalves. *Curso de direito constitucional*, 31. ed. rev., ampl. e atual., São Paulo: Saraiva, 2005, p. 65.

[347] STF, IF 114-5-MT, Rel. Min. Néri da Silveira, j. 13-03-91, *DJ*, 27-09-96, fls. 34-35.

trole político é dispensado, mas o decreto limitar-se-á a suspender a execução do ato impugnado[348]. Se essa medida não bastar para o restabelecimento da normalidade, urge a necessidade da apreciação pelo Congresso Nacional. O afastamento do Chefe do Poder Executivo implica necessariamente a apreciação do Congresso Nacional (controle político). É o caso da intervenção normativa, em que o Presidente da República se vale de um decreto suspensivo do ato normativo que ofende os princípios constitucionais sensíveis[349]. O decreto limita-se a suspender o ato impugnado, sendo que se a referida suspensão não for suficiente para conter o descumprimento ou violação, outra ação do Presidente da República importa em aprovação pelo Congresso Nacional[350]. Em suma, o decreto previsto no art. 36, § 3º, da Constituição Federal é um decreto suspensivo. Se necessário o decreto interventivo, verifica-se a apreciação pelo Congresso Nacional. Antes do decreto interventivo, o Presidente da República deve expedir o decreto suspensivo[351].

Paulo Napoleão Nogueira da Silva resume bem a questão, afirmando que "a expressão 'se essa medida bastar' tem origem no princípio de respeito à autonomia das unidades federadas e federati-

---

[348] SILVA, José Afonso da. *Curso de direito constitucional positivo*, cit., p. 487: "Nos casos dos incisos VI e VII do art. 34, o decreto de intervenção limitar-se-á a suspender a execução do ato impugnado, se essa medida bastar ao restabelecimento da normalidade, isto é, se for suficiente para eliminar a infração àqueles princípios constitucionais nele arrolados. Aplica-se o processo estabelecido na Lei 4.337/64, com possibilidade de suspensão liminar do ato impugnado (Lei 5.778/72). Se, porém, a simples suspensão do ato não for bastante, efetivar-se-á a intervenção". ARAUJO, Luiz Alberto David; NUNES JÚNIOR, Vidal Serrano. *Curso de direito constitucional*, 9. ed. rev. e atual., São Paulo: Saraiva, 2005, p. 295-296: "Veja-se que nas hipóteses em que a representação interventiva for necessária, o ato, por um lado, não se submeterá a um controle político, mas, por outro, o decreto interventivo 'limitar-se-á a suspender a execução do ato impugnado, se essa medida bastar ao restabelecimento da normalidade' (CF, art. 36, § 3º)".

[349] LOPES, Júlio Aurélio Vianna. *Lições de direito constitucional*, Rio de Janeiro: Forense, 2001, p. 74.

[350] GAMA, Ricardo Rodrigues. *Manual de direito constitucional*, Curitiba: Juruá, 1998, p. 101.

[351] LOPES, Júlio Aurélio Vianna. *Lições de direito constitucional*, cit., p. 74.

vas — além de no da soberania popular através do qual são eleitos os mandatários — o primeiro expresso no *caput* dos artigos 34 e 35, que colocam a intervenção como exceção à regra, e só admissível em hipóteses extremas, se e quando o uso inadequado da autonomia estiver colocando em risco a própria estrutura jurídico-política da federação. Sempre que o decreto de intervenção houver sido expedido em virtude de requisição judiciária (incisos II, III e IV, *supra*), e bastar para restabelecer a normalidade alterada por ato estadual ou municipal, fica dispensada a sua apreciação pelo Congresso ou Assembleia Legislativa; o que importa dizer que não serão afastadas as autoridades estaduais ou municipais responsáveis pelo ato — ou, omissão — que lhe houver dado causa. Entretanto, se o simples decreto destinado a restabelecer a normalidade não for suficiente, então, sim, o Presidente da República ou o Governador do Estado terão que expedir outro, afastando as autoridades que deram causa à situação de intervenção, e nomeando o interventor (§ 1º); nesta hipótese, tal decreto terá que ser apreciado pelo Congresso Nacional ou Assembleia Legislativa, conforme se trate de ato interventivo da União no Estado, ou do Estado no Município"[352].

A doutrina já levantou dúvidas acerca da obrigatoriedade da decretação de intervenção federal pelo Presidente da República no caso de ação interventiva. Nesse sentido, o Presidente da República é obrigado a editar o decreto interventivo ou trata-se de ato político, devendo ser editado segundo a sua oportunidade e conveniência. Para Rodrigo Lopes Lourenço, trata-se de ato político do Presidente da República, uma vez que não está obrigado a editar o decreto de intervenção. Sustenta que, "se desejasse a Constituição da República a mera e imediata obediência à decisão da Corte Suprema, conferiria eficácia interventiva à publicação do acórdão ou da ata do respectivo julgamento, excluindo a atuação do Presidente da República". Segundo o mesmo autor, a corrente da obrigatoriedade transforma o Presidente da República em Oficial de Justiça do Supremo Tribunal Federal[353].

---

[352] SILVA, Paulo Napoleão Nogueira da. *Breves comentários à Constituição Federal*, Rio de Janeiro: Forense, 2002, v. 1, p. 427.

[353] LOURENÇO, Rodrigo Lopes. *Controle da constitucionalidade*, cit., p. 117.

Segundo nosso entendimento, o provimento da intervenção federal vincula o Presidente da República à edição do decreto, sendo que compete ao Chefe do Executivo especificar a amplitude, o prazo e as condições de execução, nomeando, se couber, o interventor. Essa assertiva é verificada pela leitura da Constituição, que, ao tratar da intervenção, distingue claramente os casos de solicitação, requisição e provimento.

O termo "solicitação" indica uma atividade discricionária, ao passo que o vocábulo "requisição" indica uma atividade vinculada. Nesses termos, a iniciativa ou atribuição para decretação da intervenção pode ser classificada como:

1) discricionária; ou

2) vinculada.

A discricionária é sujeita a critérios de conveniência e oportunidade, previstos nos arts. 34, I, II, III e V, e 35, I, II e III, da Constituição Federal, ou quando o Presidente atende a solicitação do Poder Legislativo ou Executivo local coacto ou impedido (art. 34, IV, c/c o art. 36, I, 1ª parte). A vinculada ocorre quando o Presidente executa a requisição ou provimento do Poder Judiciário.

A fase judicial está presente somente nos casos das ações propostas pelo Procurador-Geral da República perante o Supremo Tribunal Federal. Nesses casos, urge a necessidade do provimento da respectiva representação (julgamento procedente da respectiva ação), sendo posteriormente encaminhadas ao Presidente da República para elaboração de decreto interventivo. A intervenção é vinculada e constitui mera formalização de uma decisão tomada pelos Tribunais competentes.

José Afonso da Silva ensina que "diferente é o efeito da sentença proferida no processo da ação de inconstitucionalidade interventiva que é proposta pelo Procurador-Geral da República ou pelo Procurador-Geral da Justiça do Estado, conforme se trate de intervenção federal em algum Estado ou de intervenção estadual em Município. Visa não apenas obter a declaração de inconstitucionalidade mas também restabelecer a ordem constitucional no Estado, Município, mediante a intervenção. A sentença já não será meramente declaratória, pois, então, já não cabe ao Senado a suspensão da execução do ato inconstitucional. No caso, a Constituição declara que o decreto (do Presidente da República ou do Governador do Estado, conforme o caso) se limitará a suspender a execução do ato impugnado, se essa medida bastar ao restabelecimento da normalidade. Daí se vê que a decisão, além de decretar a inconstitucionalidade do ato, tem um efeito condenatório, que fundamenta o decreto de intervenção. Pelo texto constitucional, nota-se que a suspensão da execução do ato impugnado não é o objeto do decreto. O objeto do decreto é a intervenção, que não ocorrerá se o ato for suspenso. E isso é o que se dá na prática. Nisso tudo, parece inequívoco que a condenação na intervenção acaba transmudando em verdadeiro efeito constitutivo da sentença que faz coisa julgada material *erga omnes*"[354].

## 14. ARGUIÇÃO DE DESCUMPRIMENTO DE PRECEITO FUNDAMENTAL

A Constituição Federal de 1988 previu expressamente a arguição de descumprimento de preceito fundamental que, ao lado das ações de controle de constitucionalidade, é mais um instrumento com a finalidade exclusiva de defesa da integridade da Constituição e dos direitos fundamentais. Assim, havendo violação de preceito fundamental, surge a possibilidade do acesso ao Supremo Tribunal Federal, que é o guardião da Constituição.

A Lei n. 9.882/99 regulamentou o art. 102, § 1º, da Constituição Federal, dispondo sobre o processo e julgamento da arguição de descumprimento de preceito fundamental.

### 14.1. Arguição

O termo "arguição" significa questionar, perguntar, impugnar, provocar, ou alegação fundamentada, designando a alegação promovida perante o Supremo Tribunal Federal para denunciar a violação de preceito fundamental. A arguição de descumprimento de preceito fundamental possui a natureza jurídica de ação, na medida em que

[354] SILVA, José Afonso da. *Curso de direito constitucional positivo*, cit., p. 57.

se trata de um instrumento do controle concentrado de constitucionalidade, colocado à disposição dos legitimados[355].

## 14.2. Descumprimento

O termo "descumprimento" significa não cumprir, não realizar. O descumprimento de preceito fundamental é uma forma de invalidade ou inconstitucionalidade. A inconstitucionalidade é o gênero que apresenta três espécies:

1) a inconstitucionalidade propriamente dita (art. 102, I, *a*);

2) a contrariedade à Constituição (art. 102, III, *a*); e

3) o descumprimento (art. 102, § 1º)[356].

No descumprimento de preceito fundamental, que é uma forma de inconstitucionalidade, o ato inconstitucional ofende uma parte importante da Constituição, que são os preceitos fundamentais. "A arguição de descumprimento de preceito fundamental enriqueceu o sistema brasileiro de controle de constitucionalidade, considerado um dos mais evoluídos do mundo. Pode ser considerado uma ponte de ligação entre os métodos difuso e concentrado de fiscalização da supremacia da *Lex Mater*. A arguição de descumprimento de preceito fundamental constitui, portanto, um mecanismo inovador na fiscalização de constitucionalidade. Possibilita, dentre outros aspectos, o controle de constitucionalidade concentrado de leis municipais, que, pela sistemática tradicional, só se fazia possível pela via difusa. Permite, também, o controle de constitucionalidade dos atos não normativos, bem como de atos anteriores à promulgação do Documento Supremo"[357].

---

[355] MANDELLI JUNIOR, Roberto Mendes. *Arguição de descumprimento de preceito fundamental*, cit., p. 102: "Já no art. 102, § 1º, da mesma Constituição, o vocábulo polissêmico arguição foi utilizado como verdadeira ação, ou seja, meio, instrumento colocado à disposição para o exercício do controle concentrado de constitucionalidade, para denunciar uma violação a um preceito fundamental da Constituição".

[356] MANDELLI JUNIOR, Roberto Mendes. *Arguição de descumprimento de preceito fundamental*, cit., p. 107-110.

[357] BULOS, Uadi Lammêgo. *Constituição Federal anotada*, cit., p. 895.

## 14.3. Preceito fundamental

O vocábulo "preceito" pode ser tomado como sinônimo de norma, visto que se verificam duas espécies de normas: regras e princípios.

Os preceitos, regras e princípios fundamentais são aquelas normas basilares do sistema jurídico consagradas pelo texto constitucional. Note-se que fundamental é o preceito basilar imprescindível, visto que não se trata de preceito fundamental qualquer norma contida na Constituição.

Os preceitos fundamentais pela própria denominação decorrem do texto constitucional. Esses preceitos são consagrados na Constituição Federal, uma vez que a lei não pode ampliar o conceito de preceito fundamental que se encontra calcado no texto constitucional. "Qualificam-se de fundamentais os grandes preceitos que informam o sistema constitucional, que estabelecem comandos basilares e imprescindíveis à defesa dos pilares da manifestação constituinte originária. Qualquer ato ou omissão, capaz de atingi-los, afrontando-lhes a forma ou corroendo-lhes a substância, suscita o ingresso no Supremo Tribunal Federal, com base no § 1º do art. 102, para que o guardião da ordem constitucional decida a respeito da controvérsia"[358].

A identificação e individualização dos preceitos fundamentais compete ao intérprete da Constituição, em especial, o Supremo Tribunal Federal, visto que a lacuna deixada pelo legislador foi positiva, pois torna-se impossível enumerar taxativamente os preceitos fundamentais. "A ausência dessa previsão confere à jurisprudência maior flexibilidade, permitindo alterações quanto à densidade axiológica da norma constitucional, possibilitando acomodar com mais facilidade mudanças na sociedade, aplicando o método da interpretação constitucional evolutiva, deixando espaço tanto para que um preceito constitucional passe a ser tratado como fundamental, bem como para que deixe de sê-lo, pois os preceitos fundamentais decorrem da própria história constitucional do Estado"[359].

---

[358] BULOS, Uadi Lammêgo. *Constituição Federal anotada*, cit., p. 901.

[359] MANDELLI JUNIOR, Roberto Mendes. *Arguição de descumprimento de preceito fundamental*, cit., p. 116.

Ives Gandra da Silva Martins relembra que “a lei 9.882/99, que introduziu a ação por descumprimento de preceito fundamental, foi elaborada por comissão de juristas presidida por Celso Bastos, da qual participei, com Arnoldo Wald, Oscar Corrêa e Gilmar Mendes. Nossa intenção, ao elaborá-la, foi que o novo veículo processual viesse a atender às hipóteses em que houvesse clara violação de um preceito fundamental expresso na Constituição. Gilmar Mendes, na Comissão, chegou a sugerir a adoção de uma lista desses preceitos, mas curvou-se à solução, proposta por Celso Bastos e por mim, de que seria melhor ofertar um nível maior de generalidade à norma para que não fosse excluído nenhum preceito fundamental”[360].

Zeno Veloso afirma que “não nos parecia que o legislador ordinário pudesse indicar os preceitos fundamentais decorrentes da Constituição, cujo descumprimento possibilitaria a arguição. Significaria dar prerrogativa ao Congresso Nacional de eleger, dentre os princípios, quais os que são fundamentais, vale dizer, essenciais, preponderantes, superiores. Ora, isto é atribuição do constituinte originário, ou do STF, guardião principal e intérprete máximo do Texto Magno. Além do mais, não poderia o legislador apresentar um elenco definitivo, um painel pronto e acabado dos preceitos fundamentais, pois a Constituição, apesar do ideal da estabilidade, é um documento histórico-cultural do povo. Embora lentas, as transformações são inevitáveis, ditando, como disse *Kruger*, uma *mudança de natureza* das normas constitucionais. O que hoje se pode considerar preceito fundamental, dada a dinamicidade do ordenamento jurídico, pode ter a sua densidade normativa diminuída no decorrer do tempo. O texto do dispositivo está inserido num certo contexto fático-político-social que, variando, determina a moderação do conteúdo do preceito. Inversamente, o fenômeno pode transformar, futuramente, em preceito fundamental o que não tem este *status* atualmente. Como já alertamos outras vezes, o texto constitucional não pode ficar en-

---

360 MARTINS, Ives Gandra da Silva. *O direito do anencéfalo à vida, Folha de S. Paulo*, terça-feira, 19 out. 2004, p. A3.

torpecido, imóvel, parado, se a realidade subjacente caminhou, evoluiu, mudou"[361].

Podem ser considerados de pronto como preceitos fundamentais os Títulos I e II da Constituição Federal, mas os referidos preceitos encontram-se pulverizados por todo o texto constitucional. O próprio preâmbulo da Constituição faz referência a valores supremos. Segundo nosso entendimento, são preceitos fundamentais ou básicos da Constituição aqueles que se relacionam com os direitos fundamentais e com a estrutura do Estado, como, por exemplo, repartição das competências dos órgãos que compõem o Estado, organização e separação dos poderes, dentre outros.

## 14.4. Finalidade e objetivo

A finalidade da arguição de descumprimento de preceito fundamental é a defesa da integridade e preservação da Constituição, no que se refere aos preceitos fundamentais, evitando ou reparando lesões a princípios, direitos e garantias fundamentais previstos e consagrados no texto constitucional.

Nesse sentido, André Ramos Tavares ressalta a faceta de Corte Constitucional do Supremo Tribunal Federal, afirmando que esse é o "passo inicial para tornar o Supremo Tribunal Federal, definitivamente, uma Corte Constitucional. A alta tarefa de preservação da Constituição não se coaduna com a função de mero tribunal de recursos, nem com o julgamento de tantas outras ações que não se inserem nas atribuições de uma Corte Constitucional"[362].

Pela sistemática adotada, tais preceitos, por serem fundamentais e basilares do sistema constitucional, têm especial e destacada atenção.

A ação tem por objetivo a verificação do descumprimento da Constituição. O objeto da ação é a ofensa a preceito fundamental, que nos termos legais se exterioriza por evitar ou reparar lesão a

---

[361] VELOSO, Zeno. *Controle jurisdicional de constitucionalidade*, cit., p. 295-296.

[362] TAVARES, André Ramos. *Tribunal e jurisdição constitucional*, cit., p. 143.

preceito fundamental, resultante de ato do Poder Público e quando for relevante o fundamento da controvérsia constitucional sobre lei ou ato normativo federal, estadual ou municipal, incluídos os anteriores à Constituição.

Dessa forma, a arguição de descumprimento de preceito fundamental é cabível em três hipóteses:

1) evitar lesão a preceito fundamental — arguição preventiva (art. 1º, *caput*, da Lei n. 9.882/99);

2) reparar lesão a preceito fundamental — arguição repressiva (art. 1º, *caput*, da Lei n. 9.882/99); e

3) controvérsia relevante sobre lei ou ato normativo federal, estadual ou municipal, incluídos os anteriores à Constituição — arguição por equiparação (art. 1º, parágrafo único, I, da Lei n. 9.882/99)[363].

A Lei n. 9.882/99 ampliou o âmbito do controle concentrado de constitucionalidade em quatro aspectos:

1) atos do Poder Público;

2) leis ou atos normativos municipais;

3) leis ou atos normativos anteriores à Constituição (direito pré-constitucional);

4) atos inacabados do Poder Público (controle preventivo abstrato).

O texto legal previu a possibilidade da arguição em face de ato do Poder Público, ampliando o controle concentrado aos atos não normativos. “Atos do poder público são atos jurídicos, revestidos de

---

[363] MORAES, Alexandre de. *Constituição do Brasil interpretada e legislação constitucional*, São Paulo: Atlas, 2002, p. 2408: “A lei previu, por outro lado, a arguição de descumprimento de preceito fundamental abstrata ou por equiparação. Essa hipótese de arguição de descumprimento de preceito fundamental, prevista no parágrafo único do art. 1º da Lei n. 9.882/99, distanciou-se do texto constitucional, uma vez que o legislador ordinário, por equiparação legal, também considerou como descumprimento de preceito fundamental qualquer controvérsia constitucional relevante sobre lei ou ato normativo federal, estadual ou municipal, incluídos os anteriores à Constituição”.

finalidade pública, que emanam de órgãos ou instituições de natureza pública, criados para realizar os fins do Estado, sejam federais, estaduais, distritais ou municipais, os quais se encontram em situação de autoridade relativamente aos particulares, por perseguirem o interesse público"[364]. O ato administrativo ou ato do Poder Público é espécie de ato jurídico, estudado na teoria do direito, que tem como característica a finalidade pública. Para Hely Lopes Meirelles, "ato administrativo é toda manifestação unilateral de vontade da Administração Pública que, agindo nessa qualidade, tenha por fim imediato adquirir, resguardar, transferir, modificar, extinguir e declarar, ou impor obrigações aos administrados ou a si própria"[365]. O ato administrativo é "toda emanação unilateral de vontade, juízo ou conhecimento, predisposta à produção de efeitos jurídicos, expedida pelo Estado ou por quem lhe faça as vezes, no exercício de suas prerrogativas e como parte interessada numa relação, estabelecida na conformidade ou na compatibilidade da lei, sob o fundamento de cumprir finalidades assinaladas no sistema normativo"[366].

Nessa órbita encontram-se os atos políticos, que segundo nosso entendimento são passíveis de controle, muito embora o Supremo Tribunal Federal não tenha conhecido da arguição de descumprimento de preceito fundamental que tinha por objeto o veto imotivado de projeto de lei:

> EMENTA: Arguição de descumprimento de preceito fundamental. Lei n. 9882, de 3.12.1999, que dispõe sobre o processo e julgamento da referida medida constitucional. 2. Compete ao Supremo Tribunal Federal o juízo acerca do que se há de compreender, no sistema constitucional brasileiro, como preceito fundamental. 3. Cabimento da arguição de descumpri-

---

[364] MANDELLI JUNIOR, Roberto Mendes. *Arguição de descumprimento de preceito fundamental*, cit., p. 123.

[365] MEIRELLES, Hely Lopes. *Direito administrativo brasileiro*, 21. ed. atual. por Eurico de Andrade Azevedo, Délcio Balestero Aleixo e José Emmanuel Burle Filho, São Paulo: Malheiros, 1996, p. 133.

[366] GASPARINI, Diogenes. *Direito administrativo*, 2. ed. rev. e aum., São Paulo: Saraiva, 1992. p. 67.

mento de preceito fundamental. Necessidade de o requerente apontar a lesão ou ameaça de ofensa a preceito fundamental, e este, efetivamente, ser reconhecido como tal, pelo Supremo Tribunal Federal. 4. Arguição de descumprimento de preceito fundamental como instrumento de defesa da Constituição, em controle concentrado. 5. Arguição de descumprimento de preceito fundamental: distinção da ação direta de inconstitucionalidade e da ação declaratória de constitucionalidade. 6. O objeto da arguição de descumprimento de preceito fundamental há de ser "ato do Poder Público" federal, estadual, distrital ou municipal, normativo ou não, sendo, também, cabível a medida judicial "quando for relevante o fundamento da controvérsia sobre lei ou ato normativo federal, estadual ou municipal, incluídos os anteriores à Constituição". 7. Na espécie, a inicial aponta como descumprimento, por ato do Poder Executivo municipal do Rio de Janeiro, o preceito fundamental da "separação de poderes", previsto no art. 2º da Lei Magna da República de 1988. O ato do indicado Poder Executivo municipal é veto aposto a dispositivo constante de projeto de lei aprovado pela Câmara Municipal da Cidade do Rio de Janeiro, relativo ao IPTU. 8. No processo legislativo, o ato de vetar, por motivo de inconstitucionalidade ou de contrariedade ao interesse público, e a deliberação legislativa de manter ou recusar o veto, qualquer que seja o motivo desse juízo, compõem procedimentos que se hão de reservar à esfera de independência dos Poderes Políticos em apreço. 9. Não é assim, enquadrável, em princípio, o veto, devidamente fundamentado, pendente de deliberação política do Poder Legislativo — que pode, sempre, mantê-lo ou recusá-lo, — no conceito de "ato do Poder Público", para os fins do art. 1º, da Lei n. 9.882/1999. Impossibilidade de intervenção antecipada do Judiciário —, eis que o projeto de lei, na parte vetada, não é lei, nem ato normativo, — poder que a ordem jurídica, na espécie, não confere ao Supremo Tribunal Federal, em via de controle concentrado. 10. Arguição de descumprimento de preceito fundamental não conhecida, porque não admissível, no caso concreto, em face da natureza do ato do Poder Público impugnado[367].

Roberto Mendes Mandelli Junior defende que os atos realizados por particulares investidos de autoridade pública podem ser objeto de arguição de descumprimento de preceito fundamental: "apesar de os de particulares estarem excluídos de apreciação na arguição de descumprimento, é possível incluir como objeto sindicável os atos realizados por particulares investidos de autoridade pública, como os praticados por empresas concessionárias e permissionárias de serviço público"[368].

O controle concentrado de constitucionalidade não contempla as leis e atos normativos municipais, pois o art. 102, I, *a*, da Constituição Federal estabelece que o controle realizado pela ação direta de inconstitucionalidade, sob a égide do Supremo Tribunal Federal, tem por objeto lei ou ato normativo federal ou estadual.

O controle concentrado da constitucionalidade dos atos normativos municipais compete aos Tribunais de Justiça, quando contrariarem o texto constitucional estadual, conforme preceitua o art. 125, § 2º, da Constituição Federal, que dita: "Cabe aos Estados a instituição de representação de inconstitucionalidade de leis ou atos normativos estaduais ou municipais em face da Constituição Estadual, vedada a atribuição da legitimação para agir a um único órgão".

O controle das leis municipais em face da Constituição Federal é realizado pelo controle difuso, ou seja, por qualquer juiz ou Tribunal, como questão incidental a um processo comum.

De outra feita, os atos normativos anteriores à Constituição, o denominado direito pré-constitucional, segundo construção jurisprudencial do Supremo Tribunal Federal, não podem ser objeto de ação direta de inconstitucionalidade, não sendo assim reconhecida a denominada inconstitucionalidade superveniente.

---

367 STF, ADPF 1-7, Rel. Min. Néri da Silveira, j. 03-02-00, *DJ*, 07-11-03.

368 MANDELLI JUNIOR, Roberto Mendes. *Arguição de descumprimento de preceito fundamental*, cit., p. 126.

É antiga a discussão se a incompatibilidade entre a nova Constituição e as normas infraconstitucionais pretéritas deve ser solucionada pelas regras de direito intertemporal (vigência-revogação) ou pela declaração de inconstitucionalidade superveniente (constitucionalidade-inconstitucionalidade)[369], entendendo o Supremo Tribunal Federal que a questão deve ser solucionada pelo fenômeno da recepção constitucional:

> EMENTA: CONSTITUIÇÃO. LEI ANTERIOR QUE A CONTRARIE. REVOGAÇÃO. INCONSTITUCIONALIDADE SUPERVENIENTE. IMPOSSIBILIDADE.
>
> A lei ou é constitucional ou não é lei. Lei inconstitucional é uma contradição em si. A lei é constitucional quando fiel à Constituição; inconstitucional, na medida em que a desrespeita, dispondo sobre o que lhe era vedado. O vício da inconstitucionalidade é congênito à lei e há de ser apurado em face da Constituição vigente ao tempo de sua elaboração. Lei anterior não pode ser inconstitucional em relação à Constituição superveniente; nem o legislador poderia infringir Constituição futura. A Constituição sobrevinda não torna inconstitucionais leis anteriores com ela conflitantes: revoga-as. Pelo fato de ser superior, a Constituição não deixa de produzir efeitos revogatórios. Seria ilógico que a lei fundamental, por ser suprema, não revogasse, ao ser promulgada, leis ordinárias. A lei maior valeria menos que a lei ordinária.
>
> Reafirmação da antiga jurisprudência do STF, mais que cinquentenária.
>
> Ação direta de que se não conhece por impossibilidade jurídica do pedido[370].

---

[369] DINIZ, Marcio Augusto de Vasconcelos. *Controle de constitucionalidade e teoria da recepção*, cit., p. 57: "No Direito brasileiro, constitui opinião majoritária aquela segundo a qual o conflito haverá de ser resolvido pelas regras de Direito Intertemporal. A só entrada em vigor da nova Constituição revoga, automaticamente, todas as normas anteriores que com ela não se harmonizarem".

[370] STF, ADIn 002-1-DF, Rel. Min. Paulo Brossard, j. 06-02-92, *DJ*, 21-11-97.

No voto vencido, o Ministro Sepúlveda Pertence deixou assentado que "Serão essas, no entanto, disceptações meramente teóricas se, a despeito delas, se puder chegar à mesma solução, que me parece relevantíssima, de afirmar-se o cabimento da ação direta de inconstitucionalidade. Por isso, o que parece mais importante frisar é que qualificar de *revogação* o fenômeno questionado não é posição excludente, segundo penso, de que a relação de antinomia entre a lei anterior e a Constituição superveniente seja primariamente uma relação de *inconstitucionalidade*. Se se quer chamar a hipótese de revogação, tudo bem. Não será, contudo, caso de *simples* revogação, supostamente idêntica àquela que resultaria da incompatibilidade entre normas de gradação ordinária, na constância de um mesmo ordenamento constitucional. Será, então, sim, revogação *qualificada*, porque derivada da *inconstitucionalidade superveniente* de lei anterior à Constituição".

A Constituição de Portugal prevê expressamente o fenômeno da recepção constitucional[371], admitindo o controle concentrado da constitucionalidade do direito anterior, sendo que os efeitos da declaração só se produzirão a partir da entrada em vigor do novo texto constitucional. O art. 282, ao tratar dos efeitos da declaração de inconstitucionalidade, estabelece que "a declaração de inconstitucionalidade ou de ilegalidade com força obrigatória geral produz efeitos desde a entrada em vigor da norma declarada inconstitucional ou ilegal e determina a repristinação das normas que ela, eventualmente, haja revogado. Tratando-se, porém, de inconstitucionalidade ou de ilegalidade por infracção de norma constitucional ou legal posterior, a declaração só produz efeitos desde a entrada em vigor desta última"[372].

A distinção entre a revogação e a inconstitucionalidade superveniente pode ser indicada da seguinte forma:

---

[371] Art. 290, 2, da Constituição da República portuguesa: "O direito ordinário anterior à entrada em vigor da Constituição mantém-se, desde que não seja contrário à Constituição ou aos princípios nela consignados".

[372] Art. 282, 1, 2, da Constituição da República portuguesa.

1) a revogação e a inconstitucionalidade superveniente causam o mesmo efeito: a cessação da vigência da norma;

2) a norma revogada não pode ser objeto de ação direta de inconstitucionalidade. A norma inconstitucional superveniente pode ser objeto de ação direta de inconstitucionalidade;

3) a revogação encontra-se no plano da vigência, ao passo que a inconstitucionalidade superveniente encontra-se no plano da validade[373].

O fenômeno da recepção submetido ao controle concentrado por intermédio de um juízo de inconstitucionalidade superveniente produz mais segurança jurídica, evitando dúvidas ou contradições acerca da validade da norma, pois mesmo inválida, se não houve a declaração, continua operando efeitos no sistema jurídico.

Dessa forma, com o advento da Lei n. 9.882/99, os atos não normativos do Poder Público, as leis ou atos normativos municipais e as leis ou atos normativos anteriores à Constituição podem ser objeto do controle concentrado de constitucionalidade, desde que descumpram preceito constitucional fundamental ou desde que seja relevante a controvérsia constitucional.

O Supremo Tribunal Federal já deixou assentado que o controle concentrado pressupõe a existência da norma no sistema jurídico, ou seja, urge a necessidade de sua presença formal. Esse entendimento exclui a possibilidade do ingresso de ação direta de inconstitucionalidade em caráter preventivo. Inexiste a fiscalização constitucional abstrata preventiva de meras proposições normativas pelo Supremo Tribunal Federal. Atos inacabados não podem ser objeto de ação direta de inconstitucionalidade[374]. Para o Supremo Tribunal Federal só existe o interesse de agir se a lei estiver em vigor[375].

---

[373] DINIZ, Marcio Augusto de Vasconcelos. *Controle de constitucionalidade e teoria da recepção*, cit., p. 63-65.

[374] STF, ADIn 466-2-DF, Rel. Min. Celso de Mello, j. 03-04-91, *DJ*, 10-05-91.

[375] STF, ADIn 709-2-PR, Rel. Min. Paulo Brossard, j. 07-10-92, *DJ*, 24-06-94.

O art. 41 da Constituição francesa[376] estabelece que, se no transcurso do procedimento legislativo se verificar que uma proposição ou emenda não pertence ao âmbito da lei ou contraria uma delegação concedida, o Governo poderá opor-se a sua admissão. No caso de desacordo entre o Governo e o Presidente da Assembleia interessada, mediante a provocação de qualquer da partes, pronunciar-se-á o Conselho Constitucional no prazo de oito dias. No mesmo sentido, o art. 278 da Constituição da República portuguesa[377] e o art. 127 da

---

[376] Artigo 41 da Constituição francesa: "S'il apparaît au cours de la procédure législative qu'une proposition ou un amendement n'est pas du domaine de la loi ou est contraire à une délégation accordée en vertu de l'article 38, le Gouvernement peut opposer l'irrecevabilité. Em cas de désaccord entre le Gouvernement et le Président de l'assemblée intéressée, le Conceil constitutionnel, à la demande de l'un ou de l'autre, statue dans un délai de huit jours".

[377] Art. 278 da Constituição da República portuguesa: "1. O Presidente da República pode requerer ao Tribunal Constitucional a apreciação preventiva da constitucionalidade de qualquer norma constante de tratado internacional que lhe tenha sido submetido para ratificação, de decreto que lhe tenha sido enviado para promulgação como lei ou como decreto-lei ou de acordo internacional cujo decreto de aprovação lhe tenha sido remetido para assinatura. 2. Os Representantes da República podem igualmente requerer ao Tribunal Constitucional a apreciação preventiva da constitucionalidade de qualquer norma constante de decreto legislativo regional que lhes tenha sido enviado para assinatura. 3. A apreciação preventiva da constitucionalidade deve ser requerida no prazo de oito dias a contar da data da recepção do diploma. 4. Podem requerer ao Tribunal Constitucional a apreciação preventiva da constitucionalidade de qualquer norma constante de decreto que tenha sido enviado ao Presidente da República para promulgação como lei orgânica, além deste, o Primeiro-Ministro ou um quinto dos Deputados à Assembleia da República em efectividade de funções. 5. O Presidente da Assembleia da República, na data em que enviar ao Presidente da República decreto que deva ser promulgado como lei orgânica, dará disso conhecimento ao Primeiro-Ministro e aos grupos parlamentares da Assembleia da República. 6. A apreciação preventiva da constitucionalidade prevista no n. 4 deve ser requerida no prazo de oito dias a contar da data prevista no número anterior. 7. Sem prejuízo do disposto no n. 1, o Presidente da República não pode promulgar os decretos a que se refere o n. 4 sem que decorram oito dias após a respectiva recepção ou antes de o Tribunal Constitucional sobre eles se ter pronunciado, quando a intervenção deste tiver sido requerida. 8. O Tribunal Constitucional deve pronunciar-se no prazo de 25 dias, o qual, no caso do n. 1, pode ser encurtado pelo Presidente da República, por motivo de urgência".

Constituição da Itália[378], que disciplina a controvérsia entre a Região e o Governo atinente ao contraste entre a Constituição e a lei regional.

O Supremo Tribunal Federal já reconheceu em sede de mandado de segurança a possibilidade de realizar um controle preventivo de constitucionalidade:

> EMENTA: MANDADO DE SEGURANÇA IMPETRADO CONTRA ATO DO PRESIDENTE DA CÂMARA DOS DEPUTADOS, RELATIVO À TRAMITAÇÃO DE EMENDA CONSTITUCIONAL. ALEGAÇÃO DE VIOLAÇÃO DE DIVERSAS NORMAS DO REGIMENTO INTERNO E DO ART. 60, § 5º, DA CONSTITUIÇÃO FEDERAL.
>
> PRELIMINAR: IMPETRAÇÃO NÃO CONHECIDA QUANTO AOS FUNDAMENTOS REGIMENTAIS, POR SE TRATAR DE MATÉRIA *INTERNA CORPORIS* QUE SÓ PODE ENCONTRAR SOLUÇÃO NO ÂMBITO DO PODER LEGISLATIVO, NÃO SUJEITA À APRECIAÇÃO DO PODER JUDICIÁRIO; CONHECIMENTO QUANTO AO FUNDAMENTO CONSTITUCIONAL.
>
> MÉRITO: REAPRESENTAÇÃO, NA MESMA SESSÃO LEGISLATIVA, DE PROPOSTA DE EMENDA CONSTITUCIONAL DO PODER EXECUTIVO, QUE MODIFICA O SISTEMA DE PREVIDÊNCIA SOCIAL, ESTABELECE NORMAS DE TRANSIÇÃO E DÁ OUTRAS PROVIDÊNCIAS (PEC N. 33-A, DE 1995).
>
> I — Preliminar
>
> 1. Impugnação de ato do Presidente da Câmara dos Deputados que submeteu a discussão e votação emenda aglutinativa, com alegação de que, além de ofender ao par. único do art. 43 e ao § 3º do art. 118, estava prejudicada nos termos do inc. VI

---

[378] Art. 127 da Constituição italiana: "(...) Ove il Consiglio regionale la approvi di nuovo a maggioranza assoluta dei suoi componenti, il Governo della Repubblica può, nei quindici giorni dalla comunicazione, promuovere la questione di legittimità davanti alla Corte costituzionale, o quella di merito per contrasto di interessi davanti alle Camere. In caso di dubbio, la Corte decide di chi sarsia la competenza".

do art. 163, e que deveria ter sido declarada prejudicada, a teor do que dispõe o n. 1 do inc. I do art. 17, todos do Regimento Interno, lesando o direito dos impetrantes de terem assegurados os princípios da legalidade e moralidade durante o processo de elaboração legislativa.

A alegação, contrariada pelas informações, de impedimento do relator — matéria de fato — e de que a emenda aglutinativa inova e aproveita matéria prejudicada e rejeitada, para reputá-la inadmissível de apreciação, é questão *interna corporis* do Poder Legislativo, não sujeita à reapreciação pelo Poder Judiciário. Mandado de segurança não conhecido nesta parte.

2. Entretanto, ainda que a inicial não se refira ao § 5º do art. 60 da Constituição, ela menciona dispositivo regimental com a mesma regra; assim interpretada, chega-se à conclusão que nela há ínsita uma questão constitucional, esta sim, sujeita ao controle jurisdicional. Mandado de segurança conhecido quanto à alegação de impossibilidade de matéria constante de proposta de emenda rejeitada ou havida por prejudicada poder ser objeto de nova proposta na mesma sessão legislativa.

II — Mérito

1. Não ocorre contrariedade ao § 5º do art. 60 da Constituição na medida em que o Presidente da Câmara dos Deputados, autoridade coatora, aplica dispositivo regimental adequado e declara prejudicada a proposição que tiver substitutivo aprovado, e não rejeitado, ressalvados os destaques (art. 163, V).

2. É de ver-se, pois, que tendo a Câmara dos Deputados apenas rejeitado o substitutivo, e não o projeto que veio por mensagem do Poder Executivo, não se cuida de aplicar a norma do art. 60, § 5º, da Constituição. Por isso mesmo, afastada a rejeição do substitutivo, nada impede que se prossiga na votação do projeto originário. O que não pode ser votado na mesma sessão legislativa é a emenda rejeitada ou havida por prejudicada, e não o substitutivo que é uma subespécie do projeto originariamente proposto.

3. Mandado de segurança conhecido em parte, e nesta parte indeferido[379].

EMENTA: Mandado de segurança contra ato da Mesa do Congresso que admitiu a deliberação de proposta de emenda constitucional que a impetração alega ser tendente à abolição da república.

— Cabimento de mandado de segurança em hipótese em que a vedação constitucional se dirige ao próprio processamento da lei ou da emenda, vedando a sua apresentação (como é o caso previsto no parágrafo único do artigo 57) ou a sua deliberação (como na espécie). Nesses casos, a inconstitucionalidade diz respeito ao próprio andamento do processo ao legislativo, e isso porque a Constituição não quer — em fato da gravidade dessas deliberações, se consumadas — que sequer se chegue à deliberação, proibindo-a taxativamente. A inconstitucionalidade, se ocorrente, já existe antes de o projeto ou de a proposta transformar-se em lei ou emenda constitucional, porque o próprio processamento já desrespeita, frontalmente, a Constituição.

— Inexistência, no caso, da pretendida inconstitucionalidade, uma vez que a prorrogação de mandado de dois para quatro anos, tendo em vista a conveniência da coincidência de mandado nos vários níveis da Federação, não implica introdução do princípio de que os mandados não mais são temporários, nem envolve, indiretamente, sua adoção de fatos.

Mandado de segurança indeferido[380].

Alexandre de Moraes lembra que, “apesar de o ordenamento jurídico brasileiro não consagrar um controle preventivo de constitucionalidade abstrato, nos moldes dos realizados pelo Conselho Constitucional francês e pelo Tribunal Constitucional português, será possível a realização desse controle preventivo, incidentalmente, em sede de mandado de segurança, quando ajuizado por parlamentares

[379] STF, MS 22.503-3-DF, Rel. Min. Marco Aurélio, j. 08-05-96, *DJ*, 06-06-97.

[380] STF, MS 20.257-3-DF, Rel. Min. Moreira Alves, j. 08-10-80, *DJ*, 27-02-81.

contra ato do Presidente da Casa ou de Comissão legislativa inconstitucional. O STF admite a possibilidade de controle de constitucionalidade durante o procedimento de feitura das espécies normativas, especialmente em relação à necessidade de fiel observância das normas constitucionais do referido processo legislativo (CF, arts. 59 a 69). Assim, o controle jurisdicional sobre a elaboração legiferante, inclusive sobre propostas de emendas constitucionais, sempre se dará de forma concreta, por meio do ajuizamento de mandado de segurança por parte de parlamentares que se sentirem prejudicados durante o processo legislativo"[381].

Com a advento da Lei n. 9.882/99 verifica-se a possibilidade de arguição de descumprimento de preceito fundamental preventiva.

## 14.5. Competência

A competência originária para o julgamento e processamento da ação direta de inconstitucionalidade é do Supremo Tribunal Federal, nos termos do art. 102, § 1º, da Constituição Federal, combinado com o art. 1º da Lei n. 9.882/99.

## 14.6. Legitimidade

O legitimado passivo da arguição de descumprimento de preceito fundamental é sempre o Poder Público, pois o art. 1º da Lei n. 9.882/99 diz expressamente que o objeto da arguição é evitar ou reparar lesão a preceito fundamental, resultante de ato do Poder Público.

A legitimidade ativa é a mesma para a propositura da ação direta de inconstitucionalidade prevista no art. 103 da Constituição Federal, conforme alude o art. 2º da Lei n. 9.882/99:

"Art. 2º Podem propor arguição de descumprimento de preceito fundamental:

I — os legitimados para a ação direta de inconstitucionalidade;

II — (VETADO.)

---

381 MORAES, Alexandre de. *Jurisdição constitucional e tribunais constitucionais*: garantia suprema da Constituição, São Paulo: Atlas, 2000, p. 225.

§ 1º Na hipótese do inciso II, faculta-se ao interessado, mediante representação, solicitar a propositura de arguição de descumprimento de preceito fundamental ao Procurador-Geral da República, que, examinando os fundamentos jurídicos do pedido, decidirá do cabimento do seu ingresso em juízo".

O Presidente da República vetou o inciso II, que permitia a qualquer prejudicado a propositura da arguição de descumprimento de preceito fundamental, mas não excluiu a representação ao Procurador-Geral da República. Dessa forma, qualquer prejudicado pode, mediante representação, solicitar ao Procurador-Geral da República a propositura da referida arguição.

## 14.7. Procedimento

O procedimento da arguição de descumprimento de preceito fundamental é disciplinado pela Lei n. 9.882/99, que dispõe sobre o processo e julgamento da arguição de descumprimento de preceito fundamental, nos termos do § 1º do art. 102 da Constituição Federal.

O art. 3º da Lei n. 9.882/99 traz os requisitos da petição inicial. A exordial deverá conter:

1) a indicação do preceito fundamental que se considera violado;

2) a indicação do ato questionado;

3) a prova da violação do preceito fundamental;

4) o pedido, com suas especificações;

5) se for o caso, a comprovação da existência de controvérsia judicial relevante sobre a aplicação do preceito fundamental que se considera violado.

A petição inicial, acompanhada de mandato, se for o caso, será apresentada em duas vias, devendo conter cópias do ato questionado e dos documentos necessários para comprovar a impugnação.

A petição inicial será indeferida liminarmente pelo relator quando:

1) não for o caso de arguição de descumprimento de preceito fundamental;

2) faltar algum dos requisitos prescritos na Lei n. 9.882/99;

3) for inepta.

Ainda, não será admitida arguição de descumprimento de preceito fundamental quando houver qualquer outro meio eficaz de sanar a lesividade, como, por exemplo, *habeas corpus*, mandado de segurança, ações de controle de constitucionalidade, o que demonstra o caráter subsidiário da arguição ora estudada.

Da decisão de indeferimento da petição inicial caberá agravo, no prazo de cinco dias.

Em linhas gerais, ajuizada a arguição de descumprimento de preceito fundamental, o relator, após apreciar o pedido liminar, se houver, solicitará as informações às autoridades responsáveis pela prática do ato questionado, no prazo de dez dias. Se entender necessário, poderá o relator ouvir as partes nos processos que ensejarem a arguição, requisitar informações adicionais, designar perito ou comissão de peritos para que emita parecer sobre a questão, ou ainda fixar data para declarações, em audiência pública, de pessoas com experiência e autoridade na matéria. Ainda, poderão ser autorizadas, a critério do relator, sustentação oral e juntada de memoriais, por requerimento dos interessados no processo. O *amicus curiae* é admitido mesmo após terem sido prestadas as informações[382].

Decorrido o prazo das informações, o relator lançará o relatório, com cópia a todos os Ministros, e pedirá dia para julgamento. O Ministério Público, nas arguições que não houver formulado, terá vista do processo, por cinco dias, após o decurso do prazo para informações, conforme dispõe o art. 7º, parágrafo único, da Lei n. 9.882/99, combinado com o art. 103, § 1º, da Constituição Federal, que dita: "O Procurador-Geral da República deverá ser previamente ouvido nas ações de inconstitucionalidade e em todos os processos de competência do Supremo Tribunal Federal".

A decisão sobre a arguição de descumprimento de preceito fundamental somente será tomada se presentes na sessão pelo menos dois terços dos Ministros.

---

[382] STF, ADPF 33-5, Rel. Min. Gilmar Mendes, j. 07-12-05, *DJ*, 27-10-06.

Julgada a ação, far-se-á comunicação às autoridades ou órgãos responsáveis pela prática dos atos questionados, fixando-se as condições e o modo de interpretação e aplicação do preceito fundamental. O Presidente do Tribunal determinará o imediato cumprimento da decisão, lavrando-se o acórdão posteriormente. Dentro do prazo de dez dias contado a partir do trânsito em julgado da decisão, sua parte dispositiva será publicada em seção especial do *Diário da Justiça* e do *Diário Oficial da União*.

### 14.7.1. Do pedido da medida liminar

A Lei n. 9.882/99 prevê a possibilidade do pedido de medida liminar na arguição de descumprimento de preceito fundamental. Os arts. 5º e seguintes da referida lei disciplinaram a concessão de medida liminar. O Supremo Tribunal Federal, por decisão da maioria absoluta de seus membros, poderá deferir pedido de medida liminar na arguição de descumprimento de preceito fundamental. Em caso de extrema urgência ou perigo de lesão grave, ou, ainda, em período de recesso, poderá o relator conceder liminar, *ad referendum* do Tribunal Pleno. O relator poderá ouvir os órgãos ou autoridades responsáveis pelo ato questionado, bem como o Advogado-Geral da União ou o Procurador-Geral da República, no prazo comum de cinco dias. A liminar poderá consistir na determinação de que juízes e tribunais suspendam o andamento de processo ou os efeitos de decisões judiciais, ou de qualquer outra medida que apresente relação com a matéria objeto de arguição de descumprimento de preceito fundamental, salvo se decorrentes da coisa julgada.

## 14.8. Efeitos da decisão

A decisão da arguição de descumprimento de preceito fundamental terá eficácia contra todos (*erga omnes*) e efeitos vinculantes relativamente aos demais órgãos do Poder Público.

Na mesma esteira do art. 27 da Lei n. 9.868/99, o art. 11 da Lei n. 9.882/99 estabelece que, "ao declarar a inconstitucionalidade de lei ou ato normativo, no processo de arguição de descumprimento de preceito fundamental, e tendo em vista razões de segurança jurídica ou de excepcional interesse social, poderá o Supremo Tribunal Federal, por maioria de dois terços de seus membros, restringir os efeitos daquela declaração ou decidir que ela só tenha eficácia a partir de seu trânsito em julgado ou de outro momento que venha a ser fixado". Dessa feita, a decisão da arguição de descumprimento de preceito fundamental pode possuir efeitos *ex tunc* ou *ex nunc*. A invalidação de políticas públicas deve possuir efeito *ex nunc*. "Quanto aos efeitos jurídicos que decorrem de uma decisão judicial de inconstitucionalidade de política pública, Comparato afirma lhe parecer irrecusável que o juízo de inconstitucionalidade atinja todas as leis e atos normativos executórios envolvidos no programa de ação governamental. Contudo, sustenta que o efeito invalidante há de produzir-se tão só *ex nunc*, ou seja, com a preservação de todos os atos ou contratos concluídos antes do trânsito em julgado da decisão, pois de outra sorte poder-se-ia instituir o caos na Administração Pública e nos negócios privados. Concordamos parcialmente quanto ao afirmado acima, no que tange aos efeitos *ex nunc* da decisão judicial que invalida o ato, eis que tal posicionamento vai ao encontro da segurança jurídica, especialmente desejável por parte dos atos provenientes do Poder Público. Apenas não estamos de acordo com a invalidação tão só dos atos concluídos após o trânsito em julgado, eis que a decisão judicial, para ser efetiva, deve ter consequências de imediato, repercutindo no mundo dos fatos, pois, caso contrário, corre o risco de se tornar inócua"[383].

Na arguição de descumprimento de preceito fundamental não é possível a declaração da constitucionalidade, nos termos do art. 11 da Lei n. 9.882/99[384], uma vez que a decisão não possui o efeito dúplice, como ocorre nas ações direta de inconstitucionalidade e decla-

---

[383] RISTER, Carla Abrantkoski. *Direito ao desenvolvimento*: antecedentes, significados e consequências. Rio de Janeiro: Renovar, 2007, p. 462.

[384] MANDELLI JUNIOR, Roberto Mendes. *Arguição de descumprimento de preceito fundamental*, cit., p. 110: "Para a arguição, portanto, diferentemente do que ocorre com a ação direta de inconstitucionalidade genérica e com a ação declaratória de constitucionalidade, não se pode pretender dar natureza dúplice ou ambivalente, pois esta pretende verificar o descumprimento, tão somente, da Constituição Federal".

ratória de constitucionalidade, que estatui esse efeito no art. 24 da Lei n. 9.868/99.

Cabe ressaltar que o *quorum* para instalação da sessão e julgamento da arguição de descumprimento de preceito fundamental é de dois terços dos Ministros do Supremo Tribunal Federal, nos termos do art. 8º da Lei n. 9.882/99. Mas se o Supremo Tribunal Federal declarar a inconstitucionalidade de lei ou ato normativo, no processo de arguição de descumprimento de preceito fundamental, o *quorum* para decisão é de maioria absoluta nos termos do art. 97 da Constituição Federal, que dita: "Somente pelo voto da maioria absoluta de seus membros ou dos membros do respectivo órgão especial poderão os tribunais declarar a inconstitucionalidade de lei ou ato normativo do Poder Público". No caso da exceção dos efeitos da decisão prevista no art. 11, o *quorum* para decisão é de dois terços.

A decisão que julgar procedente ou improcedente o pedido de arguição de descumprimento de preceito fundamental é irrecorrível, não podendo ser objeto de ação rescisória.

Caberá reclamação contra o descumprimento da decisão proferida pelo Supremo Tribunal Federal, na forma do seu Regimento Interno.

## 15. QUADROS COMPARATIVOS DOS INSTRUMENTOS PROCESSUAIS DE CONTROLE DE CONSTITUCIONALIDADE

Com a conclusão do estudo do controle de constitucionalidade, como instrumento de defesa e preservação da Constituição Federal, podemos estabelecer os seguintes esquemas comparativos:

| Controle de Constitucionalidade | Difuso | Concentrado |
|---|---|---|
| **Objetivo** | É a inconstitucionalidade de lei ou ato normativo. | É a inconstitucionalidade de lei ou ato normativo. |
| **Objeto da Ação** | A inconstitucionalidade é um incidente ao processo comum. O objeto da ação é uma obrigação qualquer. | A inconstitucionalidade é o objeto principal da lide. |

| Finalidade | A garantia de direitos subjetivos, liberando alguém do cumprimento de uma lei inconstitucional. A finalidade é o exame do incidente em um processo comum. | Expelir, do sistema jurídico, lei ou ato inconstitucional. A finalidade é o exame da validade da lei em si. |
|---|---|---|

| Controle Concentrado | Ação Direta de Inconstitucionalidade Genérica | Ação Declaratória de Constitucionalidade | Ação Declaratória de Inconstitucionalidade por Omissão | Ação Declaratória Interventiva | Arguição de Descumprimento de Preceito Fundamental |
|---|---|---|---|---|---|
| **Objetivo** | É a declaração de inconstitucionalidade da lei ou ato normativo federal e estadual. | É a declaração da constitucionalidade de lei ou ato normativo federal. | É a declaração da inconstitucionalidade omissiva do Poder Público. | É a declaração de inconstitucionalidade de lei ou ato normativo estadual contrário aos princípios sensíveis (art. 34, VII, da CF) e a consequente intervenção federal. | É declaração do descumprimento de preceito fundamental |
| **Objeto da Ação** | A inconstitucionalidade é o objeto principal da lide. | A constitucionalidade é o objeto principal da lide. | A inconstitucionalidade omissiva é o objeto principal da lide. | A inconstitucionalidade de lei ou ato normativo estadual é o objeto principal da lide. | O objeto principal da ação é a ofensa a Preceito Fundamental, que, nos termos legais, se exterioriza por evitar ou reparar lesão a preceito fundamental, resultante de ato do Poder Público e quando for relevante o fundamento da controvérsia constitucional sobre lei ou ato normativo federal, estadual ou municipal, incluídos os anteriores à Constituição. |

| **Finalidade** | Expelir do sistema jurídico lei ou ato inconstitucional. | Afastar a insegurança jurídica ou estado de incerteza sobre a validade da lei. Transforma a presunção relativa da constitucionalidade em presunção absoluta. | Implementar preceitos constitucionais que, para a plena eficácia, dependem de legislação infraconstitucional. A finalidade é garantir a plena eficácia da norma constitucional. | Dupla finalidade: 1) Jurídica (Declaração da Inconstitucionalidade); 2) Política (Intervenção Federal). A finalidade específica é a defesa da ordem constitucional democrática. | A finalidade é a defesa da integridade e preservação da Constituição, no que se refere aos Preceitos Fundamentais. |
|---|---|---|---|---|---|

# VI
# *WRITS* CONSTITUCIONAIS

## 1. JURISDIÇÃO CONSTITUCIONAL DAS LIBERDADES

A jurisdição constitucional das liberdades tem por finalidade o controle das liberdades, que são exercidas pelas ações constitucionais ou *writs* constitucionais, também denominados remédios constitucionais.

O termo *writ* provém do verbo inglês *to write*, *wrote*, *written*, que significa escrever, e no sentido técnico-jurídico, ordenar. Logo, *writ* significa ordem, ordem escrita, mandado. São documentos jurídicos que ordenam ou proíbem a arbitrariedade perpetrada pela autoridade administrativa.

O *writ* é o remédio contra a arbitrariedade do Poder Público[1]. Os *writs* constitucionais são garantias instrumentais, ou seja, instrumentos processuais colocados à disposição do cidadão para a efetivação dos direitos fundamentais.

O Título II da Constituição Federal de 1988 trata dos "Direitos e Garantias Fundamentais". Segundo a concepção clássica constitucional, direitos e garantias individuais têm conceitos diferentes. Direitos são as disposições declaratórias, ao passo que garantias são os elementos assecuratórios — sistema de defesa, sistema de proteção. Tomemos como exemplo o art. 5º, IX, da Constituição Federal, que alude: é livre a expressão da atividade intelectual, científica e de comunicação (direito), independentemente de censura ou licença (garantia).

Para assegurar os direitos e as garantias constitucionais está à disposição do cidadão o que a doutrina denomina remédio constitucional, que é o instrumento de natureza processual. Assim, não se pode confundir remédio constitucional, que são medidas ou processos

---

[1] CRETELLA JR., José. *Os* writs *na Constituição de 1988*, 2. ed., Rio de Janeiro: Forense Universitária, 1996, p. 3: "Enumeraremos alguns dos remédios jurídicos empregados pelos cidadãos norte-americanos contra a arbitrariedade administrativa lesiva. Entre estes são conhecidos os cinco seguintes: *mandamus*, *injunction*, *certiorari*, *habeas corpus* e *quo warranto*. Tais remédios jurídicos contra o arbítrio administrativo são denominados *writs*, 'escritos', ou seja, 'documentos jurídicos' que ordenam ou proíbem a consecução de alguma ação".

especiais elencados na Constituição, com garantias, que buscam prevenir e não corrigir violações dos direitos fundamentais. As garantias são obstáculos erguidos para proteção dos direitos, consistindo assim nas prescrições que vedam determinadas ações que violariam o direito consagrado na Magna Carta.

Os *writs* constitucionais são verdadeiros remédios constitucionais na medida em que têm a finalidade de impedir ou invalidar os efeitos de ato contrário à Constituição; é o verdadeiro remédio contra a irregularidade constitucional.

A defesa dos direitos humanos exterioriza-se de diversas maneiras: princípio da legalidade, supremacia da Constituição, separação dos poderes. Mas a real efetividade surge no âmbito processual, em especial, por intermédio dos *writs* constitucionais, a denominada jurisdição constitucional das liberdades.

## 2. *HABEAS CORPUS*

O *habeas corpus* é sinônimo de liberdade, configurando-se como consectário lógico do Estado de Direito. Muito embora a Constituição qualifique e consagre o *habeas corpus* como garantia, trata-se de verdadeiro remédio, na medida em que tem a finalidade de impedir ou invalidar os efeitos de qualquer ato contrário à Constituição. É o verdadeiro remédio contra a irregularidade constitucional.

Nessa esteira, José Frederico Marques dita que, "incluindo a Constituição o direito de ir e vir entre um dos direitos concernentes à liberdade, que deve ser tutelado e assegurado, violá-lo ou pô-lo em perigo, 'por ilegalidade ou abuso de poder', será atentar contra a própria Constituição. Daí o *habeas corpus*, como instrumento ou meio destinado a prevenir a irregularidade constitucional ou a restaurar a situação que se apresenta como lesiva do *jus libertatis* constitucionalmente proclamado (...) De tudo se infere o seguinte: a) garantindo o direito de locomoção, o texto constitucional institui o *habeas corpus* como instrumento destinado a restabelecer o império de seus preceitos, sempre que sejam atingidos por ameaça ou lesão pertinente ao direito de ir e vir; b) como o *habeas corpus* é o meio e modo de impetrar-se a atuação jurisdicional, essa garantia de direito individual reconhecido pela Constituição traduz-se, em última análise, em forma especial do direito de ação, ou direito público subjetivo de obter prestação jurisdicional sobre o pedido de restauração da liberdade, ou de afastamento da ameaça que contra ela exista. Mas, adotando o *habeas corpus* como garantia constitucional, para o exercício do direito de ação, a Lei Maior conferiu, no caso, meio específico de tutela jurisdicional, uma vez que torna imperativo o exercício desta por meio de procedimento sumaríssimo que caracteriza o aludido *writ*"[2].

Pois bem, trata-se o *habeas corpus* de um remédio constitucional e instituto de direito processual constitucional[3].

## 2.1. Origem histórica

A mais longínqua notícia que vamos encontrar com referência ao *habeas corpus* é uma garantia semelhante no direito romano, o *interdictum de homine libero exhibendo*, ou *hominis libero exibiendo*, ou ainda *interdictum de liberis exhibindis.* O interdito era a ordem que o pretor dava para apresentar o cidadão livre de qualquer constrangimento, com o intuito de verificar a legalidade da prisão. Na mesma esteira do *habeas corpus,* o interdito do direito romano garantia o direito de locomoção.

O *habeas corpus* tem sua origem marcada na Inglaterra. No reinado de João sem Terra, por pressão do clero e dos nobres, este monarca editou a chamada Magna Carta (1215), que não admitia a prisão dos barões sem o julgamento dos seus pares, dispondo o art. 48 o seguinte: "Ninguém poderá ser detido, preso ou despojado dos seus bens, costumes ou liberdade, a não ser por julgamento dos seus pares, de acordo com a lei do país". Essa garantia foi mantida pela

---

[2] MARQUES, José Frederico. *Elementos de direito processual penal*, Campinas/SP: Bookseller, 1997, v. 4, p. 355-356.

[3] MARQUES, José Frederico. *Elementos de direito processual penal*, cit., p. 341: "O *habeas corpus* que o Código de Processo Penal inclui entre os recursos é, antes de mais nada, remédio de Direito Processual Constitucional. Ou como observa e ensina Alcalá-Zamora: '*pertence a la esfera de la justicia constitucional*'".

Petição dos Direitos (1628) e regulamentada por Carlos II por intermédio do *habeas corpus act* (1679), que assegurou o direito de quem estivesse preso comparecer à justiça para ser ouvido junto com o seu detentor. Cabe anotar que a Magna Carta não protegia o homem comum, sendo esse direito garantido posteriormente.

Ao longo da história da Inglaterra surgiram diversos *writs*[4], com a finalidade de proteger a liberdade. João Mendes de Almeida Júnior ensina, na sua obra *O processo criminal brazileiro*[5], que naquela época havia quatro mandados, que o inglês denomina *writ,* para se liberar uma pessoa que fora presa indevidamente:

1) *writ of mainprise*;
2) *writ de odio em atia*;
3) *writ de homine replegiando*; e
4) *writ de habeas corpus*.

Os três primeiros caíram em desuso e foram substituídos por outros mandados ou *writs*, até que surgiram os *writs de habeas corpus*. Estes eram utilizados pela Cortes reais de Westminster para transferência de presos de um Tribunal para outro, com o intuito de facilitar a distribuição e administração da justiça. Citaremos alguns deles: o *habeas corpus ad satisfaciendum*; o *habeas corpus ad deliberandum*; o *habeas corpus ad respondendum* e o *habeas corpus ad subjiciendum.*

O *habeas corpus ad satisfaciendum* era utilizado após a prolação da sentença, sendo que o preso era transferido para uma corte superior, perante a qual devia seguir a execução. O *habeas corpus ad deliberandum* era expedido quando necessária a transferência do preso para acompanhar a ação, ou seja, para depor como testemunha ou para o exame do seu processo na jurisdição onde o fato teve lugar. O *habeas corpus ad respondendum* tinha a finalidade de transferir o preso para responder a uma nova ação perante a Corte superior.

---

[4] *Writ*, palavra inglesa que significa mandado, ordem escrita, auto. Na linguagem comum, a palavra *writ*, do verbo inglês *to write*, *wrote*, *written,* significa escrito. Na linguagem técnica jurídica, significa ordem.

[5] ALMEIDA JÚNIOR, João Mendes de. *O processo criminal brazileiro*, 2. ed., Rio de Janeiro: Francisco Alves, 1911, p. 257-263.

Em suma:

| | |
|---|---|
| ***Habeas corpus*** | *ad satisfaciendum* — para fazer<br>*ad deliberandum* — para liberar<br>*ad respondendum* — para responder |

Contudo, o mais importante de todos eles, aquele que passou a ser usado com mais frequência, e acabou prevalecendo, foi o *habeas corpus ad subjiciendum*, que significava o seguinte: "Todo aquele que detivesse alguém era intimado a apresentar o preso e dizer a causa e o local em que a pessoa se encontrava".

A expressão utilizada pela legislação inglesa era essa: *ad faciendum, subjiciendum et recipiendum.* Isto é, para fazer, consentir com submissão e receber tudo o que o juiz ou a corte resolver[6]. O *writ* era dirigido à pessoa que detinha outro, que era intimada a apresentar o preso, explicar a razão da prisão e onde ele se encontrava preso, para fazer consentir com submissão e receber tudo que o juiz ou o Tribunal houvesse decidido. Então, as expressões: *ad faciendum* (para fazer); *subjiciendum* (consentir com a submissão sem contestar); *et recipiendum* (de receber a decisão do magistrado). João Mendes de Almeida Júnior ensina que "este *writ*, como prerrogativa real, era expedido pela corte do *King's bench*, a favor de todo o indivíduo preso sem causa legítima, detido ou em prisão ou retido de qualquer modo, ainda que seja por ordem do Rei ou do Conselho Privado, ou da mais alta autoridade"[7].

---

[6] MARQUES, José Frederico. *Elementos de direito processual penal*, cit., p. 346: "expediam-se mandados (*writs*) de apresentação, para que o homem (*corpus*) e o caso fossem trazidos ao Tribunal, deliberando este sumariamente sobre se a prisão devia ser ou não mantida. Dos diversos *writs*, o que mais se vulgarizou foi o *writ de habeas corpus ad subjiciendum*, pelo qual a Corte determinava ao detentor ou carcereiro que, declarando quando e por que fora preso o paciente, viesse apresentá-lo em juízo para fazer consentir com submissão e receber — *ad faciendum, subjiciendum et recipiendum* — tudo aquilo que a respeito fosse decidido".

[7] ALMEIDA JÚNIOR, João Mendes de. *O processo criminal brazileiro*, cit., p. 259.

Conforme dissemos, posteriormente surgiu o *habeas corpus act*, expedido no Reinado de Carlos II, no ano de 1679. Por esse *habeas corpus act*, só poderia ser liberado o preso, isto é, a pessoa que estivesse presa indevidamente, sob a acusação da prática de crime. Assim, em qualquer outro tipo de prisão ilegal que não fosse sob essa acusação não cabia o *habeas corpus*. Consequentemente, surgiu um outro tipo de *habeas corpus*, no ano de 1816, que passou a ter cabimento em qualquer tipo de prisão.

## 2.2. *Habeas corpus* no Brasil

No Brasil, o *habeas corpus* surgiu no Código de Processo Criminal do Império no ano de 1832, mas era ele chamado de liberatório. O Código de Processo Criminal, no art. 340, dispunha o seguinte: "Todo cidadão que entender, que elle ou outrem soffre uma prisão ou constrangimento illegal, em sua liberdade, tem direito de pedir uma ordem de — Habeas-corpus — em seu favor"[8].

Da interpretação do aludido dispositivo processual do Império, verificamos que o *habeas corpus* teria cabimento quando a pessoa já estivesse presa, já estivesse concretizada a violência ou a coação ao direito de locomoção.

Posteriormente, o art. 18, § 1º, da Lei n. 2.033, de 20 de setembro de 1871, estabeleceu que: "Tem lugar o pedido e concessão da ordem de *habeas-corpus* ainda quando o impetrante não tenha chegado a soffrer o constrangimento corporal, mas se veja delle ameaçado". Indubitavelmente, o preceito legal modificou o Código Criminal do Império, surgindo o *habeas corpus* preventivo, cabível quando o indivíduo estivesse na iminência de sofrer violência ou constrangimento ao seu direito de liberdade. Então, verifica-se a existência de dois tipos de *habeas corpus*: liberatório (quando a lesão ao direito de locomoção já se concretizou) e preventivo (quando há ameaça a esse direito).

[8] PIERANGELI, José Henrique. *Processo penal*: evolução histórica e fontes legislativas, Bauru/SP: Jalovi, 1983, p. 244.

A Constituição do Império de 1824 não previu expressamente o *habeas corpus*. Mas podemos afirmar que já se configurava como um instituto de direito processual constitucional na medida em que era o remédio à violação do rol de direitos previsto no art. 179 da Constituição Imperial, em especial os incisos VIII, IX e X:

"Art. 179. A inviolabilidade dos direitos civis e políticos dos cidadãos brasileiros, que tem por base a liberdade, a segurança individual e a propriedade, é garantida pela Constituição do Império, pela maneira seguinte:

VIII – Ninguém poderá ser preso sem culpa formada, exceto nos casos declarados na lei; e nestes, dentro de 24 horas, contadas da entrada na prisão, sendo em cidades, vilas ou outras povoações próximas aos lugares da residência do juiz e nos lugares remotos, dentro de um prazo razoável, que a lei marcará, atenta a extensão do território, o juiz, por uma nota por ele assinada, fará constar ao réu o motivo da prisão, o nome do seu acusador, e os das testemunhas, havendo-as.

IX – Ainda com culpa formada, ninguém será conduzido à prisão, ou nela conservado estando já preso, se prestar fiança idônea, nos casos que a lei a admite, e em geral, nos crimes que não tiverem maior pena do que a de seis meses de prisão ou desterro para fora da comarca, poderá o réu livrar-se solto.

X – À exceção de flagrante delito, a prisão não pode ser executada senão por ordem escrita da autoridade legítima. Se esta for arbitrária, o juiz, que a deu, e quem a tiver requerido serão punidos com as penas que a lei determinar.

O que fica disposto acerca da prisão antes da culpa formada não compreende as ordenanças militares, estabelecidas como necessárias à disciplina e recrutamento do Exército, nem os casos que não são puramente criminais, e em que a lei determina todavia a prisão de alguma pessoa, por desobedecer aos mandados da justiça, ou não cumprir alguma obrigação dentro de determinado prazo".

Com o advento da Constituição de 1891, o instituto do *habeas corpus* passa pela primeira vez a integrar o texto constitucional, assim dispondo o § 22 do art. 72: "Dar-se-á o *habeas corpus*, sempre que o indivíduo sofrer ou se achar em iminente perigo de sofrer violência, ou coação, por ilegalidade ou abuso de poder".

O texto constitucional de 1891 não mencionava o vocábulo "locomoção", mas só "direito de liberdade", e pela sua redação, "sempre que o indivíduo sofrer ou se achar na iminência de sofrer", verifica-se que essa norma contemplava duas hipóteses de *habeas corpus*: o liberatório e o preventivo.

Na esteira de Rui Barbosa, surgiu uma interpretação ampliativa do instituto, com a proteção de direitos pessoais, e não somente da liberdade física. Conhecida, entretanto, a polêmica entre Rui Barbosa e outros processualistas da época. Rui Barbosa, interpretando o texto constitucional, entendia que o remédio heroico era o meio para tutelar a violência a qualquer tipo de liberdade, não só de ir e vir, mas qualquer outra liberdade pessoal, não encontrando limites para a concessão da ordem. Aqueles que se opunham a Rui Barbosa diziam: "O *habeas corpus* só tutela o direito de ir e vir, e não violência a outras liberdades". A interpretação que prevaleceu foi a de Pedro Lessa, que entendia que o *habeas corpus,* segundo a melhor leitura do texto constitucional, é o remédio que tutela não só qualquer violência ao direito de ir e vir, mas também todos os demais decorrentes dessa garantia.

Surge a denominada interpretação brasileira do *habeas corpus*, tão citada pela doutrina, e que Fernando da Costa Tourinho Filho comenta em um julgado do Supremo Tribunal Federal: "A famosa doutrina brasileira do *habeas corpus* definida no acórdão de 16-12-1914, pelo qual o STF assegurou a posse de Nilo Peçanha no governo do Estado do Rio de Janeiro. Nesse caso, relatado por Enéas Galvão, sustentou-se: 1) a expressão do artigo 72, § 22, da Constituição, compreende qualquer coação e não somente a violência do encarceramento; 2) não há, em nosso direito, outra medida capaz de amparar eficazmente o livre exercício dos direitos a liberdade de ação e a prática dos atos não proibidos por lei; 3) o *habeas corpus* não deve limitar-se a impedir a prisão injusta e a garantir a livre locomoção; 4) a providência estende-se aos funcionários para penetrar livremente em sua repartição e desempenhar o seu emprego, aos magistrados e aos mandatários do Município, do Estado e da União, para exercerem a sua função ou mandato; 5) o Supremo Tribunal Federal interpreta soberanamente as regras constitucionais, sem estar subordinado às disposições das leis ordinárias"[9].

Realmente, o *Habeas Corpus* n. 3.697, julgado pelo Supremo Tribunal Federal, foi um marco na evolução do instituto do *habeas corpus* no Brasil. Após a eleição para Presidente do Estado do Rio de Janeiro, verificou-se a cisão da Assembleia Legislativa, competente para apurar o resultado do pleito, motivo pelo qual foram reconhecidos e proclamados dois Presidentes. Assim, Astolfo Vieira de Rezende impetrou *habeas corpus* preventivo em favor de Nilo Peçanha, reconhecido e proclamado Presidente eleito do Estado pela Mesa diretora dos trabalhos da última reunião ordinária, para que pudesse ingressar no Palácio da Presidência e exercer suas funções. O julgamento trouxe ampla discussão acerca do alcance da expressão "liberdade individual"[10], sendo ressaltado que o *habeas corpus* assegura a liberdade individual em todas as suas modalidades. No referido acórdão ficou assentado que "a liberdade individual é um direito fundamental, condição indispensável para o exercício de um sem-número de direitos. Por isso, quando está preso, ou ameaçado de prisão, o indivíduo requer o *habeas corpus*, sem necessidade de especificar quais os direitos que pretende exercer; pois, a prisão impossibilita o exercício de quase todos os direitos. Mas, se lhe impedem a prática de certos atos somente, o exercício de algum direito apenas, e o indivíduo prova que indubitavelmente tem o direito que alega, por exemplo: é deputado, e não permitem que penetre no edifício de sua câmara; é funcionário público, e vedam-lhe o ingresso na respectiva repartição, é médico, advogado, comerciante, ou industrial, ou operário, e não consentem que se dirija ao lugar onde quer exercer uma atividade jurídica incontestável; pode um tribunal garantir-lhes por uma ordem de *habeas corpus* a liberdade de locomoção, a liberdade de movimento, a liberdade física necessária para o exercício do direito, declarando (note-se bem declarando; o que é bem diverso de

9 TOURINHO FILHO, Fernando da Costa. *Código de Processo Penal comentado*, São Paulo: Saraiva, 1996, v. 2, p. 399.

10 STF, HC 3.697, Rel. Min. Pedro Lessa, Rel. para o acórdão Min. Enéas Galvão, j. 16-12-14.

decidir, julgar), ao mesmo tempo na concessão da ordem o direito incontestável líquido, certo, que o paciente quer exercer, e lhe tolhem. Seja embora a função essencial do Juiz julgar, dirimir contendas, é corrente em direito judiciário que, ao lado dessa função, tem o juiz a de declarar os direitos não contestados, para os garantir contra possíveis violações futuras. (...) *O habeas corpus*, no conceito comum, que é aquele de que, se serviu a nossa Constituição no art. 72, parágrafo 22, é exclusivamente destinado a assegurar liberdade individual, de cujo uso e gozo dependem virtualmente o exercício de outros direitos e a satisfação de deveres de ordem moral. Assegurando-se e garantindo-se o exercício da liberdade individual, coata ou em iminência de coação por abuso e ilegalidade de poder, tem-se indiretamente e com eficácia, assegurado e garantido o exercício de outros direitos e a satisfação de deveres morais dela decorrentes, e que sem o uso e gozo da liberdade individual, da liberdade física seriam ilusórios". Em suma, o *habeas corpus* tutela a liberdade individual e os direitos que dela decorrem, ou seja, o direito de locomoção[11].

Com a reforma constitucional de 1926, a interpretação de Pedro Lessa prevaleceu, passando a constar no texto constitucional: "liberdade de locomoção". Assim, o texto do art. 72, § 22, ficou com a seguinte redação: "Dar-se-á *habeas corpus* sempre que alguém sofrer violência por meio de prisão ou constrangimento ilegal na sua liberdade de locomoção". Então, tornou-se pacífico o entendimento expressamente referido na Constituição.

A Constituição seguinte, de 1934, expungiu do texto o vocábulo "locomoção", voltando a falar só em liberdade. O instituto era disciplinado no art. 113, n. 23, que ditava: "Dar-se-á *habeas corpus* sempre que alguém sofrer ou se achar ameaçado de sofrer violência ou coação em sua liberdade, por ilegalidade ou abuso de poder". Mas essa Constituição criou o mandado de segurança, para amparar direitos de outra espécie que fossem alvo da violência ou do abuso de autoridade, dispondo assim o art. 113, n. 33, *in verbis*: "Dar-se-á mandado de segurança para defesa de direito, certo e incontestável,

---

[11] Julgamentos históricos. Disponível em: <http://www.stf.gov.br/jurisprudencia/julghistoricos>. Acesso em: 27 set. 2004.

ameaçado ou violado por ato manifestamente inconstitucional ou ilegal de qualquer autoridade".

A Constituição de 1946 tornou a incluir no seu texto o vocábulo "locomoção", mas acrescentou: "Nas transgressões disciplinares, não cabe o *habeas corpus*". Em algumas hipóteses, cabia o *habeas corpus*, mesmo nas punições disciplinares. Assim, o art. 141, § 23, ditava: "Dar-se-á *habeas corpus* sempre que alguém sofrer ou se achar ameaçado de sofrer violência ou coação em sua liberdade de locomoção, por ilegalidade ou abuso de poder. Nas transgressões disciplinares, não cabe *habeas corpus*".

A Constituição de 1967, art. 150, § 20, e a Emenda de 1969, art. 153, § 20, mantiveram a mesma redação. Se não, vejamos: "Dar-se-á *habeas corpus* sempre que alguém sofrer ou se achar ameaçado de sofrer violência ou coação em sua liberdade de locomoção, por ilegalidade ou abuso de poder. Nas transgressões disciplinares não caberá *habeas corpus*".

Atualmente, o instituto é disciplinado no art. 5º, LXVIII, da Constituição Federal de 1988, combinado com o art. 647 do Código de Processo Penal:

"Conceder-se-á *habeas corpus* sempre que alguém sofrer ou se achar ameaçado de sofrer violência ou coação em sua liberdade de locomoção, por ilegalidade ou abuso de poder" (art. 5º, LXVIII, da CF).

"Dar-se-á *habeas corpus* sempre que alguém sofrer ou se achar na iminência de sofrer violência ou coação ilegal na sua liberdade de ir e vir, salvo nos casos de punição disciplinar" (art. 647 do CPP).

## 2.3. Conceito e natureza jurídica

O instituto do *habeas corpus* é um *remedium juris* (remédio jurídico), o remédio heroico, configurando-se como verdadeiro instituto de direito processual constitucional, destinado a tutelar a liberdade de locomoção, ou direito de ir, vir e ficar.

O *habeas corpus*, como qualquer remédio, é utilizado com o surgimento ou possibilidade iminente de lesão; não se trata de uma garantia; é, pois, um instrumento processual, ou melhor, instituto do direito processual constitucional, como temos afirmado. Nessa esteira, José Cretella Jr. anota que o *habeas corpus* "é o instrumento do direito processual penal, mediante o qual alguém, preso, detido ou ameaçado em seu direito de ir e vir, por ilegalidade ou abuso de poder, tem o direito subjetivo público de exigir, em juízo, do Estado, cumprimento de prestação jurisdicional, consistente na devolução imediata de seu '*status quo ante*' — a liberdade física de locomoção, ameaçada ou violada por ato arbitrário de autoridade"[12].

O *habeas corpus* é uma ação autônoma; não se trata de recurso, apesar de sua colocação no Código de Processo Penal[13]. Ainda, o fato de o *habeas corpus* possuir a característica de ser utilizado como substitutivo de recurso[14] não o configura como tal.

Há autores que sustentam tratar-se de recurso. Galdino Siqueira afirma que o *habeas corpus*, pela sua forma de interposição, pela sua marcha, trata-se de recurso. Assim, para o referido doutrinador, o *habeas corpus* é "um recurso especial pelo modo de sua interposição e pela sua marcha processual. E assim que, em relação ao modo de sua interposição, é ele facultado ao nacional ou estrangeiro, ao paciente ou a terceira pessoa, em seu favor; em relação à sua marcha processual, longe de seguir as fórmulas lentas e demoradas dos outros recursos, de seguir as regras gerais e comuns de competência, tem antes uma marcha célere e pronta, podendo ser renovado perante a mesma ou diversa autoridade"[15].

Magalhães Noronha também sustenta o entendimento de que se trata de recurso, argumentando: "Nosso Código inscreve-o no Título

---

[12] CRETELLA JR., José. *Os* writs *na Constituição de 1988*, cit., p. 144.

[13] O *habeas corpus* é previsto pelo Código de Processo Penal no Capítulo X do Título II de seu Livro III — "Das Nulidades e dos Recursos em Geral". O Título II rotula-se "Dos Recursos em Geral". Assim, pela sistemática adotada pelo Código, o *habeas corpus* é classificado por este como recurso.

[14] Exemplo: o *habeas corpus* pode ser impetrado quando não for alguém admitido a prestar fiança, nos casos em que a lei autoriza (art. 648, V), no lugar do recurso em sentido estrito (art. 581, V).

[15] SIQUEIRA, Galdino. *Curso de processo criminal*, 2. ed. rev., São Paulo: Livraria Magalhães, 1937, p. 384.

*Dos recursos em geral*. A discussão não tem efeitos práticos, e há argumentos sólidos, quer num sentido, quer noutro, pois se ele pode ser considerado ação, vezes há em que surge nitidamente como recurso. (...) A nós nos parece que se lhe não pode negar totalmente o caráter de recurso, pois pode ser impetrado contra decisões do juiz, para que o juízo superior as reveja"[16].

Vicente Greco Filho ensina que "recurso é um pedido de reexame de uma decisão, dentro de um processo; no caso do *habeas corpus*, o pedido é autônomo e originário, e se desenvolve em procedimento independente. A pretensão do paciente é a correção da violência à liberdade, que pode ou não decorrer de um processo, mas não se submete aos seus trâmites procedimentais. Pontes de Miranda e José Frederico Marques decididamente o classificam como ação, de conteúdo mandamental ou constitucional"[17].

Nesse sentido, salutar o ensinamento de José Frederico Marques, que dita: "O *habeas corpus* que o Código de Processo Penal inclui entre os recursos é, antes de mais nada, remédio de Direito Processual Constitucional (...). Sob o ângulo estritamente processual o *habeas corpus* não pode qualificar-se como recurso, embora o conceitue o Código de Processo Penal. No entanto, a pretensão do *habeas corpus*, como pedido de proteção à liberdade de ir e vir, violada ou ameaçada por órgão do poder público, qualquer que seja ele, poderia ser denominada desse modo, pois se dirige contra ato de autoridade: no *habeas corpus*, a pretensão de liberdade consiste em exigir-se que o *jus libertatis* prevaleça sobre o *imperium* estatal para subordinar-se, dessa maneira, ao interesse de liberdade do indivíduo o poder de supremacia do Estado. A pretensão de liberdade, ao consubstanciar-se no pedido de *habeas corpus*, é um recurso, no sentido jurídico-material da expressão, pois se dirige contra ato do Estado. Mas como esse pedido é levado a juízo para que o Poder Judiciário, aplicando a lei penal ou processual penal, resolva o litígio decorrente da resis-

---

[16] NORONHA, E. Magalhães. *Curso de direito processual penal*, 26. ed. atual., São Paulo: Saraiva, 1998, p. 542.

[17] GRECO FILHO, Vicente. *Manual de processo penal*, São Paulo: Saraiva, 1991, p. 392.

tência do Estado à pretensão de liberdade, o pedido mencionado é conteúdo de uma verdadeira ação, visando obter sentença sobre os interesses em conflito, como instrumento (isto é, meio e modo) destinado à aplicação do Direito, por meio do Judiciário, no exercício de sua função específica, que é a tutela jurisdicional"[18].

Indubitavelmente, o *habeas corpus* não é recurso, é uma ação de direito processual constitucional, visto que podemos destacar os seguintes argumentos: 1. O recurso só cabe dentro do processo, ao passo que o *habeas corpus* tem cabimento não só dentro do processo, mas fora dele ou até mesmo antes do processo. 2. O recurso é o meio pelo qual se impugna uma decisão. O *habeas corpus* pode impugnar qualquer violência à liberdade de locomoção, por exemplo, ato administrativo. 3. O recurso supõe uma decisão não transitada em julgado, ao passo que o *habeas corpus* ataca inclusive a coisa julgada. Dessa forma, o *habeas corpus* tem o condão de rescindir decisão que transitou em julgado, visto que no caso de recurso ele não é julgado por falta de um dos pressupostos de admissibilidade (tempestividade). 4. Da tempestividade recursal surge outro argumento. Os recursos dependem sempre de prazo para sua interposição, ao passo que o *habeas corpus* não está condicionado a nenhum prazo para sua impetração. Pois, se a lei fosse condicionar a impetração da ordem a prazo, estaria limitando o próprio direito de liberdade.

Na verdade, às vezes o *habeas corpus* apresenta-se com uma roupagem de recurso, mas na realidade é uma ação. É uma ação mandamental. Dentro do processo, o *habeas corpus* é meio de tutela do direito de liberdade, constituindo verdadeiro remédio constitucional.

O *habeas corpus* consiste em pretensão, ação, processo, remédio. Em suma, é instituto de direito processual constitucional.

### 2.4. Finalidade e características

A liberdade de locomoção do indivíduo só pode ser cerceada por ato legal provindo de autoridade competente ou por intermédio

---

[18] MARQUES, José Frederico. *Elementos de direito processual penal*, cit., p. 341 e 351-352.

do devido processo legal, conforme se verifica da leitura do art. 5º, LIV e LXI, da Constituição Federal. A finalidade do *habeas corpus* é a proteção da liberdade do indivíduo. O instituto do *habeas corpus*, originário da Magna Carta, mas definitivamente consagrado nas declarações universais de direito, constitui o mais eficiente remédio para a correção da ilegalidade ou abuso de poder que ofenda a liberdade de locomoção.

O vocábulo "*habeas corpus*" significa "tomes o corpo e o apresente". Apresente o corpo do preso, é no que consiste a ordem. *Habeas* quer dizer apresentar, tomar o corpo e o exibir. E, realmente, o juiz intima o detentor, o coator, a exibir o preso, e dizer por que está preso, qual a causa. Assim, o *habeas corpus* significa "tome o corpo", isto é, submeta o paciente à vista do juiz para que verifique a coação e o liberte, se for o caso. A liberdade protegida é a liberdade física. "Na expressão *habeas corpus*, como aliás em todas as expressões latinas, inexiste o hífen ou traço de união (*ex vi*, *habeas data*, *ex officio*, *ex professo*), lapso que passou despercebido mesmo aos filólogos encarregados da revisão do texto. A expressão *habeas corpus* é, materialmente, formada de *habeas* (2ª pessoa do singular do presente do subjuntivo do verbo *habeo*, *habes*, *habui*, *habitum*, *habere* = haver, ter) e de *corpus* (acusativo neutro do singular do nome *corpus*, *corporis*, nome neutro da terceira declinação). A segunda pessoa *habeas* é, em latim, ora subjuntivo, ora optativo, ora, como aqui, imperativo. A expressão *habeas corpus* faz parte dos vocábulos iniciais da ordem expedida pelo Tribunal, dirigida a quem tivesse, em seu poder, o preso (*imprisionetur*) ou detido (*capiatur*). Tome o *corpus* do detido, que está em seu poder, e transporte-o para o Tribunal"[19].

Nesse sentido, Magalhães Noronha anota que "a expressão *habeas corpus* indica a essência do instituto. Literalmente significa 'tome o corpo' — *habeas* é o subjuntivo de *habeo*, *es habui*, *habitum*, *habere* (ter, manter, possuir, tomar posse etc.) e *corpus*, *corporis* (corpo) —, isto é, tome a pessoa presa e a apresente ao juiz, para

---

[19] CRETELLA JR., José. *Os* writs *na Constituição de 1988*, cit., p. 142-143.

julgamento do caso. Seu objetivo é a proteção ou tutela da liberdade física, no sentido de ir, ficar e vir"[20].

A finalidade primeira do *habeas corpus* é a proteção da liberdade de locomoção, a liberdade de ir e vir, atingida ou ameaçada por ato ilegal ou abusivo. Outras liberdades terão amparo pelo mandado de segurança.

O instituto do *habeas corpus*, segundo nosso entendimento, possui como características principais: 1) é uma ação de direito processual constitucional; 2) é um remédio jurídico; 3) a ação de *habeas corpus* é gratuita, nos termos do art. 5º, LXXVII, da Constituição Federal, combinado com a Lei n. 9.265/96; 4) impugna atos administrativos (prisão feita pela polícia), judiciais (decretação de prisão preventiva) e particulares.

"O que caracteriza, precipuamente, o processo de *habeas corpus* é constituir ele um instrumento rápido e imediato de tutela jurisdicional de liberdade de locomoção"[21].

## 2.5. Tipos de *habeas corpus*

A ação de *habeas corpus* pode ser de dois tipos: 1) preventivo; e 2) liberatório.

O *habeas corpus* preventivo tem cabimento quando o indivíduo tem fundado temor de ser encarcerado. Então, há ameaça ou iminência de uma coação, de uma violência contra o direito de ir e vir da pessoa. O *habeas corpus* aí será preventivo. Assim, o *habeas corpus* preventivo tem cabimento quando paira uma ameaça de constrangimento, prisão sobre alguém. Esse caso é previsto pelo Código de Processo Penal em seu art. 660, § 4º, denominado ordem de salvo-conduto[22]. Trata-se de uma ordem escrita dirigida não só à autorida-

---

[20] NORONHA, E. Magalhães. *Curso de direito processual penal*, cit., p. 540.

[21] MARQUES, José Frederico. *Elementos de direito processual penal*, cit., p. 343.

[22] Art. 660, § 4º, do Código de Processo Penal: "Se a ordem de *habeas corpus* for concedida para evitar ameaça de violência ou coação ilegal, dar-se-á ao paciente salvo-conduto assinado pelo juiz".

de da qual o paciente teme a violência, mas também a toda e qualquer outra autoridade.

O *habeas corpus* liberatório tem cabimento quando a violência ou constrangimento ou a coação já se concretizou.

## 2.6. A ação de *habeas corpus*

O *habeas corpus*, conforme verificado, possui a natureza jurídica de ação. O pedido da ação de *habeas corpus* tem por objeto a tutela jurisdicional da liberdade. A causa de pedir (*causa petendi*) é o constrangimento (ou coação) ilegal, ou seja, a privação indevida do direito de liberdade ou a ameaça que sobre alguém recai, também indevidamente.

Como se trata de ação, o *habeas corpus* pode apresentar-se com finalidade cautelar, declaratória ou constitutiva, conforme a natureza da prestação jurisdicional requerida. Se o objetivo é resguardar a liberdade de ir e vir, verifica-se a natureza cautelar da ação, quando concedido contra prisão injusta. Se o desiderato do remédio é contestar ato judicial, surge um processo declaratório. O que se busca é a declaração da coação praticada por intermédio de ato judicial. "Quando o *writ* tiver por escopo a declaração de inexistência de uma relação jurídica disciplinada pelo Direito Penal, terá ele natureza de ação penal declaratória"[23]. Por exemplo, na extinção da punibilidade, o *habeas corpus* tem efeito declaratório, ou seja, visa a declaração da extinção da punibilidade. Ainda, se a finalidade é rescindir ato anterior, o remédio possui natureza constitutiva. "Quando o *writ of habeas corpus* tiver por finalidade postulatória extinguir uma situação jurídica ilegal, fazendo cessar a coação ou a sua ameaça contra a liberdade de locomoção do indivíduo, dela decorrente, terá ele natureza de ação penal constitutiva"[24]. Por exemplo, coisa julgada, em processo manifestamente nulo: o *habeas corpus* tem efeito constitutivo, natureza constitutiva; visa rescindir situação anterior. A finali-

---

[23] MOSSIN, Heráclito Antônio. *Habeas corpus*, 3. ed., São Paulo: Atlas, 1997, p. 79.

[24] MOSSIN, Heráclito Antônio. *Habeas corpus*, cit., p. 78.

dade do *habeas corpus* é o desfazimento de situação anterior lesiva ao direito de locomoção.

### *2.6.1. Cabimento da ação de* **habeas corpus**

Da leitura do texto constitucional verifica-se que o *habeas corpus* terá cabimento quando houver coação ilegal ou abuso de poder que ofenda a liberdade de locomoção do indivíduo. A Constituição Federal traçou o âmbito de atuação do *habeas corpus* ao estabelecer o seguinte: "conceder-se-á *habeas corpus* sempre que alguém sofrer ou se achar na iminência de sofrer violência ou coação em sua liberdade de locomoção, por ilegalidade ou abuso de poder". Por sua vez, estabelece o art. 647 do Código de Processo Penal: "Dar-se-á *habeas corpus* sempre que alguém sofrer ou se achar na iminência de sofrer violência ou coação ilegal na sua liberdade de ir e vir, salvo nos casos de punição disciplinar".

Da conjugação do texto constitucional e infraconstitucional conclui-se, claramente, que o objeto imediato do pedido de *habeas corpus* é a tutela jurisdicional da liberdade de locomoção, liberdade de ir e vir. "O objeto mediato do *writ of habeas corpus* é a liberdade corpórea do indivíduo, seu direito de locomoção, posto em perigo ou lesado por coação ilegal ou abuso de poder"[25]. "Objeto mediato do pedido de *habeas corpus* é o direito de ir e vir. O impetrante pede ao órgão jurisdicional a restauração do *jus libertatis* ou que desapareça, prontamente, a ameaça que o põe em perigo. O pedido pode revestir-se na natureza da pretensão processual declaratória, constitutiva ou cautelar: em todas as hipóteses, porém, seu objeto último será o direito de locomoção, posto em perigo ou lesado por coação ilegal ou abuso de poder"[26].

Direito de locomoção tutelado pelo *habeas corpus* é corpóreo, ou seja, material. Não há ofensa a locomoção virtual, oriunda, da

[25] MOSSIN, Heráclito Antônio. *Habeas corpus*, cit., p. 81.

[26] MARQUES, José Frederico. *Elementos de direito processual penal*, cit., p. 362.

sociedade da informação, vez que o remédio refere-se à locomoção física. Na Comarca de Uberlândia o magistrado indeferiu o *habeas corpus* para garantir o direito de locomoção no ciberespaço. Tratou-se de *habeas corpus* impetrado visando à cessação de constrangimento ilegal ao direito de locomoção no mundo virtual, apontando como autoridade coatora empresa de acesso à internet. Nessa oportunidade decidiu o magistrado que "É cediço que o *habeas corpus* é um remédio jurídico-constitucional que visa garantir a liberdade individual de locomoção, vale dizer, ao direito de ir e vir concedido pelo Estado Democrático de Direito a todos os seus membros. E, como a própria história de sua construção e edificação como instituto máximo de proteção aos direitos do homem indica, refere-se à locomoção física, corpórea do indivíduo, e não à sua liberdade de se desenvolver através do pensamento. (...) Desta feita, tem-se que a extensão pretendida pela Impetrante, a suposta existência de locomoção virtual, mesmo que admitida, não seria abarcada pelo *habeas corpus*. Não bastasse isso, o direito de navegação pela internet não corresponde ao direito de ir e vir, vale dizer, ao direito à locomoção virtual, mas sim ao direito de receber informações. Afinal, a Internet nada mais é do que uma rede de computadores interligados, por meio da qual são armazenadas e trocadas diversas informações"[27].

Conforme verificamos, a causa de pedir (*causa petendi*) é o constrangimento (ou coação) ilegal. "A *causa petendi*, na ação de *habeas corpus*, é a privação indevida do direito de liberdade ou a ameaça que sobre alguém recai também indevidamente"[28].

O cabimento da ação de *habeas corpus* surge com a ilegalidade ou abuso de poder ou com a violência ou coação ilegal. Cabe, assim, precisar melhor os termos "ilegalidade", "abuso de poder", "violência" e "coação ilegal".

A ilegalidade é a inobservância da lei. É a desconformidade de atuação ou omissão em relação à lei. O abuso de poder é o exercício

---

[27] TJMG, 2ª Vara Criminal de Uberlândia, MG, HC 702.020.363.322, Juiz Joemilson Donizetti Lopes, j. 3-2-03. Disponível em: <http://www.conjur.com.br/2003-fev-15/juiz_indefere_hc_garantir_locomocao_ciberespaco>. Acesso em: 21 jul. 2011.

[28] MARQUES, José Frederico. *Elementos de direito processual penal*, cit., p. 363.

irregular de poder conferido à autoridade. No fundo, é uma forma de ilegalidade. O abuso de poder ocorre quando a autoridade, tendo competência para o ato, realiza-o com finalidade diversa daquela prevista em lei (desvio de poder) ou quando a autoridade, embora competente e observando as formalidades legais, ultrapassa os limites que lhe eram permitidos por lei (excesso de poder).

"O abuso de poder implica no exercício irregular do poder. Exprime a prática de atos que excedem as atribuições legais, configurando a arbitrariedade. No âmago, a arbitrariedade é uma modalidade de ilegalidade; é uma espécie da qual esta última é gênero. Logo, quando o legislador processual penal usa a frase coação ilegal, seu sentido é ampliativo, abrangendo não só a ilegalidade propriamente dita (gênero), assim como o abuso de poder (espécie). Outrossim, o legislador ordinário ao falar em violência ou coação ilegal, utiliza a primeira como *vis corporalis*, o constrangimento físico; enquanto que a coação implica na violência moral, na *vis compulsiva*. Em sentido amplo, a palavra coação pode ser tida como *nomem iuris* de toda e qualquer limitação à liberdade individual, abrangendo, assim, a violência"[29].

A violência ou coação ilegal é o constrangimento, sendo o primeiro físico e o segundo moral. O constrangimento pode ser físico (*vis absoluta*, *corporalis* ou *materialis*) ou moral (*vis compulsiva*). O legislador penal usa a seguinte técnica: quando alude só à violência, é sabido que esta é física, porque, quando quiser referir-se ao constrangimento moral, o termo é "grave ameaça".

José Cretella Jr. ensina que "violência, ou *vis*, é a arbitrariedade da autoridade pública, que prende ou detém o *corpus* do paciente, encarcerando-o, suprimindo-lhe a liberdade de ir e vir. Pode haver coação sem violência. Basta que se criem condições psicológicas, que influam no *animus* do paciente, ocasionando-lhe a *vis* inquietativa"[30].

---

[29] MOSSIN, Heráclito Antônio. *Habeas corpus*, cit., p. 82-83.

[30] CRETELLA JR., José. *Os* writs *na Constituição de 1988*, cit., p. 148.

A coação é gênero da violência. O termo "coação" é abrangente, genérico, designando a violência, tanto física como moral. A pessoa pode ser coagida física (violência) ou moralmente (grave ameaça). Da mesma forma que no conceito de ilegalidade está contido o abuso de poder.

Cabe anotar que nem toda coação é ilegal. A coação legal é indicada pelo termo "coerção", que apresenta como significado técnico a força ou atributo do Estado[31]. Conforme verificamos, em alguns casos a autoridade pode extrapolar os limites da legalidade, caindo no campo do abuso, o que comporta, assim, o *habeas corpus*.

Em resumo, a coação pode ser física ou moral. A coação física (*vis absoluta*) é a que se exerce pela violência ou força material. A coação moral (*vis compulsiva*) é a que resulta da intimidação ou ameaça. O termo "coerção", como já dissemos, indica a coação legal, designando um atributo do Estado.

O Código de Processo Penal enumera os casos de coação ilegal. Essa enumeração, prevista no art. 648 do Código de Processo Penal, não é taxativa, mas sim exemplificativa. Não só porque a falta de "justa causa" que é prevista no inciso I é suficientemente ampla para abranger outros casos não previstos, mas também porque a restrição que pretendesse a lei ordinária fazer seria inconstitucional, em face da amplitude do texto da Carta Magna[32]. Dessa forma, qualquer ameaça à liberdade de locomoção gera a possibilidade de *habeas corpus*, trazendo o texto legal apenas exemplos ou hipóteses de coação ilegal.

### *2.6.2. Casos de não cabimento do* **habeas corpus**

O *habeas corpus* não tem cabimento nas transgressões disciplinares militares e na vigência de estado de defesa ou do estado de sítio.

---

[31] FERREIRA, Aurélio Buarque de Holanda. *Novo Aurélio século XXI*: o dicionário da língua portuguesa, 3. ed. rev. e ampl., São Paulo: Nova Fronteira, 1999, p. 496: "Do latim *coertione*. 1. Ato de coagir; coação. 2. Repressão, coibição. 3. A força que emana da soberania do Estado e é capaz de impor o respeito à norma legal".

[32] GRECO FILHO, Vicente. *Manual de processo penal*, cit., p. 391.

Da leitura do art. 142, § 2º, do texto constitucional, conclui-se que não cabe *habeas corpus* nas transgressões disciplinares militares. Cabe *habeas corpus*, nesses casos, porém, quando: 1) não houver competência; 2) a infração não estiver ligada à função; 3) o ato não for punível com prisão, pelos regulamentos disciplinares.

A regra contida no art. 142, § 2º, mencionado não é absoluta, visto que o militar não perde a proteção jurídica dedicada aos indivíduos. Paulo Roberto de Gouvêa Medina afirma que, "mesmo em relação à prisão disciplinar de militar, o que há, em verdade, é uma limitação ao objeto do *habeas corpus*, que não poderá ser impetrado para reexame do mérito da punição, sendo cabível, todavia, quando haja fundamento para impugnar questões de legalidade, como a competência, a definição da infração, eventual excesso de prazo ou inobservância do devido processo legal"[33].

O art. 650, § 2º, do Código de Processo Penal prescreve que não cabe *habeas corpus* contra a prisão administrativa. Entretanto, o art. 5º, LXI, da Constituição Federal extinguiu a prisão decretada por autoridade administrativa.

Na vigência do estado de defesa ou do estado de sítio, previstos na Constituição Federal de 1988, o *habeas corpus* apresenta exceção. Na verdade, nesse caso, o *habeas corpus* não é suprimido, mas seu âmbito de atuação é diminuído. Alexandre de Moraes ensina: "o Estado de Defesa e o Estado de Sítio não suspendem a garantia fundamental do *habeas corpus*, mas diminuem sua abrangência, pois as medidas excepcionais permitem uma maior restrição legal à liberdade de locomoção, inclusive, repita-se, por ordem da autoridade administrativa"[34].

---

[33] MEDINA, Paulo Roberto de Gouvêa. *Direito processual constitucional*, 2. ed. rev., atual. e ampl., Rio de Janeiro: Forense, 2004, p. 207.

[34] MORAES, Alexandre de. *Direito constitucional*, 15. ed., São Paulo: Atlas, 2004, p. 146.

## 2.7. O processo da ação de *habeas corpus*

### *2.7.1. Procedimento*

O *habeas corpus*, como qualquer ação, tem seu procedimento. Assim, o *habeas corpus*, quando impetrado, dá origem a um procedimento de igual nome. Entretanto, cabe anotar que ele pode ser concedido, mesmo fora do procedimento devido, tendo em vista o bem jurídico tutelado. "O procedimento do *habeas corpus* caracteriza-se por sua simplicidade e sumariedade. A primeira característica envolve, até mesmo, como já se notou, alto grau de informalidade, no que diz respeito à petição inicial. A segunda revela-se na estruturação de um rito processual sumaríssimo, que se desenvolve em poucas horas, mediante atos processuais concentrados. Não há, com efeito, no processo do *habeas corpus* prazos fixados em dias, nem se verifica, em regra, a abertura de dilação probatória"[35].

O *habeas corpus* pode ser concedido de ofício, por juiz ou tribunal (art. 654, § 2º, do CPP), e, nesse caso, não haverá rito ou procedimento, apenas a concessão *ex officio*.

"O processo de *habeas corpus*, como qualquer outro, é formado por uma complexidade de atos, chamados de processuais, que se sujeitam a um disciplinamento normativo quanto ao seu desenvolvimento coordenado. Não seria concebível que se permitisse a formação de uma relação jurídico-processual de *habeas corpus* sem a exigência do cumprimento de requisitos prévios para a admissibilidade do julgamento do pedido quanto ao mérito"[36].

Como toda ação, o *habeas corpus*, do ponto de vista constitucional, é amplo, genérico e incondicionado (art. 5º, XXXV — garantia constitucional genérica do direito de ação). Entretanto, no plano fático, o chamado direito processual de ação não é incondicionado e genérico, sendo pois o seu exercício ligado a certos requisitos, deno-

---

[35] MEDINA, Paulo Roberto de Gouvêa. *Direito processual constitucional*, cit., p. 207.

[36] MOSSIN, Heráclito Antônio. *Habeas corpus*, cit., p. 150-151.

minados "condições de ação"[37]. Nesse sentido, José Frederico Marques anota que, "para a apresentação do pedido de *habeas corpus*, em juízo, necessário se faz que existam as condições de procedibilidade que esse processo exige, bem como os pressupostos processuais imprescindíveis para que se forme e se constitua a instância. Faltando alguma dessas condições ou algum de tais pressupostos, o pedido de *habeas corpus*, por ser inadmissível, poderá ser indeferido *in limine*"[38].

### 2.7.2. Condições de ação[39]

Conforme verificamos, o texto constitucional traz a garantia genérica do direito de ação, porém no plano fático o exercício do direito de ação é sempre processual e conexo a uma pretensão. Nesse plano fático o exercício do direito de ação está sujeito a três condições: 1) possibilidade jurídica do pedido; 2) interesse; e 3) legitimidade.

A possibilidade jurídica do pedido consiste na formulação de pretensão que, em tese, exista na ordem jurídica como possível, ou seja, que a ordem jurídica preveja a providência pretendida. No caso da ação de *habeas corpus* estará ausente essa condição se a tutela requerida for diversa do direito de locomoção. Também nos casos de punição disciplinar, como regra, e ainda quando o País encontrar-se em estado de sítio. Porque, com a decretação do estado de sítio, restringem-se as garantias individuais. O processo de *habeas corpus* tem por finalidade a tutela do direito de locomoção. Assim, o pedido torna-se impossível quando o *writ* for utilizado para tutelar bem jurídico diverso do direito de locomoção.

O interesse processual, também chamado de justa causa, é a necessidade de se recorrer ao Judiciário para obtenção do resultado pretendido. É a real necessidade de socorrer-se do Poder Judiciário,

---

[37] GRECO FILHO, Vicente. *Manual de processo penal*, cit., p. 94.

[38] MARQUES, José Frederico. *Elementos de direito processual penal*, cit., p. 373.

[39] GRECO FILHO, Vicente. *Manual de processo penal*, cit., p. 93-99.

ou seja, o autor não pode obter o mesmo resultado por outro meio extraprocessual. Falta interesse de agir quando desnecessário o pedido. No caso em tela, se não houver ato de coação ou ameaça ao direito de locomoção, não cabe *habeas corpus*. Também quando o direito de liberdade não for líquido e certo, e não se achar caracterizada igualmente, de modo líquido e certo, a ilegalidade da coação. O Supremo Tribunal Federal já reconheceu a falta do interesse de agir no caso de réu absolvido e pena já cumprida.

A legitimação, legitimação para a causa ou *legitimatio ad causam*, refere-se às partes, sendo denominada também legitimação para agir. Segundo Alfredo Buzaid, é a pertinência subjetiva da ação, isto é, a regularidade do poder de demandar de determinada pessoa sobre certo objeto. Somente podem demandar aqueles que forem sujeitos da relação jurídica material trazida a juízo. Cada um deve propor as ações relativas aos seus direitos. Na ação de *habeas corpus*, a parte ativa é impetrante e a pessoa cuja liberdade de ir e vir se protege é o paciente. O impetrante pode ser o próprio paciente. Via de regra, o Estado é a parte passiva no processo de *habeas corpus*.

### 2.7.3. Início do procedimento

A ação de *habeas corpus* tem início com a petição inicial. O *habeas corpus* deve ser rejeitado liminarmente se não contiver os requisitos da petição inicial. O art. 654, § 1º, do Código de Processo Penal elenca como requisitos da petição inicial de *habeas corpus*: 1) o nome da pessoa que sofre ou está ameaçada de sofrer violência ou coação e o de quem exercer a violência, coação ou ameaça; 2) a declaração da espécie de constrangimento ou, em caso de simples ameaça de coação, as razões em que funda o seu temor; 3) a assinatura do impetrante ou de alguém a seu rogo, quando não souber ou não puder escrever, e a designação das respectivas residências.

"Pelo que se vislumbra dos requisitos da petição de *habeas corpus*, deverão ser mencionados os elementos subjetivos e objetivos que individualizam o pedido. Os elementos subjetivos dizem respeito a quem impetra a ordem, nome da pessoa que sofre ou está ameaçada de sofrer violência ou coação e a indicação da autoridade ou pessoa que está exercendo a violência, coação ou ameaça. (...) No campo da *causa petendi*, cumpre ao impetrante demonstrar a espécie do constrangimento que sofre, ou está na iminência de sofrer, argumentando no sentido de convencer da ilegalidade da violência ou coação, para tanto se embasando numa das hipóteses permissivas do *writ* (art. 648, CPP), além de buscar convencer da existência de coação efetivada ou das sérias e fundadas razões do termo da sua efetivação iminente. Isto porque a simples impressão ou suposição com base em meras deduções não autoriza o pedido"[40].

Da leitura do art. 650, § 1º, do Código de Processo Penal, a exordial deve indicar os elementos subjetivos e objetivos, procurando assim determinar a pessoa do paciente, da autoridade coatora ou do particular, a causa de pedir, o pedido e a identificação do impetrante.

### *2.7.4. Indeferimento liminar da petição*

O indeferimento liminar da petição de *habeas corpus* pode ocorrer pela inexistência dos requisitos legais, por falta das condições da ação ou por incompetência do órgão impetrado.

### *2.7.5. Concessão liminar em* habeas corpus

A concessão liminar da ordem de *habeas corpus* pode ocorrer em caso de evidente ilegalidade, nos termos do art. 660, § 2º, do Código de Processo Penal, que dita: "Se os documentos que instruírem a petição evidenciarem a ilegalidade da coação, o juiz ou o tribunal ordenará que cesse imediatamente o constrangimento". Nessa esteira, o art. 649 do mesmo diploma legal: "O juiz ou o tribunal, dentro dos limites da sua jurisdição, fará passar imediatamente a ordem impetrada, nos casos em que tenha cabimento, seja qual for a autoridade coatora".

Parte da doutrina entende não haver previsão legal para a concessão liminar do *writ* na legislação ordinária. Entretanto, entendemos que a não concessão de liminar em casos de expressa ilegalidade não

---

[40] MOSSIN, Heráclito. *Habeas corpus*, cit., p. 167-169.

se coaduna com o instituto do *habeas corpus*. Nesse sentido, José Frederico Marques ensina que "o *habeas corpus* pode ser concedido de plano e liminarmente, sem necessidade de ser apresentado o paciente ou de se requisitarem informações da autoridade coatora"[41].

### 2.7.6. Informações da autoridade coatora

O art. 662 do Código de Processo Penal estabelece que "Se a petição contiver os requisitos do art. 654, § 1º, o presidente, se necessário, requisitará da autoridade indicada como coatora informações por escrito. Faltando, porém, qualquer daqueles requisitos, o presidente mandará preenchê-lo, logo que lhe for apresentada a petição".

O juiz ou o tribunal poderá requisitar informações da autoridade coatora, que explicará os motivos da prisão, ou seja, remete-se uma cópia da petição inicial de *habeas corpus* à autoridade coatora, para que, à vista da petição, preste as informações necessárias no prazo fixado pelo magistrado. Da leitura do texto legal vislumbra-se que as informações podem ser dispensadas quando o magistrado entender que já existem elementos suficientes para apreciação da matéria. Entretanto, como muito bem estabelecem a doutrina e a jurisprudência, só em casos excepcionais o *habeas corpus* pode ser apreciado sem as informações da autoridade coatora. As informações são dispensáveis, mas têm presunção de veracidade (*juris tantum*). Se não forem prestadas, a presunção de veracidade inverte-se em favor do impetrante.

### 2.7.7. Apresentação do paciente

A apresentação do paciente ao magistrado não é obrigatória em todos os processos de *habeas corpus*. Só naqueles casos em que o juiz julgar necessário, nos termos do art. 656 do Código de Processo Penal, que dita: "Recebida a petição de *habeas corpus*, o juiz, se julgar necessário, e estiver preso o paciente, mandará que este lhe

---

41 MARQUES, José Frederico. *Elementos de direito processual penal*, cit., p. 391.

seja imediatamente apresentado em dia e hora que designar". Daí o nome *habeas corpus* (tenhas presente o corpo). Conforme se verifica, nessa fase, se o juiz entender necessário para o seu livre convencimento, poderá interrogar o paciente. Caso a autoridade coatora não cumpra a ordem de apresentação do paciente, será expedido mandado de prisão contra a autoridade, que será processada na forma da lei, e o juiz providenciará para que o paciente seja tirado da prisão e apresentado, nos termos do art. 656, parágrafo único, do Código de Processo Penal.

Ainda, se o paciente não puder ser apresentado, o juiz poderá ir ao local em que o paciente se encontrar (art. 657 e parágrafo único do CPP).

### 2.7.8. Prejudicialidade do pedido

Se o juiz ou tribunal verificar que já cessou a violência ou a coação ilegal, julgará prejudicado o pedido (art. 659 do CPP). Trata-se de decisão terminativa, sem julgamento do mérito. Assim, o magistrado deixará de apreciar o pedido quanto ao seu mérito, simplesmente encerrando a relação processual, na medida em que o pedido (*petitum*) ficará prejudicado por falta de objeto.

### 2.7.9. Julgamento do habeas corpus

O *habeas corpus* é uma ação célere, devendo em primeira instância ser julgado em vinte e quatro horas após finda a instrução e na primeira sessão quando impetrado perante Tribunal, nos termos dos arts. 660 e 664 do Código de Processo Penal. O julgamento de *habeas corpus* independe de pauta e de intimação nos Tribunais (art. 1º, § 1º, do Dec.-Lei n. 552/69 e Súmula 431 do STF).

Poderá haver sustentação oral nos Tribunais, por advogado do impetrante e pelo Ministério Público. O Decreto-Lei n. 552/69 determinou a participação do Ministério Público no processo de *habeas corpus*, mas somente perante o Tribunal (quer em *habeas corpus* originário, quer em recurso de *habeas corpus*). O Ministério Público não participa do processo de *habeas corpus* em primeira instância, salvo se for impetrante (art. 654) ou se for autoridade coatora. Em primeira instância não existe norma que determine vista dos autos ao Ministério Público, embora possa o juiz fazê-lo. Porém, deve o Promotor de Justiça ser intimado quanto à decisão prolatada, já que este tem interesse e legitimidade para recorrer em sentido estrito, nos termos do art. 581, X, do Código de Processo Penal.

No processo de *habeas corpus* não haverá dilação probatória. "O processo de *habeas corpus* devido à sua natureza jurídico-constitucional, aliada que seja ao procedimento sumaríssimo não comporta dilação probatória, não se presta à instrução nos moldes dos processos comuns. (...) Não obstante o procedimento sumaríssimo que informa o *habeas corpus*, à evidência não há incompatibilidade entre ele e o exame de prova que o instrui. O que reclama ele, em princípio, é que as provas venham acompanhadas da inicial. A sua inspeção deve ser perimetrada tendo em linha de consideração a própria finalidade do *writ*: fazer cessar o mais breve possível a situação ensejadora do constrangimento ilegal ou de sua ameaça. Daí porque não deve ser permitido dentro de seu contexto a dilação probatória, bem como um exame aprofundado do conjunto que constitui a *causa petendi* do *writ*, o que também implicaria, em muitos casos, em fazer uma pesquisa que acabaria por se confundir com o próprio *meritum causae* da ação penal de conhecimento de caráter condenatório, cujo exame compete, precipuamente, ao juiz da causa penal e não ao juízo em sede de *habeas corpus*. É o que acontece, *v. g.*, quando se procura através da ação penal de *habeas corpus* trancar aquela de conhecimento condenatória por ausência de elemento subjetivo (dolo ou culpa)"[42].

Segundo entendimento do Supremo Tribunal Federal, apresentando-se incontroversos os fatos, *habeas corpus* é meio idôneo ao trancamento da ação penal. Todavia, se os fatos apresentam qualquer dúvida, impondo para o deslinde da controvérsia exame aprofundado da prova, ou a realização da prova para que se aclamem dúvidas, não serve o *habeas corpus* para o trancamento da ação penal. O Supremo

---

42 MOSSIN, Heráclito Antônio. *Habeas corpus*, cit., p. 184-187.

Tribunal Federal admite a dilação probatória somente em casos excepcionais e dentro dos estritos limites do *writ*, como a perícia para identificação datiloscópica daquele que foi preso por ser confundido com homônimo.

O *habeas corpus* decide-se por sentença (art. 574, I, do CPP). A sentença proferida no *habeas corpus* deve seguir os requisitos do art. 381 do Código de Processo Penal, podendo ser declaratória, constitutiva ou cautelar, conforme a tutela requerida.

No julgamento favorável ao impetrante verifica-se a concessão da ordem. No *habeas corpus* liberatório determina-se a expedição de alvará de soltura, podendo haver ofício à autoridade coatora, que acompanha o alvará (art. 660, §§ 1º, 5º e 6º, do CPP). No caso de *habeas corpus* preventivo, concede-se salvo-conduto (art. 660, § 4º, do CPP). Quando houver trancamento do inquérito policial ou do processo por justa causa, é expedido ofício nesse sentido à autoridade coatora.

No julgamento desfavorável ao impetrante verifica-se a denegação da ordem. Com ela, é mantido o *status quo*. Nesses casos, a decisão é sempre declaratória. Cabe recurso, com fundamento no art. 581, X, do Código de Processo Penal.

### *2.7.10. Extensão do* habeas corpus

Os efeitos da concessão da ordem de *habeas corpus* ocorrem em face do paciente. Não pode haver *habeas corpus* em favor de pessoas ou grupos indeterminados. O paciente deve ser sempre individualizado.

Entretanto, no que diz respeito à extensão do *habeas corpus* é aplicável, por analogia, o art. 580 do Código de Processo Penal, que dita: "No caso de concurso de agentes (CP, art. 25), a decisão do recurso interposto por um dos réus, se fundado em motivos que não sejam de caráter exclusivamente pessoal, aproveitará aos outros".

O efeito extensivo dos recursos está presente no *habeas corpus*, ou seja, aqueles que se encontram na mesma situação da pessoa paciente, em favor de quem foi impetrada a ordem, serão beneficiados.

#### *2.7.11. Recurso de ofício*

Se o *habeas corpus* for concedido pelo juiz monocrático, nos termos do art. 574, I, do Código de Processo Penal, deve ocorrer o recurso de ofício. Agora, se a concessão da ordem for feita por Tribunal, não há exigência de recurso de ofício.

Contra decisão do juiz singular cabe recurso, mas nada impede que se interponha um *habeas corpus* para o Tribunal contra o juiz, que é a autoridade coatora.

Pode-se optar entre o recurso e o *habeas corpus*. Se a prisão é ilegal, se está caracterizado o constrangimento, não há necessidade de aguardar a solução do recurso, que é uma das vias, pois pode ser usado o *habeas corpus*.

#### *2.7.12. Reiteração de* habeas corpus

A reiteração do pedido de *habeas corpus* é possível, desde que o novo *habeas corpus* tenha fundamentos fáticos ou jurídicos diversos do pedido anterior. Alguns entendem que é admissível a reiteração do *habeas corpus*, ainda que com os mesmos fundamentos fáticos e jurídicos, na medida em que o *writ* não faz coisa julgada.

A reiteração do pedido de *habeas corpus* com os mesmos fundamentos deve ser repelida liminarmente, na medida em que já houve julgamento anterior sobre o mesmo fato, não se concebendo que o tribunal volte a examiná-lo por inúmeras vezes. O pressuposto da reiteração é a *causa petendi* diversa.

### 2.8. Legitimidade

#### *2.8.1. Legitimidade ativa*

Nos termos do art. 654 do Código de Processo Penal, a legitimidade ativa cabe a qualquer pessoa do povo que poderá impetrar ordem de *habeas corpus*, em nome próprio ou de terceiro. O *habeas corpus* é ação popular (pode ser movida por qualquer pessoa, inclusive por menores ou alienados mentais).

O bem jurídico tutelado é tão importante, tão relevante, que a lei dispensa o formalismo da exigência da capacidade postulatória. Não há necessidade de se constituir advogado para impetração de *habeas corpus*. O paciente pode impetrar o remédio heroico em seu favor, sem a necessidade de advogado, nos termos do art. 1º, § 1º, da Lei n. 8.906/94, que estabelece que "não se inclui na atividade privativa de advocacia a impetração de *habeas corpus* em qualquer instância ou tribunal". "O parágrafo único exclui de forma expressa a impetração de *habeas corpus* dos atos privativos de advogado. E o faz por se tratar, neste caso, de uma situação extraordinária, diretamente vinculada à necessidade de liberdade do indivíduo, que não comporta qualquer restrição, nem mesmo a relativa à necessidade de patrocínio da causa por profissional habilitado. É, no entanto, exceção. A única que contém o nosso Estatuto, em termos de capacidade postulatória"[43]. A presença e a representação do advogado só é exigida em recursos de *habeas corpus* e sustentação oral perante os Tribunais. Entretanto, já decidiu o Supremo Tribunal Federal a desnecessidade de capacidade postulatória inclusive para interposição de recurso: "Em boa verdade, o texto legal (art. 654 do Código de Processo Penal), apesar de anterior à Constituição de 1988, prestigia o caráter popular do *writ*, dado que admite a impetração por qualquer pessoa, em seu favor ou de outrem. Pelo que o reconhecimento da desnecessidade de patrocínio por profissional da advocacia – seja para a impetração originária do *habeas corpus*, seja para a interposição do respectivo recurso – está em perfeita consonância com o atual texto constitucional. Reconhecimento que tem o mérito de conferir ao *habeas corpus* a função que lhe é própria. Vale dizer, a função de imprimir à liberdade de locomoção o máximo de efetividade"[44]. Em outra oportunidade decidiu o Supremo Tribunal Federal:

"EMENTA: *HABEAS CORPUS*. INÉPCIA DA DENÚNCIA. PRECLUSÃO. RECURSO ORDINÁRIO. SEGUIMENTO NEGADO. PROCURAÇÃO PARA O ADVOGADO: FALTA. ORDEM CONCEDIDA.

I – Alegação de inépcia da denúncia. Questão preclusa ante a existência de sentença condenatória. Precedentes do STF.

---

[43] RAMOS, Gisela Gondin. *Estatuto da advocacia*: comentários e jurisprudência selecionada, 2. ed., Florianópolis: OAB/SC Ed., 1999, p. 35.

[44] STF, HC 86.307-8-SP, Rel. Min. Carlos Britto, j. 17-11-05, *DJ*, 26-05-06, fls. 203.

II – Quem tem legitimação para propor *habeas corpus* tem também legitimação para dele recorrer. Nas hipóteses de denegação do *writ* no tribunal de origem, aceita-se a interposição, pelo impetrante – independentemente de habilitação legal ou de representação – de recurso ordinário constitucional. Tal entendimento se aplica ao impetrante que é bacharel em Direito, sob pena do fracionamento da isonomia em detrimento de quem optou pelos serviços de um advogado.

Ordem parcialmente concedida para determinar o processamento e a subida do recurso ordinário interposto"[45].

Cabe lembrar que, o art. 191, I, do Regimento Interno do Supremo Tribunal Federal prevê que o relator poderá, sendo relevante a matéria, nomear advogado para acompanhar e defender oralmente o pedido, se o impetrante não for diplomado em direito.

A pessoa jurídica pode impetrar *habeas corpus* em favor de pessoa física. "O indefinido alguém refere-se, tão só, à pessoa física, ao *corpus*, ao homem, constrangido em sua liberdade de locomoção, ao contrário do alguém, a que alude a lei do mandado de segurança, que se refere não somente a pessoa física, como também a pessoa jurídica, de direito privado ou de direito público, nacional ou estrangeira; mais ainda, o alguém do mandado de segurança pode ser toda e qualquer entidade que, embora não tenha personalidade jurídica, tenha personalidade judiciária — ou capacidade postulacional —, bastando que esteja em jogo lesão, a direito líquido e certo, posto em choque por ilegalidade ou abuso de poder"[46]. Entretanto, o Supremo Tribunal Federal admitiu o *habeas corpus* como meio idôneo à proteção da pessoa jurídica em caso de crime ambiental:

EMENTA: PENAL. PROCESSUAL PENAL. CRIME AMBIENTAL. *HABEAS CORPUS* PARA TUTELAR PESSOA JURÍDICA ACUSADA EM AÇÃO PENAL. ADMISSIBILIDADE. INÉPCIA DA DENÚNCIA: INOCORRÊNCIA. DENÚNCIA QUE RELATOU A SUPOSTA AÇÃO CRIMINOSA DOS AGENTES, EM

---

[45] STF, HC 73.455-3-DF, Rel. Min. Francisco Rezek, j. 25-06-96, *DJ*, 07-03-97.

[46] CRETELLA JR., José. *Os* writs *na Constituição de 1988*, cit., p. 145.

VÍNCULO DIRETO COM A PESSOA JURÍDICA COACUSADA. CARACTERÍSTICA INTERESTADUAL DO RIO POLUÍDO QUE NÃO AFASTA DE TODO A COMPETÊNCIA DO MINISTÉRIO PÚBLICO ESTADUAL. AUSÊNCIA DE JUSTA CAUSA E *BIS IN IDEM*. INOCORRÊNCIA. EXCEPCIONALIDADE DA ORDEM DE TRANCAMENTO DA AÇÃO PENAL. ORDEM DENEGADA.

I – Responsabilidade penal da pessoa jurídica, para ser aplicada, exige alargamento de alguns conceitos tradicionalmente empregados na seara criminal, a exemplo da culpabilidadade, estendendo-se a elas também as medidas assecuratórias, como o *habeas corpus*.

II – *Writ* que deve ser havido como instrumento hábil para proteger pessoa jurídica contra ilegalidades ou abuso de poder quando figurar como corré em ação penal que apura a prática de delitos ambientais, para os quais é cominada pena privativa de liberdade.

III – Em crimes societários, a denúncia deve pormenorizar a ação dos denunciados no quanto possível. Não impede a ampla defesa, entretanto, quando se evidencia o vínculo dos denunciados com a ação da empresa denunciada.

IV – Ministério Público Estadual que também é competente para desencadear ação penal por crime ambiental, mesmo no caso de curso d'água transfronteiriços.

V – Em crimes ambientais, o cumprimento do Termo de Ajustamento de Conduta, com consequente extinção de punibilidade, não pode servir de salvo-conduto para que o agente volte a poluir.

VI – O trancamento da ação penal, por via de *habeas corpus*, é medida excepcional, que somente pode ser concretizada quando o fato narrado evidentemente não constituir crime, estiver extinta a punibilidade, for manifesta a ilegitimidade de parte ou faltar condição exigida pela lei para o exercício da ação penal.

VII – Ordem denegada"[47].

O Promotor de Justiça pode impetrar *habeas corpus* em sua comarca e diretamente perante Tribunal; a jurisprudência não admi-

---

[47] STF, HC 92.921-4-BA, Rel. Min. Ricardo Lewandowski, j. 19-08-08, *DJ*, 26-09-08

tia, mas, com o advento da Lei Orgânica Nacional do Ministério Público (art. 32, I, da Lei n. 8.625/93), se verifica expressamente a possibilidade. Assim, o órgão do Ministério Público também está legitimado a impetrar ordem de *habeas corpus*, não só em nome próprio como de terceiro.

O juiz, se estiver na sua função judicante, só pode impetrar a ordem em nome próprio, nunca em favor de terceiro (só em causa própria). Entretanto, o juiz pode conceder de ofício a ordem de *habeas corpus*, toda vez que no processo alguém sofre ou está na iminência de sofrer violência ou constrangimento ilegal ao direito de ir e vir.

Todavia, não confundir o *habeas corpus* de ofício com o relaxamento da prisão em flagrante. São coisas distintas, e é perfeitamente compreensível essa distinção.

O auto de prisão em flagrante delito será lavrado imediatamente após a apresentação do preso à autoridade policial (Delegado de Polícia)[48]. A cópia é utilizada pelo Delegado de Polícia para o cumprimento do mandamento constitucional de comunicar imediatamente ao juiz competente a lavratura do auto de prisão em flagrante[49]. O Delegado remete a cópia do flagrante lavrado, com ofício, ao juiz[50].

---

[48] GRECO FILHO, Vicente. *Manual de processo penal*, cit., p. 238: "Apresentado o preso à autoridade competente, que é a autoridade policial do local da prisão, lavrar-se-á o auto de prisão em flagrante. O auto, a rigor, deveria ser lavrado imediatamente, mas a jurisprudência tem admitido que seja lavrado até, no máximo, 24 horas da prisão, que é o prazo de entrega da nota de culpa. A elasticidade é compreensível, inclusive porque, em cidades de grande porte, pode haver mais de uma prisão concomitantemente, devendo os autos ser lavrados um a um, podendo, ainda, a autoridade estar ocupada com outras diligências. Não há nulidade do flagrante, pois, se a prisão foi efetivada à noite e o auto é lavrado pela manhã".

[49] Art. 5º, LXII: "A prisão de qualquer pessoa e o local onde se encontre serão comunicados imediatamente ao juiz competente e à família do preso ou à pessoa por ele indicada".

[50] TOURINHO FILHO, Fernando da Costa. *Processo penal*, 19. ed., São Paulo: Saraiva, 1997, v. 3, p. 448: "Assim, cumpre à autoridade que lavrar o auto de prisão em flagrante comunicá-la ao Juiz, e esta comunicação é feita enviando-se ao magistrado cópia do auto respectivo. Se, porventura, o Juiz entender não ser o caso de flagrante ou se achar terem sido inobservadas as formalidades legais, poderá relaxá-la e, conforme o caso, providenciar, junto ao órgão da acusação, apuração da responsabilidade da Autoridade coatora".

A partir desse momento em que o juiz recebe a comunicação do auto de prisão em flagrante lavrado, o preso passou a ficar à sua disposição. A natureza e a razão de ser da aludida medida é que o flagrante deve obedecer às formalidades legais. Se não observada uma das formalidades que seja, a prisão será ilegal. Então o juiz, ao examinar o auto, se deparar com a ausência de alguma formalidade, deve relaxar a prisão[51] em flagrante sem prejuízo da ação penal[52].

Ora, se entendermos o relaxamento do flagrante como *habeas corpus* de ofício, estaremos diante de um absurdo jurídico, porque a autoridade coatora é o próprio juiz.

### 2.8.2. Legitimidade passiva

A legitimidade passiva da ação de *habeas corpus* ocorre em face da autoridade coatora que representa o Estado. Normalmente, a polícia ou o órgão judiciário é a autoridade coatora, mas pode haver outras. Se o *habeas corpus* é impetrado contra ato de autoridade, o verdadeiro sujeito é o Estado. Ora, a autoridade coatora é representante estatal, consequentemente o sujeito passivo para a causa é o Estado, Estado-Administração.

Bento de Faria, com base no próprio Código de Processo Penal, entendia que o *habeas corpus* só cabe contra ato de autoridade, pois o Código, nos vários artigos, alude acerca de autoridade coatora. "A violência ou ameaça, quando realizada por particular contra outrem, constitui crime, sujeitando o agente à ação criminal. Assim, incumbe à polícia o respectivo inquérito contra o infrator, ou mesmo a prisão, fazendo cessar imediatamente a coação por ele praticada"[53]. Não é outro o entendimento de Hélio Tornaghi, ao afirmar que "o *habeas corpus* só é cabível quando o coator exerce função pública. A coação

[51] Art. 5º, LXV: "a prisão ilegal será imediatamente relaxada pela autoridade judiciária".

[52] QUEIROZ, Carlos Alberto Marchi de. *Manual de polícia judiciária*: doutrina, modelos, legislação, São Paulo: Delegacia Geral de Polícia, 2000, p. 139-147.

[53] FARIA, Bento de. *Código de Processo Penal*, Rio de Janeiro: Record, 1960, p. 376.

exercida por um particular configurará o crime de cárcere privado (CP, art. 148), ou o de constrangimento ilegal (CP, art. 146), ou o de ameaça (CP, art. 147), e as providências contra o coator devem ser pedidas à polícia"[54].

Segundo nosso entendimento, o *habeas corpus* é remédio cabível contra ato de particular. "*Data venia*, entendemos que cabe contra ato de particular, pois não é aconselhável que a polícia interfira em problemas particulares, sob pena de agravar a situação, quando existe remédio legal para resolvê-lo. Como juiz, pudemos conceder *habeas corpus* contra o diretor de um hospital psiquiátrico, onde um indivíduo tinha sido internado indevidamente por seu irmão. O pedido foi impetrado por outro irmão, tendo sido concedido e confirmado. A jurisprudência, por sua vez, tem admitido *habeas corpus* contra particular porque a Constituição não só fala em abuso de poder, mas também em ilegalidade, já que ato ilegal qualquer pessoa pode praticar contra alguém"[55].

Vicente Greco Filho, no mesmo sentido, ensina que "o *writ* nasceu para reparar a violação da liberdade de ir e vir praticada por autoridade, por agente público, e, normalmente, é ela que figura como coatora. Todavia, a jurisprudência e a doutrina têm admitido a impetração contra ato de particular que esteja causando restrição da liberdade de outrem. Ainda que tecnicamente tal solução seja discutível, porque contra ato de particular é admissível a ação policial ou administrativa, na prática convém admitir o *habeas corpus* contra particular, desde que seja esse o meio mais rápido e eficiente para obter a cessação da coação"[56]. Não é outra a interpretação de Magalhães Noronha, que dita: "A nosso ver, condiz mais com a índole e a origem do instituto a opinião que amplia seu âmbito, para admiti-lo também contra o ato do particular. O argumento de que este comete crime não

---

[54] TORNAGHI, Hélio. *Curso de processo penal*, 10. ed., atual. por Adalberto José Q. T. de Camargo Aranha, São Paulo: Saraiva, 1997, v. 2, p. 388.

[55] NOGUEIRA, Paulo Lúcio. *Curso completo de processo penal*, 6. ed., São Paulo: Saraiva, 1991, p. 381.

[56] GRECO FILHO, Vicente. *Manual de processo penal*, cit., p. 392.

é impeditivo da concessão de *habeas corpus*, também o pratica a autoridade, prevaricando e cometendo violência arbitrária (Cód. Penal, arts. 319 e 322) etc., sem que por isso descaiba o remédio judicial"[57].

Muito embora o Código de Processo Penal empregue a expressão "autoridade coatora", a Constituição Federal de 1988 não empregou a expressão restritiva "autoridade coatora". "Se o legislador constituinte tivesse a intenção de restringir o campo de abarcamento do *habeas corpus* para limitá-lo à ilegalidade cometida pela autoridade pública, teria ele usado a mesma técnica jurídica dispensada ao mandado de segurança a ela fazendo alusão expressa"[58]. Agora, como regra, cabe contra ato de autoridade. Entretanto, o *habeas corpus* pode ser impetrado contra ato de particular, pois o art. 5º, LXVIII, da Constituição Federal não prescreve apenas abuso de poder, mas também ilegalidade, que pode ser praticada por qualquer pessoa. O *habeas corpus* contra ato de particular só pode ser impetrado quando for impossível a intervenção da polícia para fazer cessar a coação ilegal, que constitui crime previsto no art. 148 do Código Penal ("privar alguém de sua liberdade, mediante sequestro ou cárcere privado").

## 2.9. Competência

Como regra, será competente para o julgamento do *habeas corpus* autoridade superior àquela de quem parte a coação, que será determinada segundo os requisitos da jurisdição.

Dessa forma, todo órgão judicante tem competência para o julgamento de *habeas corpus*, de acordo com sua competência, que é estabelecida em vários diplomas legais, desde a Constituição Federal e Estadual até regimentos internos dos vários Tribunais.

Assim, para efeitos didáticos, vamos verificar separadamente a competência originária de cada órgão judicante.

---

57 NORONHA, E. Magalhães. *Curso de direito processual penal*, cit., p. 543.

58 MOSSIN, Heráclito Antônio. *Habeas corpus*, cit., p. 66.

### *2.9.1. Supremo Tribunal Federal*

Compete ao Supremo Tribunal Federal processar e julgar originariamente o *habeas corpus*, quando o paciente for: 1) o Presidente da República; 2) o Vice-Presidente da República; 3) os membros do Congresso Nacional; 4) os Ministros do Supremo Tribunal Federal; 5) o Procurador-Geral da República; 6) os Ministros de Estado; 7) os Comandantes da Marinha, do Exército e da Aeronáutica; 7) os membros dos Tribunais Superiores (STJ, TSE, TST, STM); 8) os membros do Tribunal de Contas da União; e 9) os chefes de missão diplomática em caráter permanente (CF, art. 102, I, *d*).

Ainda, compete ao Supremo Tribunal Federal processar e julgar originariamente o *habeas corpus* quando o coator for Tribunal Superior, ou quando o coator ou o paciente for autoridade ou funcionário cujos atos estejam sujeitos diretamente à jurisdição do Supremo Tribunal Federal, ou se trate de crime sujeito à mesma jurisdição em uma única instância (CF, art. 102, I, *i*).

Os funcionários ou autoridades sujeitos à jurisdição do Supremo Tribunal Federal são aqueles mencionados nas alíneas *b* e *c* do inciso I do art. 102 da Constituição Federal, cujo rol já especificamos.

Os crimes sujeitos à jurisdição do Supremo Tribunal Federal em uma única instância são: 1) as infrações penais comuns praticadas pelo Presidente da República, Vice-Presidente da República, membros do Congresso Nacional, Ministros do Supremo Tribunal Federal e Procurador-Geral da República; 2) as infrações penais comuns e crimes de responsabilidade praticados por Ministros de Estado e Comandantes da Marinha, do Exército e da Aeronáutica, ressalvado o disposto no art. 52, I, da Constituição Federal, membros dos Tribunais Superiores, membros do Tribunal de Contas da União e chefes de missão diplomática em caráter permanente (art. 102, I, *b* e *c*, da CF).

### *2.9.2. Senado Federal*

Nos termos do art. 52, I e II, da Constituição Federal, nos casos de crime de responsabilidade, compete ao Senado Federal processar e julgar o *habeas corpus*, pois nesses crimes o Senado exerce função judicante, nos termos da sua competência originária. "Entende-se por competência originária para conhecer o pedido do *mandamus*, quando a autoridade judiciária tiver jurisdição direta para conhecer e julgar a lide que serve de conteúdo ao processo penal pertinente (...) Portanto, todo órgão judicante tem sua competência originária, ou seja, jurisdição direta para conhecer e julgar o pedido de *habeas corpus*"[59].

Assim, na eventualidade de haver coação ilegal ou sua ameaça, no julgamento dos crimes de responsabilidade, o *habeas corpus* deverá ser endereçado ao Senado Federal.

### 2.9.3. Superior Tribunal de Justiça

Compete ao Superior Tribunal de Justiça processar e julgar originariamente o *habeas corpus*, quando o coator ou o paciente for: 1) Governador do Estado ou do Distrito Federal; 2) Desembargador do Tribunal de Justiça dos Estados ou do Distrito Federal; 3) membro dos Tribunais de Contas dos Estados e do Distrito Federal; 4) membro dos Tribunais Regionais Federais; 5) membro dos Tribunais Regionais Eleitorais e do Trabalho; 6) membro dos Conselhos ou Tribunais de Contas do Municípios; 7) membro do Ministério Público da União que oficie perante Tribunais.

Ainda, compete ao Superior Tribunal de Justiça processar e julgar originariamente o *habeas corpus*, quando o coator for tribunal sujeito à sua jurisdição, Ministro de Estado ou Comandante da Marinha, do Exército ou da Aeronáutica, ressalvada a competência da Justiça Eleitoral (CF, art. 105, I, *c*).

### 2.9.4. Tribunais Regionais Federais

Compete aos Tribunais Regionais Federais processar e julgar, originariamente, o *habeas corpus*, quando a autoridade coatora for juiz federal (art. 108, I, *d*, da CF). Assim, compete aos Tribunais Regionais Federais processar e julgar o *habeas corpus* quando se

---

59 MOSSIN, Heráclito Antônio. *Habeas corpus*, cit., p. 200.

trate de crime da competência de juiz federal. Nos termos do art. 109 da Constituição Federal, aos juízes federais compete processar e julgar os crimes políticos e as infrações penais praticadas em detrimento de bens, serviços ou interesse da União ou de suas entidades autárquicas ou empresas públicas, excluídas as contravenções e ressalvada a competência da Justiça Militar e da Justiça Eleitoral; os crimes previstos em tratado ou convenção internacional, quando, iniciada a execução no País, o resultado tenha ou devesse ter ocorrido no estrangeiro, ou reciprocamente; os crimes contra a organização do trabalho e, nos casos determinados por lei, contra o sistema financeiro e a ordem econômico-financeira; os crimes cometidos a bordo de navios ou aeronaves, ressalvada a competência da Justiça Militar; os crimes de ingresso ou permanência irregular de estrangeiro, a execução de carta rogatória, após o *exequatur*, e de sentença estrangeira, após a homologação, as causas referentes à nacionalidade, inclusive a respectiva opção, e à naturalização.

### 2.9.5. Tribunais de Justiça

Compete aos Tribunais de Justiça dos Estados, conforme a Constituição do Estado e normas de organização judiciária, processar e julgar, originariamente, o *habeas corpus* quando o coator ou o paciente for autoridade sujeita à sua jurisdição e, nos processos, quando o recurso for de sua competência.

A competência dos Tribunais será definida na Constituição do Estado, sendo a lei de organização judiciária de iniciativa do Tribunal de Justiça (art. 125, § 1º, da CF).

### 2.9.6. Juiz de direito de primeira instância

Nos termos do art. 649 do Código de Processo Penal, o juiz de primeira instância é competente para processar e julgar os pedidos de *habeas corpus* nos limites de sua jurisdição. A regra vale para os juízes estaduais e federais, incluindo a magistratura do trabalho e eleitoral.

"A competência para decidir sobre o *habeas corpus* é, no plano da competência material, do foro onde realizar a coação, violência ou ameaça. E, dentro do foro, se houver mais de um juízo criminal, aquele que devesse conhecer da infração atribuída ao paciente ou, então, na hipótese de se desconhecer a imputação, o juízo para onde se distribuir o pedido. As leis de organização judiciária podem, por outro lado, determinar, de modo específico, qual o juízo competente em casos dessa natureza"[60].

O art. 650, § 1º, do Código de Processo Penal prescreve que "a competência do juiz cessará sempre que a violência ou coação provier de autoridade judiciária de igual ou superior jurisdição". Assim, compete ao juiz de direito de primeira instância o julgamento do *habeas corpus* que tenha por objeto o trancamento do inquérito policial, ou qualquer outro constrangimento ilegal praticado por autoridade policial.

Nessa esteira, a Constituição Federal, ao regular a competência dos juízes federais, dita que a estes "compete processar e julgar: os *habeas corpus*, em matéria criminal de sua competência ou quando o constrangimento provier de autoridade cujos atos não estejam diretamente sujeitos a outra jurisdição" (art. 109, VII, da CF).

"Em princípio, a impetração do pedido de *habeas corpus* deve ser formulada perante a autoridade judiciária de primeiro grau. Entretanto, dispõe a lei que a competência do juiz cessará sempre que a violência ou coação provier de autoridade judiciária de igual ou superior jurisdição. Assim, se a coação parte do Delegado de Polícia (prisão em flagrante, instauração de inquérito policial etc.), a competência para apreciar o pedido é do juiz criminal, mas, findo o inquérito e remetidos os autos a Juízo, passa o juiz a ser a autoridade coatora, sendo competente para apreciar sua ilegalidade o órgão de segundo grau"[61].

### 2.9.7. Juizado Especial

O processo e julgamento do *habeas corpus* impetrado contra ato ilegal da Turma Recursal dos Juizados Especiais Criminais competem

---

[60] MARQUES, José Frederico. *Elementos de direito processual penal*, cit., p. 377.

[61] MIRABETE, Julio Fabbrini. *Código de Processo Penal interpretado*: referências doutrinárias, indicações legais, resenha jurisprudencial, 5. ed., São Paulo: Atlas, 1997, p. 848.

ao Supremo Tribunal Federal. A Súmula 690 do Supremo Tribunal Federal dita que compete originariamente a este "o julgamento de *habeas corpus* contra decisão de Turma recursal de juizados especiais criminais". "Subsiste ao advento da Emenda n. 22-99, que deu nova redação ao art. 102, I, *i*, da Constituição, a competência do Supremo Tribunal para julgar e processar, originariamente, o *habeas corpus* impetrado contra ato de Turma Recursal de Juizados Especiais estaduais"[62].

Entretanto, houve mudança de posicionamento do Supremo Tribunal Federal, que declinou da sua competência para os Tribunais, a fim de que julguem *habeas corpus* impetrado contra ato da Turma Recursal do Juizado Criminal. Entendeu-se que, em razão de competir aos tribunais de justiça o processo e julgamento dos juízes estaduais nos crimes comuns e de responsabilidade, ressalvada a competência da Justiça Eleitoral (CF, art. 96, III), a eles deve caber o julgamento de *habeas corpus* impetrado contra ato de Turma Recursal de Juizado Especial Criminal. Asseverou-se que, em reforço a esse entendimento, tem-se que a competência originária e recursal do STF está prevista na própria Constituição, inexistindo preceito que delas trate que leve à conclusão de competir ao Supremo a apreciação de *habeas corpus* ajuizados contra atos de Turmas Recursais Criminais. Considerou-se que a EC n. 22/99 explicitou, relativamente à alínea *i* do inciso I do art. 102 da CF, que cumpre ao Supremo julgar os *habeas corpus* quando o coator for tribunal superior, constituindo paradoxo admitir também sua competência quando se tratar de ato de Turma Recursal Criminal, cujos integrantes nem sequer compõem o tribunal.

Desta feita, a recente orientação do Supremo Tribunal Federal é no sentido de que compete aos tribunais de justiça processar e julgar *habeas corpus* impetrado contra ato de Turma Recursal de Juizado Especial Criminal:

> COMPETÊNCIA — *HABEAS CORPUS* — DEFINIÇÃO. A competência para o julgamento do *habeas corpus* é definida pelos envolvidos — paciente e impetrante.

---

62 STF, HC 78.317-2-RJ, Rel. Min. Octavio Gallotti, j. 11-05-99, *DJ*, 22-10-99.

COMPETÊNCIA — *HABEAS CORPUS* — ATO DE TURMA RECURSAL. Estando os integrantes das turmas recursais dos juizados especiais submetidos, nos crimes comuns e nos de responsabilidade, à jurisdição do tribunal de justiça ou do tribunal regional federal, incumbe a cada qual, conforme o caso, julgar os *habeas* impetrados contra ato que tenham praticado.

COMPETÊNCIA — *HABEAS CORPUS* — LIMINAR. Uma vez ocorrida a declinação da competência, cumpre preservar o quadro decisório decorrente do deferimento de medida acauteladora, ficando a manutenção, ou não, a critério do órgão competente[63].

EMENTA: QUESTÃO DE ORDEM. *HABEAS CORPUS* CONTRA ATO DE TURMA RECURSAL DE JUIZADO ESPECIAL. INCOMPETÊNCIA DO SUPREMO TRIBUNAL FEDERAL. ALTERAÇÃO DE JURISPRUDÊNCIA. REMESSA DOS AUTOS. JULGAMENTO JÁ INICIADO. INSUBSISTÊNCIA DOS VOTOS PROFERIDOS.

Tendo em vista que o Supremo Tribunal Federal, modificando sua jurisprudência, assentou a competência dos Tribunais de Justiça estaduais para julgar *habeas corpus* contra ato de Turmas Recursais dos Juizados Especiais, impõe-se a imediata remessa dos autos à respectiva Corte local para reinício do julgamento da causa, ficando sem efeito os votos já proferidos.

Mesmo tratando-se de alteração de competência por efeito de mutação constitucional (nova interpretação à Constituição Federal), e não propriamente de alteração no texto da Lei Fundamental, o fato é que se tem, na espécie, hipótese de competência absoluta (em razão do grau de jurisdição), que não se prorroga.

Questão de ordem que se resolve pela remessa dos autos ao Tribunal de Justiça do Distrito Federal e dos Territórios, para reinício do julgamento do feito[64].

---

[63] STF, HC 86.834-7-SP, Rel. Min. Marco Aurélio, j. 23-08-06, *DJ*, 09-03-07.

[64] STF, HC 86.009-5-DF, Rel. Min. Carlos Britto, j. 29-08-06, *DJ*, 27-04-07.

O Tribunal de Justiça do Estado será competente para julgar *habeas corpus* contra ato de juiz de Juizado Especial Criminal, uma vez que o art. 98, I, do texto constitucional determina a competência das turmas de juízes de primeiro grau para o julgamento dos recursos.

## 3. *HABEAS DATA*

### 3.1. Conceito

O *habeas data*, semelhantemente ao *habeas corpus*, quer dizer: tome os dados ou tenha os dados, designando a própria liberdade dos dados. José Cretella Jr. conceitua o *habeas data* como o "instrumento constitucional, mediante o qual o interessado pode exigir o conhecimento de registros e dados relativos à sua pessoa e que se encontrem em repartições públicas ou particulares acessíveis ao público, solicitando o impetrante sua retificação"[65].

O *habeas data* surgiu no sistema jurídico pátrio com o advento da Constituição Federal de 1988, disciplinado no art. 5º, LXXII, que dita: "conceder-se-á *habeas data*: a) para assegurar o conhecimento de informações relativas à pessoa do impetrante, constantes de registros ou bancos de dados de entidades governamentais ou de caráter público; b) para retificação de dados, quando se prefira fazê-lo por processo sigiloso, judicial ou administrativo".

O surgimento do *habeas data* no sistema constitucional pátrio tem como inspiração um aspecto político, na medida em que a Assembleia Nacional Constituinte concebeu o instituto vislumbrando os registros do Serviço Nacional de Informações — SNI, órgão utilizado pela repressão no regime militar pós-64. Michel Temer afirma que "é fruto, nesta Constituição, de uma experiência constitucional anterior em que o governo arquivava, a seu critério e sigilosamente, dados referentes a convicção filosófica, política, religiosa e de conduta pessoal dos indivíduos. A insurgência contra os órgãos de informação gerou o *habeas data*"[66].

---

[65] CRETELLA JR., José. *Os* writs *na Constituição de 1988*, cit., p. 122.

[66] TEMER, Michel. *Elementos de direito constitucional*, 14. ed. rev. e ampl., São Paulo: Malheiros, 1998, p. 211.

"No Brasil, durante os governos discricionários que se sucederam ao longo de duas décadas, razões bem fundadas fizeram surgir, ou aumentar, uma inquietação relativamente nova, ou quando menos revestida de nova forma. Informações aleatoriamente colhidas, em fontes de discutível idoneidade e por meios escusos, não raro manipuladas sem escrúpulos, ou mesmo fabricadas pela paranOia de órgãos repressivos, viram-se incorporadas a registros oficiais ou paraoficiais e passaram a fornecer critérios de avaliação para a imposição de medidas punitivas ou discriminatórias. Tais critérios eram insuscetíveis de objeção e discussão, até pelo simples e óbvio motivo de que os interessados não tinham acesso aos dados constantes dos registros"[67].

O *habeas data* configura-se atualmente como um importante instrumento de garantia da intimidade do indivíduo, em especial com o advento da sociedade da informação. A coleta e o armazenamento indiscriminado de dados acerca da vida da pessoa, com a velocidade da era tecnológica, configura-se uma invasão da privacidade. "Esse amplo domínio dos sistemas de informação gera um processo de esquadrinhamento das pessoas, que ficam com sua individualidade inteiramente devassada. O perigo para a privacidade pessoal é tanto mais grave quanto mais a utilização da informática facilita a interconexão de fichários com a possibilidade de formar grandes bancos de dados que desvendem a vida dos indivíduos, sem sua autorização e mesmo sem seu conhecimento. É fácil perceber que daí decorrem atentados à intimidade das pessoas pelo uso abusivo e ilícito desses registros com o recolhimento de dados pessoais por meio fraudulento, desleal ou ilegal, pela introdução de dados sensíveis (assim chamados os de ordem racial, opinião política, filosófica, religiosa, filiação partidária e sindical, orientação sexual etc.), pela conservação de dados falsos ou com fins diversos dos autorizados em lei. Temos tido exemplos expressivos disso nos registros da polícia política, dos serviços de inteligência (tipo SNI), de serviços de proteção ao crédito (tipo *Credit Report* e SPC), de

[67] MOREIRA, José Carlos Barbosa. O *habeas data* brasileiro e sua lei regulamentadora, in Teresa Arruda Alvim Wambier (org.), *Habeas data*, São Paulo: Revista dos Tribunais, 1998, p. 124.

malas diretas etc."[68]. "Além do direito à informação, o *habeas data* traduz uma proteção contra a informação; este é um de seus aspectos mais importantes. A sociedade moderna baseia-se, cada vez mais, em serviços e informações. A detença, a manipulação e o processamento de informação tornam-se, a cada dia, mais importantes, mais decisivos. Daí o imenso potencial de poder daquele que dispõe de informações sobre as pessoas e os fatos. Atualmente, já existem no Brasil imensos bancos de dados, embora estejamos ainda em um estágio embrionário da exploração da informática. Citem-se os bancos de dados criados pelas Instituições Financeiras ou o Serviço de Proteção ao Crédito, que detêm informações pessoais a respeito dos indivíduos, usadas para que os comerciantes e as instituições decidam sobre contratar ou não com as pessoas. A manipulação e o uso dessas informações têm o potencial danoso muito grande. A Secretaria da Receita Federal dispõe, talvez, do mais gigantesco banco de dados do Brasil, pois todos nós fornecemos anualmente a ela, através de Declarações de Renda, dados sobre os médicos que consultamos, os psicólogos que frequentamos, a escola em que estudamos, sobre os locais onde fazemos nossas despesas, sobre os bens que possuímos, sobre as pessoas com quem nos relacionamos, sobre nossas fontes de rendimento, e assim por diante. Essas informações todas, se manipuladas, têm um imenso potencial danoso em relação aos indivíduos"[69].

Celso Ribeiro Bastos anota que, "de fato, a obtenção, o armazenamento e a manipulação de dados sobre o indivíduo constituem a mais moderna ameaça à liberdade individual. Este perigo só assumiu as proporções que hoje efetivamente possui devido à profunda evolução tecnológica, tanto no setor de coleta das informações (meios de ausculta, teleobjetivas, etc.), como também no setor do processamento destas informações (Informática)". O mesmo autor complementa que "não há que duvidar-se que, nos dias atuais, a informáti-

---

[68] CLÈVE, Clèmerson Merlin. *Habeas data*: algumas notas de leitura, in Teresa Arruda Alvim Wambier (org.), *Habeas data*, São Paulo: Revista dos Tribunais, 1998, p. 76.

[69] SUNDFELD, Carlos Ari. *Habeas data* e mandado de segurança coletivo, *RDP*, São Paulo: Revista dos Tribunais, 95/190-199, jul./set. 1990, esp. p. 191-192.

ca é a maior ameaça à intimidade pessoal pelo modo com que facilmente se obtém, armazena e manipula os dados pessoais"[70]. "A informática acrescenta à coleta, ao tratamento e ao emprego dos dados alterações quantitativas tão importantes que provocam mudança qualitativa"[71].

O *habeas data* é o remédio adequado para frear o poder da sociedade da informação que atua contra a intimidade e privacidade das pessoas, ao dispor de banco de dados que armazenam informações cada vez mais sofisticadas dos indivíduos. Nesse sentido, Flávia Piovesan ressalta que "em uma era marcada pelo processo de globalização e pelos avanços tecnológicos, ampliam-se e sofisticam-se enormemente as redes de informações, os bancos de dados e os registros. À luz destas transformações, cresce a importância do *habeas data*, como garantia que permite ao indivíduo o acesso às informações pertinentes à sua pessoa, bem como a correção e a atualização dos dados"[72].

A manipulação e registro desses dados relativos à intimidade, denominados dados sensíveis, como, por exemplo, orientação sexual, convicção política ou religiosa, não são proibidos pelo sistema jurídico. O problema não são os dados, mas seu uso. Carlos Ari Sundfeld afirma que "o perigo é o mau uso desse tipo de informação, mas nem sempre ela é registrada para uma finalidade danosa. No caso de orientação sexual, o poder público pode ter o legítimo interesse em possuir um catálogo de pessoas com uma determinada orientação para controlar, p. ex., uma moléstia que incida preferencialmente sobre os adeptos dela. Essa hipótese demonstra que o uso ou o processamento desse tipo de informação não é, em si, algo danoso.

---

70 BASTOS, Celso Ribeiro. *Habeas data*, in Teresa Arruda Alvim Wambier (org.), *Habeas data*, São Paulo: Revista dos Tribunais, set. 1988, p. 84-85.

71 FERNANDES, Milton. O *habeas data* como defesa à ameaça tecnológica, *RT*, São Paulo: Revista dos Tribunais, 704/63-70, jun. 1994, esp. p. 67.

72 PIOVESAN, Flávia. O *habeas data* e seus pressupostos à luz da Constituição Federal de 1988 e da Lei 9.507/97, in Teresa Arruda Alvim Wambier (org.), *Habeas data*, São Paulo: Revista dos Tribunais, 1998, p. 105.

Danoso é, sim, a Polícia possuir informações sobre a convicção política das pessoas para reprimir suas manifestações, ou uma entidade pública ter um cadastro de orientação sexual das pessoas para impedir que ingressem em determinada carreira através de concurso público. Esse é o tipo de manipulação da informação que a Constituição veda; assim, se registrada em mãos de quem dela não precisa, pode ser excluída através de *habeas data*"[73].

Com o intuito de disciplinar o uso da informação, "o Conselho da Europa, em resolução que tomou o número (74) 29, recomendou aos países-membros que, de maneira geral, o público deve ser informado, por declaração oficial das autoridades, da criação e funcionamento dos bancos de dados. As informações registradas devem ser exatas e atualizadas. Cada pessoa tem o direito de conhecer os informes a seu respeito. Precauções devem ser tomadas contra o mau uso dos dados. O acesso a estes deve ser restrito a pessoas habilitadas, pelo exercício de suas funções, a deles tomar conhecimento"[74].

O *habeas data* é a ação constitucional que tem por finalidade assegurar o direito subjetivo público do conhecimento das informações do indivíduo, constantes de registros ou bancos de dados de entidades de caráter público, com a possibilidade de retificação de dados errôneos ou a complementação das informações. É o meio adequado para a proteção dos direitos da personalidade, em especial, a intimidade e a imagem das pessoas. Carlos Ari Sundfeld ressalta que "o *habeas data* tem uma dupla finalidade: em primeiro lugar, assegurar o direito à obtenção da informação e, em segundo, garantir o direito contra a informação ou contra seu uso inadequado"[75].

O instituto provém do sistema americano, o *freedom of information act* de 1974, alterado pelo *freedom of information act* de 1978,

[73] SUNDFELD, Carlos Ari. *Habeas data* e mandado de segurança coletivo, *RDP*, São Paulo: Revista dos Tribunais, 95/190-199, jul./set. 1990, esp. p. 192-193.

[74] FERNANDES, Milton. O *habeas data* como defesa à ameaça tecnológica, *RT*, São Paulo: Revista dos Tribunais, 704/63-70, jun. 1994, esp. p. 67.

[75] SUNDFELD, Carlos Ari. *Habeas data* e mandado de segurança coletivo, *RDP*, São Paulo: Revista dos Tribunais, 95/190-199, jul./set. 1990, esp. p. 190.

que garante o acesso dos particulares às informações de registro ou banco de dados públicos. O art. 35 da Constituição de Portugal disciplina a utilização da informática, estabelecendo que: "1. Todos os cidadãos têm o direito de acesso aos dados informatizados que lhes digam respeito, podendo exigir a sua rectificação e actualização, e o direito de conhecer a finalidade a que se destinam, nos termos da lei. 2. A lei define o conceito de dados pessoais, bem como as condições aplicáveis ao seu tratamento automatizado, conexão, transmissão e utilização, e garante a sua protecção, designadamente através de entidade administrativa independente. 3. A informática não pode ser utilizada para tratamento de dados referentes a convicções filosóficas ou políticas, filiação partidária ou sindical, fé religiosa, vida privada e origem étnica, salvo mediante consentimento expresso do titular, autorização prevista por lei com garantias de não discriminação ou para processamento de dados estatísticos não individualmente identificáveis. 4. É proibido o acesso a dados pessoais de terceiros, salvo em casos excepcionais previstos na lei. 5. É proibida a atribuição de um número nacional único aos cidadãos. 6. A todos é garantido livre acesso às redes informáticas de uso público, definindo a lei o regime aplicável aos fluxos de dados transfronteiras e as formas adequadas de protecção de dados pessoais e de outros cuja salvaguarda se justifique por razões de interesse nacional. 7. Os dados pessoais constantes de ficheiros manuais gozam de protecção idêntica à prevista nos números anteriores, nos termos da lei". O art. 105, *b*, da Constituição espanhola estabelece que: "La ley regulará: (...) b) El acceso de los ciudadanos a los archivos y registros administrativos, salvo en lo que afecte a la seguridad y defensa del Estado, la averiguación de los delitos y la intimidad de las personas". O art. 43 da Constituição da Argentina dita que: "Toda persona puede interponer acción expedita y rápida de amparo, siempre que no exista otro medio judicial más idóneo, contra todo acto u omisión de autoridades públicas o de particulares, que en forma actual o inminente lesione, restrinja, altere o amenace, con arbitrariedad o ilegalidad manifiesta, derechos y garantías reconocidos por esta Constitución, un tratado o una ley. En el caso, el juez podrá declarar la inconstitucionalidad de la norma en que se funde el acto u omisión lesiva. Podrán interponer esta acción contra cualquier forma de discriminación y en lo relativo a los derechos que protegen al ambiente, a la competencia, al usuario y al consumidor, así como a los derechos de incidencia colectiva en general, el afectado, el defensor del pueblo y las asociaciones que propendan a esos fines, registradas conforme a la ley, la que determinará los requisitos y formas de su organización. Toda persona podrá interponer esta acción para tomar conocimiento de los datos a ella referidos y de su finalidad, que consten en registros o bancos de datos públicos, o los privados destinados a proveer informes, y en caso de falsedad o discriminación, para exigir la supresión, rectificación, confidencialidad o actualización de aquéllos. No podrá afectarse el secreto de las fuentes de información periodística. Cuando el derecho lesionado, restringido, alterado o amenazado fuera la libertad física, o en caso de agravamiento ilegítimo en la forma o condiciones de detención, o en el de desaparición forzada de personas, la acción de hábeas corpus podrá ser interpuesta por el afectado o por cualquiera en su favor y el juez resolverá de inmediato, aun durante la vigencia del estado de sitio".

### 3.2. Legitimidade

O sujeito ativo do *habeas data* é qualquer pessoa física ou jurídica. Para Celso Ribeiro Bastos, somente a pessoa física possui legitimidade para ingressar com o *habeas data*, afirmando que "o sujeito ativo há de ser a pessoa física. Não nos parece correta, com a devida vênia, a tese dos que sustentam no nosso direito a possibilidade da utilização do instituto pelas pessoas jurídicas. Embora o Texto Constitucional fale simplesmente em 'pessoa', não nos parece que possa colher também a jurídica"[76].

A legitimidade é adstrita à pessoa do impetrante. A doutrina tem indicado que a ação é personalíssima ao titular dos dados, não se estendendo nem aos herdeiros nem aos sucessores. A lei omitiu a legitimidade do cônjuge supérstite e dos sucessores para impetrar *habeas data* com o intuito de obter ou retificar as informações do falecido. Cremos que essa legitimidade é possível, tendo em vista o

[76] BASTOS, Celso Ribeiro. *Habeas data*, cit., p. 85-86.

interesse da família em retificar dados que possam ofender inclusive a honra do falecido[77].

O sujeito passivo é qualquer órgão de caráter público. A definição de entidades de caráter público é estabelecida no parágrafo único do art. 1º da Lei n. 9.507/99, que dita: "Considera-se de caráter público todo registro ou banco de dados contendo informações que sejam ou que possam ser transmitidas a terceiros ou que não sejam de uso privativo do órgão ou entidade produtora ou depositária das informações".

O ponto fulcral do caráter público é a comunicabilidade dos dados a terceiro. "Assim, se os registros forem de uso privativo da própria entidade coletora dos dados, não estará configurado o caráter público, e não será cabível o ajuizamento do *habeas data*. Não obstante, inúmeros registros tipicamente comerciais, como serviços de proteção de crédito, listagens de mala direta, ou até mesmo agências de notícias, estarão englobados na definição legal, na medida em que normalmente são idealizados justamente para transmissão de informações a terceiros. Sendo a definição legal bastante ampla, entendemos que deve ser interpretada com temperamentos, verificando-se, caso a caso, a natureza das informações registradas e o seu potencial eventualmente lesivo aos particulares"[78]. Carlos Ari Sundfeld afirma que "o conceito de entidade governamental é suficientemente amplo para abrigar toda a Administração Pública direta ou indireta (...) A ideia de

---

[77] PIOVESAN, Flávia. *Habeas data*, cit., p. 99: "Retomando a análise dos delineamentos constitucionais conferidos ao *habeas data* e tendo em vista constituir-se em uma ação judicial de natureza civil, há que se enfatizar que a legitimidade ativa para impetrar a garantia é da pessoa a que as informações se referem, isto é, do titular dos dados. Assim, o impetrante só pode ser o titular dos dados. Busca-se evitar a divulgação de informações da esfera íntima da pessoa, posto serem constitucionalmente invioláveis a intimidade e a vida privada das pessoas, nos termos do art. 5º, inc. X, que assegura o direito à indenização pelo dano material ou moral decorrente de sua violação. O *habeas data* é ação personalíssima, que não admite o pedido de terceiros e sequer sucessão no direito de pedir".

[78] WALD, Arnoldo; FONSECA, Rodrigo Garcia da. *O habeas data* na Lei 9.507/97, in Teresa Arruda Alvim Wambier (org.), *Habeas data*, São Paulo: Revista dos Tribunais, 1998, p. 15.

entidade de caráter público é, portanto, suficientemente lata para incluir seja os delegatários de serviço público, seja aqueles que exerçam atividade privada de processamento e divulgação de informações"[79].

### 3.3. Objeto da ação

A Lei n. 9.507/97 regula o direito de acesso a informações e disciplina o rito processual do *habeas data*.

O *habeas data* garante os seguintes direitos: 1) o acesso às informações; 2) retificação das informações; e 3) complementação das informações, conforme se verifica da leitura do art. 7º da Lei n. 9.507/97, que dita:

"Art. 7º Conceder-se-á *habeas data*:

I — para assegurar o conhecimento de informações relativas à pessoa do impetrante, constantes de registro ou banco de dados de entidades governamentais ou de caráter público;

II — para a retificação de dados, quando não se prefira fazê-lo por processo sigiloso, judicial ou administrativo;

III — para a anotação nos assentamentos do interessado, de contestação ou explicação sobre dado verdadeiro mas justificável e que esteja sob pendência judicial ou amigável".

Em suma, o *habeas data* é o garantidor do direito subjetivo público ao acesso, à retificação e à complementação dos seus próprios dados em poder dos órgãos de caráter público. "O *habeas data* configura remédio jurídico-processual, de natureza constitucional, que se destina a garantir, em favor da pessoa interessada, o exercício de pretensão jurídica discernível em seu tríplice aspecto: (a) direito de acesso aos registros; (b) direito de retificação dos registros e (c) direito de complementação dos registros"[80].

---

[79] SUNDFELD, Carlos Ari. *Habeas data* e mandado de segurança coletivo, *RDP*, São Paulo: Revista dos Tribunais, 95/190-199, jul./set. 1990, esp. p. 193.

[80] STF, RHD 22-8-DF, Rel. Min. Celso de Mello, j. 10-09-91, *DJ*, 01-09-95.

Rogério Lauria Tucci afirma que o *habeas data* reconhece ao cidadão: "a) direito de saber se um determinado banco de dados contém, ou não, informações a seu respeito; b) direito de acesso, em caso positivo, ao conteúdo de tais informações; c) direito de retificação, consistente na possibilidade de correção de dados imprecisos; e, ainda, d) direito de conhecer qual a informação sobre sua pessoa foi comunicada a terceiros, e com qual finalidade"[81].

Guilherme Beltrão de Almeida ressalta como finalidade do *habeas data* a possibilidade de afastar adjetivações ou filtrar subjetividade, ao afirmar que, "em nosso entendimento, mesmo uma informação registrada que não se qualifique como absolutamente falsa (ou plenamente incorreta) poderá ser alvo de retificação através de *habeas data*. Trata-se de retificação de informações maculadas com subjetividades alheias. A informação verdadeira/correta, quando carregada com preconceitos, tem sua concepção deturpada por estes, afastando-a do sentido original. Poderíamos até concluir que a informação, nesse estado, já não se mantém plenamente verdadeira/correta, o que simplificaria o enquadramento dessa situação ao da retificação do falso/incorreto. Deparar-nos-emos, sem muito esforço premonitório, com as situações reais nas quais os dados pessoais terão sofrido, na origem ou na manipulação para o registro, contaminação com 'pré-conceitos', adjetivações, opiniões, e valorações qualitativas"[82].

Para Lourival Gonçalves de Oliveira, os objetivos do *habeas data* são imediatos e mediatos. "No campo dos objetivos imediatos está a proteção do direito de acesso e conhecimento das informações

---

[81] TUCCI, Rogério Lauria. Processo e procedimento da ação de *habeas data*, in Teresa Arruda Alvim Wambier (org.), *Habeas data*, São Paulo: Revista dos Tribunais, 1998, p. 326.

[82] ALMEIDA, Guilherme Beltrão de. *Habeas data* — questões a enfrentar, in Teresa Arruda Alvim Wambier (org.), *Habeas data*, São Paulo: Revista dos Tribunais, 1998, p. 116-117.

de caráter pessoal constantes dos registros, arquivos ou bancos de dados mantidos por entidades governamentais ou de caráter público e outro, direito à retificação de dados neles constantes objetivando atualização, correção ou mesmo supressão, quando incorretos. Quanto aos objetivos mediatos, temos a garantia de direitos da personalidade enquanto patrimônio pessoal, de conteúdo moral, como o constituído pela honra, imagem, reputação, nome, vida privada, intimidade, tranquilidade, ou patrimônio econômico"[83].

O direito às informações não é amplo e incondicionado, encontrando limites no interesse público. "A noção de Estado democrático não conflita com a exigência de sigilo, imposta por lei em função da preservação do interesse público"[84]. Nesse sentido, o art. 5º, XXXIII, estabelece que "todos têm direito a receber dos órgãos públicos informações de seu interesse particular, ou de interesse coletivo ou geral, que serão prestadas no prazo da lei, sob pena de responsabilidade, ressalvadas aquelas cujo sigilo seja imprescindível à segurança da sociedade e do Estado". O art. 4º da Lei n. 8.159/91, que dispõe sobre a política nacional de arquivos públicos e privados, está assim redigido: "Todos têm direito a receber dos órgãos públicos informações de seu interesse particular ou de interesse coletivo ou geral, contidas em documentos de arquivos, que serão prestadas no prazo da lei, sob pena de responsabilidade, ressalvadas aquelas cujo sigilo seja imprescindível à segurança da sociedade e do Estado, bem como à inviolabilidade da intimidade, da vida privada, da honra e da imagem das pessoas".

O limite do direito à informação encontra-se no interesse público e nos direitos da personalidade. Nesse sentido o raciocínio de

---

[83] OLIVEIRA, Lourival Gonçalves de. Rito processual do *habeas data*, in Teresa Arruda Alvim Wambier (org.), *Habeas data*, São Paulo: Revista dos Tribunais, 1998, p. 175-176.

[84] RAMOS, Saulo. Parecer SR nº 13, de 17 de outubro de 1986, da Consultoria Geral da República, *RDA*, Rio de Janeiro: Fundação Getulio Vargas, 166/139-152, out./dez. 1986, esp. p. 140.

Saulo Ramos ao afirmar que "a publicidade dos atos estatais não tem valor absoluto. A noção do estado democrático de direito não conflita com a exigência imposta por lei em função da preservação do interesse público. Zona de reserva constitucional do Poder Executivo"[85].

### 3.4. Procedimento

O art. 24, parágrafo único, da Lei n. 8.038/90 estabeleceu que, "no mandado de injunção e no *habeas data*, serão observadas, no que couber, as normas do mandado de segurança, enquanto não editada legislação específica".

Com o advento da Lei n. 9.507/97, o procedimento do *habeas data* passou a ser regulado pelos arts. 8º e seguintes do citado diploma, que procurou implementar a celeridade do rito processual.

A petição inicial, que deverá preencher os requisitos dos arts. 282 a 285 do Código de Processo Civil, será apresentada em duas vias, e os documentos que instruírem a primeira serão reproduzidos por cópia na segunda.

No mesmo sentido do mandado de segurança, o processo de *habeas data* não comporta dilação probatória, visto que o fato e os documentos da inicial devem ser suficientes para demonstrar de plano o direito do impetrante.

A inicial será desde logo indeferida, quando não for o caso de *habeas data*, ou se lhe faltar algum dos requisitos previstos em lei. Do despacho de indeferimento caberá recurso de apelação.

O *habeas data* exige como pressuposto de admissibilidade a provocação do órgão detentor do dado, com a recusa expressa ou tática.

O interesse de agir na ação de *habeas data* surge com o indeferimento administrativo. Celso Ribeiro Bastos afirma: "problema que cabe aqui resolver é o da dispensabilidade ou não de prévio requeri-

---

85 RAMOS, Saulo. Parecer SR nº 13, de 17 de outubro de 1986, da Consultoria Geral da República, *RDA*, Rio de Janeiro: Fundação Getulio Vargas, 166/139-152, out./dez. 1986, esp. p. 140.

mento administrativo ao órgão possuidor de dados. A rigor não seria insustentável a tese de que cumpre inicialmente forçar a via administrativa, e só denegada esta estaria aberta a instância jurisdicional. No entanto, uma reflexão atenta sobre a índole do instituto leva-nos à conclusão de que o percurso do caminho meramente administrativo é dispensável. Vê-se que a intenção constitucional é de fornecer ao indivíduo um instrumento jurisdicional de acesso a estes dados. A chegada até eles pela instância meramente administrativa não confere ao requerente a mesma segurança nem uma cominação punitiva para o caso de fraude do administrador, que só uma medida jurisdicional pode lhe proporcionar. Daí porque a solução por certo mais correta é a dispensa de qualquer provocação da instância administrativa"[86].

Para Flávia Piovesan, "se a Constituição de 1988 não faz qualquer exigência desta natureza, não há como condicionar o cabimento da garantia à prévia recusa das informações. Isto significaria impor a necessidade do prévio esgotamento das vias administrativas como garantia de acesso ao Poder Judiciário. Como se sabe, à luz do novo texto constitucional não há como condicionar o acesso ao Judiciário ao prévio esgotamento das vias administrativas, na medida em que o texto constitucional, no art. 5º, inc. XXXV, assegura o princípio do livre acesso ao Poder Judiciário, afirmando que 'a lei não excluirá da apreciação do Poder Judiciário lesão ou ameaça de lesão a direito'. Ademais, qualquer interpretação restritiva afrontaria o princípio de que os direitos e as garantias fundamentais hão de ser interpretados da forma mais ampla possível, cabendo ao intérprete doar-lhes a máxima carga de efetividade"[87].

José Cretella Jr. afirma que, se "o interessado pode pleitear administrativamente a obtenção de dados, por que sobrecarregar o aparelhamento judiciário, inutilmente, antes de tentar, na via administrativa, aquilo que o próprio órgão lhe pode oferecer?"[88]. Desta feita, urge a necessidade de prévia recusa das informações, que constitui a lesão ao direito, surgindo consequentemente o direito de agir.

---

[86] BASTOS, Celso Ribeiro. *Habeas data*, cit., p. 85-86.

[87] PIOVESAN, Flávia. *Habeas data*, cit., p. 101.

[88] CRETELLA JR., José. *Os* writs *na Constituição de 1988*, cit., p. 118-119.

Segundo nosso entendimento, a prévia recusa administrativa ou mesmo sua inércia é importante para caracterizar o interesse de agir. A necessidade da prévia recusa não ofende o princípio da inafastabilidade do Poder Judiciário, mas consagra o princípio da economia processual. O interesse de agir surge com o acesso preliminar às vias administrativas.

O Supremo Tribunal Federal já decidiu que "a prova do anterior indeferimento do pedido de informação de dados pessoais, ou da omissão em atendê-lo, constitui requisito indispensável para que se concretize o interesse de agir no *habeas data*. Sem que se configure situação prévia de pretensão resistida, há carência da ação constitucional do *habeas data*"[89]. Por sua vez, a Súmula 2 do Superior Tribunal de Justiça dita que: "Não cabe *habeas data* (CF, art. 5º, LXXII, *a*) se não houve recusa de informações por parte da autoridade administrativa".

O art. 8º, parágrafo único, da Lei n. 9.507/97 estabelece que: "a petição inicial deverá ser instruída com prova: I — da recusa ao acesso às informações ou do decurso de mais de dez dias sem decisão; II — da recusa em fazer-se a retificação ou do decurso de mais de quinze dias, sem decisão; ou III — da recusa em fazer-se a anotação a que se refere o § 2º do art. 4º ou do decurso de mais de quinze dias sem decisão". A recusa ou o transcurso do lapso temporal previsto na lei faz surgir o interesse de agir.

Ao despachar a inicial, o juiz ordenará que se notifique o coator do conteúdo da petição, entregando-lhe a segunda via apresentada pelo impetrante, com as cópias dos documentos, a fim de que, no prazo de dez dias, preste as informações que julgar necessárias. Feita a notificação, o serventuário em cujo cartório corra o feito juntará aos autos cópia autêntica do ofício endereçado ao coator, bem como a prova da sua entrega a este ou da recusa, seja de recebê-lo, seja de dar recibo. Findo o prazo de dez dias para a apresentação das informações, e ouvido o representante do Ministério Público dentro de cinco dias, os autos serão conclusos ao juiz para decisão a ser proferida em cinco dias.

---

[89] STF, RHD 22-8-DF, Rel. Min. Celso de Mello, j. 10-09-91, *DJ*, 01-09-95.

Na decisão, se julgar procedente o pedido, o juiz marcará data e horário para que o coator apresente ao impetrante as informações a seu respeito, constantes de registros ou bancos de dados; ou apresente em juízo a prova da retificação ou da anotação feita nos assentamentos do impetrante.

A decisão será comunicada ao coator, por correio, com aviso de recebimento, ou por telegrama, radiograma ou telefonema, conforme requerer o impetrante. Os originais, no caso de transmissão telegráfica, radiofônica ou telefônica, deverão ser apresentados a agência expedidora, com a firma do juiz devidamente reconhecida.

Da sentença que conceder ou negar o *habeas data* cabe apelação. Quando a sentença conceder o *habeas data*, o recurso terá efeito meramente devolutivo.

A competência para o julgamento da ação de *habeas data* está disciplinada no art. 20 da Lei n. 9.507/97.

### 3.5. Coisa julgada

O art. 18 da Lei n. 9.507/97 estabelece que "o pedido de *habeas data* poderá ser renovado se a decisão denegatória não lhe houver apreciado o mérito". Desta feita, caso o pedido seja negado, a coisa julgada impedirá a impetração de outro *habeas data*. Cabe ressaltar, entretanto, que pode ocorrer novo pedido com as mesmas partes e o mesmo objeto, pois as informações do banco de dados podem sofrer mudanças. "Assim, caso o primeiro *habeas data* tenha sido deferido, entendemos que uma nova impetração só se justificará na medida em que a parte demonstrar, pelo decurso de um prazo razoável, ou por algum fato concreto, que tem fundados receios de que as informações anteriormente prestadas e/ou corrigidas foram alteradas ou aditadas"[90].

## 4. MANDADO DE INJUNÇÃO

### 4.1.Conceito

O mandado de injunção é a ação constitucional que tem por

---

[90] WALD, Arnoldo; FONSECA, Rodrigo Garcia da. *Habeas data*, cit., p. 105.

finalidade, na falta de norma regulamentadora, implementar o exercício dos direitos e liberdades constitucionais e das prerrogativas inerentes à nacionalidade, à soberania e à cidadania, ou seja, o objetivo dessa ação é suprir a lacuna legislativa.

A legitimidade é universal. Pode ser o mandado interposto por qualquer pessoa que deseje implementar norma constitucional e consequentemente suprir a lacuna do sistema jurídico infraconstitucional referente a um dos objetos previstos no art. 5º, LXXI, da Constituição Federal.

O mandado de injunção é previsto no art. 5º, LXXI, que dita: "conceder-se-á mandado de injunção sempre que a falta de norma regulamentadora torne inviável o exercício dos direitos e liberdades constitucionais e das prerrogativas inerentes à nacionalidade, à soberania e à cidadania".

Francisco Antonio de Oliveira afirma que o "mandado de injunção é remédio constitucional mandamental colocado à disposição de pessoa física ou jurídica (de direito público ou privado) e figuras despersonalizadas (espólio etc.) com o objetivo de criar a norma jurídica regulamentadora do direito do impetrante por intermédio do Estado-juiz para a satisfação do pedido. Produz efeitos sobre o caso concreto, sem valor *erga omnes*. Poderá excepcionalmente ser estendido a uma coletividade. Atua sobre a obrigação de fazer ou de não fazer. E será a ordem endereçada a quem tiver o dever de praticar o ato e de arcar com as consequências econômicas. E somente no caso de desobediência ou mesmo de resistência daquele que tem o dever legal de prestar é que o juiz adiantará a satisfação ao impetrante. Diz respeito à violação de direitos constitucionais por ausência de norma regulamentadora"[91].

## 4.2. Natureza jurídica

É ação constitucional, instituto de direito processual constitu-

[91] OLIVEIRA, Francisco Antonio de. *Mandado de injunção*: da inconstitucionalidade por omissão, enfoques trabalhistas, jurisprudência, 2. ed. rev., atual. e ampl., São Paulo: Revista dos Tribunais, 2004, p. 36.

cional, portanto, tem eficácia plena e aplicabilidade direta, imediata e integral, não necessitando de norma que regulamente seus efeitos, nos termos do art. 5º, § 1º, da Constituição Federal.

O mandado de injunção é uma garantia instrumental de direitos que não podem ser exercidos por falta de norma regulamentadora, a qual se verifica pela inércia do legislador. É uma garantia ao exercício dos direitos e liberdades constitucionais e das prerrogativas inerentes à nacionalidade, à soberania e à cidadania.

O remédio constitucional é uma inovação do sistema jurídico pátrio, não havendo remédio idêntico ou similar no direito alienígena. Parte da doutrina tenta aproximá-lo das *injunctions* do direito norte-americano ou do juízo de amparo do direito mexicano ou da *ingiunzione* do direito italiano. O *writ of injunction*[92] do sistema da *common law* é uma ordem judicial editada num caso por equidade (*case in equity*)[93], não guardando nenhuma relação com o direito pátrio[94]. A

[92] MEIRELLES, Hely Lopes. *Mandado de segurança*, 16. ed. atual., São Paulo: Malheiros, 1995, p. 172: "no Direito anglo-saxônico, tem objetivos muito mais amplos que no nosso, pois que na Inglaterra e nos Estados Unidos o *writ of injunction* presta-se a solucionar questões de Direito Público e Privado, sendo considerado um dos remédios extraordinários (*extraordinary writs*: *mandamus*, *injunction* ou *prohibition*, que *warranto* e *certiorari*, oriundos do *common law* e da *equity*)".

[93] FERREIRA FILHO, Manoel Gonçalves. *Curso de direito constitucional*, 22. atual., São Paulo: Saraiva, 1995, p. 277.

[94] CRETELLA JR., José. *Os* writs *na Constituição de 1988*, cit., p. 101: "No direito norte-americano, inglês e nos direitos de família da *common law*, o *writ of injunction* é a ordem jurídica da Corte de Justiça, que proíbe pessoa — ou grupo de pessoas — de praticar determinada ação, ou que ordena que certa ação seja realizada". OLIVEIRA, Francisco Antonio de. *Mandado de injunção*, cit., p. 17-19: "Direito inglês — A *injunction* pode ser impetrada contra uma autoridade pública por qualquer indivíduo que prove a iminência de considerável prejuízo como resultado de ato supostamente ilegal da dita autoridade. Uma *injunction* pode ser obtida, também, pelo *Attorney-General* (Procurador-Geral de Justiça) em nome do povo. Se o órgão público está cometendo uma ação que ameaça prejudicar o povo ou a coletividade, é direito do Procurador-Geral intervir, requerendo uma *injunction*. Direito norte-americano — A *injunction*, muito usada pelos americanos, tem por finalidade proibir entidade pública ou privada de praticar ato lesivo de direito líquido e certo do particular ou da Administração Pública. Pode ser usada também de forma

semelhança encontra-se no que concerne à natureza do instituto, ou seja, "instrumento ordenado ao exercício do juízo de equidade"[95]. José Afonso da Silva escreve que "o mandado de injunção é um instituto que se originou na Inglaterra, no séc. XIV, como essencial remédio da *Equity*. Nasceu, pois, do Juízo de Equidade. Ou seja, é um remédio outorgado, mediante juízo discricionário, quando falta norma legal (*statutes*) regulando a espécie, e quando a *Common Law* não oferece proteção suficiente. A equidade, no sentido inglês do termo (sistema de estimativa social para a formulação da regra jurídica para o caso concreto), assenta-se na valoração judicial dos elementos do caso e dos princípios de justiça material, segundo a pauta de valores sociais, e assim emite a decisão fundada não no justo legal mas no justo material. Na *injunction* inglesa como no mandado de injunção do art. 5º, LXXI, o juízo de equidade não é inteiramente desligado de pautas jurídicas. Não tem o juiz inglês da *Equity* o arbítrio de criar norma de agir *ex nihil*, pois se orienta por pauta de valores jurídicos existentes na sociedade (princípios gerais de direito, costumes, *conventions* etc.). E o juiz brasileiro também não terá o arbítrio de criar regras próprias, pois terá em primeiro lugar que se ater à pauta que lhe dá o ordenamento constitucional, os princípios gerais de direito, os valores jurídicos que permeiam o sentir social, enfim, os vetores do justo natural que se aufere no viver social, na índole do povo, no evolver histórico. Aí é que seu critério estimativo fundamenta sua decisão na falta de regulamentação do direito, liberdade ou prerrogativas objeto da proteção do mandado de injunção"[96].

Bobbio ensina que "a doutrina distingue três tipos de equidade: equidade substitutiva, equidade integrativa e equidade interpretativa. a)

---

positiva, isto é, para obrigar uma parte a fazer algo cuja não realização prejudicará o direito da outra parte".

95 MEDINA, Paulo Roberto de Gouvêa. *Direito processual constitucional*, cit., p. 111.

96 SILVA, José Afonso da. *Curso de direito constitucional positivo*, 16. ed. rev. e atual., São Paulo: Malheiros, 1999, p. 448.

fala-se de equidade substitutiva quando o juiz estabelece uma regra que supre a falta de uma norma legislativa; b) fala-se de equidade integrativa quando a norma legislativa existe, mas é demasiadamente genérica e portanto não define com precisão todos os elementos da *fatti specie* ou todos os efeitos jurídicos. Neste caso a equidade opera no âmbito da norma legislativa, completando-lhe as partes faltantes; c) fala-se de equidade interpretativa quando o juiz define, com base em critérios equitativos, o conteúdo de uma norma legislativa que existe e é completa"[97]. No mandado de injunção verifica-se a equidade substitutiva.

O mandado de injunção possui natureza mandamental constitutiva, pois estabelece prazo para elaboração da norma ordinária inexistente e após o transcurso do lapso temporal prevê o regramento para o caso concreto. Trata-se de ação mandamental para a declaração da ocorrência de omissão com mora na regulação do direito, liberdade ou prerrogativa outorgados pela Constituição. O Poder Judiciário exerce o juízo de equidade, ante a inércia do órgão competente e a consequente lacuna legal.

### 4.3. Objeto da ação

O objeto da ação é a ausência de norma regulamentar que implica a possibilidade de utilização do mandado de injunção. Trata-se de ausência de norma que verse sobre direitos e liberdades constitucionais, além das prerrogativas inerentes à nacionalidade, soberania e cidadania. Limita-se a esse objeto e não a qualquer Direito Constitucional. Assim, o mandado de injunção possui um campo restrito, pois é um remédio destinado a garantir os direitos e liberdades inerentes ao exercício da cidadania. Roberto Rosas afirma que "a regra constitucional pressupõe norma constitucional, que abranja os direitos e liberdades constitucionais e as prerrogativas inerentes à nacionalidade, à soberania e à cidadania. Limita-se, portanto, a esses direitos e não a toda a Constituição. Foi essa a intenção do constituin-

---

[97] BOBBIO, Norberto. *O positivismo jurídico*: lições de filosofia do direito, São Paulo: Ícone, 1995, p. 173.

te"[98]. A extensão dessas expressões será indicada pelo julgador no caso concreto.

Francisco Antonio de Oliveira, ao tratar da abrangência do instituto, afirma que "o mandado de injunção foi criado para implementar o exercício dos direitos e liberdades constitucionais e o exercício das prerrogativas inerentes à nacionalidade, à soberania e à cidadania. Direitos e liberdades constitucionais são aqueles direitos e aquelas garantias fundamentais e bem assim os direitos sociais. Dentro dessa ótica não estariam limitados àqueles expressamente previstos no art. 5º (direitos fundamentais) e nos arts. 6º a 11 (direitos sociais). Mas se incluem todos os demais direitos que a Constituição tenha assegurado de maneira expressa"[99].

A norma constitucional pode ser autoexecutável ou não autoexecutável. As normas autoexecutáveis, no dizer de José Afonso da Silva, normas de eficácia plena ou contida, são aquelas que possuem todos os efeitos visados pelo legislador constituinte. As normas não autoexecutáveis são aquelas de eficácia mediata e indireta, pois dependem de regulamentação.

A expressão "norma regulamentadora" pode ser aplicada em dois sentidos: lei ordinária editada pelo Poder Legislativo ou norma jurídica de caráter geral editada pelo Poder Executivo ou autoridade administrativa, como, por exemplo, o poder regulamentar do Presidente da República, previsto no art. 84, IV, da Constituição Federal.

Nesse sentido, Francisco Antonio de Oliveira afirma que "a expressão norma regulamentadora não se restringe a decretos regulamentares. A norma constitucional, ao referir-se à norma regulamentadora, fê-lo no sentido amplo. Esse deverá ser o entendimento sob pena de obstarem-se as reais finalidades do instituto de injunção. A expressão deverá abranger todo e qualquer ato normativo que de al-

---

98 ROSAS, Roberto. *Direito processual constitucional*: princípios constitucionais do processo civil, 3. ed. rev., atual. e ampl., São Paulo: Revista dos Tribunais, 1999, p. 106.

99 OLIVEIRA, Francisco Antonio de. *Mandado de injunção*, cit., p. 26-27.

guma maneira obste a fruição do direito gizado nos termos do art. 5º, LXXI, CF/88"[100].

A existência de norma regulamentadora anterior ao texto constitucional e recepcionada pelo novo sistema jurídico obsta o ingresso do mandado de injunção, por falta do interesse de agir, ante a existência da norma no sistema jurídico. Dessa feita, a inexistência de omissão legislativa não comporta o ajuizamento do mandado de injunção. Este é o remédio contra a lacuna a direitos constitucionais. Não existindo lacuna não há necessidade de mandado de injunção. Nesse sentido, o Supremo Tribunal Federal assentou que, "existindo lei disciplinando a matéria constitucional (redução de imposto de renda a aposentados e pensionistas com mais de 65 anos e renda constituída exclusivamente dos frutos do trabalho), não se justifica o ajuizamento de mandado de injunção, ação que pressupõe a ausência de norma que impeça o gozo de direitos ou prerrogativas instituídas pela Lei Maior"[101]. O mandado de injunção não pode ser concedido verificando-se a existência de norma anterior à Constituição.

O Supremo Tribunal Federal decidiu também que "não é o mandado de injunção o instrumento processual adequado à impugnação de ato do Poder Executivo"[102].

### 4.4. Objetivo da ação

O objetivo da ação é o pleno exercício dos direitos e liberdades constitucionais e das prerrogativas inerentes à nacionalidade, à soberania e à cidadania, que surge pela declaração do Poder Judiciário da omissão legislativa infraconstitucional e consequente estabelecimento de norma concreta, suprindo a lacuna do sistema jurídico que surgiu da inércia do legislador.

O mandado de injunção tem por finalidade tornar viável o exercício de direitos constitucionais. Nesse sentido, o Supremo

---

[100] OLIVEIRA, Francisco Antonio de. *Mandado de injunção*, cit., p. 51.

[101] STF, MI 152-9-DF (AgRg), Rel. Min. Célio Borja, j. 21-03-90, *DJ*, 20-04-90.

[102] STF, MI 204-5-RO, Rel. Min. Sydney Sanches, j. 16-05-91, *DJ*, 07-06-91.

Tribunal Federal decidiu que "não cabe mandado de injunção, *ut* art. 5º, LXXI, da Lei Maior de 1988, em se cuidando de falta de norma regulamentadora a tornar viável o exercício de direitos previstos em lei complementar. A via processual pode ser utilizada, em princípio, somente quando a falta de norma regulamentadora torne inviável o exercício dos direitos e liberdades constitucionais e das prerrogativas inerentes à nacionalidade, à soberania e à cidadania"[103]. No mesmo acórdão a Corte Suprema definiu que não cabe mandado de injunção que tem por objeto "Ato das Disposições Constitucionais Transitórias": "O mandado de injunção recolhe seu fundamento de impetrabilidade no cerceamento do exercício dos direitos e garantias constitucionais, por falta de norma regulamentadora dos mesmos. Daí ser plausível estimar que esses direitos são alguns constantes da Constituição, e não do Ato das Disposições Constitucionais Transitórias. Embora as normas de uma e do outro equiparem-se em estatura hierárquica, são fundamentalmente diferentes. Os direitos e liberdades constitucionais dizem respeito também às disposições constitucionais transitórias? Não é despropositado responder que a expressão avalista do mandado de injunção refira-se, tão somente, ao que existe de perene em matéria de direito constitucional positivo. Se a assertiva parece inusitada, a leitura do artigo 5º, LXXI da Constituição evoca semelhante entendimento: é bem mais apropriada a visão de garantia de direitos e liberdades constitucionais tendo em vista a interação sujeito-estado — pois esta a correta perspectiva do que seja o conteúdo de uma norma constitucional — do que em face de um punhado de determinações episódicas e transitórias, cujo escopo é rearrumar um país entre duas ordens constitucionais distintas"[104].

"Seu objeto será a anulação do ato que contraria a disposição constitucional ou o suprimento da omissão em efetivá-la, ainda que devido à ausência de norma regulamentadora, caso em que o Poder Judiciário decidirá a lide pela aplicação analógica da legislação es-

[103] STF, MI 296-7, Rel. Min. Néri da Silveira, j. 28-11-91, *DJ,* 28-02-92, fls. 59.

[104] STF, MI 296-7, Rel. Min. Néri da Silveira, j. 28-11-91, *DJ,* 28-02-92, fls. 60.

trangeira, dos princípios gerais de direito e do ideal de justiça extraído da sistemática constitucional"[105].

O objetivo do mandado de injunção é a satisfação concreta do direito subjetivo, suprindo assim a lacuna existente no sistema jurídico pela falta da norma regulamentadora.

O direito pátrio confere ao Poder Judiciário a competência para o preenchimento das lacunas existentes na lei e provocando a completude do sistema jurídico. O art. 4º da Lei de Introdução às Normas do Direito Brasileiro[106] estabelece que "quando a lei for omissa, o juiz decidirá o caso de acordo com a analogia, os costumes e os princípios gerais de direito". O art. 8º da Consolidação das Leis do Trabalho alude que "As autoridades administrativas e a Justiça do Trabalho, na falta de disposições legais ou contratuais, decidirão, conforme o caso, pela jurisprudência, por analogia, por equidade e outros princípios e normas gerais do direito, principalmente do direito do trabalho, e, ainda, de acordo com os usos e costumes, o direito comparado, mas sempre de maneira que nenhum interesse de classe ou particular prevaleça sobre o interesse público".

O art. 126 do Código de Processo Civil estabelece que "o juiz não se exime de sentenciar ou despachar alegando lacuna ou obscuridade da lei". Interessante recordar que o art. 114 do Código de Processo Civil de 1939 dispunha que "quando autorizado a decidir por equidade, o juiz aplicará a norma que estabeleceria se fosse legislador".

Da leitura do direito positivo verificamos a possibilidade de o juiz preencher as lacunas com o intuito de resolver o caso concreto. Norberto Bobbio ensina que "por completude entende-se a propriedade pela qual um ordenamento jurídico tem uma norma para regular qualquer caso. Uma vez que a falta de uma norma se chama geralmente 'lacuna' (num dos sentidos do termo 'lacuna'), 'completude' significa 'falta de lacunas'. Em outras palavras, um ordenamento é completo quando o juiz pode encontrar nele uma norma para regular

---

[105] ROSAS, Roberto. *Direito processual constitucional*, cit., p. 108.

[106] A Lei n. 12.376/2010 alterou a ementa da Lei de Introdução ao Código Civil que passou a vigorar como "Lei de Introdução às Normas do Direito Brasileiro".

qualquer caso que se lhe apresente, ou melhor, não há caso que não possa ser regulado com uma norma tirada do sistema"[107].

A integração do direito ou completude do sistema jurídico tem lugar quando o caso concreto não encontra norma jurídica abstrata para se subjetivar, ou seja, o caso não se encontra regulado em nenhum texto legal. Quando esse fato ocorre, a doutrina costuma afirmar que existe a lacuna do direito. Na verdade, a lacuna não é do direito, mas da norma. O direito ou sistema jurídico é completo, apesar de incompleta a norma. Assim, ao lado da interpretação, vislumbramos a integração do direito que consiste no processo de preenchimento das lacunas existentes na lei, ou, ainda, a completude do sistema jurídico. A ordem jurídica é um sistema. O sistema jurídico é um complexo de normas. A integração do direito tem a finalidade de completar o sistema jurídico por meio do preenchimento das lacunas da lei. A lei é incompleta. O sistema jurídico é sempre completo. Maria Helena Diniz ressalta que "a problemática das lacunas jurídicas, concebida como restrita ao ordenamento, traz, como dissemos, a questão lógica da completude do sistema. A completude é uma propriedade formal do sistema, para que este seja completo, no sentido de proporcionar uma explicação para todos os fenômenos que recaem em seu âmbito"[108].

Na interpretação, parte-se da lei existente. Na integração, parte-se da inexistência da lei. André Franco Montoro ensina que "podem existir lacunas na lei, mas não no sistema jurídico, porque esse possui outras fontes, além dos textos legais e, por isso, fornece ao aplicador do direito elementos para solucionar todos os casos. Na omissão da lei, cabe-lhe encontrar ou mesmo criar uma norma especial para o caso concreto. Trata-se, então, não apenas propriamente da interpretação de uma norma preexistente, mas de integração de uma norma no ordenamento jurídico. Em síntese, podemos dizer que há interpretação, em sentido estrito, quando existe uma norma pre-

---

[107] BOBBIO, Norberto. *Teoria do ordenamento jurídico*, 10. ed. Brasília: Ed. Universidade de Brasília, 1999, p. 115.

[108] DINIZ, Maria Helena. *As lacunas no direito*, 5. ed. atual., São Paulo: Saraiva, 1999, p. 29.

vendo o caso; recorre-se à integração, quando não existe essa norma explícita"[109].

Dessa forma, não havendo norma existente para o caso concreto, a tarefa do aplicador do direito consiste em verdadeira integração jurídica, conforme verificamos da leitura do art. 4º da Lei de Introdução às Normas do Direito Brasileiro[110]. A falta de norma regulamentadora dá ensejo a completude do sistema jurídico. Outrossim, o art. 127 do Código de Processo Civil estabelece que "o juiz só decidirá por equidade nos casos previstos em lei". A decisão por equidade consiste na substituição do legislador pelo juiz, na medida em que o magistrado toma contato imediato com a realidade não prevista pelo direito e que exige uma solução. Moacyr Amaral Santos ressalta que "o juiz deve pronunciar suas decisões segundo as normas legais. Mas, às vezes, está autorizado, pelo próprio sistema jurídico, a decidir segundo a equidade"[111].

Vicente Greco Filho ensina que "a atuação do juiz que aplica as normas legais costuma-se chamar 'jurisdição de direito', em contraposição à chamada 'jurisdição de equidade'. Neste caso, o juiz está liberado para decidir segundo princípios ou regras que elabora no próprio momento da decisão, orientado por razões de ordem moral ou social, não estando limitado à precisa regulamentação legal. Os casos em que o juiz decide por equidade são excepcionais no direito brasileiro e devem estar previstos em lei. É preciso, todavia, distinguir a 'decisão por equidade', em que o juiz atua criando a norma legal por expressa autorização da lei, da chamada equidade, que consiste no abrandamento dos rigores legais, por força de alguma interpretação sociológica ou

---

[109] MONTORO, André. *Introdução à ciência do direito*, 23. ed., São Paulo: Revista dos Tribunais, 1995, p. 380.

[110] A Lei n. 12.376/2010 alterou a ementa da Lei de Introdução ao Código Civil que passou a vigorar como "Lei de Introdução às Normas do Direito Brasileiro".

[111] SANTOS, Moacyr Amaral. *Primeiras linhas de direito processual civil*, 18. ed. rev., atual. e ampl. por Aricê Moacyr Amaral Santos, São Paulo: Saraiva, 1995, v. 1, p. 331.

teleológica, quando a norma jurídica previamente estabelecida pode produzir um resultado que ela mesma não desejou"[112].

No mandado de injunção o juiz exerce juízo de equidade com o intuito de completar a ordem jurídica naquele caso concreto. O seu objetivo é suprir o vácuo existente no sistema jurídico.

Paulo Roberto de Gouvêa Medina ensina que "tem havido, assim, significativa evolução na jurisprudência do STF sobre a matéria, embora não se possa dizer que a alta Corte já haja sufragado a ideia dos que sustentam ser o mandado de injunção instrumento destinado a proporcionar ao impetrante, no exercício de um juízo de equidade, o sucedâneo provisório da norma regulamentadora ainda não editada, a fim de que o direito possa ser fruído, desde logo, tal como a Constituição o instituíra. É essa, sem dúvida, uma das linhas de orientação que a doutrina traçou para o novo *writ* — e, de todas, a que parece mais consentânea com o espírito do instituto. À luz desse critério, o mandado de injunção teria não só natureza mandamental (como timbra em acentuar o Supremo Tribunal), mas também constitutiva, com eficácia restrita, porém, ao caso concreto"[113].

A finalidade do mandado de injunção é solucionar o caso concreto, no sentido de realizar o direito obstado pela falta de norma regulamentadora. No mandado de injunção, não compete ao Poder Judiciário editar norma geral para o exercício do direito tutelado, uma vez que, pelo princípio da separação dos poderes, não cabe ao Poder Judiciário legislar, mas apenas suprir lacuna no caso concreto. José Afonso da Silva ressalta que "o mandado de injunção tem, portanto, por finalidade realizar concretamente em favor do impetrante o direito, liberdade ou prerrogativa, sempre que a falta de norma regulamentadora torne inviável o seu exercício. Não visa obter a regulamentação prevista na norma constitucional. Não é função do manda-

---

[112] GRECO FILHO, Vicente. *Direito processual civil brasileiro*, 10. ed. atual., São Paulo: Saraiva, 1995, v. 1, p. 226.

[113] MEDINA, Paulo Roberto de Gouvêa. *Direito processual constitucional*, cit., p. 109.

do de injunção pedir a expedição da norma regulamentadora, pois ele não é sucedâneo da ação de inconstitucionalidade por omissão (art. 103, § 2º)"[114].

A inexistência da norma regulamentadora gera a necessidade de o direito genérico previsto na Constituição tornar-se comando individual e concreto com o intuito de efetivar o caso apresentado ao Poder Judiciário. A decisão judicial cria o direito em concreto, suprindo a omissão do legislador e a lacuna do sistema jurídico. O Ministro Néri da Silveira, ao relatar o Mandado de Injunção n. 369-6, procura interpretar o instituto nos seguintes termos: "Restam, ainda, pelo menos, duas hipóteses. A primeira é a de a sentença substituir a atividade do legislador e criar uma norma geral regulamentadora. Essa solução é também inadequada, porque irá atuar além do caso concreto, o que não é compatível com a natureza da função jurisdicional que, em regra, se destina a solucionar o caso de quem reclama a proteção judicial e não pretende resolver casos de outras pessoas, ainda que iguais, mas que não foram levados a Juízo. Além disso a criação de norma geral é função típica do Poder Legislativo e não do Poder Judiciário. A segunda hipótese, que parece mais adequada e já vem merecendo a preferência, é a de o juiz criar para o caso concreto do autor da demanda uma norma especial, ou adotar uma medida capaz de proteger o direito reclamado. Essa solução está de acordo com a função tradicional da sentença, que é resolver o caso levado ao Poder Judiciário, mas limitando a eficácia apenas a esse caso, sem pretender usurpar funções próprias de outros poderes"[115].

O mandado de injunção tem efeitos *inter partes*, ou seja, em relação ao caso concreto. Antes da decisão judicial, o direito individual não é exercido em virtude da ausência da norma. "Por isso, o mandado de injunção, insuscetível de liminar, nasce com a sentença, cuja eficácia é *ex nunc*, não pode retroagir"[116].

---

[114] SILVA, José Afonso da. *Curso de direito constitucional positivo*, cit., p. 450.

[115] STF, MI 369-6-DF, Rel. Min. Néri da Silveira, j. 19-08-92, *DJ*, 26-02-93, fls. 21.

[116] STF, MI 369-6-DF, Rel. Min. Néri da Silveira, j. 19-08-92, *DJ*, 26-02-93, fls. 20.

No mandado de injunção o Poder Judiciário satisfaz o direito do autor. "O mandado de injunção, assim, é remédio jurídico processual assegurado pela Constituição, cujo pedido é para que o juiz, após declarar a existência de uma omissão normativa, satisfaça o direito do autor — a que pode corresponder, conforme a materialidade do direito em jogo, uma pretensão declaratória, constitutiva, mandamental, condenatória, ou executiva — e que, ao declarar, condenar, constituir, mandar, condenar, ou executar, o juiz supra a lacuna do ordenamento, o que certamente se fará ao modo como são supridas judicialmente as lacunas da lei"[117].

## 4.5. Legitimidade

A legitimidade ativa é do titular do direito cujo exercício encontra-se impedido pela falta de norma regulamentadora. Segundo aponta a doutrina, a legitimidade no mandado de injunção é ampla. "A titularidade ativa em sede de injunção é ampla. Vale dizer que pode ser pessoa jurídica, física, de direito público ou de direito privado. Poderá, ainda, ser uma figura despersonalizada, *v. g.*, o espólio, a herança jacente, a massa falida, o condomínio etc. Poderá, ainda, haver a substituição processual (legitimação extraordinária) por organização sindical (sindicato, federação, confederação); de entidade de classe ou associação legalmente constituída; dos partidos políticos"[118].

"A par da legitimação ordinária, a que corresponde esta assertiva, admite o mandado de injunção a legitimação extraordinária, quando a ação for proposta por substituto processual do titular do direito"[119]. "A jurisprudência do Supremo Tribunal Federal firmou-se no sentido de admitir a utilização, pelos organismos sindicais e pelas entidades de classe, do mandado de injunção coletivo, com a finalidade de viabilizar, em favor dos membros ou associados

---

[117] CUNHA, Sérgio Sérvulo da. *O efeito vinculante e os poderes do juiz*, São Paulo: Saraiva, 1999, p. 93.

[118] OLIVEIRA, Francisco Antonio de. *Mandado de injunção*, cit., p. 126.

[119] MEDINA, Paulo Roberto de Gouvêa. *Direito processual constitucional*, cit., p. 112.

dessas instituições, o exercício de direitos assegurados pela Constituição"[120].

O Supremo Tribunal Federal reconhece o mandado de injunção coletivo, mesmo não existindo a previsão constitucional[121]. Assim, verifica-se a possibilidade de os órgãos legitimados a ingressar com mandado de segurança coletivo propor mandado de injunção coletivo. No Mandado de Injunção n. 342, o Supremo Tribunal Federal admitiu a legitimidade ativa de sindicato para impetrar mandado de injunção em favor dos sindicalizados[122]. No Mandado de Injunção n. 361, o Supremo Tribunal Federal assentou que: "Mandado de Injunção Coletivo: admissibilidade, por aplicação analógica do art. 5º, LXX, da Constituição; legitimidade, no caso, de entidade sindical de pequenas e médias empresas, as quais, notoriamente, dependentes do crédito bancário, têm interesse comum na eficácia do art. 192, § 3º, da Constituição, que fixou limites aos juros reais"[123].

No Mandado de Injunção n. 20, o Supremo Tribunal Federal assentou: "Mandado de Injunção Coletivo: A jurisprudência do Supremo Tribunal Federal firmou-se no sentido de admitir a utilização, pelos organismos sindicais e pelas entidades de classe, do mandado de injunção coletivo, com a finalidade de viabilizar, em favor dos membros ou associados dessas instituições, o exercício de direitos assegurados pela Constituição"[124]. No voto, o relator Ministro Celso de Mello afirmou que "cumpre admitir, em consequência — não obstante posição teórica em sentido contrário, a possibilidade de utilização, em nosso sistema jurídico-processual, do mandado de injunção coletivo. A orientação jurisprudencial adotada pelo Supremo Tribunal Federal prestigia, desse modo, a doutrina que considera irrelevante, para efeito de justificar a admissibilidade da ação injun-

---

120 STF, MI 369-6-DF, Rel. Min. Néri da Silveira, j. 19-08-92, *DJ,* 26-02-93, fls. 23.

121 STF, MI 712-8-PA, Rel. Min. Eros Grau, j. 25-10-07, *DJ*, 30-10-08.

122 STF, MI 342-4-SP, Rel. Min. Moreira Alves, j. 08-04-94, *DJ,* 09-12-94.

123 STF, MI 361-1-RJ, Rel. Min. Néri da Silveira, Rel. para o acórdão Min. Sepúlveda Pertence, j. 08-04-94, *DJ,* 17-06-94.

124 STF, MI 20-4-DF, Rel. Min. Celso de Mello, j. 19-05-94, *DJ,* 22-11-96.

cional coletiva, a circunstância de inexistir previsão constitucional a respeito. Sendo assim, torna-se processualmente viável o acesso das entidades de classe — que estejam legalmente constituídas e em funcionamento há pelo menos um ano — à via do mandado de injunção coletivo"[125].

O art. 54, XIV, da Lei n. 8.906/94 estabelece expressamente a competência do Conselho Federal da Ordem dos Advogados do Brasil para ingressar com mandado de injunção, ao dispor que "compete ao Conselho Federal ajuizar ação direta de inconstitucionalidade de normas legais e atos normativos, ação civil pública, mandado de segurança coletivo, mandado de injunção e demais ações cuja legitimação lhe seja outorgada por lei". O art. 6º, VIII, da Lei Complementar n. 75/93 estabelece que "compete ao Ministério Público da União promover outras ações, nelas incluído o mandado de injunção que a falta de norma regulamentadora torne inviável o exercício dos direitos e liberdades constitucionais e das prerrogativas inerentes à nacionalidade, à soberania e à cidadania, quando difusos os interesses a serem protegidos". O art. 83, X, do mesmo diploma legal dita que "compete ao Ministério Público do Trabalho o exercício das seguintes atribuições junto aos órgãos da Justiça do Trabalho: ... X — promover mandado de injunção, quando a competência for da Justiça do Trabalho".

Da leitura dos citados instrumentos normativos, forçoso reconhecer a possibilidade do ingresso de mandado de injunção para tutela de direitos difusos. Francisco Antonio de Oliveira afirma que "o mandado de injunção também veio cobrir esta parte do direito popular que diz respeito aos interesses difusos, desde que presentes os pressupostos de ausência de regulamentação no seu sentido amplo. Óbice que se poderia antever seria a impossibilidade de indicar-se o titular legitimado para agir, quando se trata de interesses difusos, em face da impossibilidade de determinação. (...) Tem-se, pois, que a indeterminação do titular em sede de interesses difusos não constitui

---

[125] STF, MI 20-4-DF, Rel. Min. Celso de Mello, j. 19-05-94, *DJ*, 22-11-96, fls. 6-7.

óbice à proteção, vez que perfeitamente possível a interposição da ação por meio de sujeitos coletivos, a exemplo do que acontece com o mandado de segurança"[126]. Outrossim, a legitimidade do Ministério Público e da Ordem dos Advogados do Brasil encontra-se prevista expressamente nas respectivas normas citadas.

O Supremo Tribunal Federal já reconheceu a tutela dos interesses difusos, por intermédio de mandado de injunção:

> EMENTA: — Mandado de Injunção, de iniciativa de Deputados Federais pelo Estado de São Paulo, para que o Supremo Tribunal determine, em setenta, o número de representantes daquela unidade da Federação, à Câmara dos Deputados, diante do vazio legislativo, decorrente de não ter sido elaborada a Lei Complementar, prevista no art. 45, § 1º, da Constituição.
>
> Legitimidade ativa dos impetrantes, como cidadãos, titulares de prerrogativas político-jurídicas que são inequivocamente difusas, mas por sua própria natureza.
>
> Pedido deferido, em parte, dentro dos limites de provisão constitucionalmente cabível, para, reconhecidas a omissão e a mora apontadas, dar ciência das mesmas ao Congresso Nacional, a fim de que supra a omissão.
>
> Votos vencidos, tanto no tocante à preliminar de legitimidade, como a propósito da extensão ou finalidade do deferimento da medida[127].

Cabe anotar que parte da doutrina afirma que o mandado de injunção tem por finalidade a tutela de direito individual, não existindo a possibilidade do mandado de injunção coletivo. Nesse contexto, Roberto Rosas afirma que "o mandado de injunção é individual, não se lhe aplicando o mandado de segurança coletivo"[128].

---

[126] OLIVEIRA, Francisco Antonio de. *Mandado de injunção*, cit., p. 108.

[127] STF, MI 219-3-DF, Rel. Min. Octavio Gallotti, j. 22-08-90, *DJ*, 19-05-95.

[128] ROSAS, Roberto. *Direito processual constitucional*, cit., p. 107.

A legitimidade passiva recai sobre o Poder, órgão ou autoridade que possui competência para regulamentar a norma constitucional. "Firmou-se a compreensão de que a ação de mandado de injunção há de dirigir-se contra a autoridade ou o órgão que tem o dever de regulamentar a norma constitucional, não sendo parte passiva legítima *ad causam*, em princípio, quem não está obrigado a editar a regulamentação, não cabendo vê-la, assim, em situação de mora, pela inviabilidade do exercício do direito previsto na Constituição, por seu titular"[129]. No mesmo sentido, no Mandado de Injunção n. 352, o Supremo Tribunal Federal entendeu que "o mandado de injunção há de dirigir-se contra o Poder, órgão, entidade ou autoridade que tem o dever de regulamentar a norma constitucional, não se legitimando *ad causam*, passivamente, em princípio, quem não estiver obrigado a editar a regulamentação respectiva"[130].

No Mandado de Injunção n. 335, o Supremo Tribunal Federal decidiu que: "Somente pessoas estatais podem figurar no polo passivo da relação processual instaurada com a impetração do mandado de injunção, eis que apenas a elas é imputável o dever jurídico de emanação de provimentos normativos. A natureza jurídico-processual do instituto do mandado de injunção — ação judicial de índole mandamental — inviabiliza, em função de seu próprio objeto, a formação de litisconsórcio passivo, necessário ou facultativo, entre particulares e entes estatais"[131].

No Mandado de Injunção n. 284-3, o Supremo Tribunal Federal deixou assentado que "o caráter essencialmente mandamental da ação injuncional — consoante tem proclamado a jurisprudência do Supremo Tribunal Federal — impõe que se defina, como passivamente legitimado *ad causam*, na relação processual instaurada, o órgão público inadimplente, em situação de inércia inconstitucional, ao qual é imputável a omissão causalmente inviabilizadora

[129] STF, MI 369-6-DF, Rel. Min. Néri da Silveira, j. 19-08-92, *DJ*, 26-02-93, fls. 23.

[130] STF, MI 352-1-RS, Rel. Min. Néri da Silveira, j. 09-09-91, *DJ*, 12-12-97.

[131] STF, MI 335-1-DF, Rel. Min. Celso de Mello, j. 09-08-91, *DJ*, 17-06-94.

do exercício de direito, liberdade e prerrogativa de índole constitucional"[132].

O Supremo Tribunal Federal também não reconheceu a possibilidade de litisconsórcio passivo, afirmando que "o mandado de injunção pode ser impetrado, apenas, contra pessoas estatais, pois só delas pode emanar a norma regulamentadora reclamada; não é compatível com a natureza do mandado de injunção a formação de litisconsórcio passivo entre particulares e entes estatais"[133].

## 4.6. Procedimento

O procedimento adotado por analogia é do mandado de segurança. Não existe prazo preclusivo para a impetração de mandado de injunção.

Não admite liminar. Hely Lopes Meirelles admite a medida liminar afirmando que "entendemos cabível, eventualmente, até mesmo a medida liminar como providência cautelar para evitar lesão a direito do impetrante do mandado de injunção, desde que haja possibilidade de dano irreparável se se aguardar a decisão final da Justiça. Se tal medida é cabível para a defesa de direito individual ou coletivo amparado por lei ordinária, com mais razão há de ser para proteger os direitos e prerrogativas constitucionais asseguráveis pelo mandado de injunção, desde que ocorram os pressupostos do *fumus boni juis* e do *periculum in mora*"[134].

A competência para processar e julgar o mandado de injunção é do Supremo Tribunal Federal, quando a elaboração da norma regulamentadora for atribuição do Presidente da República, do Congresso Nacional, da Câmara dos Deputados, do Senado Federal, das Mesas de uma dessas Casas Legislativas, do Tribunal de Contas da União, de um dos Tribunais Superiores, ou do próprio Supremo

---

[132] STF, MI 284-3-DF, Rel. Min. Marco Aurélio, j. 22-11-91, *DJ*, 26-06-92.

[133] STF, MI 513-3-SP, Rel. Min. Maurício Corrêa, j. 07-03-96, *DJ*, 19-04-96.

[134] MEIRELLES, Hely Lopes. *Mandado de segurança*, cit., p. 174.

Tribunal Federal, nos termos do art. 102, I, *q*, da Constituição Federal. O Superior Tribunal de Justiça possui competência para processar e julgar o mandado de injunção quando a elaboração da norma regulamentadora for atribuição de órgão, entidade ou autoridade federal, da administração direta ou indireta, excetuados os casos da competência do Supremo Tribunal Federal e dos órgãos da Justiça Militar, da Justiça Eleitoral, da Justiça do Trabalho e da Justiça Federal, nos termos do art. 105, III, da Constituição Federal. No Mandado de Injunção n. 75, o Superior Tribunal de Justiça decidiu que "não cabe aforar ação de mandado de injunção perante o STJ quando o direito que se quer ver satisfeito, embora garantido pela Constituição, depende, para sua regulamentação, de lei ordinária a ser editada pelo Poder Legislativo, caso em que, ao STF, se defere competência"[135].

A competência remanescente é disciplinada nos termos das Leis de Organização Judiciária.

Da decisão denegatória, julgada em única instância pelos Tribunais Superiores, cabe recurso ordinário ao Supremo Tribunal Federal, nos termos do art. 102, II, *a*, da Constituição Federal. Ainda, pode ser interposto recurso extraordinário, do mandado de injunção decidido em única e última instância, quando a decisão recorrida contrariar dispositivo da Constituição ou julgar válida lei ou ato do governo local contestado em face da Constituição.

## 4.7. Diferenças entre mandado de injunção e ação declaratória de inconstitucionalidade por omissão

1. O objeto do mandado de injunção é limitado às situações elencadas no texto constitucional (restrito ao exercício dos direitos e liberdades constitucionais e das prerrogativas inerentes à nacionalidade, à soberania e à cidadania). O objeto da ação declaratória de inconstitucionalidade por omissão é qualquer omissão constitucional.

---

135 STJ, MI 75-RJ (Reg. 91.0017750-4), Rel. Min. Waldemar Zveiter, j. 12-12-91, *DJ*, 24-02-92.

2. A legitimidade ativa do mandado de injunção é qualquer pessoa. A legitimidade ativa da ação declaratória de inconstitucionalidade por omissão é restrita a pessoas e órgãos elencados no art. 103 da Constituição Federal.

3. O mandado de injunção é cabível em face de um fato concreto[136]. A ação declaratória de inconstitucionalidade por omissão é cabível em face de um caso abstrato, sendo espécie do controle concentrado de inconstitucionalidade.

4. No mandado de injunção o Judiciário legisla provisoriamente em concreto, até que o órgão competente edite norma que regule a matéria objeto da ação. A ação declaratória de inconstitucionalidade por omissão declara a inércia do Legislativo ou declara a inércia da autoridade administrativa e determina que adote as providências necessárias em trinta dias[137].

5. O mandado de injunção pode ser julgado por qualquer juiz ou tribunal em qualquer grau de jurisdição, segundo as regras de competência. A ação declaratória de inconstitucionalidade por omissão é da competência exclusiva do Supremo Tribunal Federal.

---

[136] OLIVEIRA, Francisco Antonio de. *Mandado de injunção*, cit., p. 36: "O mandado de injunção tem força naquele caso concreto, podendo ser estendido a uma coletividade que prove da mesma realidade. Se bem que em casos tais é preferível o mandado de injunção plúrimo ou a substituição processual por órgão representativo. A ação de inconstitucionalidade por omissão, depois de cumprida pelo Poder competente, terá efeitos *erga omnes*".

[137] LIMA, Francisco Gérson Marques de. *Fundamentos constitucionais do processo*: sob a perspectiva da eficácia dos direitos e garantias fundamentais, São Paulo: Malheiros, 2002, p. 263-264: "A diferença entre mandado de injunção e ação de inconstitucionalidade por omissão estão justamente nisto: na ação de inconstitucionalidade por omissão, que se inscreve no contencioso jurisdicional abstrato, de competência exclusiva do STF, a matéria é versada apenas em abstrato e, declarada a inconstitucionalidade por omissão, será dada ciência ao Poder competente para adoção das providências necessárias e, em se tratando de órgão administrativo, para fazê-lo no prazo de 30 dias (CF, art. 103, § 2º). No mandado de injunção, reconhecendo o juiz ou Tribunal que o direito que a Constituição concede é ineficaz ou inviável em razão da ausência de norma infraconstitucional, fará ele, juiz ou Tribunal, por força do próprio mandado de injunção, a integração do direito à ordem jurídica, assim tornando-o eficaz e exercitável".

6. A decisão do mandado de injunção tem efeito *inter partes* e a ação declaratória de inconstitucionalidade por omissão tem efeito *erga omnes*.

## 4.8. Efeitos da decisão

A decisão tem caráter mandamental, com efeitos *inter partes* e eficácia *ex nunc*, ou seja, a partir da concessão da injunção. O julgamento determinará que o órgão competente pela omissão expeça norma reguladora prevendo a solução do caso concreto. Para Hely Lopes Meirelles, "contudo, não poderá a Justiça legislar pelo Congresso Nacional, mesmo porque a Constituição manteve a independência dos Poderes (art. 2º). Em vista disso, o Judiciário decidirá o mandado de injunção, ordenando à autoridade impetrada que tome providências cabíveis, fixando-lhe um prazo, se necessário. Essa decisão não fará coisa julgada *erga omnes*, mas apenas *inter partes*. Somente a norma regulamentadora, expedida pela autoridade impetrada, terá aquele efeito, cessando, com isso, a competência do Judiciário"[138].

Importante ressaltar que o mandado de injunção não fará coisa julgada *erga omnes*, mas apenas *inter partes*.

O Supremo Tribunal Federal, no Mandado de Injunção n. 107, decidiu que esse instituto é uma ação mandamental para declaração da ocorrência de omissão com mora na regulação do direito, liberdade ou prerrogativa outorgada pela Constituição, mas cujo exercício seja obstado pela falta de sua regulação, devendo a declaração do Poder Judiciário ser comunicada ao órgão competente para que promova as medidas adequadas, equiparando-se assim à ação direta de inconstitucionalidade:

> EMENTA: Mandado de injunção. Questão de ordem sobre sua autoaplicabilidade, ou não.
>
> Em face dos textos da Constituição Federal relativos ao mandado de injunção, é ele ação outorgada ao titular de direito, garantia ou prerrogativa a que alude o artigo 5º, LXXI, dos quais

---

138 MEIRELLES, Hely Lopes. *Mandado de segurança*, cit., p. 176.

o exercício está inviabilizado pela falta de norma regulamentadora, e ação que visa a obter do Poder Judiciário a declaração de inconstitucionalidade dessa omissão se estiver caracterizada a mora em regulamentar por parte do Poder, órgão, entidade ou autoridade de que ela dependa, com a finalidade de que se lhe dê ciência dessa declaração, para que adote as providências necessárias, à semelhança do que ocorre com a ação direta de inconstitucionalidade por omissão (artigo 103, § 2º, da Carta Magna), e de que se determine, se se tratar de direito constitucional oponível contra o Estado, a suspensão dos processos judiciais ou administrativos de que possa advir para o impetrante dano que não ocorreria se não houvesse a omissão inconstitucional.

Assim, fixada a natureza jurídica desse mandado, é ele, no âmbito da competência desta Corte — que está devidamente definida pelo artigo 102, I, *q*, autoexecutável, uma vez que, para ser utilizado, não depende de norma jurídica que o regulamente, inclusive quanto ao procedimento, aplicável que lhe é analogicamente o procedimento do mandado de segurança, no que couber[139].

No Mandado de Injunção n. 168, o Supremo Tribunal Federal assentou que "o mandado de injunção nem autoriza o Judiciário a suprir a omissão legislativa ou regulamentar, editando ato normativo omitido, nem, menos ainda, lhe permite ordenar, de imediato, ato concreto de satisfação do direito reclamado: mas, no pedido, posto que de atendimento impossível, para que o Tribunal o faça, se contém o pedido de atendimento possível para a declaração de inconstitucionalidade da omissão normativa, com ciência ao órgão competente para que a supra"[140].

A equiparação do mandado de injunção a ação direta de inconstitucionalidade por omissão esvazia a verdadeira natureza do institu-

---

[139] STF, MI 107-3-DF, Questão de Ordem, Rel. Min. Moreira Alves, j. 23-11-89, *DJ*, 21-09-90.

[140] STF, MI 168-5-RS, Rel. Min. Sepúlveda Pertence, j. 21-03-90, *DJ*, 20-04-90.

to, afastando a sua finalidade constitucional. "O Supremo Tribunal Federal (STF), através de interpretação altamente questionável, praticamente esvaziou o instituto, ao reduzi-lo a sucedâneo da ação direta de inconstitucionalidade por omissão, inviabilizando-o como garantia constitucional processual especial dos direitos e liberdades constitucionais e das prerrogativas inerentes à nacionalidade, à soberania e à cidadania, cujo exercício estivesse inviabilizado por falta de norma regulamentadora. Tal posicionamento do STF baseou-se desde em agrupamentos político-jurídicos, baseados numa visão extremamente restritiva da separação dos poderes, típica do Estado Liberal, e, portanto, incompatível com o Estado Democrático de Direito tal como configurado na Lei Maior, até argumentos de conveniência político-administrativa, baseados numa pretensa impossibilidade de o Poder Judiciário tratar de questões que, a princípio, envolveriam algo como 'políticas governamentais', acerca das quais não teria como opinar ou interferir, não só por falta de legitimidade para tanto, mas também por deficiência técnica"[141].

No Mandado de Injunção n. 232, o Supremo Tribunal Federal avança na interpretação do instituto concedendo mandado de injunção não apenas reconhecendo a omissão legislativa, mas determinando prazo para a produção legiferante, sob pena, de após o transcurso do lapso temporal fixado, o requerente passar a gozar da imunidade tributária requerida nos termos do art. 195, § 7º, da Constituição Federal:

> EMENTA: Mandado de Injunção.
>
> Legitimidade ativa da requerente para impetrar mandado de injunção por falta de regulamentação do disposto no § 7º do artigo 195 da Constituição Federal.
>
> Ocorrência, no caso, em face do disposto no artigo 59 do ADCT, de mora, por parte do Congresso, na regulamentação daquele preceito constitucional.
>
> Mandado de injunção conhecido, em parte, e, nessa parte, deferido para declarar-se o estado de mora em que se encontra

[141] CATTONI, Marcelo. *Direito processual constitucional*, Belo Horizonte: Mandamentos, 2001, p. 267-268.

o Congresso Nacional, a fim de que, no prazo de seis meses, adote ele as providências legislativas que se impõem para o cumprimento da obrigação de legislar decorrente do artigo 195, § 7º, da Constituição, sob pena de, vencido esse prazo sem que essa obrigação se cumpra, passar o requerente a gozar da imunidade requerida[142].

No Mandado de Injunção n. 283, o Supremo Tribunal Federal declarou a inconstitucionalidade da omissão legislativa, na medida em que o Congresso não elaborou a lei prevista no art. 8º, § 3º, do Ato das Disposições Constitucionais Transitórias, estabelecendo não só o prazo, mas também uma sanção, no sentido de que, caso não se verificasse o processo legislativo, ficava assegurado ao impetrante a faculdade de obter, contra a União, pela via processual adequada, sentença líquida de condenação à reparação constitucional devida, pelas perdas e danos que se arbitrem:

> EMENTA: Mandado de injunção: mora legislativa na edição da lei necessária ao gozo do direito à reparação econômica contra a União, outorgado pelo art. 8º, § 3º, ADCT: deferimento parcial, com estabelecimento de prazo para a purgação da mora e, caso subsista a lacuna, facultando o titular do direito obstado a obter, em juízo, contra a União, sentença líquida de indenização por perdas e danos.
>
> 1. O STF admite — não obstante a natureza mandamental do mandado de injunção (MI 107 — QO) — que, no pedido constitutivo ou condenatório, formulado pelo impetrante, mas, de atendimento impossível, se contém o pedido, de atendimento possível, de declaração de inconstitucionalidade por omissão normativa, com ciência ao órgão competente para que a supra (cf. Mandados de Injunção 168, 107 e 232).
>
> 2. A norma constitucional invocada (ADCT, art. 8º, § 3º) — "Aos cidadãos que foram impedidos de exercer, na vida civil, atividade profissional específica, em decorrência das Portarias Reservadas do Ministério da Aeronáutica n. S-50-GM5, de 19

[142] STF, MI 232-1-RJ, Rel. Min. Moreira Alves, j. 02-08-91, *DJ,* 27-03-92.

de junho de 1964, e n. S-285-GM5 será concedida reparação econômica, na forma que dispuser lei de iniciativa do Congresso Nacional e a entrar em vigor no prazo de doze meses a contar da promulgação da Constituição" — vencido o prazo nela previsto, legitima o beneficiário da reparação mandada conceder a impetrar mandado de injunção, dada a existência, no caso, de um direito subjetivo constitucional de exercício obstado pela omissão legislativa denunciada.

3. Se o sujeito passivo do direito constitucional obstado é a entidade estatal à qual igualmente se deva imputar a mora legislativa que obsta ao seu exercício, é dado ao Judiciário, ao deferir a injunção, somar, aos seus efeitos mandamentais típicos, o provimento necessário a acautelar o interessado contra a eventualidade de não se ultimar o processo legislativo, no prazo razoável que fixar, de modo a facultar-lhe, quanto possível, a satisfação provisória do seu direito.

4. Premissas de que resultam, na espécie, o deferimento do mandado de injunção para:

a) declarar em mora o legislador com relação à ordem de legislar contida no art. 8º, § 3º, ADCT, comunicando-o ao Congresso Nacional e à Presidência da República;

b) assinar o prazo de 45 dias, mais 15 dias para a sanção presidencial, a fim de que se ultime o processo legislativo da lei reclamada;

c) se ultrapassado o prazo acima, sem que esteja promulgada a lei, reconhecer ao impetrante a faculdade de obter, contra a União, pela via processual adequada, sentença líquida de condenação à reparação constitucional devida, pelas perdas e danos que se arbitrem;

d) declarar que, prolatada a condenação, a superveniência de lei não prejudicará a coisa julgada, que, entretanto, não impedirá o impetrante de obter benefícios da lei posterior, nos pontos em que lhe for mais favorável[143].

---

143 STF, MI 283-5-DF, Rel. Min. Sepúlveda Pertence, j. 20-03-91, *DJ*, 14-11-91.

No mesmo sentido o Supremo Tribunal Federal decidiu que "com a persistência do estado de mora do Congresso Nacional, que, não obstante cientificado pelo STF, deixou de adimplir a obrigação de legislar que lhe foi imposta pelo art. 8º, § 3º, do ADCT/88, reconhece-se, desde logo, aos beneficiários dessa norma transitória a possibilidade de ajuizarem, com fundamento no direito comum, a pertinente ação de reparação econômica"[144].

No Mandado de Injunção n. 369, o Ministro Néri da Silveira julgou procedente "o mandado de injunção, para reconhecer existente a omissão do Congresso Nacional na elaboração da norma regulamentadora do art. 7º, XXI, da Constituição, dando-se-lhe ciência dessa situação e assinando-lhe o prazo de seis meses para elaboração da lei prevista na Constituição. Se, vencido o prazo estabelecido, sem que a lei de regulamentação se edite, asseguro ao requerente o direito de pedir, no Juízo trabalhista, integrada a relação processual pela ex-empregadora, a fixação do *quantum* devido, a título de aviso prévio proporcional ao tempo de serviço, com base no art. 7º, XXI, da Constituição, cabendo, então, à Justiça do Trabalho, diante das circunstâncias do caso concreto, estipular como entender de direito"[145].

A doutrina pode ser dividida em três correntes:

1. O mandado de injunção tem os mesmos efeitos que a declaração de inconstitucionalidade por omissão[146].

2. O mandado de injunção importa na fixação de um prazo, com a possibilidade de sanção no caso de inadimplemento. Nesse sentido, parte da doutrina afirma que a decisão deve estabelecer o modo pelo qual o direito deve ser exercido e ordenar o seu cumprimento[147].

---

[144] STF, MI 384-0-RJ, Rel. Min. Celso de Mello, j. 05-08-93, *DJ*, 22-04-94.

[145] STF, MI 369-6-DF, Rel. Min. Néri da Silveira, j. 19-08-92, *DJ*, 26-02-93, fls. 27-28.

[146] FERREIRA FILHO, Manoel Gonçalves. *Curso de direito constitucional*, cit., p. 277: "O alcance do mandado de injunção é análogo ao da inconstitucionalidade por omissão. Sua concessão leva o Judiciário a dar ciência ao Poder competente da falta de norma sem a qual é inviável o exercício de direito fundamental. Não importa no estabelecimento pelo próprio órgão jurisdicional da norma regulamentadora necessária à viabilização do direito".

[147] SILVA, José Afonso da. *Curso de direito constitucional positivo*, cit., p. 451-453:

3. O mandado de injunção deve decidir o caso concreto.

Walter de Moura Agra afirma que existem basicamente duas correntes: "A primeira, denominada de concretista, planteia que o efeito da decisão judicial é constitutivo, regulando a matéria, dotando-a de eficácia, ou seja, o Judiciário regulamentaria a matéria em virtude da omissão do Legislativo. Ela se dividiria em individual, regulando para determinados casos concretos, e em genérica, regulando para todos os casos, ou seja, com efeitos *erga omnes*. A segunda corrente, baseando-se na separação de poderes, é denominada de não concretista, e advoga que a decisão do Poder Judiciário tem efeitos declaratórios, noticiando ao Poder Legislativo a sua mora e solicitando que este efetue a regulamentação normativa. Se o legislativo não regulamentasse a matéria não haveria nenhuma sanção para a sua omissão"[148].

A eficácia do mandado de injunção é *inter partes*, não havendo que falar em coisa julgada *erga omnes*, visto que esse efeito só surgirá com a expedição da norma regulamentadora pelo Poder competente. O Supremo Tribunal Federal supre a norma necessária à efetivação da Constituição, não legislando *in abstracto*, tendo em vista o princípio da separação dos poderes. Logo, segundo nosso entendimento, o mandado de injunção decide o caso concreto, pelo juízo de equidade, com a finalidade de suprir a lacuna da lei. Como afirmamos, o mandado de injunção possui natureza mandamental constitutiva, pois estabelece prazo para elaboração da norma ordinária, prevendo, na permanência da inércia do órgão competente, o juízo de equidade para o caso concreto.

No Mandado de Injunção n. 284-3, o Supremo Tribunal Federal deixou assentado que "o novo *writ* constitucional, consagrado pelo

---

"o conteúdo da decisão consiste na outorga direta do direito reclamado. O impetrante age na busca direta do direito constitucional em seu favor, independentemente da regulamentação. Por isso é que dissemos que ele precisa ter interesse direto no resultado do julgamento. Compete ao Juiz definir as condições para a satisfação direta do direito reclamado e determiná-lo imperativamente. Não foi esta lamentavelmente a decisão do Supremo Tribunal Federal, que vem dando ao instituto a função de uma ação pessoal de declaração de inconstitucionalidade por omissão, com o que praticamente o torna sem sentido ou, pelo menos, muitíssimo esvaziado".

148 AGRA, Walber de Moura. *Manual de direito constitucional*, São Paulo: Revista dos Tribunais, 2002, p. 217-218.

art. 5º, LXXI, da Carta Federal, não se destina a constituir direito novo, nem a ensejar ao Poder Judiciário o anômalo desempenho de funções normativas que lhe são institucionalmente estranhas. O mandado de injunção não é o sucedâneo constitucional das funções político-jurídicas atribuídas aos órgãos estatais inadimplentes. A própria excepcionalidade desse novo instrumento jurídico impõe ao Judiciário o dever de estrita observância do princípio constitucional da divisão funcional do Poder"[149]. O Ministro Ilmar Galvão, no seu voto divergente, deixou assentado que "o pedido que prepondera no mandado de injunção não é o de que se compila o Poder Legislativo a elaborar a lei faltante, mas o consistente em que se viabilize a concretização da vontade da norma constitucional, mediante a satisfação do direito por ela atribuído ao impetrante. Não se trata, pois, de ação mandamental. Nele, o Tribunal não expede ordem de elaboração de lei. O que lhe cabe é, na falta desta, ditar a regra a ser utilizada no caso concreto. A citação dos órgãos do Poder Legislativo, portanto, tem o sentido de mera ciência, a fim de que se tome, se for o caso, as medidas necessárias à expiação de sua mora"[150].

O Ministro Gilmar Mendes, no Mandado de Injunção 670, que tem por objeto a regulamentação do art. 37, II, que trata do direito de greve em voto-vista, ao trazer a discussão da possibilidade de suprir a lacuna legislativa, reconheceu que "enquanto não suprida a lacuna legislativa, aplicar a Lei 7.783/89, observado o princípio da continuidade do serviço público, ressaltando, no ponto, que, de acordo com as peculiaridades de cada caso concreto, e mediante solicitação de órgão competente, seja facultado ao juízo competente impor a observância a regime de greve mais severo em razão de se tratar de serviços ou atividades essenciais, nos termos dos arts. 10 e 11 da Lei 7.783/89. Asseverou que a inércia do Poder Legislativo em regular o direito de greve dos servidores públicos acabou por gerar uma preocupante realidade em que se observam inúmeras greves ilegais com

---

[149] STF, MI 284-3, Rel. Min. Marco Aurélio, Rel. para o acórdão Min. Celso de Mello, j. 22-11-91, *DJ*, 26-06-92.

[150] STF, MI 284-3, Rel. Min. Marco Aurélio, Rel. para o acórdão Min. Celso de Mello, j. 22-11-91, *DJ*, 26-06-92, fls. 28-29.

sérias consequências para o Estado de Direito. Concluiu que, diante desse contexto, considerado ainda o enorme lapso temporal dessa inércia, não resta alternativa para o Poder Legislativo quanto a decidir pela regulação ou não do tema, e que cabe, por sua vez, ao Poder Judiciário, intervir de forma mais decisiva, de modo a afastar a inoperância de suas decisões em mandado de injunção, e atuar também nos casos de omissão do Poder Legislativo, tendo em vista as balizas constitucionais que demandam a concretização do direito de greve a todos os trabalhadores"[151].

Interessante ressaltar que o relator, Ministro Maurício Corrêa, proferiu voto no sentido "de conhecer em parte do mandado de injunção apenas para declarar a mora do Congresso Nacional quanto à edição da norma regulamentadora, por entender que o Poder Judiciário não pode, nos limites da especificidade do mandado de injunção, garantir ao impetrante o direito de greve, substituindo-se ao legislador ordinário e extrapolando o âmbito da competência que a CF lhe confere. O Ministro Maurício Corrêa salientou ainda que não é facultado ao Poder Judiciário fixar prazo para que o Congresso Nacional aprove a respectiva lei, e, muito menos, anular sentença judicial, convertendo o mandado de injunção em tipo de recurso não previsto na legislação"[152].

No Mandado de Injunção 712, o relator Ministro Eros Grau assentou que "enquanto a omissão não for sanada, aplicar, observado o princípio da continuidade do serviço público, a Lei 7.783/89, que dispõe sobre o exercício do direito de greve na iniciativa privada (CF: 'Art. 9º É assegurado o direito de greve, competindo aos trabalhadores decidir sobre a oportunidade de exercê-lo e sobre os interesses que devam por meio dele defender. § 1º A lei definirá os serviços ou atividades essenciais e disporá sobre o atendimento das necessidades inadiáveis da comunidade. § 2º Os abusos cometidos sujeitam os responsáveis às penas da lei'). Salientando a necessidade de se conferir eficácia às

---

[151] Informativo n. 430 do Supremo Tribunal Federal. MI 670-ES, Rel. Min. Maurício Corrêa, 7.6.2006. Disponível em: <http://www.stf.gov.br/noticias/informativos/anteriores/info430.asp>. Acesso em 9 abr. 2007.

[152] Informativo n. 308 do Supremo Tribunal Federal. MI 670-ES, Rel. Min. Maurício Corrêa, 7.6.2006. Disponível em: <http://www.stf.gov.br/noticias/informativos/anteriores/info308.asp>. Acesso em 9 abr. 2007.

decisões proferidas pelo Supremo no julgamento de mandados de injunção, o relator reconheceu que a mora, no caso, é evidente e incompatível com o previsto no art. 37, VII, da CF, e que constitui dever-poder deste Tribunal a formação supletiva da norma regulamentadora faltante, a fim de remover o obstáculo decorrente da omissão, tornando viável o exercício do direito de greve dos servidores públicos"[153].

O pleno do Supremo Tribunal Federal conheceu os mandados de injunção 670[154], 708[155] e 712[156] propondo a solução para omissão legislativa com a aplicação da Lei n. 7.783, de 28 de junho de 1989[157], tratando do exercício do direito de greve no setor público.

O Supremo Tribunal Federal ao longo do tempo operou mudança significativa no entendimento dos efeitos da decisão em sede de mandado de injunção, deixando de atribuir ao instituto função meramente declaratória, mas permitindo que por intermédio deste remédio de direito processual constitucional se supra, para o caso concreto, a inércia e omissão legislativa. O *leading case* é o Mandado de Injunção 721-DF, em que o Tribunal aplicou aos servidores públicos, por analogia, a lei de aposentadoria aos trabalhadores em geral (Lei n. 8.213/91) até que seja editada a lei de que cuida o art. 40, § 4º, da Constituição Federal.

> MANDADO DE INJUNÇÃO — NATUREZA. Conforme disposto no inciso LXXI do artigo 5º da Constituição Federal, conceder-se-á mandado de injunção quando necessário ao exercício dos direitos e liberdades constitucionais e das prerrogativas inerentes à nacionalidade, à soberania e à cidadania. Há ação mandamental e não simplesmente declaratória de omissão. A carga de declaração não é objeto da impetração, mas premissa da ordem a ser formalizada.

---

[153] Informativo n. 430 do Supremo Tribunal Federal. MI 712-PA, Rel. Min. Eros Grau, 07-06-2006. Disponível em: <http://www.stf.gov.br/noticias/informativos/anteriores/info430.asp>. Acesso em 9 abr. 2007.

[154] STF, MI 670-9-ES, Rel. Min. Gilmar Mendes, j. 25-10-07, *DJ*, 30-10-08.

[155] STF, MI 708-0-DF, Rel. Min. Gilmar Mendes, j. 25-10-07, *DJ*, 30-10-08.

[156] STF, MI 712-8-PA, Rel. Min. Eros Grau, j. 25-10-07, *DJ*, 30-10-08.

[157] STF, MI 670-ES, Rel. Min. Maurício Corrêa, Rel. para acórdão Min. Gilmar Mendes, j. 25-10-07; STF, MI 708-DF, Rel. Min. Gilmar Mendes, j. 25-10-07; STF, MI 712-PA, Rel. Min. Eros Grau, j. 25-10-07.

MANDADO DE INJUNÇÃO — DECISÃO — BALIZAS. Tratando-se de processo subjetivo, a decisão possui eficácia considerada a relação jurídica nele revelada.

APOSENTADORIA — TRABALHO EM CONDIÇÕES ESPECIAIS — PREJUÍZO À SAÚDE DO SERVIDOR — INEXISTÊNCIA DE LEI COMPLEMENTAR — ARTIGO 40, § 4º, DA CONSTITUIÇÃO FEDERAL. Inexistente a disciplina específica da aposentadoria especial do servidor, impõe-se a adoção, via pronunciamento judicial, daquela própria aos trabalhadores em geral — artigo 57, § 1º, da Lei n. 8.213/91[158].

Indubitavelmente, em sede de mandado de injunção, o Poder Judiciário tem o dever, com fundamento no juízo de equidade, de elaborar norma regulamentadora para aplicação no caso concreto.

Segundo nosso entendimento, a edição superveniente de norma regulamentadora provoca a extinção do mandado de injunção em curso. Entretanto, se a norma regulamentadora não abranger todo o objeto do mandado de injunção, este prosseguirá para decisão acerca da matéria remanescente. Interessante ressaltar, com fundamento no princípio da segurança jurídica, que a edição de norma regulamentadora após a decisão em mandado de injunção terá eficácia *ex nunc*, passando a reger os casos futuros.

Em suma, para a garantia e eficácia da jurisdição constitucional das liberdades, a decisão que conceder mandado de injunção deverá formular, com fundamento no juízo de equidade, a norma regulamentadora com o intuito de aplicar no caso concreto trazido a juízo.

## 5. MANDADO DE SEGURANÇA

### 5.1. Conceito

O mandado de segurança é a ação constitucional que tem por finalidade a proteção de direito líquido e certo não amparado por *habeas corpus* ou *habeas data*. "Mandado provém do latim *mandatum* ou *mandatus*, com o significado de ordem ou determinação. Segu-

[158] STF, MI 721-7-DF, Rel. Min. Marco Aurélio, j. 30-08-07, *DJ*, 30-11-07.

rança tem o sentido de estado em que se encontra livre de risco, perigo, dano ou incerteza, exprimindo a carência de transtorno ou a remoção de suas causas. Basicamente, pois, mandado de segurança é a ordem para remover os óbices ou sustar seus efeitos a fim de fluir a paz, com o tranquilo gozo dos direitos subjetivos"[159].

Hely Lopes Meirelles afirma que o "mandado de segurança é o meio constitucional posto à disposição de toda pessoa física ou jurídica, órgão com capacidade processual, ou universalidade reconhecida por lei, para proteção de direito individual ou coletivo, líquido e certo, não amparado por *habeas corpus* ou *habeas data*, lesado ou ameaçado de lesão, por ato de autoridade, seja de que categoria for e sejam quais forem as funções que exerça"[160].

O mandado de segurança é previsto no art. 5º, LXIX, que dita: "conceder-se-á mandado de segurança para proteger direito líquido e certo, não amparado por *habeas corpus* ou *habeas data*, quando o responsável pela ilegalidade ou abuso de poder for autoridade pública ou agente de pessoa jurídica no exercício de atribuições do Poder Público". Por sua vez, o art. 1º da Lei n. 12.016/2009 estabelece que "conceder-se-á mandado de segurança para proteger direito líquido e certo, não amparado por *habeas corpus* ou *habeas data*, sempre que, ilegalmente ou com abuso de poder, qualquer pessoa física ou jurídica sofrer violação ou houver justo receio de sofrê-la por parte de autoridade, seja de que categoria for e sejam quais forem as funções que exerça".

## 5.2. Natureza jurídica

É ação constitucional, portanto, instituto de direito processual constitucional. "É ação civil de rito sumário especial, destinada a afastar ofensa a direito subjetivo individual ou coletivo, privado ou público, através de ordem corretiva ou impeditiva da ilegalidade, ordem esta a ser cumprida especificamente pela autoridade coatora, em atendimento da notificação judicial"[161]. "O mandado de segurança é uma

---

[159] PACHECO, José da Silva. *O mandado de segurança e outras ações constitucionais típicas*, 4. ed. rev., atual. e ampl., São Paulo: Revista dos Tribunais, 2002, p. 154.

[160] MEIRELLES, Hely Lopes. *Mandado de segurança*, cit., p. 17-18.

[161] MEIRELLES, Hely Lopes. *Mandado de segurança*, cit., p. 23.

garantia constitucional, de natureza formal, destinada à tutela de direitos públicos subjetivos que, do ponto de vista da natureza dos fatos de que emanem, revistam-se de liquidez e certeza. Como garantia formal ou processual, é, pois, uma ação. Trata-se de ação especial, que serve de instrumento de tutela a direitos individuais ou coletivos"[162].

## 5.3. Objeto da ação

O objeto do mandado de segurança é o ato comissivo ou omissivo ilegal ou praticado com abuso de poder e ofensivo ao direito individual ou coletivo, líquido e certo do impetrante, praticado por autoridade. Direito líquido e certo é aquele capaz de ser reconhecido de plano, sem a necessidade de dilação probatória[163].

A ilegalidade é a desconformidade de atuação ou omissão da autoridade em relação à lei. O abuso de poder é o ato praticado por autoridade competente, entretanto, realizado com finalidade diversa daquela prevista em lei (desvio de poder) ou quando, observadas as formalidades legais, extrapola os limites da lei (excesso de poder).

Não cabe mandado de segurança contra atos de natureza privada. Nesse sentido, o art. 1º, § 2º, da Lei n. 12.016/2009 estatui que "não cabe mandado de segurança contra atos de gestão comercial praticados pelos administradores de empresas públicas, de sociedade de economia mista e de concessionárias de serviço público". Muito embora os referidos atos não estejam incluídos nas hipóteses de cabimento do mandado de segurança, em licitações realizadas pelas sociedades de economia mista e empresas públicas, por possuírem

---

162 MEDINA, Paulo Roberto de Gouvêa. *Direito processual constitucional*, cit., p. 153.

163 MORAES, Alexandre de. *Direito constitucional*, cit., p. 167: "Direito líquido e certo é o que resulta de fato certo, ou seja, é aquele capaz de ser comprovado, de plano, por documentação inequívoca. Note-se que o direito é sempre líquido e certo. A caracterização de imprecisão e incerteza recai sobre os fatos, que necessitam de comprovação. Importante notar que está englobando na conceituação de direito líquido e certo o fato que para tornar-se incontroverso necessite somente de adequada interpretação do direito, não havendo possibilidade de o juiz denegá-lo, sob o pretexto de tratar-se de questão de grande complexidade jurídica. Assim, a impetração do mandado de segurança não pode fundamentar-se em simples conjecturas ou em alegações que dependam de dilação probatória incompatível com o procedimento de mandado de segurança".

natureza de ato administrativo, afigura-se possível a impetração de mandado de segurança, nos termos da Súmula 333 do STJ: "Cabe mandado de segurança contra ato praticado em licitação promovida por sociedade de economia mista ou empresa pública".

Não se concederá, ainda, mandado de segurança quando se tratar: 1) de ato do qual caiba recurso administrativo com efeito suspensivo, independentemente de caução; 2) de decisão judicial da qual caiba recurso com efeito suspensivo; 3) de decisão judicial transitada em julgado (art. 5º da Lei n. 12.016/2009).

## 5.4. Legitimidade

A legitimidade ativa compete ao titular do direito líquido e certo violado, sendo denominado impetrante. A ação é personalíssima, visto que o Supremo Tribunal Federal já assentou a impossibilidade da habilitação de herdeiros por morte do impetrante:

> EMENTA: Mandado de segurança. Habilitação de herdeiros por morte do impetrante. Questão de ordem.
>
> Impossibilidade de habilitação dos herdeiros, dados o caráter mandamental da ação de mandado de segurança e a natureza personalíssima do único direito postulado: a reintegração em decorrência da invalidade do ato de demissão. Precedentes do S.T.F.
>
> Pedido de habilitação indeferido, dando-se o processo por extinto sem julgamento do mérito e ressalvando-se aos herdeiros do impetrante as vias ordinárias para a persecução dos efeitos patrimoniais decorrentes da eventual invalidade do ato administrativo de sua demissão[164].

O art. 1º, § 3º, da Lei n. 12.016/2009 afirma que "quando o direito ameaçado ou violado couber a várias pessoas, qualquer delas poderá requerer o mandado de segurança".

A legitimidade passiva (impetrado) é sempre a autoridade coatora, ou seja, a autoridade pública ou o agente que exerce atividade do Poder Público, e não a pessoa jurídica ou órgão. O mandado de

---

[164] STF, MS 22130-5-RS, Questão de Ordem, Rel. Min. Moreira Alves, j. 13-03-97, *DJ*, 30-05-97.

segurança deve ser impetrado em face daquele que prolatou o ato e tenha competência para rever o ato impugnado.

A legitimidade passiva do mandado de segurança está adstrita a ato de autoridade pública ou de agente de pessoa jurídica no exercício de atribuições do Poder Público. Desta feita, não cabe mandado de segurança em face de pessoa física ou jurídica que não seja prestadora de serviço público. Assim, os sindicatos, serviços sociais autônomos, instituições financeiras, empresas públicas, sociedades de economia mista e fundações que não sejam delegadas do Poder Público não podem figurar como sujeito passivo em mandado de segurança, pois não possuem natureza pública[165].

Ivan Lira de Carvalho afirma que "sujeito passivo no *writ* é a pessoa jurídica de direito público (ou pessoa jurídica de direito privado no exercício de atribuição do Poder Público), de cujo seio tenha partido a ilegalidade ou o abuso de poder. Será a pessoa jurídica quem suportará os efeitos da concessão da segurança, máxime aqueles de natureza patrimonial. Já a autoridade coatora é o servidor público (pessoa física, é óbvio), que faz ou deixa de fazer algo, ilegalmente ou abusando do poder que detém, em desfavor do direito líquido e certo do paciente. Destarte, o ato praticado pelo coator é, em tese, manifestação da vontade da pessoa jurídica a cujos quadros pertence"[166]. O mesmo autor conclui que "o partido político pode figurar no polo passivo do mandado de segurança coletivo, mesmo sendo pessoa jurídica de direito privado, pois atua no mundo jurídico-institucional por delegação estatal"[167]. Para José da Silva Pacheco, com relação aos partidos políticos, não cabe mandado de segurança contra os atos de seus dirigentes[168].

---

165 PACHECO, José da Silva. *O mandado de segurança e outras ações constitucionais típicas*, cit., p. 214-219.

166 CARVALHO, Ivan Lira de. O mandado de segurança coletivo e os partidos políticos, *RP*, São Paulo: Revista dos Tribunais, 72/75-95, out./dez. 1993, esp. p. 88.

167 CARVALHO, Ivan Lira de. O mandado de segurança coletivo e os partidos políticos, *RP*, São Paulo: Revista dos Tribunais, 72/75-95, out./dez. 1993, esp. p. 93.

168 PACHECO, José da Silva. *O mandado de segurança e outras ações constitucionais típicas*, cit., p. 215.

A lei (art. 1º, § 1º, da Lei n. 12.016/2009) equipara às autoridades os representantes ou órgãos de partidos políticos e os administradores de entidades autárquicas, bem como os dirigentes de pessoas jurídicas ou as pessoas naturais no exercício de atribuições do poder público, somente no que disser respeito a essas atribuições. O Supremo Tribunal Federal já havia entendido que, em relação às atribuições de poder público, cabe mandado de segurança, nos termos da Súmula 510: "Praticado ato por autoridade, no exercício de competência delegada, contra ela cabe o mandado de segurança ou a medida judicial".

O art. 5º, LXIX, estabelece que o mandado de segurança pode ser impetrado quando o responsável pela ilegalidade ou abuso de poder for autoridade pública ou agente de pessoa jurídica no exercício de atribuições do Poder Público. O art. 175 da Constituição Federal dita que "Incumbe ao Poder Público, na forma da lei, diretamente, ou sob regime de concessão ou permissão, sempre através de licitação, a prestação de serviços públicos". Nessa esteira, são considerados serviços públicos, entre outros, os seguintes serviços previstos na Constituição Federal: organismos regionais (art. 43), saúde (art. 197), educação (art. 208), desporto (art. 217), radiodifusão (art. 223) e notoriais e de registro (art. 236).

Em tese, não cabe mandado de segurança em face de atos do Poder Legislativo. "Doutrinariamente, pois, admite-se, hoje em dia, o mandado de segurança em relação ao Poder Legislativo, quando: 1º) haja ato administrativo de autoridade legislativa, violador de direito, como no caso de a mesa praticar atos ilegais e prejudiciais; 2º) haja violação de direitos por lei meramente formal, equiparada, para todos os efeitos, a atos administrativos do órgão legislativo; 3º) haja infração de direitos por lei autoexecutável ou proibitiva, independentemente de ato ulterior; 4º) haja violação de direito por lei absolutamente inconstitucional, quando o seu objeto não é decretar a inconstitucionalidade da lei em tese, mas deixar de aplicá-la ao caso concreto por contrária à Constituição"[169].

[169] PACHECO, José da Silva. *O mandado de segurança e outras ações constitucionais típicas*, cit., p. 185.

O art. 6º, § 3º, da Lei n. 12.016/2009 estabelece: "considera-se autoridade coatora aquela que tenha praticado o ato impugnado ou da qual emane a ordem para a sua prática".

## 5.5. Procedimento

O procedimento do mandado de segurança é regulado pela Lei n. 12.016/2009. A petição, que deverá preencher os requisitos estabelecidos pela lei processual, em especial o art. 282 do Código de Processo Civil, sendo apresentada em duas vias, e os documentos, que instruírem a primeira, deverão ser reproduzidos, por cópia, na segunda. A inicial indicará, ainda, além da autoridade coatora, a pessoa jurídica que esta integra, à qual se acha vinculada ou da qual exerce atribuições (art. 6º da Lei n. 12.016/2009).

Ao despachar a inicial, o juiz ordenará: 1) que se notifique o coator do conteúdo da petição inicial, enviando-lhe a segunda via apresentada com as cópias dos documentos, a fim de que, no prazo de dez dias, preste as informações; 2) que se dê ciência do feito ao órgão de representação judicial da pessoa jurídica interessada, enviando-lhe cópia da inicial sem documentos, para que, querendo, ingresse no feito; 3) que se suspenda o ato que deu motivo ao pedido, quando houver fundamento relevante e do ato impugnado puder resultar a ineficácia da medida, caso seja finalmente deferida, sendo facultado exigir do impetrante caução, fiança ou depósito, com o objetivo de assegurar o ressarcimento à pessoa jurídica (art. 7º da Lei n. 12.016/09).

A lei do mandado de segurança previu expressamente a possibilidade dos meios da sociedade da informação para realização dos atos processuais, tendência presente no sistema jurídico pátrio. A norma estabelece que, "em caso de urgência, é permitido, observados os requisitos legais, impetrar mandado de segurança por telegrama, radiograma, fax ou outro meio eletrônico de autencidade comprovada. Poderá o juiz, em caso de urgência, notificar a autoridade por telegrama, radiograma ou outro meio que assegure a autenticidade do documento e a imediata ciência pela autoridade. O texto original da petição deverá ser apresentado nos cinco dias úteis seguintes. Em se tratando de documento eletrônico, serão observadas as regras de Infraestrutura de Chaves Públicas Brasileira — ICP-Brasil (art. 4º,

§§ 1º, 2º e 3º, da Lei n. 12.016/2009). A lei do mandado de segurança praticamente reproduziu a Lei n. 9.800/2006. Muito embora o texto da Lei n. 12.016/2009 aluda à realização dos atos processuais por meio eletrônico apenas em casos de urgência, nada impede o surgimento do mandado de segurança por meio de processo eletrônico nos termos da Lei n. 11.419/2009 que disciplinou a informatização dos processos judiciais.

Da decisão do juiz de primeiro grau que conceder ou denegar a liminar caberá agravo de instrumento. Os efeitos da medida liminar, salvo se revogada ou cassada, persistirão até a prolação da sentença. Deferida a medida liminar, o processo terá prioridade de julgamento (art. 7º, §§ 1º, 3º e 4º, da Lei n. 12.016/2009).

A lei do mandado de segurança estabelece que não será concedida medida liminar ou tutela antecipada que tenha por objeto a compensação de créditos tributários, a entrega de mercadorias e bens provenientes do exterior, a reclassificação ou equiparação de servidores públicos e a concessão de aumento ou a extensão de vantagens ou pagamento de qualquer natureza (art. 7º, §§ 2º e 5º, da Lei n. 12.016/2009).

Cremos que a referida norma é inconstitucional, pois restringe o direito ao acesso à justiça e à tutela jurisdicional, em especial no que se refere ao poder geral de cautela do magistrado.

A inicial será desde logo indeferida, por decisão motivada, quando não for caso de mandado de segurança ou lhe faltar algum dos requisitos legais, ou quando decorrido o prazo legal para impetração (art. 10 da Lei n. 12.016/2009). Denega-se, ainda, o mandado de segurança nos casos previstos pelo art. 267 do Código de Processo Civil. Dessas decisões caberá o recurso de apelação, e quando a competência para o julgamento do mandado de segurança couber originariamente a um dos tribunais, do ato do relator caberá agravo para o órgão competente do tribunal que integre. O pedido de mandado de segurança poderá ser renovado dentro do prazo decadencial, se a decisão denegatória não lhe houver apreciado o mérito (art. 6º, § 6º, da Lei n. 12.016/2009).

O ingresso de litisconsorte ativo não será admitido após o despacho da petição inicial (art. 10, § 2º, da Lei n. 12.016/2009).

Feitas as notificações, o serventuário em cujo cartório corra o feito juntará aos autos cópia autêntica dos ofícios endereçados ao coator e ao órgão de representação judicial da pessoa jurídica interessada, bem como a prova da entrega a estes ou da sua recusa em aceitá-los ou dar recibo, e no caso do envio por telegrama, radiograma, fax ou outro meio eletrônico, a comprovação da remessa (art. 11 da Lei n. 12.016/2009).

Findo o prazo para a apresentação das informações e ouvido o representante do Ministério Público, que opinará, dentro do prazo improrrogável de dez dias, os autos serão conclusos ao juiz, com ou sem parecer do Ministério Público, para a decisão, a qual deverá ser necessariamente proferida em trinta dias, tenham sido ou não prestadas as informações pela autoridade coatora.

Concedido o mandado de segurança, o juiz transmitirá em ofício, por intermédio do oficial do juízo, ou pelo correio, mediante correspondência com aviso de recebimento, o inteiro teor da sentença à autoridade coatora e à pessoa jurídica interessada. Em caso de urgência, poderá o juiz notificar a autoridade coatora por telegrama, radiograma, fax ou outro meio eletrônico de autenticidade comprovada.

Da sentença, denegando ou concedendo o mandado, cabe apelação. Concedida a segurança, a sentença estará sujeita obrigatoriamente ao duplo grau de jurisdição.

Segundo nosso entendimento, a autoridade coatora representa a pessoa jurídica cujo quadro integra e nessa qualidade presta as informações, cessando a partir daí sua intervenção no processo. A autoridade coatora poderia recorrer na qualidade de terceiro prejudicado. A Lei n. 12.016/2009 estendeu à autoridade coatora o direito de recorrer (art. 14, § 2º).

Não cabem, no processo de mandado de segurança, a interposição de embargos infringentes[170] e a condenação de honorários advocatícios[171], sem prejuízo da aplicação de sanções no caso de litigância de má-fé.

A impossibilidade da condenação em honorários justifica-se, em especial, no mandado de segurança coletivo, na ampliação do acesso à jurisdição constitucional das liberdades.

---

[170] Súmulas 294 e 597 do STF e 169 do STJ.

[171] Súmulas 512 do STF e 105 do STJ.

## 5.6. Efeitos da decisão

A execução da sentença concessiva de mandado de segurança é imediata, não havendo a necessidade de processo de execução, devido a sua natureza mandamental. Eduardo Arruda Alvim ensina que "já a execução, em sede de mandado de segurança, processa-se de forma peculiar. Daí porque só há falar-se em execução em sentido impróprio. É que, tratando-se de sentença mandamental, não há necessidade de acesso a uma nova ação (executiva), bastando que remeta o ofício à autoridade coatora, nos termos do art. 11 da Lei 1.533/51, não havendo lugar para oferecimento de embargos nos termos do art. 738, IV, do CPC"[172].

"A sentença mandamental contém: a) declaração da existência do direito ajuizado; b) uma ordem ou mandamento, dirigido a uma autoridade, que tanto pode ser os órgãos da execução, como outras autoridades, como o oficial de Registro Imobiliário, juiz do Registro de Comércio etc. ... No primeiro caso, porém, relativo aos órgãos da execução, a ordem tem caráter diferente da que resulta do título executivo que está implícito na sentença condenatória"[173].

### *5.6.1. Coisa julgada*

A decisão de mandado de segurança produz coisa julgada quando aprecia efetivamente o mérito da causa, indicando que o impetrante não possuiu o próprio direito, que não há como buscar outra decisão pelas vias ordinárias, na medida em que já há um posicionamento claro de mérito.

A segurança denegada por motivo de mérito impede o ingresso pela via ordinária para que seja apreciado o mesmo objeto. Não há dúvida que faz coisa julgada decisão que examina o mérito e conclui pela existência ou inexistência do direito. Entretanto, a improceden-

---

[172] ALVIM, Eduardo Arruda. *Mandado de segurança no direito tributário*, São Paulo: Revista dos Tribunais, 1998, p. 265.

[173] BARBI, Celso Agrícola. *Do mandado de segurança*, 10. ed. rev. e atual., São Paulo: Forense, 2000, p. 180.

cia sem apreciação do mérito abre a possibilidade do ingresso de outro mandado de segurança ou o ingresso pelas vias ordinárias. Cremos que a denegação da segurança pela falta de elementos probatórios suficientes não impede a busca do direito pela via ordinária mediante a devida instrução probatória, que não é cabível no mandado de segurança.

"A coisa julgada pode resultar da sentença concessiva ou denegatória da segurança, desde que a decisão haja apreciado o mérito da pretensão do impetrante e afirmado a existência ou a inexistência do direito a ser amparado. Não faz coisa julgada, quanto ao mérito do pedido, a decisão que apenas denega a segurança por incerto ou ilíquido o direito pleiteado, a que julga o impetrante carecedor do mandado e a que indefere desde logo a inicial por não ser caso de segurança ou por falta de requisitos processuais para a impetração ou pelo decurso do prazo para impetração (art. 10 da Lei n. 12.016/09)"[174].

O art. 19 da Lei n. 12.016/2009 estabelece que "a sentença ou o acórdão que denegar mandado de segurança, sem decidir o mérito, não impedirá que o requerente, por ação própria, pleiteie os seus direitos e os respectivos efeitos patrimoniais". Por sua vez, a Súmula 304 do Supremo Tribunal Federal enuncia que "decisão denegatória de mandado de segurança, não fazendo coisa julgada contra o impetrante, não impede o uso da ação própria". Em primeira leitura pode parecer que a nova lei adota posição diversa da súmula. Não é o caso. A lei confirma a súmula e o posicionamento do Supremo Tribunal Federal no sentido de que, se for reconhecida a inexistência do direito não cabe ação ordinária:

> I — Ação ordinária cabe ao impetrante do mandado de segurança quando este é denegado, por não se lhe reconhecer direito líquido e certo, não, porém, se o julgado conclui pela inexistência do direito reclamado, como na espécie ocorreu. Esse o verdadeiro sentido da súmula 304 (Ministro Luiz Gallotti, RE

---

[174] MEIRELLES, Hely Lopes; WALD, Arnoldo; MENDES, Gilmar Ferreira. *Mandado de segurança e ações constitucionais.* 32. ed. com a colaboração de Rodrigo Garcia da Fonseca. São Paulo: Malheiros, 2009, p. 119-120.

67.352-SP, RTJ 52/344). II — Coisa julgada material reconhecida por haver o acórdão no mandado de segurança apreciado o mérito e afirmado a inexistência do direito a ser amparado. RE não conhecido[175].

Funcionalismo (RJ). Demissão com base em ato institucional. Carência de ação ordinária em razão de coisa julgada em mandado de segurança. Inaplicabilidade da súmula 304. Causa de valor inferior ao da alçada do STF. Recurso não conhecido[176].

Coisa julgada. Pode produzi-la a decisão denegatória de mandado de segurança, se negar a existência do direito pretendido. Sentido da súmula 304. Recurso extraordinário não conhecido [177].

Ação para anulação de demissão de servidor público com base no Ato Institucional n. 1. Inexistência de coisa julgada no tocante a alegação de cerceamento de defesa, formalidade extrínseca susceptível de apreciação judicial. Aplicação da súmula 304. Recurso conhecido e provido em parte[178].

Cassio Scarpinella Bueno ao comentar o novo texto legal pontua que "uma vantagem da redação atual quando comparada com a regra anterior, o art. 15 da Lei n. 1.533/1951, deve ser destacada: o art. 19 da Lei n. 12.016/09 faz expressa ressalva no sentido de que a decisão que não transitar em julgado não prejudica as ações próprias. A questão, vale frisar, não é de entender que o mandado de segurança, em si mesmo considerado, não prejudica tais ações, mas que a decisão de mérito que, por hipótese, afirme inexistir o direito reclamado pelo impetrante é que prejudica. Tanto que o reconhecimento de que o impetrante não possui direito líquido e certo (...) não inibe que ele busque tutela jurisdicional sobre a mesma afirmação de direito por outra ação em que se possa produzir a prova que o modelo constitu-

---

175 STF, RE 83127-RJ, Rel. Min. Cordeiro Guerra, j. 19-10-76, *DJ*, 31-12-76.

176 STF, RE 81737-RJ, Rel. Min. Bilac Pinto, j. 17-10-75, *DJ*, 05-12-75.

177 STF, RE 82376-RJ, Rel. Min. Xavier de Albuquerque, j. 7-10-75, *DJ*, 24-10-75. No mesmo sentido: STF, RE 81423-RJ, Rel. Min. Moreira Alves, j. 19-09-75, *DJ*, 31-10-75; STF, RE 79727-RJ, Rel. Min. Moreira Alves, j. 29-08-75, *DJ*, 17-10-75.

178 STF, RE 80694-RJ, Rel. Min. Moreira Alves, j. 1º-09-75, *DJ*, 17-10-75.

cional do mandado de segurança veda. Trata-se, aliás, de hipótese que reclama, com exatidão, a incidência de regra aqui comentada"[179].

## 5.7. Mandado de segurança coletivo

A Constituição Federal de 1988 trouxe a possibilidade do mandado de segurança coletivo, impetrado em nome próprio da entidade legitimada pelo texto constitucional, com o intuito de defender direito líquido e certo de determinada categoria, grupo ou classe de pessoas. A espécie encontra-se contemplada no art. 5º, LXX, que dita: "o mandado de segurança coletivo pode ser impetrado por: *a*) partido político com representação no Congresso Nacional; *b*) organização sindical, entidade de classe ou associação legalmente constituída e em funcionamento há pelo menos um ano, em defesa dos interesses de seus membros ou associados".

O mandado de segurança coletivo é espécie do mandado de segurança, na medida em que são idênticos os seus pressupostos e caracteres, diferindo apenas no que se refere à legitimidade. A tutela coletiva já vinha sendo reconhecida no nosso sistema jurídico, nos termos do Estatuto da Advocacia e da Consolidação das Leis do Trabalho, sendo a legitimidade coletiva acolhida expressamente pelo Supremo Tribunal Federal:

> EMENTA: ORDEM DOS ADVOGADOS. Autorizada pelo Estatuto a representar em juízo e fora dele os interesses gerais da classe (Lei 4.215, de 27.4.1963, art. 1º, § 1º), não se pode recusar à Ordem dos Advogados legitimidade para requerer mandado de segurança contra ato administrativo que considera lesivo à coletividade dos advogados[180].
>
> EMENTA: Mandado de segurança. Corretores de navios.

[179] BUENO, Cassio Scarpinella. *A nova lei do mandado de segurança*. São Paulo: Saraiva, 2009, p. 116-117.

[180] STF, MS 20.170-3-DF, Rel. Min. Décio Miranda, j. 08-11-78, *DJ*, 30-03-79.

1) Tendo individualidade própria as pessoas jurídicas, tem, como tal, legitimação ativa para impetrar mandado de segurança;

2) Embora não caiba remédio heroico contra a lei em tese, tem o Supremo Tribunal Federal entendido ser o mesmo admissível quando o ato, por si só, pode produzir ato lesivo ao direito do impetrante[181].

Forçoso afirmar que a legitimidade extraordinária *ad causam* foi admitida pelo Supremo Tribunal Federal em favor das citadas instituições. A Constituição Federal de 1988, acompanhando o surgimento da sociedade de massa, ampliou a legitimidade coletiva, fazendo surgir o mandado de segurança coletivo. "A Constituição, ao criar a figura do mandado de segurança coletivo, inovou apenas quanto à legitimidade (ainda que subordine essa legitimidade à pertinência temática dos fins perseguíveis pela entidade, consoante se terá melhor oportunidade de expor adiante), de tal sorte que o mandado de segurança coletivo é o mesmo mandado de segurança do inc. LXIX do art. 5º da CF de 1988, somado à peculiaridade de que a *legitimatio ad processum* para sua impetração é conferida a entidades e partidos políticos com representação no Congresso Nacional, isto é, com uma legitimação não individual para a causa. Assim, os demais requisitos para o cabimento do mandado de segurança coletivo são os mesmos que aqueles exigidos para o cabimento do mandado de segurança individual"[182].

Lourival Gonçalves de Oliveira ressalta: "distinguem-se o Mandado de Segurança singular e coletivo pela legitimação que se estabelece neste em razão daquele, objetivando não mais a defesa de um interesse individual, mas coletivo. Trata-se pois, na realidade, de elemento circunstancial que não confere autonomia mas, tão somente, caracteriza espécie já que mantido um único elemento preponde-

---

[181] STF, MS 18.428-DF, Rel. Min. Raphael de Barros Monteiro, j. 10-12-69, *DJ*, 19-08-70.

[182] ALVIM, Eduardo Arruda. *Mandado de segurança no direito tributário*, cit., p. 348-349.

rante e a se dizer comum, típico do remédio em qualquer de suas espécies, a existência de direito líquido e certo atingido ou ameaçado por ato ilegal ou arbitrário de autoridade ou do agente no exercício de atribuição do Poder Público"[183].

A sociedade de massa em que vivemos fez surgir novas formas para a pacificação social, almejada pelo processo. A solução individual não é suficiente; urge a necessidade de outros meios para os conflitos das grandes massas, ou seja, os planos coletivo e difuso. A solução social passa a ter nova dimensão na dinâmica da nova realidade social massificada.

O mandado de segurança coletivo tem por objeto, como o próprio nome determina, o interesse de determinada categoria, grupo ou classe de pessoas. Diferentemente do controle abstrato da constitucionalidade, o mandado de segurança coletivo exige um caso concreto, ou seja, uma ilegalidade ou abuso de poder praticado em face de uma coletividade determinada. "O requisito do direito líquido e certo será sempre exigido. O que se deve ser entendido é que direito líquido e certo quer dizer fatos incontroversos, comprovados de plano. Incontroversos os fatos, será possível o ajuizamento da segurança, seguindo-se o exame da procedência ou improcedência do pedido"[184].

A doutrina tem afirmado que o mandado de segurança coletivo tem por finalidade a tutela de direito líquido e certo coletivo, não sendo possível a proteção de direitos difusos. Para Hely Lopes Meirelles, "somente cabe o mandado de segurança coletivo quando existe direito líquido e certo dos associados, e no interesse dos mesmos é que a entidade, como substituto processual, poderá impetrar a segurança, não se admitindo, pois, a utilização do mandado de segurança coletivo para a defesa de interesses difusos, que deverão ser protegidos pela ação civil pública"[185].

---

[183] OLIVEIRA, Lourival Gonçalves de. Interesse processual e mandado de segurança coletivo, *RP*, São Paulo: Revista dos Tribunais, 56/75-85, out./dez. 1989, esp. p. 76.

[184] VELLOSO, Carlos Mário da Silva. As novas garantias constitucionais: o mandado de segurança coletivo, o *habeas data*, o mandado de injunção e a ação popular para defesa da moralidade administrativa, *RF*, Rio de Janeiro: Forense, 306/33-41, abr./maio/jun. 1989, esp. p. 37.

[185] MEIRELLES, Hely Lopes. *Mandado de segurança*, cit., p. 21.

A Lei 12.016/2009 regulou o mandado de segurança coletivo dispondo: "Art. 21. O mandado de segurança coletivo pode ser impetrado por partido político com representação no Congresso Nacional, na defesa de seus interesses legítimos relativos a seus integrantes ou à finalidade partidária, ou por organização sindical, entidade de classe ou associação legalmente constituída e em funcionamento há, pelo menos, 1 (um) ano, em defesa de direitos líquidos e certos da totalidade, ou de parte, dos seus membros ou associados, na forma dos seus estatutos e desde que pertinente às suas finalidades, dispensada, para tanto, autorização especial. Parágrafo único. Os direitos protegidos pelo mandado de segurança coletivo podem ser: I — coletivos, assim entendidos, para efeito desta Lei, os transindividuais, de natureza indivisível, de que seja titular grupo ou categoria de pessoas ligadas entre si ou com a parte contrária por uma relação jurídica básica; II — individuais homogêneos, assim entendidos, para efeito desta Lei, os decorrentes de origem comum e da atividade ou situação específica da totalidade ou de parte dos associados ou membros do impetrante".

O referido artigo da lei do mandado de segurança restringiu o alcance do mandado de segurança coletivo, não reconhecendo a tutela dos direitos difusos e a atuação dos partidos políticos. Cremos que a redação legal é inconstitucional na medida em que a restrição não é prevista no texto constitucional, e não cabe restringir direitos individuais e coletivos. Cabe interpretação conforme a Constituição no sentido de admitir mandado de segurança coletivo para tutela de direitos difusos, sendo inclusive essa a dinâmica do processo coletivo e do próprio processo constitucional.

Segundo nosso entendimento, a divisão do inciso constitucional é clara. O partido político com representação no Congresso Nacional pode utilizar o mandado de segurança coletivo para a tutela de direitos difusos ou coletivos, devido a sua natureza jurídica. No caso das entidades previstas na alínea *b* do inciso LXX do art. 5º da Constituição Federal, a impetração de mandado de segurança coletivo deve ter por objeto apenas o interesse da categoria, grupo ou classe de pessoas. Note-se que, no final, a alínea *b* ressalta: "em defesa dos interesses de seus membros ou associados".

A legitimação das organizações sindicais, entidades de classe ou associações, para a segurança coletiva, é extraordinária, não se exigindo a autorização expressa, devendo esta ser condicionada aos interesses jurídicos da coletividade que representa. Nesse sentido, o entendimento do Supremo Tribunal Federal:

> EMENTA: MANDADO DE SEGURANÇA COLETIVO. IMPETRAÇÃO POR ASSOCIAÇÃO DE CLASSE. LEGITIMAÇÃO ATIVA. ART. 5º, INCS. XXI E LXX, "B", DA CONSTITUIÇÃO FEDERAL.
>
> A associação regularmente constituída e em funcionamento pode postular em favor de seus membros ou associados, não carecendo de autorização especial em assembleia geral, bastando a constante do estatuto. Mas como é próprio de toda substituição processual, a legitimação para agir está condicionada à defesa dos direitos ou interesses jurídicos da categoria que representa.
>
> Recurso extraordinário conhecido e provido para que o Tribunal *a quo*, afastada a preliminar de ilegitimidade ativa da impetrante, julgue o mérito do mandado de segurança[186].
>
> EMENTA: CONSTITUCIONAL. PROCESSUAL CIVIL. MANDADO DE SEGURANÇA COLETIVO. SUBSTITUIÇÃO PROCESSUAL. AUTORIZAÇÃO EXPRESSA. C.F., ART. 5º, LXX; ART. 5º, XXI.
>
> I. — A legitimação das organizações sindicais, entidades de classe ou associações, para a segurança coletiva, é extraordinária, ocorrendo, em tal caso, substituição processual. C.F., art. 5º, LXX.
>
> II. — Não se exige, tratando-se de segurança coletiva, a autorização expressa aludida no inciso XXI do art. 5º da Constituição, que contempla hipótese de representação.
>
> III. — R.E. não conhecido[187].

---

[186] STF, RE 141.733-1-SP, Rel. Min. Ilmar Galvão, j. 07-03-95, *DJ*, 01-09-95.

[187] STF, RE 182.543-0-SP, Rel. Min. Carlos Velloso, j. 29-11-94, *DJ*, 07-04-95.

EMENTA: CONSTITUCIONAL. PROCESSUAL CIVIL. MANDADO DE SEGURANÇA COLETIVO. SUBSTITUIÇÃO PROCESSUAL. AUTORIZAÇÃO EXPRESSA. OBJETO A SER PROTEGIDO PELA SEGURANÇA COLETIVA. C.F., ART. 5º, LXX, "B".

I. — A legitimidade das organizações sindicais, entidades de classe ou associações, para a segurança coletiva, é extraordinária, ocorrendo, em tal caso, substituição processual. C.F., art. 5º, LXX.

II. — Não se exige, tratando-se de segurança coletiva, a autorização expressa aludida no inciso XXI do art. 5º, da Constituição, que contempla hipótese de representação.

III. — O objeto do mandado de segurança coletivo será um direito dos associados, independentemente de guardar vínculo com os fins próprios da entidade impetrante do *writ*, exigindo-se, entretanto, que o direito esteja compreendido na titularidade dos associados e que exista ele em razão das atividades exercidas pelos associados, mas não se exigindo que o direito seja peculiar, próprio, da classe.

IV. — R.E. conhecido e provido[188].

MANDADO DE SEGURANÇA COLETIVO — LEGITIMAÇÃO — NATUREZA DO INTERESSE. O interesse exigido para a impetração de mandado de segurança coletivo há de ter ligação com o objeto da entidade sindical e, portanto, com o interesse jurídico desta, o que se configura quando em jogo a contribuição social sobre o lucro das pessoas jurídicas prevista na Lei n. 7.689/88. Na espécie, a controvérsia está relacionada com a própria atividade desenvolvida pelas empresas, o lucro obtido e a incidência linear, considerada toda a categoria, da contribuição social. Portanto, se as atribuições do sindicato se fazem em prol daqueles que congrega, forçoso é concluir pela existência do indispensável nexo[189].

---

[188] STF, RE 181.438-1-SP, Rel. Min. Carlos Velloso, j. 28-06-96, *DJ*, 04-10-96.

[189] STF, RE 157.234-5-DF, Rel. Min. Marco Aurélio, j. 12-06-95, *DJ*, 11-09-85.

EMENTA: I. Mandado de segurança coletivo: descabimento para impugnar solução dada pelo Tribunal de Contas a consulta de administração, que não afeta de imediato a situação individual dos filiados da impetrante e cuja desconstituição, de qualquer sorte, não compeliria a autoridade consulente a decidir de modo contrário à tese nela acolhida[190].

O requisito de constituição e funcionamento há pelo menos um ano é exigido apenas em relação à associação. No caso do sindicato e da entidade de classe verifica-se a legitimidade para impetração de mandado de segurança independentemente da comprovação de um ano de constituição e funcionamento. Nesse sentido, a decisão do Supremo Tribunal Federal:

EMENTA: LEGITIMIDADE DO SINDICATO PARA A IMPETRAÇÃO DE MANDADO DE SEGURANÇA COLETIVO INDEPENDENTEMENTE DA COMPROVAÇÃO DE UM ANO DE CONSTITUIÇÃO E FUNCIONAMENTO.

Acórdão que, interpretando desse modo a norma do art. 5º, LXX, da CF, não merece censura.

Recurso não conhecido[191].

Desta feita, nos termos do voto do relator Ministro Ilmar Galvão, "o mandado de segurança coletivo pode ser impetrado: a) por partido político, com representação no Congresso Nacional; b) por organização sindical; c) por entidade de classe; ou d) por associação, constituída e em funcionamento, há pelo menos um ano, em defesa dos interesses de seus membros ou associados"[192]. Assim, resta claro que a exigência quanto à constituição e funcionamento há pelo menos um ano, prevista no art. 5º, LXX, *b*, da Constituição Federal, refere-se exclusivamente à associação. Entretanto, esse requisito pode comportar exceção, se houver manifesto interesse social, consubstanciada

[190] STF, MS 21.361-2-DF, Rel. Min. Sepúlveda Pertence, j. 18-08-94, *DJ,* 30-09-94.

[191] STF, RE 198.919-0-DF, Rel. Min. Ilmar Galvão, j. 15-06-99, *DJ,* 24-09-99.

[192] STF, RE 198.919-0-DF, Rel. Min. Ilmar Galvão, j. 15-06-99, *DJ,* 24-09-99, fls. 415.

na relevância da questão debatida, utilizando-se por analogia norma do processo coletivo: "O requisito da pré-constituição poderá ser dispensado pelo juiz, quando haja manifesto interesse social evidenciado pela dimensão ou característica do dano, ou pela relevância do bem jurídico a ser protegido" (art. 5º, § 4º, da Lei n. 7.347/85).

A lei expressou entendimento jurisprudencial[193] no sentido de ser dispensada a autorização especial dos associados para ajuizamento.

A atuação dos partidos políticos é extensa, nos termos que a própria Constituição consagrou, não devendo prosperar a limitação imposta pelo art. 21 da Lei n. 12.016/2009. Desta feita, os partidos políticos, tendo em vista suas funções institucionais, podem impetrar mandado de segurança coletivo referente a qualquer assunto, não havendo necessidade da demonstração da pertinência subjetiva. O partido político é o garante do Estado Democrático e Social de Direito, visto que a sua esfera de atuação, consagrada no texto constitucional e na lei ordinária, o dota de competência ampla para interposição do mandado de segurança coletivo. Nota-se que compete aos partidos políticos a defesa do regime democrático e dos direitos fundamentais, guardando semelhança, no que tange à finalidade, ao órgão do Ministério Público.

Cássio Scarpinella Bueno afirma que "a melhor interpretação para a regra examinada é a de que ela não inova na ordem jurídica nacional. É da essência dos partidos políticos, desde o art. 17 da Constituição Federal, e, mais especificamente, à luz do art. 1º da Lei n. 9.096/1995, sua lei orgânica, que eles, os partidos políticos, destinam-se a assegurar, no interesse do regime democrático, a autenticidade do sistema representativo e a defender os direitos fundamentais, definidos na Constituição. Como a alínea *a* do inciso LXX do art. 5º da Constituição Federal não faz qualquer restrição ao direito (ou interesse) a ser tutelado pelo mandado de segurança coletivo quando impetrado por partido político, é equivocado, porque restritivo, o

[193] Súmula 629 do STF: "A impetração de mandado de segurança coletivo por entidade de classe em favor dos associados independe da autorização destes".

entendimento de que a lei poderia restringi-los à tutela jurisdicional dos direitos (interesses) dos membros dos partidos políticos. Isso seria tratar o partido político, aliás, como mero ente associativo, o que conspira contra sua missão institucional. O dispositivo constitucional limita-se, a propósito, a exigir que o partido político tenha representação no Congresso Nacional"[194].

Ensina Lúcia Valle Figueiredo: "verifica-se, de conseguinte, com clareza solar, que, no atinente aos Partidos Políticos, qualquer restrição expressa veio no texto constitucional. Em outro falar: na medida em que associações e sindicatos podem impetrar mandado de segurança coletivo em defesa dos interesses de seus membros ou associados, os Partidos Políticos não conhecem restrições constitucionais. Ou, por outra, a proteção não será apenas para os filiados do partido, muito pelo contrário"[195]. Carlos Ari Sundfeld ressalta esse aspecto afirmando que "o mandado de segurança coletivo impetrado pelo partido político não visa defender interesse dos seus membros, mas antes a legalidade (ou constitucionalidade) objetiva: basta demonstrar a violação à lei ou à Constituição, é dizer, a violação da legalidade objetiva. Isso explica, aliás, porque só os partidos políticos com representação parlamentar têm legitimidade para a impetração. A defesa da legalidade objetiva é uma função pública, que pressupõe uma investidura popular, que os partidos sem representação no Legislativo não têm. O partido político possui um *status* especial no nosso Direito, previsto constitucionalmente, com requisitos de funcionamento, com fiscalização da Justiça Eleitoral; é uma entidade que, submetendo-se periodicamente ao julgamento popular, e logrando eleger parlamentares, tem alta representatividade. Portanto, o mandado proposto por partido político é equivalente à ação popular, dispensando-se porém qualquer nova prova da lesividade do ato atacado. Se o mandado de segurança coletivo impetrado por

---

194 BUENO, Cassio Scarpinella. *A nova lei do mandado de segurança*. São Paulo: Saraiva, 2009, p. 124.

195 FIGUEIREDO, Lúcia Valle. Partidos políticos e mandado de segurança coletivo, *RDP*, São Paulo: Revista dos Tribunais, 95/37-41, jul./set. 1990, esp. p. 39.

partido político servisse, como os demais, para a defesa dos interesses de seus membros, não haveria razão para negar legitimidade aos partidos sem representação parlamentar; também seus associados têm direitos coletivos, que poderiam ser objeto de mandado de segurança coletivo"[196].

O partido político trata-se de instituição que tem por finalidade a defesa da própria sociedade, não se podendo verificar nenhuma espécie de restrição a essa atuação que não esteja prevista expressamente no texto constitucional. Os partidos políticos podem defender direitos individuais de seus membros, além dos direitos difusos e coletivos da sociedade[197]. "De fato, mencionado preceito não faz nenhuma restrição quanto à impetração do *writ* coletivo pelos partidos políticos, o que dá a ideia da amplitude de sua legitimação. Além do mais, se fosse intenção do constituinte limitar a ação dessas instituições à defesa de seus filiados, não haveria necessidade de indicar as demais entidades legitimadas em dispositivo distinto, podendo tratar do tema em apenas uma alínea"[198].

Para Carlos Mário da Silva Velloso, "no mandado de segurança coletivo, impetrado por partido político, o direito a ser pleiteado, ao que penso, deve ser de natureza política, assim um direito político

---

196 SUNDFELD, Carlos Ari. *Habeas data* e mandado de segurança coletivo, *RDP*, São Paulo: Revista dos Tribunais, 95/190-199, jul./set. 1990, esp. p. 199.

197 SILVA, José Afonso da. *Curso de direito constitucional positivo*, cit., p. 460-461: "Não se indicaram, porém, interesses de quem os partidos políticos podem defender pelo mandado de segurança coletivo. Questão aberta. Logo, entendemos que eles podem defender direito subjetivo individual de seus membros, desde que se admita, como se está admitindo, que o mandado de segurança coletivo também é meio hábil para a defesa de direito subjetivo individual de integrantes da parte institucional legitimada. No mais, parece-nos que assiste razão a Celso Agrícola Barbi quando entende que a legitimação dos partidos políticos para requerer mandado de segurança coletivo é indicativa de que este pode ter por objeto interesses legítimos, difusos ou coletivos".

198 FARIA, Luiz Alberto Gurgel de. Mandado de segurança coletivo — interesse processual, *RT*, São Paulo: Revista dos Tribunais, 687/34-39, jan. 1993, p. 36.

ou com este relacionado (Constituição, arts. 14, 15 e 16) ou referido ao partido político (Constituição, art. 17). O partido político, outrossim, somente poderia impetrar mandado de segurança em favor de filiados seus"[199].

Celso Agrícola Barbi afirma que, "quando o pedido for de partido político, basta a simples ilegalidade e a lesão de interesse daquele tipo, não sendo caso de estabelecer qualquer vínculo entre o interesse e os membros ou filiados do partido. Este, na realidade, agirá na defesa do interesse da sociedade, como é da natureza da sua atuação"[200].

Para Vicente Greco Filho o mandado de segurança coletivo visa a defender os interesses que coincidem com os objetivos sociais da entidade. Ressalta que "o universo atingido é o dos associados, dentro dos limites das finalidades da associação. As pessoas associam-se para determinadas finalidades, porque reúnem certos interesses comuns. A associação, no plano político e institucional, defende esses interesses e, agora, poderá defendê-los judicialmente. Esta observação é importante para esclarecer que os interesses dos associados a serem defendidos não são quaisquer interesses, mas os que coincidem com os objetivos sociais. Há interesses personalíssimos que não comportam a impetração coletiva porque não comportam associatividade"[201].

Para J. J. Calmon de Passos, "a legitimação dos partidos só poderá ocorrer com a aquiescência das entidades representativas a que se vinculam os interesses em jogo. Só na hipótese de inexistência dessas entidades é que os partidos teriam legitimação direta, poden-

---

[199] VELLOSO, Carlos Mário da Silva. As novas garantias constitucionais: o mandado de segurança coletivo, o *habeas data*, o mandado de injunção e a ação popular para defesa da moralidade administrativa, *RF*, Rio de Janeiro: Forense, 306/33-41, abr./maio/jun. 1989, esp. p. 36.

[200] BARBI, Celso Agrícola. Mandado de segurança na Constituição de 1988, *RF*, Rio de Janeiro: Forense, 304/53-56, abr./maio/jun. 1989, esp. p. 55.

[201] GRECO FILHO, Vicente. *Tutela constitucional das liberdades*, São Paulo: Saraiva, 1989, p. 168.

do impetrar mandado de segurança coletivo, assumindo a representatividade desses interesses ainda não devidamente organizados". Para o referido autor o partido político tem função supletiva das entidades representativas[202].

Manoel Gonçalves Ferreira Filho afirma que para os partidos políticos "a legitimação é dada para a defesa de direitos de natureza política, sobretudo, aos relacionados com a participação eleitoral"[203].

Em resumo, segundo entendimento doutrinário, o mandado de segurança coletivo pode ser impetrado por partido político, no sentido de que:

1) os direitos pleiteados devem referir-se a seus filiados, no que diz respeito a matéria de cunho político.

2) os direitos pleiteados devem ser compatíveis com o programa partidário ou objetivos sociais;

3) o partido político deve apenas satisfazer ao requisito previsto no art. 5º, de representação no Congresso;

4) a legitimação só poderá ocorrer com a aquiescência das entidades representativas dos indivíduos a que se vinculam os interesses em jogo. Só na hipótese de inexistência dessas entidades é que os partidos teriam legitimação direta.

Há ênfase no sentido de que o partido político só poderá impetrar mandado de segurança coletivo em nome de filiados, quando autorizados para defender direitos políticos vinculados aos fins sociais. Já se afirma que a Lei n. 12.016/2009 encerrou a discussão doutrinária acerca da amplitude de atuação dos partidos políticos. Segundo nosso entendimento, a legitimação dos partidos políticos é ampla, não comportando restrições não expressas no texto constitucional.

Para Ada Pellegrini Grinover, "o partido político está legitimado a agir para a defesa de todo e qualquer direito, seja ele de nature-

---

202 PASSOS, J. J. Calmon de. *Mandado de segurança coletivo, mandado de injunção*, habeas data: Constituição e processo, Rio de Janeiro: Forense, 1989, p. 22.

203 FERREIRA FILHO, Manoel Gonçalves. *Direitos humanos fundamentais*, São Paulo: Saraiva, 1995, p. 154.

za eleitoral, ou não. No primeiro caso, o partido estará defendendo seus próprios interesses institucionais, para os quais se constituiu. Agirá, a nosso ver, investido de legitimação ordinária. No segundo caso — quando, por exemplo, atuar para a defesa do ambiente, do consumidor, dos contribuintes — será substituto processual, defendendo em nome próprio interesses alheios. Mas nenhuma outra restrição deve sofrer quanto aos interesses e direitos protegidos: além da tutela dos direitos coletivos e individuais homogêneos, que se titularizam nas pessoas filiadas ao partido, pode o partido buscar, pela via da segurança coletiva, aquela atinente a interesses difusos, que transcendam aos seus filiados"[204].

A legitimidade dos partidos políticos para ingressar com mandado de segurança coletivo encontra-se na sua função política atribuída pelo Estado Democrático. A função política exercida pelo partido político é essencialmente de fiscalização política dos interesses da nação. "O partido político tem como função precípua a defesa de direitos políticos, que são de regra difusos ou coletivos. Podem, portanto, defender por meio de mandado de segurança coletivo os direitos e valores ambientais violados (interesses difusos), os das populações indígenas, bem como impugnar atos praticados com preconceito de raça (interesses coletivos) etc."[205].

Cabe anotar ainda que, no mesmo sentido da ação direta de inconstitucionalidade, persiste a legitimidade do partido político mesmo após superveniente perda da representação congressual. Também, segundo nosso entendimento, o partido político com representação nas Assembleias Legislativas para defesa de interesse estadual, ou, em se tratando de interesse municipal, na respectiva Câmara, pode ingressar com mandado de segurança coletivo para a defesa desses direitos, que devem ser exercidos e tutelados no âmbito estadual ou municipal.

---

[204] GRINOVER, Ada Pellegrini. Mandado de segurança coletivo: legitimação, objeto e coisa julgada, *RPGESP*, São Paulo: Procuradoria-Geral do Estado, 32/11-26, jan./mar. 1990, esp. p. 18.

[205] NERY JUNIOR, Nelson. Mandado de segurança coletivo, *RP*, São Paulo: Revista dos Tribunais, 57/150-158, jan./mar. 1990, esp. p. 156.

O Ministério Público possui legitimidade para ingressar com mandado de segurança coletivo. Muito embora haja omissão constitucional (art. 5º, LXX) e legal (art. 21), a conclusão surge do próprio sistema, decorrente das funções institucionais do Ministério Público previstas nos arts. 127 e seguintes da Constituição Federal e mais especificamente no art. 129, III, do texto constitucional, e arts. 6º, VI, da Lei Complementar n. 75/93 e 32, I, da Lei n. 8.625/93. No mesmo sentido, cremos, a Ordem dos Advogados do Brasil possui legitimidade para ingressar com mandado de segurança coletivo.

No caso da organização sindical, entidade de classe ou associação, a legitimação é inerente aos direitos subjetivos individuais dos membros, havendo a necessidade da demonstração do vínculo da pertinência temática com a entidade. O interesse previsto no art. 5º, LXX, *b*, da Constituição Federal é de todo grupo, categoria ou classe, e não apenas de um ou alguns de seus integrantes. Quando o objeto for o interesse dessa parcela, o instrumento adequado é o mandado de segurança, com fulcro no art. 5º, XXI, da Constituição Federal. Nesse sentido, o inciso XXI é caso de representação processual, ao passo que o inciso LXX, *a*, consagra a substituição processual.

Cabe ressaltar que o art. 5º, XXI, trata da representação, por parte da associação, de interesses individuais. Já a alínea *b* do inciso LXX do art. 5º trata do interesse da coletividade dos associados.

A substituição processual não se confunde com a representação. Na primeira se verifica a defesa do interesse de outrem em nome próprio (legitimação extraordinária), e na segunda, a defesa se faz em nome do próprio titular do direito. "Duas são as conclusões a que se chega acerca da legitimação das entidades associativas para figurarem como substitutas processuais de seus associados em matéria de mandado de segurança coletivo: a) Art. 5º, LXX, *b*: o órgão de classe está legitimado extraordinariamente, independente de qualquer autorização, em razão de a situação legitimamente (situação jurídica subjetiva de que deflui a legitimação) guardar certo vínculo com os fins mesmos da entidade; b) Art. 5º, XXI: o órgão de classe está legitimado extraordinariamente, subordinado a autorização expressa, em razão de a situação legitimamente derivar, em caráter eventual, da conveniência do associado e em atenção estrita, em qualquer caso, aos seus interesses individuais"[206].

Em suma:

> Representação Processual ➔ a defesa se faz em nome do próprio titular (art. 5º, XXI).
>
> Substituição Processual ➔ há defesa do interesse de outrem em nome próprio (legitimação extraordinária). Só quando a lei permite é admissível que terceiro venha a juízo tutelar direito alheio em nome próprio. O substituto age na defesa do interesse que não lhe pertence (art. 5º, LXX, *a*).

A Constituição inovou ao consagrar os direitos fundamentais, tutelando não só os direitos individuais, mas também os coletivos. É o que se lê no Capítulo I do Título II — Dos Direitos e Deveres Individuais e Coletivos. Os direitos individuais são inerentes ao indivíduo ou pessoa (homem e mulher). O termo "coletivo" utilizado na Constituição é no sentido amplo, comportando duas espécies: 1) coletivos no sentido restrito do termo, relativo a categoria, grupo ou classe de pessoas; e 2) difusos.

No capítulo dos "Direitos Fundamentais" a norma constitucional não faz diferença conceitual entre os interesses difusos e coletivos. A distinção é mencionada única e exclusivamente quando concede ao Ministério Público a legitimidade para a defesa dos interesses difusos e coletivos, por intermédio da ação civil pública.

O mandado de segurança coletivo é cabível para a defesa de interesses individuais, coletivos ou difusos, lesados por ato ilegal de autoridade. No caso da alínea *a*, o interesse é amplo. Na alínea *b*

---

206 FRANCO NETO, Carlos Ary Azevedo. Mandado de segurança coletivo — legitimação das entidades associativas para a defesa de interesses coletivos, *RT*, São Paulo: Revista dos Tribunais, 677/7-12, mar. 1992, esp. p. 9.

verifica-se a restrição ao interesse dos membros, conforme já citamos. Dessa feita, a tutela dos interesses difusos só é possível em relação aos partidos políticos. Nos dois incisos não se verifica a necessidade da autorização dos associados[207].

Nesse sentido, sustenta Eduardo Arruda Alvim: "Já a alínea *a*, ao referir a legitimidade dos partidos políticos com representação no Congresso Nacional, não faz a restrição constante da alínea *b* no sentido de que o mandado de segurança seja impetrado em defesa dos interesses de seus membros ou associados. Em verdade, o que se afigura é que a alínea *a* estabeleceu verdadeira hipótese ampla de controle da legalidade. Caberá o mandado de segurança coletivo, impetrado por partido político, desde que os objetivos colimados no *mandamus* guardem correspondência com os valores que devem ser tutelados pelos partidos políticos, estampados, esses, no *caput* do art. 17 da CF/88. De modo que o mandado de segurança coletivo, na hipótese da alínea *a*, pode envolver interesses que transcendem o universo dos filiados ao partido impetrante"[208]. (...) "O que se passa todavia, é que a perspectiva de que se enfoca esse caso concreto, em se tratando de mandado de segurança coletivo, é distinta. Tal diferença transparece de forma ainda mais nítida no caso da alínea *a* do inc. LXX, regra de amplitude bastante mais larga do que a alínea *b*, consoante expusemos. Com efeito, na hipótese de impetração de mandado de segurança coletivo pela alínea *a*, basta que haja violação a direito líquido e certo, que diga respeito aos fins que devem ser tutelados pelos partidos políticos, para que seja possível a impetração.

---

[207] PASSOS, Elizabeth Nogueira Calmon de. Mandado de segurança coletivo, *RP*, São Paulo: Revista dos Tribunais, 69/164-168, jan./mar. 1993, esp. p. 167: "Assim, como a ninguém é dado estabelecer outros obstáculos à legitimidade que não os decorrentes da própria Constituição, não restam dúvidas de que, para o ajuizamento do mandado de segurança coletivo, nem os partidos políticos, as organizações sindicais, as entidades de classe ou as associações legalmente constituídas necessitam da autorização expressa a que alude o inc. XXI do art. 5º da CF, para outras ações que não a segurança coletiva".

[208] ALVIM, Eduardo Arruda. *Mandado de segurança no direito tributário*, cit., p. 361-362.

Figure-se uma hipótese concreta, que abaixo será melhor analisada. Ficou bastante conhecida, há alguns anos, a questão atinente ao reajuste de 147% (cento e quarenta e sete por cento) dos aposentados. Ora, quer-nos parecer que havia legitimidade para o partido político impetrar mandado de segurança coletivo, pois a questão então colocada em pauta diz(ia) com os objetivos a serem perseguidos pelos partidos políticos, nos termos do art. 17, *caput,* da CF. Não se pode dizer que um mandado de segurança como esse tivesse sido impetrado sem um caso concreto (alias, não foi essa a razão para a não admissão da segurança, tendo-se pois, implicitamente, reconhecido tratar-se de caso concreto). Caso concreto havia, e atingia milhares de aposentados, a cujos proventos não se incorpora o reajuste de 147% (cento e quarenta e sete por cento). Ocorre que o *caso concreto*, em mandado de segurança coletivo, deve ser analisado de uma perspectiva *macro*, diferentemente do que sucede no mandado de segurança do inc. LXIX, em que é possível identificar uma situação individualmente considerada"[209].

"Dentre os comentadores da nova particularidade do instituto, a grande maioria é uníssona ao sustentar que, para efeitos de mandado de segurança, o direito há que ser coletivo na acepção mais estrita do termo, vale dizer: exige-se, de forma inafastável, o nexo que correlacione o interesse da entidade com o interesse do membro ou associado, de modo a que o direito tido como lesado, ou em vias de sofrer uma lesão, tenha nexo com o interesse que opera como vínculo associativo"[210].

No que se refere aos efeitos da decisão, o art. 22 da Lei n. 12.016/2009 estabelece que "a sentença fará coisa julgada limitadamente aos membros do grupo ou categoria substituídos pelo impetrante". O mandado de segurança coletivo não induz litispendência para as ações individuais, mas os efeitos da coisa julgada não bene-

---

209 ALVIM, Eduardo Arruda. *Mandado de segurança no direito tributário*, cit., p. 368-369.

210 FRANCO NETO, Carlos Ary Azevedo. Mandado de segurança coletivo — legitimação das entidades associativas para a defesa de interesses coletivos, *RT*, São Paulo: Revista dos Tribunais, 677/7-12, jul./set. 1997, esp. p. 8.

ficiarão o impetrante a título individual se não requerer a desistência de seu mandado de segurança no prazo de trinta dias a contar da ciência comprovada da impetração da segurança coletiva (art. 22, § 1º, da Lei n. 12.016/2009).

O texto legal foi inadequado ao estabelecer que o impetrante do mandado de segurança individual deve requerer a desistência, pois na verdade deve-se requerer a suspensão do feito individual, até para manter a consonância com o art. 104 da Lei n. 8.078/90: "As ações coletivas, previstas nos incisos I e II do parágrafo único do art. 81, não induzem litispendência para as ações individuais, mas os efeitos da coisa julgada *erga omnes* ou *ultra partes* a que aludem os incisos II e III do artigo anterior não beneficiarão os autores das ações individuais, se não for requerida sua suspensão no prazo de trinta dias, a contar da ciência nos autos do ajuizamento da ação coletiva".

A extensão da decisão proferida no mandado de segurança coletivo alcança todos os que integram a coletividade substituída. A tutela coletiva exige a extensão da coisa julgada *ultra partes*.

# VII
# DEFESA DA CIDADANIA

## 1. DEFESA DA CIDADANIA

O termo "cidadania" traz a ideia de participação na vida do Estado, que se exterioriza precipuamente pelo exercício dos direitos políticos. Com o advento da Constituição Federal de 1988 surge o Estado Democrático e Social de Direito, que exige uma participação mais efetiva do povo na vida e nos problemas do Estado. O cidadão é aquele que participa dos negócios do Estado. Dessa forma, a cidadania ganha um sentido mais amplo do que o simples exercício do voto.

O vocábulo cidadania provém de cidade, do latim *civitate*. A cidadania designa aquele que possui ligação com a cidade. A palavra *ciuitas* significa cidade, cidadania ou Estado. Por sua vez, *ciuitas* deriva de *ciuis*. "*Ciuis* é o ser humano livre e, por isso, *ciuitas* carrega a noção de liberdade em seu centro"[1]. Dessa feita, cidadania carrega a percepção da liberdade.

No mundo grego a cidade era designada pelo termo *polis*, cidadão era *polites* e o Estado era a *politeia*[2]. No mundo romano a cidadania *ciuitas* era conceito ligado à cidade e ao Estado. Para os romanos, cidadania, cidade e Estado eram conceitos próximos, sendo que essa ideia surge do cidadão, do homem livre, que vem antes mesmo da organização estatal. Mas nem todos os gregos e romanos eram cidadãos[3].

---

[1] FUNARI, Pedro Paulo. A cidadania entre os romanos, in Jaime Pinsky e Carla Bassanezi Pinsky (org.), *História da cidadania*, 2. ed., São Paulo: Contexto, 2003, p. 49.

[2] DALLARI, Dalmo de Abreu. *Elementos de teoria geral do Estado*, 14. ed., São Paulo: Saraiva, 1989, p. 54: "A característica fundamental é a cidade-Estado, ou seja, a *polis*, como a sociedade política de maior expressão".

[3] DALLARI, Dalmo de Abreu. *Elementos de teoria geral do Estado*, cit., p. 55: "Uma das peculiaridades mais importantes do Estado Romano é a base familiar da organização, havendo mesmo quem sustente que o primitivo Estado, a *civitas*, resultou da união de grupos familiares (as *gens*), razão pela qual sempre se concederam privilégios especiais aos membros das famílias patrícias, compostas pelos descendentes dos fundadores do Estado. Assim como no Estado Grego, também no Estado Romano, durante muitos séculos, o povo participava diretamente do governo, mas a noção de povo era muito restrita, compreendendo apenas uma faixa estreita da população".

José da Silva Pacheco ensina que, "se visualizarmos a Roma antiga, há os peregrinos, os latinos e os bárbaros. A princípio, somente o cidadão romano tinha capacidade jurídica plena, no *jus civile*, o direito de eleger-se magistrado (*jus honorarum*), de votar (*jus suffragi*), de contrair matrimônio (*jus connubii*), de comerciar (*jus comercii*), de fazer testamento (*testamenti factio*) e de agir em juízo (*jus actionis*). Contudo, a partir dos fins da República, foi a cidadania sendo pouco a pouco estendida aos habitantes do *Latium* (*Lex Julia*), aos aliados de Roma (*Lex plautia Papiria*), aos habitantes da Gália (*Lex Roscia*) e aos habitantes do Império Romano"[4].

O termo "cidadania", então, indica o liame com o Estado. A cidadania é a posição política do indivíduo e a possibilidade do exercício desses direitos. "O *status civitatis* ou estado da cidadania implica uma situação subjetiva, esparzindo os direitos e deveres de caráter público das pessoas que se vinculam ao Estado. Estabelece-se um círculo de capacidade conferido pelo Estado aos cidadãos"[5]. Os romanos eram cidadãos, mas não podiam ocupar todos os cargos políticos. Só alguns cidadãos podiam participar das atividades políticas e ocupar cargos elevados no Governo. A cidadania era excludente. Dalmo de Abreu Dallari ensina que "na Grécia antiga a expressão cidadão indicava apenas o membro ativo da sociedade política, isto é, aquele que podia participar das decisões políticas. Juntamente com os cidadãos compunham a *polis* ou cidade-Estado os homens livres não dotados de direitos políticos e os escravos. Já existe aí um vislumbre de noção jurídica, pois quando se fala no povo de Atenas só se incluem nessa expressão os indivíduos que têm certos direitos. Mas, evidentemente, não há coincidência entre esse e o moderno conceito de povo. Em Roma usa-se, de início, a expressão povo para indicar o conjunto dos cidadãos, exatamente como na Grécia, dando-se-lhe mais tarde um sentido mais amplo, para significar o próprio Estado romano. Embora nesses casos não se encontre

---

[4] PACHECO, José da Silva. *O mandado de segurança e outras ações constitucionais típicas*, 4. ed. rev., atual. e ampl., São Paulo: Revista dos Tribunais, 2002, p. 563.

[5] PACHECO, José da Silva. *O mandado de segurança e outras ações constitucionais típicas*, cit., p. 564.

o sentido moderno de povo, existe já uma conotação jurídica, pois a qualidade de cidadão implica a titularidade de direitos públicos"[6].

A cidadania, então, representa o exercício de direitos. Segundo a tese arendtiana a cidadania é o direito a ter direitos[7]. No pensamento de Hannah Arendt, cidadania é a consciência que o indivíduo tem do direito de ter direitos. Mas a cidadania é excetuada, composta por cidadãos atuantes e excluídos. Essa realidade não se verifica apenas na Grécia e em Roma. As Revoluções Burguesas que deram ensejo à cidadania liberal também se caracterizaram como excludentes, pois somente os cidadãos de determinada camada social podiam exercê-la.

A cidadania guarda relação umbilical com a democracia. Nos tempos da plena democracia, a palavra "cidadania" pode ser tomada em dois sentidos:

1) restrito e técnico; e

2) amplo.

No sentido restrito e técnico a cidadania está adstrita ao exercício dos direitos políticos. Os direitos políticos são aqueles inerentes ao cidadão do Estado. Desse prisma, cidadania é a prerrogativa de a pessoa exercer os direitos políticos. O *status* de cidadão[8] é alcançado com a condição de eleitor. Os direitos políticos configuram-se como direitos subjetivos públicos, na medida em que o cidadão tem o direito de participação política, que se exterioriza por intermédio da atuação da soberania popular. "Cidadania qualifica os participantes da vida do Estado, é atributo das pessoas integradas na sociedade estatal, atributo político decorrente de participar no governo e direito de ser ouvido pela representação política. Cidadão, no direito brasi-

---

[6] DALLARI, Dalmo de Abreu. *Elementos de teoria geral do Estado*, cit., p. 82.

[7] LAFER, Celso. Os direitos humanos como construção da igualdade: a cidadania como o direito a ter direitos, in *A reconstrução dos direitos humanos*: um diálogo com o pensamento de Hannah Arendt, São Paulo: Companhia das Letras, 1988, Cap. V, p. 146-166.

[8] DALLARI, Dalmo de Abreu. *Elementos de teoria geral do Estado*, cit., p. 82: "Na Grécia antiga a expressão cidadão indicava apenas o membro ativo da sociedade política, isto é, aquele que podia participar das decisões políticas".

leiro, é o indivíduo que seja titular dos direitos políticos de votar e ser votado e suas consequências"[9].

No sentido amplo do termo, a cidadania é o exercício de outras prerrogativas constitucionais que surgiram como consectário lógico do Estado Democrático e Social de Direito. Esse foi o sentido empregado na Constituição Federal nos arts. 1º, II, 5º, LXXI, 22, XIII, e 68, § 1º, II.

O exercício da cidadania configura-se como um dos desdobramentos do Estado Democrático e Social de Direito, constituindo-se como princípio fundamental da República Federativa do Brasil, previsto no art. 1º, II, do texto constitucional, que elenca, como alicerce da República Federativa do Brasil, a cidadania. Na mesma esteira, o parágrafo único desse artigo dita que: "Todo o poder emana do povo, que o exerce por meio de representantes eleitos diretamente, nos termos desta Constituição".

Pedro Paulo Funari afirma que, "no sentido moderno, cidadania é um conceito derivado da Revolução Francesa (1789) para designar o conjunto de membros da sociedade que têm direitos e decidem o destino do Estado"[10]. Francisco Gérson Marques de Lima ressalta o sentido amplo do termo cidadania afirmando que "os chamados direitos de cidadania passaram a ser todos aqueles relativos à dignidade do cidadão, como sujeito de prestações estatais, e à participação ativa na vida social, política e econômica do Estado. Participação — repetimos e frisamos — não só política, mas também social e econômica. Atualmente, numa visão mais democrática de Estado de Direito, de participação, não se concebe mais a cidadania como o simples direito de votar e ser votado, por homens e mulheres, haja vista que a participação na vida política de um país não se restringe a esse aspecto — eleitoral (hoje, de cunho mais partidário do que, genericamente, político) —, porquanto a Política ultrapassa a seara

---

[9] SILVA, José Afonso da. *Curso de direito constitucional positivo*, 16. ed. rev. e atual., São Paulo: Malheiros, 1999, p. 346-347.

[10] FUNARI, Pedro Paulo. *História da cidadania*, cit., p. 49.

dos partidos políticos e é muito mais complexa do que a atividade destes"[11].

A cidadania credencia o cidadão a atuar na vida efetiva do Estado como partícipe da sociedade política. O cidadão passa a ser pessoa integrada na vida estatal. A cidadania transforma o indivíduo em elemento integrante do Estado, na medida em que o legitima como sujeito político, reconhecendo o exercício de direitos em face do Estado. "É de extrema relevância o aperfeiçoamento dos meios e instrumentos visando ao justo e profícuo relacionamento entre Estado e cidadão. A pessoa natural se relaciona com a sociedade política, que chamamos de Estado. Cidadania, por isso, pode ser definida como estatuto que rege, de um lado, o respeito e a obediência que o cidadão deve ao Estado e, de outro lado, a proteção e os serviços que o Estado deve dispensar, pelos meios possíveis, ao cidadão"[12].

"O ideal democrático supõe cidadãos atentos à evolução da coisa pública, informados dos acontecimentos políticos, ao corrente dos principais problemas, capazes de escolher entre as diversas alternativas apresentadas pelas forças políticas e fortemente interessadas em formas diretas ou indiretas de participação"[13].

No Estado Democrático, os direitos humanos são reconhecidos a todos. O cidadão é aquele que participa da dinâmica estatal, sendo que atua para conquistar, preservar ou proteger seus direitos. A cidadania é esse efetivo exercício político. É o ápice dos direitos fundamentais quando o ser humano se transforma em ser político no sentido amplo do termo, participando ativamente da sociedade em que está inserido[14]. Nesse contexto, Maria Garcia afirma que "a cidadania

---

[11] LIMA, Francisco Gérson Marques de. *Fundamentos constitucionais do processo*: sob a perspectiva da eficácia dos direitos e garantias fundamentais, São Paulo: Malheiros, 2002, p. 97.

[12] FARAH, Elias. *Cidadania*, São Paulo: Juarez de Oliveira, 2001, p. 1.

[13] SANI, Giacomo. Participação política, in Norberto Bobbio, Nicola Matteucci e Gianfranco Pasquino (org.), *Dicionário de política*, 5. ed., Tradução de João Ferreira, Brasília: Ed. UnB/São Paulo: Imprensa Oficial do Estado, 2000, v. 1 e 2, p. 889.

[14] GARCIA, Maria. *Habeas data*. O direito à informação. O direito fundamental à intimidade, à vida privada, à honra e à imagem das pessoas. Um perfil constitucio-

é a quintessência da liberdade, o ápice das possibilidades do agir individual, o aspecto eminentemente político da liberdade". A mesma autora conclui que "a noção de uma liberdade puramente defensiva que se concebe, antes de tudo, como resistência ao poder que se supõe arbitrário, não mais convém à nossa época. A liberdade deve tornar-se mais e mais participação: o cidadão deve participar na formação das grandes decisões políticas, deve participar mais ativamente do que até agora na gestão dos assuntos locais, deve também participar na gestão dos serviços econômicos e sociais, tais como a Seguridade Social e, sobretudo, na concretização de medidas de proteção das liberdades, questão sempre polêmica"[15].

No sentido esculpido na Constituição, cidadania é ter direitos. A concretização da democracia ocorre pela cidadania, ou seja, pela participação política nos destinos da nação. A cidadania plena surge com os direitos sociais. Não existe direito de liberdade de expressão sem o direito à educação. "Afinal, o que é ser cidadão? Ser cidadão é ter direito à vida, à liberdade, à propriedade, à igualdade perante a lei: é, em resumo, ter direitos civis. É também participar no destino da sociedade, votar, ser votado, ter direitos políticos. Os direitos civis e políticos não asseguram a democracia sem os direitos sociais, aqueles que garantem a participação do indivíduo na riqueza coletiva: o direito à educação, ao trabalho, ao salário justo, à saúde, a uma velhice tranquila. Exercer a cidadania plena é ter direitos civis, políticos e sociais"[16]. "A cidadania, assim considerada, consiste na consciência de pertinência à sociedade estatal como titular dos direitos fundamentais, da dignidade como pessoa humana, da integração participativa no processo do poder com a igual consciência de que essa situação subjetiva envolve também deveres de respeito à dignidade do outro, de contribuir para o aperfeiçoamento de todos. Essa cidadania é que

---

nal, in Teresa Arruda Alvim Wambier (org.), *Habeas data*, São Paulo: Revista dos Tribunais, 1998, p. 223.

[15] GARCIA, Maria. *Desobediência civil*: direito fundamental, São Paulo: Revista dos Tribunais, 1998, p. 120-121.

[16] PINSKY, Jaime. História da cidadania, in Jaime Pinsky e Carla Bassanezi Pinsky (org.), *História da cidadania*, 2. ed., São Paulo: Contexto, 2003, p. 9.

requer providências estatais no sentido da satisfação de todos os direitos fundamentais em igualdade de condições. Se é certo que a promoção dos direitos sociais encontra, no plano das disponibilidades financeiras, notáveis limites, menos verdade não há de ser que, inclusive em épocas de recessão econômica, o princípio da igualdade continua sendo um imperativo constitucional, que obriga a repartir também os efeitos negativos de todo período de crise"[17].

A democracia se constrói em dois pilares institucionais, que são os partidos políticos e a sociedade civil. O exercício da cidadania ocorre nesses dois contextos, onde se realiza o cotidiano da política.

A cidadania é inerente à democracia e à participação política e se exterioriza pelas decisões políticas nos Municípios, Estados ou na comunidade em que o indivíduo vive. A cidadania é o desdobramento da liberdade e soberania do povo garantidas pela Constituição Federal[18]. A democracia se constrói praticando. "A frágil democracia brasileira padece de inumeráveis defeitos; o mais inominável de todos é a exclusão social. Porém é preciso dizer que a característica de nossa história não é o regime das liberdades e da igualdade, mas sim o autoritarismo, que está na fonte da exclusão política, da exclusão econômica e da exclusão social. A humanidade, porém, não conhece uma só experiência de aperfeiçoamento democrático que não consista em sua prática"[19]. Para José Afonso da Silva, "uma ideia essencial do conceito de cidadania consiste na sua vinculação com o princípio democrático. Por isso, pode-se afirmar que, sendo a democracia um conceito histórico que evolui e se enriquece com o envolver dos

---

[17] SILVA, José Afonso. Acesso à justiça e cidadania, *RDA*, Rio de Janeiro: Renovar/FGV, 216/9-23, abr./jun. 1999, esp. p. 11.

[18] DE CICCO, Cláudio. Kant e o estado de direito: o problema do fundamento da cidadania, in *Direito, cidadania e justiça*: ensaios sobre lógica, interpretação, teoria, sociologia e filosofias jurídicas, São Paulo: Revista dos Tribunais, 1995, p. 183: "No entanto o povo não representa o soberano (o rei, o chefe do governo, etc.), mas é ele mesmo soberano, pois é nele que se situa originariamente o poder supremo, do qual derivam os direitos dos indivíduos enquanto cidadãos".

[19] AMARAL, Roberto; CUNHA, Sérgio Sérvulo da. *Manual das eleições*, 2. ed., São Paulo: Saraiva, 2002, p. 3.

tempos, assim também a cidadania ganha novos contornos com a evolução democrática. É por essa razão que se pode dizer que a cidadania é o foco para onde converge a soberania popular"[20].

Sem democracia não há possibilidade de haver cidadania. Esta é exercida no espaço público, por indivíduos conscientes. "Cidadania implica sentimento comunitário, processos de inclusão de uma população, um conjunto de direitos civis, políticos e econômicos e significa também, inevitavelmente, a exclusão do outro. Todo cidadão é membro de uma comunidade, como quer que esta se organize, e esse pertencimento, que é fonte de obrigações, permite-lhe também reivindicar direitos, buscar alterar as relações no interior da comunidade, tentar redefinir seus princípios, sua identidade simbólica, redistribuir os bens comunitários. A essência da cidadania, se pudéssemos defini-la, residiria precisamente nesse caráter público, impessoal, nesse meio neutro no qual se confrontam, nos limites de uma comunidade, situações sociais, aspirações, desejos e interesses conflitantes. Há, certamente, na história, comunidades sem cidadania, mas só há cidadania efetiva no seio de uma comunidade concreta, que pode ser definida de diferentes maneiras, mas que é sempre um espaço privilegiado para a ação coletiva e para a construção de projetos para o futuro"[21].

A Constituição constituiu o Estado Democrático em dois fundamentos relacionados ao indivíduo: cidadania e dignidade da pessoa humana. A dignidade da pessoa humana é o valor fundamental do indivíduo, ao passo que a cidadania se refere ao aspecto social.

A cidadania significa uma ação que permite ao cidadão participar da vida do Estado. É o exercício da construção do bem comum realizada pelos cidadãos. Cidadania é participação. O Estado Democrático e Social de Direito exige uma maior participação do cidadão, uma vez que a própria esfera de atuação estatal é ampla, envolvendo

---

[20] SILVA, José Afonso. Acesso à justiça e cidadania, *RDA*, Rio de Janeiro: Renovar/FGV, 216/9-23, abr./jun. 1999, esp. p. 10.

[21] GUARINELLO, Norberto Luiz. Cidades-Estado na antigüidade clássica, in Jaime Pinsky e Carla Bassanezi Pinsky (org.), *História da cidadania*, 2. ed., São Paulo: Contexto, 2003, p. 46.

a garantia de liberdades negativas e positivas. "No Estado social de direito, o conceito de cidadania ampliou-se, através da inserção constitucional da cláusula social, contemplando novas formas de participação do indivíduo no Estado, abrangendo o gozo dos direitos políticos e civis, bem como de direitos econômicos, sociais e culturais. Sob o paradigma Estado democrático de direito, a cidadania deve ser construída considerando-se a interdependência dos direitos fundamentais, buscando superar as contradições da cidadania social, viabilizando cidadania concretizadora de direitos fundamentais, extensiva a todos os segmentos sociais"[22]. "O cidadão não é mais o simples eleitor, nem o candidato em quem se vota. É o sujeito ativo, responsável pela história que o envolve, participante do fenômeno político, com direitos e aptidões de participar das decisões do Estado, deste cobrando, exigindo e vindicando posturas e atitudes efetivas para a satisfação das necessidades e anseios sociais e individuais. A nova postura do cidadão coloca-o no *status* de censor, com poderes de fiscalizar a Administração Pública"[23].

A cidadania pode ser exercida na esfera jurídica e política. Desta feita, o sistema jurídico pátrio criou instrumentos jurídicos e políticos para a participação do cidadão nos assuntos do Estado.

A cidadania constitui um dos fundamentos da República Federativa do Brasil e tem como consequência a democratização do acesso à justiça e a participação popular no processo decisório governamental. "O estudo do direito de ação, do acesso ao Judiciário, bem como de sua efetividade, ultrapassa os limites meramente jurídicos para alcançar, igualmente, o campo político"[24].

Nesse contexto, a Constituição Federal de 1988 criou instrumentos para o cidadão fiscalizar os negócios do Estado, por intermé-

---

[22] SOARES, Mário Lúcio Quintão. *Teoria do Estado*: o substrato clássico e os novos paradigmas como pré-compreensão para o direito constitucional, Belo Horizonte: Del Rey, 2001, p. 258.

[23] LIMA, Francisco Gérson Marques de. *Fundamentos constitucionais do processo*, cit., p. 99.

[24] LIMA, Francisco Gérson Marques de. *Fundamentos constitucionais do processo*, cit., p. 106.

dio do Poder Judiciário. A atuação da cidadania consiste na participação, fiscalização das atividades do Estado, dentre as quais se inclui a jurisdicional[25]. A efetividade jurisdicional exercida em prol da cidadania ultrapassa o mundo jurídico, alcançando a esfera política da nação. Nesse sentido, Rui Celso Reali Fragoso aproxima a cidadania e o exercício profissional da advocacia, afirmando que "advocacia e cidadania são, por consequência, elos indissociáveis. A cidadania é um edifício que se apoia nos pilares dos direitos, das normas, dos princípios, dos valores que formam a base da nacionalidade. A cidadania só se expressa no seio da nação assentada na ordem, nas leis, na Justiça, no Estado Democrático de Direito. E a Advocacia nada mais é que o instrumento a serviço da cidadania"[26].

A Constituição Federal de 1988 previu expressamente duas ações de defesa da cidadania: 1) ação civil pública; e 2) ação popular. Indubitavelmente são dois instrumentos de suma importância para efetivação dos direitos massificados.

O nascedouro da tutela coletiva tem dois fundamentos: político e social. A influência social verifica-se pela sociedade que alcançamos, a sociedade de massa. No aspecto político, essas ações procuram consagrar o Estado Democrático e Social de Direito[27].

---

[25] LIMA, Francisco Gérson Marques de. *Fundamentos constitucionais do processo*, cit., p. 96-97: "Indiscutivelmente, o problema do acesso à Justiça passa, ainda, por uma questão política, de poder mesmo, na medida em que implica manifestação da cidadania do jurisdicionado, participação ativa perante um setor da função estatal. De fato, não se compreende o lado ativo da cidadania sem o direito de participar das atividades e funções do Estado, dentre as quais se inclui a jurisdicional".

[26] FRAGOSO, Rui Celso Reali. Despedida da presidência do Instituto dos Advogados de São Paulo: discurso proferido no Salão Nobre da Faculdade de Direito do Largo São Francisco, em 16.02.2001, *Revista do IASP*, 7/287-289, São Paulo: Revista dos Tribunais, 2001, esp. p. 287.

[27] ALMEIDA, Gregório Assagra de. *Direito processual coletivo brasileiro*: um novo ramo do direito processual, São Paulo: Saraiva, 2003, p. 440: "A ação popular é instrumento fundamental para a efetivação do Estado Democrático de Direito brasileiro e está inserida no que se denomina, no presente trabalho, direito processual coletivo comum. Assim, é fundamental que a sociedade desperte para esse instituto e amplie seus níveis de participação política, tornando real o princípio da soberania popular formalmente declarado".

Em suma:

Influência Social ➔ Sociedade de Massa
Influência Política ➔ Estado Democrático e Social de Direito

O perfil jurídico adotado pelo Estado brasileiro preocupou-se sensivelmente com a tutela coletiva. Nessas ações se tutela o interesse social, corolário do Estado Democrático e Social de Direito consagrado na Constituição Federal de 1988. O mundo fático da Constituição Federal encontra-se na atuação processual que gera a efetividade dos direitos sociais. As ações coletivas têm por finalidade dotar o processo de maior eficácia.

Em Portugal e outros países da Europa o principal meio de defesa dos direitos massificados é a ação popular. O nosso sistema jurídico contemplou, ao lado desse instituto, a ação civil pública.

## 2. AÇÃO CIVIL PÚBLICA

### 2.1. Conceito

A ação civil pública é o instrumento processual adequado de proteção do patrimônio público e social, do meio ambiente e de outros interesses difusos e coletivos. A tutela é coletiva. "Tida como fator de mobilização social, a ação civil pública é a via adequada para impedir a ocorrência ou reprimir danos aos bens coletivamente tutelados"[28]. Tem por objeto os danos causados ao meio ambiente, ao consumidor, a bens e direitos de valor artístico, estético, histórico, turístico e paisagístico e a qualquer outro interesse difuso e coletivo.

Para Roberto Senise Lisboa, "a ação civil pública tem por escopo a defesa dos interesses difusos, coletivos e individuais homogêneos em geral, objetivando a desconstituição do ato lesivo e a condenação

---

[28] ALMEIDA, João Batista de. *Aspectos controvertidos da ação civil pública*: doutrina e jurisprudência, São Paulo: Revista dos Tribunais, 2001, p. 30-31.

dos responsáveis à reparação do interesse lesado, preferencialmente com o cumprimento específico da condenação"[29].

A ação civil pública tem fundamento na Constituição Federal, na medida em que o perfil adotado pelo Estado preocupou-se sensivelmente com a tutela coletiva. O art. 129, III, da Constituição Federal dispõe que "são funções institucionais do Ministério Público promover o inquérito civil e a ação civil pública, para a proteção do patrimônio público e social, do meio ambiente e de outros interesses difusos e coletivos". O § 1º do mesmo artigo estabelece a legitimidade concorrente da ação civil pública, ao dispor que "a legitimidade do Ministério Público para as ações civis previstas neste artigo não impede a de terceiros, nas mesmas hipóteses, segundo o disposto nesta Constituição e na lei".

"A Constituição da República Federativa do Brasil, confirmando a sua preocupação com a tutela dos direitos de massa, deu dignidade constitucional à denominada ação civil pública, e esse instrumento processual passou a ser também um verdadeiro remédio constitucional de tutela dos interesses e direitos massificados"[30].

A ação civil pública é um instituto de direito processual constitucional que tem por finalidade a tutela dos direitos massificados, interesses difusos, coletivos ou individuais homogêneos[31]. A tutela da ação civil pública possui um viés constitucional[32]. "Com efeito,

---

[29] LISBOA, Roberto Senise. *Contratos difusos e coletivos*: consumidor, meio ambiente, trabalho agrário, locação, autor, São Paulo: Revista dos Tribunais, 1997, p. 496.

[30] ALMEIDA, Gregório Assagra de. *Direito processual coletivo brasileiro*, cit., p. 305.

[31] ALMEIDA, João Batista de. *Aspectos controvertidos da ação civil pública*, cit., p. 30: "A ação civil pública é utilizada para a proteção tanto dos interesses difusos da sociedade, como dos coletivos e dos interesses ou direitos individuais homogêneos socialmente relevantes. Não se presta a ação civil pública, como se vê, a amparar direitos individuais subjetivos, cujos titulares deverão valer-se das vias ordinárias para o pleito de ressarcimento a dano sofrido ou para a sustação de ato que possa afetar seu direito. Tutelados são apenas os interesses mencionados coletivamente, transcendentes do indivíduo e os direitos individuais homogêneos socialmente relevantes".

[32] LIMA, Francisco Gérson Marques de. *Fundamentos constitucionais do processo*, cit., p. 279: "Enquadra-se a ação civil pública (ACP) no rol de defesa coletiva de interesses meta-individuais ou que ensejem tutela desta natureza. Sua base jurídica é a própria Constituição Federal".

tendo a ação civil pública dignidade constitucional (art. 129, III) e por ela visar a tutelar quase sempre um interesse ou direito de índole constitucional — tanto que está dentro do que a doutrina denomina direito processual constitucional —, conclui-se que a ação civil pública é um dos instrumentos constitucionais colocados à disposição do Ministério Público e de outros legitimados coletivos arrolados pela lei (art. 5º da Lei n. 7.347/85 e art. 82 da Lei n. 8.078/90), para a tutela jurisdicional de quaisquer direitos ou interesses difusos, coletivos em sentido estrito ou individuais homogêneos"[33].

As ações coletivas têm por finalidade dotar o processo de maior eficácia. "A ação civil pública tem grande relevância para o aperfeiçoamento da prestação jurisdicional, diante de sua vocação inata de proteger um número grande de pessoas mediante um único processo. Ela simultaneamente contribui para a eliminação da litigiosidade contida e para o desafogamento da máquina judiciária, mediante a eliminação de inúmeros processos individuais. É ainda um meio de dar efetividade ao princípio da igualdade entre as pessoas, na medida em que evita a loteria judiciária gerada pela diversidade de entendimentos jurisprudenciais sobre a mesma matéria"[34].

## 2.2. Natureza jurídica

A ação civil pública configura-se como instituto de direito processual constitucional, na medida em que é um instrumento de defesa da cidadania, que tem por finalidade implementar preceitos constitucionais, em especial o acesso à Justiça dos direitos massificados. Nesse sentido, Gregório Assagra de Almeida afirma que "a natureza jurídica da ação civil pública é de verdadeira ação de dignidade constitucional, funcionando como instrumento processual constitucional de acesso à justiça dos interesses ou direitos difusos, coletivos em sentido estrito e os individuais homogêneos"[35].

---

[33] ALMEIDA, Gregório Assagra de. *Direito processual coletivo brasileiro*, cit., p. 305.

[34] DINAMARCO, Pedro da Silva. *Ação civil pública*, São Paulo: Saraiva, 2001, p. 1.

[35] ALMEIDA, Gregório Assagra de. *Direito processual coletivo brasileiro*, cit., p. 343.

## 2.3. Competência

O art. 2º da Lei n. 7.347/85 estabelece que "as ações previstas nesta Lei serão propostas no foro do local onde ocorrer o dano, cujo juízo terá competência funcional para processar e julgar a causa". O texto legal adotou o critério territorial e funcional para fixação da competência, com prevalência do critério funcional. A competência territorial refere-se ao local do fato. A competência funcional refere-se à atribuição do juízo para processar e julgar a causa tendo em vista a natureza da demanda estabelecida pela Constituição e pelas Leis de Organização Judiciária. O parágrafo único do art. 2º da Lei n. 7.347/85, acrescido pela Medida Provisória n. 2.180-35/2001, dita que "a propositura da ação prevenirá a jurisdição do juízo para todas as ações posteriores intentadas que possuam a mesma causa de pedir ou o mesmo pedido".

A regra de competência prevista na Lei n. 7.347/85 deve ser interpretada em consonância com o Código de Defesa do Consumidor, nos termos do art. 21 da Lei de Ação Civil Pública, que dita: "Aplica-se à defesa dos direitos e interesses difusos, coletivos e individuais, no que for cabível, os dispositivos do Título III da Lei n. 8.078, de 11 de setembro de 1990, que instituiu o Código de Defesa do Consumidor". Desta feita, ressalvada a competência da Justiça Federal (art. 109 da CF), é competente para a causa a justiça local, ou seja, a Justiça Estadual, no foro do lugar onde ocorreu ou deva ocorrer o dano, quando de âmbito local (art. 93, I, da Lei n. 8.078/90, combinado com o art. 2º da Lei n. 7.347/85); ou no foro da Capital do Estado ou no do Distrito Federal, para os danos de âmbito nacional ou regional, aplicando-se as regras do Código de Processo Civil aos casos de competência concorrente (art. 93, II, da Lei n. 8.078/90). Assim, o conflito de competência que tenha por objeto danos de âmbito nacional serão resolvidos pela prevenção.

Cabe ressaltar que, nos termos do art. 109 da Constituição Federal, nos feitos em que houver interesse da União, a competência é da Justiça Federal. Outrossim, a regra prevista no § 3º do mesmo art. 109 não se aplica à ação civil pública, por falta de disposição expressa no sentido de que a ação poderá ser processada perante a Justiça Estadual. Nesse sentido, decidiu o Supremo Tribunal Federal:

EMENTA: AÇÃO CIVIL PÚBLICA PROMOVIDA PELO MINISTÉRIO PÚBLICO FEDERAL. COMPETÊNCIA DA JUSTIÇA FEDERAL. ART. 109, I E § 3º, DA CONSTITUIÇÃO. ART. 2º DA LEI Nº 7.347/85.

O dispositivo contido na parte final do § 3º do art. 109 da Constituição é dirigido ao legislador ordinário, autorizando-o a atribuir competência (*rectius* jurisdição) ao Juízo Estadual do foro do domicílio da outra parte ou do lugar do ato ou fato que deu origem à demanda, desde que não seja sede de Varas da Justiça Federal, para causas específicas dentre as previstas no inciso I do referido artigo 109.

No caso em tela, a permissão não foi utilizada pelo legislador que, ao revés, se limitou, no art. 2º da Lei n. 7.347/85, a estabelecer que as ações nele previstas "*serão propostas no foro do local onde ocorrer o dano, cujo juízo terá competência funcional para processar e julgar a causa*".

Considerando que o Juiz Federal também tem a competência territorial e funcional sobre o local de qualquer dano, impõe-se a conclusão de que o afastamento da jurisdição federal, no caso, somente poderia dar-se por meio de referência expressa à Justiça Estadual, como a que fez o constituinte na primeira parte do mencionado § 3º em relação às causas de natureza previdenciária, o que no caso não ocorreu.

Recurso conhecido e provido[36].

A prerrogativa de foro prevista no texto constitucional não se aplica na ação civil pública, mesmo que intentadas em face de autoridades que em matéria penal estão sujeitas à jurisdição do Supremo Tribunal Federal. Nesse sentido:

EMENTA: PROTESTO JUDICIAL FORMULADO CONTRA DEPUTADO FEDERAL — MEDIDA DESTITUÍDA DE CARÁTER PENAL (CPC, ART. 867) — AUSÊNCIA DE COMPETÊNCIA ORIGINÁRIA DO SUPREMO TRIBUNAL FEDERAL — RECURSO DE AGRAVO IMPROVIDO.

---

[36] STF, RE 228.955-9-RS, Rel. Min. Ilmar Galvão, j. 10-02-00, *DJ*, 24-03-00.

A PRERROGATIVA DE FORO — UNICAMENTE INVOCÁVEL NOS PROCEDIMENTOS DE CARÁTER PENAL — NÃO SE ESTENDE ÀS CAUSAS DE NATUREZA CIVIL.

As medidas cautelares a que se refere o art. 867 do Código de Processo Civil (protesto, notificação ou interpelação), quando promovidas contra membros do Congresso Nacional, não se incluem na esfera de competência originária do Supremo Tribunal Federal, precisamente porque destituídas de caráter penal. Precedentes.

A COMPETÊNCIA DO SUPREMO TRIBUNAL FEDERAL — CUJOS FUNDAMENTOS REPOUSAM NA CONSTITUIÇÃO DA REPÚBLICA — SUBMETE-SE A REGIME DE DIREITO ESTRITO.

A competência originária do Supremo Tribunal Federal, por qualificar-se como complexo de atribuições jurisdicionais de extração essencialmente constitucional — e ante o regime de direito estrito a que se acha submetida — não comporta a possibilidade de ser estendida a situações que extravasem os limites fixados, em *numerus clausus*, pelo rol exaustivo inscrito no art. 102, I da Constituição da República. Precedentes.

O regime de direito estrito, a que se submete a definição dessa competência institucional, tem levado o Supremo Tribunal Federal, por efeito da taxatividade do rol constante da Carta Política, a afastar, do âmbito de suas atribuições jurisdicionais originárias, o processo e o julgamento de causas de natureza civil que não se acham inscritas no texto constitucional (ações populares, ações civis públicas, ações cautelares, ações ordinárias, ações declaratórias e medidas cautelares), mesmo que instauradas contra o Presidente da República ou contra qualquer das autoridades, que, em matéria penal (CF, art. 102, I, *b* e *c*), dispõem de prerrogativa de foro perante a Corte Suprema ou que, em sede de mandado de segurança, estão sujeitas à jurisdição imediata do Tribunal (CF, art. 102, I, *d*). Precedentes[37].

---

[37] STF, Pet. (AgRg) 1.738-2-MG, Rel. Min. Celso de Mello, j. 01-09-99, *DJ*, 01-10-99.

## 2.4. Legitimidade

A legitimidade ativa para propositura da ação civil pública, por força do art. 21 da Lei n. 7.347/85, é verificada no art. 5º da Lei n. 7.347/85[38] combinado com o art. 82 da Lei n. 8.078/90[39]. Dessa forma, são legitimados concorrentemente para a propositura da ação civil pública:

1) o Ministério Público;

2) a Defensoria Pública;

3) a União, os Estados, os Municípios e o Distrito Federal;

4) as entidades e órgãos da administração pública, direta ou indireta (autarquias, empresas públicas, sociedades de economia mista ou fundação), ainda que sem personalidade jurídica, especificamente destinados à defesa dos interesses e direitos difusos e coletivos;

5) as associações legalmente constituídas há pelo menos um ano e que incluam entre seus fins institucionais a defesa dos interesses difusos e coletivos, dispensada a autorização assemblear.

Os sindicatos e os partidos políticos possuem legitimidade para ingressar com a ação civil pública, na medida em que possuem natureza jurídica de associação.

---

[38] O art. 2º da Lei n. 11.448/07 modificou o art. 5º da Lei n. 7.347, de 24 de julho de 1985, que passa a vigorar com a seguinte redação: "Art. 5º Têm legitimidade para propor ação principal e a ação cautelar: I — o Ministério Público; II — a Defensoria Pública; III — a União, os Estados, o Distrito Federal e os Municípios; IV — a autarquia, empresa pública, fundação ou sociedade de economia mista; V — a associação que, concomitantemente: *a*) esteja constituída há pelo menos 1 (um) ano nos termos da lei civil; *b*) inclua, entre suas finalidades institucionais, a proteção ao meio ambiente, ao consumir, à ordem econômica, à livre concorrência ou ao patrimônio artístico, estético, histórico, turístico e paisagístico".

[39] "Art. 82. Para os fins do art. 81, parágrafo único, são legitimados concorrentemente: I — o Ministério Público; II — a União, os Estados, os Municípios e o Distrito Federal; III — as entidades e órgãos da administração pública, direta ou indireta, ainda que sem personalidade jurídica, especificamente destinados à defesa dos interesses e direitos protegidos por este Código; IV — as associações legalmente constituídas há pelo menos um ano e que incluam entre seus fins institucionais a defesa dos interesses e direitos protegidos por este Código, dispensada a autorização assemblear."

O Ministério Público, a Defensoria Pública, a União, os Estados, o Distrito Federal, os Municípios e os partidos políticos têm legitimidade ativa universal, devido às suas funções institucionais, não havendo necessidade de demonstrar interesse específico. Os demais órgãos devem demonstrar a pertinência temática e a representatividade adequada.

As entidades e órgãos da administração pública, direta ou indireta (autarquias, empresas públicas, sociedades de economia mista), ainda que sem personalidade jurídica, e as associações possuem legitimidade parcial ou limitada, na medida em que se exige prova da pertinência temática, definida como o requisito objetivo da relação de pertinência subjetiva entre a defesa do interesse específico do legitimado e o objeto da própria ação. A legitimidade é limitada ao interesse de cada ente. Nesse sentido, o texto legal exige que os órgãos da Administração Pública sejam destinados à defesa dos interesses e direitos difusos e coletivos e as associações incluam entre seus fins institucionais a defesa dos interesses difusos e coletivos.

As associações e sindicatos podem prever em seus estatutos finalidades secundárias que guardem relação com outros direitos difusos e coletivos, podendo defender, assim, direitos além daqueles próprios de sua área primária de atuação[40]. É a denominada representatividade adequada. Além da correlação entre a finalidade da associação e o objeto da demanda. É a pertinência temática.

Os partidos políticos, devido a sua finalidade constitucional, possuem legitimidade universal, não havendo necessidade da demonstração da pertinência temática. São eles associações civis que têm por objetivo assegurar, no interesse do regime democrático, a autenticidade do sistema representativo e a defender os direitos

[40] ALMEIDA, Gregório Assagra de. *Direito processual coletivo brasileiro*, cit., p. 522: "Da pertinência temática. As associações e os sindicatos deverão demonstrar pertinência temática para a defesa em juízo de direitos massificados. Todavia, esclarece Nelson Nery Junior que tanto as associações quanto os sindicatos podem estabelecer em seus estatutos finalidades institucionais secundárias, acrescidas àquelas de natureza primária. Nesses casos, estaria vedado ao juiz examinar a conveniência ou não, para fins de aferição de pertinência temática, de se constar essas finalidades nos estatutos".

fundamentais definidos na Constituição Federal (art. 17 da CF c/c a Lei n. 9.096/95). A existência dos partidos políticos é de suma importância para o regime democrático, tanto que sua previsão constitucional encontra-se disciplinada no Título II — "Dos Direitos e Garantias Fundamentais".

Não existe democracia sem os partidos políticos. A democracia plena constrói-se por intermédio da participação da sociedade civil organizada e a existência dos partidos políticos. Democracia pressupõe participação nos negócios do Estado. "No Brasil, os cargos políticos nos poderes legislativo e executivo são preenchidos mediante eleições, e só se admite candidato mediante a inscrição partidária (v. art. 14 — § 3º — V da Constituição). Portanto, sem o concurso dos partidos, não há como organizar e desempenhar as funções estatais. Na democracia moderna não há poder estatal se não há partido político"[41]. Desta feita, imperiosa a conclusão de que os partidos políticos na plenitude de sua atividade podem propor ação civil pública, mesmo que não haja previsão estatutária, pois, pela sua natureza, a defesa dos direitos fundamentais e consequentemente dos interesses massificados é inerente a sua existência, conforme se verifica da própria leitura do art. 1º da Lei n. 9.096/95, que estabelece que "o partido político, pessoa jurídica de direito privado, destina-se a assegurar, no interesse do regime democrático, a autenticidade do sistema representativo e a defender os direitos fundamentais definidos na Constituição Federal".

Exige-se, entretanto, que o partido apresente maturidade institucional. O partido político adquire personalidade jurídica na forma da lei civil, devendo verificar-se o registro na Justiça Eleitoral. Após a conquista do mandato eletivo por seus membros, o partido conquista sua maturidade, estando apto a exercer todos os seus direitos. "Não podemos esquecer, também, que no sistema partidário brasileiro — reposto nos trilhos de sua evolução democrática pela Constituição de 1988 — temos o duplo registro partidário. O primeiro, realizado na forma da lei civil, que confere ao partido político uma existência embrionária, podendo exercitar pregação, movimentação política e arrebanhar prosélitos; e o segundo registro, realizado no

---

[41] AMARAL, Roberto; CUNHA, Sérgio Sérvulo da. *Manual das eleições*, cit., p. 607.

judiciário eleitoral, com que adquire capacidade jurídica específica, isto é, a de participar de eleições, inscrevendo candidatos. No sistema constitucional-partidário brasileiro, são três os estágios em que se pode situar o partido político: a infância (partido com registro na forma da lei civil), a maioridade (partido com registro no judiciário eleitoral) e a maturidade (partido com representantes eleitos e funcionamento parlamentar). Esses os degraus que, face à Constituição, estabelecem diferenças legítimas entre os partidos políticos existentes, situando-os em classes ou categorias distintas"[42].

Para Gregório Assagra de Almeida, "os partidos políticos possuem legitimidade ativa para o ajuizamento de ações coletivas com base na LACP (art. 5º), no CDC (art. 82, IV) e em outros diplomas legais que legitimam ativamente as associações, já que a elas são equiparados. Exige-se, todavia, como requisito especial, que o partido político tenha representação no Congresso Nacional e esteja dentro de suas finalidades estatutárias a defesa do tipo de tutela jurisdicional pleiteada"[43]. Segundo nosso entendimento, conforme alhures afirmamos, não vislumbramos a necessidade da previsão estatutária, devido à natureza jurídica dos partidos políticos.

O sistema jurídico pátrio ampliou sensivelmente a legitimidade para as ações de defesa da cidadania, tendo em vista o bem jurídico tutelado. Nessas ações coletivas se tutela o interesse social, corolário do Estado Democrático e Social de Direito consagrado na Constituição Federal. A legitimidade ampla da sociedade civil organizada contribui para o implemento do Estado consagrado no texto constitucional de 1988. O mundo fático dos direitos constitucionais encontra-se nessa atuação processual que gera a efetividade dos direitos sociais. Nesse sentido, Gregório Assagra de Almeida afirma que "considerando que os interesses e direitos coletivos têm, pelo texto constitucional brasileiro, dignidade de direitos fundamentais, consoante estabelece o Título II, art. 5º, da CF, a tendência deve sempre

---

42 AMARAL, Roberto; CUNHA, Sérgio Sérvulo da. *Manual das eleições*, cit., p. 609.

43 ALMEIDA, Gregório Assagra de. *Direito processual coletivo brasileiro*, cit., p. 524.

pautar no sentido de ampliar a legitimidade ativa no direito processual coletivo. Isso possibilita a participação em massa dos entes sociais interessados, legitima a atuação do Poder Judiciário e garante a efetividade dos direitos sociais fundamentais no sentido de transformar a realidade social com mais igualdade e justiça. Esse é o papel do Estado Democrático de Direito, e o direito processual coletivo é o instrumento fundamental para tanto"[44]. Cabe ressaltar que, mesmo diante da ampla legitimidade, o Ministério Público é o órgão com melhores condições de propor e acompanhar a ação civil pública[45].

A legitimação para a ação civil pública é concorrente, exigindo-se em alguns casos a comprovação da pertinência temática. João Batista de Almeida ressalta que "a legitimação é concorrente, ou seja, incumbe a qualquer dos legitimados, sem exclusividade. Mas é imperiosa a análise do interesse de agir no concreto. É essencial que a ofensa ao bem tutelado relaciona-se direta ou indiretamente com os entes públicos enumerados ou com um deles, para que se caracterize o interesse e justifique o ingresso em juízo. Alguns fatores ligados às características da lide determinam a ocorrência ou não deste interesse, como: a) a natureza do bem jurídico lesado ou ameaçado de lesão; b) quantidade e localização dos titulares dos interesses lesados ou ameaçados. Da análise destes fatores decorre a existência ou não de atribuição para promover a defesa do bem tutelado, ficando à mostra

---

[44] ALMEIDA, Gregório Assagra de. *Direito processual coletivo brasileiro*, cit., p. 504-505.

[45] MEIRELLES, Hely Lopes. *Mandado de segurança*, 16. ed. atual., São Paulo: Malheiros, 1995, p. 123: "É evidente que o Ministério Público está em melhor posição para o ajuizamento dessa ação, por sua independência institucional e atribuições funcionais". ALMEIDA, João Batista de. *Aspectos controvertidos da ação civil pública*, cit., p. 96: "Entre os colegitimados ativos é citado, em primeiro plano, o Ministério Público. Em face de suas atribuições constitucionais de defesa da sociedade e dos interesses sociais e individuais indisponíveis (CF, art. 127, c/c art. 129, II e III) e da qualificação profissional de seus membros, o Ministério Público, dentre os demais legitimados, é, certamente, o órgão mais bem aparelhado para promover a defesa dos direitos ou interesses difusos, coletivos e individuais homogêneos, em nível judicial. Há, verdadeiramente, uma vocação natural para o mister, o que explica o grande volume de ações propostas pelo *Parquet* sobre a matéria".

o vínculo existente. Inexistente ou não demonstrado este vínculo, não se apresentará legitimado o ente público que não o comprovou"[46].

O Ministério Público, se não intervier no processo como parte, atuará obrigatoriamente como fiscal da lei. O Poder Público e outras instituições legitimadas poderão habilitar-se como litisconsortes de qualquer das partes. Em caso de desistência infundada ou abandono da ação por associação legitimada, o Ministério Público ou outro legitimado assumirá a titularidade ativa. O requisito de pré-constituição poderá ser dispensado pelo juiz, quando haja manifesto interesse social evidenciado pela dimensão ou característica do dano, ou pela relevância do bem jurídico a ser protegido. Admitir-se-á o litisconsórcio entre os Ministérios Públicos da União, do Distrito Federal e dos Estados na esfera dos interesses e direitos de que cuida a Lei n. 7.347/85 (art. 5º, §§ 1º, 2º, 3º, 4º e 5º, da Lei n. 7.347/85).

A possibilidade de formação de litisconsórcio ativo entre Ministérios Públicos diversos é compreensível, uma vez que, do prisma constitucional, o *parquet* é uno e abrange o Ministério Público da União e dos Estados (art. 128 da CF). Para Gregório Assagra de Almeida, "essa efetiva tutela dos direitos ou interesses massificados encontra-se justificada pela admissibilidade estabelecida legalmente de litisconsórcio entre os Ministérios Públicos, com o que a sociedade brasileira fica mais bem protegida. Assim, o Ministério Público Estadual poderá ajuizar ação civil pública na Justiça Federal, em litisconsórcio com o Ministério Público Federal ou sozinho. O Ministério Público Federal também poderá da mesma forma ajuizar ação civil pública perante a Justiça Estadual"[47]. Hugo Nigro Mazzilli ressalta que "a organização do Ministério Público hoje nada tem a ver com a dos órgãos jurisdicionais. E em nada desnatura o princípio federativo que o Ministério Público estadual tenha algumas funções perante a justiça federal ou vice-versa"[48].

---

46 ALMEIDA, João Batista de. *Aspectos controvertidos da ação civil pública*, cit., p. 110.

47 ALMEIDA, Gregório Assagra de. *Direito processual coletivo brasileiro*, cit., p. 351.

48 MAZZILLI, Hugo Nigro. *A defesa dos interesses difusos em juízo*, 9. ed. rev. e atual., São Paulo: Revista dos Tribunais, 1997, p. 87.

Em sentido contrário, parte da doutrina defende a simetria do Ministério Público, pela qual, se o Ministério Público Federal é parte, a competência é da Justiça Federal, ao passo que, se o Ministério Público Estadual promove a ação, a competência é da Justiça Estadual. Desta feita, a atuação do Ministério Público segue a simetria do Poder Judiciário.

A legitimidade passiva recai sobre aqueles que direta ou indiretamente contribuíram para a lesão ou ameaça de lesão aos direitos massificados, difusos, coletivos ou individuais homogêneos.

## 2.5. Tutela

A tutela da ação civil pública é ampla, buscando a proteção de qualquer interesse massificado (difuso, coletivo ou individual homogêneo), visto que o rol legal é meramente exemplificativo.

O art. 1º da Lei n. 7.347/85 disciplina a ação civil pública, estabelecendo que: "Regem-se pelas disposições desta Lei, sem prejuízo da ação popular, as ações de responsabilidade por danos morais e patrimoniais causados: I — ao meio ambiente; II — ao consumidor; III — a bens e direitos de valor artístico, estético, histórico, turístico e paisagístico; IV — a qualquer outro interesse difuso ou coletivo; V — por infração da ordem econômica e da economia popular; VI — à ordem urbanística".

O art. 3º da Lei n. 7.853/89 estabelece que "as ações civis públicas destinadas à proteção de interesses coletivos ou difusos das pessoas portadoras de deficiência poderão ser propostas pelo Ministério Público, pela União, Estados, Municípios e Distrito Federal; por associação constituída há mais de um ano, nos termos da lei civil, autarquia, empresa pública, fundação ou sociedade de economia mista que inclua, entre suas finalidades institucionais, a proteção das pessoas portadoras de deficiência".

O art. 1º da Lei n. 7.913/89 dita que: "Sem prejuízo da ação de indenização do prejudicado, o Ministério Público, de ofício ou por solicitação da Comissão de Valores Mobiliários — CVM, adotará as medidas judiciais necessárias para evitar prejuízos ou obter ressarcimento de danos causados aos titulares de valores mobiliários e aos investidores do mercado, especialmente quando decorrerem de: I — operação fraudulenta, prática não equitativa, manipulação de preços ou criação de condições artificiais de procura, oferta ou preço de valores mobiliários; II — compra ou venda de valores mobiliários, por parte dos administradores e acionistas controladores de companhia aberta, utilizando-se de informação relevante, ainda não divulgada para conhecimento do mercado, ou a mesma operação realizada por quem a detenha em razão de sua profissão ou função, ou por quem quer que a tenha obtido por intermédio dessas pessoas; III — omissão de informação relevante por parte de quem estava obrigado a divulgá-la, bem como sua prestação de forma incompleta, falsa ou tendenciosa".

A Lei n. 8.069/90 trata, nos arts. 208 a 209, da ação civil pública para a defesa dos interesses difusos e coletivos da criança e do adolescente.

A Lei n. 8.078/90 trata, nos arts. 81 a 104, da ação civil pública para a defesa dos interesses difusos e coletivos do consumidor.

A Lei n. 8.884/94, além de modificar a Lei n. 7.347/85, para prever expressamente a tutela da ordem econômica e da economia popular, estabelece no seu art. 29 que "os prejudicados, por si ou pelos legitimados do art. 82 da Lei n. 8.078, de 11 de setembro de 1990, poderão ingressar em juízo para, em defesa de seus interesses individuais ou individuais homogêneos, obter a cessação de práticas que constituam infração da ordem econômica, bem como o recebimento de indenização por perdas e danos sofridos, independentemente do processo administrativo, que não será suspenso em virtude do ajuizamento de ação".

Da leitura do sistema jurídico pátrio, podemos concluir que os bens tutelados pela ação civil pública são:

1) meio ambiente;

2) consumidor;

3) bens e direitos de valor artístico, estético, histórico, turístico e paisagístico;

4) infração da ordem econômica, da economia popular e dos investidores de mercado mobiliário;

5) ordem urbanística;

6) qualquer outro interesse difuso ou coletivo;

7) interesses difusos e coletivos das pessoas portadoras de deficiência;

8) interesses difusos e coletivos da criança e do adolescente.

### *2.5.1. Meio ambiente*

O meio ambiente é o conjunto de elementos da natureza, como a terra, flora, fauna, ar, água e outras criações essenciais à humanidade.

Uadi Lammêgo Bulos ressalta que a matéria ambiental na Constituição pode ser dividida em quatros campos: "1º) campo natural ou físico — abrange a terra, a água, o ar atmosférico, a flora e a fauna; 2º) campo cultural — alberga o patrimônio histórico, artístico, paisagístico, arqueológico e turístico; 3º) campo artificial — engloba o espaço urbano construído, quer através de edificações, quer por intermédio dos equipamentos públicos; 4º) campo laboral — formado pelo meio ambiente do trabalho, que visa primar pela vida, pela dignidade, sendo contrário à periculosidade e à desarmonia do homem"[49]. Assim, a expressão "meio ambiente" compreende: 1) meio ambiente natural; 2) meio ambiente artificial; 3) meio ambiente cultural; e 4) meio ambiente do trabalho.

"Meio ambiente é o complexo de relações entre o mundo natural e os seres vivos. Ecologia é o campo do domínio científico encarregado de estudar a interação do homem com a natureza"[50]. "A ecologia é a parte predominante do estudo do meio ambiente, a mais conhecida, a que suscita maiores cuidados e preocupações. No entanto, o conceito de meio ambiente é mais amplo. Inclui urbanismo, aspectos históricos, paisagísticos e outros tantos essenciais, atualmente, à sobrevivência sadia do homem na Terra"[51].

---

[49] BULOS, Uadi Lammêgo. *Constituição Federal anotada*, 2. ed. rev. e atual., São Paulo: Saraiva, 2001, p. 1227.

[50] BULOS, Uadi Lammêgo. *Constituição Federal anotada*, cit., p. 1228.

[51] FREITAS, Vladimir Passos de. *A Constituição Federal e a efetividade das normas ambientais*, São Paulo: Revista dos Tribunais, 2000, p. 17.

O art. 225 da Constituição Federal estabelece que "todos têm o direito ao meio ambiente ecologicamente equilibrado, bem de uso comum do povo e essencial à sadia qualidade de vida, impondo-se ao Poder Público e à coletividade o dever de defendê-lo e preservá-lo para as presentes e futuras gerações". Por sua vez, o art. 3º, I, da Lei n. 6.938/81 estabelece: "entende-se por meio ambiente o conjunto de condições, leis, influências e interações de ordem física, química e biológica, que permite, abriga e rege a vida em todas as suas formas".

O objeto da ação civil pública é o meio ambiente no sentido amplo (natural, artificial, cultural e do trabalho). Nesse sentido, o § 1º do art. 225 da Constituição Federal estabelece que, "para assegurar a efetividade desse direito, incumbe ao Poder Público: I — preservar e restaurar os processos ecológicos essenciais e prover o manejo ecológico das espécies e ecossistemas; II — preservar a diversidade e a integridade do patrimônio genético do País e fiscalizar as entidades dedicadas à pesquisa e manipulação de material genético; III — definir, em todas as unidades da Federação, espaços territoriais e seus componentes a serem especialmente protegidos, sendo a alteração e a supressão permitidas somente através da lei, vedada qualquer utilização que comprometa a integridade dos atributos que justifiquem sua proteção; IV — exigir, na forma da lei, para instalação de obra ou atividade potencialmente causadora de significativa degradação do meio ambiente, estudo prévio de impacto ambiental, a que se dará publicidade; V — controlar a produção, a comercialização e o emprego de técnicas, métodos e substâncias que comportem risco para a vida, a qualidade de vida e o meio ambiente; VI — promover a educação ambiental em todos os níveis de ensino e a conscientização pública para a preservação do meio ambiente; VII — proteger a fauna e a flora, vedadas, na forma da lei, as práticas que coloquem em risco sua função ecológica, provoquem a extinção de espécies ou submetam os animais a crueldade".

A Lei n. 9.985/2000, que regulamentou o art. 225, § 1º, I, II, III e VII, da Constituição Federal, estabelece em seu art. 38 que "a ação ou omissão das pessoas físicas ou jurídicas que importem inobservância aos preceitos desta Lei e a seus regulamentos ou resultem em dano à flora, à fauna e aos demais atributos naturais das unidades de conservação, bem como às suas instalações e às zonas de amortecimento e corredores ecológicos, sujeitam os infratores às sanções previstas em lei". O art. 20 da Lei n. 11.105/2005, que regulamentou os incisos II, IV e V do § 1º do art. 225 da Constituição Federal, dispõe que "sem prejuízo da aplicação das penas previstas nesta Lei, os responsáveis pelos danos ao meio ambiente e a terceiros responderão, solidariamente, por sua indenização ou reparação integral, independentemente da existência de culpa".

### *2.5.2. Consumidor*

O art. 5º, XXXII, da Constituição Federal estabelece que "o Estado promoverá, na forma da lei, a defesa do consumidor". O art. 170, V, da Constituição Federal estabelece como um dos princípios gerais da atividade econômica a defesa do consumidor.

A Lei n. 8.078/90 tratou da ação civil pública, e seus preceitos são aplicados a qualquer ação civil pública, nos termos do art. 21 da Lei n. 7.347/85, que estabelece: "aplicam-se à defesa dos direitos e interesses difusos, coletivos e individuais, no que for cabível, os dispositivos do Título III da Lei n. 8.078, de 11 de setembro de 1990, que instituiu o Código de Defesa do Consumidor".

O conceito de consumidor é estabelecido pelo art. 2º da Lei n. 8.078/90: "consumidor é toda pessoa física ou jurídica que adquire ou utiliza produto ou serviço como destinatário final". Adolfo Mamoru Nishiyama destaca três elementos: "o subjetivo — toda pessoa física ou jurídica; o objetivo — produtos ou serviços; e o teleológico — destinação dada ao produto ou ao serviço, descartando-se, pois, a revenda ou qualquer outra destinação intermediária que possa ser dada ao produto ou serviço"[52].

O parágrafo único do citado art. 2º equipara a coletividade de consumidores com o consumidor individualmente considerado pre-

---

[52] NISHIYAMA, Adolfo Mamoru. *A proteção constitucional do consumidor*, Rio de Janeiro: Forense, 2002, p. 38.

visto no *caput*, ditando que se equipara "a consumidor a coletividade de pessoas, ainda que indetermináveis, que haja intervindo nas relações de consumo".

### 2.5.3. Bens e direitos de valor artístico, estético, histórico, turístico e paisagístico

O legislador quis ressaltar a referida tutela, uma vez que esse objeto já foi contemplado na esfera do meio ambiente. Os bens e direitos de valor artístico, estético, histórico, turístico e paisagístico são espécies do meio ambiente cultural.

Os bens e direitos de valor artístico, estético, histórico, turístico e paisagístico são aqueles que constituem o patrimônio cultural da sociedade. "Quanto aos bens a serem protegidos e ao próprio meio ambiente, não há necessidade de que estejam tombados, bastando que haja interesse público na sua preservação, mesmo porque o tombamento não é condição da ação"[53]. "Tombar é o ato clássico de se tutelar o patrimônio público. Ele advém do direito português, no qual tombar era inscrever o bem no 'Livro da Torre do Tombo'. O tombamento é o ato administrativo posto ao dispor do Poder Público para a efetiva proteção do patrimônio cultural e natural do País, cujo efeito precípuo é transformar em interesse jurídico o valor contido na coisa"[54].

O art. 216 da Constituição Federal estabelece que "constituem patrimônio cultural brasileiro os bens de natureza material e imaterial, tomados individualmente ou em conjunto, portadores de referência à identidade, à ação, à memória dos diferentes grupos formadores da sociedade brasileira, nos quais se incluem: I — as formas de expressão; II — os modos de criar, fazer e viver; III — as criações científicas, artísticas e tecnológicas; IV — as obras, objetos, documentos, edificações e demais espaços destinados às manifestações artístico-culturais; V — os conjuntos urbanos e sítios de valor histórico, paisagístico, artístico, arqueológico, paleontológico, ecológico e científico". O rol constitucional é meramente exemplificativo.

---

53 MEIRELLES, Hely Lopes. *Mandado de segurança*, cit., p. 121.

54 BULOS, Uadi Lammêgo. *Constituição Federal anotada*, cit., p. 1211.

### *2.5.3.1. Patrimônio público e social*

O art. 129, III, da Constituição Federal estabelece que a ação civil pública destina-se à proteção do patrimônio público e social. Ao comentar o texto constitucional, Alexandre de Moraes afirma que "essa atuação do Ministério Público visa adequar nosso ordenamento jurídico à tendência contemporânea de todo o Direito Constitucional universal, que é impedir, de todas as formas possíveis, o desrespeito sistemático às normas Constitucionais, que conduz à erosão da própria consciência constitucional"[55].

O art. 1º, § 1º, da Lei n. 4.717/65 estabelece: "consideram-se patrimônio público, para os fins referidos neste artigo, os bens e direitos de valor econômico, artístico, estético, histórico ou turístico".

Ao lado da ação popular, a ação civil pública é outro meio de tutela do patrimônio público e social. "Trata-se, sem dúvida, de interesse difuso titularizado por toda a coletividade, que tem direito à boa e correta administração dos recursos públicos e à observância dos princípios da legalidade, impessoalidade, moralidade, publicidade e eficiência"[56]. Nesse sentido, o art. 25, IV, *b*, da Lei n. 8.625/93 diz que incumbe ao Ministério Público "promover o inquérito civil e a ação civil pública, na forma da lei, para a anulação ou declaração de nulidade de atos lesivos ao patrimônio público ou à moralidade administrativa do Estado ou do Município, de suas administrações indiretas ou fundacionais ou de entidades privadas de que participem".

## *2.5.4. Infração da ordem econômica e da economia popular e dos investidores de mercado mobiliário*

A ordem econômica é disciplinada pelos arts. 170 e seguintes da Constituição Federal. O art. 173, § 4º, estabelece que "a lei reprimirá o abuso do poder econômico que vise à dominação dos mercados, à eliminação da concorrência e ao aumento arbitrário dos lucros".

---

[55] MORAES, Alexandre de. *Constituição do Brasil interpretada e legislação constitucional*, São Paulo: Atlas, 2002, p. 1561.

[56] ALMEIDA, João Batista de. *Aspectos controvertidos da ação civil pública*, cit., p. 47.

A Lei n. 7.347/85 tutela expressamente a ordem econômica e a economia popular. O art. 20 da Lei n. 8.884/94 estabelece que "constituem infração da ordem econômica, independentemente de culpa, os atos sob qualquer forma manifestados, que tenham por objeto ou possam produzir os seguintes efeitos, ainda que não sejam alcançados: I — limitar, falsear ou de qualquer forma prejudicar a livre concorrência ou a livre iniciativa; II — dominar mercado relevante de bens ou serviços; III — aumentar arbitrariamente os lucros; IV — exercer de forma abusiva posição dominante".

A economia popular refere-se a qualquer interesse econômico da coletividade.

A Lei n. 7.913/89 tutela os titulares de valores mobiliários e aos investidores do mercado.

### *2.5.5. Ordem urbanística*

A ordem urbanística refere-se ao meio ambiente artificial, ou seja, o espaço urbano construído. Mas o legislador optou por ressaltar essa tutela com o acréscimo do inciso VI ao art. 1º da Lei n. 7.347/85.

A Constituição Federal de 1988 consagrou a ordem urbana como norma constitucional ao prescrever em seu art. 182 que "a política de desenvolvimento urbano, executada pelo Poder Público municipal, conforme diretrizes gerais fixadas em lei, tem por objetivo ordenar o pleno desenvolvimento das funções sociais da cidade e garantir o bem-estar de seus habitantes". Para Nelson Saule Júnior, "a Constituição Brasileira de 1988 inova o ordenamento jurídico brasileiro ao estabelecer pela primeira vez um capítulo específico da política urbana, que contém um conjunto de princípios, responsabilidades e obrigações do Poder Público e de instrumentos jurídicos e urbanísticos para serem aplicados e respeitados com o objetivo de reverter o quadro de degradação ambiental e das desigualdades sociais nas cidades, possibilitando uma condição digna de vida para a população urbana"[57].

---

[57] SAULE JÚNIOR, Nelson. A eficácia da aplicabilidade do princípio da função social da propriedade nos conflitos ambientais urbanos, in Nelson Saule Júnior (coord.), *Direito à saúde*: trilhas legais para o direito às cidades sustentáveis, São Paulo: Max Limonad, 1999, p. 11.

José Afonso da Silva ressalta que "a concepção de política de desenvolvimento urbano da Constituição decorre da compatibilização do art. 21, XX, que dá competência à União para instituir diretrizes para o desenvolvimento urbano, com o art. 182, que estabelece que a política de desenvolvimento urbano tem por objetivo ordenar o pleno desenvolvimento das funções sociais da cidade e garantir o bem-estar de seus habitantes e é executada pelo Poder Público municipal, conforme diretrizes gerais fixadas em lei. Deve-se entender conforme as diretrizes instituídas por lei federal nos termos do art. 21, XX. Por certo também que essas diretrizes instituídas pela União é que consubstanciam a política de desenvolvimento urbano, pois que uma política há de ser uma política nacional de desenvolvimento urbano que, por seu turno, há de ser elemento da política nacional de desenvolvimento geral"[58].

### 2.5.6. Interesse difuso ou coletivo

Ao estabelecer que a tutela da ação civil pública estende-se a qualquer outro interesse difuso ou coletivo, ficou claramente demonstrado que o rol de proteção é meramente exemplificativo. João Batista de Almeida ressalta a importância da expressão, afirmando que: "a) resolveu a dúvida existente de tratar-se de *numerus clausus*, a enumeração dos bens tutelados nos incisos do art. 1º da LACP; b) deixou claro que a ação civil pública era destinada à defesa dos interesses difusos ou coletivos, ao estender a proteção a qualquer outro interesse dessa natureza, além daqueles exemplificativamente elencados; c) ao acrescentar coletivo também esclareceu dúvida levantada à época acerca da restrição da tutela tão somente dos interesses difusos, demonstrando estarem tuteladas ambas as categorias"[59].

Parte da doutrina distingue o interesse público do interesse privado, utilizando como critério a titularidade. Assim, no interesse

---

[58] SILVA, José Afonso da. *Curso de direito constitucional positivo*, cit., p. 790.

[59] ALMEIDA, João Batista de. *Aspectos controvertidos da ação civil pública*, cit., p. 46.

público, o titular é o Estado, ao passo que no interesse privado o titular é o cidadão.

Pela expressão "interesse público" designamos os interesses indisponíveis do indivíduo e da coletividade, interesses sociais e difusos. De uma forma simplista, podemos estabelecer como interesse público o bem geral, o interesse geral da coletividade como um todo.

A tutela do interesse público recai sobre dois aspectos: 1) atuação e controle do governo e da administração (coisa pública); 2) participação no âmbito social (bem comum). O primeiro aspecto refere-se à coisa pública, configurando-se como princípio orientador do administrador público. O segundo é inerente ao interesse coletivo, a vida pública. Exclui-se, assim, a esfera singular e pessoal do indivíduo. Desta feita, matéria de interesse público são questões que envolvem o interesse de toda uma coletividade e não a esfera singular do indivíduo, como saúde e educação[60].

O interesse público relaciona-se com o interesse geral, não com a esfera privada do cidadão. O interesse público exclui necessariamente o interesse privado ou de corporações e grupos privados. "Em outras palavras, o interesse público tem, acima de tudo, uma função pragmática. Trata-se de um conceito que permite ao direito filtrar os diferentes valores em confronto com a vida social, alcançando uma ideia de fechamento e acabamento lógico daqueles valores majoritariamente reclamados por parte da sociedade. A elaboração do direito moderno implica sempre uma filtragem, um processo de mediação, de escolha entre interesses conflitantes"[61].

---

[60] Nesse sentido: LISBOA, Roberto Senise. *Contratos difusos e coletivos*, cit., p. 53; MAZZILLI, Hugo Nigro. *A defesa dos interesses difusos em juízo*, cit., p. 3; MELLO, Celso Antônio Bandeira de. Interesse público primário e secundário: convênio entre a União e Estado: dever de indenização, *RDP*, São Paulo: Revista dos Tribunais, 75/55-61, jul./set. 1985.

[61] FARIA, José Eduardo. A definição do interesse público, in Carlos Alberto Salles (org.), *Processo civil e interesse público*: o processo como instrumento da defesa social, São Paulo: Revista dos Tribunais, 2003, p. 79.

Cabe anotar: a existência de uma categoria intermediária de interesses, que não constituem nem interesse público nem tipicamente privado, são os interesses de grupos de indivíduos ou dos denominados grupos sociais particulares.

### *2.5.6.1. Interesses de grupos de indivíduos*

Entre o interesse público e o interesse privado, há interesses metaindividuais ou coletivos, referentes a um grupo de pessoas. São interesses que excedem o âmbito estritamente individual, mas não chegam a constituir interesse público.

Há interesses que envolvem uma categoria determinável de pessoas (individuais homogêneos e coletivos); outros são compartilhados por grupo indeterminado de indivíduos ou de difícil determinação (como os difusos).

Com fulcro no art. 81 do Código de Defesa do Consumidor, podemos estabelecer como premissa as seguintes definições:

1. *Interesses ou direitos difusos* são os transindividuais, de natureza indivisível, de que sejam titulares pessoas indeterminadas e ligadas por circunstância de fato. Os interesses difusos unem interessados indeterminados pela mesma situação de fato.

2. *Interesses ou direitos coletivos* são os metaindividuais, de natureza indivisível, de que seja titular grupo, categoria ou classe de pessoas ligadas entre si ou com a parte contrária por uma relação jurídica base. Nos interesses coletivos o que une os interessados é a circunstância de compartilharem a mesma relação jurídica.

3. *Interesses individuais homogêneos* são os decorrentes de origem comum. Os interesses individuais homogêneos unem interessados determináveis pela mesma situação de fato.

### *2.5.6.2. Interesses difusos*

Difusos são os interesses ou direitos transindividuais, de natureza indivisível, de que sejam titulares pessoas indeterminadas e ligadas por circunstância de fato.

"O interesse difuso é necessidade de toda a sociedade, e não de grupos sociais determinados"[62].

"Há interesses difusos: 1. Tão abrangentes que coincidem com o interesse público; 2. Menos abrangentes que o interesse público; 3. Em conflito com o interesse da coletividade como um todo; 4. Em conflito com o interesse do Estado, enquanto pessoa jurídica; 5. Atinentes a grupos que mantêm conflitos entre si"[63].

O interesse difuso possui duas características: indeterminação absoluta dos sujeitos e indivisibilidade do objeto.

Pedro da Silva Dinamarco explica que "só é difuso um direito quando de fato é difusa a titularidade subjetiva dos bens tutelados, sendo esses titulares substancialmente anônimos. Dessa forma, interesse difuso é aquele cujos titulares, em número significativo, não podem ser determinados. (...) Nos interesses difusos, o objeto (ou o bem jurídico) é indivisível, na medida em que não é possível proteger um indivíduo sem que essa tutela não atinja automaticamente os demais membros da comunidade que se encontram na mesma situação. Ou atinge todos ou não atinge ninguém"[64].

O objeto do interesse é indivisível. O exemplo típico do interesse difuso é o direito ao meio ambiente ecologicamente equilibrado, consagrado no art. 225 do texto constitucional, uma vez que atinge um número indeterminado de pessoas, não podendo ser quantificado ou dividido entre os membros da coletividade.

### *2.5.6.3. Interesses coletivos*

Coletivos são interesses grupais (categoria, grupo ou classe de pessoas) ou direitos metaindividuais, de natureza indivisível de um grupo reunido por uma relação jurídica básica comum.

"Tanto interesses difusos como coletivos são indivisíveis, mas distinguem-se pela origem: os difusos supõem titulares indeter-

---

[62] LISBOA, Roberto Senise. *Contratos difusos e coletivos*, cit., p. 58.

[63] MAZZILLI, Hugo Nigro. *A defesa dos interesses difusos em juízo*, cit., p. 5.

[64] DINAMARCO, Pedro da Silva. *Ação civil pública*, cit., p. 52-53.

mináveis, ligados por circunstâncias de fato, enquanto os coletivos dizem respeito a grupo, categoria ou classe de pessoas ligadas pela mesma relação jurídica básica. Os interesses coletivos e os interesses individuais homogêneos têm também um ponto de contato: reúnem grupo, categoria ou classe de pessoas; contudo, só estes últimos são divisíveis e supõem origem de fato comum"[65].

O interesse coletivo possui duas características: indeterminação relativa dos sujeitos e indivisibilidade do objeto.

### *2.5.6.4. Interesses individuais homogêneos*

Os interesses individuais homogêneos têm origem comum. Compreendem os integrantes determinados ou determináveis de grupo, categoria ou classe de pessoas que compartilhem prejuízos divisíveis, oriundos das mesmas circunstâncias de fato.

"Aos titulares individuais determinados de direitos subjetivos distintos e de igual natureza, que tenham necessidades relacionadas a uma mesma origem, atribui-se a denominação titulares de interesses individuais homogêneos"[66].

Os interesses individuais homogêneos são, como o próprio nome determina, individuais, mas tratados de forma coletiva.

A ação civil pública só terá por objeto interesses individuais homogêneos desde que presente o interesse público ou relevância social, uma vez que o Ministério Público não é órgão destinado a promover a defesa de direitos individuais.

O Superior Tribunal de Justiça, no Recurso Especial n. 34.155, deixou assentado que, "sob o enfoque de uma interpretação teleológica, tem o Ministério Público, em sua destinação institucional, legitimidade ativa para a ação civil pública versando mensalidades escolares, uma vez caracterizados na espécie o interesse coletivo e a relevância social. Na sociedade contemporânea, marcadamente de massa, e sob os influxos de uma nova atmosfera cultural, o processo civil, vinculado estreitamente aos princípios constitucionais e

---

[65] MAZZILLI, Hugo Nigro. *A defesa dos interesses difusos em juízo*, cit., p. 5.

[66] LISBOA, Roberto Senise. *Contratos difusos e coletivos*, cit., p. 56.

dando-lhe efetividade, encontra no Ministério Público uma instituição de extraordinário valor na defesa da cidadania"[67].

Ressaltando o interesse público, no Recurso Especial n. 171.283, o Superior Tribunal de Justiça entendeu que "o direito individual há que ser indisponível, a fim de dar ensejo à sua defesa pela via de ação civil pública"[68]. Nessa esteira, deve estar presente o interesse social:

> AÇÃO CIVIL PÚBLICA. Ação coletiva. Ministério Público. Legitimidade. Interesses individuais homogêneos. Plano de Saúde. Reajuste da mensalidade. UNIMED.
>
> O Ministério Público tem legitimidade para promover ação coletiva em defesa de interesses individuais homogêneos quando existente interesse social compatível com a finalidade da instituição. Reajuste de prestações de Plano de Saúde (UNIMED). Art. 82, I, da Lei n. 8.078/90 (Código de Defesa do Consumidor). Precedentes. Recurso conhecido e provido[69].

O Supremo Tribunal Federal entendeu cabível ação civil pública para tutela de interesses individuais homogêneos relativos a mensalidade escolar, devido ao bem jurídico tutelado:

> EMENTA: RECURSO EXTRAORDINÁRIO. CONSTITUCIONAL. LEGITIMIDADE DO MINISTÉRIO PÚBLICO PARA PROMOVER AÇÃO CIVIL PÚBLICA EM DEFESA DOS INTERESSES DIFUSOS, COLETIVOS E HOMOGÊNEOS. MENSALIDADES ESCOLARES: CAPACIDADE POSTULATÓRIA DO *PARQUET* PARA DISCUTI-LAS EM JUÍZO.
>
> 1. A Constituição Federal confere relevo ao Ministério Público como instituição permanente, essencial à função jurisdicional do Estado, incumbindo-lhe a defesa da ordem jurídica, do regime democrático e dos interesses sociais e individuais indisponíveis (CF, art. 127).
>
> 2. Por isso mesmo detém o Ministério Público capacidade postulatória, não só para a abertura do inquérito civil, da ação

[67] STJ, REsp 34.155-MG, Rel. Min. Sálvio de Figueiredo, j. 14-10-96, *DJ*, 11-11-96.

[68] STJ, REsp 171.283-PR, Rel. Min. Garcia Vieira, j. 23-02-99, *DJ*, 10-05-99.

[69] STJ, REsp 177.965-PR, Rel. Min. Ruy Rosado de Aguiar, j. 18-05-99, *DJ*, 23-08-99.

penal pública para a proteção do patrimônio público e social, do meio ambiente, mas também de outros interesses difusos e coletivos (CF, art. 129, I e III).

3. Interesses difusos são aqueles que abrangem número indeterminado de pessoas unidas pelas mesmas circunstâncias de fato e coletivos aqueles pertencentes a grupos, categorias ou classes de pessoas determináveis, ligadas entre si ou com a parte contrária por uma relação jurídica base.

3.1. A *indeterminidade* é a característica fundamental dos interesses difusos e a *determinidade* a daqueles interesses que envolvem os coletivos.

4. Direitos ou interesses homogêneos são os que têm a mesma origem comum (art. 81, III, da Lei n. 8.078, de 11 de setembro de 1990), constituindo-se em subespécie de direitos coletivos.

4.1. Quer se afirme interesses coletivos ou particularmente interesses homogêneos, *stricto sensu,* ambos estão cingidos a uma mesma base jurídica, sendo coletivos, explicitamente dizendo, porque são relativos a grupos, categorias ou classes de pessoas, que conquanto digam respeito às pessoas isoladamente, não se classificam como direitos individuais para o fim de ser vedada a sua defesa em ação civil pública, porque sua concepção finalística destina-se à proteção desses grupos, categorias ou classe de pessoas.

5. As chamadas mensalidades escolares, quando abusivas ou ilegais, podem ser impugnadas por via de ação civil pública, a requerimento do Órgão do Ministério Público, pois ainda que sejam interesses homogêneos de origem comum, são subespécies de interesses coletivos, tutelados pelo Estado por esse meio processual, como dispõe o artigo 129, inciso III, da Constituição Federal.

5.1. Cuidando-se de tema ligado à educação, amparada constitucionalmente como dever do Estado e obrigação de todos (CF, art. 205), está o Ministério Público investido da capacidade postulatória, patente a legitimidade *ad causam*, quando o bem que se busca resguardar se insere na órbita dos interesses coletivos, em segmento de extrema delicadeza e de conteúdo social, tal que, acima de tudo, recomenda-se o abrigo estatal.

Recurso extraordinário conhecido e provido para, afastada a alegada ilegitimidade do Ministério Público, com vistas à defesa dos interesses de uma coletividade, determinar a remessa dos autos ao Tribunal de origem, para prosseguir ao julgamento da ação[70].

EMENTA: — CONSTITUCIONAL. AÇÃO CIVIL PÚBLICA: MENSALIDADES ESCOLARES: MINISTÉRIO PÚBLICO: LEGITIMIDADE. Lei 8.078, de 1990, art. 2º, parág. único. Lei 8.625, de 1993, art. 25, C.F., art. 129, III.

I — Ação civil pública que tem por objetivo fixação e pagamento de mensalidades escolares: os interesses daí decorrentes podem ser classificados como coletivos: legitimidade do Ministério Público para propor a ação civil pública, mesmo porque, considerados esses direitos como individuais homogêneos, têm vinculação com o consumo, ou podem os titulares do direito ser considerados como consumidores: Lei 8.078/90, art. 2º e seu parágrafo único.

II — R.E. conhecido e provido[71].

Em resumo:

| Interesse | Titular | Liame dos Titulares | Objeto |
|---|---|---|---|
| **Difuso** | Indeterminado e Indetermináveis (Indeterminação Absoluta) —Transindividuais | Circunstância de Fato (sem vínculo jurídico) Origem Comum | Indivisível |
| **Coletivo** | Indeterminado e Determináveis (Categoria — Grupo ou Classe de pessoas) (Indeterminação Relativa) — Metaindividuais | Relação Jurídica Base | Indivisível |

[70] STF, RE 163.231-3-SP, Rel. Min. Maurício Corrêa, j. 26-02-97, *DJ*, 29-06-01.

[71] STF, RE 185.360-3-SP, Rel. Min. Carlos Velloso, j. 17-11-97, *DJ*, 20-02-98.

| **Individual Homogêneo** | Determinado e Determináveis | Situação de Fato | Divisível |
|---|---|---|---|

### 2.5.7. Proteção de interesses coletivos e difusos das pessoas portadoras de deficiência

"Considera-se pessoa portadora de deficiência aquela que apresenta, em caráter permanente, perdas ou anormalidades de sua estrutura ou função psicológica, fisiológica ou anatômica, que gerem incapacidade para o desempenho de atividade, dentro do padrão considerado normal para o ser humano"[72].

O Decreto n. 3.298/99 define a deficiência como toda perda ou anormalidade de uma estrutura ou função psicológica, fisiológica ou anatômica que gere incapacidade para o desempenho de atividade, dentro do padrão considerado normal para o ser humano (art. 3º, I). A deficiência permanente é aquela que ocorreu ou se estabilizou durante um período de tempo suficiente para não permitir recuperação ou ter probabilidade de que se altere, apesar de novos tratamentos (art. 3º, II). Incapacidade é uma redução efetiva e acentuada da capacidade de integração social, com necessidade de equipamentos, adaptações, meios ou recursos especiais para que a pessoa portadora de deficiência possa receber ou transmitir informações necessárias ao seu bem-estar pessoal e ao desempenho de função ou atividade a ser exercida (art. 3º, III).

Conforme afirmamos, a Lei n. 7.853/89 ressaltou a tutela dos interesses coletivos e difusos das pessoas portadoras de deficiência.

### 2.5.8. Interesses difusos e coletivos da criança e do adolescente

O texto constitucional de 1988 ressaltou a importância da famí-

[72] Conceito trazido pelo art. 3º do Decreto n. 914/93, que foi revogado pelo Decreto n. 3.298/99.

lia, da criança, do adolescente e do idoso, reservando um capítulo para o tema. Nesse sentido, o art. 227 da Constituição Federal dita que "É dever da família, da sociedade e do Estado assegurar à criança e ao adolescente, com absoluta prioridade, o direito à vida, à saúde, à alimentação, à educação, ao lazer, à profissionalização, à cultura, à dignidade, ao respeito, à liberdade e à convivência familiar e comunitária, além de colocá-los a salvo de toda forma de negligência, discriminação, exploração, violência, crueldade e opressão". O § 3º do mesmo artigo enumera os seguintes direitos: "I — idade mínima de quatorze anos para admissão ao trabalho, observado o disposto no art. 7º, XXXIII; II — garantia de direitos previdenciários e trabalhistas; III — garantia de acesso do trabalhador adolescente à escola; IV — garantia de pleno e formal conhecimento da atribuição de ato infracional, igualdade na relação processual e defesa técnica por profissional habilitado, segundo dispuser a legislação tutelar específica; V — obediência aos princípios de brevidade, excepcionalidade e respeito à condição peculiar de pessoa em desenvolvimento, quando da aplicação de qualquer medida privativa da liberdade; VI — estímulo do Poder Público, através de assistência jurídica, incentivos fiscais e subsídios, nos termos da lei, ao acolhimento, sob a forma de guarda, de criança ou adolescente órfão ou abandonado; VII — programas de prevenção e atendimento especializado à criança e ao adolescente dependente de entorpecentes e drogas afins".

Prescreve o art. 2º da Lei n. 8.069/90: "considera-se criança, para os efeitos desta Lei, a pessoa até 12 (doze) anos de idade incompletos, e adolescente aquela entre 12 (doze) e 18 (dezoito) anos de idade". Por sua vez, o art. 3º afirma que "a criança e o adolescente gozam de todos os direitos fundamentais inerentes à pessoa humana, sem prejuízo da proteção integral de que trata esta Lei, assegurando-se-lhes, por lei ou por outros meios, todas as oportunidades e facilidades, a fim de lhes facultar o desenvolvimento físico, mental, moral, espiritual e social, em condições de liberdade e de dignidade". Os arts. 208 a 224 dessa lei tratam da proteção judicial dos interesses individuais, difusos e coletivos, ressaltando que a lei assegura, entre outros direitos:

1) ensino obrigatório (art. 208, I);

2) atendimento educacional especializado aos portadores de deficiência (art. 208, II);

3) atendimento em creche e pré-escola às crianças de 0 (zero) a 6 (seis) anos de idade (art. 208, III);

4) ensino noturno regular, adequado às condições do educando (art. 208, IV);

5) programas suplementares de oferta de material didático-escolar, transporte e assistência à saúde do educando do ensino fundamental (art. 208, V);

6) serviço de assistência social visando à proteção à família, à maternidade, à infância e à adolescência, bem como ao amparo às crianças e adolescentes que dele necessitem (art. 208, VI);

7) acesso às ações e serviços de saúde (art. 208, VII);

8) escolarização e profissionalização dos adolescentes privados de liberdade (art. 208, VIII);

9) outros interesses individuais, difusos ou coletivos, próprios da infância e da adolescência, protegidos pela Constituição e pela Lei (art. 208, § 1º).

## 2.6. Objeto da ação

A ação civil pública tem por objeto a tutela coletiva. Entretanto, a doutrina e a jurisprudência têm discutido seu cabimento em relação a matéria tributária, controle difuso da constitucionalidade e políticas públicas.

### *2.6.1. Matéria tributária*

O cabimento de ação civil pública em matéria tributária encontra respaldo no próprio texto constitucional, que estabelece a possibilidade da referida ação para a tutela de "outros interesses difusos e coletivos" (art. 129, III, da CF).

O Supremo Tribunal Federal entendeu que não cabe ação civil pública em matéria tributária, uma vez que não se trata de direito indisponível:

EMENTA: CONSTITUCIONAL. AÇÃO CIVIL PÚBLICA. IMPOSTOS: IPTU. MINISTÉRIO PÚBLICO: LEGITIMIDADE. Lei 7.347, de 1985, art. 1º, II, e art. 21, com redação do art. 117 da Lei 8.078, de 1990 (Código do Consumidor); Lei 8.625, de 1993, art. 25. C.F., artigos 127 e 129, III.

I. A ação civil pública presta-se a defesa de direitos individuais homogêneos, legitimado o Ministério Público para aforá-la, quando os titulares daqueles interesses ou direitos estiverem na situação ou na condição de consumidores, ou quando houver uma relação de consumo. Lei 7.347/85, art. 1º, II, e art. 21, com a redação do art. 117 da Lei 8.078/90 (Código do Consumidor); Lei 8.625, de 1993, art. 25.

II. Certos direitos individuais homogêneos podem ser classificados como interesses ou direitos coletivos, ou identificar-se com interesses sociais e individuais indisponíveis. Nesses casos, a ação civil pública presta-se a defesa dos mesmos, legitimado o Ministério Público para a causa. C.F., art. 127, *caput*, e art. 129, III.

III. O Ministério Público não tem legitimidade para aforar ação civil pública para o fim de impugnar a cobrança e pleitear a restituição de imposto — no caso o IPTU — pago indevidamente, nem essa ação seria cabível, dado que, tratando-se de tributos, não há, entre o sujeito ativo (poder público) e o sujeito passivo (contribuinte) uma relação de consumo (Lei 7.347/85, art. 1º, II, art. 21, redação do art. 117 da Lei 8.078/90 (Código do Consumidor); Lei 8.625/93, art. 25, IV; C.F., art. 129, III), nem seria possível identificar o direito do contribuinte com “interesses sociais e individuais indisponíveis” (C.F., art. 127, *caput*).

IV. R.E. não conhecido[73].

EMENTA: MINISTÉRIO PÚBLICO. AÇÃO CIVIL PÚBLICA. TAXA DE ILUMINAÇÃO PÚBLICA DO MUNICÍPIO DE RIO NOVO-MG. EXIGIBILIDADE IMPUGNADA POR MEIO

[73] STF, RE 195.056-1-PR, Rel. Min. Carlos Velloso, j. 09-12-99, *DJ*, 30-05-03.

DE AÇÃO PÚBLICA, SOB ALEGAÇÃO DE INCONSTITUCIONALIDADE. ACÓRDÃO QUE CONCLUIU PELO SEU NÃO CABIMENTO, SOB INVOCAÇÃO DOS ARTS. 102, I, *a*, E 125, § 2º, DA CONSTITUIÇÃO.

Ausência de legitimação do Ministério Público para ações da espécie, por não configurada, no caso, a hipótese de interesses difusos, como tais considerados os pertencentes concomitantemente a todos e a cada um dos membros da sociedade, como um bem não individualizável ou divisível, mas, ao revés, interesses de grupo ou classe de pessoas, sujeitos passivos de uma exigência tributária cuja impugnação, por isso, só pode ser promovida por eles próprios, de forma individual ou coletiva.

Recurso não conhecido[74].

No mesmo sentido, o entendimento do Superior Tribunal de Justiça:

EMENTA

MINISTÉRIO PÚBLICO. ILEGITIMIDADE. AÇÃO CIVIL PÚBLICA. COBRANÇA DE TAXA.

O Ministério Público não tem legitimidade para manifestar ação civil pública com o objetivo de ver sustada a cobrança de tributos, como a taxa de iluminação[75].

EMENTA

PROCESSUAL CIVIL. AÇÃO CIVIL PÚBLICA PARA DECLARAÇÃO DE INCONSTITUCIONALIDADE DE LEI E DEFENDER DIREITOS DIVISÍVEIS. LEGITIMIDADE DO MINISTÉRIO PÚBLICO PARA FIGURAR NO POLO ATIVO. EXTINÇÃO DO PROCESSO.

O Ministério Público só tem legitimidade para figurar no polo ativo de ação civil pública, quando na defesa de interesse difuso ou coletivo, assim entendidos os transindividuais, de

---

[74] STF, RE 213.631-9-MG, Rel. Min. Ilmar Galvão, j. 09-12-99, *DJ*, 07-04-00.

[75] STJ, REsp 200.234-SP, Rel. Min. Helio Mosimann, j. 20-05-99, *DJ*, 21-06-99.

natureza indivisível, de que sejam titulares pessoas indeterminadas e ligadas por circunstâncias de fato (art. 81, parágrafo único, incisos I e II da Lei 8.078) de que seja titular grupo, categoria ou classe de pessoas ligadas entre si ou com a parte contrária por uma relação jurídica base.

O pedido de suspensão de pagamento de tributo e a respectiva repetição de indébito não se insere na categoria de interesses difusos ou coletivos, porquanto, são divisíveis e individualizáveis.

Interesse coletivo, na dicção da lei, não se confunde com interesse público ou da coletividade, pois, aquele (interesse público), não entende como sendo uma simples realidade quantitativa, dependente do número de indivíduos que o partilham.

O pedido de sustação de pagamento de tributo, cumulado com repetição de indébito, não tem conteúdo de interesse público, a ser protegido pela ação civil pública, que não pode substituir a de repetição de indébito, pois, se cuida de direito individual, determinado, quantificado, eis que, cada contribuinte efetua pagamento de quantia certa, em período considerado. Os contribuintes não são consumidores, não havendo como vislumbrar sua equiparação aos portadores de direitos difusos ou coletivos (Lei n. 7.347, art. 1º, IV).

Em se tratando, *in casu*, de direitos individuais homogêneos, identificáveis e divisíveis, titularidades e quantificáveis, devem ser postulados, na esfera jurisdicional, pelos seus próprios titulares, já que, na sistemática do nosso direito, salvo exceção legal, ninguém poderá pleitear, em nome próprio, direito alheio.

Recurso improvido. Decisão unânime[76].

### *2.6.2. Controle difuso de constitucionalidade*

A doutrina tem discutido a possibilidade de o controle difuso ser exercido na ação civil pública, uma vez que poderia ocorrer a

[76] STJ, REsp 175.888-PR, Rel. Min. Demócrito Reinaldo, j. 18-03-99, *DJ*, 03-05-99.

invasão da competência constitucional do Supremo Tribunal Federal, tendo em vista os efeitos da decisão na ação coletiva. O controle difuso de constitucionalidade das leis pode ser exercido em sede de ação civil pública, no juízo de primeiro grau, quando for necessário para a decisão da hipótese concreta[77]. A referida usurpação não foi reconhecida pelo Supremo Tribunal Federal ao julgar um *leading case*, deixando assentado na Reclamação n. 600-0 que: "na ação civil pública, ora em julgamento, dá-se controle de constitucionalidade da Lei n. 8024/1990, por via difusa. Mesmo admitindo que a decisão em exame afasta a incidência de Lei que seria aplicável à hipótese concreta, por ferir direito adquirido e ato jurídico perfeito, certo está que o acórdão respectivo não fica imune ao controle do Supremo Tribunal Federal, desde logo, à vista do art. 102, III, letra *b*, da Lei Maior, eis que decisão definitiva de Corte local terá reconhecido a inconstitucionalidade de lei federal, ao dirimir determinado conflito de interesses. Manifesta-se, dessa maneira, a convivência dos dois sistemas de controle de constitucionalidade: a mesma lei federal ou estadual poderá ter declarada sua invalidade, quer, em abstrato, na via concentrada, originariamente, pelo STF (CF, art. 102, I, *a*), quer na via difusa, *incidenter tantum,* ao ensejo do desate de controvérsia, na defesa de direitos subjetivos de partes interessadas, afastando-se sua incidência no caso concreto em julgamento. Nas ações coletivas, não se nega, à evidência, também, a possibilidade da declaração de inconstitucionalidade, *incidenter tantum,* de lei ou ato normativo federal ou local. A eficácia *erga omnes* da decisão, na ação civil pública, *ut* art. 16, da Lei n. 7347/1985, não subtrai o julgado do controle das instâncias superiores, inclusive do STF. No caso concreto, por exemplo, já se interpôs recurso extraordinário, relativamente ao qual, em situações graves, é viável emprestar-se, ademais, efeito suspensivo. Em reclamação, onde sustentada a usurpação, pela Corte local, de competência do Supremo Tribunal Federal, não cabe, em tese, discutir em torno da eficácia da sentença na ação civil pública (Lei n. 7347/1985, art. 16), o que poderá, entretanto, constituir, eventual-

---

[77] Informativo n. 260 do Supremo Tribunal Federal. Disponível em: <http://www.stf.gov.br/noticias/informativos/anteriores/info260.asp>. Acesso em: 14 set. 2004.

mente, tema do recurso extraordinário. Reclamação julgada improcedente, cassando-se a liminar"[78].

No mesmo sentido, as decisões do Supremo Tribunal Federal:

EMENTA: RECLAMAÇÃO. DECISÃO QUE, EM AÇÃO CIVIL PÚBLICA, CONDENOU INSTITUIÇÃO BANCÁRIA A COMPLEMENTAR OS RENDIMENTOS DE CADERNETA DE POUPANÇA DE SEUS CORRENTISTAS, COM BASE EM ÍNDICE ATÉ ENTÃO VIGENTE, APÓS AFASTAR A APLICAÇÃO DA NORMA QUE O HAVIA REDUZIDO, POR CONSIDERÁ-LA INCOMPATÍVEL COM A CONSTITUIÇÃO. ALEGADA USURPAÇÃO DA COMPETÊNCIA DO SUPREMO TRIBUNAL FEDERAL, PREVISTA NO ART. 102, I, *A*, DA CF.

Improcedência da alegação, tendo em vista tratar-se de ação ajuizada, entre partes contratantes, na persecução de bem jurídico concreto, individual e perfeitamente definido, de ordem patrimonial, objetivo que jamais poderia ser alcançado pelo reclamado em sede de controle *in abstracto* de ato normativo:

Quadro em que não sobra espaço para falar em invasão, pela Corte reclamada, da jurisdição concentrada privativa do Supremo Tribunal Federal.

Improcedência da reclamação[79].

EMENTA: Recurso extraordinário. Ação Civil Pública. Ministério Público. Legitimidade. 2. Acórdão que deu como inadequada a ação civil pública para declarar a inconstitucionalidade de ato normativo municipal. 3. Entendimento desta Corte no sentido de que "nas ações coletivas, não se nega, à evidência, também, a possibilidade de declaração de inconstitucionalidade, *incidenter tantum*, de lei ou ato normativo federal ou local". 4. Reconhecida a legitimidade de Ministério Público, em qualquer instância, de acordo com a respectiva jurisdição, a propor ação

---

78 STF, Recl. 600-0-SP, Rel. Min. Néri da Silveira, j. 03-09-97, *DJ*, 05-12-03.

79 STF, Recl. 602-6-SP, Rel. Min. Ilmar Galvão, j. 03-09-97, *DJ*, 03-09-97.

civil pública (CF, arts. 127 e 129, III). 5. Recurso extraordinário conhecido e provido para que se prossiga na ação civil pública movida pelo Ministério Público[80].

O Ministro Celso de Mello ao tratar da matéria ação civil pública e controle difuso julgou que "O Supremo Tribunal Federal tem reconhecido a legitimidade da utilização da ação civil pública como instrumento idôneo de fiscalização incidental de constitucionalidade, pela via difusa, de quaisquer leis ou atos do Poder Público, mesmo quando contestados em face da Constituição da República, desde que, nesse processo coletivo, a controvérsia constitucional, longe de identificar-se como objeto único da demanda, qualifique-se como simples questão prejudicial, indispensável à resolução do litígio principal"[81].

No mesmo sentido, o Superior Tribunal de Justiça tem admitido a propositura de ação civil pública com base na inconstitucionalidade de ato normativo, repelindo a usurpação da competência do Supremo Tribunal Federal, quando a ação se configurar como mera pretensão de inconstitucionalidade, não se vislumbrando um caso concreto:

> RECURSO ESPECIAL. AÇÃO CIVIL PÚBLICA. EFICÁCIA *ERGA OMNES*. CONTROLE DE CONSTITUCIONALIDADE *INCIDENTER TANTUM*. POSSIBILIDADE. ENTENDIMENTO DO SUPREMO TRIBUNAL FEDERAL.
>
> É possível a propositura de ação civil pública com base na inconstitucionalidade de lei. Nesse caso, não se trata de controle concentrado, mas sim de controle difuso de constitucionalidade.
>
> Somente se exclui a possibilidade do exercício da ação civil pública quando nela o autor deduzir pretensão efetiva-

[80] STF, RE 227.159-4-GO, Rel. Min. Néri da Silveira, j. 12-03-02, *DJ*, 17-05-02.

[81] Informativo n. 212 do Supremo Tribunal Federal. Recl. 1.733-8-SP, Medida Liminar, Rel. Min. Celso de Mello, decisão monocrática, j. 24-11-00, *DJ*, 01-12-00. Disponível em: <http://www.stf.gov.br/noticias/informativos/anteriores/info212.asp>. Acesso em: 14 set. 2004.

mente destinada a viabilizar o controle abstrato de constitucionalidade de determinada lei ou ato normativo.

*In casu*, o pedido formulado pelo *Parquet* diz respeito à proteção do meio ambiente e do patrimônio público, cultural, estético, paisagístico, arquitetônico e social, em face da ocupação de áreas públicas localizadas no SCLRN, Quadra 706. A inconstitucionalidade da Lei Distrital n. 754/94 nada mais é do que o fundamento da ilegitimidade dessa ocupação e sequer faz coisa julgada, nos termos do art. 469 do Código de Processo Civil[82].

No voto, o relator Ministro Franciulli Netto deixou assentado que "a propositura de ação civil com base na inconstitucionalidade de lei, ao fundamento de que, nesse caso, não se trata de controle concentrado, mas sim controle difuso de constitucionalidade, passível de correção pela Suprema Corte com interposição do recurso extraordinário. Na verdade, o que se repele é a tentativa de burlar o sistema de controle constitucional para pleitear, em ação civil pública, mera pretensão de declaração de inconstitucionalidade, como se de controle concentrado se tratasse. Dessarte, somente se exclui a possibilidade do exercício da ação civil pública quando nela o autor deduzir pretensão efetivamente destinada a viabilizar o controle abstrato de constitucionalidade de determinada lei ou ato normativo. Nesse sentido, a decisão do Superior Tribunal de Justiça:

EMENTA

AÇÃO CIVIL PÚBLICA — PRECEITO COMINATÓRIO — TAXA DE ILUMINAÇÃO — CONSTITUCIONALIDADE DE LEI MUNICIPAL — UNIDADE DO DIREITO

Na sentença, declarou-se a inconstitucionalidade da Lei Municipal n. 070/89. Impossibilidade do uso da ação civil pública para substituir a ação direta de inconstitucionalidade. A unidade do direito substantivo é estabelecida pela Constituição. Admitida a ação civil pública para impedir a cobrança de

[82] STJ, REsp 327.206-DF, Rel. Min. Franciulli Netto, j. 06-05-03, *DJ*, 01-09-03.

tributo, tachado de inconstitucional, possibilitaria a prolação de sentenças contraditórias com efeitos *erga omnes*, o que é absurdo.

Recurso não reconhecido[83].

Podemos concluir que se afigura possível o exercício do controle difuso da constitucionalidade em sede de ação civil pública, desde que haja um caso concreto, sob pena de utilizar-se a referida ação como sucedâneo do controle concentrado da constitucionalidade. Desta feita, quando o objeto for abstrato, não é possível a declaração de inconstitucionalidade em ação civil pública, pois se verificará o mesmo efeito do controle concentrado.

### *2.6.3. Políticas públicas*

As políticas públicas são as ações que o governo realiza com a finalidade de atingir as metas estabelecidas e que serão realizadas pela Administração Pública.

Guilherme Amorim Campos da Silva afirma que "toda política pública, como programa de ação, implica, portanto, em uma meta a ser alcançada e em um conjunto ordenado de meios ou instrumentos — pessoais, institucionais e financeiros — aptos à consecução desse resultado. São leis, decretos regulamentares ou normativos, decretos ou portarias de execução. São também atos ou contratos administrativos da mais variada espécie". O mesmo autor define política pública como "o instrumento de ação do Estado e de seus poderes constituídos, em especial o Executivo e Legislativo, de caráter vinculativo e obrigatório, que deve permitir divisar as etapas de concreção dos programas políticos constitucionais voltados à realização dos fins da República e do Estado Democrático de Direito, passíveis de exame de mérito pelo Poder Judiciário"[84].

---

83 STJ, REsp 134.979-GO, Rel. Min. Garcia Vieira, j. 09-09-97, *DJ*, 06-10-97.

84 SILVA, Guilherme Amorim Campos da. *Direito ao desenvolvimento*, São Paulo: Método, 2004, p. 103-104.

Para Maria Garcia, políticas públicas são as diretrizes, princípios, metas coletivas conscientes que direcionam a atividade do Estado, objetivando o interesse público[85].

As políticas públicas são orientações e diretrizes que a Administração Pública deve seguir para atingir o bem comum. Essas indicações devem guardar consonância com a Constituição Federal. Na formulação das políticas públicas deve-se observar o compromisso com as exigências concretas previstas na Lei Maior. Oswaldo Luiz Palu alude num "controle de conformidade dos atos estatais com a Constituição, decorrente do princípio da constitucionalidade, não mais mero controle de legalidade, típico do Estado de Direito formal"[86].

O Estado Democrático e Social de Direito exige não só o controle de constitucionalidade legal, próprio do Estado Democrático de Direito, mas também o controle das políticas públicas. Nesse sentido, para Oswaldo Luiz Palu, "o controle jurisdicional recai sobre: a) a lei ou ato com força de lei (abrange o ato do Poder Legislativo e do Executivo quando edita atos normativos gerais com força de lei), que é o controle de constitucionalidade, adentrando nos seus limites ante a liberdade de conformação do legislador; e b) os atos provenientes da função de governo e da burocracia (função administrativa) — inclusive a omissão —, ou seja, os atos estatais não consubstanciados na lei formal, mas que revelam a função de governo e a função administrativa, a que se pode chamar, para distinguir do controle de constitucionalidade, de controle de conformidade, muito mais amplo que o mero controle de legalidade, bem assim seus limites ante a discricionariedade do governo e da administração"[87].

---

[85] GARCIA, Maria. Políticas públicas e atividade administrativa do Estado, *CDCCP*, São Paulo: Revista dos Tribunais, 15/64-67, abr./jun. 1996, esp. p. 65-66: "As diretrizes da Administração Pública de um país refletem a sua filosofia dominante de sociedade e de governo (Samuel H. Jameson). Tais diretrizes constituem o que se denomina políticas públicas, ou seja, princípios, metas coletivas conscientes que direcionam a atividade do Estado, objetivando o interesse público".

[86] PALU, Oswaldo Luiz. *Controle dos atos de governo pela jurisdição*, São Paulo: Revista dos Tribunais, 2004, p. 20.

[87] PALU, Oswaldo Luiz. *Controle dos atos de governo pela jurisdição*, cit., p. 21-22.

A Constituição de Portugal consagra, expressamente, o controle das políticas públicas ao dispor, no art. 3º, 3, que "A validade das leis e dos demais actos do Estado, das regiões autónomas e do poder local depende de sua conformidade com a Constituição".

O governo fixa os objetivos do Estado que serão realizados pela Administração Pública. Esses objetivos são denominados políticas públicas. O governo oriundo da soberania do Estado apresenta conduta independente. A administração apresenta um conduta hierarquizada e é meio para atingir os objetivos traçados pelo governo. O governo é o aparato do Estado, que se exterioriza pela sua condução política. A Administração Pública é a atividade concreta do Estado. O governo traça os objetivos (políticas públicas) segundo os ditames do Estado. A administração realiza os objetivos[88].

A ação civil pública seria meio idôneo para que a Administração Pública realize esses objetivos traçados pelo governo, Estado e a própria Constituição. A doutrina tem discutido essa possibilidade para implementação de políticas públicas. Num primeiro momento podemos afirmar que a Administração Pública, segundo os critérios de conveniência e oportunidade, teria discricionariedade para a implantação de políticas públicas. Entretanto, com o advento do Estado Democrático e Social de Direito, surge a obrigação constitucional de implementar as políticas públicas, que se configuram como verdadeiros direitos, previstos na Constituição Federal, como, por exemplo, o direito à saúde, que é garantido mediante políticas sociais e econômicas, ou o dever do Estado no que tange à educação.

---

[88] BASTOS, Celso Ribeiro. *Curso de direito constitucional*, 19. ed., São Paulo: Saraiva, 1998, p. 6: "Há, portanto, um Estado cuja demarcação coincide com o aparato burocrático formado pelos políticos e pelos profissionais que compõem o seu quadro organizacional. Mas sabemos que o Estado não se pode resumir ao que na verdade seria mais adequado chamar-se governo. Daí porque ser corrente na doutrina a expressão Estado-sociedade, para então abarcar o Estado na sua totalidade, compreendendo, portanto, não apenas a organização governamental, mas também a própria comunidade, que não são estanques. É óbvio que há uma constante interação entre o governo, que exerce a sua influência conformadora sobre a sociedade, e, de outra parte, a sociedade que torna possível a existência desse governo, e, em grande medida, determina-lhe o sentido, o alcance e as diretrizes".

Para Guilherme Amorim Campos da Silva os atos políticos não refogem ao controle Judiciário, sustentando que "o tema da ação civil pública é ligado de maneira intrínseca à implementação de políticas públicas definidas em normas programáticas"[89]. João Batista de Almeida é enfático em afirmar que: "no entanto, não vejo por que não prestigiar a tese que admite o uso da ação civil pública quando o pedido é a implementação de políticas públicas, pois, do contrário, o administrador ficaria totalmente livre para descumprir normas constitucionais e dispositivos legais, inclusive orçamentários, sem poder ser compelido na via judicial ao respectivo cumprimento. Nesse caso poderiam ser enquadrados, por exemplo, o fornecimento de ensino fundamental obrigatório, o transporte escolar, a aplicação do mínimo de 25% das receitas de impostos municipais em educação. A não implementação das políticas públicas nas áreas mencionadas implica descumprimento de normas cogentes da Constituição Federal (art. 208, §§ 1º, 2º e 3º), que pode ser reparado por via da ação referida. O mesmo seja dito em relação à saúde (CF/88, art. 196 *et seq.*), à cultura (CF/88, art. 215 *et seq.*) e à família, à criança, ao adolescente e ao idoso (CF/88, art. 227 *et seq.*)"[90].

Indubitavelmente, o Estado Democrático e Social de Direito exige essa prestação positiva por parte do Estado, obrigando o governo a realizar concretamente as políticas públicas elencadas como obrigatórias. Nesse sentido Rodolfo de Camargo Mancuso ressalta que "estamos hoje a caminho de superar a concepção de democracia representativa, para ascendermos à chamada democracia participativa, onde a existência de representantes eleitos não exclui a participação de cidadãos em geral, isoladamente ou em grupos. A gestão da coisa pública é, significativamente, uma *res* pública, de modo que todos os integrantes da comunidade têm título para dela participarem. Acresce a essa tendência a constatação dos reiterados desmandos e arbitrariedades na gestão da coisa pública, que vêm levando os indi-

89 SILVA, Guilherme Amorim Campos da. *Direito ao desenvolvimento*, cit., p. 215-216.

90 ALMEIDA, João Batista de. *Aspectos controvertidos da ação civil pública*, cit., p. 73.

víduos a descrerem da eficácia do modelo político-institucional estabelecido. Daí a proteção popular, cada vez mais justificada, à participação direta na gestão da coisa pública. Não há, portanto, falar em usurpação ou intromissão indevida, quando se leva em conta que cada indivíduo, na condição de destinatário e credor da boa gestão dos negócios públicos, tem título originário para dela participar ativamente". (...) Efetivamente, os esquemas político-institucionais baseados em estruturas antigas, de tipo liberal-individualista, não se adaptam bem às novas exigências da ordem coletiva. Aqueles esquemas visavam, justamente, o contrário do reclamado pelos tempos que correm, visto que se pretendia evitar a formação de núcleos coletivos entre o Estado e o cidadão"[91].

## 2.7. Procedimento

O Código de Processo Civil tem aplicação subsidiária no procedimento da ação civil pública, nos termos do art. 19 da Lei n. 7.347/85, visto que a referida lei regulou expressamente a legitimidade ativa, a competência e coisa julgada, as quais na tutela coletiva possuem tratamento específico.

Pode ocorrer, em tese, a conexidade, continência ou litispendência entre a ação civil pública e as demais ações coletivas ou mesmo a ação individual. Nesse caso, o juiz deve sobrestar a demanda individual independentemente do requerimento da parte, com o intuito de evitar decisões contraditórias[92]. No caso de ações coletivas deve ser determinada a reunião dos processos.

A maioria da doutrina afirma que o art. 104 da Lei n. 8.078/90 estabeleceu que inexiste a litispendência entre as ações de interesses difusos e as ações individuais, o mesmo se verificando entre as ações de interesses coletivos e as individuais. Roberto Senise Lisboa afirma que "as ações coletivas de interesses indi-

---

[91] MANCUSO, Rodolfo de Camargo. *Interesses coletivos*: conceito e legitimidade para agir, 4. ed. rev. e atual., São Paulo: Revista dos Tribunais, 1997, p. 110-112.

[92] MAZZILLI, Hugo Nigro. *A defesa dos interesses difusos em juízo*, cit., p. 164.

viduais homogêneos poderão, entretanto, induzir à ação individual que tenha sido proposta e de mesmo objeto. Para tanto, o demandante a título individual deverá requerer a suspensão de seu processo, em 30 (trinta) dias, contados a partir da data em que tomou ciência, nos autos da demanda por ele proposta, da existência da ação coletiva"[93].

No que tange à esfera recursal, o art. 14 da Lei n. 7.347/85 estabelece que "o juiz poderá conferir efeito suspensivo aos recursos, para evitar dano irreparável à parte".

## 2.8. Termo de ajustamento de conduta

O art. 5º, § 6º, da Lei n. 7.347/85 estabelece que "os órgãos públicos legitimados poderão tomar dos interessados compromisso de ajustamento de sua conduta às exigências legais, mediante cominações, que terá eficácia de título executivo extrajudicial".

O termo de ajustamento de conduta pode ser celebrado apenas por órgãos públicos. Desta feita, as pessoas jurídicas de direito público privado, que possuem legitimidade para ingressar com a ação civil pública, não podem celebrar o referido instrumento[94].

A Súmula 9 do Ministério Público do Estado de São Paulo estabelece que "só será homologada a promoção de arquivamento de inquérito civil, em decorrência de compromisso de ajustamento, se deste constar que seu não cumprimento sujeitará o infrator a suportar a execução do título extrajudicial ali formado, devendo a obrigação ser certa quanto à sua existência, e determinada quanto ao seu objeto. Fundamento: Por força do art. 5º, § 6º, da Lei n. 7.347/85, introduzi-

---

93 LISBOA, Roberto Senise. *Contratos difusos e coletivos*, cit., p. 510.

94 MAZZILLI, Hugo Nigro. *A defesa dos interesses difusos em juízo*, cit., p. 106: "Só podem tomar compromisso de ajustamento os órgãos públicos legitimados à ação civil pública. Assim, podem fazê-lo as pessoas jurídicas de direito público interno e seus órgãos, não as entidades da administração indireta ou pessoas jurídicas que tenham regime jurídico próprio de empresas privadas. Em suma, não podem tomar compromissos de ajustamento as associações civis, sociedades de economia mista, fundações e empresas públicas".

do pela Lei n. 8.078/90, o compromisso de ajustamento terá eficácia de título executivo extrajudicial. Ora, para que possa ter tal eficácia, é indispensável que nele se insira obrigação certa quanto à sua existência e determinada quanto ao seu objeto, como manda a lei civil (art. 5º, § 6º, da Lei n. 7.347/85; art. 1.533 do CC; Ato n. 52/92-PGJ/CSMP; Pt. n. 30.918/93)".

O termo de ajustamento de conduta não se confunde com a transação, na medida em que por este instituto as partes fazem concessões recíprocas com o intuito de extinguir obrigações litigiosas[95]. O objeto da ação civil pública é indisponível, não havendo a possibilidade de concessões, mas o que se torna possível é o ajustamento ao dispositivo legal.

## 2.9. Inquérito civil

O § 1º do art. 8º da Lei n. 7.347/85 estabelece que "o Ministério Público poderá instaurar, sob sua presidência, inquérito civil, ou requisitar, de qualquer organismo público ou particular, certidões, informações, exames ou perícias, no prazo que assinalar, o qual não poderá ser inferior a 10 (dez) dias úteis".

O inquérito civil assemelha-se ao inquérito policial e tem por finalidade a busca de elementos para propositura de futura ação coletiva. O art. 1º do Ato n. 19/94 do Órgão Especial do Colégio de Procuradores do Ministério Público do Estado de São Paulo estabelece que "o inquérito civil, procedimento investigatório de natureza inquisitorial, será instaurado para apurar fato que, em tese, autoriza o exercício da tutela de interesses coletivos ou difusos de qualquer natureza".

Segundo nosso entendimento, o inquérito civil deve ser regido pela publicidade dos atos processuais (art. 5º, LX), sendo também

---

[95] SCAVONE JUNIOR, Luiz Antonio. *Obrigações*: abordagem didática, 3. ed. atual. de acordo com o novo Código Civil e aum., São Paulo: Juarez de Oliveira, 2002, p. 133: "A transação define-se como ato jurídico bilateral que visa extinguir ou prevenir litígios mediante concessões recíprocas das partes interessadas ou, ainda, a composição com troca de vantagens pecuniárias".

observado o contraditório (art. 5º, LV). Assim, o procedimento não pode possuir natureza inquisitorial, incompatível com o Estado Democrático.

Cabe ressaltar que a instauração do inquérito civil é uma atribuição exclusiva do órgão do Ministério Público, sendo que os demais legitimados não gozam da referida prerrogativa, nos termos do art. 129, III, da Constituição Federal.

## 2.10. Coisa julgada

A ação civil pública produz coisa julgada *secundum eventum litis*, ou seja, a imutabilidade da decisão ocorre dependendo do resultado. O art. 16 da Lei n. 7.347/85 estabelece que: "a sentença civil fará coisa julgada *erga omnes*, nos limites da competência territorial do órgão prolator, exceto se o pedido for julgado improcedente por insuficiência de provas, hipótese em que qualquer legitimado poderá intentar outra ação com idêntico fundamento, valendo-se de nova prova".

Desta feita, se a ação for julgada improcedente pelo fato de o direito não dar guarida ao interesse coletivo tutelado, nenhuma outra ação poderá ser ajuizada. Entretanto, se o pedido for julgado improcedente por insuficiência de provas, outro legitimado poderá intentar nova ação com os mesmos fundamentos.

O Código de Defesa do Consumidor, de aplicação subsidiária em qualquer ação civil pública, trouxe alterações ao sistema de coisa julgada nas ações coletivas, em razão do interesse tutelado.

Na tutela dos interesses difusos, a sentença fará coisa julgada *erga omnes*, exceto se o pedido for julgado improcedente por insuficiência de provas, hipótese em que qualquer legitimado poderá intentar outra ação, com idêntico fundamento, valendo-se de nova prova (art. 103, I, do CDC). Desta feita, a procedência da ação torna imutável a sentença. Pedro da Silva Dinamarco afirma que "a sentença de improcedência da primeira ação civil pública para a defesa do direito difuso (p. ex., meio ambiente), por fundamento outro que não a falta de provas, tornará definitivamente imutável aquela sentença (salvo mediante ação rescisória), não se admitindo o ajuizamento de qualquer outra demanda coletiva (até mesmo ação popular), fundada nos mesmos fatos"[96].

Hugo Nigro Mazzilli defende a necessidade de mitigar a coisa julgada afirmando que, "em vista da natureza dos interesses metaindividuais, torna-se imperioso mitigar ainda mais a coisa julgada. Tomemos como exemplo a questão ambiental. Uma ação civil pode hoje resultar em improcedência, não por falta de provas, mas por se entender, com base nas perícias, que o resíduo emitido pela chaminé da fábrica do réu não é poluente; antes, conclui a sentença, o resíduo é saudável ou pelo menos inócuo para o homem. Formada a coisa julgada como eficácia *erga omnes*, e vencida a oportunidade da rescisória, pode vir a ser apurado que as perícias foram fraudulentas; a ciência mais tarde pode demonstrar que aquele resíduo é altamente tóxico e prejudicial à humanidade. Ora, não se pode admitir, verdadeiramente, coisa julgada ou direito adquirido contra alguns direitos fundamentais, como o suposto direito de violar o meio ambiente e destruir as condições do próprio *habitat* do ser humano. Como admitir a formação de direitos adquiridos e coisa julgada em grave detrimento de gerações que ainda nem nasceram?!"[97] Para Pedro da Silva Dinamarco, "o que se admite é apenas que, se houver fato novo, não constante na causa de pedir da primeira demanda (v. g., nova degradação ambiental, que não continuidade daquela já invocada), então a demanda será outra e a coisa julgada não impedirá nova ação civil pública"[98].

Na tutela dos interesses coletivos, a sentença fará coisa julgada *ultra partes*, mas limitadamente ao grupo, categoria ou classe de pessoas, salvo improcedência por insuficiência de provas, hipótese em que qualquer legitimado poderá intentar outra ação, com idêntico fundamento, valendo-se de nova prova (art. 103, II, do CDC). Se a improcedência da ação não estiver relacionada com a insuficiência probatória, não se admitirá outra ação coletiva.

---

[96] DINAMARCO, Pedro da Silva. *Ação civil pública*, cit., p. 100-101.

[97] MAZZILLI, Hugo Nigro. *A defesa dos interesses difusos em juízo*, cit., p. 164-165.

[98] DINAMARCO, Pedro da Silva. *Ação civil pública*, cit., p. 101.

Na tutela dos interesses individuais homogêneos, a sentença fará coisa julgada *erga omnes*, apenas no caso de procedência do pedido, para beneficiar todas as vítimas e seus sucessores (art. 103, III, do CDC). O § 2º do art. 103 complementa a questão afirmando que, "na hipótese prevista no inciso III, em caso de improcedência do pedido, os interessados que não tiverem intervindo no processo como litisconsortes poderão propor ação de indenização a título individual". Desta feita, aqueles que interviram no processo não poderão propor nova ação individual, tampouco poderá ser proposta nova ação coletiva[99].

As ações coletivas que têm por objeto interesses difusos e coletivos não induzem litispendência para as ações individuais, mas os efeitos da coisa julgada *erga omnes* ou *ultra partes* nos interesses coletivos e individuais homogêneos não beneficiarão os autores das ações individuais, se não for requerida a suspensão no prazo de trinta dias, a contar da ciência nos autos do ajuizamento da ação coletiva (art. 104 do CDC).

Nos termos do citado art. 104 as ações coletivas que têm por objeto direitos difusos e coletivos não induzem litispendência para as ações individuais. Em se tratando de interesses individuais homogêneos, haverá litispendência quanto aos lesados que intervierem na demanda, sendo que não haverá prejuízo aos direitos individuais diferenciados, nos termos do art. 103, § 2º, que dita que, "na hipótese prevista no inciso III, em caso de improcedência do pedido, os interessados que não tiverem intervindo no processo como litisconsortes poderão propor ação de indenização a título individual". Pedro da Silva Dinamarco ressalta que, "em se tratando de demanda visando à defesa de direitos individuais homogêneos, também não se haveria de falar em litispendência, pois na parte final do mesmo art. 104 está disposto que os autores das ações individuais deverão optar por seguir com sua demanda ou pedir a suspensão desta enquanto a outra

---

[99] DINAMARCO, Pedro da Silva. *Ação civil pública*, cit., p. 102-103: "Não há qualquer menção à possibilidade de qualquer colegitimado poder propor uma nova ação civil pública. Daí ser legítimo concluir, por exclusão, que não haveria essa possibilidade. Afinal, se o próprio interessado que foi litisconsorte no processo está impedido, com maior razão o está o substituto processual".

estiver pendente. Se há direito de opção, logicamente não pode haver litispendência"[100]. Em resumo, no caso de improcedência, os efeitos da coisa julgada na tutela dos direitos difusos e coletivos não prejudicarão direitos individuais. A mesma regra no caso dos interesses individuais homogêneos, exceto para aqueles que tiverem intervindo no processo como litisconsortes.

Segundo afirmamos alhures, nosso entendimento é que o juiz deve sobrestar a demanda individual independentemente do requerimento da parte, com o intuito de se evitarem decisões contraditórias.

O art. 103, § 3º, alude que "os efeitos da coisa julgada de que cuida o art. 16, combinado com o art. 13 da Lei n. 7.347, de 24 de junho de 1985, não prejudicarão as ações de indenização por danos pessoalmente sofridos, propostas individualmente ou na forma prevista neste Código, mas, se procedente o pedido, beneficiarão as vítimas e seus sucessores, que poderão proceder à liquidação e à execução, nos termos dos arts. 96 a 99".

Hugo Nigro Mazzilli resume a questão afirmando que "a lei mitiga a coisa julgada nas ações civis públicas e coletivas, fazendo com que ela se dê de acordo com o resultado do processo (*secundum eventum litis*): a) em caso de procedência, haverá coisa julgada; b) em caso de improcedência por qualquer motivo que não seja a falta de provas, também haverá coisa julgada; c) em caso de improcedência por falta de provas, não haverá coisa julgada; outra ação poderá ser proposta, com base em nova prova"[101].

Os limites territoriais da coisa julgada estão adstritos à competência territorial do órgão prolator, nos termos do art. 16 da Lei n. 7.347/85, que estabelece que "a sentença civil fará coisa julgada *erga omnes*, nos limites da competência territorial do órgão prolator...".

Questão levantada pela doutrina é se o indivíduo obteve a improcedência de ação, antes mesmo do ingresso da ação civil pública, o que deve prevalecer: a coisa julgada e a segurança jurídica ou a

[100] DINAMARCO, Pedro da Silva. *Ação civil pública*, cit., p. 112.

[101] MAZZILLI, Hugo Nigro. *A defesa dos interesses difusos em juízo*, cit., p. 160.

isonomia entre os indivíduos? Pedro da Silva Dinamarco ressalta a importância da coisa julgada ao afirmar que esta, "por traduzir justamente a imutabilidade dos efeitos da sentença e por ser uma garantia constitucional, deve prevalecer. Abrir exceções como essa, sem qualquer caráter científico e sem qualquer previsão expressa, tornaria o sistema muito inseguro. A igualdade, apesar de ser de relevância nuclear, cede espaço para a coisa julgada após o julgamento da causa. Ademais, não irá formar-se uma segunda coisa julgada sobre a mesma situação; essa segunda demanda é como se não existisse para o autor individual"[102].

De outra feita, Celso Ribeiro Bastos levanta exceções à coisa julgada afirmando que "em direito público é muito frequente o autor reclamar a percepção de certas vantagens que, embora precárias, lhe são sem dúvida devidas na ocasião em que as pleiteia. O reconhecimento judicial do direito à percepção desta vantagem não exclui a faculdade do Estado de revogá-la a qualquer tempo e, em assim procedendo, é curial que o próprio direito à percepção, embora já constante de decisão judicial com força de coisa julgada, também estará revogado. O inverso pode acontecer, sobretudo em matéria tributária. Um contribuinte demanda com o Fisco, por via de defesa ou exceção, acerca da constitucionalidade de um dado tributo. Perde a demanda, e em consequência paga-o. Posteriormente o Supremo Tribunal Federal, julgando a representação promovida pelo Procurador-Geral da República, decide *erga omnes* que o mesmo tributo é inconstitucional. À primeira vista poderia parecer que só os que não estão colhidos pela força da coisa julgada é que poderiam reaver as quantias já pagas. Esta não é contudo a solução correta. Aqui vige um princípio com força maior, que é o da isonomia, não se entendendo por que alguns devessem ficar privados da restituição só por terem demandado em juízo. Vê-se assim que a coisa julgada há de ceder toda vez que contra ela sobrelevem razões mais altas e princípios de maior alcance"[103].

---

[102] DINAMARCO, Pedro da Silva. *Ação civil pública*, cit., p. 109.

[103] BASTOS, Celso Ribeiro; MARTINS, Ives Gandra. *Comentários à Constituição do Brasil*, São Paulo: Saraiva, 1989, v. 2, p. 202.

Hugo Nigro Mazzilli, quanto à importância do princípio da isonomia, ressalta que: "vejamos um interessante problema: e se julgado procedente o pedido feito em ação coletiva, com efeitos *erga omnes*, e, ao mesmo tempo, for julgado improcedente o pedido em ação individual com a mesma causa de pedir? Suponhamos que, na ação coletiva, a coisa julgada reconheça um direito para todos os servidores públicos; ao mesmo tempo, em ação individual, o servidor X viu formar-se coisa julgada a negar-lhe esse direito. Acreditamos que o lesado deve ser beneficiado pela coisa julgada coletiva. Não teria sentido que o mesmo demandado fosse obrigado a pagar um benefício a todos os seus funcionários, *menos a um que o acionou individualmente, sem êxito.* Além de negação ao princípio isonômico, seria a existência de coisas julgadas contraditórias, uma, aliás, de maior abrangência que a outra"[104].

A problemática da coisa julgada na ação civil pública é bem resumida por Marcelo Dawalibi: "com a nova disciplina trazida pela Lei 8.078/90, aplicada às normas já existentes na Lei 7.347/85, passou-se a ter as seguintes hipóteses possíveis no desfecho da ação civil pública: a) O processo é extinto sem o julgamento do mérito, ou seja, por sentença terminativa: a decisão não fará coisa julgada material, mas apenas formal, a exemplo do que ocorre nas demais ações; b) O pedido é julgado improcedente por deficiência de provas: a sentença, igualmente, não fará coisa julgada material, podendo o autor ou qualquer outro colegitimado propor ação idêntica; c) O pedido é julgado improcedente por outro motivo que não a deficiência de provas: a sentença fará coisa julgada material *erga omnes* (ou *ultra partes*), mas apenas em relação aos legitimados ativos para a ação civil pública. Os interessados individuais, componentes do grupo determinado ou indeterminado de pessoas representado na ação civil pública, não serão atingidos pela autoridade da coisa julgada, valendo o princípio geral *res inter alios iudicata nullum aliis praeiudicium facient;* d) O pedido é julgado

---

104 MAZZILLI, Hugo Nigro. *A defesa dos interesses difusos em juízo*, cit., p. 164.

procedente: a sentença fará coisa julgada *erga omnes* (ou *ultra partes*) em sua plenitude, inclusive para beneficiar os interessados individuais, que não precisarão ajuizar ações para a defesa de seus interesses, bastando, para tanto, que promovam a liquidação de seu crédito e a execução do mesmo (conforme o art. 103, § 3º, *in fine*, do CDC)"[105].

Em resumo:

| Coisa Julgada | Interesses Difusos | Interesses Coletivos | Interesses Individuais Homogêneos |
|---|---|---|---|
| **Ação Procedente** | *erga omnes* | *ultra partes* (limitada ao grupo, categoria ou classe de pessoas) | *erga omnes*<br>Ação individual — só se beneficiará se houver pedido para suspensão do processo |
| **Ação Improcedente** | *erga omnes*, exceto por falta de provas<br><br>Poderá ser intentada ação individual com idêntico fundamento | *erga omnes*, exceto por falta de provas<br><br>Poderá ser intentada ação individual com idêntico fundamento | *inter partes*, não se impede a propositura de ação individual, salvo quem participou da ação coletiva como assistente litisconsorcial |

## 3. AÇÃO POPULAR

### 3.1. Conceito

A ação popular é prevista no art. 5º, LXXIII, da Constituição Federal, que estabelece: "qualquer cidadão é parte legítima para propor ação popular que vise a anular ato lesivo ao patrimônio público ou de entidade de que o Estado participe, à moralidade administrativa, ao meio ambiente e ao patrimônio histórico e cultural,

[105] DAWALIBI, Marcelo. Limites subjetivos da coisa julgada em ação civil pública, in Édis Milaré (coord.), *Ação civil pública*: Lei 7.347/1985 — 15 anos, 2. ed. rev. e atual., São Paulo: Revista dos Tribunais, 2002, p. 578-579.

ficando o autor, salvo comprovada má-fé, isento de custas judiciais e do ônus da sucumbência".

A ação popular é o instrumento de direito processual constitucional colocado à disposição do cidadão como meio para sua efetiva participação política e tem por finalidade a defesa da cidadania. O fundamento constitucional da ação popular encontra-se no art. 1º, parágrafo único, da Constituição Federal, que estabelece: "Todo o poder emana do povo, que o exerce por meio de representantes eleitos ou diretamente, nos termos desta Constituição".

"Ação popular é o meio constitucional posto à disposição de qualquer cidadão para obter a invalidação de atos ou contratos administrativos — ou a estes equiparados — ilegais e lesivos do patrimônio federal, estadual e municipal, ou de suas autarquias, entidades paraestatais e pessoas jurídicas subvencionadas com dinheiros públicos"[106].

Pedro da Silva Dinamarco define a ação popular como "instituto processual civil, outorgado a qualquer cidadão como garantia político-constitucional (ou remédio constitucional), para a defesa do interesse da coletividade, mediante a provocação do controle jurisdicional corretivo de atos lesivos do patrimônio público, da moralidade administrativa, do meio ambiente e do patrimônio histórico e cultural"[107].

"A origem das ações populares perde-se na história do Direito romano. O nome *ação popular* deriva do fato de atribuir-se ao povo, ou parcela dele, legitimidade para pleitear, por qualquer de seus membros, a tutela jurisdicional de interesse que não lhe pertence, *ut singuli*, mas à coletividade. O *autor popular* faz valer um interesse que só lhe cabe, *ut universis*, como membro de uma comunidade, agindo *pro populo*. Mas a ação popular não é mera atribuição de *ius actionis* a qualquer povo, ou qualquer cidadão como no caso da nossa. Essa é apenas uma de suas notas conceituais. O que lhe dá conotação essencial é a natureza impessoal do interesse defendido por

---

106 MEIRELLES, Hely Lopes. *Mandado de segurança*, cit., p. 87-88.

107 DINAMARCO, Pedro da Silva. *Ação civil pública*, cit., p. 30.

meio dela: *interesse da coletividade*. Ela há de visar a defesa de direito ou interesse público. O qualitativo *popular* prende-se a isto: *defesa de coisa pública, coisa do povo* (*publicum*, de *populicum*, de *populum*)"[108].

O art. 52 da Constituição de Portugal prevê a ação popular e o direito de petição: "1) Todos os cidadãos têm o direito de apresentar, individual ou coletivamente, aos órgãos de soberania ou a quaisquer autoridades, petições, representações, reclamações ou queixas para defesa dos seus direitos, da Constituição, das leis ou do interesse geral. 2) É reconhecido o direito de ação popular, nos casos e nos termos previstos em lei".

O direito italiano prevê a possibilidade de o cidadão questionar os atos da administração pública[109], estabelecendo o art. 113 da Constituição da Itália que: "Contro gli atti della pubblica amministrazione è sempre ammessa la tutela giurisdizionale dei diritti e degli interesse legittimi dinanzi agli organi di giurisdizione ordinaria o amministrativa".

---

[108] SILVA, José Afonso da. *Curso de direito constitucional positivo*, cit., p. 462.

[109] GIUDICE, Federico Del. *La costituzione esplicata*, Napoli: Simone, 2000, p. 231: "La Costituzione ha segnato un importante momento di progresso nel rapporto tra autorità pubblica e libertà dei singoli. Infatti, in passato era prima necessario che il cittadino leso dalla pubblica amministrazione in un suo diritto o interesse legittimo, esperisse i rimedi amministrativi innanzi agli stessi organi della pubblica amministrazione (rivolgendosi ai superiori gerarchici), e solo successivamente poteva adire il giudice". SAGGESE, Francesco Laviano. *Costituzione repubblicana*, Napoli: Simone, 2000, p. 74: "La norma attribuisce ai privati cittadini la tulela giurisdizionale nei confronti dei provvedimenti della pubblica amministrazione, senza esclusioni o limitazioni a particolari atti o mezzi di impugnazione. La Costituzione ha configurato in modo innovativo il rapporto tra cittadino ed amministrazione. Pur riconoscendo la rilevanza dell'attività di carattere pubblico e la preminenza degli interessi generali della collettività, ha dato spazio anche agli interessi del privato, che non sempre devono soccombere di fronte a quelli pubblici. Di conseguenza le istanze dei privati devono trovare tutela non solo nell'ambito dell'amministrazione, mediante i ricorsi, cioè le rimostranze mosse contro gli organi che devono emanare il provvedimento, ma anche al di fuori della stessa, grazie al diritto dei cittadini di rivolgersi ad organi terzi ed imparziali come i giudici amministrativi e, nei casi consentiti, i giudici ordinari".

O art. 125 da Constituição da Espanha estabelece o exercício da ação popular ao dispor que: "Los ciudadanos podrán ejercer la acción popular y participar en la Administración de Justicia mediante la institución del Jurado, en la forma y con respecto a aquellos procesos penales que la ley determine, así como en los Tribunales consuetudinarios y tradicionales".

A ação popular é um instrumento de controle da administração pública e do próprio bem público. É um importante instrumento de tutela do interesse coletivo. "Em muitos países da Europa Continental e adeptos da *civil law*, o principal meio de defesa de interesses metaindividuais é a ação popular, especialmente na proteção do patrimônio público e do meio-ambiente. Essa demanda pode ser movida por qualquer cidadão (em alguns países também por associações civis de defesa dos interesses em causa), mediante o preenchimento de alguns requisitos mínimos (geralmente estar no gozo de direitos civis e políticos). Em certos países, além dos objetivos civis, ela também pode visar à atuação do cidadão na busca de sanção penal contra aquele que causar danos ao Estado (por peculato, corrupção, prevaricação de magistrados etc.), o que parece ser algo interessante para nós. As ações populares tiveram em Roma, não só no campo penal, facultando a todos os cidadãos (*quivis ex populo*) a acusação processual de delinquentes mesmo que nisso não tivessem um interesse direto e pessoal, mas também, para serem utilizadas no caso de alguém restringir em seu proveito o uso de uma coisa pública"[110].

"A ação popular é espécie de ação coletiva como também o é a ação civil pública. E seus objetos podem às vezes coincidir, apesar de a ação civil pública possuir campo de aplicabilidade mais amplo, como se extrai do próprio texto constitucional (art. 129, III), que adota, mais precisamente no que tange à ação civil pública, o princípio da não taxatividade da ação coletiva"[111].

---

[110] DINAMARCO, Pedro da Silva. *Ação civil pública*, cit., p. 30.

[111] ALMEIDA, Gregório Assagra de. *Direito processual coletivo brasileiro*, cit., p. 390.

### 3.2. Competência

A competência para processar e julgar a ação popular é determinada pela origem do ato impugnado. "Conforme a origem do ato impugnado é competente para conhecer da ação, processá-la e julgá-la o juiz que, de acordo com a organização judiciária de cada Estado, o for para as causas que interessem à União, ao Distrito Federal, ao Estado ou ao Município. Para fins de competência, equiparam-se a atos da União, do Distrito Federal, do Estado ou dos Municípios os atos das pessoas criadas ou mantidas por essas pessoas jurídicas de Direito Público, bem como os atos das sociedades de que elas sejam acionistas e os das pessoas ou entidades por elas subvencionadas ou em relação às quais tenham interesse patrimonial" (art. 5º, *caput* e § 1º, da Lei n. 4.717/65).

Se o ato for praticado pela União, a competência é da Justiça Federal. Se o for pelo Estado ou Distrito Federal, a competência é da Justiça Estadual, nos termos da Lei de Organização Judiciária do Estado. Se for praticado pelo Município, a competência é do juízo da comarca, nos termos da Lei de Organização Judiciária. A regra é "União competência da Justiça Federal". As demais pessoas políticas competem ao juízo que a Lei de Organização Judiciária indicar para conhecer os feitos da Fazenda Estadual e Municipal. "Quando o pleito interessar simultaneamente à União e a qualquer outra pessoa ou entidade, será competente o juiz das causas da União, se houver; quando interessar simultaneamente ao Estado e ao Município, será competente o juiz das causas do Estado, se houver. A propositura da ação prevenirá a jurisdição do juízo para todas as ações, que forem posteriormente intentadas contra as mesmas partes e sob os mesmos fundamentos" (art. 5º, §§ 2º, 3º, da Lei n. 4.717/65).

"Esclareça-se que a ação popular, ainda que ajuizada contra o Presidente da República, o Presidente do Senado, o Presidente da Câmara dos Deputados, o Governador ou o Prefeito, será processada e julgada perante a Justiça de primeiro grau (Federal ou Comum)"[112].

---

[112] MEIRELLES, Hely Lopes. *Mandado de segurança*, 16. ed. atual., São Paulo: Malheiros, 1995, p. 103.

O Supremo Tribunal Federal já decidiu que a prerrogativa de foro é invocável nos procedimentos de caráter penal, não se estendendo às causas de natureza civil. A competência originária do Supremo Tribunal Federal, cujos fundamentos repousam na Constituição, submete-se ao regime de direito estrito, não comportando a possibilidade de ser estendida a situações que extravasem os limites fixados em rol taxativo elencado no texto constitucional[113].

## 3.3. Natureza jurídica

A natureza jurídica da ação popular é de instituto de direito processual constitucional, que tem por finalidade implementar a participação política nos negócios do Estado por meio da fiscalização da administração pública. É um instrumento de direito constitucional político de fiscalização direta da administração pública, revelando-se como meio de exercício da democracia direta. Nesse sentido, José Afonso da Silva afirma: "Trata-se de um remédio constitucional pelo qual qualquer cidadão fica investido de legitimidade para o exercício de um poder de natureza essencialmente política, e constitui manifestação direta da soberania popular"[114].

"A ação popular brasileira detém dupla natureza jurídica. De um lado, é concebida como direito constitucional político de participação direta na fiscalização da administração pública. De outro, é garantia processual constitucional de agir no exercício direto desse direito político de participação. Tanto como direito político do cidadão, quanto como garantia processual de agir, a ação popular é portadora da dignidade constitucional"[115]. "Trata-se de demanda em que o cidadão participa das coisas do Estado, manifestando sua soberania popular através do direito de ação, ou seja, pela via do Judiciário. As outras formas de exercício da soberania popular dão-se por meios políticos (direito de sufrágio, referendo, plebiscito, organização e

---

[113] STF, Pet. (AgRg) 1.738-2-MG, Rel. Min. Celso de Mello, j. 01-09-99, *DJ*, 01-10-99.

[114] SILVA, José Afonso da. *Curso de direito constitucional positivo*, cit., p. 462.

[115] ALMEIDA, Gregório Assagra de. *Direito processual coletivo brasileiro*, cit., p. 393.

participação de partidos políticos), de iniciativa popular (no processo legislativo)"[116].

### 3.4. Legitimidade

A Constituição estabelece que qualquer cidadão pode ingressar com ação popular, ou seja, aquele que se encontra no pleno gozo dos direitos políticos.

A nacionalidade e a cidadania são expressões e conceitos jurídicos distintos, sendo que o próprio texto constitucional faz essa distinção nos arts. 5º, LXXI, 22, XIII e 68, § 1º, II, da Constituição Federal. Da leitura do texto constitucional verifica-se que o termo é utilizado no sentido amplo, ou seja, a cidadania é a participação plena nos negócios do Estado, não se limitando apenas ao voto.

A Constituição de 1988, no Capítulo III do Título II, trata da nacionalidade e, no Capítulo IV do mesmo título, dos direitos políticos. A cidadania prevista nos artigos citados tem esse sentido amplo, de participação efetiva nos negócios do Estado. O vocábulo "cidadania" traz a ideia de participação na vida do Estado, que se exterioriza precipuamente pelo exercício dos direitos políticos.

A cidadania guarda relação umbilical com a democracia. Nos tempos da plena democracia, a palavra cidadania pode ser tomada em dois sentidos: 1) restrito e técnico; e 2) amplo.

No sentido restrito e técnico a cidadania está adstrita ao exercício dos direitos políticos, que são aqueles inerentes ao cidadão do Estado. No sentido restrito e técnico, cidadania é a prerrogativa de a pessoa exercer os direitos políticos.

No sentido amplo do termo, é o exercício de outras prerrogativas constitucionais que surgiram como consectário lógico do Estado Democrático e Social de Direito. Esse foi o sentido empregado na Constituição Federal nos arts. 1º, II, 5º, LXXI, 22, XIII, e 68, § 1º, II.

---

[116] LIMA, Francisco Gérson Marques de. *Fundamentos constitucionais do processo*, cit., p. 276.

O exercício da cidadania configura-se como um dos desdobramentos do Estado Democrático e Social de Direito, constituindo princípio fundamental da República Federativa do Brasil. A cidadania credencia o cidadão a participar da vida efetiva do Estado como partícipe da sociedade política. O cidadão passa a ser pessoa integrada na vida estatal. A cidadania é esse efetivo exercício político. O exercício da cidadania é mais amplo que o simples exercício dos direitos políticos, entretanto, aquele pressupõe a existência deste. Assim, só o titular dos direitos políticos pode exercer a cidadania plena.

José da Silva Pacheco afirma que "quando a Constituição, no art. 5º, LXXIII, alude a cidadão, não se dirige a qualquer pessoa residente no País, tampouco ao nacional no gozo dos direitos políticos (art. 14 da CF), mas ao nacional nato ou naturalizado (art. 12)"[117].

Quando o texto constitucional emprega o termo "cidadão" é no sentido amplo, pressupondo aquele que está no pleno gozo dos direitos políticos, estando apto, assim, a exercer a cidadania na sua plenitude. Como o exercício da cidadania pressupõe o gozo dos direitos políticos exige-se o título de eleitor, nos termos do art. 1º, § 3º, da Lei n. 4.717/65. Hely Lopes Meirelles afirma que "o primeiro requisito para o ajuizamento da ação popular é o de que o autor seja cidadão brasileiro, isto é, pessoa humana, no gozo de seus direitos cívicos e políticos, requisito, esse, que se traduz na sua qualidade de eleitor. Somente o indivíduo (pessoa física) munido de seu título eleitoral poderá propor ação popular, sem o quê será carecedor dela"[118].

O Supremo Tribunal Federal já pacificou que a pessoa jurídica não tem legitimidade para ingressar com ação popular, nos termos da Súmula 365, que dita: "Pessoa jurídica não tem legitimidade para propor ação popular".

Segundo nosso entendimento, a pessoa jurídica é parte legítima para ingressar com ação popular. Conforme afirmamos, a

[117] PACHECO, José da Silva. *O mandado de segurança e outras ações constitucionais típicas*, cit., p. 565.

[118] MEIRELLES, Hely Lopes. *Mandado de segurança*, cit., p. 90.

democracia se constrói em dois pilares institucionais, que são os partidos políticos e a sociedade civil organizada. O exercício da cidadania ocorre nesses dois contextos, nos quais se realiza o cotidiano da política. Desta feita, a pessoa jurídica exerce no sentido amplo do termo a cidadania. Nesse sentido, José da Silva Pacheco afirma que "com a evolução que se processa na sociedade brasileira e universal, e com os clamores generalizados de moralidade administrativa, os tribunais não devem esperar a alteração do texto constitucional, mas interpretá-lo, atendendo aos fins sociais a que ele se dirige e às exigências do bem comum, de modo que todos os do povo, pessoas físicas e jurídicas e todas as instituições públicas ou privadas possam, diante de ato lesivo ao patrimônio público ou equiparado, propor ação popular destinada à invalidação daquele"[119].

No âmbito da pessoa física, a perda da nacionalidade (art. 12, § 4º, da CF), ou a perda ou suspensão dos direitos políticos (art. 15 da CF), provoca o desaparecimento da cidadania. Desta feita, verifica-se a ilegitimidade de parte:

1) dos que perderam o vínculo jurídico com o Estado brasileiro (nacionalidade), com a consequente perda da cidadania (art. 12, § 4º);

2) dos que perderam os direitos políticos (vínculo político), mesmo sendo brasileiros, mas não podem exercer a cidadania (art. 15).

O art. 8º do Código de Processo Civil estabelece que "os incapazes serão representados ou assistidos por seus pais, tutores ou curadores, na forma da lei civil". O art. 4º do Código Civil estabelece que "são incapazes, relativamente a certos atos, ou à maneira de os exercer: I — os maiores de dezesseis e menores de dezoito anos". A questão que surge é se o eleitor menor de dezoito e maior de dezesseis anos pode ingressar com ação popular. A resposta parece afirmativa, pois se o menor tem plena capacidade para exercer os direitos políticos, está apto a exercer a cidadania no sentido amplo,

---

[119] PACHECO, José da Silva. *O mandado de segurança e outras ações constitucionais típicas*, cit., p. 568.

inclusive ingressar com ação popular. Aliás, cremos que deveria ser uma causa de emancipação civil, inclusive prevista no art. 5º, parágrafo único, do Código Civil, pois, se a menoridade cessa com o exercício de emprego público efetivo ou pelo estabelecimento civil ou comercial, nada mais coerente do que a emancipação civil decorrente da emancipação política.

O Ministério Público não tem legitimidade para ingressar com ação popular. Compete-lhe, nos termos da Lei n. 4.717/65: 1) acompanhar a ação, cabendo apressar a produção da prova (art. 6º, § 4º); 2) promover a responsabilidade civil ou criminal (art. 6º, § 4º); 3) promover o prosseguimento da ação em caso de desistência (art. 9º); 4) executar a sentença no caso de inércia do autor (art. 16); e 5) recorrer da sentença proferida contra o autor (art. 19, § 2º)[120].

A legitimidade passiva recai sobre qualquer entidade de que o Estado participe, sendo que o art. 6º da Lei n. 4.717/65 dita que "a ação será proposta contra as pessoas públicas ou privadas e as entidades referidas no art. 1º, contra as autoridades, funcionários ou administradores que houverem autorizado, aprovado, ratificado ou praticado o ato impugnado, ou que, por omissas, tiverem dado oportunidade à lesão, e contra os beneficiários diretos do mesmo". Por sua vez o art. 1º dita que: "Qualquer cidadão será parte legítima para pleitear a anulação ou a declaração de nulidade de atos lesivos ao patrimônio da União, do Distrito Federal, dos Estados, dos Municí-

[120] "O Ministério Público acompanhará a ação, cabendo-lhe apressar a produção da prova e promover a responsabilidade, civil ou criminal, dos que nela incidirem, sendo-lhe vedado, em qualquer hipótese, assumir a defesa do ato impugnado ou de seus autores" (art. 6, § 4º); "Se o autor desistir da ação ou der motivo à absolvição da instância, serão publicados editais nos prazos e condições previstos no art. 7º, II, ficando assegurado a qualquer cidadão, bem como ao representante do Ministério Público, dentro do prazo de 90 dias da última publicação feita, promover o prosseguimento da ação" (art. 9º); "Caso decorridos 60 dias da publicação da sentença condenatória de segunda instância, sem que o autor ou terceiro promova a respectiva execução, o representante do Ministério Público a promoverá nos 30 dias seguintes, sob pena de falta grave" (art. 16); "Das sentenças e decisões proferidas contra o autor da ação e suscetíveis de recursos, poderá recorrer qualquer cidadão e também o Ministério Público" (art. 19, § 2º).

pios, de entidades autárquicas, de sociedade de economia mista, de sociedades mútuas de seguro nas quais a União represente os segurados ausentes, de empresas públicas, de serviços sociais autônomos, de instituições ou fundações para cuja criação ou custeio o tesouro público haja concorrido ou concorra com mais de 50% do patrimônio ou da receita ânua, de empresas incorporadas ao patrimônio da União, do Distrito Federal, dos Estados e dos Municípios, e de quaisquer pessoas jurídicas ou entidades subvencionadas pelos cofres públicos".

Da leitura do texto legal verifica-se que a ação deve ser proposta em face da entidade lesada, os autores e participantes do ato administrativo e os beneficiários. O art. 6º, § 3º, da Lei n. 4.717/65 estabelece a inovação processual, na medida em que o sujeito passivo pode contestar a ação ou concordar com o pedido do autor e atuar a seu lado, ao prescrever que "a pessoa jurídica de direito público ou de direito privado, cujo ato seja objeto de impugnação, poderá abster-se de contestar o pedido, ou poderá atuar ao lado do autor, desde que isso se afigure útil ao interesse público, a juízo do respectivo representante legal ou dirigente".

## 3.5. Objeto da ação

A ação popular tem por objeto invalidar ato lesivo: a) ao patrimônio público; b) à moralidade administrativa; c) ao meio ambiente; d) ao patrimônio histórico e cultural. O objeto da ação é o ato ilegal e lesivo ao patrimônio público. "Os direitos pleiteáveis na ação popular são de caráter cívico-administrativo, tendentes a repor a Administração nos limites da legalidade e a restaurar o patrimônio público de desfalque sofrido"[121].

"O objetivo, pois, consiste na anulação de ato lesivo ou prejudicial. Pouco importa: a) que o ato tenha sido praticado, diretamente ou não, contra o referido patrimônio, desde que este seja atingido por seus efeitos; b) que tenha havido ou não o intuito de praticar

[121] MEIRELLES, Hely Lopes. *Mandado de segurança*, cit., p. 95.

o dano; c) que este seja efeito direto ou indireto do ato ilegal ou arbitrário"[122].

O objetivo da ação é a anulação do ato lesivo, ou seja, a ação popular tem por finalidade invalidar atos praticados com ilegalidade que resultou em prejuízo ao patrimônio público. A lesividade consiste no prejuízo para a administração pública. "Lesivo é todo ato ou omissão administrativa que desfalca o erário ou prejudica a Administração, assim como o que ofende bens ou valores artísticos, cívicos, culturais, ambientais ou históricos da comunidade. E essa lesão tanto pode ser efetiva quanto legalmente presumida, visto que a lei regulamentar estabelece casos de presunção de lesividade, para os quais basta a prova da prática do ato naquelas circunstâncias para considerar-se lesivo e nulo de pleno direito. Nos demais casos impõe-se a dupla demonstração da ilegalidade e da lesão efetiva ao patrimônio protegível pela ação popular"[123].

A lesão ao patrimônio público não é apenas financeira ou econômica, admitindo-se a lesão não econômica, moral, cívica ou cultural, na medida em que o texto constitucional afirma que a ação popular visa anular também ato lesivo à moralidade administrativa, ao meio ambiente e ao patrimônio histórico e cultural. "Enquanto a sua finalidade, no passado, era simplesmente patrimonial, visando à anulação de atos lesivos ao patrimônio de entidades públicas, o constituinte de 1988 admitiu sua utilização também em relação a valores não econômicos, como a moralidade administrativa, o meio ambiente e o patrimônio histórico e cultural, mantendo-se sempre a existência de ilegalidade. Assim, exige-se o binômio ilegalidade--lesividade para a propositura da ação, dando-se tão somente sentido mais amplo à lesividade, que pode não importar prejuízo patrimonial, mas lesão a outros valores, protegidos pela Constituição"[124]. Nesse sentido, o Supremo Tribunal Federal entendeu que "para o cabimento de ação popular, basta a ilegalidade do ato administrativo

[122] PACHECO, José da Silva. *O mandado de segurança e outras ações constitucionais típicas*, cit., p. 580.

[123] MEIRELLES, Hely Lopes. *Mandado de segurança*, cit., p. 91.

[124] MEIRELLES, Hely Lopes. *Mandado de segurança*, cit., p. 92-93.

a invalidar, por contrariar normas específicas que regem a sua prática ou por se desviar dos princípios que norteiam a Administração Pública, dispensável a demonstração de prejuízo material aos cofres públicos, não é ofensivo ao inc. LXXIII do art. 5º da Constituição Federal, norma esta que abarca não só o patrimônio moral, o cultural e o histórico"[125].

O art. 4º da Lei n. 4.717/65 enumera atos presumidamente lesivos ao patrimônio público. A referida enumeração é exemplificativa, uma vez que, presentes a ilegalidade e a lesividade ao patrimônio público, verifica-se a possibilidade do ingresso da ação popular.

### 3.6. Procedimento

A ação popular segue o rito ordinário do Código de Processo Civil, com as alterações da Lei n. 4.717/65. Ao despachar a inicial, o juiz ordenará: a) além da citação dos réus, a intimação do representante do Ministério Público; b) a requisição, às entidades indicadas na petição inicial, dos documentos que tiverem sido referidos pelo autor (art. 1º, § 6º), bem como a de outros que se lhe afigurem necessários ao esclarecimento dos fatos, fixando prazos de 15 a 30 dias para o atendimento (art. 7º, I, *a* e *b*). O Ministério Público providenciará para que as requisições sejam atendidas dentro dos prazos fixados pelo juiz. Se os documentos e informações não puderem ser oferecidos nos prazos assinalados, o juiz poderá autorizar a prorrogação deles, por prazo razoável (art. 7º, §§ 1º e 2º).

O beneficiário poderá ser citado por edital. Quando o autor preferir, a citação dos beneficiários far-se-á por edital com prazo de trinta dias, afixado na sede do juízo e publicado três vezes no jornal oficial do Distrito Federal, ou da Capital do Estado ou Território em que seja ajuizada a ação. A publicação será gratuita e deverá iniciar-se no máximo três dias após a entrega, na repartição competente, sob protocolo, de uma via autenticada do mandado (art. 7º, II).

---

[125] STF, RE 170.768-2-SP, Rel. Min. Ilmar Galvão, j. 26-03-99, *DJ*, 13-08-99.

A citação superveniente ocorre quando qualquer pessoa, beneficiada ou responsável pelo ato impugnado, cuja existência ou identidade se torne conhecida no curso do processo e antes de proferida a sentença final de primeira instância, for ser citada para a integração do contraditório, sendo-lhe restituído o prazo para contestação e produção de provas. Salvo, quanto a beneficiário, se a citação houver sido feita por edital (art. 7º, III).

O prazo de contestação é de vinte dias prorrogáveis por mais vinte, a requerimento do interessado, se particularmente difícil a produção de prova documental, e será comum a todos os interessados, correndo da entrega em cartório do mandado cumprido, ou, quando for o caso, do decurso do prazo assinado em edital (art. 7º, IV). Caso não requerida até o despacho saneador a produção de prova testemunhal ou pericial, o juiz ordenará vista às partes por dez dias, para alegações, sendo-lhe os autos conclusos, para sentença, quarenta e oito horas após a expiração desse prazo; havendo requerimento de prova, o processo tomará o rito ordinário (art. 7º, V). A sentença, quando não prolatada em audiência de instrução e julgamento, deverá ser proferida dentro de quinze dias do recebimento dos autos pelo juiz (art. 7º, VI). O proferimento da sentença além do prazo estabelecido privará o juiz da inclusão em lista de merecimento para promoção, durante dois anos, e acarretará a perda, para efeito de promoção por antiguidade, de tantos dias quantos forem os de retardamento, salvo motivo justo declinado nos autos e comprovado perante o órgão disciplinar competente (art. 7º, parágrafo único).

A sentença que, julgando procedente a ação popular, decretar a invalidade do ato impugnado condenará ao pagamento de perdas e danos os responsáveis pela sua prática e os beneficiários dele, ressalvada a ação regressiva contra funcionários causadores de dano, quando incorrerem em culpa. A sentença incluirá sempre, na condenação dos réus, o pagamento, ao autor, das custas e demais despesas judiciais e extrajudiciais, diretamente relacionadas com a ação e comprovadas, bem como o dos honorários de advogado (arts. 11 e 12).

A sentença que, apreciando o fundamento de direito do pedido, julgar a lide manifestamente temerária, condenará o autor ao pagamento do décuplo das custas (art. 13). O art. 5º, LXXII, da Constituição Federal, isentou o autor da ação popular das custas judiciais e do ônus da sucumbência. Entretanto, o próprio texto constitucional faz a ressalva, salvo comprovada a má-fé.

A sentença que concluir pela carência ou pela improcedência da ação está sujeita ao duplo grau de jurisdição, não produzindo efeito senão depois de confirmada pelo tribunal; da que julgar a ação procedente, caberá apelação, com efeito suspensivo (art. 19).

### 3.7. Coisa julgada

A ação popular produz coisa julgada *secundum eventum litis*, ou seja, a imutabilidade da decisão ocorre dependendo do resultado. O art. 18 da Lei n. 4.717/65 estabelece que: "a sentença terá eficácia de coisa julgada oponível *erga omnes*, exceto no caso de haver sido a ação julgada improcedente por deficiência de prova; neste caso, qualquer cidadão poderá intentar outra ação com idêntico fundamento, valendo-se de nova prova".

É possível a existência de litispendência entre a ação popular e a ação civil pública, pois pode haver coincidência entre o pedido e a causa de pedir e a diferença entre as partes é apenas formal. Materialmente as partes são as mesmas, ou seja, os titulares de direito difuso ou coletivo.

A ação popular e a ação civil pública guardam semelhanças, diferenciando apenas no que concerne ao objeto e legitimidade. Na ação popular somente o cidadão pode agir e o objeto também é restrito.

# VIII
# BIBLIOGRAFIA

## 1. LIVROS


ACCIOLI, Wilson. *Instituições de direito constitucional*. Rio de Janeiro: Forense, 1978.

ACQUAVIVA, Marcus Cláudio. *Notas introdutórias ao estudo de direito*. 2. ed. São Paulo: Ícone, 1990.

AGRA, Walber de Moura. *Manual de direito constitucional*. São Paulo: Revista dos Tribunais, 2002.

ALESSI, Renato. *Sistema istituzionale del diritto amministrativo italiano*. 3. ed. Milano: Giuffrè, 1960.

ALIETA, Vânia Siciliano. *A garantia da intimidade como direito fundamental*. Rio de Janeiro: Lumen Juris, 1999.

ALMEIDA, Gregório Assagra de. *Direito processual coletivo brasileiro*: um novo ramo do direito processual. São Paulo: Saraiva, 2003.

ALMEIDA, João Batista de. *Aspectos controvertidos da ação civil pública*: doutrina e jurisprudência. São Paulo: Revista dos Tribunais, 2001.

ALTAVILLA, Enrico. *Psicologia judiciária*. Tradução de Fernando de Miranda. 3. ed. Coimbra: Arménio Amado, 1982. v. 1 e 2.

ALVES, José Augusto Lindgren. *A arquitetura internacional dos direitos humanos*. São Paulo: FTD, 1997.

ALVES, José Carlos Moreira. *Direito romano*. 10. ed. Rio de Janeiro: Forense, 1995. v. 1.

ALVIM, Arruda. *Manual de direito processual civil*: parte geral. 11. ed. rev., ampl. e atual. com a reforma processual 2006/2007. São Paulo: Revista dos Tribunais, 2007. v. 1.

ALVIM, Eduardo Arruda. *Mandado de segurança no direito tributário*. São Paulo: Revista dos Tribunais, 1998.

AMARAL JÚNIOR, José Levi Mello do. *Incidente de arguição de inconstitucionalidade*: comentários ao art. 97 da Constituição e aos arts. 480 a 482 do Código de Processo Civil. São Paulo: Revista dos Tribunais, 2002.

AMARAL, Roberto; CUNHA, Sérgio Sérvulo da. *Manual das eleições*. 2. ed. São Paulo: Revista dos Tribunais, 2002.

ANDRADE, José Carlos Vieira de Andrade. *Os direitos fundamentais na Constituição portuguesa*. Coimbra: Almedina, 1987.

ARANHA, Adalberto José Q. T. de Camargo. *Da prova no processo penal*. 5. ed. atual. e ampl. São Paulo: Saraiva, 1999.

ARANHA, Márcio Iorio. *Interpretação constitucional e as garantias institucionais dos direitos fundamentais*. São Paulo: Atlas, 1999.

ARAUJO, Luiz Alberto David. *A proteção constitucional da própria imagem*: pessoa física, pessoa jurídica e produto. Belo Horizonte: Del Rey, 1996.

ARAUJO, Luiz Alberto David; NUNES JÚNIOR, Vidal Serrano. *Curso de direito constitucional*. São Paulo: Saraiva, 1998.

ARDANT, Philippe. *Institutions politiques & droit constitutionnel*. 4. ed. Paris: LGDJ, 1992.

ATALIBA, Geraldo. *República e Constituição*. São Paulo: Revista dos Tribunais, 1985.

AVOLIO, Luiz Francisco Torquato. *Provas ilícitas*: interceptações telefônicas e gravações clandestinas. São Paulo: Revista dos Tribunais, 1995.

AZEVEDO, Márcia Maria Corrêa. *Prática do processo legislativo*: jogo parlamentar: fluxos de poder e ideias no congresso: exemplos e momentos comentados. São Paulo: Atlas, 2001.

AZZARATI, Caetano. *Problemi attuali di diritto costituzionale*. Milano: Giuffrè, 1951.

BACHOF, Otto. *Normas constitucionais inconstitucionais*? Tradução de José Manuel M. Cardoso da Costa. Coimbra: Almedina, 1994.

BADARÓ, Gustavo Henrique Righi Ivahy. *Correlação entre acusação e sentença*. São Paulo: Revista dos Tribunais, 2000.

BANDEIRA DE MELLO, Celso Antônio. *Curso de direito administrativo*. 8. ed. São Paulo: Malheiros, 1996.

BARACHO, José Alfredo de Oliveira. *Teoria geral das comissões parlamentares*: comissões parlamentares de inquérito. 2. ed. Rio de Janeiro: Forense, 2001.

BARANDIER, Antonio Carlos (Org.). *Os novos comitês de salvação pública*. Rio de Janeiro: Lumen Juris, 2001.

BARBI, Celso Agrícola. *Do mandado de segurança*. 10. ed. rev. e atual. São Paulo: Forense, 2000.

BARBOSA, Rui. *Comentários à Constituição brasileira*. São Paulo: Saraiva, 1932.

BARREIROS, José António. *Processo penal*. Coimbra: Almedina, 1981.

BARROS, Marco Antonio. *A busca da verdade no processo penal*. São Paulo: Revista dos Tribunais, 2002.

————. *Lavagem de capitais e obrigações civis correlatas*. São Paulo: Revista dos Tribunais, 2004.

————. *Lavagem de dinheiro*. São Paulo: Oliveira Mendes, 1998.

BARROS, Romeu Pires de Campos. *Sistema do processo penal brasileiro*. Rio da Janeiro: Forense, 1987.

BARROSO, Luís Roberto. *Constituição da República Federativa do Brasil anotada*. São Paulo: Saraiva, 1998.

————. *Interpretação e aplicação da Constituição*. São Paulo: Saraiva, 1996.

BARTHÉLEMY, Joseph. *Essai sur le travail parlamentaire et le système des commissions*. Paris: Delagrave, 1934.

BASTOS, Carlos Eduardo Caputo. *O processo de integração do Mercosul e a questão da hierarquia constitucional dos tratados*. Brasília: Senado Federal, Subsecretaria de Edições Técnicas, 1997.

BASTOS, Celso Ribeiro. *Estudos e pareceres*: direito público: constitucional/administrativo/municipal. São Paulo: Revista dos Tribunais, 1993.

————. *Curso de direito constitucional*. 19. ed. São Paulo: Saraiva, 1998.

————. *Curso de teoria do estado e ciência política*. 3. ed. São Paulo: Saraiva, 1995.

————. *Dicionário de direito constitucional*. São Paulo: Saraiva, 1994.

BASTOS, Celso Ribeiro; MARTINS, Ives Gandra. *Comentários à Constituição do Brasil*. São Paulo: Saraiva, 1989. v. 2.

BEDAQUE, José Roberto dos Santos. *Poderes instrutórios do juiz*. 3. ed. atual. e ampl. São Paulo: Revista dos Tribunais, 2001.

BELLAVISTA, Girolami. *Lezione di diritto processuale penale*. Milano: Giuffrè, 1956.

BETTIOL, Giuseppe. *Instituciones de derecho penal y procesal*. Tradução de Faustino Gutiérrez-Alviz y Conradi. Barcelona, Espanha: Bosch, 1977.

BEVILÁQUA, Clóvis. *Código Civil dos Estados Unidos do Brasil*. 9. ed. São Paulo: Francisco Alves, 1953.

————. *Teoria geral do direito civil*. 4. ed. Brasília: Ministério da Justiça, 1972.

BIDEGAIN, Carlos Maria. *El congreso de Estados Unidos de América*: derecho y práticas legislativas. Buenos Aires: Depalma, 1950.

BINENBOJM, Gustavo. *A nova jurisdição constitucional brasileira*: legitimidade democrática e instrumentos de realização. 2. ed. rev. e atual. Rio de Janeiro: Renovar, 2004.

BISCARETTI DI RUFIA, Paolo. *Direito constitucional*. Tradução de Maria Helena Diniz. São Paulo: Revista dos Tribunais, 1984.

BLACKBURN, Simon. *Dicionário Oxford de filosofia*. Rio da Janeiro: Jorge Zahar, 1997.

BLAMONT, Émile. *Les téchiniques parlamentaires*. Paris: PUF, 1957.

BOBBIO, Norberto. *A era dos direitos*. 9. ed. Tradução de Carlos Nelson Coutinho. Rio de Janeiro: Campus, 1992.

————. *O positivismo jurídico*: lições de filosofia do direito. São Paulo: Ícone, 1995.

————. *Teoria do ordenamento jurídico*. 10. ed. Brasília: Ed. UnB, 1999.

BOBBIO, Norberto; MATTEUCCI, Nicola; PASQUINO, Gianfranco. *Dicionário de política*. 5. ed. Coordenação da Tradução de João Ferreira. Brasília: Ed. UnB/São Paulo: Imprensa Oficial do Estado, 2000. v. 1 e 2.

BONAVIDES, Paulo. *Curso de direito constitucional*. 7. ed. São Paulo: Malheiros, 1997.

BOZZI, Aldo. *Instituzioni di diritto pubblico*. Milano: Giuffrè, 1965.

BROSSARD, Paulo. *O impeachment*. 3. ed. São Paulo: Saraiva, 1992.

BROTONS, Antonio Remiro. *La acción exterior del Estado*. Madrid: Tecnos, 1984.

BUENO, Cassio Scarpinella. *A nova lei do mandado de segurança*. São Paulo: Saraiva, 2009.

BUENO, José Antônio Pimenta. *Apontamentos sobre o processo criminal brasileiro*. 2. ed. São Paulo: Revista dos Tribunais, 1959.

BULOS, Uadi Lammêgo. *Comissão parlamentar de inquérito*: técnica e prática. São Paulo: Saraiva, 2001.

————. *Constituição Federal anotada*. 2. ed. rev. e atual. São Paulo: Saraiva, 2001.

BURDEAU, Georges. *Les libertés publiques*. Paris: LGDJ, 1972.

BURGOA, Ignacio. *Derecho constitucional mexicano*. México: Porrúa, 1973.

CALAMANDREI, Piero. *Eles, os juízes, vistos por um advogado*. Tradução de Eduardo Brandão. São Paulo: Martins Fontes, 2000.

————. *La dialeticità del processo:* opere giuridice. Napoli: Morano, 1965. v. 1.

CANOTILHO, J. J. Gomes. *Direito constitucional e teoria da Constituição*. Coimbra: Almedina, 1998.

————. *Direito constitucional e teoria da Constituição*. Coimbra: Almedina, 1997.

————. *Direito constitucional*. 6. ed. rev. Coimbra: Almedina, 1995.

CAPEZ, Fernando. *Curso de processo penal*. São Paulo: Saraiva, 1998.

CAPPELLETTI, Mauro. *La oralidad y las pruebas en el proceso civil*. Tradução de Sentís Melendo. Buenos Aires: EJEA, 1972.

CARDOSO, Hélio Apoliano. *Das CPI's*: breve teoria e jurisprudência. Campinas: Bookseller, 2002.

CARDOSO, José Eduardo. *A máfia das propinas*: investigando a corrupção em São Paulo. São Paulo: Fundação Perseu Abramo, 2000.

CARNEIRO, Levi. *Governo de comissões*: direito, doutrina, legislação e jurisprudência. Rio de Janeiro: Freitas Bastos, 1940.

CARNELUTTI, Francesco. *Diritto e processo*. Napoli: Morano, 1958.

CARRAZA, Antonio Roque. *Curso de direito constitucional tributário*. 13. ed. rev., ampl. e atual. de acordo com a Emenda Constitucional n. 21/99. São Paulo: Malheiros, 1999.

CARVALHO, Luis Gustavo Grandinetti Castanho de. *O processo penal em face da Constituição*: princípios constitucionais do processo penal. 2. ed. Rio de Janeiro: Forense, 1998.

CASTRO, Flávia de Almeida Viveiros de. *Interpretação constitucional e prestação jurisdicional*. Rio de Janeiro: Lumen Juris, 2000.

CASTRO, José Nilo de. *A CPI municipal*. 3. ed. rev., atual. e ampl. Belo Horizonte: Del Rey, 2000.

————. *A defesa dos prefeitos e vereadores em face do decreto-lei 201/67*. 3. ed. Belo Horizonte: Del Rey, 1999.

————. *Direito municipal positivo*. 4. ed. Belo Horizonte: Del Rey, 1999.

————. *Morte ou ressurreição dos municípios*? Rio de Janeiro: Forense, 1985.

CATTONI DE OLIVEIRA, Marcelo Andrade. *Direito processual constitucional*. Belo Horizonte: Mandamentos, 2001.

CAVALLARI, Durval Ayrton. *Manual prático de direito constitucional*. São Paulo: Iglu, 1998.

CELSO DE MELLO, José. *Constituição Federal anotada*. São Paulo: Saraiva, 1984.

CERQUEIRA, Marcello. *Comissões parlamentares de inquérito*: *legalidade & constitucionalidade*: *alcance e extensão dos poderes das CPI's*: *CPI do Poder Judiciário*: *pareceres do Instituto dos Advogados brasileiros*. Rio de Janeiro: Destaque/Instituto dos Advogados Brasileiros, 1999.

CHANTEBOUT, Bernard. *Droit constitutionnel et science politique*. 16. ed. Paris: Armand Colin, 1999.

CHEVALLIER, Jean-Jacques. *As grandes obras políticas de Maquiavel a nossos dias*. Tradução de Lydia Cristina. 8. ed. Rio de Janeiro: Agir, 1999.

CHIMENTI, Ricardo Cunha; CAPEZ, Fernando; ROSA, Márcio Fernando Elias; SANTOS, Marisa Ferreira dos. *Curso de direito constitucional*. 2. ed. São Paulo: Saraiva, 2005.

CHOUKR, Fauzi Hassan. *Garantias constitucionais na investigação criminal*. São Paulo: Revista dos Tribunais, 1995.

———. *Processo penal à luz da Constituição*. Bauru: Edipro, 1999.

CHOUKR, Fauzi Hassan (Coord.). *Estudos do processo penal*: o mundo à revelia. Campinas: Agá Juris, 2000.

CINTRA, Antonio Carlos de Araújo; GRINOVER, Ada Pellegrini; DINAMARCO, Cândido Rangel. *Teoria geral do processo*. 13. ed. São Paulo: Malheiros, 1997.

CITADINI, Antônio Roque. *Controle externo da Administração Pública*. São Paulo: Max Limonad, 1995.

CLÈVE, Clèmerson Merlin. *Atividade legislativa do Poder Executivo no Estado Contemporâneo e na Constituição de 1988*. São Paulo: Revista dos Tribunais, 1998.

COLLIARD, Claude-Albert. *Libertés publiques*. 7. ed. Paris: Dalloz, 1989.

COMPARATO, Fábio Konder. *A afirmação histórica dos direitos humanos*. 2. ed. rev. e ampl. São Paulo: Saraiva, 2001.

CORREIA, Marcus Orione Gonçalves. *Direito processual constitucional*. São Paulo: Saraiva, 1998.

COVELLO, Sergio Carlos. *O sigilo bancário*: com particular enfoque na sua tutela civil. São Paulo: Leud, 1991.

CRETELLA JR., José. *Primeiras lições de direito*. Rio de Janeiro: Forense, 1997.

———. *Comentários à Constituição brasileira de 1988*. 2. ed. Rio de Janeiro: Forense Universitária, 1992.

———. *Do "impeachment" no direito brasileiro*. São Paulo: Revista dos Tribunais, 1992.

———. *Os "writs" na Constituição de 1988*. 2. ed. Rio de Janeiro: Forense Universitária, 1996.

———. *Primeiras lições de direito*. Rio de Janeiro: Forense, 1997.

CUENCAS, Humberto. *Processo civil romano*. Buenos Aires: Ed. Jurídicas Europa-América, 1957.

CUNHA, Fernando Whitaker da. *Direito constitucional do Brasil*. Rio de Janeiro: Renovar, 1990.

CUNHA, J. S. Fagundes; BALUTA, José Jairo. *O processo penal à luz do Pacto de São José da Costa Rica*. Curitiba: Juruá, 2000.

CUNHA, Sérgio Sérvulo da. *O efeito vinculante e os poderes do juiz*. São Paulo: Saraiva, 1999.

DALLARI, Dalmo de Abreu. *Direitos humanos e cidadania*. São Paulo: Moderna, 1998.

———. *Elementos de teoria geral do estado*. 14. ed. São Paulo: Saraiva, 1989.

DAVID, René. *Os grandes sistemas do direito contemporâneo*. Tradução de Hermínio A. Carvalho. 3. ed. São Paulo: Martins Fontes, 1996.

DE CUPIS, Adriano. *Os direitos da personalidade*. Lisboa: Livr. Moraes, 1961.

DE PLÁCIDO E SILVA. *Vocabulário jurídico*. 17. ed. Rio de Janeiro: Forense, 2000.

DELFIM, Ricardo Alessi. *Ação declaratória de constitucionalidade e os princípios constitucionais do processo*. São Paulo: Juarez de Oliveira, 2001.

DELMANTO, Celso; DELMANTO, Roberto; DELMANTO JUNIOR, Roberto. *Código Penal comentado*. 4. ed. Rio de Janeiro: Renovar, 1998.

DELMANTO JUNIOR, Roberto. *As modalidades de prisão provisória e seu prazo de duração*. Rio de Janeiro: Renovar, 1998.

DI CIOLO, Vittorio. *Il diritto parlamentare nella teoria e nella pratica. Aspetti generali e profili struturali*. Milano: Giuffrè, 1980.

DI GIORGI, Beatriz; CAMPILONGO, Celso Fernandes; PIOVESAN, Flávia (Coord.). *Direito, cidadania e justiça*: ensaios sobre lógica, interpretação, teoria, sociologia e filosofia jurídicas. São Paulo: Revista dos Tribunais, 1995.

DINAMARCO, Cândido Rangel. *A instrumentalidade do processo*. 10. ed. rev. e atual. São Paulo: Malheiros, 2002.

———. *Fundamentos do processo civil moderno*. 5. ed. rev. e atual. por Antônio Rulli Neto. São Paulo: Malheiros, 2002. t. 1.

DINAMARCO, Pedro da Silva. *Ação civil pública*. São Paulo: Saraiva, 2001.

DINIZ, Marcio Augusto de Vasconcelos. *Controle de constitucionalidade e teoria da recepção*. São Paulo: Malheiros, 1995.

DINIZ, Maria Helena. *As lacunas no direito*. 5. ed. atual. São Paulo: Saraiva, 1999.

———. *Compêndio de introdução à ciência do direito*. 8. ed. atual. São Paulo: Saraiva, 1995.

———. *Curso de direito civil brasileiro*: teoria geral do direito civil. 7. ed. São Paulo: Saraiva, 1989. v. 1.

———. *Norma constitucional e seus efeitos*. 3. ed. atual. São Paulo: Saraiva, 1997.

DOMINICI, Domenico. *Le commissioni parlamentari inglesi*. Milano: Giuffrè, 1970.

DORIN, E. *Dicionário de psicologia*: abrangendo terminologia de ciências correlatas. São Paulo: Melhoramentos, 1978.

DORNELLES, João Ricardo W. *O que são direitos humanos*. São Paulo: Brasiliense, 1989.

DUGUIT, Léon. *Traité de droit constitutionnel*: l'organisation politique de la France. Paris: Ancienne Librairie Fontemoing, 1924. Tome Quatrième.

EDWARDS, Carlos Enrique. *Garantías constitucionales en materia penal*. Buenos Aires: Astrea, 1996.

EKMEKDJIAN, Miguel Ángel. *Tratado de derecho constitucional*. Buenos Aires: Depalma, 1993.

ENTERRÍA, Ernesto García de. *Sobre los derechos públicos subjetivos*. Madrid: Reda, 1975.

ESCOBAR, Raúl Tomás. *El interrogatorio en la investigación criminal*. Buenos Aires: Ed. Universidad, 1996.

ESPÍNOLA FILHO, Eduardo. *Código de Processo Penal brasileiro anotado*. 5. ed. Rio de Janeiro: Ed. Rio, 1976. v. 3.

———. *Código de Processo Penal brasileiro anotado*. 6. ed. Rio de Janeiro: Ed. Rio, 1980. v. 1, 2 e 3.

———. *Código de Processo Penal brasileiro comentado*. 4. ed. Rio de Janeiro: Borsoi, 1956.

FAGUNDES, M. Seabra. *O controle dos atos administrativos pelo Poder Judiciário*. 3. ed. atual. Rio de Janeiro: Forense, 1957.

FARAH, Elias. *Cidadania*. São Paulo: Juarez de Oliveira, 2001.

FARIA, Bento de. *Código de Processo Penal*. Rio de Janeiro: Record, 1960.

FARIA, Cássio Juvenal. *Comissões parlamentares de inquérito*. São Paulo: Paloma, 2000.

FARIA, Luiz Alberto Gurgel de. Mandado de segurança coletivo — legitimação e interesse, *RT*, São Paulo: Revista dos Tribunais, v. 687, p. 34-39, jan. 1993.

FAVOREU, Louis et al. *Droit constitutionnel*. 3. ed. Paris: Dalloz, 2000.

FELIPPE, Marcio Sotelo. *Razão jurídica e dignidade humana*. São Paulo: Max Limonad, 1996.

FENECH, Miguel. *Derecho procesal penal*. Barcelona: Labor, 1952. v. 1.

FENUCCI, Fulvio. *I limiti dell'inchiesta parlamentare*. Napoli: Jovene, 1968.

FERNANDES, Antonio Scarance. *Processo penal constitucional*. 2. ed. rev. e atual. São Paulo: Revista dos Tribunais, 2000.

FERNANDES, Paulo Sérgio Leite; FERNANDES, Geórgia Bajer. *Nulidades no processo penal*. 4. ed. São Paulo: Revista dos Tribunais, 1994.

FERRAJOLI, Luigi. *Diritti fondamentali*. Roma: Laterza, 2001.

FERRARI, Regina Maria Macedo Nery. *Efeitos da declaração de inconstitucionalidade*. 4. ed. rev. São Paulo: Revista dos Tribunais, 1999.

FERRAZ, Anna Cândida da Cunha. *Conflito entre poderes*: o poder congressual de sustar atos normativos do Poder Executivo. São Paulo: Revista dos Tribunais, 1994.

FERRAZ JR., Tércio Sampaio. *Introdução ao estudo do direito*. 2. ed. São Paulo: Atlas, 1994.

FERREIRA, Aurélio Buarque de Holanda. *Novo Aurélio século XXI*: o dicionário da língua portuguesa. 3. ed. rev. e ampl. São Paulo: Nova Fronteira, 1999.

FERREIRA, Jorge. *Regime jurídico dos inquéritos parlamentares*: anotado. Coimbra: Almedina, 1999.

FERREIRA FILHO, Manoel Gonçalves. *Aspectos do direito constitucional contemporâneo*. São Paulo: Saraiva, 2003.

———. *Comentários à Constituição brasileira de 1988*. São Paulo: Saraiva, 1992. v. 2.

———. *Comentários à Constituição brasileira de 1988*. São Paulo: Saraiva, 1997. v. 1.

———. *Constituição Federal anotada*. Bauru: Edipro, 1997.

———. *Curso de direito constitucional*. 22. ed. atual. São Paulo: Saraiva, 1995.

———. *Curso de direito constitucional*. 9. ed. São Paulo: Saraiva, 1998.

———. *Curso de direito constitucional*. 31. ed. rev., ampl. e atual. São Paulo: Saraiva, 2005.

———. *Direitos humanos fundamentais*. São Paulo: Saraiva, 1995.

———. *Do processo legislativo*. 4. ed. atual. São Paulo: Saraiva, 2001.

FERREIRA, Wolgran Junqueira. *Comentários à Constituição de 1988*. Campinas: Julex, 1989. v. 2.

———. *Constituição Federal anotada*. Bauru: Edipro, 1997.

FILOMENO, José Geraldo Brito. *Manual de teoria geral do estado e ciência política*. 2. ed. São Paulo: Forense Universitária, 1997.

FLORIAN, Eugenio. *Elementos de derecho procesal penal*. Barcelona: Bosch, 1933.

FONTANA, Dino F. *História da filosofia e lógica*. 3. ed. São Paulo: Saraiva, 1969.

FRANCO, Alberto Silva et al. *Código Penal e sua interpretação jurisprudencial*. 5. ed. rev. e ampl. São Paulo: Revista dos Tribunais, 1995.

FRANCO, Ary Azevedo. *Código de Processo Penal*. 5. ed. Rio de Janeiro: Forense, 1954. v. 1.

FREGADELLI, Luciana. *Direito à intimidade e a prova ilícita*. Belo Horizonte: Del Rey, 1998.

FREIRE, Rodrigo da Cunha Lima. *Condições da ação*: enfoque sobre o interesse de agir no processo civil brasileiro. 1. ed. 2. tir. São Paulo: Revista dos Tribunais, 2000.

FREITAS, Vladimir Passos de. *A Constituição Federal e a efetividade das normas ambientais*. São Paulo: Revista dos Tribunais, 2000.

FURLANI, Silvio. *Le commissioni parlamentari d'inchiesta*. Milano: Giuffrè, 1954.

GAMA, Ricardo Rodrigues. *Manual de direito constitucional*. Curitiba: Juruá, 1998.

GARCÍA, José Antonio Tome. *Protección procesal de los derechos humanos ante los tribunales ordinarios*. Madrid: Montecorvo, 1987.

GARCIA, Maria. *Desobediência civil, direito fundamental*. São Paulo: Revista dos Tribunais, 1994.

GASPARINI, Diogenes. *Direito administrativo*. 2. ed. rev. e aum. São Paulo: Saraiva, 1992.

GIANNOTTI, Edoardo. *A tutela constitucional da intimidade*. Rio de Janeiro: Forense, 1987.

GIUDICE, Federico del. *La costituzione esplicata*. Napoli: Simone, 2000.

GODOY, Arnaldo Sampaio de Morais. *Direitos nos Estados Unidos*. Barueri: Manole, 2004.

GOMES DA CRUZ. José Raimundo. *Estudos sobre o processo e a Constituição de 1988*. São Paulo: Revista dos Tribunais, 1993.

GOMES FILHO, Antonio Magalhães. *Direito à prova no processo penal*. São Paulo: Revista dos Tribunais, 1997.

————. *Presunção de inocência e prisão cautelar*. São Paulo: Saraiva, 1991.

GOMES, Luiz Flávio. *Direito de apelar em liberdade*. São Paulo: Revista dos Tribunais, 1994.

———. *Estudos de direito penal e processo penal*. 1. ed. 2. tir. São Paulo: Revista dos Tribunais, 1999.

GOMES, Luiz Flávio; CERVINI, Raúl. *Interceptação telefônica*: Lei 9.296, de 24.07.96. São Paulo: Revista dos Tribunais, 1997.

GOMES, Sergio Alves. *Os poderes do juiz na direção e instrução do processo civil*. Rio de Janeiro: Forense, 1997.

GONÇALVES, Luiz Carlos dos Santos. *Comissões parlamentares de inquérito*: poderes de investigação. São Paulo: Juarez de Oliveira, 2001.

GONZAGA, João Bernardino. *Violação de segredo profissional*. São Paulo: Max Limonad, 1976.

GRECO FILHO, Vicente. *Direito processual civil brasileiro*. 10. ed. atual. São Paulo: Saraiva, 1995. v. 1.

———. *Interceptação telefônica*: considerações sobre a Lei n. 9.296, de 24 de julho de 1996. São Paulo: Saraiva, 1996.

———. *Manual de processo penal*. São Paulo: Saraiva, 1991.

———. *Tutela constitucional das liberdades*. São Paulo: Saraiva, 1989.

GREVI, Vittorio. *La nuova disciplina delle intercettazioni telefoniche*. Milano: Giuffrè, 1979.

GRINOVER, Ada Pellegrini. *As condições da ação penal (uma tentativa de revisão)*. São Paulo: Bushatsky, 1977.

———. *Liberdades públicas e processo penal*: as interceptações telefônicas. 2. ed. São Paulo: Revista dos Tribunais, 1982.

———. *O processo constitucional em marcha*. São Paulo: Max Limonad, 1985.

———. *O processo em evolução*. 2. ed. Rio de Janeiro: Forense Universitária, 1998.

GRINOVER, Ada Pellegrini; FERNANDES, Antonio Scarance; GOMES FILHO, Antonio Magalhães. *As nulidades no processo penal*. 4. ed. rev. e ampl. São Paulo: Malheiros, 1995.

GUERRA FILHO, Willis Santiago. *A filosofia do direito*: aplicada ao direito processual e à teoria da Constituição. São Paulo: Atlas, 2001.

————. *Processo constitucional e direitos fundamentais*. São Paulo: Celso Bastos Editor/Instituto Brasileiro de Direito Constitucional, 1999.

GUSMÃO, Paulo Dourado de. *Introdução ao estudo do direito*. 20. ed. rev. Rio de Janeiro: Forense, 1997.

HÄBERLE, Peter. *Hermenêutica constitucional*. Porto Alegre: Sérgio A. Fabris, Editor, 1997.

HESSE, Konrad. *Elementos de direito constitucional da República Federal da Alemanha (Grundzuge des verfassungsrechts der Bundesrepublik Deutschland)*. Tradução de Luís Afonso Heck. Porto Alegre: Sérgio A. Fabris, Editor, 1998.

————. *A força normativa da Constituição (Die normative kraft der verfassung)*. Tradução de Gilmar Ferreira Mendes. Porto Alegre: Sérgio A. Fabris, Editor, 1991.

HEYMANN-DOAT, Arlette. *Libertés publiques et droits de l'homme*. 4. ed. Paris: LGDJ, 1997.

HOUAISS, Antônio. *Dicionário da língua portuguesa*. São Paulo: Objetiva, 2001.

INELLAS, Gabriel Cesar Zaccaria de. *Da prova em matéria criminal*. São Paulo: Juarez de Oliveira, 2000.

JACQUES, Paulino. *Curso de direito constitucional*. 4. ed. Rio de Janeiro: Forense, 1964.

JAPIASSÚ, Hilton; MARCONDES, Danilo. *Dicionário básico de filosofia*. 3. ed. rev. e ampl. Rio de Janeiro: Zahar, 1996.

JAYME, Fernando G. *Tribunal constitucional*: exigência democrática. Belo Horizonte: Del Rey, 1999.

JESUS, Damásio E. de. *Código de Processo Penal anotado*. 15. ed. atual. São Paulo: Saraiva, 1998.

JUNOY, Joan Picó i. *El derecho a la prueba en el proceso civil*. Barcelona: Bosch, 1996.

KEITH, A. Berriedale. *Constitutional law*: ridge's constitutional law of England. London: Stevens and Sons, 1939.

LAFER, Celso. Os direitos humanos como construção da igualdade: a cidadania como o direito a ter direitos. In: *A reconstrução dos di-*

*reitos humanos*: um diálogo com o pensamento de Hannah Arendt. São Paulo: Companhia das Letras, 1988. Cap. V.

LASSALLE, Ferdinand. *A essência da Constituição*. Prefácio de Aurélio Wander Bastos. 4. ed. Rio de Janeiro: Lumen Juris, 1998.

LEAL, Antonio Luiz da Camara. *Comentários ao Código de Processo Penal brasileiro*. Rio de Janeiro: Freitas Bastos, 1942.

LEAL, Victor Nunes. *Problemas de direito público*. Rio de Janeiro: Forense, 1960.

LENZA, Pedro. *Teoria geral da ação civil pública*. São Paulo: Revista dos Tribunais, 2003.

LEONE, Giovanni. *Lineamenti di diritto processuale penal*. 2. ed. Napoli: Jovene, 1951.

LIMA, Francisco Gérson Marques de. *Fundamentos constitucionais do processo*: sob a perspectiva da eficácia dos direitos e garantias fundamentais. São Paulo: Malheiros, 2002.

LISBOA, Roberto Senise. *Contratos difusos e coletivos*. São Paulo: Revista dos Tribunais, 1997.

————. *Manual elementar de direito civil*. 2. ed. rev. e atual. em conformidade com o novo Código Civil. São Paulo: Revista dos Tribunais, 2002. v. 1.

LOPES, Ana Maria D'Avila. *Os direitos fundamentais como limites do poder de legislar*. Porto Alegre: Sérgio A. Fabris, Editor, 2001.

LOPES, Júlio Aurélio Vianna. *Lições de direito constitucional*. Rio de Janeiro: Forense, 2001.

LÓPEZ, Fernando Santaolalla. *Derecho parlamentario español*. Madrid: Ed. Nacional, 1984.

LORENTE, Francisco Rubio. *Derechos fundamentales y principios constitucionales*. Barcelona: Ariel, 1995.

LOUREIRO, Lair da Silva; LOUREIRO FILHO, Lair da Silva. *Constituição da República anotada*. São Paulo: Oliveira Mendes, 1998.

LOURENÇO, Rodrigo Lopes. *Controle da constitucionalidade à luz da jurisprudência do STF*. 2. ed. Rio de Janeiro: Forense, 1999.

LUÑO, Antonio E. Perez. *Los derechos fundamentales*. 4. ed. Madrid: Tecnos, 1991.

MAGALHÃES, José Luiz Quadros de. *Direitos humanos*: sua história, sua garantia e a questão da indivisibilidade. São Paulo: Juarez de Oliveira, 2000.

MAGALHÃES, Rui Ribeiro de. *Introdução ao estudo do direito*. São Paulo: Juarez de Oliveira, 2001.

MAHAMUT, Rosario García. *Las comisiones parlamentarias de investigación en el derecho constitucional español*. Madrid: McGraw-Hill, 1996.

MAIER, Julio. *Derecho procesal penal*. 2. ed. Buenos Aires: Editores del Puerto, 1996. t. 1.

MALATESTA, Nicola Framarino Dei. *A lógica das provas em matéria criminal*. Campinas: Conan, 1995. v. 1 e 2.

MALUF, Sahid. *Direito constitucional*. 2. ed. São Paulo: Sugestões Literárias, 1966.

MANCUSO, Rodolfo de Camargo. *Interesses difusos*: conceito e legitimação para agir. 4. ed. rev. e atual. São Paulo: Revista dos Tribunais, 1997.

————. *Divergência jurisprudencial e súmula vinculante*. 3. ed. rev., atual. e ampl. São Paulo: Revista dos Tribunais, 2007.

MANDELLI JUNIOR, Roberto Mendes. *Arguição de descumprimento de preceito fundamental*. São Paulo: Revista dos Tribunais, 2003.

MANZINI, Vicenzo. *Istituzioni di diritto processuale penale*. 10. ed. Padova: CEDAM, 1950.

————. *Trattato di diritto processuale penale italiano*. 4. ed. Torino: UTET, 1952. v. 1, 2 e 3.

MARQUES, José Frederico. *Elementos de direito processual penal*. Campinas: Bookseller, 1997. v. 1, 2, 3 e 4.

————. *Estudos de direito processual penal*. Rio de Janeiro: Forense, 1960.

MARTINEZ, Wladimir Novaes. *Princípios de direito previdenciário*. São Paulo: LTr, 1985.

MARTINS, Ives Gandra da Silva; MENDES, Gilmar Ferreira. *Controle concentrado de constitucionalidade*: comentários à Lei n. 9.868, de 10-11-1999. São Paulo: Saraiva, 2001.

MATHEWS, John Mabry. *The American constitutional system*. New York and London: McGraw-Hill, 1940.

MATTOS, Sérgio Luís Wetzel de. *Da iniciativa probatória do juiz no processo civil*. Rio de Janeiro: Forense, 2001.

MAXIMILIANO, Carlos. *Comentários à Constituição brasileira*. 5. ed. atual. São Paulo: Freitas Bastos, 1954. v. 2.

MAZZILLI, Hugo Nigro. *A defesa dos interesses difusos em juízo*. 9. ed. rev. e atual. São Paulo: Revista dos Tribunais, 1997.

MEDAUAR, Odete. *A processualidade no direito administrativo*. São Paulo: Revista dos Tribunais, 1993.

———. *Controle da administração pública*. São Paulo: Revista dos Tribunais, 1993.

MEDINA, Paulo Roberto de Gouvêa. *Direito processual constitucional*. Rio de Janeiro: Forense, 2004.

MEIRELLES, Hely Lopes. *Direito administrativo brasileiro*. 21. ed. atual. por Eurico de Andrade Azevedo, Délcio Balestero Aleixo e José Emmanuel Burle Filho. São Paulo: Malheiros, 1996.

———. *Direito municipal brasileiro*. 9. ed. atual. por Izabel Camargo Lopes Monteiro e Célia Marisa Prendes. São Paulo: Malheiros, 1996.

———. *Mandado de segurança*. 16. ed. atual. São Paulo: Malheiros, 1995.

MEIRELLES, Hely Lopes; WALD, Arnoldo; MENDES, Gilmar Ferreira. *Mandado de segurança e ações constitucionais*. 32. ed. com a colaboração de Rodrigo Garcia da Fonseca. São Paulo: Malheiros, 2009.

MELLO, José Celso de. *Constituição Federal anotada*. São Paulo: Saraiva, 1984.

MENDES DE ALMEIDA JUNIOR. João. *O processo criminal brazileiro*. 2. ed. Rio de Janeiro: Francisco Alves, 1911.

MERCONE, M. *Diritto processuale penale*. 9. ed. Napoli: Simone, 2001.

MILARÉ, Édis (Coord.). *Ação civil pública*: Lei 7.347/1985 — 15 anos. 2. ed. rev. e atual. São Paulo: Revista dos Tribunais, 2002.

MIRABETE, Júlio Fabbrini. *Código de Processo Penal interpretado*: referências doutrinárias, indicações legais, resenha jurisprudencial. 5. ed. São Paulo: Atlas, 1997.

MIRANDA, Custódio da Piedade U. *Teoria geral do direito privado*. Belo Horizonte: Del Rey, 2003.

MIRANDA, Jorge. *Manual de direito constitucional*: introdução à teoria da Constituição. 2. ed. Coimbra: Coimbra Ed., 1988. t. 2.

————. *Manual de direito constitucional*: direitos fundamentais. 2. ed. Coimbra: Coimbra Ed., 1988. t. 4.

MONTEIRO, Washington de Barros. *Curso de direito civil*: parte geral. 5. ed. rev. e aum. São Paulo: Saraiva, 1967. v. 1.

MONTORO, André Franco. *Estudos de filosofia do direito*. 2. ed. São Paulo: Saraiva, 1995.

————. *Introdução à ciência do direito*. 23. ed. São Paulo: Revista dos Tribunais, 1995.

MORAES, Alexandre de (Coord.). *Os 10 anos da Constituição Federal*: temas diversos. São Paulo: Atlas, 1999.

————. *Constituição do Brasil interpretada e legislação constitucional*. São Paulo: Atlas, 2002.

————. *Direito constitucional*. 15. ed. São Paulo: Atlas, 2004.

————. *Direito constitucional*. 13. ed. São Paulo: Atlas, 2003.

————. *Direito constitucional*. 5. ed. São Paulo: Atlas, 1999.

————. *Direitos humanos fundamentais*. São Paulo: Atlas, 1998.

————. *Jurisdição constitucional e tribunais constitucionais*: garantia suprema da Constituição. São Paulo: Atlas, 2000.

MORATO, Leonardo L. *Reclamação e sua aplicação para o respeito da súmula vinculante*. São Paulo: Revista dos Tribunais, 2007.

MORO, Sergio Fernando. *Jurisdição constitucional como democracia*. São Paulo: Revista dos Tribunais, 2004.

MOSSIN, Heráclito Antônio. *Habeas corpus*. 3. ed. São Paulo: Atlas, 1997.

MOTA, Leda Pereira; SPITZCOVSKY, Celso. *Curso de direito constitucional*. 4. ed. São Paulo: Juarez de Oliveira, 1999.

MURO, Ignácio Torres. *Las comisiones parlamentarias de investigación.* Madrid: Centro de Estudios Políticos y Constitucionales, 1998.

MUSSO, Enrico Spagna. *Diritto costituzionale.* 2. ed. Padova: CEDAM, 1986.

NADER, Paulo. *Filosofia do direito*. 6. ed. Rio de Janeiro: Forense, 1998.

————. *Introdução ao estudo do direito*. 14. ed. rev. Rio de Janeiro: Forense, 1997.

NALINI, José Renato. *Constituição e estado democrático*. São Paulo: FTD, 1997.

————. *O juiz e o acesso à justiça*. 2. ed. rev., atual. e ampl. São Paulo: Revista dos Tribunais, 2000.

NASCIMENTO, Walter Vieira do. *Lições de história do direito*. 13. ed. rev. e aum. Rio de Janeiro: Forense, 2001.

NÁUFEL, José. *Novo dicionário jurídico brasileiro*. 8. ed. São Paulo: Ícone, 1989.

NERY JUNIOR. Nelson. *Princípios do processo civil na Constituição Federal*. 5. ed. rev. e ampl. São Paulo: Revista dos Tribunais, 1999.

NEVES, Serrano. *O direito de calar*. São Paulo: Freitas Bastos, 1960.

NISHIYAMA, Adolfo Mamoru. *A proteção constitucional do consumidor*. Rio de Janeiro: Forense, 2002.

NOBILI, Massimo. *Il principio del libero convincimento del giudice*. Milano: Giuffrè, 1974.

NOGUEIRA, Paulo Lúcio. *Curso completo de processo penal*. 6. ed. São Paulo: Saraiva, 1991.

NORONHA, E. Magalhães. *Curso de direito processual penal*. 26. ed. atual. São Paulo: Saraiva, 1998.

NUCCI, Guilherme de Souza. *O valor da confissão como meio de prova no processo penal*. 2. ed. rev. e atual. São Paulo: Revista dos Tribunais, 1999.

NUNES JÚNIOR, Vidal Serrano. *A proteção constitucional de informação e o direito à crítica jornalística*. São Paulo: FTD, 1997.

NUNES, Luiz Antonio Rizzatto. *Manual de monografia jurídica*. São Paulo: Saraiva, 1997.

————. *Manual de introdução ao estudo do direito*. São Paulo: Saraiva, 1996.

OLIVEIRA, Almir. *Curso de direitos humanos*. Rio da Janeiro: Forense, 2000.

OLIVEIRA, Francisco Antonio de. *Mandado de injunção*: da inconstitucionalidade por omissão, enfoques trabalhistas, jurisprudência. 2. ed. rev., atual. e ampl. São Paulo: Revista dos Tribunais, 2004.

OLIVEIRA, José Sebastião de. *Fundamentos constitucionais do direito de família*. São Paulo: Revista dos Tribunais, 2002.

OLIVEIRA, Regis Fernandes; FERREIRA, José Rodrigues. *Processo legislativo*: uma contribuição ao debate. Brasília: Câmara dos Deputados, Coordenação de Publicações, 1996.

PACE, Alessandro. *Il potere d'inchiesta delle assemblea legislative*. Milano: Giuffrè, 1973.

PACHECO, José da Silva. *O mandado de segurança e outras ações constitucionais típicas*. 4. ed. rev., atual. e ampl. São Paulo: Revista dos Tribunais, 2002.

PAES, P. R. Tavares. *Introdução ao estudo do direito*. 2. ed. rev. e ampl. São Paulo: Revista dos Tribunais, 1997.

PALU, Oswaldo Luiz. *Controle de constitucionalidade*: conceitos, sistemas e efeitos. São Paulo: Revista dos Tribunais, 1999.

————. *Controle dos atos de governo pela jurisdição*. São Paulo: Revista dos Tribunais, 2004.

PASSOS, Calmon de. *O devido processo legal e o duplo grau de jurisdição*. São Paulo: Saraiva, 1981.

PASSOS, José Joaquim Calmon de. *Mandado de segurança coletivo, mandado de injunção, habeas data*: Constituição e processo. Rio de Janeiro: Forense, 1989.

PEDROSO, Fernando de Almeida. *Processo penal, o direito de defesa*: repercussão, amplitude e limites. 2. ed. São Paulo: Revista dos Tribunais, 1994.

PEIXINHO, Manoel Messias; GUANABARA, Ricardo. *Comissões parlamentares de inquérito*: princípios, poderes e limites. Rio de Janeiro: Lumen Juris, 2001.

PENTEADO, Jaques de Camargo. *Acusação, defesa e julgamento*. Campinas: Millennium, 2001.

PEREIRA, Aguinaldo Costa. *Comissões parlamentares de inquérito*. Dissertação apresentada à Faculdade Nacional de Direito, em Concurso para Catedrático de Direito Constitucional. Rio de Janeiro: ASA, 1948.

PEREIRA, Ricardo. *Conselhos de fiscalização profissional*: doutrina e jurisprudência. Vladimir Passos Freitas (Coord.). São Paulo: Revista dos Tribunais, 2001.

PEREZ, Alex Carocca. *Garantía constitucional de la defensa procesal*. Barcelona: Bosch, 1998.

PIERANGELI, José Henrique. *Processo penal*: evolução histórica e fontes legislativas. Bauru: Javoli, 1983.

PINHO, Ruy Rebello; NASCIMENTO, Amauri Mascaro. *Instituições de direito público e privado*. 20. ed. São Paulo: Atlas, 1997.

PINSKY, Jaime; PINSKY, Carla Bassanezi (Orgs.). *História da cidadania*. 2. ed. São Paulo: Contexto, 2003.

PINTO FERREIRA. *Comentários à Constituição brasileira*. São Paulo: Saraiva, 1992. v. 3.

———. *Curso de direito constitucional*. 9. ed. São Paulo: Saraiva, 1998.

PINTO, Ronaldo Batista. *Prova penal segundo a jurisprudência*. São Paulo: Saraiva, 2000.

PIOVESAN, Flávia. *Direitos humanos e o direito constitucional internacional*. São Paulo: Max Limonad, 1996.

———. *Temas de direitos humanos*. São Paulo: Max Limonad, 1998.

PISAPIA, Gian Domenico. *Appunti di procedura penale*. Milano: Cisalpino-Goliardica, 1973. v. 1.

———. *Compendio di procedura penale*. Padova: CEDAM, 1975.

PITOMBO, Cleunice A. Valentim Bastos. *Da busca e apreensão no processo penal*. São Paulo: Revista dos Tribunais, 1999.

POLETTI, Ronaldo. *Introdução ao direito*. 3. ed. rev. São Paulo: Saraiva, 1996.

PONTES DE MIRANDA. *Comentários à Constituição de 1967 com a Emenda n. 1 de 1969*. 2. ed. rev. São Paulo: Revista dos Tribunais, 1970. t. 1 e 3.

PORTO, Hermínio Alberto Marques; SILVA, Marco Antonio Marques da (Orgs.). *Processo penal e Constituição Federal*. São Paulo: Acadêmica/Apamagis, 1993.

POZZER, Benedito Roberto Garcia. *Correlação entre acusação e sentença no processo penal brasileiro*. São Paulo: IBCCrim, 2001.

PRADO, Geraldo. *Sistema acusatório*: a conformidade constitucional das leis processuais penais. Rio de Janeiro: Lumen Juris, 1999.

PRICE WATERHOUSE. *A Constituição do Brasil de 1988 comparada com a Constituição de 1967 e comentada*. São Paulo: Price Waterhouse/Departamento de Assessoria Tributária e Empresarial, 1989.

PUGLIESI, Giovanni. *As garantias do acusado na história do processo penal romano*: contribuição ao estudo histórico do direito processual romano. Tradução de José Rogério Cruz e Tucci. Rio de Janeiro: Forense, 1983.

QUEIROZ, Carlos Alberto Marchi de. *Manual de polícia judiciária*: doutrina, modelos, legislação. São Paulo: Delegacia Geral de Polícia, 2000.

RAMOS, André de Carvalho. *Direitos humanos em juízo*: comentários aos casos contenciosos e consultivos da corte interamericana de direitos humanos e estudo da implementação dessas decisões no direito brasileiro. São Paulo: Max Limonad, 2001.

REALE, Miguel. *Filosofia do direito*. 17. ed. São Paulo: Saraiva, 1996.

———. *Introdução à filosofia*. 3. ed. atual. São Paulo: Saraiva, 1994.

———. *Liberdade e democracia*. São Paulo: Saraiva, 1987.

———. *Lições preliminares de direito*. 22. ed. São Paulo: Saraiva, 1995.

———. *Questões de direito público*. São Paulo: Saraiva, 1997.

REBOUÇAS, Francisco de Paula Sena. *Fim de século e justiça*. São Paulo: Juarez de Oliveira, 2002.

RODRIGUES, Silvio. *Direito civil*: parte geral. 2. ed. rev. São Paulo: Max Limonad, 1964. v. 1.

ROGERIO, Nuno. *A lei fundamental da República Federal da Alemanha*. Lisboa: Coimbra Ed., 1996.

ROMANO, Santi. *Princípios de direito constitucional geral*. Tradução de Maria Helena Diniz. São Paulo: Revista dos Tribunais, 1977.

ROMEIRO, Jorge Alberto. *Elementos de direito penal e processo penal*. São Paulo: Saraiva, 1978.

ROSA, Antonio José Miguel Feu. *Direito constitucional*. São Paulo: Saraiva, 1998.

ROSA, Inocêncio Borges da. *Processo penal brasileiro*. Porto Alegre: Barcellos, 1942. v. 1.

ROSAS, Roberto. *Direito processual constitucional*: princípios constitucionais do processo civil. 3. ed. rev., atual. e ampl. São Paulo: Revista dos Tribunais, 1999.

RUBIO, Ricardo Medina. *La función constitucional de las comisiones parlamentarias de investigación*. Madrid: Civitas, 1994.

SAGGESE, Francesco Laviano. *Costituzione repubblicana*. Napoli: Simone, 2000.

SALGADO, Plínio. *Comissões parlamentares de inquérito*: doutrina, jurisprudência e legislação. Belo Horizonte: Del Rey, 2001.

SALLES, Carlos Alberto (Org.). *Processo civil e interesse público*: o processo como instrumento de defesa social. São Paulo: Revista dos Tribunais, 2003.

SALVETTI NETTO, Pedro. *Curso de teoria do Estado*. 6. ed. São Paulo: Saraiva, 1984.

SAMPAIO, Nelson de Souza. *Do inquérito parlamentar*. Rio de Janeiro: Fundação Getúlio Vargas, 1964.

SANDOVAL, Ovídio Rocha Barros. *CPI ao pé da letra*. Campinas: Millennium, 2001.

SANT'ANNA, Valéria Maria. *Direito constitucional*. 2. ed. rev. Bauru: Edipro, 1997.

SANTAOLALLA, Fernando. *El parlamento y sus instrumentos de información (preguntas, interpelaciones y comisiones de investigación)*. Madrid: Edersa, 1982.

SANTOS, Fernando Ferreira dos. *Princípio constitucional da dignidade da pessoa humana*. São Paulo: Celso Bastos Editor: Instituto Brasileiro de Direito Constitucional, 1999.

SANTOS, J. M. Carvalho. *Código de Processo Civil interpretado*. 6. ed. Rio de Janeiro: Freitas Bastos, 1963. v. 1.

SANTOS, Moacyr Amaral. *Primeiras linhas de direito processual civil*. 18. ed. rev., atual. e ampl. por Aricê Moacyr Amaral Santos. São Paulo: Saraiva, 1995. v. 1.

SARLET, Ingo Wolfgang. *A eficácia dos direitos fundamentais*. 2. ed. rev. e atual. Porto Alegre: Livraria do Advogado, 2001.

SAULE JÚNIOR, Nelson. *Direito à saúde*: trilhas legais para o direito às cidades sustentáveis. São Paulo: Max Limonad, 1999.

SCAVONE JUNIOR, Luiz Antonio. *Obrigações*: abordagem didática. 3. ed. atual. de acordo com o novo Código Civil e aum. São Paulo: Juarez de Oliveira, 2002.

SCHMITT, Carl. *Teoría de la Constitución*. Madrid: Alianza, 1982.

SCHNEIDER, Hans Peter. *Democracia y constitución*. Madrid: Centro de Estudios Constitucionales, 1991.

SCHWARTZ, Bernard. *Direito constitucional americano*. Rio de Janeiro: Forense, 1955.

SEREJO, Lourival. *Direito constitucional de família*. Belo Horizonte: Del Rey, 1999.

SHECAIRA, Sérgio Salomão; CORRÊA JUNIOR, Alceu. *Pena e Constituição*: aspectos relevantes para sua aplicação e execução. São Paulo: Revista dos Tribunais, 1995.

SIDOU, J. M. Othon. *Dicionário jurídico*: Academia Brasileira de Letras Jurídicas. 2. ed. rev. e atual. São Paulo: Forense, 1991.

SIÈYES, Emmanuel Joseph. *A constituinte burguesa*. 3. ed. Rio de Janeiro: Lumen Juris, 1997.

SILVA FILHO, Derly Barreto e. *Controle dos atos parlamentares pelo Poder Judiciário*. São Paulo: Malheiros, 2003.

SILVA, Francisco Rodrigues da. *CPIs federais, estaduais, municipais*: poderes e limitações. Recife: Ed. do Autor, 2000.

SILVA, Guilherme Amorim Campos da. *Direito ao desenvolvimento*. São Paulo: Método, 2004.

SILVA, José Afonso. *Aplicabilidade das normas constitucionais*. 3. ed. rev., ampl. e atual. São Paulo: Malheiros, 1998.

————. *Curso de direito constitucional positivo*. 16. ed. rev. e atual. São Paulo: Malheiros, 1999.

SILVA, José Luiz Mônaco da. *Comissões parlamentares de inquérito*. São Paulo: Ícone, 1999.

SILVA, Marco Antonio Marques da. *A vinculação do juiz no processo penal*. São Paulo: Saraiva, 1993.

————. *Acesso à justiça penal e estado democrático de direito*. São Paulo: Juarez de Oliveira, 2001.

————. *Juizados Especiais Criminais*. São Paulo: Saraiva, 1997.

SILVA, Paulo Napoleão Nogueira da. *A evolução do controle de constitucionalidade e a competência do Senado Federal*. São Paulo: Revista dos Tribunais, 1992.

————. *Curso de direito constitucional*. São Paulo: Revista dos Tribunais, 1996.

————. *Breves comentários à Constituição Federal*. Rio de Janeiro: Forense, 2002. v. 1.

SIQUEIRA, Galdino. *Curso de processo criminal*. 2. ed. rev. São Paulo: Livraria Magalhães, 1937.

SIQUEIRA JR., Paulo Hamilton. *Controle de constitucionalidade*: com as modificações introduzidas pelas Leis ns. 9.868/99 e 9.882/99. São Paulo: Juarez de Oliveira, 2001.

————. *Lições de introdução ao direito*. 5. ed. rev., aum. e atual. São Paulo: Juarez de Oliveira, 2003.

———. *O estado e o poder*. São Paulo: Oliveira Mendes, 1998.

SMANIO, Gianpaolo Poggio. *Interesses difusos e coletivos*. 3. ed. São Paulo: Atlas, 1999.

SOARES, Mário Lúcio Quintão. *Teoria do Estado*: o substrato clássico e os novos paradigmas como pré-compreensão para o direito constitucional. Belo Horizonte: Del Rey, 2001.

SÓFOCLES. *Antígona*. Tradução de Millôr Fernandes. 3. ed. Rio de Janeiro: Paz e Terra, 1996.

SOUZA, Nelson Oscar. *Manual de direito constitucional*. Rio de Janeiro: Forense, 1994.

SPROESSER, Andyara Klopstock. *Direito parlamentar*: processo legislativo. São Paulo: ALESP/SGP, 2000.

STEINER, Sylvia Helena de Figueiredo. *A convenção americana sobre direitos humanos e sua integração ao processo penal brasileiro*. São Paulo: Revista dos Tribunais, 2000.

STRATHERN, Paul. *Kant (1724-1804) em 90 minutos*. Tradução de Maria Helena Geordane. Consultoria de Danilo Marcondes. Rio de Janeiro: Jorge Zahar, 1997.

SUANNES, Adauto. *Os fundamentos éticos do devido processo penal*. São Paulo: Revista dos Tribunais, 1999.

SZKLAROWSKY, Leon Frejda. *Medidas provisórias*. São Paulo: Revista dos Tribunais, 1991.

TAVARES, André Ramos. *Curso de direito constitucional*. São Paulo: Saraiva, 2002.

———. *Tribunal e jurisdição constitucional*. São Paulo: Celso Bastos Editor, 1998.

———. *Reforma do Judiciário no Brasil pós-88*: (des)estruturando a justiça — comentários completos à EC n. 45/04. São Paulo: Saraiva, 2005.

———. *Nova lei da súmula vinculante*: estudos e comentários à Lei 11.417, de 19-12-2006. São Paulo: Método, 2007.

TEIXEIRA, J. H. Meirelles. *Curso de direito constitucional*. Rev. Maria Garcia. Rio de Janeiro: Forense Universitária, 1991.

————. *Curso de direito constitucional*. São Paulo: Forense Universitária, 1991.

TELLES JUNIOR, Goffredo. *Iniciação na ciência do direito*. São Paulo: Saraiva, 2001.

TEMER, Michel. *Elementos de direito constitucional*. 14. ed. rev. e ampl. São Paulo: Malheiros, 1998.

TOBEÑAS, José Castán. *Los derechos del hombre*. Madrid: Reus, 1976.

TORNAGHI, Hélio. *Curso de processo penal*. 10. ed. atualizada por Adalberto José Q. T. de Camargo Aranha. São Paulo: Saraiva, 1997.

TOURINHO FILHO, Fernando da Costa. *Código de Processo Penal comentado*. São Paulo: Saraiva, 1996. v. 2.

————. *Processo penal*. 21. ed. rev. e atual. São Paulo: Saraiva, 1999. v. 4.

————. *Processo penal*. 19. ed. São Paulo: Saraiva, 1997. v. 3.

TOVO, Paulo Cláudio. *Nulidades no processo penal brasileiro*: novo enfoque e comentário. Porto Alegre: Sérgio A. Fabris, Editor, 1988.

TOVO, Paulo Cláudio; TOVO, João Batista. *Primeiras linhas sobre o processo penal em face da nova Constituição*. Porto Alegre: Sérgio A. Fabris, Editor, 1989.

TRIBE, Laurence H. *American constitutional law.* New York: The Fundation Press, 1988.

TRINDADE, Antônio Augusto Cançado. *A proteção internacional dos direitos humanos*: fundamentos jurídicos e instrumentos básicos. São Paulo: Saraiva, 1991.

TUCCI, José Rogério Cruz e. *Tempo e processo*: uma análise empírica das repercussões do tempo na fenomenologia processual (civil e penal). São Paulo: Revista dos Tribunais, 1997.

TUCCI, Rogério Lauria. *Direitos e garantias individuais no processo penal brasileiro*. São Paulo: Saraiva, 1993.

TUCCI, Rogério Lauria; TUCCI, José Rogério Cruz e. *Constituição de 1998 e processo*: regramentos e garantias constitucionais do processo. São Paulo: Saraiva, 1989.

VARGAS, José Cirillo de. *Processo penal e direitos fundamentais*. Belo Horizonte: Del Rey, 1992.

VEDEL, Georges. *Droit administratif.* Paris: PUF, 1964.

————. *Manuel elementaire de droit constitutionnel*. Paris: Sirey, 1949.

VELOSO, Zeno. *Controle jurisdicional de constitucionalidade*: atualizado conforme as Leis 9.868 de 10/11/99 e 9.882 de 03/12/99. 2. ed. rev., atual. e ampl. Belo Horizonte: Del Rey, 2000.

VIANA, Lourival Vilela. *Da confissão penal*. Belo Horizonte: Velloso, 1953.

VIEIRA, Luís Guilherme. *Casos penais*. Rio de Janeiro: Forense, 2000.

VILLEY, Michel. *Direito romano*. Porto: Resjurídica, 1990.

VIRGA, Pietro. *Diritto costituzionale*. 6. ed. Milano: Giuffrè, 1967.

————. *Le inchieste parlamentari*. Milano: Giuffrè, 1951.

WAMBIER, Luiz Rodrigues. *Curso avançado de processo civil*: teoria geral do processo de conhecimento. 9. ed. rev., atual. e ampl. São Paulo: Revista dos Tribunais, 2007. v. 1.

WAMBIER, Teresa Arruda Alvim (Org.). *Habeas data*. São Paulo: Revista dos Tribunais, 1998.

ZIULU, Adolfo Gabino. El poder y las garantías constitucionales. In: *Derecho constitucional*. Buenos Aires: Depalma, 1998. t. 2.

## 2. ARTIGOS

ALMEIDA, Guilherme Beltrão. Habeas data — questões a enfrentar. In: Teresa Arruda Alvim Wambier (Org.). *Habeas data*. São Paulo: Revista dos Tribunais, 1998.

ASCENSÃO, José de Oliveira. Natureza das coisas — natureza jurídica (verbetes). In: *Enciclopédia Saraiva do Direito*. Coord. Prof. R. Limongi França. São Paulo: Saraiva: 1977. v. 54, p. 95-96.

AZEVEDO, David Teixeira de. O interrogatório do réu e o direito ao silêncio. *RT*, São Paulo: Revista dos Tribunais, 682/285-293, ago. 1992.

BARACHO, José Alfredo de Oliveira. Processo e constituição: o devido processo legal. *RDP*, São Paulo: Revista dos Tribunais, 68/55-79, out./dez. 1983.

BARBI, Celso Agrícola. Mandado de segurança na Constituição de 1988. *RP*, São Paulo: Revista dos Tribunais, 57/7-12, jan./mar. 1990.

———. Mandado de segurança na Constituição de 1988. *RT*, São Paulo: Revista dos Tribunais, 635/19-23, set. 1988.

———. Mandado de segurança na Constituição de 1988. *RF*, Rio de Janeiro: Forense, 304/53-56, abr./maio/jun. 1989.

BASTOS, Celso Ribeiro. Habeas data. In: Teresa Arruda Alvim Wambier (Org.). *Habeas data*. São Paulo: Revista dos Tribunais, 1998.

CAGGIANO, Mônica Herman Salem. Controle parlamentar da administração. *RDP*, São Paulo: Revista do Tribunais, 96/148-153, out./dez. 1990.

CALMON DE PASSOS, Elizabeth Nogueira. Mandado de segurança coletivo. *RP*, São Paulo: Revista dos Tribunais, 69/164-168, jan./mar. 1993.

CAMARGO, Heloisa Tartarotti; KAIN, Maria de Lourdes de Medeiros. O senado como controlador externo. *RIL*, 125/206-234, Brasília: Senado Federal, jan./mar. 1995.

CARVALHO, Ivan Lira de. O mandado de segurança coletivo e os partidos políticos. *RP*, São Paulo: Revista dos Tribunais, 72/75-95, out./dez. 1993.

CASTRO JÚNIOR, Osvaldo Agripino de. Os direitos humanos no Brasil e a sua garantia através dos instrumentos processuais constitucionais. *RIL*, Brasília: Senado Federal, 130/83-97, abr./jun. 1996.

CLÈVE, Clèmerson Merlin. Habeas data: algumas notas de leitura brasileira e sua lei regulamentadora. In: Teresa Arruda Alvim Wambier (Org.). *Habeas data*. São Paulo: Revista dos Tribunais, 1998.

COMPARATO, Fábio Konder. Ensaio sobre o juízo de constitucionalidade de políticas públicas. *RIL*, Brasília: Senado Federal, 138/39-48, abr./jun. 1998.

CONSO, Giovanni. Considerazioni in tema di contraddittorio nel processo penale italiano. *RIDPP*, ano 9, Milano: Giuffrè, 1966.

COSTA, Paula Bajer Fernandes Martins da. Sobre a importância do Poder Judiciário na configuração do sistema da separação dos poderes instaurados no Brasil após a Constituição de 1988. *RDCI*, São Paulo: Revista dos Tribunais, 30/240-258, jan./mar. 2000.

CURTOTTI, Donatella. Il diritto all'interprete: dal dato normativo all'aplicazione concreta. *RIDPP*, ano 40, Milano: Giuffrè, p. 463-484, 1997.

DAWALIBI, Marcelo. Limites subjetivos da coisa julgada em ação civil pública. In: Édis Milaré (Coord.). *Ação civil pública*: Lei 7.347/1985 — 15 anos. 2. ed. rev. e atual. São Paulo: Revista dos Tribunais, 2002.

DE CICCO, Cláudio. Kant e o Estado de Direito: o problema do fundamento da cidadania. In: Beatriz Di Giorgi, Celso Fernandes Campilongo e Flávia Piovesan (Coord.). *Direito, cidadania e justiça*: ensaios sobre lógica, interpretação, teoria, sociologia e filosofia jurídicas. São Paulo: Revista dos Tribunais, 1995.

DIAS NETO, Theodomiro. O direito ao silêncio: tratamento nos direitos alemão e norte-americano. *RBCCrim*, São Paulo: Revista dos Tribunais, 19/179-204, jul./set. 1997.

DINIZ, José Janguiê Bezerra. Princípios constitucionais do processo. In: *Direito constitucional*. Brasília: Consulex, 1998.

DOTTI, René Ariel. Temas de processo penal. *RT*, São Paulo: Revista dos Tribunais, 748/468-477, fev. 1998.

FARIA, José Eduardo. A definição de interesse público. In: Carlos Alberto de Salles (Org.). *Processo civil e interesse público*: o processo como instrumento de defesa social. São Paulo: Revista dos Tribunais, 2003.

FARIA, Luiz Alberto Gurgel de. Mandado de segurança coletivo — interesse processual. *RT*, São Paulo: Revista dos Tribunais, 687/34-39, jan. 1993.

FERNANDES, Antonio Scarance. Princípios e garantias processuais penais em 10 anos de Constituição Federal. In: Alexandre de Moraes

(Coord.). *Os 10 anos da Constituição Federal*: temas diversos. São Paulo: Atlas, 1999.

FERNANDES, Mílton. O *habeas data* como defesa à ameaça tecnológica. *RT*, São Paulo: Revista dos Tribunais, 704/63-70, jun. 1994.

FERREIRA, Sérgio de Andréa. A garantia da ampla defesa no direito administrativo processual disciplinar. *RDP*, 19/60-68, São Paulo: Revista dos Tribunais, jan./mar., 1972.

FERREIRA SOBRINHO, José Wilson. Teoria do *quorum*. *RTDP*, São Paulo: Malheiros, 6/192-199, 1994.

FIGUEIREDO, Lúcia Valle. Breves reflexões sobre o mandado de segurança no novo texto constitucional. *RT*, São Paulo: Revista dos Tribunais, 635/24-27, set. 1988.

————. Partidos políticos e mandado de segurança coletivo. *RDP*, São Paulo: Revista dos Tribunais, 95/37-41, jul./set. 1990.

FOSCHINI, Gaetano. La giustizia sotto l'alberto e i diritti dell'uomo. *RIDPP*, Ano 6, Milano: Giuffrè, p. 300-304, 1963.

FRAGOSO, Rui Celso Reali. Despedida da presidência do Instituto dos Advogados de São Paulo: discurso proferido no salão nobre da Faculdade de Direito do Largo São Francisco, em 16.02.2001. *RIASP*, São Paulo: Revista dos Tribunais, 7/287-289, 2001.

FRANCO NETO, Ary Azevedo. Mandado de segurança coletivo — legitimação das entidades associativas para a defesa de interesses coletivos. *RT*, São Paulo: Revista dos Tribunais, 677/7-12, mar. 1992.

FREITAS, Marisa Helena D'Arbo Alves de. O Estado legislador responsável. *RIL*, Brasília: Senado Federal, 128/285-295, out./dez. 1995.

FUNARI, Pedro Paulo. A cidadania entre os romanos. In: Jaime Pinsky e Carla Bassanezi Pinsky (Org.). *História da cidadania.* 2. ed. São Paulo: Contexto, 2003.

FURQUIM, Maria Célia Araújo de. A Constituição como sistema. *CDCCP*, São Paulo: Revista dos Tribunais, 20/130-139, jul./set. 1997.

GARCIA, Maria. *Habeas data*. O direito à informação. O direito fundamental à intimidade, à vida privada, à honra e à imagem das pessoas. Um perfil constitucional. In: Teresa Arruda Alvim Wambier (org.). *Habeas data.* São Paulo: Revista dos Tribunais, 1998.

———. Políticas públicas e atividade administrativa do Estado. *CDCCP*, São Paulo: Revista dos Tribunais, 15/64-67, abr./jun. 1996.

GOMES FILHO, Antonio Magalhães. O princípio da presunção de inocência na Constituição de 1988 e na convenção americana sobre direitos humanos (Pacto de São José da Costa Rica). *Revista do Advogado da Associação dos Advogados de São Paulo*, São Paulo, 42/30-34, abr. 1994.

GRANGEIA, Marcos Alaor Diniz. Pontos controvertidos do mandado de segurança coletivo e do mandado de injunção. *RT*, São Paulo: Revista dos Tribunais, 641/84-87, mar. 1989.

GRINOVER, Ada Pellegrini. A eficácia dos atos processuais à luz da Constituição Federal. *RPGESP*, São Paulo: Procuradoria-Geral do Estado, 37/35-47, jun. 1992.

———. A iniciativa instrutória do juiz no processo penal acusatório. *RF*, Rio de Janeiro: Forense, 347/3-10, jul./ago./set. 1999.

———. A instrução processual penal em ibero-américa. *RBCCrim*, São Paulo: Revista dos Tribunais, 6/72-86, abr./jun. 1994.

———. Do direito de defesa em inquérito administrativo. *RDA*, Rio de Janeiro: Renovar/FGV, 183/9-18, jan./mar. 1991.

———. Interrogatório do réu e direito ao silêncio. *Ciência Penal*, 1/15-31, 1976.

———. Mandado de segurança coletivo: legitimação e objeto. *RP*, São Paulo: Revista dos Tribunais, 57/96-101, jan./mar. 1990.

———. Mandado de segurança coletivo: legitimação e objeto. *RP*, São Paulo: Revista dos Tribunais, 58/75-84, abr./jun. 1990.

———. Mandado de segurança coletivo: legitimação, objeto e coisa julgada. *RPGESP*, São Paulo: Procuradoria-Geral do Estado, 32/11-26, dez. 1989.

———. O regime brasileiro das interceptações telefônicas. *RF*, Rio de Janeiro: Forense, 338/3-16, abr./maio/jun. 1997.

GUARINELLO, Norberto Luiz. Cidades-Estado na antiguidade clássica. In: Jaime Pinsky e Carla Bassanezi Pinsky (Org.). *História da cidadania*. 2. ed. São Paulo: Contexto, 2003.

GUERRA FILHO, Willis Santiago. A inclusão do direito processual constitucional no curso de graduação em direito. *RP*, São Paulo: Revista dos Tribunais, 69/111-112, jan./mar. 1993.

ITAGIBA, Ivair Nogueira. Aperfeiçoamento do estado democrático. *RF*, Rio de Janeiro: Forense, 151/47-73, 1954.

LAZZARINI, Alvaro. Poder de polícia e direitos humanos. *Revista do Instituto dos Advogados de São Paulo*, São Paulo: Revista dos Tribunais, 7/11-21, jan./jun. 2001.

MANGABEIRA, João. A organização do Poder Legislativo nas Constituições republicanas. *RF*, Rio de Janeiro: Forense, 145/9-17, 1953.

MARQUES, José Frederico. O processo penal na atualidade. In: Hermínio Alberto Marques Porto e Marco Antonio Marques da Silva (Org.). *Processo penal e Constituição Federal*. São Paulo: Acadêmica/APAMAGIS, 1993.

————. Os princípios constitucionais da justiça penal. In: *Estudos de direito processual penal*. Rio de Janeiro: Forense, 1960.

MARTINS, Ives Gandra da Silva. O direito do anencéfalo à vida. *Folha de S.Paulo*, terça-feira, 19 out. 2004, p. A3.

MARTINS JR., Wallace Paiva. Alguns meios de investigação de improbidade administrativa. *RT*, São Paulo: Revista dos Tribunais, 727/325-344, maio 1996.

MEDINA, José Miguel Garcia; WAMBIER, Luiz Rodrigues; WAMBIER, Teresa Arruda Alvim. A súmula vinculante, vista como meio legítimo para diminuir a sobrecarga de trabalho dos tribunais brasileiros. *Revista do Advogado,* 92/7-22. São Paulo: AASP, jul. 2007.

MELLO, Celso Antônio Bandeira de. Interesse público primário e secundário: convênio entre União e Estado: dever de indenização. *RDP*, São Paulo: Revista dos Tribunais, 75/55-61, jul./set. 1985.

MENEZES, Fernanda D. et al. Poder Legislativo. *RDP*, São Paulo: Revista dos Tribunais, 95/219-238, jul./set. 1990.

MONTORO, André Franco. Cultura dos direitos humanos. In: *Temas de direito constitucional*. São Paulo: ADCOAS/IBAP, 2000.

MORAES, Alexandre de. Direitos humanos fundamentais e a Constituição de 1988. In: Alexandre de Moraes (Coord.). *Os 10 anos da Constituição Federal*: temas diversos. São Paulo: Atlas, 1999.

————. Direitos humanos das vítimas. *Folha de S.Paulo*, 15 fev. 2002, p. A3.

MOREIRA, José Carlos Barbosa Moreira. O habeas data brasileiro e sua lei regulamentadora. In: Teresa Arruda Alvim Wambier (Org.). *Habeas data*. São Paulo: Revista dos Tribunais, 1998.

MOSSIN, Heráclito Antônio. *Habeas corpus*. 3. ed. São Paulo: Atlas, 1997.

NERY JUNIOR, Nelson. Mandado de segurança coletivo. *RP*, São Paulo: Revista dos Tribunais, 57/150-158, jan./mar. 1990.

————. Proibição da prova ilícita — novas tendências do direito (CF, Art. 5º, LVI). In: Alexandre de Moraes (Coord.). *Os 10 anos da Constituição Federal*: temas diversos. São Paulo: Atlas, 1999.

NOGUEIRA, Ataliba. Perecimento do Estado. *RT*, São Paulo: Revista dos Tribunais, 766/789-800, ago. 1999.

OLIVEIRA, Lourival Gonçalves de. Interesse processual e mandado de segurança coletivo. *RP*, São Paulo: Revista dos Tribunais, 56/75-85, out./dez. 1989.

————. Rito processual do habeas data. In: Teresa Arruda Alvim Wambier (Org.). *Habeas data*. São Paulo: Revista dos Tribunais, 1998.

OLIVEIRA, Regis Fernandes de. Instrumentos de defesa e participação dos administrados. *RT*, São Paulo: Revista dos Tribunais, 677/82-94, mar. 1992.

PASSOS, Elizabeth Nogueira Calmon de. Mandado de segurança coletivo. *RP*, São Paulo: Revista dos Tribunais, 69/164-168, jan./mar. 1993.

PASSOS, J. J. Calmon de. Cidadania e efetividade do processo. *Revista do CEPEJ*, Salvador: CEPEJ, 5/55-65, jan./jun. 1999.

PIOVESAN, Flávia. A atual dimensão dos direitos difusos na Constituição de 1988. In: *Direito, cidadania e justiça*: ensaios sobre a lógica, interpretação, teoria, sociologia e filosofia jurídicas. São Paulo: Revista dos Tribunais, 1995.

————. A Constituição brasileira de 1988 e os tratados internacionais de proteção dos direitos humanos. In: *Cultura dos direitos humanos*. São Paulo: LTr, 1998.

————. O *habeas data* e seus pressupostos à luz da Constituição Federal de 1988 e da Lei 9.507/97. In: Teresa Arruda Alvim Wambier (Org.). *Habeas data*. São Paulo: Revista dos Tribunais, 1998.

QUITERIO, Cristiane Bernardes Antunes; PONTES, José Antonio Siqueira. Evolução das garantias constitucionais relativas ao processo penal na América Latina. In: Fauzi Hassan Choukr (Coord.). *Estudos do processo penal*: o mundo à revelia. Campinas: Agá Juris, 2000.

RAMOS, Gisele Gondim. *Estatuto da advocacia*: comentários e jurisprudência selecionada. 2. ed. Florianópolis: OAB/SC Ed., 1999.

RAMOS, Saulo. Parecer SR n. 13, de 17 de outubro de 1986, da Consultoria Geral da República. *RDA*, Rio de Janeiro: Fundação Getúlio Vargas, 166/139-152, out./dez. 1986.

SAULE JÚNIOR, Nelson. A eficácia da aplicabilidade do princípio da função social da propriedade nos conflitos ambientais urbanos. In: Nelson Saule Júnior (Coord.). *Direito à saúde*: trilhas legais para o direito às cidades sustentáveis. São Paulo: Max Limonad, 1999.

SILVA, José Afonso da. O Estado democrático de direito. *RT*, São Paulo: Revista dos Tribunais, 635/7-13, set. 1988.

SIQUEIRA JR., Paulo Hamilton. O direito de defesa como princípio constitucional processual. *RIASP*, São Paulo: Revista dos Tribunais, 7/103-121, jan./jun. 2001.

SUNDFELD, Carlos Ari. *Habeas data* e o mandado de segurança coletivo, *RDP*, São Paulo: Revista dos Tribunais, 95/190-199, jul./set. 1990.

————. Mandado de segurança coletivo na Constituição de 1988. *RDP*, São Paulo: Revista dos Tribunais, 89/37-42, jan./mar. 1989.

TAVARES, André Ramos. Recurso extraordinário: modificações, perspectivas e proposta. In: Hélio Rubens Batista Ribeiro, José Horácio Halfeld Rezende Ribeiro e Pedro da Silva Dinamarco (Coords.). *Linhas mestras do processo civil*: comemoração dos 30 anos de vigência do CPC. São Paulo: Atlas, 2004.

TEIXEIRA, Sálvio de Figueiredo. O processo civil na nova Constituição. *RP*, São Paulo: Revista dos Tribunais, 53/78-84, jan./mar. 1989.

TUCCI, Rogério Lauria. Processo e procedimento da ação de *habeas data*. In: Teresa Arruda Alvim Wambier (Org.). *Habeas data*. São Paulo: Revista dos Tribunais, 1998.

————. Processo penal e direitos humanos no Brasil. *RT*, São Paulo: Revista dos Tribunais, 755/455-481, set. 1998.

VELLOSO, Carlos Mário da Silva. As novas garantias constitucionais: o mandado de segurança coletivo, o *habeas data*, o mandado de injunção e a ação popular para defesa da moralidade administrativa. *RT*, São Paulo: Revista dos Tribunais, 644/7-17, jun. 1989.

————. As novas garantias constitucionais: o mandado de segurança coletivo, o *habeas data*, o mandado de injunção e a ação popular para defesa da moralidade administrativa. *RF*, Rio de Janeiro: Forense, 306/33-41, abr./maio/jun. 1989.

WALD, Arnoldo; FONSECA, Rodrigo Garcia da. O *habeas data* na Lei 9.507/97. In: Teresa Arruda Alvim Wambier (Org.). *Habeas data*. São Paulo: Revista dos Tribunais, 1998.

## 3. DISSERTAÇÕES E TESES

GRINOVER, Ada Pellegrini. *A garantia constitucional do direito de ação e sua relevância no processo civil*. Livre-Docência. São Paulo: Faculdade de Direito da Universidade de São Paulo, 1972.

HADDAD, Carlos Henrique Borlido. *O interrogatório no processo penal*. Dissertação de Mestrado. Belo Horizonte: Faculdade de Direito da Universidade Federal de Minas Gerais, 1999.

SILVEIRA, Sebastião Sérgio da. *Prova indiciária no processo penal brasileiro*. Dissertação de Mestrado. São Paulo: Pontifícia Universidade Católica de São Paulo, 1999.

SIQUEIRA JR., Paulo Hamilton. *O interrogatório em face da Constituição Federal de 1988*. Dissertação de Mestrado. São Paulo: Pontifícia Universidade Católica de São Paulo, 2000.

————. *O perfil processual das comissões parlamentares de inquérito*. Tese de Doutorado. São Paulo: Pontifícia Universidade Católica de São Paulo, 2004.